KOLLEG POLITIK UND WIRTSCHAFT

Demokratie und Soziale Marktwirtschaft

Politisches System und Wirtschaftspolitik in Deutschland

Unterrichtswerk für die Oberstufe

bearbeitet von:

Kersten Ringe

Jan Weber

unter Verwendung von Beiträgen von:

Max Bauer

Andreas Hamm-Reinöhl

Dörthe Hecht

Erik Müller

Martina Tschirner

C. C. Buchner Verlag · Bamberg

Kolleg Politik und Wirtschaft

Demokratie und Soziale Marktwirtschaft

Politisches System und Wirtschaftspolitik in Deutschland

Bearbeitet von Kersten Ringe und Jan Weber,
unter Verwendung von Beiträgen von Max Bauer, Andreas Hamm-Reinöhl, Dörthe Hecht,
Erik Müller und Martina Tschirner

1. Auflage, 2. Druck 2015

Alle Drucke dieser Auflage sind, weil untereinander unverändert, nebeneinander benutzbar.

Dieses Werk folgt der reformierten Rechtschreibung und Zeichensetzung. Ausnahmen bilden Texte, bei denen künstlerische, philologische oder lizenzrechtliche Gründe einer Änderung entgegenstehen.

Redaktion: Meike Rademacher
Gestaltung und Satz: creo Druck & Medienservice GmbH, Bamberg / Julia Weismantel, Bamberg
Druck und Bindung: PHOENIX PRINT GmbH

www.ccbuchner.de

ISBN 978-3-661-73004-2

ZUR BENUTZUNG DER LEHR- UND ARBEITSBÜCHER

Unsere Oberstufenreihe **Kolleg Politik und Wirtschaft** mit Grundlagenbänden zu den wichtigsten Lehrplanthemen aus Politik, Wirtschaft und Gesellschaft geht in die nächste Generation. In den neu bearbeiteten Titeln tragen wir verstärkt der sich durchsetzenden **Kompetenzorientierung** Rechnung. Ziel der Bände bleibt es, den Schülerinnen und Schülern Anregungen zur selbstständigen Arbeit zu geben und den Unterrichtenden Hilfen für einen methoden- und handlungsorientierten Unterricht anzubieten.

Zum Aufbau der Kapitel

Der Kapitelaufbau folgt dem Doppelseiten- bzw. 4-Seiten-Prinzip. Dieser Aufbau erleichtert die Strukturierung der Unterrichtsstunden.

Einführung	Jedes Kapitel beginnt mit einem Problemaufriss, einer Lernstandserhebung und der Formulierung der im Kapitelverlauf zu erwerbenden Kompetenzen.
Materialien	Die Materialienseiten sind multiperspektivisch angelegt und vertiefen zentrale Themenaspekte. Sie ermöglichen einen vielseitigen und kompetenzorientierten Unterricht. In Infokästen und in der Randspalte werden zentrale Begriffe und wichtige Zusatzinformationen knapp erklärt, um eine genaue fachwissenschaftliche Verwendung zu erleichtern. Die Darstellung aktueller Kontroversen fördert die Urteilskompetenz der Schüler. Material und Aufgaben für das erhöhte Anforderungsniveau werden gekennzeichnet ✪.
Aufgaben	Jede Themeneinheit schließt mit Aufgaben ab, die gezielt auf die Probleme und Zusammenhänge vorangegangener Lernsequenzen eingehen. Angebote in der Randspalte zum Helfen Ⓗ und Fordern Ⓕ unterstützen die Binnendifferenzierung des Unterrichts, methodische Hinweise Ⓜ fördern die Handlungsorientierung.
Methoden	Methodenseiten nehmen für das jeweilige Thema zentrale Fachmethoden und Arbeitsweisen auf und stärken so die Methodenkompetenz.
Zusammenfassungen	Orientierungswissen am Ende der Unterkapitel sichert das erworbene Wissen und ermöglicht eine Wiederholung zentraler Inhalte.
Kompetenzen anwenden	Kompetenzseiten runden die Kapitel ab und wenden die am Kapitelbeginn formulierten Kompetenzen mit komplexen Aufgabenstellungen an.

Das **Register** dient dem Auffinden zentraler **Begriffe** und ermöglicht Querverbindungen innerhalb der einzelnen Themengebiete.
Aufgrund der besseren Lesbarkeit wird im Folgenden darauf verzichtet, immer beide Geschlechter anzusprechen („Bürgerinnen und Bürger"...), auch wenn selbstverständlich beide gemeint sind.

INHALT

Über QR-Codes können in verschiedenen Kapiteln digitale Inhalte direkt angesteuert werden. Diese können außerdem über die Eingabe von Mediencodes im Suchfeld auf www.ccbuchner.de aufgerufen werden.
Beispiel: 73004-20

Mitmachen in der Demokratie

M 1 ● Sich einmischen – engagieren oder partizipieren?

a)

Eine Jungwählerin gibt ihre Stimme ab.

b)

Die Polizei löst das Occupy-Camp vor der EZB in Frankfurt auf.

c)

Eine Schülerin hält eine Rede vor dem Jugendparlament.

d)

Mitglieder der Münchner Stadtschülervertretung

e)

Mitglieder der Greenpeace-Jugend bei einer Aktion gegen den Klimawandel.

f)

Unterschriftensammlung gegen Tierversuche

g)

Freiwillige Helfer zählen die Briefwahl-Stimmen vom Referendum über „Stuttgart 21" aus, 27.11.2011.

h)

Werbeplakat für soziales Engagement

i)

„Guerilla-Gardening" in London

M 2 ● Wo sich Bürgerinnen und Bürger engagieren

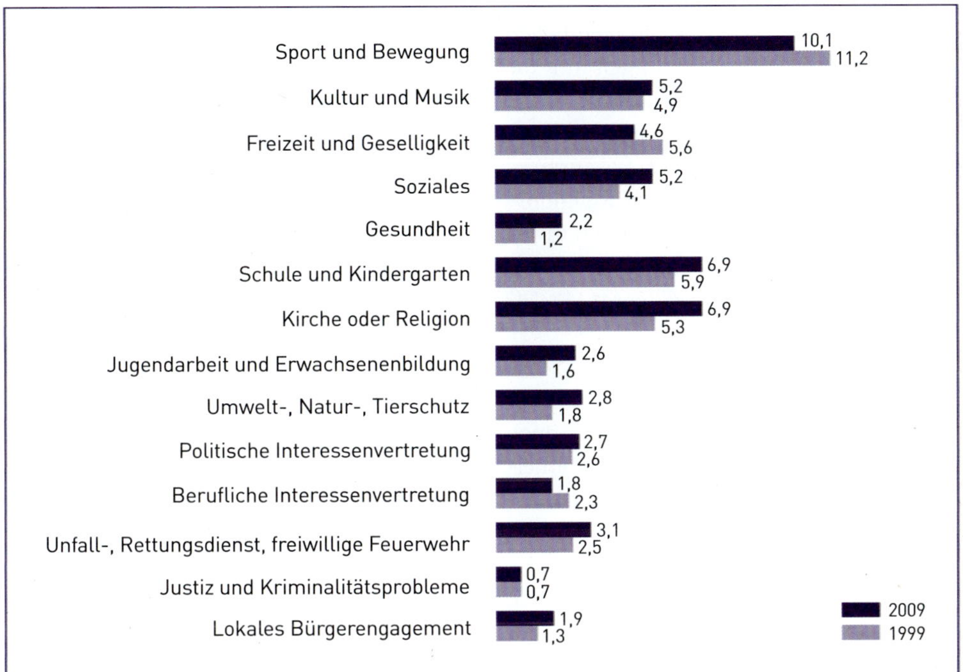

Bevölkerung ab 14 Jahren; Angaben in Prozent; Mehrfachnennungen möglich

Bundesministerium für Familie, Senioren, Frauen und Jugend (Hg.), Freiwilligensurveys, Berlin 1999 - 2010

M 3 ● Formen politischer Beteiligung

Dimension politischer Beteiligung	Formen politischer Beteiligung	Konkrete Akte politischer Beteiligung
Konventionell bzw. verfasst	- Staatsbürgerrolle	- sich an Wahlen beteiligen
	- parteienorientierte Partizipation	- in eine Partei eintreten, aktiv mitarbeiten
Unkonventionell bzw. unverfasst a) legal	- problemorientierte Partizipation	- Mitarbeit in einer Bürgerinitiative, Teilnahme an einer genehmigten Demonstration, Unterschriften sammeln, sich in Versammlungen beteiligen
b) illegal - gewaltlos	- ziviler Ungehorsam	- Teilnahme an einer verbotenen Demonstration, Beteiligung an wilden Streiks, Hausbesetzungen, Blockaden
- gewaltsam	- politische Gewalt	- Gewalt gegen Personen und Sachen

Beate Hoecker, Politische Partizipation: systematische Einführung, in: Dies. (Hg.), Politische Partizipation zwischen Konvention und Protest, Opladen 2006, S. 11

Partizipation

kommt aus dem Lateinischen und leitet sich ab von „pars“ (Teil) und „capere“ (Geben / Nehmen), also: „Teil-Habe“

Engagement

kommt aus dem Französischen, in der Grundbedeutung heißt es Verpflichtung oder Einsatz

M 4 Beteiligungsrechte im Grundgesetz

Das Grundgesetz verankert die rechtlichen und politischen Voraussetzungen für die Beteiligung der Bürger an der Politik als Bestandteil der Grundrechte in Art. 4 GG (Glaubens-, Gewissens- und Bekenntnisfreiheit und Prinzip der freien Religionsausübung), in Art. 5 GG (Meinungs-, Informations- und Pressefreiheit), in Art. 8 GG (Versammlungsfreiheit) und in Art. 17 GG (Petitionsrecht).

Damit werden Rechte und Chancen bestimmt, die die einzelnen Bürger oder Gruppen von Bürgern nutzen oder auch ausschlagen können. [...] Den institutionellen Rahmen für politische Beteiligung normiert das Grundgesetz in drei Bereichen: [...]

1. Die Formulierung in Art. 20 Abs. 2 GG, dass alle staatliche Gewalt vom Volke ausgehe und vom Volk in Wahlen und Abstimmungen und durch besondere Organe der Gesetzgebung, der vollziehenden Gewalt und der Rechtsprechung ausgeübt werde, bedeutet nach der übereinstimmenden Interpretation der Verfassungsrichter, dass neben den Wahlen auch andere Formen der Beteiligung an der Staatsgewalt wie Volksinitiativen, Volksbegehren und Volksentscheide durch das Grundgesetz gedeckt sind. Einigkeit besteht auch darüber, dass die Schöpfer des Grundgesetzes einem eindeutig repräsentativen System den Vorzug gegeben haben. In den Länderverfassungen, vor allem denen jüngeren Datums, sind plebiszitäre Elemente eingebaut.

2. Die herausragende Rolle der Parteien in Art. 21 GG als politische Organisationen, die „bei der politischen Willensbildung mitwirken" und daher in ihrer Binnenstruktur demokratischen Grundsätzen entsprechen müssen, etabliert sie als Mittler zwischen der Herrschaftsstruktur des Staates und den Bürgern.

3. Die Sicherung der Vereinigungs- und Koalitionsfreiheit in Art. 9 GG stellt die freien Vereinigungen der Bürger unter Grundrechtsschutz und betont zusätzlich im Abs. 3 die besondere Bedeutung von Vereinigungen „zur Wahrung und Förderung der Arbeits- und Wirtschaftsbedingungen". [...]

Gert Joachim Glaeßner, Politik in Deutschland, 2., aktualisierte Auflage, Wiesbaden 2006, S. 499 f.

Info

Politik

Nach dem „engen Politikbegriff" umfasst Politik all die Faktoren, die man im Alltagsverständnis als „politisch" bezeichnet: das politische System, das aus Staaten, Parlamenten, Parteien, Politikern usw. besteht und wo Meinungsbildungs- und Entscheidungsprozesse stattfinden.

Der „weite Politikbegriff" holt weiter aus und bezeichnet „Politik" als etwas, das immer und überall dort geschieht, wo Menschen ihr gesellschaftliches Leben organisieren: In Bürgerinitiativen, Demonstrationen, aber auch in scheinbar unpolitischen Bereichen, wie zum Beispiel dem Zusammenleben von Mann und Frau. Danach kann auch das Private politisch sein.

Autorentext

M 5 ● Wie engagieren sich junge Menschen?

	Kommt in Frage	Bereits gemacht
Sich an Wahlen beteiligen	94	87
Beteiligung an einer Unterschriftensammlung	87	75
Teilnahme an einer genehmigten Demonstration	65	43
Sich in Versammlungen an öffentlichen Diskussionen beteiligen	53	34
Aus politischen, ethischen oder Umweltgründen Waren boykottieren oder kaufen	51	37
Sich an einer Online-Protestaktion beteiligen	50	25
Mitarbeit in einer Bürgerinitiative	39	5
In einer Partei aktiv mitarbeiten	22	4
Teilnahme an einer nicht genehmigten Demonstration	20	7

Für die genannten Bereitschaften erfolgte dann die Nachfrage: „Welche der genannten Möglichkeiten haben Sie schon einmal gemacht bzw. waren Sie schon einmal beteiligt?“

Wolfgang Gaiser, Martina Gille, Politische Partizipation junger Menschen, in: POLIS Heft 1/ 2012, S. 15

> „Wenn Sie politisch in einer Sache, die Ihnen wichtig ist, Einfluss nehmen, Ihren Standpunkt zur Geltung bringen wollen: Welche der Möglichkeiten käme für Sie in Frage und welche nicht?“

Aufgaben

1. a) Beschreiben Sie (arbeitsteilig) die jeweilige Situation, die auf den Fotos (M 1) dargestellt wird.
   b) Setzen Sie die dargestellten Aktionen zur Statistik M 2 in Beziehung.
2. a) Überprüfen Sie für die in M 1 dargestellten Handlungen, ob es sich um eine Form bürgerschaftlichen Engagements oder der politischen Partizipation (M 2–M 4) handelt.
   b) Entwickeln Sie auf dieser Grundlage eine Definition der Begriffe „Bürgerschaftliches Engagement“ und „politische Partizipation.“
3. a) Charakterisieren Sie anhand von M 5 die Bereitschaft junger Menschen zum gesellschaftlichen und politischen Engagement.
   b) Erläutern Sie – unter Berücksichtigung Ihrer eigenen Erfahrungen – Faktoren, die die Attraktivität von Beteiligungsformen beeinflussen.
4. Das Ausmaß politischer Beteiligung gilt allgemein als „Gradmesser für eine starke Demokratie“.
   Diskutieren Sie diese Aussage und ihre Grundannahmen. Gehen Sie dabei zunächst von Ihrer Perspektive als junge Bürger (vgl. M 5) aus.

H zu Aufgabe 2 b:
Nutzen Sie politikwissenschaftliche Wörterbücher (z. B. auf der Internetseite www.bpb.de), um Ihre Definition weiter zu präzisieren.

Neu im Bundestag. Einweisung der NovizInnen.

Götz Wiedenroth

1 Vom Problem zum Gesetz – der politische Entscheidungsprozess

Das Betreuungsgeld ist wahrscheinlich eine der am stärksten diskutierten politischen Entscheidungen der letzten Jahre in Deutschland. Während der Rechtsanspruch auf einen Betreuungsplatz für ein- bis dreijährige Kinder beschlossen wurde, wurde vonseiten der Regierungspartei CSU die Forderung erhoben, auch Eltern zu unterstützen, die ihre Kleinkinder nicht in die Obhut von Tagesstätten geben, sondern sie ausschließlich zu Hause erziehen möchten. Ist es eine sinnvolle familien- und damit sozialpolitische Maßnahme, elterliche Erziehung mit zusätzlichem Geld zu unterstützen? Neben eigenen Antworten auf diese Frage erarbeiten Sie in Kapitel 1.1, auf welche Weise politische Einigkeit in einer Koalitionsregierung hergestellt werden kann (informelles Regieren). Zudem lernen Sie u. a. das Modell des Politikzyklus als Möglichkeit kennen, politische Prozesse von der Problemformulierung bis zur (Bewertung der) politischen Entscheidung zu analysieren.
Mithilfe von Kapitel 1.2 erweitern Sie Ihre Kenntnisse zu den Verfassungsorganen der Bundesrepublik Deutschland. Jede dieser fünf Institutionen kann dabei anhand aktueller Probleme bzw. immer wiederkehrender Fragen beurteilt werden, zum Beispiel: Wie groß ist die Macht des Bundeskanzlers? Nutzt die Opposition den Bundesrat, um politische Entscheidungen zu verhindern? Hat der Bundespräsident zu wenig Macht? Mischt sich das Bundesverfassungsgericht (zu sehr) in die Gesetzgebung ein? Dabei können Sie immer wieder das Wissen über die Institutionen auf das Beispiel des politischen Prozesses „Betreuungsgeld“ anwenden.

Aufgaben

1. Beschreiben und analysieren Sie die Karikatur.
2. Nehmen Sie Stellung zu dem von der Abgeordneten verlangten Abstimmungsverhalten.
3. Entwickeln Sie, ausgehend von Ihren bisherigen Ergebnissen, eine vorläufige Definition von „Politik“ in einer Demokratie.

KOMPETENZEN

Am Ende dieses Kapitels sollten Sie Folgendes wissen und können:

... Positionen für und gegen das Betreuungsgeld wiedergeben und bewerten.

... Funktionen und Zusammensetzung der fünf Verfassungsorgane der Bundesrepublik darstellen.

... politische Prozesse mithilfe von Modellen (Politikzyklus, Dimensionen des Politischen) und Kenntnissen zum informellen Regieren analysieren.

... kriterienorientierte Sach- und Werturteile zu familien- bzw. sozialpolitischen Maßnahmen sowie politischen Institutionen entwickeln.

1.1 Zwischen Weltanschauung und „Koalitionspoker“: Der Konflikt um das Betreuungsgeld

1.1.1 Wie und wo sollen Kleinkinder erzogen werden? Kinderbetreuung als „Problem“

M 1 Orte für Kinder

Kleinkinder in einer Kinderkrippe

Mutter mit Kleinkind zu Hause

Kleinkinder bei Tagesmutter

M 2 Die familienpolitischen Vorschläge

a) Eltern, die ihre Kinder im Alter von einem bis drei Jahren selbst zu Hause betreuen, sollen hierfür eine angemessene finanzielle Leistung aus allgemeinen Steuermitteln erhalten.

b) Eltern von Kindern im Alter von einem bis drei Jahren haben einen Rechtsanspruch darauf, dass ihr Kind im Rahmen einer öffentlichen (z.B. Kindertagesstätte) oder öffentlich geförderten (z.B. qualifizierte Tagesmütter) Kindertageseinrichtung – gegen eine angemessene Kostenbeteiligung durch die Eltern – betreut und gefördert wird.

Aufgaben

1. a) Beschreiben Sie die in M 1 dargestellten Erziehungssituationen sowie die Eindrücke und Gefühle, die sie mit diesen Situationen verbinden.
   b) Vergleichen Sie diese Erziehungssituationen systematisch anhand folgender Aspekte: Gemeinsame Zeit von Eltern und Kind – Entwicklungsmöglichkeiten/ Anregung des Kindes – Kosten der Betreuungsleistung – Arbeitsmöglichkeiten der Eltern
2. Erörtern Sie auf der Grundlage Ihres Vergleichs die Vor- und Nachteile der in M 2 formulierten politischen Forderungen.
3. Erklären Sie, warum es sich bei der Frage nach dem „richtigen“ Ort für die Betreuung und Erziehung von Kleinkindern um einen politischen Konflikt handelt.

F zu Aufgabe 2
Gehen Sie dabei auch auf die Frage ein, welche der Forderungen Ihnen gerecht erscheint.

1.1.2 Warum steht die Kinderbetreuung auf der politischen Agenda?

M 3 Familienpolitik – ein „Megathema" mit neuer Ausrichtung

Über politische Initiativen, die Familien und Kinder betreffen, wird derzeit so heftig wie noch nie gestritten. Familienpolitik hat sich in den vergangenen Jahren von einem eher marginalen Thema, das vor allem Frauen zu betreffen schien, zu einem hart umkämpften Bereich entwickelt. [...] Doch warum eigentlich? [...]

„Familienpolitik ist Bildungspolitik, ist Wirtschaftspolitik." Die ehemalige Familienministerin Renate Schmidt machte in einem Interview [...] deutlich, wie sehr sich der Blick auf die Familienpolitik in den vergangenen zehn Jahren gewandelt hat. Früher wurde die Familie als Privatangelegenheit angesehen, die durch Kindergeld und Ehegattensplitting zur Stützung der traditionellen Alleinverdiener-Ehe ausreichend gewürdigt zu sein schien. Im 21. Jahrhundert nun erscheint sie ganz selbstverständlich in einem größeren Kontext. [...]

Den Anstoß für diese Sichtweise gab vor allem die Organisation für wirtschaftliche Zusammenarbeit und Entwicklung (OECD). Diese betont seit Mitte der Neunziger Jahre in verschiedenen Studien [...] immer wieder, dass die alternden westlichen Gesellschaften auf Dauer nur wohlhabend bleiben könnten, wenn sie ihr „Humankapital ausschöpften und dadurch ihre Wettbewerbsfähigkeit erhöhten", wie [die Göttinger] Soziologin [Ilona] Ostner formuliert. Wesentliche Elemente dabei: Den Nachwuchs bestmöglich auszubilden und Frauen in Vollzeitbeschäftigung zu bringen, vor allem hochqualifizierte. Der internationale Vergleich zeigte zudem die deutschen Defizite auf: [so] verdeutlichten Untersuchungen zur Geschlechterungleichheit, welche Schwierigkeiten insbesondere deutsche Frauen damit hatten, Arbeit und Kinder unter einen Hut zu bringen: Vor allem das Angebot an Kleinstkinderbetreuung war seinerzeit völlig unzureichend – und ist es ja vielerorts noch heute. [...]

Mehr Kinder pro Frau – das wurde nun, wenn auch nicht vorrangiges, so doch zumindest ein Teilziel der Familienpolitik. Und bei den Akademikerinnen mit ihrer besonders niedrigen Geburtenrate sahen Familienpolitiker einen guten Ansatzpunkt. [...]

Die Familienministerinnen Renate Schmidt (SPD) und Ursula von der Leyen (CDU) [...] erhoben die bessere Vereinbarkeit von Familie und Beruf zum zentralen Thema [und] entstaubten [...] das zugrunde liegende Familienbild: statt Mann mit Vollzeitjob und Hinzuverdiener-Ehefrauen wurden nun gleichberechtigte Partnerschaften mit beruflich eigenständigen Frauen und einer Aufteilung der Erziehungsaufgaben zum Leitmotiv der Politik. Elterngeld samt „Vätermonaten" und der staatlich verordnete und subventionierte Krippenausbau sollten vor allem auch hoch qualifizierten Frauen ermöglichen, Kinder und Beruf besser unter einen Hut zu bringen. Zugleich sollten sich Väter motiviert fühlen, sich stärker an der Kinderbetreuung zu beteiligen. [...]

Auf der anderen Seite scheint die neue Familienpolitik eine große, im öffentlichen Diskurs weniger wahrgenommene Gruppe vor sich herzutreiben, deren Vorstellungen eher traditionell sind. So hat eine Studie des Bundesinstituts für Bevölkerungsforschung gerade erst wieder gezeigt, dass das Leitbild der „guten Mutter", die sich selbst um die Betreuung ihrer kleinen Kinder kümmert, vor allem in den alten Bundesländern noch stark verbreitet ist – inklusive der Angst, als „Rabenmutter" zu gelten. „Es ist erstaunlich, wie traditionell in Westdeutschland die Vorstellungen sind, wenn es um die Frage geht, was für das

Ehegattensplitting
steuerrechtliche Regelung, die verheirateten Paaren mit sehr ungleichen Einkommen beider Partner einen erheblichen Steuer- und somit Einkommensvorteil gegenüber unverheirateten Paaren oder Paaren mit sehr ähnlichen Einkommen verschafft

Kind gut ist und was nicht“, konstatiert [der Bremer] Familienforscher [Johannes] Huinink. Die Politik versuche, einen Einstellungswandel zu betreiben. Das künftige Leitbild ist das der Mutter, die ihre Erwerbsarbeit möglichst kurz unterbricht und bereits kleine Kinder ganztags betreuen lässt, sagt Ostner. Aber die Bevölkerung hinke in ihrer Einstellung zur Kleinstkindbetreuung noch hinterher. „Deshalb ist die Debatte in Deutschland auch so heftig und emotional.“

Hinzu kommt, dass auf Seiten der Väter bislang eher wenig passiert. Zwar hat die Einführung der sogenannten „Vätermonate“ beim Elterngeld dazu geführt, dass mittlerweile immerhin ein Viertel der Väter auch in Elternzeit geht (wenn auch nur selten länger als zwei Monate), doch reduzieren nur wenige ihre Arbeitszeit, um sich stärker um die Kinder kümmern zu können. Die Rolle des Mannes als Erwerbstätiger sei bislang nicht in Frage gestellt, resümiert Huinink.

Barbara Galaktionov, Wie die Familienpolitik zum Reizthema wurde, www.sueddeutsche.de, 30.12.2012

Fertilität

Die Demografie (Bevölkerungswissenschaft) fasst unter dem Begriff der Fertilität das Fortpflanzungsverhalten einer Gesellschaft zusammen. Indikatoren sind die gesamtgesellschaftliche jährliche Geburtenrate sowie die (kumulative) Geburtenrate einer Kohorte (Geburtsjahrgang oder Generation). Für moderne Gesellschaften geht man davon aus, dass 2,1 Kinder pro Frau geboren werden müssen, um die Bevölkerungsgröße auf einem konstanten Niveau zu halten.

M 4 ● Der demografische Wandel in Deutschland

a) Altersaufbau der Bevölkerung

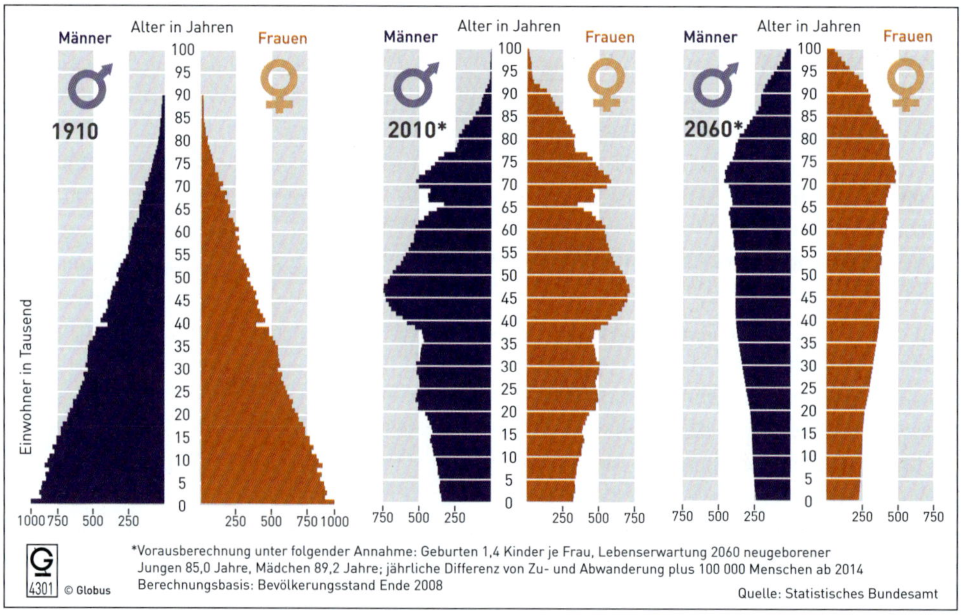

b) Geburtenentwicklung in Deutschland

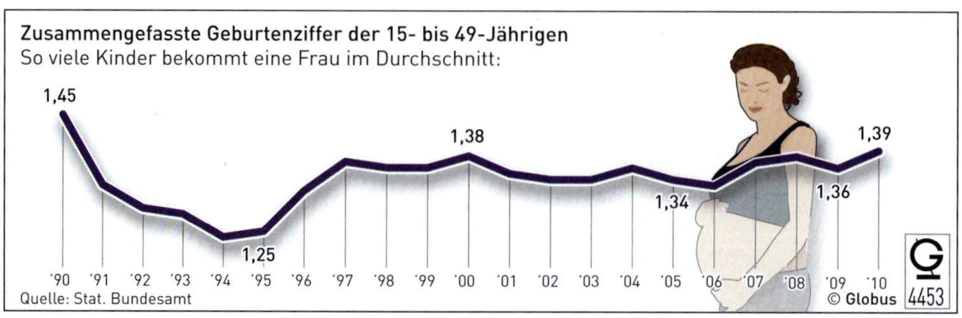

M 5 ● Ungenutzte Qualifikationspotentiale und Geschlechterungerechtigkeit: Erwerbstätigkeit in Deutschland

a) Altersspezifische Erwerbstätigenquote

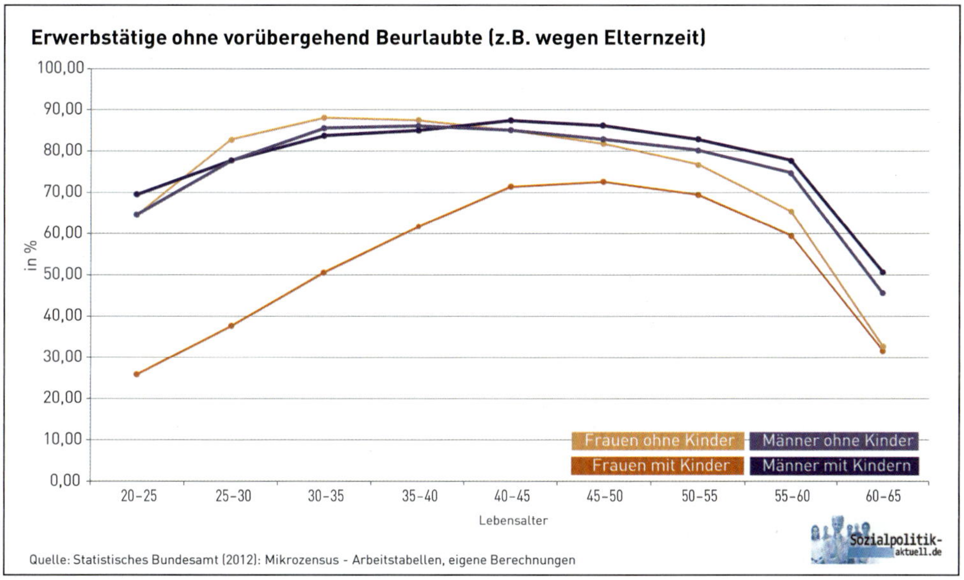

www.sozialpolitik-aktuell.de

b) Erwerbstätigenquote von Müttern und Vätern

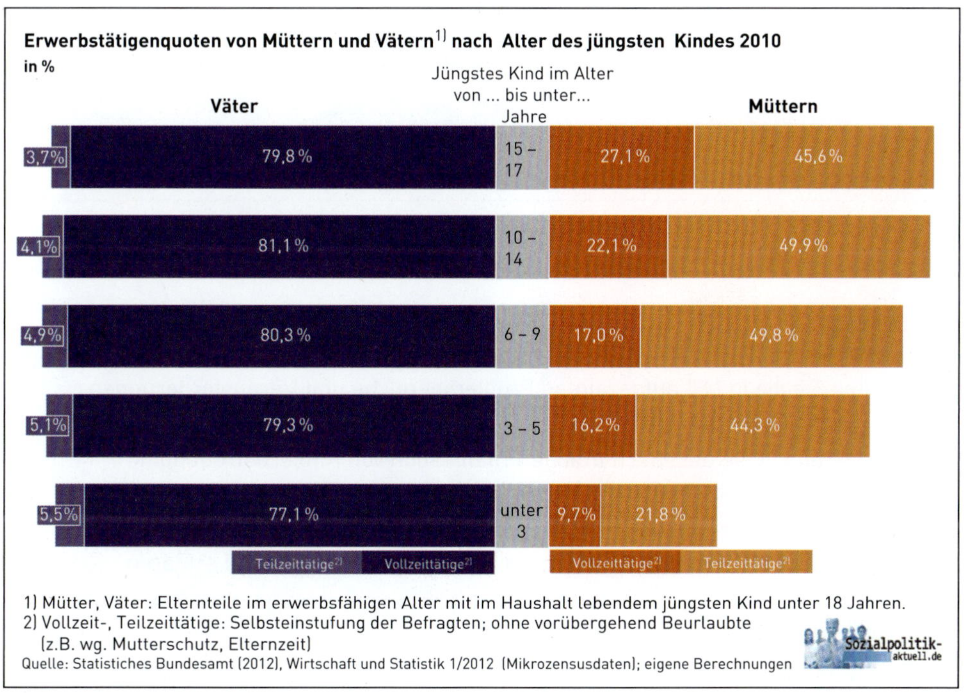

www.sozialpolitik-aktuell.de

Kosten der Kinderbetreuung

Die Gebühren für Kinderbetreuung in Kindertagesstätten richten sich in der Regel nach folgenden Aspekten: Einkommen der Eltern, Dauer der Betreuung (z. B. Halbtags- oder Ganztagsplatz) sowie Anzahl der betreuten Kinder (in der Regel deutliche Ermäßigung für Geschwisterkinder). Die Höchstsätze für Ganztagsplätze in Kindertagesstätten betragen:

- in Hannover: 244 €
- in Braunschweig: 554 € (Krippe) bzw. 345 € (Kindergarten)
- in Göttingen: 370 € (Krippe) bzw. 267 € (Kindergarten)
- in Aurich: kostenlos

Zusammenstellung des Autors

M 6 Was Paare und Eltern wollen

Arbeitszeiten, Kita-Ausbau, Betreuungsgeld – das Wahljahr [2013] steht im Zeichen der Familienpolitik. Jede Partei will ein Rezept gegen Deutschlands Nachwuchsmangel gefunden haben. Doch was wünschen sich Eltern wirklich für sich und ihre Kinder? Eine [im April 2013] veröffentlichte Forsa-Studie im Auftrag des Magazins „Eltern" hat versucht, einige Antworten zu finden. [...]

1. Zwischen Wunsch und Wirklichkeit liegt eine Kluft. Nur wenige Eltern schaffen es, ihre favorisierte Rollenverteilung auch im Alltag umzusetzen.

- Gerade einmal 6 Prozent der befragten Eltern sprechen sich für das traditionelle Alleinverdienermodell aus – aber 14 Prozent befinden sich in einem. [...]
- 38 Prozent favorisierten in der Umfrage die Variante „beide arbeiten 30 Stunden und teilen sich Hausarbeit und Kinder". Realisieren können dieses Modell jedoch nur 6 Prozent der Befragten, die mit einem Partner zusammenleben. [...]
- Einer der Hauptgründe für die Kluft zwischen Wunsch und Wirklichkeit ist das Geld: 45 Prozent sagen, das Einkommen würde zu gering ausfallen, wenn sie ihr Wunschmodell umsetzten.

2. Das wichtigste Anliegen von Eltern bleibt eine gesicherte Kinderbetreuung:

- Nur ein Viertel der befragten Eltern ist der Meinung, dass genügend Kita-Plätze für Kleinkinder vorhanden sind. [...]
- Auf die Frage, wann Frauen nach der Geburt wieder arbeiten gehen sollten, antworten 24 Prozent: nach einem Jahr. [...] 42 Prozent denken allerdings, erst nach drei Jahren oder später sei der richtige Zeitpunkt.

amz, Eltern scheitern an Work-Life-Balance, www.spiegel.de, 9.4.2013

M 7 Wo werden Kleinkinder betreut?

	Kinder im Alter von 0–3 Jahren		Kinder im Alter von 3–5 Jahren	
	Betreuungsquote[1]	Ganztagsquote	Betreuungsquote[1]	Ganztagsquote
Deutschland	27,6	14,6	93,4	37,1
Alte Bundesländer	22,3	9,3	92,9	29,8
Neue Bundesländer	49,0	36,0	95,6	68,0

1) in Kindertagesstätte oder öffentlich geförderter Kinderpflege

Statistisches Bundesamt und Wissenschaftszentrum Berlin für Sozialforschung (Hg.), Datenreport 2013, Bonn 2013, S. 58

H zu Aufgabe 1
Visualisieren Sie Ihre Ergebnisse in einer Mindmap.

H zu Aufgabe 2
a) Beachten Sie z.B. die Bedeutung der arbeitenden Generation für die Funktionsweise der umlagefinanzierten Gesetzlichen Rentenversicherung.
b) Beachten Sie die Abhängigkeit individueller Lohnersatzleistungen (im Rahmen der Arbeitslosen- und Rentenversicherung) von der bisherigen Erwerbsbiographie.

Aufgaben

1. Arbeiten Sie die in M 3 aufgezeigten Problembereiche und Herausforderungen deutscher Familienpolitik heraus.
2. Analysieren Sie die gesellschaftliche Organisation von Kinderbetreuung (M 7, M 1/M 2) als politisches Problem, indem Sie
   a) den demografischen Wandel in Deutschland (M 4) beschreiben und dessen Auswirkungen auf die Systeme der sozialen Sicherung in Deutschland erklären.
   b) das Ausmaß der Frauenerwerbstätigkeit (im Vergleich zur Männererwerbstätigkeit) erklären (M 5) und mögliche Folgen für Individuum und Gesellschaft aufzeigen.
   c) die Vorstellungen heutiger Familien zu Erziehung und familiärer Arbeitsteilung (M 6, M 3) analysieren und zu Angeboten der Familienpolitik in Beziehung setzen.

1.1.3 Was will „die Politik"? Politische Programme in der Kontroverse

M 8 ● Vorschläge und Positionen in der politischen Auseinandersetzung

Deutscher Bundestag Drucksache **17/9917**
17. Wahlperiode

Gesetzentwurf
der Fraktionen der CDU/CSU und FDP

Entwurf eines Gesetzes zur Einführung eines Betreuungsgeldes (Betreuungsgeldgesetz)

a) *Die Bundestagsabgeordnete Dorothee Bär (CSU) nimmt als Sprecherin der CDU/CSU-Fraktion für das Politikfeld ‚Familie, Senioren, Frauen und Jugend' in der Debatte um die Einführung des Betreuungsgeldes am 28.6.2012 im Deutschen Bundestag Stellung:*

Wir müssen uns die Frage stellen: Worin besteht gute Familienpolitik, und was ist unsere Aufgabe als verantwortungsvolle und vor allem verantwortliche Familienpolitikerinnen und Familienpolitiker? Ist es unsere Aufgabe, Eltern vorzuschreiben, welches Modell sie zu leben haben, um dann über die Steuergelder unserer Mitbürgerinnen und Mitbürger einen finanziellen Vorteil zu bekommen? Oder ist es richtig, die Super-Nanny spielen zu wollen, die den Eltern sagt: „Brav! Dieses eine ist das richtige Modell im Jahr 2012. Ihr lebt ein falsches Modell, und deswegen erhaltet ihr als Umerziehungsmaßnahme nichts"? [...]

Es gibt nicht die Einheitsfamilie in Deutschland. [...] Wenn wir uns alle einig sind, dass es in Deutschland nicht die Einheitsfamilie gibt, dann frage ich mich, warum man eine Einheitslösung, ein Einheitsmodell in diesem Lande möchte. [...]

Ich freue mich [...], dass wir den Eltern, die Modelle leben wollen, die Sie, meine Damen und Herren von der Opposition, nicht goutieren, sagen können, dass auch ihr Lebensentwurf von uns eine Wertschätzung erhält.

Wir haben in den letzten Monaten viel Kontroverses über die Betreuung von Kleinkindern gehört: dass kleine Kinder angeblich jetzt bräuchten, was sie die letzten Jahrzehnte vielleicht nicht gebraucht haben. Aber mir kommt in der Diskussion eines viel zu kurz: Es mischen sich zwar diejenigen ein, die sagen, dass aus Arbeitgebersicht das und das wichtig ist, aus einer anderen Sicht das und das wichtig ist, aber es wird wenig geschaut, was eigentlich diese Kinder brauchen. [...]

Jedes Kind ist anders, und deswegen gibt es nicht die eine Betreuungsform, die für jedes Kind gleich geeignet ist. Deswegen gibt es auch nicht die eine Antwort. Viele sogenannte Experten veröffentlichen Studien noch und nöcher. [...] Aber kaum jemand

verlässt sich auf die wirklichen Experten bei diesem Thema. [...] Die wirklichen Experten, die wissen, was das Beste für ihr Kind ist, sind selbstverständlich die Eltern. Eine deutliche Mehrheit – ich sage das aus voller Überzeugung – der Eltern in unserem Lande wünscht sich für die unter Dreijährigen immer noch eine Alternative zur Krippenbetreuung. Die Eltern wünschen sich, die Kinder selbst zu betreuen bzw. eine individuelle Form der Betreuung zu wählen, die ihren Bedürfnissen entspricht. [...]
Selbstverständlich ist Bildung wichtig. Wir müssen aber doch immer überlegen, über welche Lebensmonate wir sprechen. In den ersten Lebensmonaten geht es in erster Linie um Bindung. Die Bindungsforschung hinsichtlich der Lebenszeit, über die wir sprechen, geht völlig unter. Doch gerade in den ersten Lebensmonaten hat Bildung sehr viel mit Herzensbildung zu tun. Dabei steht das Bedürfnis nach einer verlässlichen Bindung im Vordergrund. Deswegen ist eine familiäre bzw. eine familiennahe Betreuung zu unterstützen. Der Staat [...] ist nicht der bessere Erzieher! Wir dürfen nicht zulassen, dass die ‚Lufthoheit über die Kinderbetten' [Zitat des SPD-Politikers Olaf Scholz] wieder errungen werden muss. [...]
Ich wünsche mir auch von Ihrer Seite ein bisschen mehr Vertrauen gegenüber den Familien in unserem Land; denn diese haben es verdient. An dieser Stelle möchte ich mich einmal ganz besonders bei den Eltern bedanken, bei den Müttern und Vätern, die 7 Tage die Woche, 24 Stunden am Tag, 365 Tage im Jahr eine Erziehungsleistung erbringen, die nicht mit Geld aufzuwiegen ist. Sie haben es verdient. Vielen Dank an sie alle.

Deutscher Bundestag, Stenografischer Bericht der 187. Sitzung am Donnerstag, 28.6.2012 (Plenarprotokoll 17/187), S. 22306 – 22308

Deutscher Bundestag Drucksache **17/9572**
17. Wahlperiode

Antrag
der Fraktion der SPD – KITA-Ausbau statt Betreuungsgeld

b) *Die Bundestagsabgeordnete Caren Marks (SPD) äußert sich in ihrer Funktion als familienpolitische Sprecherin ihrer Fraktion in der selben Bundestagsdebatte zum geplanten Betreuungsgeld:*
[...] Waschkörbeweise erreichen uns Stellungnahmen und Briefe, in denen bemängelt wird, dass Eltern nach wie vor in unserem Land keine echte Wahlfreiheit haben, dass sie nicht zwischen Kita und Betreuung zu Hause wählen können, weil Tausende Krippenplätze in unserem Land fehlen. In diesen Stellungnahmen wird die Bundesregierung aufgefordert, auf das Betreuungsgeld zu verzichten und endlich in den qualitativ hochwertigen Ausbau von Kitas mit entsprechendem Personal zu investieren. [...]
Ich möchte jetzt auf den Gesetzentwurf eingehen, um die Absurdität des Ganzen noch einmal deutlich zu machen. Dreh- und Angelpunkt des Gesetzes ist, die Zahlung des Betreuungsgelds an die Bedingung zu knüpfen, dass ein Kind keine öffentlich geförderte Kita [Kindertagesstätte] oder Kindertagespflege in Anspruch nimmt. Das Betreuungsgeld soll aber mit allen anderen Betreuungsformen – also nicht nur mit der Betreuung zu Hause in der Familie, sondern auch durch ein Au-pair oder ein Kindermädchen oder in einer privaten Einrichtung – vereinbar sein. Qualitätskriterien, geschweige denn [...] Kriterien des Kinderschutzes, die bei öffentlich geförderten Angeboten eine wichtige Voraussetzung sind, sollen keine Voraussetzung für die

Zahlung eines Betreuungsgeldes sein. [...] Was heißt das? Erstens wird das von der CSU immer wieder vorgebrachte Argument ad absurdum geführt, dass das Betreuungsgeld die Erziehungsleistung der Eltern anerkennen soll, die ihr Kind zu Hause betreuen. [...] Denn auch andere Betreuungsformen – egal ob qualifiziert oder nicht – sind nun mit dem Betreuungsgeld vereinbar.

Zweitens läuft diese Regelung den jahrelangen Anstrengungen von Bund, Bundesländern und Kommunen zuwider, die staatlich geförderten Angebote der frühkindlichen Bildung weiter auszubauen, zu qualifizieren und möglichst vielen Kindern in unserem Land bereitzustellen. [...]

Der aktuelle nationale Bildungsbericht, von der Bundesregierung und den Ländern in Auftrag gegeben, macht deutlich, dass das Betreuungsgeld insbesondere die öffentliche Förderung von Kindern mit Sprachdefiziten konterkariert [durchkreuzt]. Circa ein Viertel der Drei- bis Siebenjährigen haben Sprachförderungsbedarf. Ein Viertel, meine Damen und Herren! Die Erziehungswissenschaftlerin Angelika Ehrhardt schrieb in einem Gastkommentar: „Anreize zu schaffen, sein Kind möglichst lange zu Hause zu betreuen, ist dabei besonders für Familien aus bildungsfernen Milieus kontraproduktiv. ... Kinder, die eine Kita besuchen – und zwar je länger, desto besser –, verfügen über einen Lernvorsprung bis zu einem Schuljahr."

Ihr Betreuungsgeld entspricht also keiner folgerichtigen, keiner konsistenten Gesetzgebung und zeigt deutlich, dass der Koalition am Ausbau der frühkindlichen Bildung nicht wirklich viel liegt. [...]

Wir wissen doch alle, dass Deutschland immer wieder ermahnt wird – auch innerhalb der EU und von der OECD –, qualitativ und quantitativ mehr in die frühkindliche Bildung zu investieren. Wir, die SPD, haben dieses Ziel seit langem in den Mittelpunkt gerückt. Das Betreuungsgeld wird das Erreichen dieses wichtigen Ziels – dabei geht es um den Ausbau der frühkindlichen Bildung bzw. der Krippenplätze, aber auch um Qualität und den Kinderschutz – konterkarieren. Es ist bildungs-, gleichstellungs- und integrationspolitisch schlichtweg kontraproduktiv. [...]

Deutscher Bundestag, Stenografischer Bericht der 187. Sitzung am Donnerstag, 28.6.2012 (Plenarprotokoll 17/187), S. 22317 – 22319

Anzeige Bündnis 90/ Die Grünen

Aufgaben

1. a) Analysieren Sie die beiden familienpolitischen Positionen (M 8, vgl. M 2) hinsichtlich ihrer (a) Familienbilder, (b) Zielsetzungen, (c) vorgesehenen politischen Maßnahmen und (d) Begründungen.

   b) Ordnen Sie beide Positionen anhand ihrer Bezüge zu den politischen Grundwerten Freiheit, Gleichheit und Gerechtigkeit in das Spektrum politischer Orientierungen ein (siehe Methodenseite „Politische Positionen analysieren").

2. Nehmen Sie zu den politischen Forderungen (M 8) vor dem Hintergrund (a) der Problemdiagnose (M 3 – M 7) sowie (b) Ihrer individuellen Wertvorstellungen begründet Stellung.

H zu Aufgabe 1 b)
Entwickeln Sie zunächst in Analogie zur „Schulfest-Frage" mögliche familienpolitische Positionen und visualisieren Sie diese im „Wertequadrat".

H zu Aufgabe 2
Nutzen Sie hierfür die Strategien politischer Urteilsbildung (Kap. 1.2).

F zu Aufgabe 2
Vergleichen Sie die bildlichen Darstellungen des Betreuungsgeldes, die Befürworter und Gegner verwenden.

Politische Positionen analysieren

„Es ist nur gerecht, wenn Menschen, die vierzig Jahre lang gearbeitet haben, eine auskömmliche Rente erhalten“ – „Bei der Versorgung aller Regionen mit schnellem Internet ist der Staat gefordert.“ – „Der Staat sollte sich nicht bevormundend in die privaten Angelegenheiten der Menschen einmischen“. Solche und ähnliche Schlagwörter begegnen uns häufig im medial vermittelten politischen Diskurs. Doch was verbirgt sich genau hinter solch fokussierten Aussagen? Welche politischen Denkrichtungen lassen sich ausmachen, wenn Politikerinnen und Politiker ganz unterschiedlicher Parteien eine politische Forderung als „richtig“, „sinnvoll“ oder „gerecht“ bezeichnen?

Politische Denktraditionen und Konfliktlinien

In ihrer historischen Entstehung haben sich politische Denktraditionen, die bis heute fortwirken, im Wesentlichen entlang zweier grundlegender politischer Fragen und Konflikte herausgebildet. Die Reduzierung des politischen Spektrums auf eben diese Konfliktlinien hilft auch heute noch, politische Positionen genau zu verorten (siehe Schaubild).

(1) Menschen haben sich stets gefragt, nach welchen Kriterien die Güter verteilt werden sollen, die eine Gesellschaft erwirtschaftet. Diese **Verteilungskonfliktlinie** ist durch zwei gegensätzliche Positionen gekennzeichnet:

- Auf der einen Seite („links“) fordern Bürger und Politiker die Einhaltung sozialer Gleichheit, die durch eine gesellschaftlich organisierte Umverteilung der erwirtschafteten Güter erreicht werden soll. „Gerecht“ geht es in dieser Vorstellung zu, wenn alle Menschen das Gleiche erhalten.
- Auf der gegenüberliegenden Seite („rechts“) steht die Position, dass die Verteilung der vorhandenen Güter über den Markt erfolgt, was Ungleichheiten nach sich ziehen kann – und als Anreiz auch nach sich ziehen soll. Die – ungleiche – Verteilung von Gütern erscheint dieser Vorstellung als „gerecht“, weil sie die Anstrengungen und daraus resultierenden Erfolge Einzelner abbildet.

(2) Ein Gemeinwesen muss darüber hinaus die Frage beantworten, auf welcher gesellschaftlichen Ebene über Aspekte der **individuellen und kollektiven Lebensführung** befunden wird. Auch auf dieser Entscheidungskonfliktlinie lassen sich zwei gegensätzliche Positionen ausmachen:

- Auf der einen Seite („links“) steht das Ideal individueller Freiheit und Selbstbestimmung. Gesamtgesellschaftlich relevante Entscheidungen sollten demnach durch den freien Zusammenschluss der Bürgerinnen und Bürger herbeigeführt werden.
- Dem steht die Position gegenüber („rechts“), dass kollektiv bindende Entscheidungen nur durch übergeordnete Autoritäten herbeigeführt und durchgesetzt werden können und sollen. Während in der Vormoderne hier vor allem die Kirche in Frage kam, stehen in der Moderne hierfür staatliche Institutionen und Organe bereit.

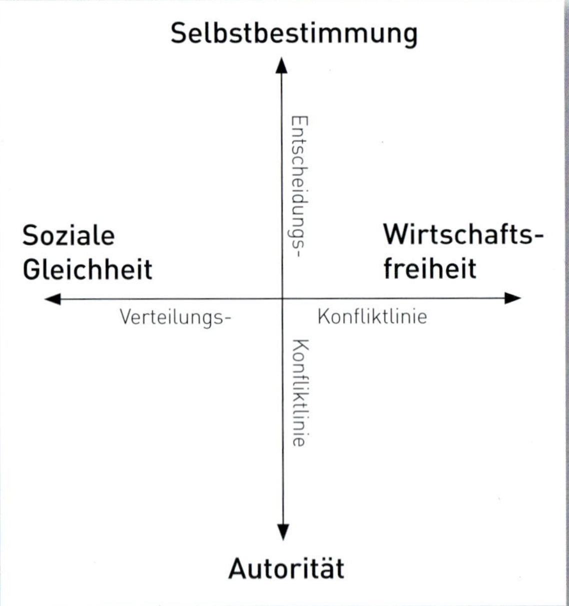

Fallbeispiel: Schulfest

Was bedeuten diese Konfliktlinien nun konkret? Dies lässt sich an einem alltäglichen Beispiel, das auf den ersten Blick keine Berührungspunkte mit „der Politik“ aufweist, nachvollziehen.
Ihre Schule veranstaltet im Sommer ein großes Schulfest. Wie immer gibt es zahlreiche Stände und Attraktionen, mit denen die Klassen und Kurse Geld einnehmen – jedoch je nach Angebot (Essen, Tombola, Kinderschminken, ...) und Standort auf dem Schulgelände in unterschiedlicher Höhe. Was aber soll mit diesem Geld geschehen? Und: wer entscheidet endgültig über Verteilung und Verwendung des Geldes?
Hinsichtlich dieser grundlegenden Fragen sind (a) zwischen Anweisungen der Schulleitung und eigenverantwortlicher Entscheidung der Schülerinnen und Schüler sowie (b) zwischen einer Gleichverteilung der Einnahmen und der „Anerkennung“ des „Erfolges“ einzelner Klassen diverse Positionen vorstellbar, die auf politische Denktraditionen verweisen.

Wertequadrat zum Schulfest

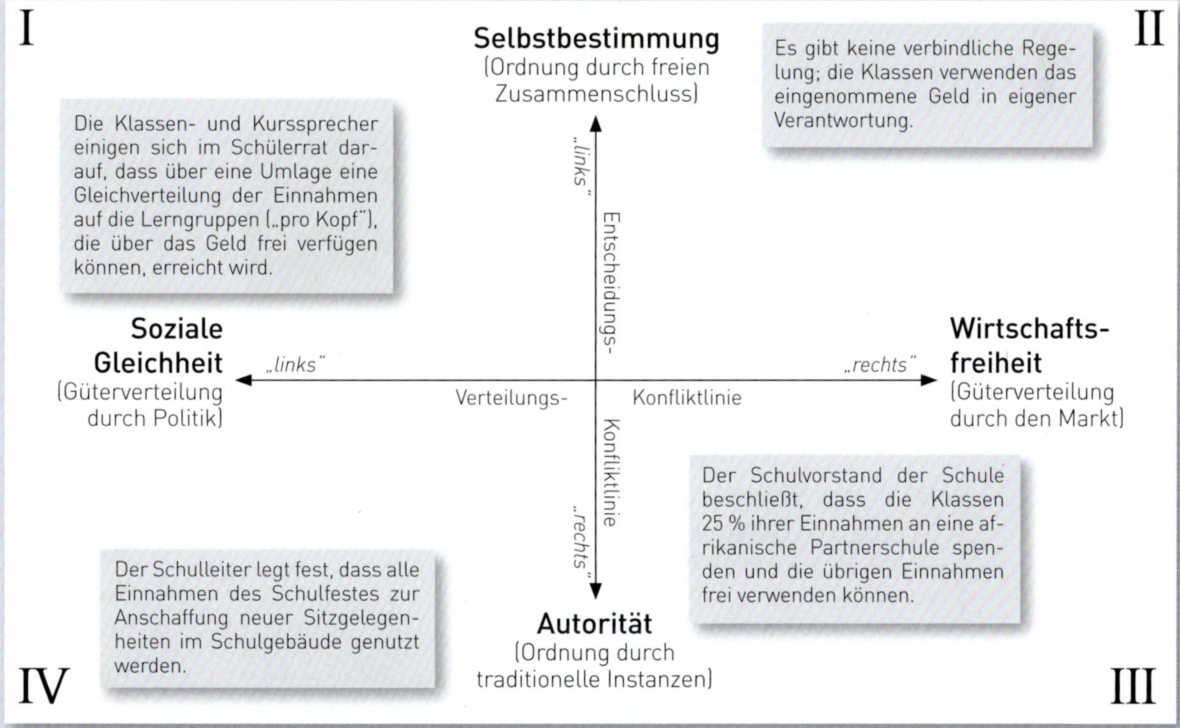

Autorengrafik

Die vier Quadranten des „Wertequadrates“ repräsentieren historisch dominierende politische Strömungen. So steht der erste Quadrant für einen linkslibertären Anarchismus, während die Verteilungsfrage im Sozialismus weitaus autoritärer entschieden wird (vierter Quadrant, linksautoritär).
Auch die Anerkennung ungleicher Marktergebnisse kann mit unterschiedlichen Vorstellungen über die „richtige“ Ebene gesellschaftlicher Entscheidungsfindung verknüpft werden. Während der Liberalismus (zweiter Quadrant, rechtslibertär) die weitgehende Selbstorganisation freier Individuen vorsieht, bedarf es nach Auffassung des Konservatismus (dritter Quadrant, rechtsautoritär) traditionaler, übergeordneter Instanzen, um den Zusammenhalt der Gesellschaft zu gewährleisten.

Autorentext, Schaubild nach: Andreas Petrik, „Genesis ist nicht Geschichte“, in: Jan Bauer u. a. (Hg.), Geschichtslernen – Innovationen und Reflexionen, Pfaffenweiler 2008, S. 383

1.1.4 Wie entsteht ein Gesetz?

M 9 ● Die formalen Etappen der Gesetzgebung

Autorengrafik

1 Die meisten Gesetze, die in den Bundestag eingebracht werden, sind Vorlagen der Regierung. Die Entwürfe werden in den zuständigen Fachministerien erarbeitet.

2 Generell können Gesetzentwürfe von der Bundesregierung, aus dem Bundestag oder vom Bundesrat eingebracht werden.

3 Die erste Beratung im Plenum des Bundestages dient der Begründung des Gesetzesvorhabens und der Erörterung der Grundsätze der Vorlage. Es erfolgt noch kein Beschluss.

Der Gesetzentwurf wird anschließend an die fachlich zuständigen Ausschüsse überwiesen und dort intensiv beraten. Dort können in sogenannten „hearings" auch Experten von außerhalb zu einem Gesetz gehört werden. Der Ausschuss kann dann dem Plenum eine Abänderung, Annahme oder Ablehnung des Entwurfs empfehlen.

4 Die zweite Lesung (Beratung) des Entwurfs erfolgt auf der Grundlage der Ausschussempfehlung. Über die einzelnen Bestimmungen wird dann abgestimmt.

Die dritte Lesung schließt sich unmittelbar an. Anschließend erfolgt die Schlussabstimmung.

5 Das im Bundestag beschlossene Gesetz wird dann dem Bundesrat zugeleitet. Die Zustimmung des Bundesrats ist erforderlich, wenn es sich um ein Zustimmungsgesetz handelt, in der Sache also Bund und Länder zuständig sind. Bei einem Einspruchsgesetz kann der Bundestag einen Einspruch des Bundesrats in einer weiteren Abstimmung überstimmen.

6 Bei Uneinigkeit über ein Zustimmungsgesetz und einer drohenden Ablehnung kann der Vermittlungsausschuss angerufen werden, der einen Kompromissvorschlag erarbeitet, über den Bundestag und Bundesrat erneut abstimmen. Bundestag und Bundesrat entsenden je 16 ihrer Mitglieder in den Vermittlungsausschuss. Können sich die Vertreter dabei nicht einigen, ist das Gesetz – wenn es sich um ein zustimmungspflichtiges Gesetz handelt – gescheitert.

7 Nach der Verabschiedung des Gesetzes wird es dem zuständigen Minister und dem Bundeskanzler zur Unterzeichnung vorgelegt.

Anschließend muss noch der Bundespräsident das Gesetz unterzeichnen. Er kann seine Unterschrift nur verweigern, wenn er der Auffassung ist, dass das Gesetz gegen die Verfassung verstößt.

Das Gesetz wird im Bundesgesetzblatt verkündet und tritt in Kraft.

Autorentext

Erklärfilm zum Gesetzgebungsprozess (Mediencode 73004-01)

Aufgaben

1. a) Beschreiben Sie den formalen Gang der Gesetzgebung in der Bundesrepublik Deutschland.

   b) Erklären Sie hypothesenartig, bei welchen Etappen besonders die Gefahr des Scheiterns für einen Gesetzesvorschlag besteht.

METHODE

Dimensionen des Politischen

Die politische Philosophie seit der griechischen Antike und auch manche Ansätze der älteren und neueren Politikwissenschaft haben versucht, Politik substantiell zu definieren; also wurde nach dem „Wesen" von Politik gesucht. Im Gegensatz dazu steht mit den „Drei Dimensionen des Politischen" seit geraumer Zeit (neben dem „Politikzyklus") ein Strukturmodell zur Verfügung, mit dem sich einerseits zwischen politischen und nicht politischen Phänomenen unterscheiden und andererseits die Struktur politischer Prozesse analysieren lässt.

[Heutzutage] sieht [man] Politik in der Gesellschaft grundsätzlich mehrdimensional strukturiert. Politik hat nach dieser Auffassung erstens eine **institutionelle (formale) Dimension [polity]**, die durch Verfassung, Rechtsordnung und Tradition festgelegt ist. Regierungen, Parlamente und Gerichte, Ämter, Schulen und Körperschaften sind die deutlich sichtbaren Institutionen der verfassten Rechtsordnung. Auch die Grundsätze der politischen Willensbildung werden durch Institutionen kanalisiert: Wahlen, Grundrechte der Meinungsfreiheit, Parteien und Verbände. Die beiden übrigen Dimensionen von Politik, Inhalt und Verlauf, werden durch die institutionelle Form in Bahnen gelenkt; der Handlungsspielraum wird durch die Institutionen abgesteckt. [...]
Politik hat zweitens eine **normative, inhaltliche Dimension [policy]**, die auf Ziele, Aufgaben und Gegenstände von Politik verweist. Die Gestaltung und Aufgabenerfüllung von Politik ist von den Interessen in der Gesellschaft abhängig. Da diese individuellen, materiellen und ideellen Interessen äußerst vielfältig und durch die Knappheit der Mittel gegensätzlich und widersprüchlich sein müssen, ist der inhaltliche Gestaltungsraum von Politik mit Konfliktstoff gefüllt. [Man kann an einer Stelle Gefahr laufen, policy und polity miteinander zu verwechseln: Eigentlich gehört der rechtliche Rahmen ja zur institutionell-formalen Dimension von Politik (polity). Ein Gesetz (oder auch ein Verfassungsartikel) kann allerdings selbst Gegenstand eines politischen Prozesses werden, in dessen Folge es geändert, gestrichen oder beibehalten wird. In einem solchen Fall ist das Gesetz (der Verfassungsartikel) Gegenstand von Politik (policy)].
Politik hat drittens eine **prozessuale Dimension [politics]**, die auf die Vermittlung von Interessen [der Akteure] durch Konflikt und Konsens abstellt. Dieser ständige Prozess der politischen Willensbildung und Interessenvermittlung kann allein durch das Studium der Institutionen oder der Inhalte nicht begriffen werden. Alle Formen der Macht und ihrer Durchsetzung, [...] auch informelle und verborgene, sind für den politischen Prozess zu berücksichtigen. [...]
Alle drei – die institutionelle Form als polity, der normative Inhalt als policy und der prozessuale Verlauf als politics – machen zusammen das aus, was man als Politik bezeichnen kann. Politik ist also kein bestimmter Raum in der Gesellschaft, sondern Politik ist ein dreifaches Prinzip, das institutionell, normativ und prozessual bestimmt wird. [...]

Ulrich von Alemann, Politikbegriffe, in: Dieter Nohlen (Hg.), Wörterbuch Staat und Politik. München 1991, S. 492 f. (Hervorhebungen z.T. hinzugefügt)

Dimensionen von Politik	institutionell-formal (polity)	normativ-inhaltlich (policy)	prozessual (politics)
Kategorien	Verfassung Institutionen Entscheidungsregeln Gesetze/Rechtsnormen Traditionen	Problem Programme Werte Normen Theorien Ziele Lösungen Ergebnisse Folgen	Akteure Interesse Macht Konflikt Konsens Entscheidung Legitimität Partizipation

Autorengrafik

1.1.5 Das Betreuungsgeld im informellen „Koalitionspoker"

M 10 Die Chronologie des Betreuungsgeldes

14. Mai 2007:
Die Große Koalition einigt sich auf den Rechtsanspruch auf Krippenbetreuung für Kleinkinder. CSU-Chef Edmund Stoiber macht dies aber von der Einführung einer monatlichen Zahlung von etwa 150 Euro an Eltern abhängig, die ihre Kinder zu Hause betreuen wollen – und erntet Kritik der Bundesfamilienministerin Ursula von der Leyen (CDU) und vom Koalitionspartner SPD.

7. November 2008:
Das Kinderförderungsgesetz [das den Ausbau von Kindertagesstätten und den Rechtsanspruch auf einen Kita-Platz] wird [...]. Darin wird ab 2013 auch das Betreuungsgeld [als möglicherweise zu beschließende Option] aufgeführt.

26. Oktober 2009:
Schwarz-Gelb unterzeichnet den Koalitionsvertrag, in den auf Druck der CSU auch das Betreuungsgeld aufgenommen wird.

28. November:
Bundesfamilienministerin Kristina Köhler (heute Schröder) (CDU), sieht beim Betreuungsgeld einen „schweren Zielkonflikt" zwischen Anerkennung der Elternleistung und dem falschen Anreiz, das Kind zu Hause zu betreuen.

6. November 2011:
Nach erneuten monatelangen Debatten beschließen CDU, CSU und FDP im Koalitionsausschuss, dass das Betreuungsgeld ab Anfang 2013 gezahlt werden soll. Zunächst sollen es nun 100 Euro pro Monat für das zweite Lebensjahr sein, ab 2014 dann 150 Euro für das zweite und dritte Lebensjahr.

März 2012:
23 CDU-Abgeordnete im Bundestag unterschreiben einen Brief, dass sie den von Bayerns Sozialministerin Christine Haderthauer (CSU) vorgelegten Gesetzentwurf ablehnen werden.

2. April:
„Die politische Entscheidung in der Koalition ist gefallen", lässt Bundeskanzlerin Angela Merkel (CDU) ihren Regierungssprecher zum Betreuungsgeld erklären. Doch der Streit geht weiter.

15. Juni:
Die erste Lesung des Gesetzes scheitert an der Beschlussunfähigkeit des Parlaments, da nicht genügend Abgeordnete anwesend sind.

Juni:
FDP-Chef Philipp Rösler stellt neue Forderungen zu Nachverhandlungen auf. CSU-Chef Horst Seehofer droht für den Fall des Scheiterns des Betreuungsgelds mit Koalitionsbruch.

September:
Die Union erarbeitet ein Kompromissmodell, nachdem die Zahlung an den Besuch von Vorsorgeuntersuchungen geknüpft werden soll. Außerdem soll das Geld nicht nur bar, sondern auch als Beitrag zur privaten Altersvorsorge ausgezahlt werden können. Wenige Tage später lehnt das FDP-Präsidium den Vorschlag ab.

18. Oktober:
Wegen anhaltender Differenzen entfällt die geplante zweite und dritte Lesung des Betreuungsgelds im Bundestag.

22. Oktober:
Rösler fordert, das Betreuungsgeld durch eine Bildungskomponente zu ergänzen, nach der es auch für die spätere Ausbildung der Kinder angespart werden kann.

Politikergebnis:

Das Betreuungsgeld wird in der Regel ab dem 15. Lebensmonat des Kindes und somit nach Ablauf des Elterngeld-Bezuges von 14 Monaten für die Dauer von 22 Monaten gezahlt. Es kann auch beansprucht werden, wenn eine nicht öffentlich geförderte Kinderbetreuung z.B. durch nahe Verwandte oder Au-Pairs organisiert wird.

Wer entscheidet, was passiert?

Politische Entscheidungen auf dem „Basar" der Koalition

Vor dem Koalitionsgipfel am Sonntag [4.11.2012] werden in der CDU-Spitze der Verzicht auf das Betreuungsgeld und der Erhalt der Praxisgebühr als sinnvollstes aller möglichen Ergebnisse [erörtert]. „Wir sollten Haushaltskonsolidierung, sozialen Ausgleich und Investitionen in den Vordergrund stellen", sagte ein führendes CDU-Mitglied aus dem Umfeld von Bundeskanzlerin Angela Merkel. [...]

Allerdings gilt es als wenig wahrscheinlich, dass sich CSU und FDP bei dem Koalitionsgipfel am Sonntagabend auf einen solchen Vorschlag einlassen, da sie sich bereits zu sehr festgelegt haben. Möglich ist, dass die CDU mit ihrem Vorstoß verhindern will, dass die Koalitionspartner sich ihres Erfolgs bei der Praxisgebühr beziehungsweise beim Betreuungsgeld schon zu sicher sind und deshalb noch weitere Forderungen auf den Tisch legen.

Auch CSU-Chef Horst Seehofer warnte davor, sich des Ergebnisses des Treffens zu sicher zu sein: „Die CSU ist bereit für eine Paketlösung. Allerdings muss jeder Teil dieses Pakets für sich genommen vernünftig sein", sagte er.

Gut möglich, dass auch dies nur eine Drohgebärde ist vor dieser Koalitionsrunde, die in der Koalition Seltenheitswert hat [...]. Als wahrscheinlich gilt in der Koalition, dass als Ergebnis am späten Sonntagabend folgendes präsentiert wird: Abschaffung der Praxisgebühr, Einführung des Betreuungsgeldes mit der Option, statt Barauszahlung eine Unterstützung für die Riester-Rente der Eltern oder für ein Bildungssparbuch des Kindes zu bekommen. Beides könnte dann schon nächste Woche im Bundestag beschlossen werden. [...]

Daniela Vates, Timot Szent-Ivanyi, Auf dem Basar, in: Frankfurter Rundschau, 3.11.2013

4. November:
Die Spitzen von CDU, CSU und FDP einigen sich auf einen Kompromiss. Das Betreuungsgeld soll statt wie geplant Anfang 2013 erst im August starten. Wer das Geld für die private Altersvorsorge einsetzt oder damit für die Ausbildung der Kinder spart, erhält einen Bonus von 15 Euro [vgl. M 8].

7. November:
Das Kabinett bringt das Betreuungsgeld und das Begleitgesetz über die Verwendung für Altersvorsorge und Bildungssparen auf den Weg. [...]

9. November:
Mit 310 Stimmen von Schwarz-Gelb wird das Betreuungsgeld im Bundestag verabschiedet. Die Oppositionsparteien erwägen weiterhin Verfassungsklagen, SPD und Grüne wollen die Familienleistung im Fall eines Wahlsieges wieder abschaffen.

[14. Dezember:
Der Bundesrat stimmt gegen die Stimmen der SPD-regierten Bundesländer der Einführung des Betreuungsgeldes zu.]

Chronologie: Jahrelanges Gezerre um das Betreuungsgeld, www.stern.de, 9.11.2012

M 11 ● Informelles Regieren – Koalitionsmanagement mit Gremien außerhalb der Verfassungsinstitutionen

Wer heute politische Prozesse analysiert, gibt sich meist nicht mit dem Blick auf Institutionen und Kompetenzen zufrieden, sondern bezieht auch rechtlich nicht geregelte Verfahrens- und Verhaltensweisen ein, d.h. informale Aspekte. [...]

Was das Regieren anlangt, spielen zuweilen Kommissionen, vor allem aber der Verfassung unbekannte Koalitionsgremien eine Rolle. Hinter den Institutionen der Verfassung wird somit ein ganzes System ungeschriebener Regeln und informeller Praktiken sichtbar, welche die Realität mitprägen. Der Grad an Informalität, um den es dabei geht, ist freilich geringer als bei einer jugendlichen Straßengang, dem Paradebeispiel einer informalen Gruppe. Zwar fehlt es auch informalen Koalitions-

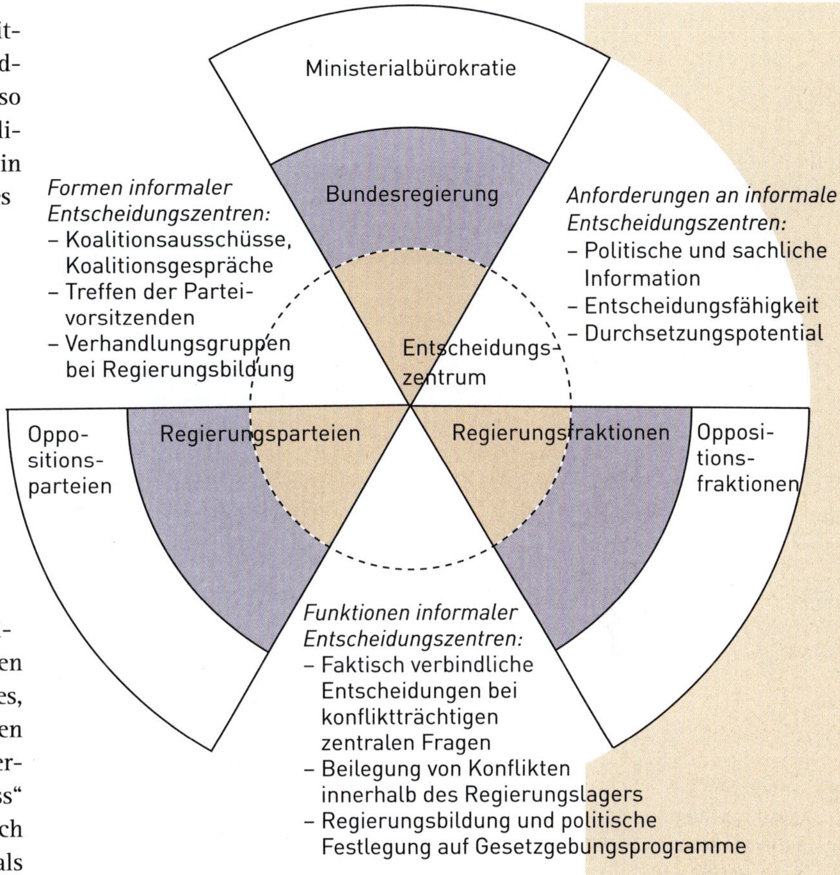

ausschüssen an rechtlich geregelter Mitgliedschaft, verbindlichen Verfahrensordnungen und Zuständigkeiten. Ebenso mangelt es Koalitionsverträgen an jeglicher Rechtsverbindlichkeit. Aber: Wer in einem Koalitionsausschuss sitzt, tut dies aufgrund einer anderen, formalen Position, und der Zweck des Gremiums besteht darin, die Entscheidungsfähigkeit der Koalition zu verbessern. [...]
Informalität kann die Schmiere im Getriebe sein. Entsprechende Phänomene lassen sich immer wieder bei Koalitionsregierungen ausmachen: Treffen führender Politiker, gouvernementalparlamentarisch gemischte Arbeitsgruppen, schließlich Koalitionsausschüsse aus Vertretern von Regierung, Regierungsfraktionen und Parteiführungen. [...] Koalitionspartner einigen sich auf diese Weise leichter. Bedeutet dies, dass man auf diese Weise Entscheidungen vorbereitet oder sie gar in einer Art Überregierung namens „Koalitionsausschuss" trifft? Wo fallen tatsächlich die politisch wichtigen Entscheidungen? Dies kann als eine Schlüsselfrage zum politischen System gelten.
In einem parlamentarischen Regierungssystem wie dem der Bundesrepublik Deutschland wird man geneigt sein, auf den Bundestag und Bundesrat, aber auch auf den Bundeskanzler oder das Kabinett als Repräsentanten der Parlamentsmehrheit zu tippen. Versteht man aber
- unter politisch wichtigen Entscheidungen diejenigen, bei denen der Fortbestand einer Regierungskoalition auf dem Spiele steht oder erheblich belastet werden könnte,
- unter tatsächlicher Entscheidung nicht den rechtsverbindlichen Abschluss eines Entscheidungsprozesses, sondern jede (auch informale) Übereinkunft, die anschließend durch formal verbindliche Entscheidungen umgesetzt wird, so ist für längere Perioden deutscher Politik ganz anderes erkennbar: nämlich dass derartige Entscheidungen in Wirklichkeit durch informale Koalitionsausschüsse oder -gespräche getroffen werden. Deren Beschlüssen folgen Regierung, Bundestag und Bundesrat. Das eigentliche Entscheidungszentrum ist damit ein Koalitionsausschuss; die informale Seite von Entscheidungsprozessen erscheint ausschlaggebend. [...]
Wie erklärt sich diese Verlagerung auf informelle Entscheidungsprozesse? Als wichtigste Ursache ist die Aufsplitterung der Macht zu nennen, wie sie gerade das politische System des nachtotalitären Deutschlands kennzeichnet: auf Bundeskanzler und Regierung, Parlamentsmehrheit, Koalitionsparteien und Bundesrat. In keiner Institution sind diese Machtfaktoren gebündelt. Das macht es außerordentlich schwierig, zu durchsetzbaren Entscheidungen zu gelangen.

Wolfgang Rudzio, Informelles Regieren - Koalitionsmanagement der Regierung Merkel, in: Aus Politik und Zeitgeschichte (Nr. 16), 2008, S.11 f.

M 12 ● Strategien und Handlungsweisen der Politik

Es werden sieben „basale Praktiken“ unterschieden, mit denen Regierungen und andere politische Organisationen ihre Ziele durchzusetzen versuchen:

Praktiken, die stärker durch einseitige Handlungen eines politischen Akteurs eingesetzt werden	Praktiken, die das Zusammenspiel mehrerer politischer Akteure erfordern
Drohungen „sind [mögliche, aber nicht notwendige] Behauptungen von A, B zu schaden, sofern B sich nicht so verhalte, wie es A [...] fordert. Sie werden dann wirksam, wenn sich B den angedrohten negativen Folgen beugt und sein Verhalten den Forderungen von A anpasst. Innerhalb eines Entscheidungsprozesses sind Vertrauensabstimmungen, Rücktrittsdrohungen sowie die Koalitionsfrage übliche Praktiken“ (Meyer).	**Verhandlungen:** In Verhandlungen wird zunächst Kraft des besseren Argumentes „über Deutungen der Welt verhandelt, konkret über die Interpretation von Problemen, über die Angemessenheit der angestrebten [politischen Programme] und über deren angestrebte Wirkung“ (Rüb). Gegenüber der wünschenswerten, aber unwahrscheinlichen Form der argumentativ-lösungsorientierten Verhandlung dominiert im politischen Prozess das *bargaining*, bei dem Kompromisse durch wechselseitige Tauschgeschäfte zwischen den politischen Akteuren erzielt werden.
Konfrontation: A ‚konfrontiert‘ B mit einem bereits entschiedenen und nicht (mehr) verhandelbaren Sachverhalt.	**Vereinbarungen:** Die Teilnehmer einer Vereinbarung binden sich an ihre inhaltlichen Aspekte, die sie in ihre eigene Position übernehmen, und halten sich an die verabredete Terminierung.
Belohnungen: Durch inhaltliche Zugeständnisse und/oder individuelle Karrierechancen werden Loyalitäten von Personen und Gruppen gesichert.	
Weisungen werden „top-down“ weitergegeben und legen die Weisungsempfänger auf bestimmte Aufgaben, Zeitvorgaben und/oder inhaltliche Vorgaben fest. Insofern sind sie „Ausdruck von hierarchisch strukturierter Macht im politischen Prozess“ (Meyer).	
Abstimmungen dienen der Herbeiführung von Entscheidungen durch Feststellung einer zahlenmäßigen Mehrheit. Sie können situativ bedingt anonym oder namentlich durchgeführt werden, wobei Letztere größeren Druck auf den einzelnen Abstimmungsteilnehmer ausübt.	

Zusammenstellung des Autors, in Anlehnung an: Friedbert W. Rüb, Über das Organisieren der Regierungsorganisation und über Regierungsstile, in: Österreichische Zeitschrift für Politikwissenschaft 38 (2009), H. 1, S. 50 ff.; Hendrik Meyer, Was kann der Staat?, Bielefeld 2013, S. 74 ff.

Aufgaben

1. Analysieren Sie den politischen Entscheidungsprozess zum Betreuungsgeld (M 10) hinsichtlich der beteiligten Akteure und der „Orte“ der Entscheidung.
2. a) Erläutern Sie die Notwendigkeit, den formalen Entscheidungsprozess durch informelle Gremien wie den Koalitionsgipfel abzusichern (M 11, M 9–M 10).
   b) Analysieren Sie, mit welchen politischen Strategien (M 12) die beteiligten Akteure versuchen, ihre Interessen möglichst weitgehend zu realisieren.
3. Nehmen Sie zur Entscheidungsfindung im Rahmen informeller Gremien als Form demokratischen Regierens begründet Stellung.

H zu Aufgabe 1
Unterscheiden Sie dabei zwischen formalen (vgl. M 9) und informellen Entscheidungsstrukturen.

H zu Aufgabe 3
Berücksichtigen Sie mindestens einen der folgenden Aspekte: die Frage der verfassungsmäßigen Zuständigkeit von politischen Institutionen („Input-Legitimität“) – das Politikergebnis („Output-Legitimität“) im Spannungsfeld von Gemeinwohl und Partikularinteresse.

M Simulieren Sie eine Sitzung des schwarz-gelben Koalitionsausschusses zur Frage des Betreuungsgeldes.

Politische Prozesse analysieren – der Politikzyklus

Politik befasst sich immer mit Problemen. Dabei müssen politische Systeme – auch Demokratien – beweisen, dass sie politische Probleme lösen können. Daran wird u. a. der Erfolg von Politik gemessen.
Doch wie läuft diese Problembewältigung ab? Der Politikzyklus stellt ein Modell dar, in dem der Prozess – der zeitliche Ablauf – veranschaulicht wird.
Handlungsdruck entsteht für die Politiker, wenn gesellschaftlich relevante Probleme öffentlich diskutiert und somit auf die politische Tagesordnung gelangen (Agenda-Setting). Dies gelingt dann, wenn viele Menschen und/oder starke Interessengruppen, die von diesen Problemen betroffen sind, – häufig mit Unterstützung der Medien – das Problem thematisieren. Politiker sehen sich nun zum Handeln veranlasst und formulieren Politiken, die auf eine Lösung des definierten Problems abzielen sollen und im Folgenden in formalen und informellen Aushandlungsprozessen durchgesetzt werden sollen. Ist eine Entscheidung einmal gefallen, wird sie einerseits von der öffentlichen Verwaltung umgesetzt (implementiert) und andererseits von gesellschaftlichen Gruppen bewertet (Evaluation).
Manchmal ist das Problem gelöst, oftmals aber kann davon keine Rede sein. In diesem Fall muss die Politik erneut nach Lösungen suchen und der Politikzyklus beginnt von neuem. Deshalb wird Politik auch als eine (endlose) Kette von Versuchen zur Bewältigung politischer Probleme verstanden.

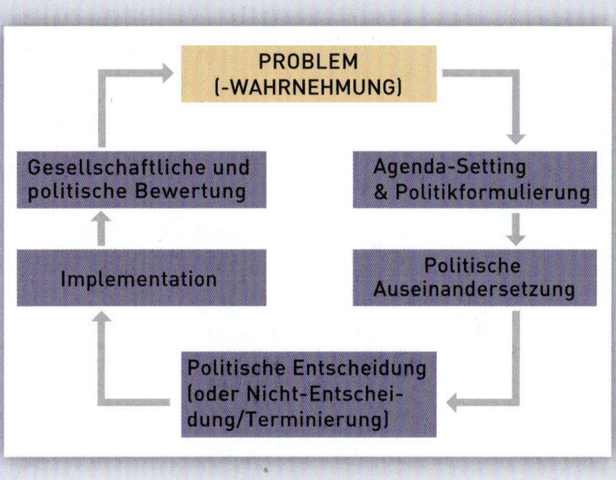

Kategorien	Leitfragen
Problem(-wahrnehmung)	Worin besteht das Problem? Welche Aufgabe hat die Politik zu lösen?
Agenda-Setting & Politikformulierung	Welche gesellschaftlichen Gruppen setzen das Thema auf die politische Tagesordnung? Welche Problemwahrnehmungen und -lösungen dominieren dabei, welche werden ausgeklammert? Welche gesellschaftlichen Interessen werden dadurch (nicht) repräsentiert?
Politische Auseinandersetzung	Welche politischen Akteure sind an der Entscheidungsfindung beteiligt? Welche politischen Strategien und Machtmittel setzen diese ein, um ihre Ziele und Interessen erfolgreich durchzusetzen?
Politische Entscheidung	Zu welchen Ergebnissen hat die Auseinandersetzung geführt? Welche Akteure/Interessen konnten sich durchsetzen?
Implementation	Auf welchen politischen Ebenen wird die Entscheidung umgesetzt? Welche Schwierigkeiten treten dabei auf?
(Gesellschaftliche und politische) Bewertung	Ist das Problem gelöst oder ist nur die Problemlage verändert? Wird das Problem von den Akteuren anders wahrgenommen? Greift der Vollzug der Entscheidung an den Ursachen an oder werden nur die Folgen bekämpft? Schafft es das Problem erneut auf die politische Agenda?

1.1.6 Nach dem Gesetz ist vor dem Gesetz? Reaktionen auf das Betreuungsgeld

M 13 ● Politische Reaktionen: Koalitionsverhandlungen und Verfassungsklage

Der Hamburger Senat hält an seiner Verfassungsklage gegen das Betreuungsgeld fest – trotz der Großen Koalition im Bund, die das Betreuungsgeld aufrecht erhalten will. „Das Betreuungsgeld ist und bleibt verfassungswidrig", erklärte Hamburgs Justizsenatorin Jana Schiedek auf Anfrage der taz. [...]

Diese Sozialleistung hatte die CSU in der schwarz-gelben Koalition durchgesetzt, als Ausgleich für die staatliche Förderung für den Kita-Ausbau. Dagegen hatte die SPD in ihrem Wahlprogramm die Abschaffung des Betreuungsgeldes gefordert, weil es traditionelle Rollenmuster begünstige und das Geld – zwei Milliarden Euro pro Jahr – bei den Kitas fehle. Im Koalitionsvertrag wurde das Wort „Betreuungsgeld" dann nicht einmal erwähnt. [...] Das SPD-regierte Bundesland Hamburg hatte jedoch schon im Februar gegen das Betreuungsgeld geklagt. Hamburg kritisierte vor allem, dass der Bund keine Kompetenz für dieses Gesetz habe. Doch würde der Stadtstaat seine Klage aufrechterhalten – jetzt, wenn die Bundes-SPD mit den Befürwortern des Betreuungsgeldes koaliert? „Natürlich halten wir den Antrag aufrecht", sagte Hamburgs Justizsenatorin Schiedek. [...]

Wann Karlsruhe entscheidet, ist allerdings noch offen. [...] Ein Sprecher des Verfassungsgerichts sagte auf Anfrage der taz allerdings, es könne „für 2014 wohl eher nicht mit einer Entscheidung gerechnet werden".

Christian Rath, GroKo? Uns doch egal, in: die tageszeitung , 23.12.2013

M 14 ● Gesellschaftliche Reaktionen auf das Betreuungsgeld

Susanne Viernekäs, 39, arbeitete nach ihrer Ausbildung als Bankkauffrau [...]. Im Oktober 2012 wurde Sohn Nummer zwei geboren, der kleine Jonas. „Ich wäre auf jeden Fall zu Hause bei den Kindern geblieben. Das Betreuungsgeld hat bei meiner Entscheidung keine Rolle gespielt, denn mit 100 Euro kommt man nicht allzu weit", sagt Frau Viernekäs. Für sie zählte mehr, die ersten Schritte ihrer Kinder verfolgen zu können, das erste Wort zu hören. „Sonst würde mir etwas fehlen", sagt sie mit fast schon beteuerndem Tonfall. [...] „Ich verurteile niemanden, der sein Baby nach acht Wochen in die Krippe gibt. Aber wir sind nun einmal finanziell so aufgestellt, dass ich zu Hause bleiben kann", sagt sie. [...] Von Oktober an [...] fließen 100 Euro staatliches Betreuungsgeld auf das Konto der Familie. „Das ist natürlich ein schönes Zugeld. Wir überlegen, ob wir es für die Kinder extra sparen, damit wenigstens etwas Konkretes übrig bleibt", sagt Susanne Viernekäs. [...]

Nach einem schleppenden Start scheint [...] gut zwei Monate nach der Einführung der staatlichen Prämie das Interesse der Eltern am Betreuungsgeld gestiegen zu sein. Nach Berechnungen der SPD gibt es 160.000 anspruchsberechtigte Kinder. Anfang September waren nach SZ-Recherchen erst 27.000 Anträge für Einjährige eingegangen. Eine Umfrage der *Passauer Neuen Presse* in 16 Bundesländern kam Anfang Oktober auf mehr als 50.000 Anträge. [...]

In Hessen [...] lebt Claudia M., 32 Jahre alt, Mutter von 13 Monate alten Zwillingsbrüdern sowie einer vierjährigen Tochter. Bis vor fünf Jahren arbeitete sie als Verkäuferin. Als ihre Filiale schloss, wurde sie arbeitslos, kurz darauf zum ersten Mal schwanger. Claudia M. [...] sagt fast schon trotzig: „Ich muss mich ständig dafür rechtfertigen, dass ich eigentlich so bald nicht mehr arbeiten will." Denn sie hat für sich eine einfache Rechnung aufgemacht: Sie bekommt insgesamt 558 Euro Kindergeld. Dazu ein knappes Jahr lang zweimal 100 Euro Betreuungsgeld für die Zwillinge, von August nächsten Jahres an werden es ein Jahr lang zweimal 150 Euro sein. „So viel kann ich netto gar nicht selbst verdienen [...]", sagt die 32-Jährige.

Mit Sorge hat die Bundesarbeitsgemeinschaft kommunaler Frauenbüros beobachtet, dass Hartz-IV-Bezieherinnen vom Jobcenter zum Beantragen von Betreuungsgeld gedrängt würden. Flächendeckend würden Mütter durch Telefonakquise oder Rundbriefe aufgefordert, die staatliche Leistung zu beziehen, warnte der Verband [...]. „Ein völlig falsches Signal für gerade jene Frauen, die besonders darauf angewiesen wären, mit Kursen wieder in den Arbeitsmarkt eingegliedert zu werden", sagt Beate Ebeling von der Arbeitsgemeinschaft. [...]

Eine Frau, die gar nicht erst versucht hat, die staatliche Prämie anzufordern, sie aber gerne hätte, ist Regine Meiss aus Augsburg. Sie ist 41 Jahre alt und Mutter von sechs Kindern. Es sind vier Jungs und zwei Mädchen zwischen einem und 15 Jahren, der Jüngste ist im Juli 2012 geboren. „Das ist ganz knapp am Stichtag vorbei und schon recht ärgerlich für uns. Das Geld hätten wir sehr gut gebrauchen können", sagt Regine Meiss. Die Augsburgerin [...] entspricht so gar nicht dem Klischee, das in den vielen harten Debatten immer wieder von jenen Frauen verbreitet wurde, die sich für eine „Herdprämie" erwärmen können. Regine Meiss arbeitet als Anästhesistin in Teilzeit im Schichtdienst, ihr Mann ist Urologe. Sie hat ihren Job nie länger als ein Jahr unterbrochen. Die Familie würde das Betreuungsgeld zur Mitfinanzierung ihres Au-Pairs verwenden. Die Kinder- und Haushaltshilfe aus dem Ausland kostet um die 400 Euro pro Monat. „Mein Mann und ich verdienen zwar beide, aber das wäre ein kleiner Zuschuss gewesen", sagt Meiss. Für sie sind es ganz praktische Gründe, warum sie den Kleinsten nicht in die Krippe geben möchte: „Die Kita öffnet erst um 7.30 Uhr. Um diese Uhrzeit stehe ich oft schon im Operationssaal." Die Anästhesistin betont, dass sie mit sechs Kindern immer einen „doppelten Boden" haben müsse und sich nie allein auf Krippe, Kindergarten oder Schule verlassen könne. Sie beklagt das „starre System", wünscht sich mehr Phantasie und „alternative Modelle" bei der Kinderbetreuung. Die sechsfache Mutter ist überzeugt: „Die Politik kann nicht steuern, wer zu Hause bleiben soll. [...]"

Ulrike Heidenreich, Eine einfache Rechnung, in: Süddeutsche Zeitung, 14.10.2013

Aufgaben

1. Analysieren Sie die politischen und gesellschaftlichen Reaktionen auf die Einführung des Betreuungsgeldes (M 13, M 14).
2. Analysieren Sie den politischen Entscheidungsprozess zum Betreuungsgeld mit Hilfe des Politikzyklus-Modells.

   Vorschlag: Visualisieren Sie Ihre Ergebnisse auf einem Poster. Stellen Sie dabei die Ergebnisse für die einzelnen Phasen hinsichtlich der beteiligten Akteure, ihrer Handlungsweisen und Machtmittel möglichst konkret dar.
3. „Das Betreuungsgeld – ein familienpolitischer Erfolg!" Nehmen Sie zu dieser These begründet Stellung.

H zu Aufgabe 1
Berücksichtigen Sie dabei die Akteure bzw. Gruppen sowie ihre Haltung, politische Strategie und Machtmittel.

F Skizzieren Sie den familienpolitischen Handlungsauftrag, der sich – aus Ihrer Perspektive – der Großen Koalition stellt.

M Präsentieren Sie Ihre Ergebnisse als Experten-Statement in einer Anhörung des Bundesfamilienministeriums.

ORIENTIERUNGSWISSEN

Das Betreuungsgeld – ein familienpolitischer Konflikt
M 8

Seit den 2000er Jahren ist Familienpolitik im Kontext **des demografischen Wandel**s in Deutschland zu einem zentralen politischen Aufgabenbereich geworden. Durch Maßnahmen wie den Ausbau der öffentlich geförderten Kinderbetreuung sowie das Elterngeld sollten die Vereinbarkeit von Beruf und Familie und die Attraktivität des „Kinder Habens" allgemein verbessert werden.
Von konservativer Seite wurde an diesen Maßnahmen die einseitige Bevorzugung des **Familienmodell**s der arbeitenden Eltern kritisiert. Die Idee des **Betreuungsgeldes** wurde geboren und mit Verweis auf die „**Wahlfreiheit**" öffentlich vertreten. Die Kritik an diesem Modell bezieht sich vor allem auf zwei Bereiche: die Frage, ob es **gerecht** sei, Menschen finanziell dafür zu entschädigen, dass sie eine staatliche Förderung nicht in Anspruch nehmen, sowie die Vermutung, dass durch das Geld gerade die Kinder einer Kindertagesstätte fernblieben, die die dort geleistete Förderung besonders dringlich benötigten.

Der Gang der Gesetzgebung
M 9

Bei der **Gesetzgebung** wirken Bundesregierung, Bundestag und Bundesrat zusammen. Das Gesetzgebungsverfahren ist komplex, bietet aber gesellschaftlichen und politischen Akteuren viel Raum, Einfluss zu nehmen. So erreichen die Entscheidungen ein hohes Maß an Legitimität.
Am Beginn des Verfahrens steht das **Initiativrecht**, d. h. das Recht, einen Gesetzesentwurf einzubringen. Bundesregierung, Bundesrat und Bundestag (mindestens 5% der Abgeordneten) besitzen dieses Recht. In der politischen Praxis wird die Mehrheit der Gesetzesvorschläge von der Bundesregierung eingebracht. In den Beratungen des **Bundestag**es hat die nicht-öffentliche Arbeit der Ausschüsse besondere Bedeutung. Hier werden unter Einbeziehung von Experten und Interessenvertretern Detailfragen geklärt. Die Ausschussmitglieder vermitteln die Verhandlungsergebnisse in ihre Fraktionen und prägen oft auch die öffentlichen Debatten im Bundestag.
Nach dem formalen Beschluss des Bundestages (3. Lesung) folgen die Beratungen des **Bundesrat**es, der bei **zustimmungspflichtigen Gesetzen** über eine ausgeprägte Vetomacht verfügt und letztlich ein Gesetz scheitern lassen kann. Bei **einfachen Gesetzen** hingegen kann der Bundestag mögliche Änderungswünsche des Bundesrates durch einen Mehrheitsbeschluss zurückweisen.

Informelles Regieren
M 11

Die Bildung von **Koalitionsausschüssen** ist der Normalfall in Mehrparteienregierungen. In diesen informellen Gremien sind die Regierungs-, Fraktions- und Parteispitzen der Koalitionsregierung – zum Teil in Personalunion – vertreten, sodass mehrheitsfähige Kompromisslösungen ausgehandelt werden können, bevor das formelle Gesetzgebungsverfahren eingeleitet wird.
Die Überlagerung des formellen Gesetzgebungsverfahrens durch Entscheidungen informeller Gremien ist auch am Entscheidungsprozess zum Betreuungsgeld zu beobachten, der wesentlich durch eine „Paket-Lösung" zustande kam. Während informelle Gremien insofern häufig effizientes Regieren ermöglichen, wird kritisiert, dass informelle Gremien das demokratisch legitimierte Parlament unterhöhlten.

Immer nur Nein sagen? Die Vetospielertheorie

George Tsebelis hat mit seiner Vetospielertheorie einen umfassenden Ansatz formuliert, der politische Systeme hinsichtlich ihrer Steuerungsfähigkeit klassifizierbar und vergleichbar macht. Im Mittelpunkt steht dabei die Steuerungsfähigkeit des politischen Systems in Abhängigkeit von dessen konkreter Ausgestaltung. Die bahnbrechende Idee von Tsebelis besteht darin, sämtliche Akteure, welche die politische Steuerungsfähigkeit direkt einschränken, in Vetospieler „zu übersetzen“ und politische Systeme auf dieser Grundlage vergleichbar zu machen.

Vetospieler sind nach Tsebelis alle jene Akteure, die politische Reformen (Gesetze) direkt verhindern können. [...] Tsebelis argumentiert, dass die politische Steuerungsfähigkeit von der Anzahl der Vetospieler und deren Distanz zueinander abhängt: „[T]he greater the distance among and the number of veto players, the more difficult it is to change the status quo.“

Institutionelle Vetospieler beschreibt er als in der Verfassung verankerte, konstante Vetospieler. Parteipolitische Vetospieler könnten sich nach Tsebelis in wechselnden Konstellationen innerhalb institutioneller Vetospieler bilden.

Je nachdem, aus welcher Perspektive man Vetospieler betrachtet, fällt deren Bewertung höchst unterschiedlich aus: Aus der Perspektive der Gewaltenteilung erscheinen sie als Garanten der Demokratie und des Konsenses, aus der Perspektive der politischen Steuerungsfähigkeit als Ursachen des politischen Stillstands und der Reformunfähigkeit.

Gerd Andreas Strohmeier, Zwischen Gewaltenteilung und Reformstau, in: Aus Politik und Zeitgeschichte B 51/ 2003, S. 17 f.

Zu sehen sind von links nach rechts der CSU-Parteivorsitzende Horst Seehofer, Bundeskanzlerin Angela Merkel (CDU) und der damalige FDP-Parteivorsitzende Philipp Rösler (FDP).

Heiko Sakurai

Aufgaben

1. Wenden Sie die Vetospielertheorie auf den (formalen) Gesetzgebungsprozess der Bundesrepublik Deutschland sowie seine informelle Flankierung an, indem Sie institutionelle und parteipolitische Vetospieler bestimmen und ihre (potentielle) Vetomacht erklären.
2. Setzen Sie Sichtweise und Aussage der Karikatur zur Vetospielertheorie in Beziehung.
3. Nehmen Sie zur Stellung von Vetospielern im politischen Entscheidungsprozess der Bundesrepublik Deutschland begründet Stellung.

1.2 Institutionen im Gesetzgebungsverfahren

1.2.1 Durchregieren oder Moderieren? Bundeskanzler und Bundesregierung

Artikel 65 GG

Der Bundeskanzler bestimmt die Richtlinien der Politik und trägt dafür die Verantwortung. Innerhalb dieser Richtlinien leitet jeder Bundesminister seinen Geschäftsbereich selbstständig und unter eigener Verantwortung. Über Meinungsverschiedenheiten zwischen den Bundesministern entscheidet die Bundesregierung. [...]

M 1 ● Arbeitsfelder der Kanzlerin

Auf der Terrasse des Kanzleramtes im Gespräch mit dem russischen Präsidenten Wladimir Putin.

Fototermin mit dem neuen Kabinett der Großen Koalition, Dezember 2013.

M 2 ● Politik als Problemlöser?

Thomas Plaßmann, Baaske Cartoons

M 3 ● Die verfassungsrechtliche Stellung des Bundeskanzlers

Absolut zentral in der Regierung ist die Stellung des Bundeskanzlers[1], und diese Zentralität verleiht dem Amt eine ungeheure Machtfülle. Diese wird allerdings eingeschränkt durch dessen Abhängigkeit vom Bundestag, der ihn wählt [...]. Ist er auf Vorschlag des Bundespräsidenten gewählt, so schlägt er die Namen der Minister und Ministerinnen vor, die seinem Kabinett angehören sollen. Dem Bundespräsidenten wiederum obliegt dann die Ernennung. Eine genauso zentrale Stellung hat der Kanzler bezüglich der Entlassung der Minister und Ministerinnen inne, er schlägt vor und der Bundespräsident entlässt (Art. 64 GG). Und schließlich endet die Amtszeit der Kabinettsmitglieder auch mit derjenigen des Kanzlers (Art. 69 Abs. 3). [...]
Art. 65 GG weist dem Amt des Bundeskanzlers keinesfalls nur die Stellung eines *primus inter pares* zu, sondern echte Führungsfunktionen:

- Der Kanzler schlägt die Minister und Ministerinnen zur Ernennung und Entlassung vor
- er bestimmt „die Richtlinien der Politik und trägt dafür die Verantwortung" (Art. 65 Abs. 1 S. 1)
- er allein ist gegenüber dem Parlament mit voller Sanktionsmöglichkeit verantwortlich
- und schließlich hat er die Organisationsgewalt der Regierung, d.h., er bestimmt über Anzahl und Struktur der Ministerien.

Die verfassungsrechtliche Basis für die Machtstellung des Bundeskanzlers liegt eindeutig in seiner Richtlinienkompetenz. Sie ist das Instrument zur „Disziplinierung" seines Kabinetts.

Irene Gerlach, Bundesrepublik Deutschland, 3. Auflage, Wiesbaden 2010, S. 239 f.

1) Im Grundgesetz steht die Amtsbezeichnung in männlicher Form und wird auch hier entsprechend verwendet.

Artikel 63 GG

(1) Der Bundeskanzler wird auf Vorschlag des Bundespräsidenten vom Bundestage ohne Aussprache gewählt.
(2) Gewählt ist, wer die Stimmen der Mehrheit der Mitglieder des Bundestages auf sich vereinigt. Der Gewählte ist vom Bundespräsidenten zu ernennen.
(3) Wird der Vorgeschlagene nicht gewählt, so kann der Bundestag binnen vierzehn Tagen nach dem Wahlgange mit mehr als der Hälfte seiner Mitglieder einen Bundeskanzler wählen.
[...]

M 4 ● Arbeitsprinzipien der Bundesregierung

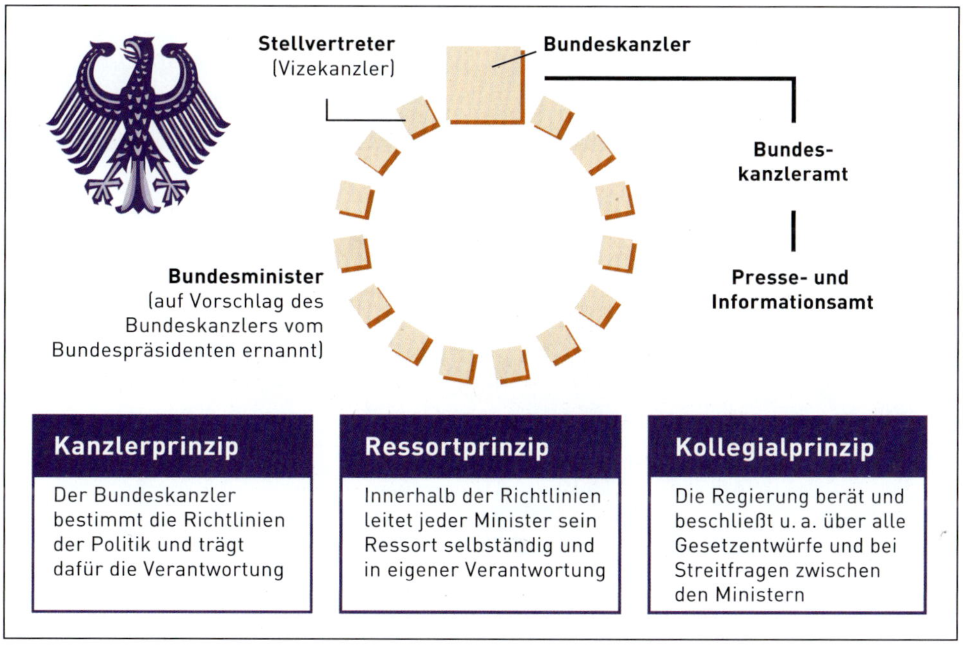

Bergmoser + Höller Verlag AG, Zahlenbilder 67123

Vertrauensfrage
→ vgl. Kapitel 1.2.5

M 5 ● Grenzen der Macht des Bundeskanzlers

Bei der Regierungsbildung unterliegen aber auch die weitgehenden Rechte des Bundeskanzlers faktischen Einschränkungen. [...] [Es] hat sich die Rücksichtnahme auf eine Reihe von „Proporzüberlegungen" bei der Zusammensetzung der Kabinette eingebürgert. So sind neben den parteipolitischen Interessen der Koalitionspartner z.B. unterschiedliche konfessionelle Interessen durch eine entsprechende Personalauswahl zu berücksichtigen genauso wie die der ostdeutschen und der westdeutschen Bevölkerung und sonstiger regionaler Gruppen, die von wichtigen Interessenverbänden (z.B. bei der Besetzung des Landwirtschafts-, Wirtschafts- oder Sozialministeriums) oder auch die der Geschlechter. Dies erklärt, dass es im Zuge der Kabinettsbildung vorkommen kann, dass für ein bestimmtes Ressort nur eine Kandidatin aus Ostdeutschland mit katholischer Konfession in Frage kommt, die günstigerweise auch noch Mitglied der CDA ist. Der suchende Blick landet dann notgedrungen zuweilen auf Neulingen.
Die trotz dieser Einschränkungen immer noch bestehende Machtfülle des Kanzleramts in der Demokratie der Bundesrepublik hat zu deren Etikettierung als Kanzlerdemokratie geführt. [...]
Viel stärker, als es in den ersten Jahrzehnten der Existenz der Bundesrepublik Deutschland der Fall war, wird aber das Kanzlerprinzip heute von den Handlungsprinzipien des Parteienstaates überdeckt, was wiederum zu einer faktischen Schwächung des Prinzips beiträgt. Schwer wiegt dabei die Tatsache, dass Entscheidungen von Koalitions- und nicht nur von Kanzlerrunden vorgeprägt werden, denn die Koalitionsrunde als empirisch identifizierbarer Kern der politischen Entscheidungsfindung ist weder dafür legitimiert noch kontrollierbar.

Irene Gerlach, Bundesrepublik Deutschland, 3. Auflage, Wiesbaden 2010, S. 241 f.

M 6 ● Welche Gestaltungsmacht haben Regierungen?

	13. WP 1994–1998		14. WP 1998–2002		15. WP 2002–2005		16. WP 2005–2009		17. WP 2009–2013	
	Anzahl	in %	Anzahl	in %	Anzahl	in %	Anzahl	in %	Anzahl	in %
Vom Bundestag verabschiedete Gesetze	566	100	559	100	400	100	616	100	553	100
Regierungsvorlagen	403	71,2	394	70,5	281	70,2	488	79,2	434	78,5
Initiativen des Bundesrates	36	6,4	22	3,9	17	4,2	19	3,1	17	3,1
Initiativen des Bundestages	102	18	108	19,3	85	21,2	89	14,4	88	15,8
Beim Bundestag eingebrachte Gesetzentwürfe	923	100	864	100	643	100	905	100	844	100
Regierungsvorlagen	443	48,0	443	51,3	320	49,8	537	59,3	484	57,1
Initiativen des Bundesrates	151	16,4	93	10,8	112	17,4	104	11,5	82	9,7
Initiativen des Bundestages	329	35,6	328	38,0	211	32,8	264	29,2	278	32,8

Deutscher Bundestag (6.12.2013)

Die Differenz zwischen den verabschiedeten Gesetzen und deren Vorlagen ergibt sich aus Zusammenlegungen von Gesetzesinitiativen im Laufe des Verfahrens.

M 7 ● Sind Regierungen unfähig Probleme zu lösen?

Zwar ist das Bild der Regierung oder des Staatsmannes als „Steuermann des Staatsschiffes" eines der bekanntesten und ältesten der politischen Philosophie („der Lotse geht von Bord"), aber dennoch steuert eine Regierung die Geschicke eines Landes nicht so, wie man ein Schiff oder ein Auto steuert. Regierungen steuern nicht, sie intervenieren. Es gibt keine einfachen und eindeutigen Beziehungen zwischen staatlichen Steuerungsinstrumenten und erwünschten Ergebnissen und Zielen [...]

Und sie ist schon gar nicht allmächtig, sondern ist auf die Kooperation selbstständiger Akteure angewiesen.

Regierungen sind, das ist zumindest das Ergebnis der theoretischen Diskussion, in der Lage, politische Ziele zu formulieren und in komplexen Verhandlungssystemen einer Lösung näher zu bringen. Inwieweit sie dies können und in welche Richtung sie agieren, hängt zum einen von ihrer politischen Unterstützung ab, ob sie also in der Lage und willens sind, Verhandlungssysteme aufzubauen, Verhandlungspartner an einen Tisch zu zwingen und sie ggf. auch glaubwürdig „im Schatten der Hierarchie" zu gemeinwohlverträglichem Verhalten zu „überreden", zum anderen aber auch von der internen Effizienz und Effektivität des Regierungsapparates.

Werner Jann, Regieren ohne Wirkung, in: Gegenwartskunde 3/1996, S. 301 ff.

Info

Verfassungsnorm – Verfassungswirklichkeit

Unter „Verfassungsnorm" versteht man die Normen, die in der Verfassung festgeschrieben sind. Beispielsweise wird in Art. 3 GG die Gleichberechtigung von Männern und Frauen festgelegt. In der Realität ist die Gleichberechtigung aber noch nicht in allen Bereichen verwirklicht. Diesen Zustand nennt man „Verfassungsrealität", d.h. die tatsächliche Umsetzung und Verwirklichung einer im Grundgesetz festgeschriebenen Norm. Oftmals hinkt die Umsetzung der Norm dem Anspruch der Verfassung hinterher.

„Der Staat schützt auch in Verantwortung für die künftigen Generationen die natürlichen Lebensgrundlagen und die Tiere im Rahmen der verfassungsmäßigen Ordnung durch die Gesetzgebung und nach Maßgabe von Gesetz und Recht durch die vollziehende Gewalt und die Rechtsprechung." (Art. 20a GG) Die Verfassungsrealität deckt sich (noch) nicht mit dem Anspruch der Norm, da die natürlichen Lebensgrundlagen durch vielfältige Umwelteinwirkungen nach wie vor gefährdet sind.

Im Bereich der politischen Institutionen lassen sich häufig Unterschiede zwischen Verfassungsnorm und Verfassungswirklichkeit feststellen.

Autorentext

Aufgaben

1. a) Analysieren Sie die Bilder und die Karikatur (M 1, M 2).
   b) Vergleichen Sie deren Aussagen über die politische Gestaltungsfähigkeit von Bundeskanzler/Bundesregierung.
2. Fassen Sie die Arbeitsweise der Bundesregierung unter besonderer Berücksichtigung der Stellung des Bundeskanzlers zusammen (M 3, M 4).
3. Analysieren Sie die Statistik (M 6).
4. Der Bundeskanzler verfügt zusammen mit den Bundesministern über die wesentliche politische Gestaltungsmacht. Überprüfen Sie diese Aussage (M 3 – M 7).

F zu Aufgabe 2
Erläutern Sie, warum gerade der Bundeskanzler (gegenüber den Bundesministern) über eine große Macht verfügt. Beachten Sie, von wem die Regierungsmitglieder jeweils vorgeschlagen und gewählt/eingesetzt werden („Legitimationskette").

H zu Aufgabe 4
Unterscheiden Sie dabei zwischen Verfassungsnorm und -wirklichkeit und berücksichtigen Sie den möglichen Einfluss von Koalitionsregierungen (Info).

METHODE

Urteilsbildung – kategorial, wertgebunden, mehrperspektivisch

Woraus ein politisches Urteil besteht

Das politische Urteil ist im Gegensatz zur schnell geäußerten Meinung oder gar zur Stammtischparole begründbar sowie begründet und die ihm zugrunde liegenden Annahmen werden offen genannt (Rationalität des Urteils).
Bei politischen Urteilen wird zwischen Sach- und Werturteilen unterschieden. Ein Sachurteil besteht dabei aus Erwägungen zur Effizienz, ggf. aber auch eindeutig überprüfbaren Legitimitätsaussagen (z. B. Wahrung der Rechtsgleichheit). Im Werturteil finden sich Legitimitätsargumente und Überlegungen zu Grundwerten. Das Urteil kann unter anderem daran gemessen werden, inwieweit es die **Kategorien Effizienz und Legitimität sowie die Grundwerte** berücksichtigt.

Zur Untersuchung der **EFFIZIENZ** eines Vorschlags, einer politischen Handlung oder Maßnahme kann man folgende Dimensionen berücksichtigen.
(1) Die Frage, ob eine unter vielen denkbaren Lösungen effizient ist, lässt sich mit den ökonomischen Denkfiguren des Minimal- bzw. des Maximalprinzips angehen. Demnach liegt Effizienz dann vor, wenn mit möglichst geringem (finanziellen, personellen, materiellen) Aufwand das angepeilte Ergebnis erzielt wird (Minimalprinzip), oder wenn mit einer gegebenen Menge von (finanziellen, personellen, materiellen) Ressourcen ein maximales Ergebnis im Sinne der Problemlösung erreicht wird/werden kann (Maximalprinzip). So wird sich das weltweite Hungerproblem nicht effizient lösen lassen, indem man die Bevölkerung von Entwicklungsländern ausschließlich mit Nahrung versorgt – selbst wenn jene für den Moment ausreichen sollte. Denn es wären immer weitere Nahrungs- oder Geldtransfers vonnöten, um die Not zu bekämpfen.
(2) Effizienz meint auch, die Mittel zur Lösung politischer und ökonomischer Probleme so zu wählen, dass sie schnell und genau gegen das Problem wirken und dass unerwünschte Nebenfolgen ausbleiben. So wird durch dauerhafte und/oder zu hohe Subventionen für bestimmte wirtschaftliche Branchen – trotz z. B. sozial-, wirtschafts- oder umweltpolitisch sinnvoller Absichten – zumindest die Gefahr erhöht, dass Innovationsfreude einschläft und damit keine wirtschaftliche Konkurrenzfähigkeit geschaffen wird.
(3) Eine weitere Dimension von Effizienz ist die politische Durchsetzbarkeit einer Lösungsstrategie, die noch nicht beschlossen worden ist. Hier sind formelle (z. B. Parlamentsmehrheiten) und informelle (z. B. der Einfluss von wirtschaftlichen oder gesellschaftlichen Vetospielern) Machtverhältnisse zu berücksichtigen.

Beim Werturteil lassen sich zwei Größen unterscheiden: die der **LEGITIMITÄT** (Möglichkeit der Rechtfertigung) und die der **GRUNDWERTE**. Beide hängen gleichwohl sehr eng zusammen:
(1) Im Rahmen der sogenannten politischen Gerechtigkeit (auch Verfahrensgerechtigkeit) fragt man sich, ob politische Entscheidungsverfahren gerechtfertigt sind. So unterscheiden sich Vorstellungen darüber, wie stark politische Beteiligungsmöglichkeiten (*Partizipation*) ausgebaut sein müssen: Sind beispielsweise die Mitwirkungsrechte des Volkes (als eigentlichem politischen Souverän) ausreichend ausgebaut oder müssten nicht auch auf Bundes- und Landesebene Bürgerinitiativen und Volksentscheide zugelassen werden? Warum haben Nicht-EU-Ausländer, auch wenn sie in Deutschland länger leben, arbeiten, Steuern zahlen und damit Interesse am Gemeinwesen haben, keine politischen Mitbestimmungsrechte? Auch muss in einer Demokratie die Entstehung politischer Entscheidungen durchsichtig und überprüfbar sein (Dimension der Transparenz). In vielen politischen Systemen gelten Entscheidungen darüber hinaus als legitim, wenn sie von der den Bürgern am nächsten liegenden Ebene getroffen werden (Subsidarität). Zudem stellt sich z. B. angesichts der 5-Prozent-Hürde bei vielen Wahlen in Deutschland immer wieder die Frage der Repräsentativität – als etwa der nachvollziehbaren Abbildung von Wahlergebnissen in tatsächlichen Parlamentssitzen.
(2) Bei Bewertung der Legitimität von politischen Überlegungen spielt nicht nur die *Legalität* (Regel- und Verfassungsmäßigkeit) eine herausgehobene Rolle, sondern die Orientierung an den Menschenrechten. Solche Überlegungen zielen auf den Bereich der *Grundwerte*: Insb. sozial- und wirtschaftspolitische Auseinandersetzungen (z. B. Transferzahlungen innerhalb der EU) erhalten ihr Konfliktpotenzial aus

unterschiedlichen Vorstellungen „(sozialer) *Gerechtigkeit*“ (zwischen den Polen Leistungs- und Gleichheitsprinzip).

Daneben sollten die Werte *Frieden* und *Freiheit*, *Solidarität* (gesellschaftlicher, supranationaler und globaler Zusammenhalt) und *Sicherheit* sowie *nachhaltige Entwicklung* und Umweltschutz berücksichtigt werden. Alle Überlegungen sollten dabei vom Grundsatz der *Verhältnismäßigkeit der Mittel* geleitet sein.

Die Bedeutung der Betrachtungsebenen und der Perspektive

Hilfreich kann es sein, unterschiedliche *Betrachtungsebenen* im Urteil zu unterscheiden. Zu denken ist hier vor allem an die politische (im engeren Sinne), die soziale, die wirtschaftliche und die rechtliche. So könnte z. B. die Aufstockung von Sozialleistungen gesellschaftlich geboten oder die Senkung derselben von Wirtschaftsseite gefordert sein, politisch opportun oder durchsetzbar müssen aber weder die eine noch die andere Forderung sein.

Im eigenen Urteil sollten demgemäß vor allem stets mehrere *Perspektiven* berücksichtigt werden (Multiperspektivität), denn von der jeweiligen Entscheidung werden Bürger, Unternehmen, Verbände und Nichtregierungsorganisationen, einzelne Staaten und das politische System als Ganzes in unterschiedlicher Weise berührt. So könnte eine EU-Richtlinie zur drastischen CO_2-Einsparung bei PKW von den deutschen Luxusautobauern (und ggf. der deutschen Regierung) viel stärker abgelehnt werden als von den französischen Kraftfahrzeugfirmen. Während die EU-weite Angleichung der Mutterschutzfristen die werdenden Eltern freut, sind die dortigen Arbeitgeber wohl eher Gegner einer solchen Maßnahme.

Autorentext/-grafik

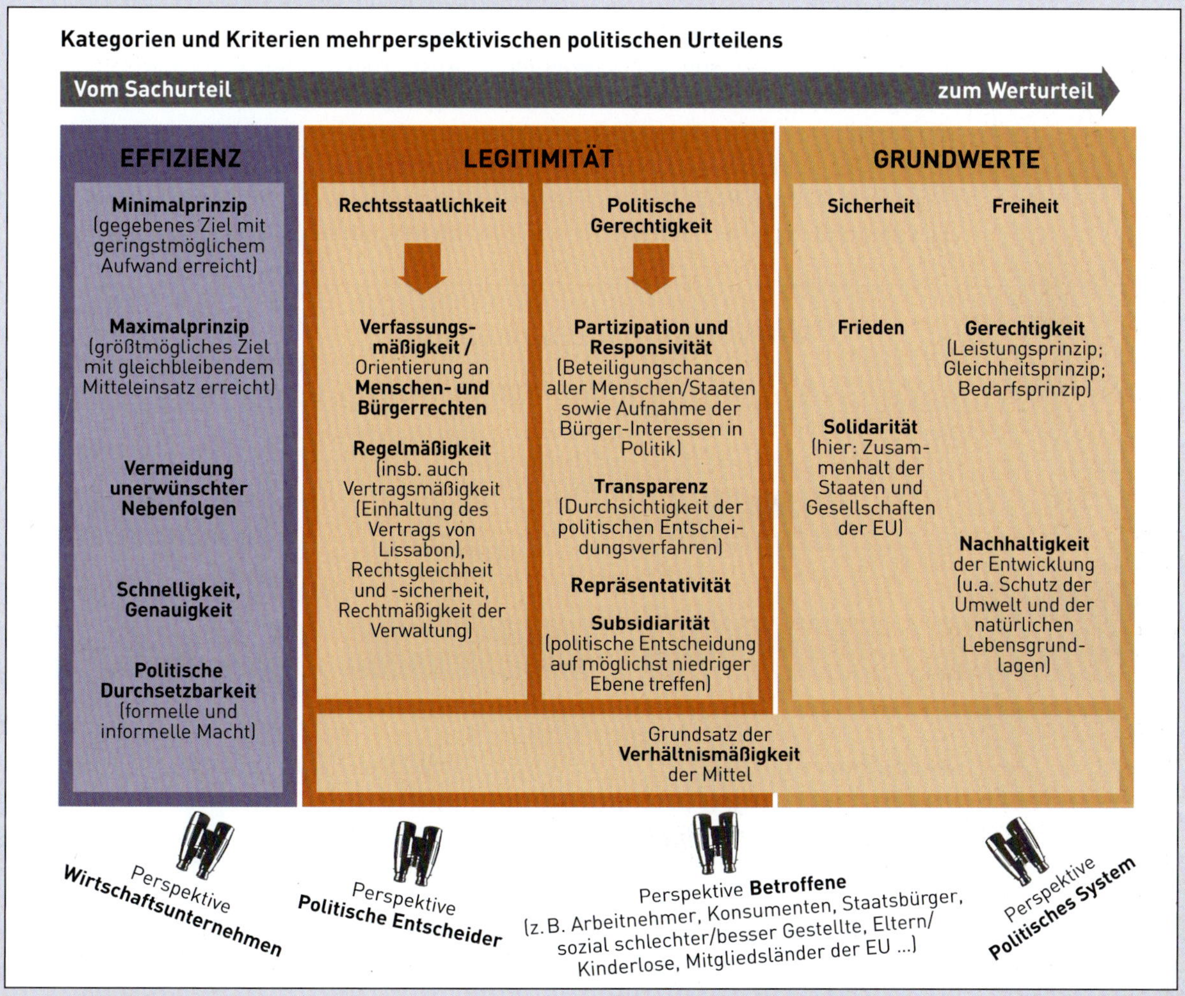

1.2.2 Eine leere Schwatzbude? Die Arbeitsweise des Bundestags

M 8 ● Zwei Bilder aus dem Bundestag

Abgeordnete während einer Bundestagsdebatte.

Konstituierende Sitzung des Bundestages am 22.10.2013.

M 9 ● Die Aufgaben des Bundestags

Wahlfunktion

Die Wahl des Bundeskanzlers ist in Art. 63 GG geregelt. Bisher sind alle Kanzler im ersten Wahlgang mit der absoluten Mehrheit der Stimmen gewählt worden, sowohl bei der Wahl zu Beginn der Legislaturperiode als auch bei der Wahl des Nachfolgers eines zurückgetretenen Bundeskanzlers. [...]

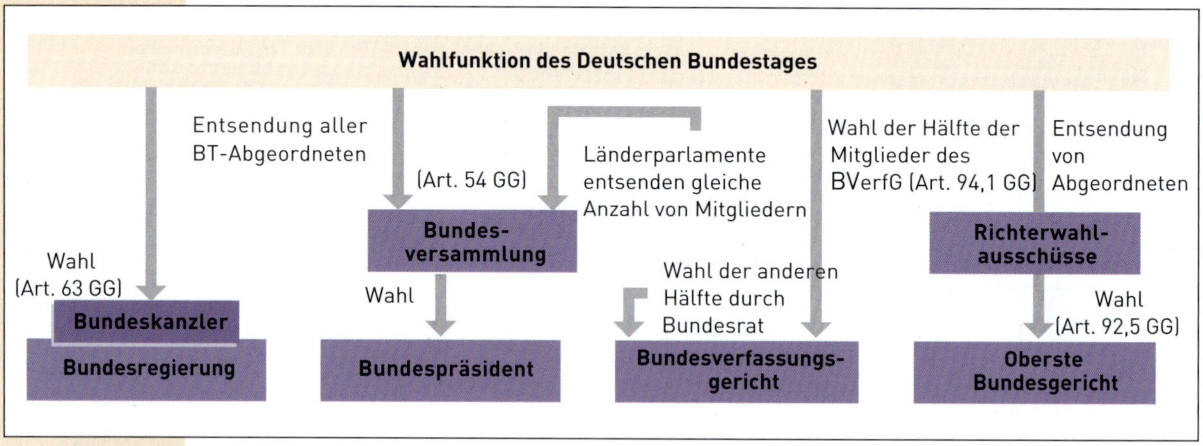

Gesetzgebungsfunktion

Das Grundgesetz regelt sehr ausführlich die Zuständigkeiten der Gesetzgebung von Bund und Ländern. Mit der Föderalismusreform aus dem Jahr 2006 wurden die Zuständigkeiten neu austariert. Art. 73 GG zählt 17 Gebiete auf, in denen der Bund das Recht der ausschließlichen Gesetzgebung hat. Dazu gehören beispielsweise die Auswärtigen Angelegenheiten, die Verteidigung, die Staatsangehörigkeit, die Währung, die Einheit des Zoll- und Handelsgebietes bis hin zum Urheberrecht und zur Statistik des Bundes. Für viele Rechtsgebiete sind nach dem Grundgesetz Bund und Länder nebeneinander zuständig. Das sind die Gebiete der konkurrierenden Gesetzgebung. Der Bund hat hier ein Vorrecht. Nur wenn er davon keinen Gebrauch macht, können die Länder ihre eigenen Gesetze erlassen. [...]

Kontrolle von Regierung und Verwaltung (Kontrollfunktion)
Nach dem traditionellen Verständnis von der Teilung der drei Gewalten hat das (Gesamt-)Parlament die Aufgabe, die Regierung zu kontrollieren. Für parlamentarische Demokratien ist jedoch eine andere Form der Gewaltenteilung charakteristisch: Regierung und Mehrheitsfraktionen steht die parlamentarische Opposition gegenüber. Die Kontrollfunktion nimmt hier vor allem die Opposition wahr. Sie nutzt verschiedene Instrumente, beispielsweise Anfragen und Untersuchungsausschüsse, um die Regierung öffentlich zu kritisieren und zu kontrollieren. Die Mehrheitsfraktionen werden die Regierung nur in Ausnahmefällen kritisieren. In der Regel stimmt die Regierung ihre Vorhaben vorher mit den sie tragenden Fraktionen ab, sodass Konflikte hier eher die Ausnahme darstellen. [...]

Budgetrecht
Das Budgetrecht, das Recht, Steuern und Abgaben zu bewilligen, ist das klassische Kontrollrecht des Parlaments. Zuerst erkämpfte es sich das englische Parlament, im 19. Jahrhundert wurde es in die Verfassungen der konstitutionellen Monarchien aufgenommen. Die Parlamente nutzten dieses Recht, um die Steuern möglichst niedrig zu halten und die Ausgaben zu beschränken. [...]

Teilnahme an der politischen Willensbildung (Willensbildungsfunktion)
Das Parlament soll das „Forum der Nation" sein. Hier sollen die wichtigen politischen Themen diskutiert und Konzepte zur Lösung von Problemen entwickelt werden. Die unterschiedlichen Standpunkte sollen in verständlicher Form vorgetragen und die Gründe für Entscheidungen erkennbar gemacht werden. Das geschieht in den großen Plenardebatten, in denen die Bundesregierung sowie Regierungsfraktionen und Opposition ihre Positionen vor der Öffentlichkeit darlegen und begründen. Doch solche großen Debatten sind selten, und sie finden nicht immer die Aufmerksamkeit der Öffentlichkeit, die ihnen zukommen sollte. Es gehört zu der gängigen Kritik am Bundestag, dass er die informierende Funktion nicht ausreichend wahrnimmt. Politische Meinungs- und Willensbildung findet heute vor allem auf dem Weg über die Massenmedien statt. Regierungsmitglieder und führende Abgeordnete der Koalitionsparteien und der Opposition teilen ihre Meinungen der Öffentlichkeit in Fernsehen, Hörfunk und Zeitungen mit. Dabei geht jedoch verloren, was nur eine Debatte leisten kann: die Auseinandersetzung, das Ringen um bessere Lösungen in Rede und Gegenrede. [...]

Repräsentation der Bevölkerung und Artikulationsfunktion
Im Parlament soll zur Sprache kommen, was die Bürger politisch bewegt. Die Wähler erwarten, dass ihre eigenen Ansichten zu politischen Themen in den Debatten ausgesprochen (artikuliert) werden und dass ihre Wünsche und Interessen im Parlament vertreten (repräsentiert) sind. Häufig wird beklagt, die Bürger dürften alle vier Jahre zur Wahl gehen, danach hätten sie keinen Einfluss mehr auf die politischen Entscheidungen. Doch Abgeordnete wollen wieder gewählt werden. Die Wünsche der Wähler hören sie in ihrem Wahlkreis. Meinungsumfragen geben ständig ein Bild von der Stimmung der Bürger. Zahlreiche Landtags- und Kommunalwahlen finden im Laufe einer Legislaturperiode statt und bieten den Wählern Gelegenheit, ihre Zufriedenheit oder Unzufriedenheit mit der Regierungspolitik zu bekunden. Das alles hat Rückwirkungen auf die Politik der Regierung und auf das Verhalten der einzelnen Abgeordneten. [...]

Horst Pötzsch, Die deutsche Demokratie, 5. Auflage, Bonn 2009, S. 73 ff.

Konstruktives Misstrauensvotum
→ vgl. Kapitel 1.2.5

Die Europäische Union und der Deutsche Bundestag
Online Kapitel
(Mediencode 73004-20)

Fraktion

Zusammenschluss der Abgeordneten einer Partei im Parlament

M 10 ● Wo werden im Bundestag Entscheidungen getroffen?

Das Bild des Bundestages in der Öffentlichkeit wird durch die Debatten im Plenum bestimmt. [...] Wenn die Fernsehkamera über den Plenarsaal schwenkt, sieht der Zuschauer, dass oft nur 30 oder 50 Abgeordnete anwesend sind, von denen ein Teil auch noch Akten studiert oder Zeitung liest. Das führt zu dem weitverbreiteten Missverständnis, die Abgeordneten kämen ihren Pflichten nicht nach. Dieser Kritik liegt die Vorstellung zugrunde, das Plenum sei der eigentliche Ort der parlamentarischen Arbeit. Dort würden die wichtigsten Probleme des Landes in Rede und Gegenrede zwischen Regierungsmehrheit und Opposition debattiert, und die besseren Argumente setzten sich durch. Diesem Idealbild kommt am ehesten das britische Unterhaus nahe, das als „Redeparlament" gilt. Der andere Typ ist das „Arbeitsparlament", in dem, wie vor allem im amerikanischen Kongress, der Schwerpunkt auf der Gesetzgebungsarbeit in Ausschüssen liegt. Der Bundestag wird oft als eine Mischung aus den beiden Parlamentstypen bezeichnet. Nimmt man den Zeitaufwand als Maßstab, so leisten die Bundestagsabgeordneten ihre Arbeit weit überwiegend in Ausschüssen, Fraktionen, Arbeitskreisen und Arbeitsgruppen. [...]

Die eigentliche parlamentarische Arbeit wird also in den Ausschüssen geleistet. [...] Deren Mitglieder sind meist zugleich die Vertreter ihrer Fraktionen in entsprechenden Fachausschüssen. In den Ausschüssen werden die Gesetzesentwürfe und sonstige Initiativen diskutiert und formuliert, um dann dem Plenum zur Beschlussfassung vorgelegt zu werden. Die Ausschüsse tagen in der Regel nicht öffentlich. Daher kann dort ungezwungener und sachlicher debattiert werden als in den öffentlichen Sitzungen des Plenums. Auch die Ausschussmitglieder der Opposition haben so die Chance, einen erheblichen Einfluss auszuüben. Es gibt ständige Ausschüsse, die die gesamte Legislaturperiode über bestehen, und solche, die für eine bestimmte Aufgabe gebildet und nach deren Erledigung wieder aufgelöst werden, zum Beispiel „Untersuchungsausschüsse". [...]

Das Plenum ist die „Vollversammlung", eigentlich der Bundestag schlechthin. Nur das Bundestagsplenum kann rechtswirksame Beschlüsse fassen. [...]

Haben die Experten in wochen- und monatelangen Beratungen alle Argumente ausgetauscht und sind die Standpunkte geklärt, ist es nicht verwunderlich, wenn die meisten Beschlüsse im Plenum ohne Debatte oder nach kurzer Diskussion gefasst werden. [...]

Die großen Debatten über wichtige Themen, wie zum Beispiel die Haushaltsdebatte, haben nicht die Funktion, die jeweils andere Seite zu überzeugen. Es handelt sich um Reden, die für die Öffentlichkeit bestimmt sind. Dem Bürger sollen die unterschiedlichen Meinungen und die Gründe, die etwa zu dieser oder jener Entscheidung geführt haben, deutlich gemacht werden.

Horst Pötzsch, Die deutsche Demokratie, 5. Auflage, Bonn 2009, S. 68ff. (Reihenfolge geändert)

Aufgaben

1. Beschreiben Sie die Bilder und erklären Sie, welches Ihrer Vorstellung wünschenswerter Bundestagsarbeit angesichts der Aufgaben des Parlaments näher kommt (M 8).
2. Der Deutsche Bundestag wird häufig als Mischform zwischen Rede- und Arbeitsparlament bezeichnet.
   a) Stellen Sie die Unterschiede dieser parlamentarischen Arbeitsweisen dar (M 10).
   b) Charakterisieren Sie den Bundestag eher als Rede- bzw. als Arbeitsparlament.
3. Arbeiten Sie die Funktionen von Ausschüssen und Plenum des Bundestages heraus.

Ⓜ Simulieren Sie eine Bürgerfragestunde Ihrer/s Bundestagsabgeordneten zum Thema „leeres Parlament"

Ⓗ zu Aufgabe 3
Beachten Sie, dass die Ausschüsse meist unter Ausschluss der Öffentlichkeit tagen, Plenarsitzungen aber sogar im Fernsehen übertragen werden.

Bundeskanzler und Regierung
M 3, M 4

Der Bundeskanzler hat das wichtigste politische Amt in Deutschland inne. Er bestimmt die Richtlinien der Politik und leitet die Geschäfte der Bundesregierung. Er schlägt dem Bundespräsidenten die Minister zur Ernennung oder Entlassung vor. Gegenüber den Ministern ist der Bundeskanzler nach GG Art. 65 Abs. 1 S. 1 mit der **Richtlinienkompetenz** ausgestattet, die es ihm erlaubt, den Ministern die Richtung der Politik vorzuschreiben.
Die Minister decken verschiedene Politikressorts (z. B. Wirtschaft, Verteidigung, Finanzen usw.) ab, für die sie verantwortlich zeichnen (**Ressortprinzip**). Hinter jedem Ministerium steht ein riesiger, hierarchisch organisierter Verwaltungsapparat. Die sogenannte **Ministerialbürokratie** fertigt auf Weisung und unter Einbeziehung externer Fachleute die Gesetzentwürfe aus, die dann vom jeweiligen Minister im Kabinett (= Regierung) vorgelegt, dort beschlossen und schließlich in den Bundestag eingebracht werden (**Kollegialprinzip**). In der politischen Praxis von Koalitionsregierungen tritt das verfassungsrechtliche Instrument der Richtlinienkompetenz des Kanzlers weitgehend zurück.
Die Wirkung von Regierungen ist wegen der vielfältigen Einflüsse auf Entscheidungen (z. B. durch die Rücksichtnahme auf Koalitionspartner) und deren Umsetzung umstritten. Sicher ist aber, dass der landläufig vielfach geäußerte Anspruch des „Durchregierens" – also des Durchsetzens von Maximalpositionen der Regierung oder gar des Kanzlers – so gut wie unmöglich ist.

Bundestag: Arbeit in Ausschüssen
M 9, M 10

Im parlamentarischen System der Bundesrepublik kommt dem Bundestag eine besondere Bedeutung zu. Die vom Volk gewählten Repräsentanten (Abgeordnete) wählen den Bundeskanzler (Wahlfunktion), stimmen im Bundestag über eingebrachte Gesetze ab (Gesetzgebungsfunktion), arbeiten in den Ausschüssen an der Ausgestaltung von Gesetzen mit, kontrollieren die Regierung (Kontrollfunktion) und tragen über die öffentlichen Parlamentsdebatten zur Willensbildung der Bevölkerung (Willensbildungsfunktion) bei.
Beim Deutschen Bundestag handelt es sich um ein **Arbeitsparlament**. Die Debatten im Plenum dienen vornehmlich der Information der Öffentlichkeit über unterschiedliche Positionen und nicht dem Aushandeln von Gesetzesentwürfen (wie bei einem **Redeparlament**). Letzteres findet in den nach Fraktionsproporz besetzten **Fachausschüssen** des Bundestages statt. Die Organisation der ständigen Ausschüsse entspricht in etwa der Struktur der Ministerien. Hier treffen sich die Experten unter den Abgeordneten, um über die Gesetzesentwürfe der Bundesregierung zu diskutieren, Änderungswünsche einzubringen oder Experten dazu zu hören.
Daher ist auch die Abwesenheit von Abgeordneten vom Plenum nicht als Skandal anzusehen, sondern liegt zumeist in der Arbeit andernorts begründet.

Artikel 21 GG

(1) Die Parteien wirken bei der politischen Willensbildung des Volkes mit. Ihre Gründung ist frei. Ihre innere Ordnung muss demokratischen Grundsätzen entsprechen. Sie müssen über die Herkunft und Verwendung ihrer Mittel sowie über ihr Vermögen öffentlich Rechenschaft geben.

Artikel 38 GG

(1) Die Abgeordneten des Deutschen Bundestages werden in allgemeiner, unmittelbarer, freier, gleicher und geheimer Wahl gewählt. Sie sind Vertreter des ganzen Volkes, an Aufträge und Weisungen nicht gebunden und nur ihrem Gewissen unterworfen.

Marco Bülow ist seit 2002 als SPD-Abgeordneter im Deutschen Bundestag.

1.2.3 Vertreter seiner Partei, seiner Wähler oder aller Bürger? Der Bundestagsabgeordnete

M 11 ● Freie Meinungsäußerung?

Erl

M 12 ● Hat ein Abgeordneter nichts zu sagen?

Seit Wochen denke ich darüber nach, wie ich abstimmen soll, wenn im Bundestag nun über [eine Verlängerung des Bundeswehr-Einsatzes in Afghanistan] entschieden wird. [...] Ich halte mich nicht für einen notorischen Abweichler oder Revoluzzer, doch die politische Linie der SPD hat in den vergangenen Jahren häufiger meinen Überzeugungen widersprochen. In der Fraktion habe ich mehrfach gegen die Mehrheit gestimmt oder mich enthalten – und das wird gar nicht gern gesehen. [...] In den Fraktionssitzungen merke ich bisweilen den Unmut der anderen: [...] Sätze wie „Die Abweichler machen es sich schön leicht, während wir zu Hause geprügelt werden", sind nicht selten. [...] Wer häufig gegen die Mehrheit stimmt, ist bei der Fraktionsspitze schnell unten durch und wird irgendwann nicht mehr ernst genommen. Vor wichtigen Entscheidungen werden Abweichler unter Druck gesetzt und zum Beispiel zu Einzelgesprächen ins Büro von [...] unserem Fraktionsvorsitzenden, zitiert. Eigentlich ist es unsere Aufgabe als Abgeordnete, nicht alles mitzumachen. Aber es ist heute so, dass man sich rechtfertigen muss, wenn man nicht zustimmt. [...] Die Fraktionsspitze wird kaum höhere Weihen für die haben, die zu oft dagegen sind. Besonders vorsichtig verhalten sich Abgeordnete, die über die Landeslisten ins Parlament gekommen sind; das betrifft 77 der 222 Abgeordneten, die restlichen 145 wurden direkt gewählt. Wer keinen eigenen Wahlkreis hat, überlegt sich zweimal, ob er gegen die Mehrheit stimmen soll, aus der nicht unberechtigten Sorge, vor der nächsten Wahl vielleicht den guten Listenplatz zu verlieren.

Marco Bülow, in: Süddeutsche Zeitung Magazin, 12.10.2007

M 13 Warum stimmen Abgeordnete für ihre Fraktion ab?

Politiker vertreten Sachziele. Die Durchsetzung von Sachzielen erfordert eine Mehrheit. In dieser Perspektive gibt es zwei Gründe, weshalb Parteien geschlossen auftreten: (1) ihre Handlungsfähigkeit, insbesondere im Parlament; (2) ihre Glaubwürdigkeit gegenüber den Wählern. [...]

Eine Partei kann überhaupt erst dann als eigenständiger Körper handeln, also selbstständig gegenüber den Wählern auftreten und im Parlament als Machtfaktor agieren, wenn ihre Mitglieder „mit einer Zunge" reden. Eine Regierungskoalition kann nur so lange ihre politischen Ziele durchsetzen, wie ihre Abgeordneten geschlossen votieren. Dabei ist aber meistens nicht absolute Geschlossenheit erforderlich. Relative Geschlossenheit genügt, das heißt: Die Mitglieder der Regierungsfraktionen votieren insoweit übereinstimmend, als dies für die jeweils vorgeschriebene Mehrheit erforderlich ist, um sich gegen die Opposition durchzusetzen. [...]

Bei der Glaubwürdigkeit einer Partei geht es um ihre Überzeugungskraft gegenüber den Wählern. Uneinigkeit bei öffentlich umkämpften Fragen ist eine Steilvorlage für die konkurrierenden Parteien. Von „Zerrissenheit" ist dann die Rede; „die wissen ja selbst nicht, was sie wollen", tönt die Konkurrenz. Diese Kritik ist im Kern nicht unbegründet. Denn mangelnde Geschlossenheit zeigt an, dass es nicht gelungen ist, einen Kompromiss zu erzielen. Kompromissbereitschaft aber ist eine unabdingbare Voraussetzung, um als Regierungspartei handeln zu können. Und wenn eine Oppositionspartei nach angemessener Zeit nicht fähig ist, sich auf eine gemeinsame Position (mindestens der führenden Akteure) zu einer bestimmten Sach- oder Personalfrage zu einigen, dann gibt dies zu Recht Anlass zu der Vermutung, dass sie auch als Regierungspartei nicht dazu fähig wäre, und damit nicht in der Lage wäre, ihre Durchsetzungsfähigkeit im Parlament zu gewährleisten.

Der zweite Grund für die positive Auswirkung von Geschlossenheit auf die Glaubwürdigkeit einer Partei ergibt sich daraus, dass es für die Bewältigung schwieriger, die Öffentlichkeit bewegender Probleme – zum Beispiel hohe Arbeitslosigkeit – keinen zu angemessenen Kosten realisierbaren Vorschlag gibt, von dem objektiv bewiesen werden könnte, dass mit seiner Realisierung das Problem beseitigt wäre. Kurz: Es besteht Unsicherheit. [...] Deshalb ist das Herbeiführen von Kompromissen die wichtigste alltägliche Aufgabe führender Politiker auf den unterschiedlichen Ebenen von Fraktion und Partei.

Neben „Überzeugungsarbeit" und Interessenausgleich ist in der Praxis Druckausübung ein wichtiges Mittel, um die jeweils erforderliche Geschlossenheit zu erreichen. [...] Neben Handlungsfähigkeit und Glaubwürdigkeit als generellen Gründen gibt es ein spezifisches Interesse der Regierungsmitglieder an Geschlossenheit: Es geht um ihr Amt. Ihr grundsätzlich legitimes Ziel besteht darin, ihre Gesetzgebungsvorhaben „über die parlamentarischen Hürden" zu bringen. [...]

Eberhard Schuett-Wetschky, Regierung, Parlament oder Parteien: Wer entscheidet, wer beschließt?, in: ZParl 36 (Heft 3) 2005, S. 498 f.

Politische Repräsentation

Nach der Politologin Hanna Pitkin bedeutet politische Repräsentation das Handeln von gewählten Vertretern im Interesse bzw. im Sinne der Repräsentierten und zwar in responsiver Weise. Responsives Handeln kann verstanden werden als verantwortungsvolles und gegenüber den Vertretenen zu verantwortendes Agieren.

Info

Imperatives Mandat

Bindung des Abgeordneten [...] in seinem Abstimmungsverhalten an Weisung der Wählerschaft [...].

Das imperative Mandat kennzeichnet die Rätedemokratie, in der die Selbstregierung des Volkes („Identität von Regierenden und Regierten") angestrebt wird. In ihr werden Räte gewählt, die die gesetzgebende und vollziehende Gewalt in sich vereinigen, sich [bei jeder Entscheidung] nach den Aufträgen des Volkes richten müssen und ebenso wie die Beamten und Richter jederzeit abberufen werden können.

www.rechtslexikon.net (15.10.2013)

Seit 1998 ist Hans-Christian Ströbele Mitglied des Deutschen Bundestages (ebenso von 1985–1987). Direkt gewählter Abgeordneter ist er seit 2002 und wurde damit zum ersten direkt gewählten bündnisgrünen Mandatsträger im Bundestag.

a) Abstimmung über ein weiteres Euro-Rettungspaket für Griechenland.

b) Bundestag entscheidet über Gentests an Embryonen.

c) Legalisierung der Sterbehilfe

d) Erhöhung der Mehrwertsteuer

e) Adoptionsrecht für gleichgeschlechtliche Paare

f) Recht auf einen gesetzlich garantierten Kindergartenplatz

g) Auslandseinsätze der Bundeswehr

h) Neuregelung der Organspende im Transplantationsgesetz

M 14 ● Über die komplizierte Stellung eines Abgeordneten

Herr Ströbele, wie frei ist ein Abgeordneter Ihrer Meinung nach?

Gesetzlich sind die Abgeordneten nicht nur frei, sondern sogar verpflichtet, ihrem Gewissen zu folgen. Politisch sollen sie allerdings auch verantwortungsvoll das Programm ihrer Partei umsetzen, denn auf dieser Basis sind sie gewählt worden. Tatsächlich wird von Abgeordneten einer Regierungspartei oft verlangt, dass sie den Vorlagen der Regierung ohne Widerspruch zur Mehrheit verhelfen. Es hängt von jedem Abgeordneten selbst ab, wie viel Rückgrat er gegenüber Regierung und Fraktionsspitze im Konfliktfall beweist. Richtig wäre es, wenn die Regierung mit den Abgeordneten spricht, ihre Bedenken anhört und einarbeitet. Für falsch dagegen halte ich eine „Basta"-Strategie, bei der die Regierung einfach den Abgeordneten das vorsetzt, was sie für richtig hält und dann Zustimmung verlangt. [...]

Sie sind mit Ihrer Fraktion Bündnis 90/Die Grünen [...] in der Opposition. Ist der Druck auf den einzelnen Abgeordneten nun geringer geworden?

Natürlich ist der Druck in einer Regierungsfraktion bei einer Mehrheit von vier Stimmen sehr viel höher als in einer Oppositionsfraktion. Doch auch in der Opposition wird Fraktionstreue erwartet, nur in Ausnahmefällen wird mal akzeptiert, dass Anträgen anderer Fraktionen, die man selbst richtig findet, zugestimmt wird. Leider. Aber auch in einer großen Koalition mit großen Mehrheiten müsste es doch möglich sein, dass die einzelnen Abgeordneten sich nicht ständig einer Fraktionsdisziplin unterwerfen. [...]

Gibt es Ihrer Auffassung nach Wege, wie die Unabhängigkeit der Abgeordneten erhöht werden könnte?

Es geht nicht einfach um Unabhängigkeit, um Querulantentum und Dickköpfigkeit bei jeder passenden Gelegenheit. Natürlich braucht eine Regierung eine Verlässlichkeit bei den Abgeordneten, auf die sie sich stützt. Aber in wichtigen Entscheidungen, z. B. über Krieg und Frieden, muss der Abgeordnete seiner vom Grundgesetz festgeschriebenen Pflicht nachkommen und evtl. auch anders entscheiden. Das muss dann doch nicht der Untergang der Koalition sein. Ich meine, zum einen sollten die Abgeordneten selbst mehr Selbstbewusstsein gegenüber ihrer Fraktionsführung entwickeln. Die Wähler können dies unterstützen, indem sie Abgeordneten mit eigener Meinung den Rücken stärken, vor allem bei Wahlen, aber auch in Zuschriften bzw. E-Mails, in Leserbriefen, in Gesprächen.

Interview: Erik Müller, 27.6.2008

Aufgaben

1. Analysieren Sie die Karikatur und stellen Sie dar, woran sich ein Abgeordneter Ihrer Meinung nach bei Abstimmungen orientieren sollte (M 11).
2. Erläutern Sie das Spannungsverhältnis von freiem Mandat und Fraktionsdisziplin. Berücksichtigen Sie dabei auch die Kategorien „Verfassungsnorm" und „Verfassungswirklichkeit" (M 12–M 14, Kap. 1.2.1).
3. Im Falle der Gewissensentscheidung wird von den Fraktionen im Deutschen Bundestag manchmal der „Fraktionszwang" aufgehoben. Wählen Sie Themen aus (Randspalte), die Sie als Gewissensentscheidung ansehen, vergleichen Sie Ihre Ergebnisse und definieren Sie abschließend „Gewissensentscheidung".

1.2.4 Opposition – tut doch nichts, außer reden!

M 15 ● Ansichten zur politischen Opposition

> „Aufgabe der Opposition ist es, die Regierung abzuschminken, während die Vorstellung noch läuft."
>
> *Jacques Chirac (*1932), ehem. französischer Staatspräsident*

> „Die langen Debatten, die Zwistigkeiten, die Tumulte kündigen den Anstieg der Sonderinteressen und den Abstieg des Staates an."
>
> *Jean-Jacques Rousseau (1712-1778), französischer Philosoph*

M 16 ● Wer nutzt welche parlamentarischen Kontrollrechte?

Wahlperiode	Große Anfragen			Kleine Anfragen			Untersuchungsausschüsse			Dringliche Fragen		
	Anfragen insg.	davon eingereicht durch Opposition		Anfragen insg.	davon eingereicht durch Opposition		Untersuchungsausschüsse insg.	davon eingereicht durch Opposition		Anfragen insg.	davon eingereicht durch Opposition	
	Anzahl	Anzahl	in %	Anzahl	Anzahl	in %	Anzahl	Anzahl	in %	Anzahl	Anzahl	in %
15. WP (2002–2005)	65	65	100	797	795	99,7	2	2	100	37	37	100
16. WP (2005–2009)	64	62	98,4	3299	3298	100	2	2	100	111	111	100

Deutscher Bundestag, Datenhandbuch (31.3.2010)

In der 15. Wahlperiode regierte Gerhard Schröder (SPD) mit Hilfe einer rot-grünen Mehrheit. Angela Merkel (CDU) führte in der 16. Wahlperiode eine Große Koalition aus CDU/CSU und SPD.

M 17 ● Der Dualismus von regierender Mehrheit und Opposition

Die politischen Institutionen eines Landes bilden ein System, in dessen Rahmen und nach dessen Regeln die politische Auseinandersetzung zu verbindlichen Entscheidungen führt. Im Zentrum dieser Institutionen steht im heutigen Deutschland das Parlament, der Bundestag. [...] Einst – in der konstitutionellen Monarchie – primär Volksrepräsentation gegenüber einer obrigkeitlichen Regierung, stellt nun das Parlament selbst, genauer: die Parlamentsmehrheit, durch Personen ihres Vertrauens die Regierung. Dies hat zur Folge, dass für die Parlamentsmehrheit nun die Wahl- und Gesetzgebungsfunktion im Vordergrund stehen, für die Opposition hingegen Kontrolle und Artikulation. Anstelle eines Dualismus von Gesamtparlament und Regierung ist damit ein Dualismus von Parlamentsmehrheit (einschließlich Regierung) und parlamentarischer Opposition getreten. [...] Dem Dualismus von Regierungsmehrheit und Opposition entsprechend bilden Regierung, Regierungsmehrheit und Spitzen der Ministerialbürokratie eine politische Handlungseinheit. Deutlich

Fragerechte des Bundestages

Große Anfrage
Schriftliche Anfrage zu einem größeren politischen Themenkomplex durch eine Fraktion bzw. mindestens 5 % der Abgeordneten
An die Beantwortung durch die Bundesregierung schließt sich in der Regel eine Debatte vor dem Bundestag an.

Kleine Anfrage
Schriftliche Anfrage zu konkreten Einzelthemen durch eine Fraktion bzw. mindestens 5 % der Abgeordneten
Die Antwort erfolgt schriftlich durch das jeweils zuständige Bundesministerium.

Fragestunde
Einzelfragen zur mündlichen oder schriftlichen Beantwortung, von einzelnen Abgeordneten eingebracht
Mündliche Beantwortung in den beiden wöchentlichen Fragestunden des Bundestages
Möglichkeit für die Abgeordneten, mit Zusatzfragen nachzuhaken

Aktuelle Stunde
Politische Debatte mit Kurzbeiträgen zu einem aktuellen Thema auf Verlangen einer Fraktion bzw. von mindestens 5 % der Abgeordneten oder nach Vereinbarung
Redezeit für die Abgeordneten: 5 min; Gesamtdauer: 1 Stunde + Redezeit der Regierung

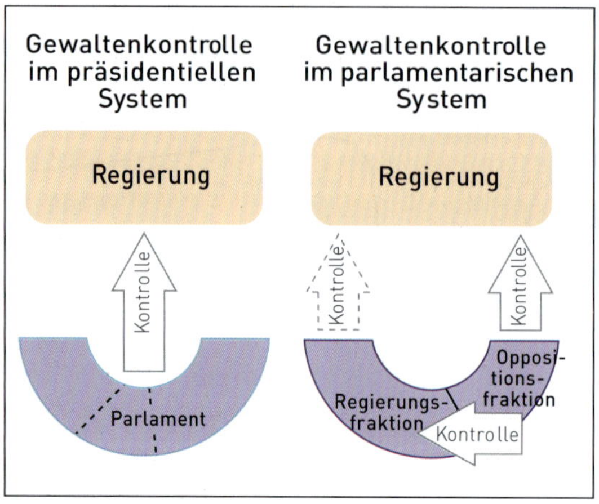

wird dies in ihrer engen Zusammenarbeit. Regierungsfraktionen leben vom Informationsfluss aus den Ministerien, ihre Mitglieder decken in Plenum und Ausschüssen des Bundestages die Regierung. [...]

Wolfgang Rudzio, Das politische System der BRD, 8. Auflage, Wiesbaden 2011, S. 210ff.

M 18 ● Welche Kontrollrechte besitzt der Deutsche Bundestag?

Die Kontrolle der Regierung ist eine zentrale Aufgabe des Bundestages. Sie ist eng verwoben mit der Aufgabe der Gesetzgebung, denn jeder Gesetzentwurf der Regierung wird im Parlament beraten und muss dort die notwendige Mehrheit finden. Besonders deutlich wird diese Verknüpfung beim Staatshaushalt. Ohne die ausdrückliche Zustimmung des Parlaments kann das Haushaltsgesetz, in dem alle Einnahmen und Ausgaben geregelt sind, nicht in Kraft treten. Das Haushaltsgesetz ist aber mehr als ein einfaches Gesetz. Ohne Geld kann keine Regierung ihre programmatischen Ziele durchsetzen. Die alljährliche Debatte zwischen Regierung und Opposition über den Staatshaushalt zieht sich deshalb meist über mehrere Tage hin. Auch die Einhaltung des Haushalts kontrolliert das Parlament: Der Finanzminister muss dem Bundestag Rechnung legen und die Regierung muss durch das Plenum entlastet werden.

Das folgenschwerste Instrument der Kontrolle ist das konstruktive Misstrauensvotum. Der Bundestag kann mit der Mehrheit seiner Mitglieder einen neuen Bundeskanzler wählen und vom Bundespräsident ernennen lassen.

Zur Kontrolle der Regierung setzt der Bundestag verschiedene Gremien ein. Diese sind zum Teil permanent vorhanden wie beispielsweise die ständigen Ausschüsse oder das Parlamentarische Kontrollgremium. Andere Gremien werden hingegen erst aus aktuellem Anlass und beispielsweise mit Zustimmung von mindestens 25 Prozent der Mitglieder des Bundestages eingesetzt. Dazu gehören Untersuchungsausschüsse zur Aufklärung politischer und bürokratischer Missstände.

Information ist eine wesentliche Voraussetzung für die Kontrolle der Regierung. Deshalb hat der Bundestag verschiedene Formen der Befragung und Beratung im Parlament etabliert, die von den Abgeordneten und damit auch von der Opposition in Anspruch genommen werden können. Dazu gehören: Kleine und Große Anfragen, Schriftliche Fragen und Fragestunden, Aktuelle Stunden, Regierungsbefragungen.

In einer aktuellen Stunde stellt der Oppositionsabgeordnete Jürgen Trittin eine Frage aus dem Plenum.

Die Abgeordneten des Bundestages haben vielfältige Möglichkeiten, sich im Plenum über die Pläne und Arbeit der Regierung zu informieren und ihre Meinung darzulegen. Darüber hinaus setzt der Bundestag aber auch Gremien ein, zu deren Aufgabe die Kontrolle der Regierung gehört und die unterschiedlich weit reichende Einflussmöglichkeiten besitzen. Die ständigen Ausschüsse des Bundestages sind in der Regel so organisiert, dass ihnen ein Bundesministerium gegenüber steht. Sie haben somit ein genau definiertes Fachgebiet bzw. einen Geschäftsbereich. Die Ausschüsse üben ihre Kontrollfunktion zum einen indirekt über die Mitwirkung bei der Gesetzgebung aus. Sie haben aber auch direkte Kontrollrechte. So ist es ihnen ausdrücklich gestattet, von Vertretern des zuständigen Bundesministeriums Berichterstattung zu aktuellen Gesetzgebungsvorhaben zu verlangen und Empfehlungen auszusprechen – und das auch ohne Auftrag des Plenums. Dieses so genannte Selbstbefassungsrecht hat sich zu einem wichtigen Instrument der parlamentarischen Kontrolle entwickelt.

Deutscher Bundestag, Aufgaben, Kontrolle der Regierung (19.2.2014)

M 19 ● Opposition in Zeiten der Großen Koalition

Weil Linke und Grüne gemeinsam nur rund 20 Prozent der Bundestagsabgeordneten stellen, kommen ihnen die gewöhnlichen Rechte der Opposition nicht zu. Diese sind erst ab einem Anteil von 25 Prozent vorgesehen. Dabei geht es unter anderem um die Einsetzung von Untersuchungsausschüssen oder die Überprüfung von Gesetzen beim Bundesverfassungsgericht […].
Die Fraktionen der Linken und der Grünen haben inzwischen einen gemeinsamen Antrag vorgelegt, in dem sie gesetzliche Änderungen zur Wahrung dieser Rechte fordern. „Wir brauchen keine Gesetzesänderungen", so [die parlamentarische Geschäftsführerin der SPD-Bundestagsfraktion] Lambrecht. […] Ihr Appell an die Opposition: „Linke und Grüne sollten mit uns […] eine Änderung der Geschäftsordnung in ihrem Sinne herbeiführen und uns endlich mit der eigentlichen Parlamentsarbeit beginnen lassen." […] Das Angebot zur Änderung der Geschäftsordnung machten Union und SPD erst diese Woche – zuvor waren sie lediglich dazu bereit gewesen, die Minderheitenrechte per Bundestagsbeschluss zu verankern. Darauf wollte sich die Opposition auf keinen Fall einlassen. Inzwischen sind die Regierungsfraktionen auch bereit, der Opposition mehr Geld für Personal bereitzustellen.

flo/vme, www.spiegel.de, 30.1.2014

Strategien der Opposition

Eine kompetitive Opposition will eine klare Gegenposition zur Regierung bilden, eine kooperative Opposition will auch mit der Regierung zusammen arbeiten, um möglichst großen Einfluss auf das Regierungshandeln zu erlangen.

Aufgaben

1. Erklären Sie die Aussagen zur Bedeutung von Opposition und positionieren Sie sich begründet (M15).
2. Analysieren Sie die Werte zum Einsatz der Parlamentarischen Kontrollrechte in der 15. und 16. Wahlperiode (M 16). Berücksichtigen Sie bei deren Erläuterung den Dualismus von Regierungsmehrheit und Opposition im Bundestag (M 17).
3. „Lediglich die Opposition kontrolliert die Regierung." Überprüfen Sie diese Aussage (M 16 – M 18).
4. a) Problematisieren Sie die Bildung einer Großen Koalition hinsichtlich der Funktion von Opposition in der parlamentarischen Demokratie (M 19).

   ✪ b) Entwickeln und erklären Sie eine Erfolg versprechende Oppositionsstrategie kleinerer Fraktionen in Zeiten einer Großen Koalition.

H zu Aufgabe 3
Beachten Sie die Perspektive eines Abgeordneten einer Regierungsfraktion.

F zu Aufgabe 3
Klare Gegenposition einnehmen oder die Regierung kooperativ unterstützen? Gestalten Sie zu dieser Frage eine Strategie des Chefs einer Oppositionsfraktion in Form eines internen Strategiepapiers.

1.2.5 Demokratie = Demokratie? Parlamentarisches und präsidentielles Regieren im Vergleich

M 20 ● Staats- und Regierungschefs in Deutschland und den USA

Obamba ist Präsident! 365 Wahlmänner aus den Bundesstaaten stimmen für Barack Obama, 173 gegen ihn.

Angriffe auf den Irak – George W. Bush setzt am 23.3.2003 US-Truppen in Bewegung

Kanzlerin bestätigt – 462 der 504 Bundestagsabgeordneten von CDU/CSU und SPD stimmten am 17.12.2013 für Angela Merkel

Helmut Schmidt abgesetzt, Helmut Kohl Kanzler – mit 256 zu 235 Stimmen beschließt der Bundestag am 1.10.1982 die Absetzung Schmidts und macht Kohl zum Regierungschef.

Piratenjagd jetzt auch an Land – Die Bundeswehr darf Piraten aus Somalia jetzt auch bis an Land verfolgen. Mit der Mehrheit der schwarz-gelben Koalition stimmte der Bundestag am 15.7.2012 einer Ausweitung der europäischen Atalanta-Mission zu. Von 570 im Bundestag anwesenden Abgeordneten stimmten 305 dafür. 206 stimmten mit Nein, 59 enthielten sich.

M 21 ● Das Regierungssystem der USA

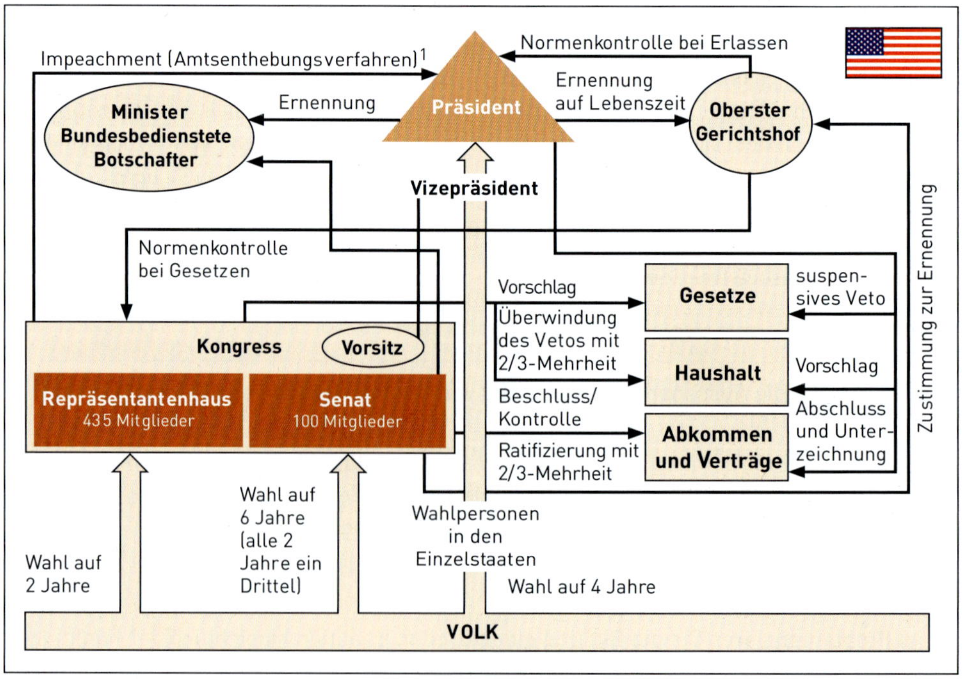

1) nur aufgrund von ‚Vergehen gegen die Verfassung' und ‚anderer schwerer Verbrechen' des Präsidenten möglich

Ralf Rytlewski, Carola Wuttke (Hg.), Basiswissen Schule. Politik, Mannheim 2004, S. 60

US-Präsident

ARTIKEL II, Abschnitt 2

Der Präsident ist Oberbefehlshaber der Armee und der Flotte der Vereinigten Staaten [...]; er hat, außer in Amtsanklagefällen, das Recht, Strafaufschub und Begnadigung für Straftaten gegen die Vereinigten Staaten zu gewähren. Er hat das Recht, auf Anraten und mit Zustimmung des Senats Verträge zu schließen, vorausgesetzt, dass zwei Drittel der anwesenden Senatoren zustimmen. Er nominiert [hier: ernennt] auf Anraten und mit Zustimmung des Senats Botschafter, Gesandte und Konsuln, die Richter des Obersten Bundesgerichts und alle sonstigen Beamten [darunter auch die Minister] der Vereinigten Staaten [...].

Verfassung der Vereinigten Staaten, 17. September 1787

M 22 ● Das Regierungssystem der Bundesrepublik Deutschland

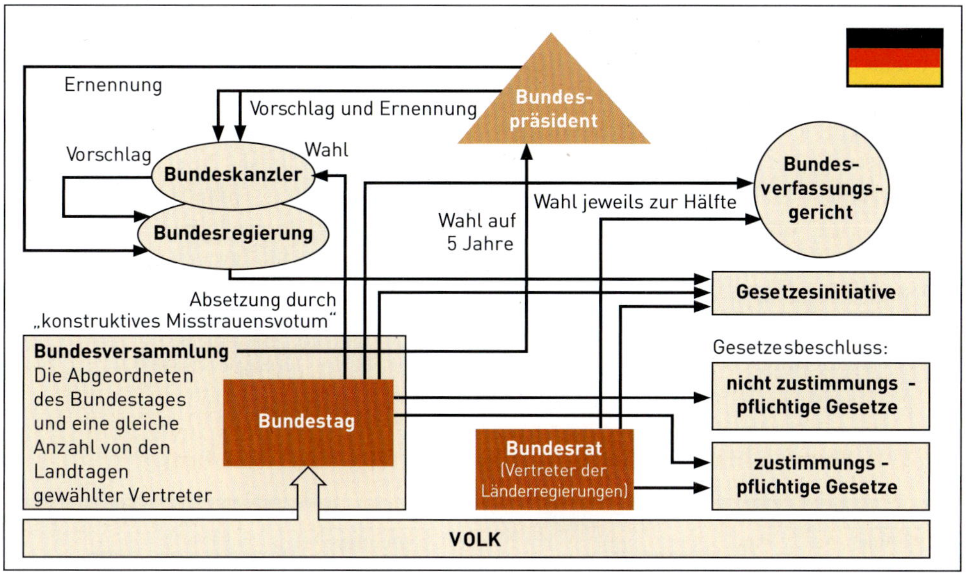

Ralf Rytlewski, Carola Wuttke (Hg.), a.a.O., S. 125

M 23 ● Parlamentarischer und präsidentieller Regierungstypus

Die Begriffe parlamentarisches und präsidentielles Regierungssystem kennzeichnen zwei Grundformen des Parlamentarismus der westlichen Demokratien. Unter Parlamentarismus in diesem allgemeinen Sinne wird ein Repräsentativsystem verstanden, in dessen politischem Entscheidungsprozess das Parlament eine signifikante, d.h. eine für die Gesetzgebung, Haushaltsentscheidung und Kontrolle der Regierung wesentliche Rolle spielt. [...]

Als sinnvolles und zunächst allein maßgebliches [Unterscheidungs-]Merkmal gilt das Recht des Parlaments, die Regierung aus politischen Gründen jederzeit abberufen zu können. Parlamente in einem parlamentarischen Regierungssystem (parlamentarische Parlamente) verfügen über dieses Recht, Parlamente in einem präsidentiellen Regierungssystem (präsidentielle Parlamente) hingegen nicht. [...]

Funktionale Konsequenzen des Abberufungsrechts sind, dass dem parlamentarischen Parlament die Aufgabe der politischen Regierungsbestellung zuwächst (Wahlfunktion des Parlaments). Je eindeutiger eine Parlamentsmehrheit die Regierung bestimmt und sie in ihr Führungsamt wählt, desto eher wird sie bereit sein, der Regierung die Wahrnehmung ihrer Führungsaufgaben – insbesondere als Initiator im Gesetzgebungsprozess – zuzugestehen. Die Bestellung der Regierung und das Recht ihrer Abberufung aus politischen Gründen durch das Parlament führen zu einer engen Verbindung beider mit der Folge, dass die Regierung und insbesondere der Regierungschef auf dem Wege der Vermittlung durch die Regierungsfraktion(en) die Parlamentsmehrheit gegebenenfalls in einem Ausmaße politisch zu lenken vermag, wie dies in präsidentiellen Systemen nicht möglich ist. Präsidentielle Parlamente neigen [zu] mangelhafter Fraktionsdisziplin [...], parlamentarische Parlamente zur Herausbildung möglichst tragfähiger Fraktionsdisziplin. Präsidentielle Parlamente sind vor allem (und darin liegt ihre Kontrollmacht gegenüber der Regierung) gesetzgebende und über die Haushaltskon-

trolle wachende Versammlungen; parlamentarische Parlamente sind vor allem politische Entscheidungsgremien, die bei gegebenen Mehrheitsverhältnissen die Regierung aus dem Amt entfernen können. Dies zu verhindern, ist eine entscheidende Führungsaufgabe der Regierung und der sie stützenden Fraktions- bzw. Parteiführungen – eine Aufgabe, die sich so nicht in präsidentiellen Systemen stellt. [...]
[Es] ergibt sich, dass dem präsidentiellen System das Prinzip der geschlossenen Exekutive (Regierungschef und Staatsoberhaupt bilden eine Einheit) und dem parlamentarischen das der doppelten Exekutive zugrunde liegt. Die einfachste Konstruktion einer geschlossenen Exekutive besteht in den USA: Der Präsident ist Staatsoberhaupt, Regierungschef und einziger verantwortlicher Minister in einer Person. Auf dieser ungeteilten Kompetenz beruht verfassungsrechtlich das hohe Machtpotenzial des amerikanischen Präsidenten. [...]

Winfried Steffani, Zur Unterscheidung parlamentarischer und präsidentieller Regierungssysteme, in: Zeitschrift für Parlamentsfragen 14 (1983) H. 3, S. 390 ff.

M 24 ● Vertrauensfrage und konstruktives Misstrauensvotum

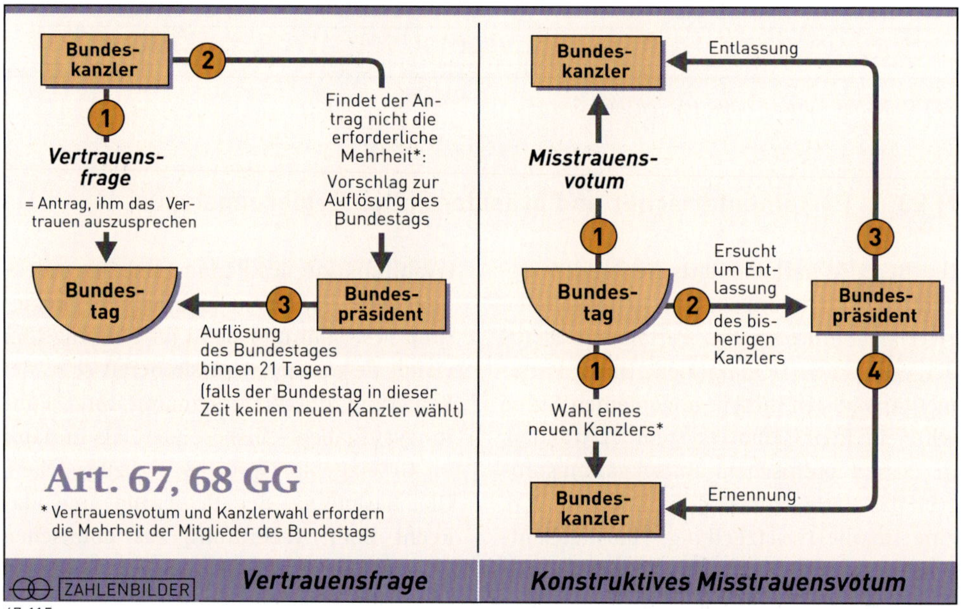

67 115

Bergmoser + Höller Verlag AG, Zahlenbilder 067115

Aufgaben

1. Vergleichen Sie die verfassungsrechtliche Stellung des Bundeskanzlers mit der des US-Präsidenten hypothesenartig (M 20).
2. Beschreiben Sie die Schaubilder und überprüfen Sie Ihre Hypothesen aus Aufgabe 1 (M 21–M 22).
3. Charakterisieren Sie die Möglichkeit der Vertrauensfrage des Bundeskanzlers sowie des konstruktiven Misstrauensvotums des Bundestages als typische Elementen eines parlamentarischen Regierungstypus.
4. Der deutsche Bundeskanzler sollte mit ähnlicher Macht ausgestattet werden wie der US-Präsident. Beurteilen Sie diese Forderung.

H zu Aufgabe 2: Visualisieren Sie die Gemeinsamkeiten und Unterschiede mit Hilfe eines Venn-Diagramms.

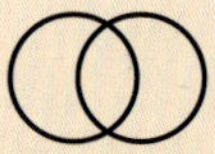

H zu Aufgabe 3: Erläutern Sie, warum das politische System der USA ähnliche Instrumente nicht aufweist.

F Charakterisieren Sie den Grad der institutionellen Verflechtung der Parlamente (Kongress, Bundestag) und der jeweiligen Staats- und Regierungschefs.

Das Mandat der Angeordneten
M 13

In einer repräsentativen Demokratie wird das Mandat als Auftrag des Volkes an den Abgeordneten (Mandatsträger) in der Volksvertretung (Parlament) verstanden. Unterschieden wird das **freie Mandat**, das den Abgeordneten (im engeren Sinne) nicht an Aufträge und Weisungen bindet und das **imperative Mandat**, bei dem der Abgeordnete an die konkreten Entscheidungen und Aufträge der Partei oder Gruppe gebunden ist, von der er sein Mandat erhält. Das Grundgesetz sichert den Abgeordneten zwar ein freies Mandat zu (Verfassungsnorm), im politischen Alltag stehen die Abgeordneten aber in einem vielschichtigen Spannungsverhältnis. Die Fraktionen haben großen Einfluss auf das Verhalten der Abgeordneten. Wird der **Fraktionszwang** bei einer Abstimmung nicht aufgehoben, müssen Abgeordnete mit Konsequenzen rechnen, wenn sie gegen den Beschluss der Fraktion votieren (z. B. geringere Wahlchanchen durch schlechteren Platz auf der Landesliste).

Kontrollrechte des Bundestages gegenüber der Regierung
M 18

Die Bundestagsabgeordneten verfügen prinzipiell über eine Vielzahl von Kontrollrechten gegenüber der Regierung. Sie können große und kleine **Anfragen** an Kanzler und Minister richten, **Untersuchungsausschüsse** einsetzen und das Bundesverfassungsgericht zur Überprüfung von Gesetzen anrufen (**Normenkontrollklage**). Für die beiden letztgenannten, die für die Oppositionsfraktionen sehr wirkungsvoll sind, benötigt man aber die Stimmen von 25 % der Abgeordneten. Die Grünen und Die Linke verfügen als Opposition der Großen Koalition (CDU/CSU und SPD) seit 2013 lediglich über 20 % der Sitze im Bundestag.

Dualismus von Regierungsmehrheit und Opposition
M 17

Im parlamentarischen System der Bundesrepublik Deutschland besteht eine enge inhaltliche und auch personelle Verbindung zwischen der Regierung und der Regierungsmehrheit im Parlament. Man spricht in diesem Zusammenhang von einem Dualismus von Regierung und Regierungsmehrheit auf der einen Seite und den Oppositionsparteien auf der anderen Seite. Die **Kontrolle politischer Herrschaft** erfolgt deshalb hauptsächlich durch die Oppositionsparteien. Dieses System stellt eine Abkehr von der klassischen Gewaltenteilungslehre dar, da Teile der **Legislative** eng mit der **Exekutive verwoben** sind.

Parlamentarischer vs. präsidentieller Regierungstypus
M 23

Während der vom Parlament gewählte Regierungschef (in der Bundesrepublik der Bundeskanzler) in der parlamentarischen Demokratie vom Parlament wieder abgesetzt werden kann, ist dies in präsidentiellen Systemen nicht möglich (auch aufgrund seiner direkteren Legitimation durch das Volk). Allerdings weiß die Regierung in parlamentarischen Systemen zumeist eine (breite) Parlamentsmehrheit hinter sich, die Abgeordneten der Regierungsfraktionen halten in der Regel Fraktionsdisziplin. Im präsidentiellen System (z. B. in den USA) gehört der Regierende mitunter sogar einer anderen Partei an als die Parlamentsmehrheit und die Abgeordneten sind nicht sehr eng an ihre Fraktionen gebunden. Dies führt zur Suche nach immer neuen Parlamentsmehrheiten bei jeder politischen Entscheidung. Im parlamentarischen System sind die Posten von Staats- und Regierungschef getrennt, im präsidentiellen fallen sie in einer Person zusammen.

1.2.6 Mitwirkungsorgan oder Blockadeinstrument? Der Bundesrat

M 25 ● Endstation Bundesrat

> **Merkel braucht den Bundesrat**
> Bei der Suche nach dem Koalitionspartner muss Angela Merkel [...] nicht allein den Bundestag ins Kalkül ziehen, sondern auch die Länderkammer, wenn das Regieren für sie halbwegs berechenbar bleiben soll. Dass die Wahl dabei auf die SPD fallen sollte, liegt nah. *(Jochim Stoltenberg, Berliner Morgenpost, 24.9.2013)*

> „Häuserdämmung – Der Sanierungsboom steckt im Bundesrat fest" *(Marlies Uken, Zeit, 12.9.2012)*

> „Blockade im Bundesrat – Opposition verhindert Steuerreform von Schwarz-Gelb" *(focus-online, 11.5.2012)*

M 26 ● Die verfassungsrechtliche Stellung des Bundesrates

Föderalismus als Staatsstrukturprinzip
→ vgl. Kapitel 3.2.3

Subsidiaritätsprinzip
→ vgl. Kapitel 6.2.2

Der Bundesrat ist die Institution, mittels derer die Gliedstaaten auf die Politik des Zentralstaates einwirken können. Die Länder liefern über den Bundesrat wichtige Impulse, nicht nur, um ihre eigenen Interessen zu wahren, sondern auch, um die Durchführbarkeit der Bundesgesetze zu sichern. Zudem wirken die Länder über den Bundesrat auch in Angelegenheiten der Europäischen Union mit. Dies ist dann der Fall, wenn in der Europäischen Union Materien geregelt werden sollen, die in die originäre Zuständigkeit der Länder fallen.

Zu den grundlegenden Aufgaben des Bundesrates gehört es sicherzustellen, dass die Länder an der Willensbildung des Zentralstaates beteiligt sind. [...] Das Hauptaugenmerk des Bundesrates richtet sich dabei auf die Lösung von Verwaltungsproblemen und die Praktikabilität der Regelungen. Dabei besteht allerdings die Gefahr, dass nicht mehr die betroffenen Bürgerinnen und Bürger, sondern die Interessen der Verwaltung zum Maßstab werden. Zudem können fiskalische Rücksichten auf die Etats der Länder und ihre Ressorts dazu führen, dass eine von der Mehrheit im Bundestag und der Bundesregierung geplante, dringend notwendige Reformmaßnahme verhindert oder abgeschwächt wird. [...]

Im Bundesrat ist jedoch nicht nur die bundesstaatliche Komponente wirksam, sondern es spielen auch parteipolitische Strategien eine Rolle. Welches Element stärker wiegt, hängt in erster Linie von den Mehrheitsverhältnissen in Bundestag und Bundesrat ab.

Arbeiten in Bundesrat und Bundestag unterschiedliche parteipolitische Mehrheiten, wird der Bundesrat auch oft als Instrument der Opposition bezeichnet. Dieser Behauptung liegt die Annahme zugrunde, dass die Partei, die im Bundestag in der Minderheit ist, ihre politische Mehrheit im Bundesrat dazu benutzt, die Gesetzesvorlagen der Bundesregierung zu blockieren. Der Hintergrund für diese – nicht immer zutreffende – Wahrnehmung ist die Tatsache, dass Bundes- und Landespolitik von den politischen Parteien unter einer gesamtstaatlichen einheitlichen Strategie gesehen werden und die Taktik entsprechend gestaltet wird. Deshalb ist es stets ein wichtiges Ziel für die Regierungskoalition im Bund, die Bundesratsmehrheit zu gewinnen, wie es umgekehrt das Ziel der Bundestagsopposition ist, dies zu verhindern. [...]

Ursula Münch, Informationen zur politischen Bildung, Föderalismus in Deutschland (Nr. 298), Bonn 1/2008, S. 40 ff.

M 27 ● Neuordnung des Föderalismus

Das Verhältnis zwischen Bund und Ländern hat sich während des Bestehens der Bundesrepublik Deutschland dahingehend geändert, dass einerseits die Kompetenzen des Bundes ständig zugenommen haben, auf der anderen Seite aber die Länder über den Bundesrat immer stärker an der Gesetzgebung beteiligt waren. In ihrer Konsequenz führte diese Entwicklung dazu, dass der Gesetzgebungsprozess sich als zunehmend schwerfällig erwies [...]. Im Jahr 2003 wurde daher eine gemeinsame „Kommission von Bundestag und Bundesrat zur Modernisierung der bundesstaatlichen Ordnung“ eingesetzt und mit dem Auftrag zur umfassenden Neuordnung des deutschen Föderalismus versehen. [...] Die Reform trat am 1. September 2006 in Kraft.

Irene Gerlach, Bundesrepublik Deutschland, 3. Auflage, Wiesbaden 2010, S. 147 ff.

Föderalismusreform

Anteil der zustimmungspflichtigen Gesetze vor und nach der Föderalismusreform

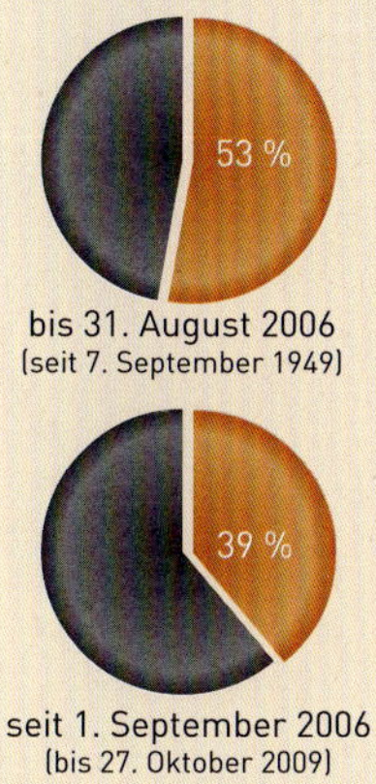

Zahlen: Bundesrat

M 28 ● „Bundesrat abschaffen!“

Schon jetzt sind im Bundesrat [viele] verschiedene Regierungskonstellationen vertreten, und wenn es in den Bundesländern demnächst auch Dreierbündnisse gibt, könnten es noch mehr werden. Jede der beteiligten Parteien wird versuchen, über die Länderebene Einfluss auf die Bundespolitik zu nehmen, der ihr im Bundestag fehlt. Deutschland würde unregierbar und stünde vor einer veritablen Verfassungskrise.

[...] Stattdessen wäre es an der Zeit, dem gewachsenen Einfluss der Länderkammer und der veränderten Parteienlandschaft durch eine echte Bundesrats-Reform Rechnung zu tragen. Die Mitglieder sollten nicht mehr von den Landesregierungen gestellt werden, sondern sie sollten sich alle vier Jahre an einem Termin in allen Ländern gleichzeitig zur Wahl stellen. Endlich erhielte der Bundesrat so eine unmittelbare demokratische Legitimation, der seinem gewachsenen demokratischen Einfluss entspräche. [...] Zudem könnte so dem Missstand begegnet werden, dass jede Landtagswahl mittlerweile eine kleine Bundestagswahl ist, und die Landespolitik [...] in den Hintergrund treten lässt.

Christoph Seils, Zeit online, 24.11.2008

Der Bundesrat (Stand: Januar 2014)

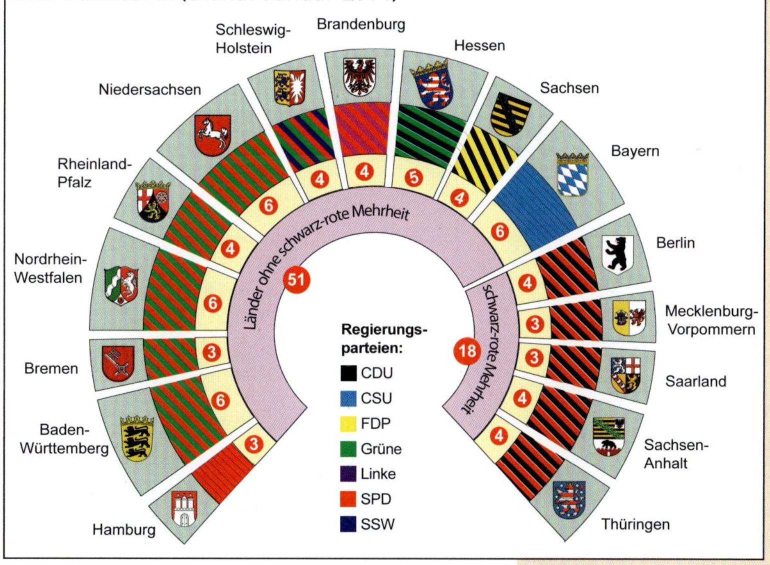

Aufgaben

1. Geben Sie die Aufgaben und Funktionen des Bundesrats wieder (M 26).
2. Arbeiten Sie die faktische Bedeutung des Bundesrates für die politische Entscheidungsfindung heraus (M 25, M 26).
3. Nehmen Sie Stellung zum Reformvorschlag für den Bundesrat vor dem Hintergrund der Ergebnisse der Föderalismusreform 2006 (M 27, M 28).

H zu Aufgabe 2
Beachten Sie die aktuellen Konstellationen in Bundestag und Bundesrat.

1.2.7 Staatsoberhaupt ohne Macht? Der Bundespräsident

M 29 ● Mögliche Rechte und Aufgaben eines Staatsoberhauptes

M 30 ● Die verfassungsrechtliche Stellung des Bundespräsidenten

M 31 ● Handlungsspielräume des Bundespräsidenten?

Die Mitglieder der Bundesregierung werden auf Vorschlag des Bundeskanzlers vom Bundespräsidenten ernannt. Der Bundespräsident hat hier zwar einen Ermessensspielraum, aber keinen politischen. „Das Ermessen des Bundespräsidenten erstreckt sich allenfalls auf Sachverhalte, welche die Autorität des Staates berühren, wie die Ablehnung eines Ministerkandidaten wegen NS-Vergangenheit, Amtsmissbrauch oder Straftaten.“ (Beyme 2004).

Das Amt des Bundespräsidenten ist primär parteifern konzipiert. Der Bundespräsident soll das ganze Volk repräsentieren und wirkt durch das mahnende Wort. Seine Aufgabe, Gesetze zu unterzeichnen, damit sie in Kraft treten können, ist allerdings nicht nur als Automatismus zu verstehen. Es besteht Einigkeit dahin, dass der Bundespräsident berechtigt ist, auf ein korrektes Verfahren bei der Gesetzgebung zu achten und dass er Gesetze nicht unterzeichnen muss, von deren Übereinstimmung mit der Verfassung er nicht überzeugt ist.

Im Unterschied zu einem Staatsoberhaupt in einem präsidentiellen Regierungssystem wie in den USA, das unmittelbar Regierungsaufgaben wahrnimmt, ist der Bundespräsident in der Tagespolitik nur präsent, wenn er sich „einmischen“ möchte.

Roland Sturm, www.bpb.de, 31.5.2012

M 32 ● Abschaffung des Amts des Bundespräsidenten – eine Online-Petition

http://openpetition.de

Der Deutsche Bundestag möge im Rahmen einer Änderung des Grundgesetzes beschließen, das Amt des Bundespräsidenten abzuschaffen.
Begründung: [...] Betriebswirtschaftlich unter Kosten-Nutzen-Aspekten betrachtet rechnet sich dieses Amt nicht. Der Bundespräsident, der vor allem repräsentative Aufgaben zu erfüllen hat, gestaltet weder die Politik noch ist er essenziell für unsere auswärtigen Beziehungen. Da Deutschland keine konstitutionelle Monarchie ist und auch keine entsprechende Tradition hat, wäre ein Abschaffen diesen Amtes kein Bruch mit unserer Geschichte sondern befreite Haushaltsmittel für wichtigere Aufgaben. Außerdem gewänne dadurch unsere politische Führung an Glaubhaftigkeit, da sie somit verdeutlicht, dass sie nicht nur von uns Bürgern Verzicht verlangt, sondern auch bereit ist, ihren eigenen Apparat zu verschlanken.

Autor: Christof Schadt, www.openpetition.de, 9.1.2012

Aufgaben

1. Wählen Sie Befugnisse aus, über die ein Staatsoberhaupt unbedingt verfügen sollte (M 29), und begründen Sie Ihre Auswahl.
2. Vergleichen Sie die von Ihnen ausgewählten Rechte eines Staatsoberhaupts mit den Befugnissen des deutschen Bundespräsidenten (M 30, M 31).
3. Nehmen Sie Stellung zur Forderung, das Amt des Bundespräsidenten abzuschaffen (M 32).

H zu Aufgabe 3
Gestalten Sie Ihre Antwort in Form eines Blog-Eintrags zur Online-Petition.

F „Der Bundespräsident – machtloser Repräsentant?“ Überprüfen Sie diese Aussage. Beachten Sie dabei, in welchen Phasen des Politikzyklus* der Bundespräsident in welcher Weise aktiv werden kann.

1.2.8 Notwendiges Kontrollorgan oder Ersatzgesetzgeber? Das Bundesverfassungsgericht

M 33 ● Politik durch Justiz korrigieren?!

Kostas Koufogiorgos

M 34 ● Die Aufgaben des Bundesverfassungsgerichts

Das Bundesverfassungsgericht wird nicht von sich aus tätig, sondern nur auf Antrag, es muss von einer Person oder Institution angerufen werden. Seine Zuständigkeit ist in verschiedenen Artikeln des Grundgesetzes geregelt, die wesentlichen Aufgaben sind in den umfangreichen Art. 93 und 100 detailliert aufgeführt.

Verfassungsbeschwerde

Mit einer Verfassungsbeschwerde kann jeder Bürger das Gericht anrufen, der glaubt, durch die öffentliche Gewalt in seinen Grundrechten verletzt worden zu sein. Das kann ein Verwaltungsakt, eine Gerichtsentscheidung oder auch ein Gesetz sein. Seit 1951 waren nur 3.094, das sind 1,76 Prozent aller Verfassungsbeschwerden, erfolgreich. Verfassungsbeschwerde kann erst dann eingelegt werden, wenn der Rechtsweg ausgeschöpft ist, das heißt, wenn zuvor alle Instanzen des zuständigen Gerichts angerufen worden sind. Kammern, die mit je drei Bundesverfassungsrichtern besetzt sind, prüfen jede eingereichte Beschwerde auf ihre Zulässigkeit. […]

Normenkontrolle

Von großer politischer Bedeutung ist die Zuständigkeit des Bundesverfassungsgerichts für die Normenkontrolle. Es kontrolliert, ob ein Gesetz, eine Norm, mit dem Grundgesetz übereinstimmt. Es gibt zwei Arten von Verfahren der Normenkontrolle: Konkrete Normenkontrolle: Wenn ein Gericht bei der Verhandlung eines konkreten Falles zu der Überzeugung gelangt, dass das anzuwendende Gesetz nicht mit dem Grundgesetz vereinbar ist, muss es das Verfahren unterbrechen und die Entscheidung des Bundesverfassungsgerichts einholen.

Verfassungsbeschwerde

Ca. 96 % der „Fälle" vor dem Bundesverfassungsgericht sind Verfassungsbeschwerden. Von allen eingehenden Beschwerden werden aber lediglich 0,5 % von einem der beiden Senate behandelt. Der Rest der über 6.000 Beschwerden pro Jahr wird von einer aus drei Bundesverfassungsrichtern bestehenden Kammer entschieden (Ablehnung der Annahme oder Stattgabe der Beschwerde).

Abstrakte Normenkontrolle: Auf Antrag der Bundesregierung, einer Landesregierung oder mindestens eines Drittels der Bundestagsabgeordneten prüft das Bundesverfassungsgericht, ob Bundesrecht oder Landesrecht mit dem Grundgesetz übereinstimmt. Das Gericht entscheidet in solchen Verfahren „abstrakt" über die Verfassungsmäßigkeit eines Gesetzes oder eines Vertrages, bevor das Gesetz in einem „konkreten" Fall angewendet worden bzw. der Vertrag rechtsgültig geworden ist. Hier geht es um Entscheidungen in wichtigen Fragen, oftmals um zentrale politische Kontroversen. [...]

Meinungsverschiedenheiten zwischen Verfassungsorganen

Verfassungsstreitigkeiten zwischen Organen sind verhältnismäßig selten. Dabei geht es um Meinungsverschiedenheiten über die Rechte und Pflichten von Bund und Ländern oder um Streitigkeiten zwischen Ländern. Antragsberechtigt sind Bundesregierung oder Landesregierungen. Streitigkeiten zwischen Verfassungsorganen des Bundes nennt man Organstreitigkeiten. Prozessparteien können die obersten Bundesorgane (Bundestag, Bundesrat, Bundesregierung, Bundespräsident), aber auch Bundestagsfraktionen und einzelne Abgeordnete, zu bestimmten Streitfragen (Zulassung zur Wahl, Parteienfinanzierung, Fünfprozentklausel) auch Parteien sein.

Von den weiteren Zuständigkeiten des Bundesverfassungsgerichts ist vor allem die Aufgabe zu erwähnen, über die Verfassungsmäßigkeit von Parteien zu entscheiden und gegebenenfalls ein Parteiverbot auszusprechen.

Horst Pötzsch, Die deutsche Demokratie, 5. Auflage, Bonn 2009, S. 144 ff.

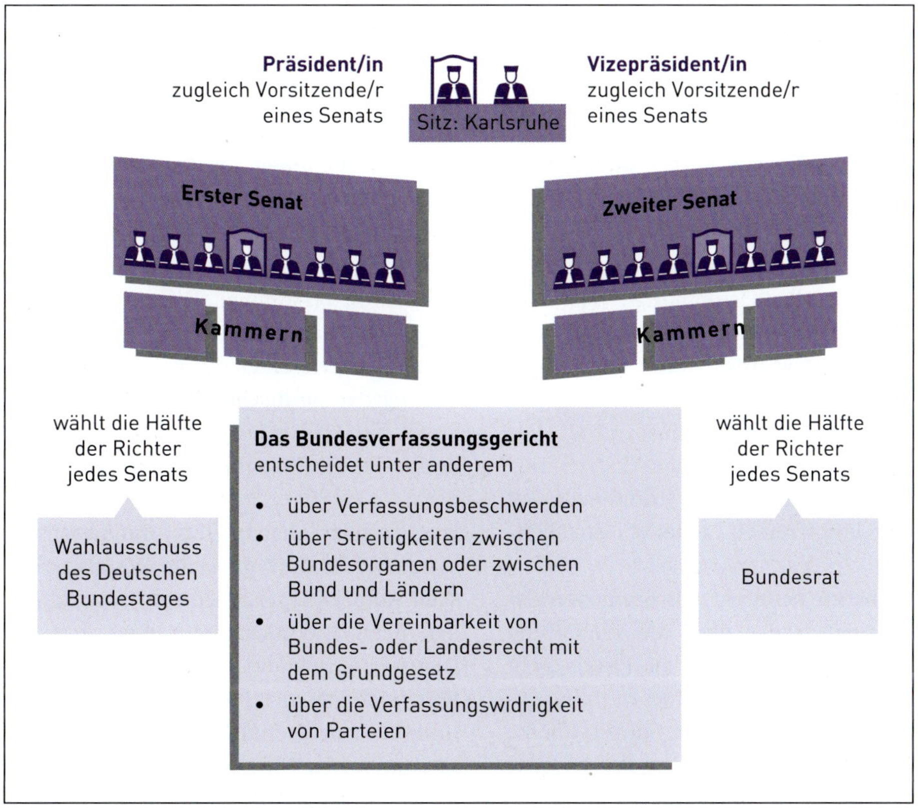

Bergmoser + Höller Verlag AG, Zahlenbilder 129015

M 35 Macht Karlsruhe Politik?

Tatsächlich drängt sich die Frage auf, warum bestimmt eigentlich Karlsruhe über die vollständige Gleichstellung gleichgeschlechtlicher Lebenspartnerschaften und nicht die Politik? Ist es nicht das ureigenste Recht der Politik und die ureigenste Aufgabe des Parlamentes, darüber zu entscheiden, welcher Bevölkerungsgruppe sie aus übergeordneten Erwägungen welche finanziellen Vorteile gewährt? Warum mischen sich die Verfassungsrichter in gesellschaftliche Debatten und parlamentarische Entscheidungsprozesse ein?

[...] Das Bundesverfassungsgericht war nie unpolitisch. Schon seit seiner Gründung im Jahr 1949 lag es immer wieder im Streit mit der Legislative und der Exekutive. Seit mehr als sechs Jahrzehnten steht das Gericht deshalb unter Generalverdacht der Einmischung in die Politik sowie der verfassungsrechtlichen Knebelung des Gesetzgebers. Die Kritik wird vor allem immer dann laut, wenn sich das Gericht in seinen Urteilen gegen die Bundesregierung und gegen die große Mehrheit der Bevölkerung stellt.

[...] In den achtziger Jahren stoppten die Richter gegen den Willen fast aller Parteien die Volkszählung und prägten in einem weitreichenden Urteil das „Recht auf informationelle Selbstbestimmung". Als das Bundesverfassungsgericht den Spruch „Soldaten sind Mörder" unter den Schutz der Meinungsfreiheit stellte, war die öffentliche Empörung genauso groß, wie nach der höchstrichterlichen Feststellung, dass Sitzblockaden vom Grundrecht auf Versammlungsfreiheit gedeckt sein können. [...]

In der Theorie heißt es, „das Bundesverfassungsgericht wacht über die Einhaltung des Grundgesetzes". Doch die Praxis sieht ganz anders aus. Das Bundesverfassungsgericht ist eben nicht nur Garant für die Menschenwürde und die Grundrechte. Die Verfassungsrichter wachen nicht nur darüber, dass in der Politik die demokratischen Spielregeln eingehalten werden, etwa im Wahlrecht oder bei den Kontrollrechten des Parlaments gegenüber der Regierung. Vielmehr ist das Bundesverfassungsgericht ein politisches Gericht, es urteilt nicht nur über politische Entscheidungen, sondern macht auch Politik. [...] In der Praxis seiner Rechtsprechung ist das Gericht eine Art Übergesetzgeber, der die politische Ausgestaltung ganzer Politikbereiche mitbestimmt, zum Beispiel in der Familienpolitik oder der Bildungspolitik.

Der politische Einfluss des Gerichts ist groß, schließlich gibt es kaum noch eine politische Entscheidung, die ohne Zutun des Bundesverfassungsgerichts gefällt wird. Schon im Gesetzgebungsverfahren wissen alle Beteiligten, ein Kläger findet sich nach der Verabschiedung eines Gesetzes immer. [...]

Doch die Parteien sind vor allem auch selber schuld daran, dass das Bundesverfassungsgericht soviel Macht hat und ihnen deshalb immer wieder vorschreibt, welche Politik sie zu machen haben.

Einerseits neigt die Politik dazu, unpopuläre Entscheidungen nach Karlsruhe zu delegieren, etwa bei der Europäischen Integration. [...] Anderseits ist das Bundesverfassungsgericht zu einem Kampfplatz der Opposition verkommen. Wann immer diese politische Mehrheitsentscheidungen nicht akzeptiert, wie zuletzt bei der Einführung des Betreuungsgeldes, ruft sie nach einem Urteil aus Karlsruhe, um so die verlorene politische Auseinandersetzung zu verlängern.

Die Parteien haben das Bundesverfassungsgericht stark gemacht. Dessen politische Autorität speist sich jedoch vor allem aus dem öffentlichen Ansehen. [...] Die Deutschen vertrauen dem Verfassungsgericht mehr als der Politik und es stört sie offenbar wenig, dass die demokratische Legitimation der Überpolitiker aus Karlsruhe äußerst dürftig ist.

Christoph Seils, in: Cicero, 4.3.2013

M 36 ● Auszüge aus Entscheidungen des Bundesverfassungsgerichts

Das Bundesverfassungsgericht hat das reformierte Bundeswahlgesetz in zentralen Punkten für verfassungswidrig erklärt. [...] Die wichtigste Veränderung betrifft die umstrittenen Überhangmandate, die zuletzt in erheblicher Zahl anfielen. Bei der Bundestagswahl 2009 gab es 24 Überhangmandate – alle gingen an die Union. Das Verfassungsgericht setzte nun eine „zulässige Höchstgrenze" von 15 Überhangmandaten fest.

www.sz.de, 26.7.2012

Klage vor dem Bundesverfassungsgericht wurde erhoben von den Bundestagsfraktionen der SPD und Bündnis 90/Die Grünen sowie 3.000 Bürgern.

BVerfG billigt den europäischen Rettungsschirm ESM. Allerdings hat das Gericht die Bundesregierung völkerrechtlich an bestimmte Grundsätze gebunden, die es einzuhalten gilt. So wird die Haftungsobergrenze Deutschlands bei den Rettungsmaßnahmen beim ESM auf rund 190 Milliarden Euro begrenzt. [...] Ohne Zustimmung des deutschen Vertreters im ESM-Gouverneursrat könne es keine höheren Verpflichtungen geben.

Roland Nelles, Severin Weiland, www.spiegel.de, 12.9.2012

Die Klageführer gegen den ESM waren die ehemalige Bundesjustizministerin Herta Däubler-Gmelin und der Juraprofessor Christoph Degenhart.

Die seit 2005 geltenden Hartz-IV-Regelsätze für Erwachsene und Kinder verstoßen gegen das Grundgesetz. Das entschied das Bundesverfassungsgericht in Karlsruhe. Die Leistungen seien nicht korrekt ermittelt worden. [...] Der 1. Senat gab dem Gesetzgeber auf, zum 1. Januar 2011 die Berechnungsgrundlage neu zu regeln. Die Richter ließen in ihrer Entscheidung aber ausdrücklich offen, ob das Arbeitslosengeld II erhöht werden muss oder nicht.

Michael Reissenberger, www.tagesschau.de, 9.2.2010

Angerufen wurde das Bundesverfassungsgericht durch das Bundessozialgericht und das Landessozialgericht Hessen.

Andreas Voßkuhle, seit 2008 Richter am Bundesverfassungsgerichts und seit 2010 dessen Präsident

Aufgaben

1. Analysieren Sie die Karikatur (M 33).
2. Geben Sie die Aufgaben/Rechte des Bundesverfassungsgerichts wieder (M 34).
3. „Das Bundesverfassungsgericht macht Politik." Überprüfen Sie diese Behauptung vor dem Hintergrund der dargestellten Entscheidungen des Bundesverfassungsgerichts (M 34 – M 36).

H zu Aufgabe 3
Beachten Sie u. a., wer Prüfungen bzw. Verhandlungen durch das Bundesverfassungsgericht initiieren kann.

F zu Aufgabe 3
Erläutern Sie, warum das Bundesverfassungsgericht als institutioneller Vetospieler anzusehen ist (vgl. Kap. 1.2.6).

ORIENTIERUNGSWISSEN

Bundesrat
M 26

Der Bundesrat ist die Interessenvertretung der Länder auf Bundesebene. Über den Bundesrat nehmen die **Länder** ihr **Mitwirkungsrecht bei der Gesetzgebung** des Bundes wahr. Dabei kann der Bundesrat Gesetze einbringen (Initiativrecht), er kann Stellungnahmen zu Gesetzen abgeben, bei Ablehnung eines Gesetzes den Vermittlungsausschuss anrufen oder zustimmungspflichtige Gesetze durch sein Vetorecht verhindern. Damit hat der Bundesrat erheblichen Einfluss auf die Ausgestaltung der Gesetzgebung. Aus der Perspektive der Gewaltenteilung ist er ein Garant der Demokratie und des Konsenses (Legitimität), aus der Perspektive der politischen Steuerungsfähigkeit (Effizienz) eher Ursache einer gewissen Reformträgheit.
Häufig wird der Vorwurf erhoben, der Bundesrat lasse zustimmungspflichtige Gesetze scheitern, wenn die dortige Mehrheit parteipolitisch anders besetzt oder koalitionär anders gebunden ist als die Bundestagsmehrheit. Diese Vorhaltung kann aber nur bedingt bestätigt werden.

Bundespräsident
M 30, M 31

Der Bundespräsident ist das Staatsoberhaupt der Bundesrepublik. Neben **repräsentativen Aufgaben** schließt der Bundespräsident Verträge mit anderen Staaten. Er ernennt oder entlässt den Bundeskanzler und seine Minister und kann Straftäter begnadigen. Im Gesetzgebungsprozess hat der Bundespräsident die Aufgabe der Prüfung, Unterzeichnung und Verkündung von Gesetzen. Dabei hat er ein formelles Prüfungsrecht, ob die Gesetze verfassungsgemäß zustande gekommen sind. Umstritten ist seine materielle Prüfungskompetenz, also die Frage, ob der Bundespräsident ein ihm zur Unterzeichnung vorgelegtes Gesetz auf seine inhaltliche Übereinstimmung mit dem Grundgesetz überprüfen darf. Als informelle Machtressource verfügt der Bundespräsident über die „**Macht der Rede**". Geschickt platzierte und eindrücklich vorgetragene Reden können von Massenmedien aufgegriffen werden und im Sinne von Agenda-Settig politische Prozesse anstoßen.

Bundesverfassungsgericht
M 34

Das Bundesverfassungsgericht ist zugleich das oberste Gericht. Es hat die Aufgabe, das Handeln aller Staatsorgane auf Verfassungskonformität hin zu überprüfen. Konkret entscheidet das Bundesverfassungsgericht bei **Streitigkeiten zwischen Organen** des Bundes, der Länder und zwischen Bund und Ländern. Über die **Verfassungsbeschwerde** steht es jedem Bürger frei, sich an das Bundesverfassungsgericht zu wenden, wenn er sich in seinen **Grundrechten** eingeschränkt fühlt. Bei der abstrakten Normenkontrolle überprüft das Bundesverfassungsgericht die Verfassungskonformität eines Gesetzes auf Antrag der Bundesregierung, einer Landesregierung oder mindestens einem Drittel der Bundestagsabgeordneten. Bei der konkreten Normenkontrolle geschieht dies auf Antrag eines Gerichts.
Auf Antrag der Bundesregierung oder des Bundesrates kann das Bundesverfassungsgericht eine politische Partei verbieten, wenn sie gegen die freiheitlich-demokratische Grundordnung verstößt. Verfassungsgerichtsurteile enthalten häufig einen deutlichen inhaltlichen Auftrag an die Legislative für die Änderung bzw. den Entwurf eines Gesetzes. Daher sprechen Kritiker des höchsten Gerichts davon, dass es sich zum „Ersatzgesetzgeber" erhebe.

Entparlamentarisierung – Schaden für das parlamentarische System?

Der Tagesspiegel: [I]mmer mehr Entscheidungen werden am Parlament vorbei getroffen, in Kommissionen, im Koalitionsausschuss oder in so genannten Konsensgesprächen. Greift das die Substanz des Bundestages an?

Hans-Jürgen Papier: Der Deutsche Bundestag ist [...] auf Bundesebene das einzige Verfassungsorgan, das aus allgemeinen Wahlen hervorgeht. Wir beobachten derzeit in der Bundesrepublik eine gewisse Entparlamentarisierung.

Immer mehr Entscheidungen von wirklich zentraler Bedeutung werden von außerparlamentarischen Gremien und Kommissionen getroffen. Zwar verabschiedet der Bundestag die Gesetze nach wie vor formal. Aber er ist an der Substanz der Entscheidungen immer weniger beteiligt. Die Weichenstellungen fallen dann beispielsweise in einer [...] Kommission. Wenn diese Entwicklung fortschreitet, nimmt unser ganzes parlamentarisches System Schaden.

[...] Kann eine Verfassungsreform dem Parlament wieder zu mehr Einfluss verhelfen?

Nur zum Teil. Die schleichende Verlagerung von Kompetenzen weg vom Parlament auf außerparlamentarische Gremien kann man nicht durch eine Verfassungsänderung beenden. Hier müssen sich das politische Bewusstsein und die Staatspraxis ändern.

Wie stellen Sie sich das vor?

Die Entmachtung des Bundestages ist größtenteils selbst verschuldet. Wer hindert einen Abgeordneten daran, sein Mandat verantwortungsvoll wahrzunehmen? Niemand. Aber ich glaube, dass die Fraktionen inzwischen selbst erkannt haben, dass ein Umdenken nötig ist. Die Abgeordneten haben immer weniger Verständnis dafür, dass wichtige politische Weichenstellungen nicht in den Fraktionen, nicht im Parlament oder in den Ausschüssen getroffen werden, sondern in externen Kommissionen und dass das Parlament die Ergebnisse nur noch durchwinkt.

Wie könnte man die Position der Abgeordneten stärken?

Möglicherweise unter anderem durch eine Veränderung des Wahlrechts hin zu einer stärkeren Persönlichkeitswahl. [...] Eine Persönlichkeitswahl anstelle der Listenwahl stärkt tendenziell die Stellung des einzelnen Abgeordneten im Verhältnis zu seiner Partei.

Interview: Martin Gehlen, Heike Jahberg, Hermann Rudolph, in: Der Tagesspiegel, 14.9.2003

Hans-Jürgen Papier war von 2002 bis 2010 Präsident des Bundesverfassungsgerichts.

Aufgaben

1. Fassen Sie Papiers These einer Entparlamentarisierung politischer Entscheidungen in Deutschland zusammen.
2. Arbeiten Sie die (veränderte) Stellung des Abgeordneten heraus, wie sie Papier begrüßen würde.
3. Sofern durch den Vorschlag einer Expertenkommission, die Ergebnisse eines informellen Koalitionsausschusses, eines Gipfels o. Ä. politische Entscheidungen schneller getroffen werden und zur Problemlösung geeignet sind, kann eine „Entparlamentarisierung“ in Kauf genommen werden. Bewerten Sie diese Aussage.

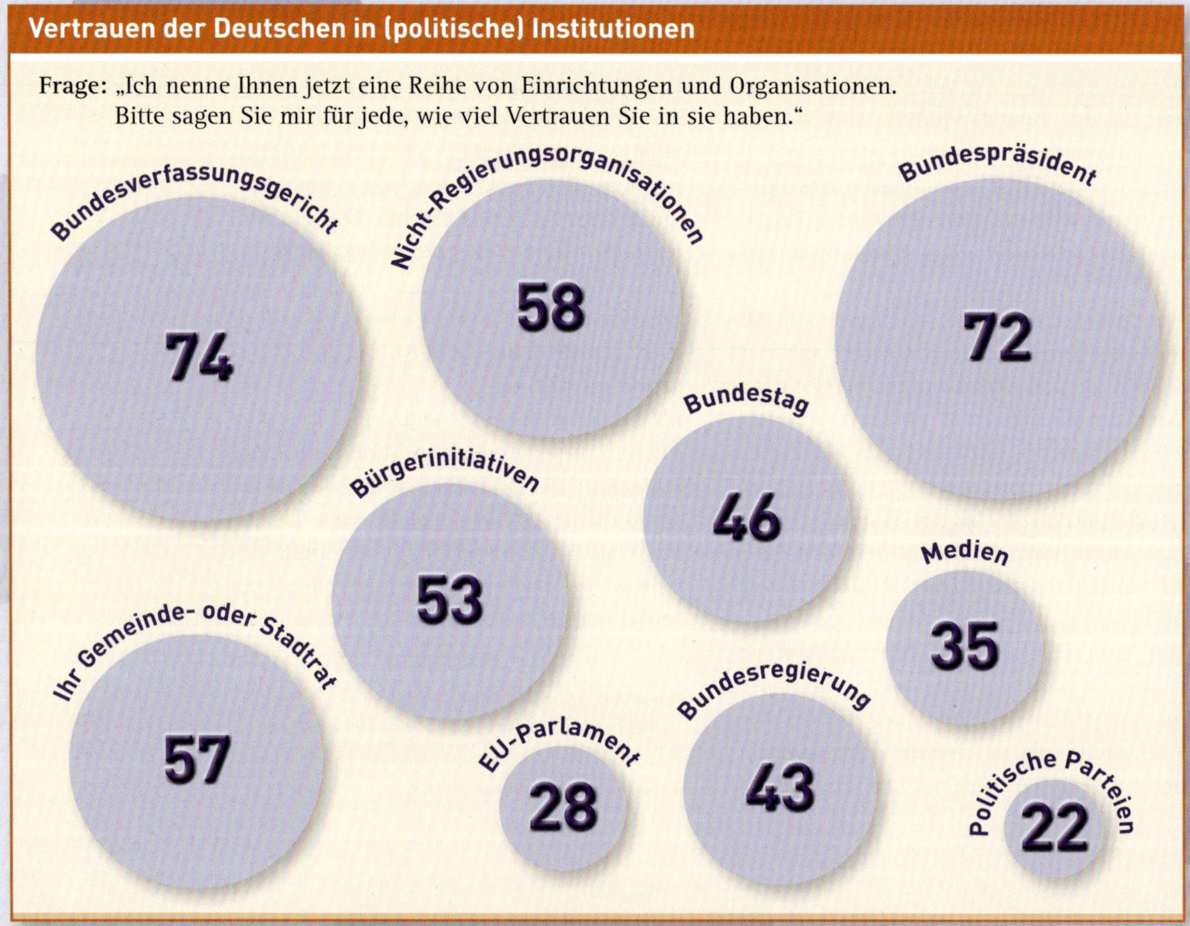

Antworten auf „sehr großes Vertrauen“ und „großes Vertrauen“ zusammengefasst, Angaben in Prozent.

Aus: www.gfk-verein.org, Infratest dimap, Februar 2013

Träger politischer Willensbildung

2

Politische Parteien werden durch das Grundgesetz mit der politischen Willens- und Meinungsbildung der Bevölkerung beauftragt (Parteienprivileg). Medien- und Informationsfreiheit, informationelle Selbstbestimmung sowie Vereinigungsfreiheit (von Interessenverbänden) sind sogar Grundrechte. Doch kommen die Hauptträger politischer Willensbildung in der Bundesrepublik – politische Parteien, Medien und Interessenverbände – ihrer Aufgabe für das demokratische System noch nach?
Repräsentiert die Parteienlandschaft heute noch gesellschaftliche Interessen oder handelt es sich um ein nur selbst-reproduzierendes System zur Absicherung von Funktionären (Kapitel 2.1)? Informieren Medien neutral, unterstützen ausgewogen bei der Meinungsbildung und kontrollieren das politische Personal oder sind sie selbst politischer Akteur (Kapitel 2.3)? Machen Interessenverbände ihre Positionen legitim geltend oder beeinflussen sie im Dunklen politische Entscheidungsträger und gefährden damit den Pluralismus, auf den sie sich eigentlich berufen (Kapitel 2.4)?
Und schließlich stellt sich die Frage, ob das deutsche Wahlrecht den Wählerwillen hinreichend genau abbildet und trotzdem zu regierungsfähigen Mehrheiten führt (Kapitel 2.2).

KOMPETENZEN

Am Ende dieses Kapitels sollten Sie Folgendes wissen und können:

... die rechtliche Verankerung sowie die Gemeinsamkeiten und Unterschiede der Funktionen von politischen Parteien, Medien und Interessenverbänden für das pluralistische, demokratische System darstellen.

... die Funktionsweise des deutschen Wahlsystems erklären und beurteilen.

... beurteilen, wann Parteien, Medien und Interessenverbände Demokratie bewahrend und wann sie Pluralismus gefährdend wirken.

... sich begründet bei Wahlen für bzw. gegen Parteien entscheiden.

Aufgaben

1. Beschreiben Sie die Statistik und stellen Sie Hypothesen über die Gründe für mindestens die Vertrauenswerte für politische Parteien und Medien auf.
2. Führen Sie selbst eine analoge Erhebung in Ihrem Jahrgang durch und erklären Sie deren Ergebnisse.

2.1 Parteienlandschaft – zeitgemäßer Spiegel gesellschaftlicher Interessen?

2.1.1 Sollen Parteien eine rechtliche Sonderstellung genießen?

M 1 ● Eine Schülervorstellung von Parteien

Lösungsskizze von Abiturientinnen aus Reutlingen (Jahrgang 12/13)

M 2 ● Die rechtliche Stellung von Parteien

§ 1 Verfassungsrechtliche Stellung und Aufgaben der Parteien

(1) Die Parteien sind ein verfassungsrechtlich notwendiger Bestandteil der freiheitlichen demokratischen Grundordnung. Sie erfüllen mit ihrer freien, dauernden Mitwirkung an der politischen Willensbildung des Volkes eine ihnen nach dem Grundgesetz obliegende und von ihm verbürgte öffentliche Aufgabe.

(2) Die Parteien wirken an der Bildung des politischen Willens des Volkes auf allen Gebieten des öffentlichen Lebens mit, indem sie insbesondere auf die Gestaltung der öffentlichen Meinung Einfluss nehmen, die politische Bildung anregen und vertiefen, die aktive Teilnahme der Bürger am politischen Leben fördern, zur Übernahme öffentlicher Verantwortung befähigte Bürger heranbilden, sich durch Aufstellung von Bewerbern an den Wahlen in Bund, Ländern und Gemeinden beteiligen, auf die politische Entwicklung in Parlament und Regierung Einfluss nehmen, die von ihnen erarbeiteten politischen Ziele in den Prozess der staatlichen Willensbildung einführen und für eine ständige lebendige Verbindung zwischen dem Volk und den Staatsorganen sorgen.

(3) Die Parteien legen ihre Ziele in politischen Programmen nieder.

Gesetz über die politischen Parteien (Parteiengesetz), in der Fassung der Bekanntmachung vom 31.1.1994

Artikel 21 GG

(1) Die Parteien wirken bei der politischen Willensbildung des Volkes mit. Ihre Gründung ist frei. Ihre innere Ordnung muss demokratischen Grundsätzen entsprechen. Sie müssen über die Herkunft und Verwendung ihrer Mittel sowie über ihr Vermögen öffentlich Rechenschaft geben.

M 3 Die Funktionen von Parteien für das politische System

Für das Funktionieren der bundesrepublikanischen Demokratie entscheidend sind gerade jene Funktionen, die Parteien als Mittler zwischen Gesellschaft und Staat wahrnehmen. [...]

• **Auswahlfunktion**

Durch Parteien findet die Rekrutierung und Auswahl der politischen Elite aus der Gesellschaft - vom Ortsrat bis zum Kanzleramt - statt. Was häufig übersehen und moralisierend abgewertet wird: Parteien waren und sind immer auch Patronageorganisationen, das bedeutet Vereinigungen von Bürgern, die Ämter, Posten, Funktionen, Beförderungen und Karrieren zu vergeben haben. Daran ist nichts Anrüchiges. Politisch problematisch (und dann moralisch fragwürdig) ist es, wenn Machtpositionen um ihrer selbst willen erobert werden, es also nicht mehr um die Durchsetzung von Inhalten geht. [...]

• **Vermittlungsfunktion**

Parteien und ihre Vertreter in Parlamenten und Regierungen sind Repräsentanten von Partikularinteressen, von spezifischen Interessen, die in der Gesellschaft angelegt sind. Parteien vertreten immer nur Teilinteressen, nicht das Gesamtinteresse einer Gesellschaft, nicht das Gemeinwohl. Der Politikwissenschaftler Ernst Fraenkel hat das sinngemäß so ausgedrückt: Erst wenn die Parteien und ihre Parlamentarier sich auch dazu bekennen, Repräsentanten von - zugespitzt formuliert - Sonderinteressen bzw. Sonderbedürfnissen zu sein, wird die freimütige Austragung von kollektiven Interessengegensätzen möglich. [...]

• **Interessenausgleichsfunktion**

Auch innerparteilich bemühen Parteien sich, gegenläufige und widerstreitende Interessen verschiedener gesellschaftlicher Gruppen, die außerhalb wie innerhalb der Partei organisiert sein können, auszugleichen, zwischen ihnen einen Kompromiss zu finden und zugleich eine eigene „parteiliche“ Position zu formulieren. Parteien integrieren also die breit gestreuten Gruppeninteressen. [...]

• **Legitimierungsfunktion**

Indem Parteien die Vermittlungs- und die Interessenausgleichsfunktionen wahrnehmen, tragen sie zur Begründung des politischen Systems und zur Konsensstiftung bei. Die bundesrepublikanische Demokratie, der Parteienstaat, bietet Regelungsmechanismen zur Konfliktaustragung zwischen den Parteien und innerhalb der Parteien und damit auch zwischen auseinandergehenden gesellschaftlichen Interessen. Es sind Regeln festgelegt, nach denen Kampf um Macht(anteil) stattfindet, ohne dass dieser in Bürgerkrieg ausartet. [...]

Peter Lösche, Informationen zur politischen Bildung (Heft 292), Bonn 2013, S. 12 f.

§ 2 Begriff der Partei

(1) Parteien sind Vereinigungen von Bürgern, die dauernd oder für längere Zeit für den Bereich des Bundes oder eines Landes auf die politische Willensbildung Einfluss nehmen und an der Vertretung des Volkes im Deutschen Bundestag oder einem Landtag mitwirken wollen, wenn sie nach dem Gesamtbild der tatsächlichen Verhältnisse, insbesondere nach Umfang und Festigkeit ihrer Organisation, nach der Zahl ihrer Mitglieder und nach ihrem Hervortreten in der Öffentlichkeit eine ausreichende Gewähr für die Ernsthaftigkeit dieser Zielsetzung bieten. [...]

Parteiengesetz

Aufgaben

1. Analysieren Sie das Bild der Reutlinger Schülerinnen von politischen Parteien (M 1).
2. Vergleichen Sie die Vorstellung mit Ihrer eigenen Vorstellung politischer Parteien (M 1).
3. Arbeiten Sie heraus, welche Funktionen politischer Parteien in Deutschland in dem Schülerbild angesprochen werden und welche nicht (M 1 – M 3).
4. Politische Parteien genießen in Deutschland anders als in den meisten anderen Staaten Verfassungsrang und damit eine besonders herausgehobene Stellung im politischen System. Beurteilen Sie diese Tatsache (M 2, M 3).

H zu Aufgabe 1
Trennen Sie dabei Beschreibung und Deutung voneinander.

M zu Aufgabe 3
Positionieren Sie sich zunächst auf einer Meinungslinie im Kursraum.

F zu Aufgabe 4
Berücksichtigen Sie dabei auch die historische Argumentation.

2.1.2 Wofür stehen und warum entstehen (neue) Parteien?

M 4 (Worin) Unterscheiden sich deutsche Parteien?

Aussagen von damals im Parlament vertretenen Parteien in deren Programmen zur Bundestagswahl 2013 zu inhaltlichen Schwerpunkten:

FDP CDU SPD

Die Linke GRÜNE

a) Der Schwerpunkt liegt auf der Wirtschaft und einer gemäßigten Modernisierung: z.B. verbindliche Lohnuntergrenzen in Bereichen ohne tarifvertraglich festgelegte Löhne, „Flexiquote" für Frauen in Aufsichtsräten und Vorständen, bessere Vereinbarkeit von Familie und Beruf. In der Euro-Krise wird die Vergemeinschaftung von Schulden abgelehnt, eine starke politische Union Europas jedoch ebenso befürwortet wie eine stärkere Regulierung der Finanzmärkte.

b) Soziale Gerechtigkeit steht im Vordergrund: gesetzlicher Mindestlohn von 8,50 Euro pro Stunde, verbindliche Frauenquote, bessere Bildung und Kinderbetreuung, Deckelung von Mietpreisen, Bankenregulierung, Stärkung der Finanzen der Gemeinden. Gutverdiener sollen stärker belastet und eine Vermögenssteuer eingeführt werden. Altersarmut soll durch eine steuerfinanzierte Solidarrente von 850 Euro bekämpft werden.

c) Der wichtigste Punkt ist für diese Partei die Konsolidierung der Haushalte: 2015 soll der Bund keine neuen Schulden mehr aufnehmen, außerdem sollen die Steuerbelastungen für die Bürger nicht erhöht werden. In der Eurokrise verspricht diese Partei Solidarität, wehrt sich aber dagegen, die Schulden anderer Staaten zu übernehmen.

d) Hier geht es um Umverteilung: Mindestrente von 1.050 Euro, einen Hartz-IV-Regelsatz von 500 Euro und einen Mindestlohn von 10 Euro pro Stunde. Um das zu finanzieren, sollen unter anderem Einkommen und Vermögen stärker belastet werden, so soll der Spitzensteuersatz von 42 auf 53 Prozent steigen.

e) Schwerpunktthemen sind die Energiewende, soziale Gerechtigkeit und eine moderne Gesellschaftspolitik zu den zentralen Themen; z.B. Verabschiedung eines Klimaschutzgesetzes zur weiteren Reduzierung des Ausstoßes von Treibhausgasen, Einführung einer Bürgerversicherung zur Verhinderung der fortschreitenden „Zwei-Klassen-Medizin", Abschaffung des Betreuungsgeldes sowie Schaffung einer Kindergrundsicherung.

Nach: Wichard Woyke, www.bpb.de, 1.4.2013

M 5 Parteientstehung entlang gesellschaftlicher Konfliktlinien

Parteien sind ein Produkt gesellschaftlicher Konflikt- oder Spaltungslinien (*cleavages*). Diese stellen einerseits einen Reflex der sozialen Verhältnisse dar, können also an Merkmalen wie Erwerbsposition, Gruppenzugehörigkeit, Lebensstil u. a. festgemacht werden. Auf der anderen Seite dienen sie als analytische Klammer, um eine Vielzahl von politischen Streitfragen zu wenigen Grundkonflikten zusammenzufassen. In der heutigen Parteienforschung wird angenommen, dass für eine solche Zusammenfassung im Wesentlichen zwei Kategorien genügen. Alle Konflikte lassen sich danach entweder auf ökonomische oder kulturelle Gegensätze zurückverfolgen.

Die kulturelle Konfliktlinie hat ihren historischen Ursprung im Staat-Kirche Gegensatz, der in Deutschland durch den konfessionellen Gegensatz zwischen Protestanten und Katholiken zusätzlich überlagert wurde. Er trennte im 19. Jahrhundert die liberalen von den konservativen Parteien und diese wiederum von der Zentrumspartei als politischem Arm des Katholizismus.

Die ökonomische Konfliktlinie bildete sich zuerst entlang des Stadt-Land-Gegensatzes heraus, bevor sie ausgangs des 19. Jahrhunderts vom Klassenkonflikt beherrscht wurde. Auf ihr positionierten sich die sozialdemokratischen und kommunistischen Parteien als Interessenvertreterinnen der Arbeiterschaft, während die konservativen und liberalen Parteien auf der Gegenseite für die Landbesitzer und das aufstrebende Bürgertum eintraten. [...]

[A]usgangs der siebziger Jahre zog eine „postmaterialistische" Konfliktlinie die Etablierung der Grünen als vierter Partei nach sich. Charakteristisch für das neue *cleavage* war zum einen, dass es sich weniger an sozialstrukturellen als an Einstellungs- und Lebensstilmerkmalen festmachte. Zum anderen lag das Umweltthema, aus dem sich der Gegensatz Materialismus – Postmaterialismus speiste, quer zu den bestehenden kulturellen und ökonomischen Konfliktlinien. [...]

Die unverhofft möglich gewordene deutsche Vereinigung bescherte der Bundesrepublik 1989/90 eine nochmalige Erweiterung ihres Parteiensystems in Gestalt der postkommunistischen PDS. [...] Mit der PDS hielt also ein regionalistisches *cleavage* in das Parteiensystem Einzug, das durch ökonomische und kulturelle Konflikte gleichermaßen unterfüttert wurde. Ablesen ließ sich das zum einen an der sozialstrukturellen Zusammensetzung der PDS-Wähler in Ostdeutschland, unter denen Arbeitslose und Leistungsempfänger keineswegs überrepräsentiert waren. [...]

Der Übergang von der Viereinhalb- zur Fünfparteienstruktur wurde möglich, nachdem sich in den alten Ländern 2005 eine Abspaltung von der SPD gebildet hatte und diese mit der ostdeutschen PDS zur Partei „Die Linke" fusionierte. [...]

Frank Decker, Regieren im „Parteienbundesstaat", Wiesbaden 2011, S. 81 ff.

M 6 Deutsche Parteien zwischen Konfliktlinien

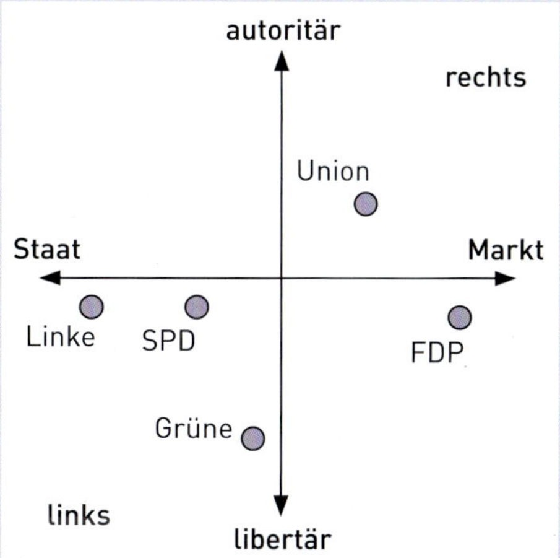

Die Grundausrichtung der politischen Parteien in Deutschland ist geprägt von unterschiedlichen Menschenbildern sowie von verschiedenen Vorstellungen davon, was ein Staat zu leisten hat. Auf der Achse libertär-autoritär geht es vor allem um das Verhältnis Staat-Bürger, z. B.: (Wie sehr) Soll der Staat in die Bürgerrechte eingreifen, um die Sicherheit seiner Bürger zu gewährleisten? Bei der Zuordnung der Parteien auf der Markt-Staat-Achse werden deren Aussagen zur Wirtschafts- und Sozialpolitik herangezogen, z. B.: (Wie sehr) sollte der Staat die Wirtschaft zu gestalten versuchen?

Nach: Frank Decker, a. a. O.

Bedingungsloses Grundeinkommen
→ vgl. Kapitel 6.6.2

Protestpartei
Partei, die primär versucht ihre Wahlchancen zu erhöhen, indem sie eine vorhandene Protesthaltung von Wählergruppen kanalisiert und dadurch Zuspruch gewinnt; häufig Parteien ohne umfassendes Programm für alle Politikfelder (Single-Issue-Parteien).

M 7 ● Neue Parteien gewinnen Zulauf

a) Piratenpartei
Im Jahr 2007 gründete sich der deutsche Ableger der bereits in einigen (nord-)europäischen Ländern existierenden Piratenpartei. Transparenz und politische Partizipation sind ihre ideologischen Hauptbestandteile: So sollen z.B. alle staatlich verarbeiteten Daten (z.B. Verwaltungsakte) im Internet veröffentlicht werden, sofern sie die Privatsphäre von Privatpersonen nicht berühren. Die Partei ist gegen die Vorratsdatenspeicherung und gegen jeglichen anderen staatlichen Zugriff auf Daten von Personen und Unternehmen. Dafür propagiert sie eine vergleichsweise basisdemokratische Organisation.
Sozialpolitisch wollen die Piraten ein bedingungsloses Grundeinkommen einführen, als Übergangsstufe dazu sehen sie einen gesetzlich festgeschriebenen Mindestlohn vor. Steuer- und wirtschaftspolitische Ausrichtungen sind noch nicht umfänglich entschieden, ebensowenig die Haltung zur Eurokrisen-Politik.
Zwischen 2011 und 2012 zogen die Piraten in vier Länderparlamente ein. Bei der Bundestagswahl 2013 verfehlten sie aber mit 2,2% der Stimmen die 5%-Hürde deutlich.

b) Alternative für Deutschland (AfD)
Die 2013 gegründete AfD setzt sich für eine „geordnete Abwicklung" der Euro-Zone ein, da sie die Stabilität des Wirtschaftsstandorts Deutschland durch Bürgschaften für in Zahlungsschwierigkeiten geratene Euro-Staaten gefährdet sieht. Eine Rückkehr zur D-Mark wie eine Verkleinerung der Euro-Zone um finanziell instabilere Staaten ist für die AfD beides denkbar. Die Partei tritt generell gegen eine weitere Übertragung nationaler Rechte an und gegen einen Beitritt der Türkei in die Europäische Union ein.
Innen- und fiskalpolitisch tritt die AfD für einen schnellen Schuldenabbau und einen dreistufigen Steuertarif, aber ohne deutliche Steuersenkungen ein. Sie sprechen sich gegen soziale Einschnitte (bei Renten oder Arbeitslosengeld) aus, ohne aber über ein umfangreich ausgearbeitetes sozialpolitisches Programm zu verfügen. Einwanderung soll nach einem Punktesystem stattfinden, nach dem qualifizierte Migranten einwandern dürfen, unqualifizierte nicht.
Bei der Bundestagswahl 2013 verpasste die AfD mit 4,7% der Zweitstimmen nur knapp den Einzug ins Parlament.

Autorentexte

F zu Aufgabe 1
Erläutern Sie die Entstehung und Etablierung neuer Parteien am Beispiel der Partei Die Linke (M 5, M 6).

F zu Aufgabe 3
Überprüfen Sie – auch auf der Grundlage eigener Recherchen –, ob die Piratenpartei bzw. die AfD als Protestpartei zu bezeichnen ist.

Aufgaben

1. Ordnen Sie die Parteipositionen den bis 2013 im Bundestag vertretenen Parteien begründet zu (M 4).
2. a) Erklären Sie das Schaubild (M 6).
   b) Überprüfen Sie die Einordnung der Parteien durch Decker anhand der Darstellung der Programmschwerpunkte (M 4, M 6).
   c) Ordnen Sie die Piratenpartei und die AfD in die Konfliktlinien ein.
3. Beurteilen Sie anhand der Entstehung der Piratenpartei und der AfD den *Cleavage*-Ansatz (M 6, M 7).

2.1.3 Sollten Parteien ihre Verfassungsprivilegien behalten?

M 8 ● Haltung des Bundespräsidenten zu Parteien

> „Die Parteien tragen seit Jahrzehnten wesentlich zur Ausgestaltung unserer Freiheit, unseres sozialen Friedens, unseres Wohlstandes bei. Ohne sie wären wir nicht da, wo wir heute sind."
>
> *Bundespräsident Joachim Gauck, in: Der Spiegel, 4. 3. 2013*

M 9 ● Mitgliederentwicklung von Parteien in Zahlen

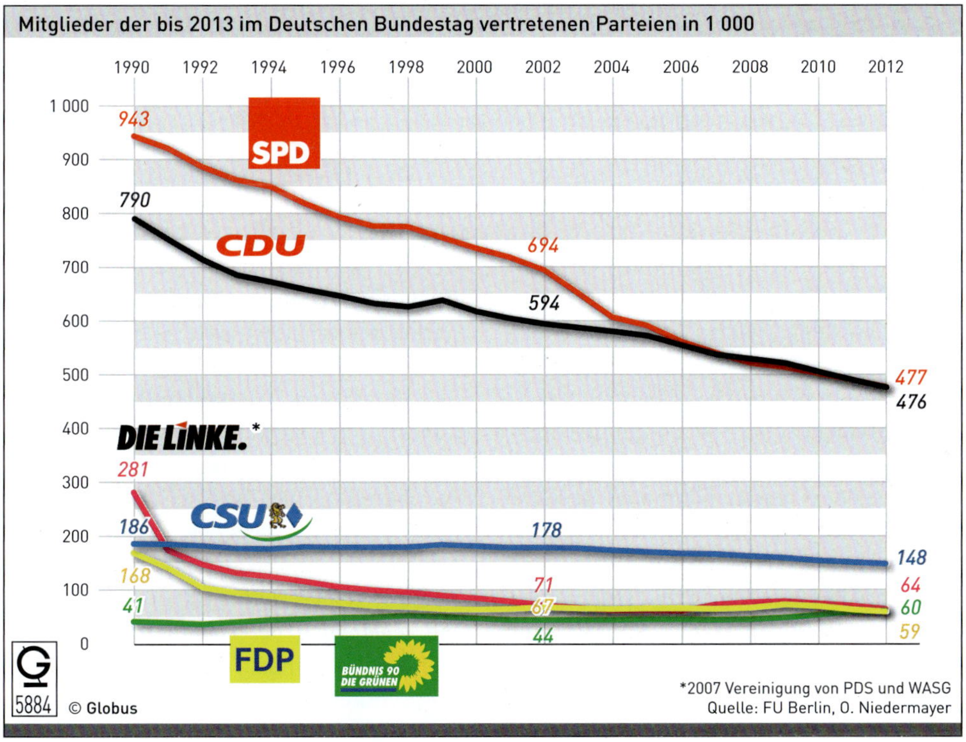

M 10 ● Soziale Zusammensetzung der Mitglieder von ausgewählten Parteien

a) Altersverteilung in Prozent

	CDU	CSU	SPD	Die Linke	B 90/ Die Grünen	FDP	Gesamtbevölkerung
unter 30	6	5	8	9	16	10	30,5
31–40	9	11	8	8	16	16	11,8
41–50	16	18	13	12	25	19	16,6
51–60	19	21	21	20	28	18	14,6
über 60	51	56	50	50	16	36	26,3

b) Bildungsabschluss der Mitglieder in Prozent

	CDU	CSU	SPD	Die Linke	B 90/ Die Grünen	FDP	Gesamtbevölkerung
Hochschule	38	33	37	46	68	56	28,3
(Fach-)Abitur	14	9	13	17	17	17	
Mittlere Reife	26	27	22	18	11	17	28,9
Hauptschule/ ohne Abschluss	22	32	28	19	5	10	42,7

c) Geschlechterverteilung in Prozent

	CDU	CSU	SPD	Die Linke	B 90/ Die Grünen	FDP	Gesamtbevölkerung
Frauen	26	19	31	38	38	23	51
Männer	74	81	69	62	62	77	49

Zahlen: Tim Spier et al. (Hg.), Parteimitglieder in Deutschland, Wiesbaden 2011; Oskar Niedermayer, Parteimitglieder seit 1990. Arbeitshefte aus dem Otto-Stammer-Zentrum, Nr. 19, Berlin 2012

M 11 „Professionalisierte Wählerpartei" als neuer Parteitypus?

Moderne Volkspartei

Im engeren, elektoralen Sinn Partei, die mit breitem politischen Themenspektrum eine möglichst große Wählerschaft in möglichst allen sozialen Schichten und Milieus zu gewinnen versucht; im weiteren Sinn zudem Massenpartei mit großer Mitgliederbasis und ausgeprägten Organisationsstrukturen/ Parteiapparat

Nein, es gibt keine Volkspartei CDU mehr – genauso wenig, wie es noch eine Volkspartei SPD gibt. Die Volkspartei [...] war nichts als ein historisches Übergangsstadium parteipolitischer Großorganisationen, das seinen Höhepunkt in den sechziger und siebziger Jahren hatte und seit den Achtzigern langsam zu verfallen beginnt.

Parteien mit einer Massenmitgliedschaft nahe der Millionengrenze und insbesondere mit regelmäßigen Wahlergebnissen von 40 Prozent und mehr gehören der Vergangenheit an. Die CDU, die sich lange Zeit als die Mutter dieses Typus verstand, konnte dem Niedergang einige Jahre länger trotzen als die Sozialdemokratie, doch auch ihr schwinden Mitglieder und Wähler. Jedoch ist es auch für Parteienforscher nur allzu einfach, fortwährend den Niedergang zu beschwören, ohne eine Idee davon zu haben, was danach kommen könnte, daher ein Versuch.

Eine Prognose scheint nicht besonders gewagt: Die einstige Volkspartei CDU wird sich zu einer professionellen Wählerpartei entwickeln – oder besser gesagt, sie ist schon auf dem besten Wege dorthin. Im Gegensatz zu einer pluralistischen Volkspartei, deren massenhafte Aktivitas für Leben in den Kommunen, den Landesverbänden und den Vereinigungen beiträgt, konzentrieren sich die Kräfte der professionalisierten Wählerpartei zunehmend auf die Parteizentrale. Dies sei an einem Beispiel erläutert: Versicherte sich Helmut Kohl [CDU, Bundeskanzler von 1982-1998] noch in seinen berüchtigten Telefonanrufen regelmäßig der Unterstützung einzelner Kreisverbände, wird Angela Merkel zwar vorgeworfen, die Parteibasis zu übergehen, doch eine Revolte gegen sie bleibt aus.

Das Machtzentrum der CDU verlagert sich zunehmend ins Kanzleramt und das Konrad-Adenauer-Haus [Bundesgeschäftsstelle der CDU in Berlin]. Das einzelne Mitglied wird dadurch zwar nicht völlig entwertet, aber es ist auch nicht mehr unentbehrlich. Vermutlich wird eine professionelle Wahlkampfführung im Zentrum stehen.

Oliver D'Antonio, Von der Volks- zur Wählerpartei, in: The European, 28.3.2012

M 12 Woher erhalten die Parteien ihr Geld?

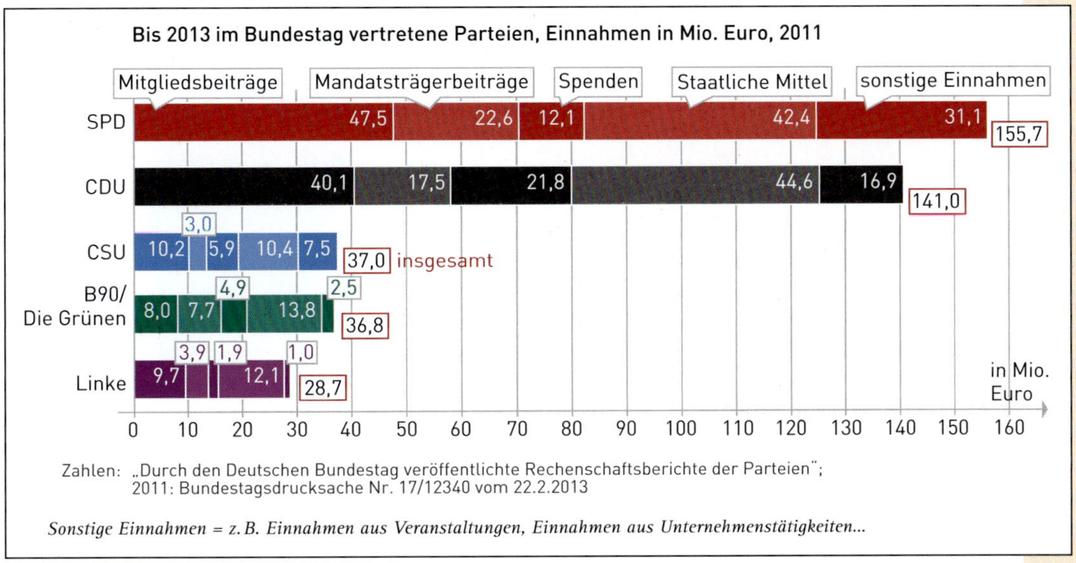

Bundeszentrale für politische Bildung, 2013, www.bpb.de

Info

Staatliche Parteienfinanzierung

Um Wahlkämpfe und das laufende Geschäft finanzieren zu können, benötigen Parteien Einnahmen.
Die im Jahr 1959 eingeführte staatliche Parteifinanzierung wird begründet durch die Funktionen, die (nur) die Parteien für das demokratische System erbringen (können). Die Höhe der Zuschüsse richtet sich (seit 1994) allgemein gesagt nach der Repräsentativität bzw. gesellschaftlichen Verankerung der jeweiligen Partei. Jene wird bestimmt nach Stimmenprozenten bei Wahlen, Höhe der erhaltenen Spenden und eingenommenen Mitglieder- bzw. Mandatsbeiträgen. Dabei erhalten die Parteien für die ersten 4 Millionen Stimmen bei Bundestags- bzw. Landtagswahlen 0,85 Euro und für jede weitere Stimme 0,70 Euro. Für jeden Euro erhaltener Spenden (bis max. 3.300 Euro pro Spender) und Beiträge erhalten die Parteien 0,38 Euro.
Die staatliche Parteifinanzierung ist absolut gedeckelt (2012 bei 150,8 Millionen Euro/Jahr). Dieser Betrag erhöht sich jährlich automatisch um die Inflationsrate parteispezifischer Ausgaben.

Autorentext

Aufgaben

1. Analysieren Sie die Mitgliederentwicklung und die soziale Zusammensetzung der seit 2013 im Bundestag vertretenen Parteien (M 9, M 10).
2. Geben Sie die wesentlichen Merkmale des Typus „professionalisierte Wählerpartei" in eigenen Worten wieder und grenzen sie ihn gegen den der (modernen) Volkspartei ab (M 11).
3. Beurteilen Sie vor dem Hintergrund Ihrer Ergebnisse, ob die rechtlich bzw. verfassungsmäßig eingeräumten Privilegien der Parteien in Deutschland – insb. die staatliche Mitfinanzierung – beibehalten werden sollten (M 9–M 12).

H zu Aufgabe 3
Berücksichtigen Sie auch die Funktionen, die ein Parteienspektrum insgesamt erfüllen sollte (Kap. 2.1.1).

F Verfassen Sie einen Antwortbrief auf die Aussage des Bundespräsidenten Gauck (M 8).

2.1.4 Innerparteilich Demokratie erneuern? „Liquid Democracy“ als neues Instrument

M 13 ● Piraten planen neues Abstimmungsverfahren

Piraten Potsdam

M 14 ● Innerparteiliche Demokratie im traditionellen Parteiaufbau

... bezeichnet i.e.S. die Normen und Regeln, nach denen die personellen und programmatischen Entscheidungen innerhalb der Parteien gefällt werden. Nach Art. 21 Abs. 1 GG und dem Parteiengesetz von 1967 muss die innere Ordnung von Parteien allgemeinen demokratischen Grundsätzen entsprechen (u.a. Wahl aller Parteiorgane, Festlegung der Zuständigkeit der Parteiorgane in einer verbindlichen Satzung, gleiches Stimmrecht aller Mitglieder und die Festlegung des Parteitages als oberstem Entscheidungsorgan etc.). I.w.S. wird I.D. auch durch den Grad der Aktivität der Parteien, der Offenheit (z.B. bestimmte Themen aufzugreifen), der Durchlässigkeit von Informationen etc. und der Möglichkeit zu personellen Wechseln bestimmt.

Klaus Schubert, Martina Klein, Das Politiklexikon, 5. Auflage, Bonn 2011

	Beschließendes Organ	Vollziehendes Organ	Schiedsgerichtsorgan
Bundesverband	Bundesparteitag	Bundesvorstand – Präsidium –	Bundesschiedsgericht
Landesverband	Landesparteitag	Landesvorstand	Landesschiedsgericht
Kreisverband	Kreisdelegiertenversammlung	Kreisvorstand	Kreisschiedsgericht (z. T.)
Ortsverband	Mitgliederversammlung	Ortsvorstand	–

M 15 „Flüssige Abstimmungsverfahren“ für mehr Vertrauen in Parteien?

Andreas Nitsche, einer der Programmierer von LiquidFeedback, schildert im Interview, warum flüssige Demokratie das Vertrauen der Bürger in Politik wieder herstellen könnte.

ZEIT ONLINE: **Was will Liquid Democracy?**

Andreas Nitsche: Für uns ist das ein Organisationsprinzip, das die Nachteile der beiden Demokratieformen kompensieren will: Direkte Demokratie führt zu einer Überforderung der Menschen; parlamentarische Demokratie hat zwar den Vorteil der Arbeitsteilung, ist dafür aber statisch – wer mitmachen will, muss sich wählen lassen. Liquid Democracy will die Arbeitsteilung dynamisieren: Jeder beteiligt sich genau da selbst, wo er etwas beitragen will und kann. [...]

Könnte eine Liquid Democracy in der Zukunft Wahlen ersetzen?

Es handelt sich um eine Vision, ein Gedankenexperiment. Eine Liquid-Democracy-Gesellschaft lässt sich zwar nicht für alle Zeiten ausschließen. Ich kann allerdings aus heutiger Sicht keinen realistischen Weg dahin sehen. Es ist beispielsweise unklar, ob die vollständige Aufhebung der Arbeitsteilung zwischen Politik und Bürger, also jeden Bürger zum Politiker zu machen, überhaupt ein sinnvolles Ziel ist. [...]

In der derzeitigen Gesellschaftsstruktur ist es also kein Ersatz für Wahlen, sondern höchstens eine Ergänzung?

Uns erschien, als wir die Software LiquidFeedback programmierten, der direkte Parlamentarismus als wenig praxisnah. Das Problem der direkten Demokratie ist aus meiner Sicht die Überforderung des Einzelnen. Es sind viele Entscheidungen über komplexe Probleme zu treffen. [...] Bei Parteien gibt es viel Gestaltungsspielraum, Mitglieder können miteinander die Richtung verhandeln. Das ist in der gesamten Gesellschaft nicht so leicht. Die repräsentative Demokratie wollten wir gar nicht infrage stellen. Wir wollten erreichen, dass Parteien volksnäher werden. Damit wäre schon sehr viel gewonnen. [...]

Was für eine Form von Demokratie schwebt Ihnen vor?

Eine parlamentarische Demokratie mit Parteien, die jedoch wesentlich volksnäher sind als heute. Indem sie beispielsweise ihren Mitgliedern die direkte Mitbestimmung ermöglichen. Ohne diese gläserne Decke aus Delegierten, die letztlich zur Verselbstständigung von Politik führt. Dann würde die parlamentarische Demokratie wieder attraktiver. [...]

Interview: Kai Biermann, ZEIT ONLINE, 15.2.2013

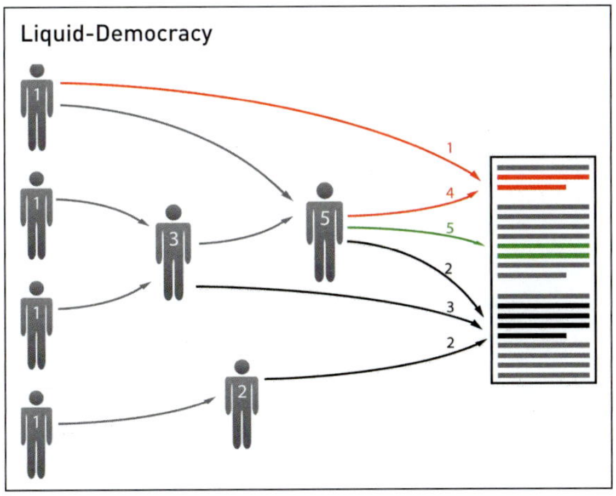

Nach: Liquid Democracy e. V.

Bei **Liquid-Democracy** haben die Bürger mehrere Möglichkeiten der Mitbestimmung. Sie können das Wahlverfahren selbst bestimmen und entscheiden, ob sie ihre Stimme direkt abgeben möchten oder ob sie lieber einem Delegierten oder auch einer Experten-Gruppe (vgl. Parteien) ihr Vertrauen schenken. Zudem können sie diese Entscheidung jederzeit und bei jedem Thema neu ändern und nicht nur alle paar Jahre.

wiki.piratenpartei.de/Liquid_Democracy

→ vgl. Kapitel 3.3

Aufgaben

1. Beschreiben Sie das Plakat (M 13).
2. Vergleichen Sie den traditionellen Aufbau innerparteilicher Entscheidungsstrukturen mit dem Konzept von Liquid Democracy (M 14, M 15).
3. Beurteilen Sie Liquid Democracy (a) als Instrument innerparteilicher Demokratie und (b) als mögliches Abstimmungsverfahren für Bundesgesetze (M 13–M 15).

H zu Aufgabe 3
Berücksichtigen Sie die Kategorien Effizienz (effektive Entscheidungsfindung) und Legitimität (Partizipation). Erklären Sie in diesem Zusammenhang die Problematik der „gläsernen Decke der Delegierten“ (Kai Biermann).

F Nehmen Sie Stellung zu der Idee, Liquid Democracy als Abstimmungsmodus für Gesetzgebungsverfahren auf Bundesebene einzuführen.

Karikaturen analysieren

Die Karikatur nimmt zu politischen oder ökonomischen Sachverhalten kritisch und oft polemisch Stellung, indem sie diese überspitzt und verzerrend darstellt. Dazu bedient sich der Karikaturist gezielt gestalterischer Mittel, die vor der Interpretation und einer abschließenden Bewertung analysiert werden müssen.
Zu diesem Zweck empfiehlt es sich, die Karikatur zunächst genau zu beschreiben. Die unter 1 aufgeführten Leitfragen können dabei helfen (siehe auch die folgende Beispielanalyse). Danach muss die Intention, die der Karikaturist mit der Wahl der gestalterischen Instrumente verfolgt, interpretiert und alle Schritte zu einer Gesamtaussage der Karikatur zusammengefügt werden (vgl. die Leitfragen unter 2). Erst dann sind die Voraussetzungen für eine abschließende Bewertung (vgl. die Leitfragen unter 3) der Karikatur erfüllt.

Beispiel:

Klaus Stuttmann

1 Beschreibung:

- Wie ist die Karikatur aufgebaut (Bildelemente, Textelemente ...)
- Wen oder was zeigt die Karikatur?
- Was wird thematisiert?
- Welche Darstellungsmittel werden gewählt und was bedeuten sie?

2 Deutung:

- Auf welchen politischen Sachverhalt bezieht sich die Karikatur?
- Wozu nimmt die Karikatur konkret Stellung?
- Welche Bedeutung haben/worauf verweisen verwendete Symbole?
- Was ist die Kernaussage?
- An wen wendet sich die Karikatur?
- Welchen Standpunkt nimmt der Karikaturist ein?

3 Bewertung:

- Worin ist dem Karikaturisten zuzustimmen?
- Was ist dem Karikaturisten entgegen zu halten?
- Wie ist die zeichnerische Qualität einzuschätzen?

1. Beschreibung:

Die Karikatur ist mit „Weltkulturerbe“ betitelt und von Klaus Stuttmann im Jahr 2010 gezeichnet worden. Im Zentrum einer Extremtotalen bzw. Panoramazeichnung ist als dominierendes Bildelement ein Geröllhaufen in karger Landschaft zu erkennen, aus dem riesige steinerne Buchstaben erwachsen, die wie herausgemeißelt wirken und das Wort „Parteien“ bilden. Die Steinbuchstaben selbst weisen bereits erhebliche Risse auf. Links und rechts im Bildhintergrund sind weitere kolossartige Steinstelen zu sehen, wobei hier aufgrund des Standpunkts des Bildbetrachters die Schrift nicht zu lesen ist.

Von links unten nach rechts oben durchzieht das Bild eine kurvenreiche, offenbar befestigte und mit Mittelstreifen versehene, zweispurige Straße, die direkt am Fuß des „Parteien-Monuments“ und auch an weiteren vorbeiführt. Die Straße wird von drei PKWs befahren, von denen zwei das Massiv noch nicht passiert haben. Aus dem dritten Wagen, der sich gerade auf der Höhe des Monuments befindet, kommt eine Sprechblase: „Schnell weiter!! Bevor das hier alles über uns zusammenkracht!!“.

Die gesamte Szenerie wird überflogen von zwei Vogelschwärmen, wobei ob der Perspektive zu vermuten ist, dass es sich um eine größere Vogelart handelt.

2. Deutung:

Teildeutung von (symbolischen) Bildelementen: Die „Parteistatue“ referiert auf frühgeschichtliche Monumente, deutet damit aber nicht auf das Alter von Parteien, sondern eher auf deren Verankerung in einer früheren Zeit, deren Wesen man sich heute nicht mehr erklären kann und die einem fremd vorkommt. Die Risse in den Stelen und der Ausspruch eines der Autoinsassen deuten in dieselbe Richtung. Die Autos könnten – im Kontrast zu den alten Monumenten – für die heutige Technik geprägte Zeit bzw. für individuelle Mobilität stehen. Die kreisenden Vögel könnten Geier sein, die auf – von herunterbrechenden Gesteinsmassen erschlagenes – Aas warten.

Gesamtdeutung: Politische Parteien werden einerseits als historisch überholt und für die heutige (mobile, flexible) Bevölkerung unerklärliches Phänomen dargestellt. Dazu kommt noch der zerstreute Charakter der Parteien, der Verständnis von oder Zugang zu ihnen unmöglich macht. Andererseits aber wird der mögliche Zusammenbruch der Parteien als bedrohlich klassifiziert. Parteien scheinen dem Zeichner also in der parlamentarischen Demokratie Deutschlands nicht nur Faktum, sondern auch zentrales Funktionselement des politischen Systems. Gleichzeitig seien sie überholt, marode, u. U. überdimensioniert, unbeweglich, unerklärlich und wurden nur noch durch den konservierenden Einfluss von anderen Institutionen („Weltkulturerbe“) am Leben gehalten. Beim Souverän jedenfalls würde sie Befremdungs- und Bedrohungsgefühle hervorrufen.

Allerdings könnte auch das Volk als Souverän (Autoinsassen) kritisiert werden, dass es lieber die schnelle Flucht sucht, als einen Stabilisierungs- oder gar Erneuerungsversuch der politischen Parteien zu unternehmen. Moderne, flexible Lebensentwürfe – so dieser Interpretationsstrang – vertrügen sich nicht mit dem (dauerhaften) Engagement in Organisationen wie Parteien, was wiederum die Erosion des Parteiensystems bedinge/vorantreibe.

ORIENTIERUNGSWISSEN

Verfassungsrechtliche Stellung von Parteien
M 2

Anders als in den meisten anderen Staaten genießen die politischen Parteien Verfassungsrang. Durch Art. 21 GG wird ihre bevorzugte Stellung bei der politischen **Willens- und Meinungsbildung** des Volkes gesichert. Dafür müssen Parteien aber auch **innerparteilich demokratisch** organisiert sein und über Herkunft und Verwendung ihrer Mittel öffentlich **Rechenschaft** ablegen.

Funktionen von Parteien
M 3

Durch § 1 Parteiengesetz werden die Aufgaben der Parteien konkretisiert, die sich als Funktionen für das politische System beschreiben lassen. Parteien sollen dazu dienen, politisches Personal aufzufinden und auf Ämter vorzubereiten bzw. sie dafür zu bestimmen (**Auswahl- bzw. Rekrutierungsfunktion**). Sie sollen die unendlich vielfältigen Interessen der Bevölkerung bündeln und eine Verbindung herstellen zwischen dem Souverän und seinen Repräsentanten (**Vermittlungs- und Bündelungsfunktion**). Parteien sollen innerparteiliche Konflikte – die auch Spiegel gesellschaftlicher Konflikte sein können – mit dem Ziel eines befriedenden Kompromisses moderieren (**Interessenausgleichfunktion**). Insgesamt sollen Parteien das politische System als Ganzes stabilisieren und gegenüber dem Souverän rechtfertigen (**Legitimationsfunktion**).

Entstehung von Parteien(systemen)
M 5, M 6

Die soziologische Parteienforschung hat einerseits zur Beschreibung bestehender Parteiensysteme und andererseits zur Erklärung, warum neue Parteien entstehen bzw. sich etablieren, das Modell der sogenannten **Konfliktlinien** (***cleavages***) entwickelt. Zurzeit kann das deutsche Parteienspektrum anhand einer Kombination der **kulturellen Konfliktlinie** (Kernfrage: Verhältnis von Staat zu Bürger?) **libertär – autoritär** und dem **ökonomischen *cleavage*** „Staatsorientierung/sozialer Ausgleich – Marktorientierung/Wirtschaftsfreiheit" beschrieben werden.
Die Grenzen des *Cleavage*-Modells zur Erklärung von Parteientstehung liegen darin, dass sich neu gegründete Parteien nicht immer auf beiden Konfliktlinien verorten lassen. Denn z. T. verfügen diese (noch) nicht über umfangreiche z. B. sozialpolitische Programme. Auch weitere Konfliktlinien wären denkbar wie eine ökologische.

Kritik an Parteien und der staatlichen Parteienfinanzierung
M 11, M 14

Insbesondere an der Frage, ob die politischen Parteien als Ganze noch die Vermittlungsfunktion zwischen dem Volk und seinen politischen Repräsentanten ausreichend wahrnehmen, entzündet sich immer wieder Streit. Sicher ist, dass die Parteimitglieder statistisch nicht den Durchschnitt der Bevölkerung widerspiegeln, beispielsweise dominieren eindeutig Männer, unter 30-Jährige sind deutlich unter-, über 60-Jährige deutlich überrepräsentiert.
Zudem meinen einige Kritiker, dass die Parteien vielmehr dazu genützt würden, hochrangige Mitglieder über Ämtervergabe abzusichern (Ämterpatronage).
Daher wird auch manchmal gefordert, die automatische staatliche Parteienfinanzierung abzuschaffen. Zurzeit erhalten in Parlamenten vertretene Parteien Geld für jede auf sie entfallende Wählerstimme und jeden an sie gespendeten bzw. durch Mitgliedsbeiträge eingenommenen Euro. Allerdings darf sich eine Partei maximal zu 50% aus Staatsmitteln finanzieren.

Wolfgang Sofsky: Die Parteien haben versagt!

In einem Land, das von Harmoniesucht verseucht ist, kann nur derjenige Zustimmung erhoffen, der sich als Sachwalter des ganz Großen darstellt. Die Wählermehrheit pflegt sich an jene zu halten, die alles und nichts versprechen. [...]

Soziale Bewegungen werden kanalisiert und kontrolliert, Vielfalt und Widerspruch planiert und umgehend integriert. Mittlerweile halten sich Parteien etwas darauf zugute, jede obskure [zweifelhafte] Randgruppe einzubinden, damit nur keine Gefahr für Ruhe und Ordnung entsteht. Die Ausfechtung von Streitigkeiten ist wenig beliebt, die wohlwollende Umfassung aller Gegensätze indes beschert lauten Applaus. Nicht Parteilichkeit, sondern Vermittlung und Versöhnung sind die Leitideen im pluralistischen Parteienstaat. Parteien, welche den Namen verdienen, stehen einander gegenüber. Sie sitzen nicht nebeneinander [...], sondern blicken einander direkt ins Auge. [...]

Der Preis ist hoch. Sobald Parteien an parteilicher Substanz verlieren, gleichen sie sich einander an bis zur Unkenntlichkeit. [...] Alle bemühen sich um das, was sie für das Beste halten, und die Institutionen, welche die Freundschaft der Millionen verbürgen sollen, sind das Parlament und die Volkspartei. Obwohl sich deren soziale Grundlage längst aufgelöst hat, sind die Parteien noch immer vom Ungeist umfassender Repräsentation besetzt.

Der Einfluss der Parteien [ist] erheblich gewachsen. [...] Die Öffentlichkeit wird überflutet von den Verlautbarungen der Parteien. Noch die belangloseste Bemerkung ihrer Wortführer gewinnt größte Beachtung. Dabei wäre das Allermeiste wert, augenblicklich vergessen zu werden. [...]

Die Teilung der Macht, welche den Untertan vor staatlicher Willkür bewahren sollte, wurde durch das Regime der Parteien ausgehöhlt. Eine Republik beruht auf der Idee, die Staatsmacht zu überwachen, aufzuteilen und zu beschneiden. Heutige Parteien indes vereinigen und verdichten Macht. Die jeweilige Regierungspartei beherrscht Parlament, Exekutive, Teile der Judikative und der Medien. [...]

Wer Partei sagt, der sagt nicht Herrschaft des Volkes, sondern Herrschaft von Führungscliquen. Parteien sind zuallererst Organisationen. Sie erhalten sich selbst, indem sie ihr Machtfeld ausdehnen, Aufgaben und Posten zuteilen, Karrieren lenken, Netzwerke knüpfen, Geld eintreiben. Parteien bedienen sich der Ämterpatronage [Günstlingswirtschaft], Klientelbildung und Massenmobilisierung der Mitläufer. Hauptamtliche Funktionäre wollen keine Kontrolle oder Ämterrotation, sondern sichere Dauerjobs. Die gemeinen Mitglieder werden als Hilfstruppe in Gang gesetzt, um Wähler zu mobilisieren und unliebsame Parteifreunde auszuschalten. Der Partei geht es nicht um die Interessen der Partei, geschweige denn der Gesellschaft, sondern einzig um das Interesse am Fortbestand ihrer selbst.

Wolfgang Sofsky, Die Parteien haben versagt! FOCUS Magazin, Nr. 30, 26.7.2010
Der Autor ist Soziologe und arbeitet als freier Publizist.

Aufgaben

1. Fassen Sie Wolfgang Sofskys Haltung zu Parteien in Deutschland zusammen.
2. „Parteien [...] stehen einander gegenüber. Sie sitzen nicht nebeneinander [...], sondern blicken einander direkt ins Auge." Erläutern Sie diese Aussage auch unter Bezug auf ihre demokratietheoretischen Kenntnisse.
3. Erörtern Sie Sofskys Haltung zu den deutschen Parteien.

2.2 Wahlen – Mitentscheiden in der repräsentativen Demokratie

2.2.1 Wozu wählen?

Es ist DEINE Wahl - unter diesem Motto haben Diakonie und DGB in Berlin und Brandenburg eine Facebook-Aktion im Vorfeld der Bundestagswahl gestartet. Mit Hilfe eines Online-Tools der Diakonie-Kampagne „Soziale Berufe - kann nicht jeder" konnte jede und jeder Teilnehmende ein eigenes Wahlplakat basteln.

M 1 ● „... eigentlich ist es logisch, wählen zu gehen"

Wählen oder nicht wählen? Gibt es „richtige" oder „falsche" Parteien? Ein Schlagabtausch unter Erst(nicht)wählern.

Luisa: Ich finde es ist meine Pflicht, wählen zu gehen. Andere Menschen auf der Welt haben dieses Recht gar nicht. Dann kann ich doch dieses Recht nicht einfach so wegschmeißen, wenn Menschen in anderen Ländern sich darum schlagen, wählen zu dürfen.

Alex: Jede Stimme, die nicht abgegeben wird, ist eine Stimme für eine extreme Partei.

Christian: Die Wahl könnte für mich ein Weg sein für meine Ziele und Wünsche. Eine Partei zu wählen, die meine Vorstellungen in gewisser Weise bestmöglich vertreten kann. [...]

Luisa: Mir geht es beim Wählen darum, dass auf keinen Fall eine falsche Partei an die Macht kommen darf. Das möchte ich verhindern. [...] Wenn ich mal gucke, was in der Vergangenheit durch politische Fehlentscheidungen passiert ist, wenn ich nur ans Dritte Reich denke, dann wird mir schon klar, wen ich garantiert nicht wähle. Nämlich die rechte Partei, NPD und so. [...]

Doreen: Von dem Argument würde ich mich noch am ehesten überzeugen lassen, obwohl ich eigentlich mit den Bundestagswahlen nichts am Hut habe.

Wolfram: Na ja, vielleicht gibt es doch falsche Parteien. Aber wenn jetzt alle die falsche Partei wählen, dann regeln das sowieso die anderen Parteien untereinander durch eine Koalition. Jedenfalls, das Thema interessiert mich nicht, und es schlägt mir keiner den Kopf ab, wenn ich nicht wähle. Es ändert sich einfach nichts für mich durch die Wahlen.

Andrea: Eigentlich ist es logisch, dass man wählen gehen sollte, wenn man das Recht dazu hat. Aber bei mir ist einfach mein Desinteresse größer! Denn es wird sich nix ändern, egal ob ich wählen gehe oder nicht.

Anne-Katrin: Genau das ist es: Es ändert sich morgen nichts dadurch, dass ich heute nicht wählen gehe – das ist der Grund, warum die jungen Leute nicht so einen Bezug zur Politik haben oder nie hatten. Denn auf lange Sicht macht es schon einen Unterschied, ob eine Partei an der Macht ist, die viel für Sozialpolitik macht, wenn ich irgendwann mal eine Familie gründen will. Im Vergleich zu einer Partei, die alles in die Wirtschaft buttert oder in die Rüstung.

Alex: Ist doch egal, wohin die das buttern, weil nach vier Jahren die nächste Partei kommt und alles wieder ändert.

Fabian: Eure Argumente überzeugen mich überhaupt nicht! Ihr habt alle möglichen Gründe, warum ihr wählen geht, und kein einziger davon hat mich überzeugt. Ich kann doch wählen, wen ich will – es versprechen alle dasselbe. Also ist meine Stimme doch komplett egal! Egal, in welche Partei ich sie reinstecke.

Wolfram: Toll wäre es, wenn mir die Partei 500 Euro rübergeben würde, dafür, dass ich sie wähle. Das wäre eine schöne Sache! Das wäre für mich persönlich ein Anreiz. Denn so ist nun mal mein Leben, als Auszubildender brauche ich Geld. Für Geld würde ich wählen gehen!

Interview: Alexandra von Streit, Fluter Nr.3/Juni 2002

M 2 Grundfunktionen von Wahlen

Wenn Demokratie auf der Freiheit beruht, sich politisch durch regelmäßige Wahlen zu organisieren, dann müssen bestimmte Grundfunktionen erfüllt sein [...].

• *Repräsentation des Volkes*
Die Gewählten, zum Beispiel die Abgeordneten, repräsentieren die Gesamtheit der Bürgerinnen und Bürger. Repräsentiert wird das gesamte Volk. Jede soziale Gruppe muss sich an dem politischen Wettbewerb beteiligen können, um die Offenheit der Machtkonkurrenz zu gewährleisten. Repräsentative Demokratien verlangen Mehrheitsentscheidungen.

• *Legitimation und Kontrolle von politischer Herrschaft*
Durch Wahlen legitimieren die Wählerinnen und Wähler bestimmte Personen, politische Funktionen auszuüben. Diese sind legitimiert, im Namen aller und für alle verbindlich zu entscheiden. Durch die regelmäßige Wiederholung der Wahl gewinnt sie die Funktion der Machtkontrolle. Die Opposition muss immer die Chance haben, an die Macht zu kommen.

• *Integration der Meinungen*
Die Wahl ist die Stimmabgabe jedes einzelnen Wahlberechtigten. Das Wahlergebnis spiegelt insgesamt die Willensartikulation der Wählerinnen und Wähler wider. Durch die Wahlen erfolgt eine Integration des gesellschaftlichen Pluralismus und die Bildung eines politisch aktionsfähigen Gemeinwillens. Letzteres ist jedoch auch vom jeweiligen Wahlsystem abhängig, das die Integration der Wählerschaft fördern oder auch hemmen kann. Nicht immer geht aus dem Wahlprozess eine handlungsfähige Regierung hervor. Je strikter sich die [...] Gruppen voneinander abkapseln, desto weniger sind die Funktionsbedingungen der Integration der Meinungen durch Wahlen zu erreichen.

Karl-Rudolf Korte, Wahlen in Deutschland, bpb, Bonn 2013, S. 13 f.

M 3 Wählen oder Nicht-Wählen?

a) Wahlbeteiligung bei Bundestagswahlen

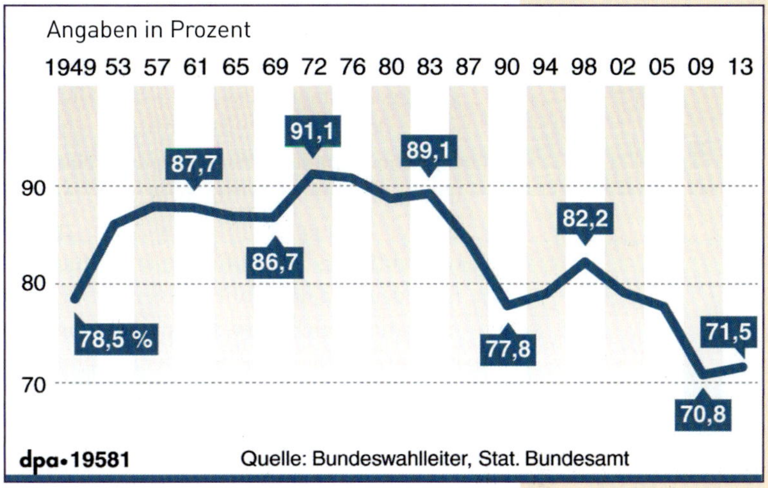

b) Wahlsieger

Nel

M 4 Wahlpflicht einführen?

a) Stephan Mayer: Pro

[...] Motiviert durch die positiven Erfahrungen anderer Länder – wie Belgien oder Italien – bin ich zu der persönlichen Überzeugung gekommen, dass eine Wahlpflicht zu einer deutlich höheren Wahlbeteiligung und somit auch zu einer deutlich besseren demokratischen Legitimation der neu Gewählten führen könnte. Sie wäre zudem ein deutliches Signal für die konstituierende Bedeutung der Wahl als Element der Demokratie. Gleichzeitig müsste die Möglichkeit der Enthaltung auf dem Wahlzettel aufgeführt werden, um die Wahlfreiheit zu gewährleisten und um ausdrücken zu können, dass keines der politischen Angebote unterstützt wird. Von etwaigen Sanktionen zur Durchsetzung der Wahlpflicht halte ich hingegen nichts.

Wenn auf diesem Wege die Repräsentationskraft der Gewählten gesteigert wird, wäre das sicher ein erheblicher Gewinn für die demokratische Kultur in unserer Gesellschaft. Demokratie braucht die Beteiligung von allen – zumindest in der Form, dass die Wählerinnen und Wähler in Deutschland von ihrem aktiven Wahlrecht auch tatsächlich Gebrauch machen. Ich empfinde es als Bürgerpflicht, über die politische Richtungsentscheidung alle vier Jahre mitzubestimmen.

Stephan Mayer ist seit 2002 Mitglied des Deutschen Bundestages. Für die CDU/CSU-Fraktion gehört er dem Innen- und dem Sportausschuss des Parlaments an.

b) Stefan Ruppert: Kontra

Kann man die Bürger zur Demokratie zwingen? Und bei Nichtteilnahme an Wahlen gar mit Strafgeld oder Gefängnis drohen? Die klare liberale Antwort lautet: Nein! Eine lebendige Demokratie lebt von innerer Überzeugung, nicht von äußerem Zwang. Wir müssen jeden Bürger überzeugen, dass er Verantwortung für das Gemeinwesen hat. Zuschauen reicht nicht. Trotzdem muss jeder Bürger für sich selbst die Entscheidung treffen, ob er zur Wahl geht oder eben nicht. Das garantiert die im Grundgesetz festgeschriebene Wahlfreiheit. [...]

Mit einer Wahlpflicht würde man nur die Symptome des Problems bekämpfen, nicht die tieferliegenden Ursachen. Viele Bürger würden bei einer Pflicht zwar wählen gehen, allein um Sanktionen zu vermeiden. Aber vermutlich würden diejenigen, die sich zur Wahl gedrängt fühlen, eher ungültige Stimmzettel abgeben oder Protestparteien wählen. [...]

Politik und Gesellschaft müssen weiter die wahren Ursachen der Politikverdrossenheit angehen. Ein kontinuierliches Werben für unsere Demokratie und die Beteiligung der Bürger daran ist ein notwendiger Schritt. [...]

Stefan Ruppert (FDP) gehörte dem Bundestag von 2009–2013 an. Seit 2013 war er Parlamentarischer Geschäftsführer der FDP-Fraktion und Mitglied im Innen- und im Wahlausschuss.
www.politik-kommunikation.de, 26.6.2013

Aufgaben

1. a) „Wählen oder nicht wählen"? Formulieren Sie Ihre persönliche Einstellung.
   b) Vergleichen Sie diese mit der Position der Erstwähler (M 1).
2. Erklären Sie die Funktionen, die die Politikwissenschaft Wahlen zuschreibt (M 2).
3. a) Vergleichen Sie die Grafik (M 3a) mit der Aussage der Karikatur (M 3b).
   b) Diskutieren Sie, inwieweit Wahlen bei sinkender Wahlbeteiligung die ihnen zugeschriebenen Funktionen (noch) erfüllen können (M 1–M 3).
4. a) Fassen Sie die Argumentation für bzw. gegen eine Wahlpflicht zusammen (M 4).
   b) Diskutieren Sie auf dieser Grundlage die Forderung nach Einführung einer Wahlpflicht.

M Führen Sie eine Talkshow zum Thema „Wahlpflicht – morgen auch in Deutschland?" durch.

2.2.2 Wer wählt(e) wie?

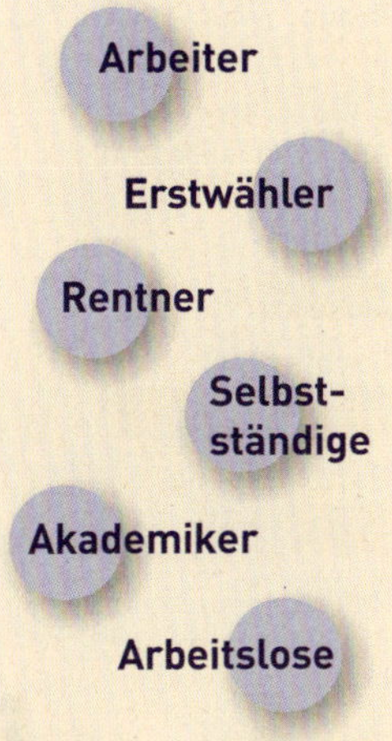

M 5 ● Ergebnis der Bundestagswahl 2013

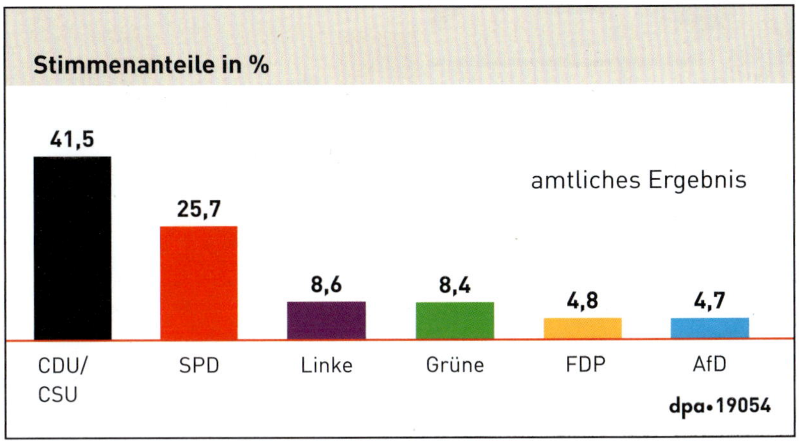

M 6 ● Wählerstruktur bei der Bundestagswahl 2013

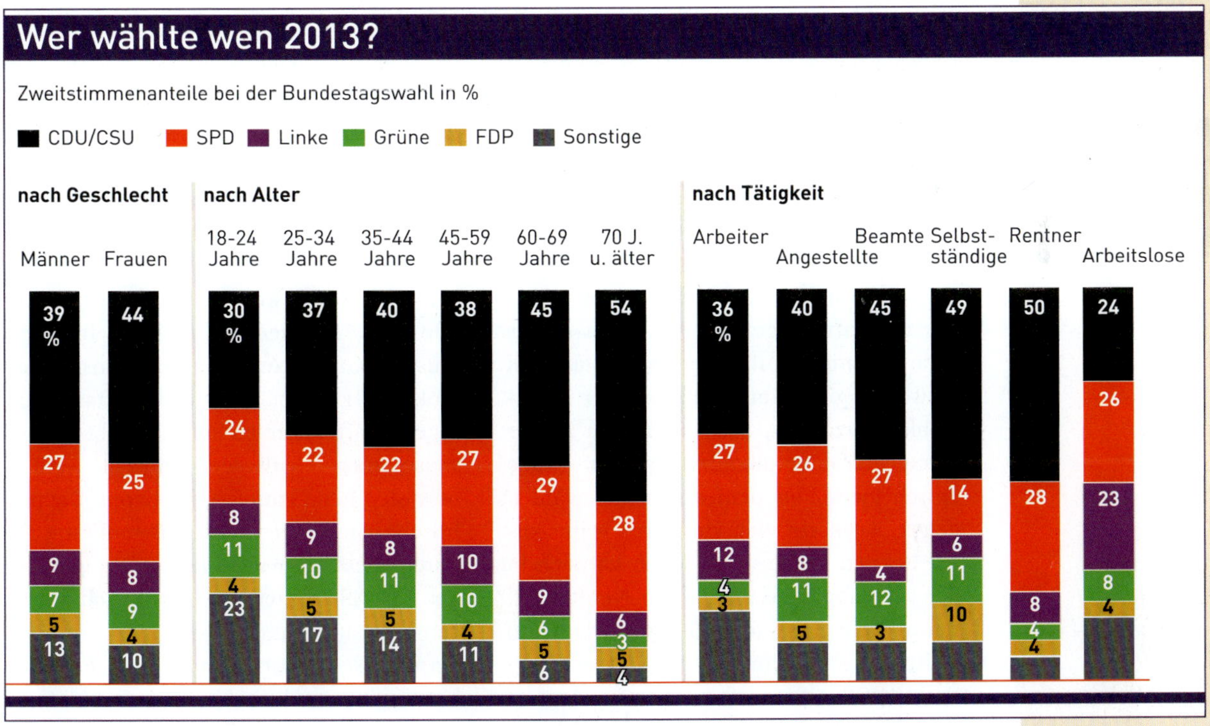

dpa Infografik 19901 (erweitert); Zahlen: infratest dimap

Zentrale Aspekte der Wahlentscheidung

Frage: „Was war für Ihre Wahlentscheidung am wichtigsten?“
Angaben in Prozent

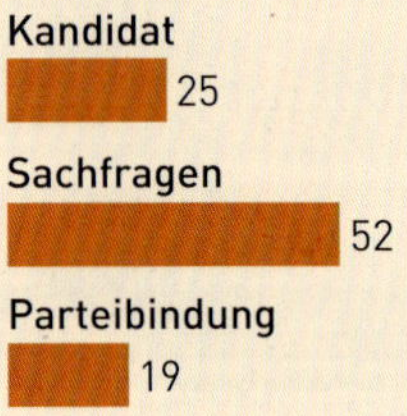

Zahlen: Infratest dimap, Bundestagswahl 2013

M 7 ● Ist auf den Wähler noch Verlass? Wählerwanderung

Saldo der gewanderten Wählerstimmen bei der Bundestagswahl 2013 im Vergleich zur Wahl 2009.

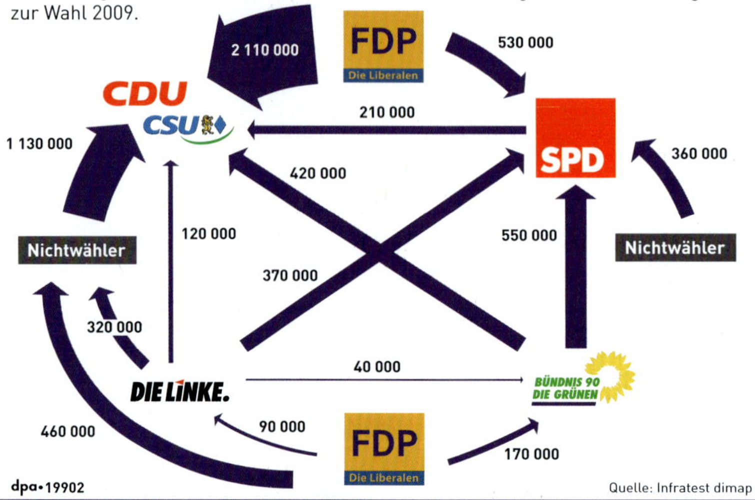

M 8 ● Der Wähler der Zukunft – eher flüchtig als treu?

Der Wähler hat aus einem beschaulichen Parteiensystem einen Koalitions- und Parteienmarkt gemacht. Er ist vom Bürger zum Kunden geworden, der von den Parteien erwartet, dass sie seinen Lebensstil widerspiegeln. Hing seine Wahlentscheidung früher davon ab, wie sehr er sich an eine Partei gebunden fühlte, so fragt er sich heute in der Wahlkabine: Was bringt mir die Partei eigentlich? [...] Obwohl es viele wichtige politische Entscheidungen zu treffen gibt, nimmt die Zahl der Nichtwähler derzeit zu, sodass letztlich immer weniger Wähler über immer mehr Dinge entscheiden. Von denjenigen, die wählen gehen, wechseln viele die Partei – ihr Anteil bei den Bundestagswahlen hat sich in den vergangenen 20 Jahren verdoppelt. Rationale Koalitionswähler wiederum splitten bewusst ihre Stimme, um einer bestimmten Regierungsformation ins Amt zu verhelfen. Auch ihr Anteil hat deutlich zugenommen. Unpolitische Gesinnungswähler hingegen legen sich erst wenige Stunden vor der Wahl fest. [...]

Der Wähler ist wählerischer geworden. Doch das ist nur ein Teil der Wahrheit. Denn obwohl der deutsche Wähler flüchtig ist, kann er sich dennoch nicht vom Rechts-links-Schema lösen. [...] Selbst wenn er sich nicht mehr mit ihr identifiziert, ist die Bindung an eine Partei immer noch wahlentscheidender als die Sympathie für einzelne Politiker oder aktuelle Themen. [...]

Wir werden uns künftig auf das Unerwartete im Parteienwettbewerb einstellen müssen. Komplexe Systeme wie unsere Demokratie können jederzeit spontan neue Eigenschaften herausbilden, wie beispielsweise, dass Neuwahlen normal werden oder sich neue Parteien etablieren. Die politische Stabilität unserer Demokratie ist durch diese Entwicklungen nicht gefährdet. [...] Alle Parteien sind politisch mittezentriert und weit entfernt vom antimodernen Rechtspopulismus. [...] Ein auf Kontinuität und Stabilität ausgerichtetes politisches System wie das deutsche kann eine solche Mixtur aus Überraschungen nicht so leicht destabilisieren.

Karl-Rudolf Korte, Deutsch und unordentlich, Die Zeit, 24.6.2012

M 9 Theoretische Ansätze des Wählerverhaltens

[Theoretische Erklärungsmodelle] stellen einen Bezug zwischen dem Wahlverhalten und entsprechenden, vorgelagerten Einflussfaktoren her [...].

a) Der soziologische Erklärungsansatz

Ein erster klassischer Ansatz betont die verhaltensrelevante Bedeutung des sozialen Umfelds: Wahlverhalten ist Gruppenverhalten. [...] Weniger der ursprünglich angenommene Einfluss der Massenmedien oder der Wahlpropaganda als vielmehr die Zugehörigkeit zu verschiedenen sozialen Gruppen mit festen politischen Verhaltensnormen bestimmte demnach die individuelle Wahlentscheidung. Das Zusammenspiel der verschiedenen Gruppenzugehörigkeiten konnte mithilfe der Merkmale sozioökonomischer Status, Konfessionszugehörigkeit und Größe des Wohnorts in hohem Ausmaß nachgewiesen werden. [...] Bis zu den jüngsten Wahlanalysen konnten auch neuere Untersuchungen immer wieder den großen Einfluss des sozialen Umfelds auf den individuellen politischen Meinungsbildungsprozess nachweisen. Die Mitgliedschaft in einer Gewerkschaft, eine starke Bindung an die katholische Kirche oder auch eine Verwurzelung im protestantischen Selbstständigen- bzw. Handwerkermilieu haben auch heute noch – insbesondere bei Koppelung mehrerer Faktoren – einen hohen Vorhersagewert für die Wahlentscheidung.
Das Erklärungsmodell sieht das Individuum idealtypisch im Mittelpunkt konzentrischer, sich gegenseitig verstärkender sozialer Einflusskreise und veranschaulicht aus dieser Perspektive in besonderer Weise ein stabiles, über einen längeren Zeitraum hinweg konstantes Wahlverhalten. Kurzfristige Änderungen der Wahlentscheidung können auf diese Weise hingegen nur unzureichend erklärt werden.

Schild gesehen im Bundesentwicklungsministerium (2008)

Karl-Rudolf Korte, Wahlen in Deutschland, bpb, Bonn 2013, S. 105 ff.

b) Der individualpsychologische Erklärungsansatz

Einen deutlichen Perspektivenwechsel nimmt der zweite klassische Erklärungsansatz vor: Wahlverhalten ist Ausdruck einer individuellen psychologischen Beziehung zu einer Partei. [...] Kernstück dieses als individualpsychologisches „Ann Arbor-" oder „Michigan-Modell" bezeichneten Ansatzes bildet die individuelle Parteiidentifikation. Damit ist eine längerfristige emotionale Bindung der Wählerinnen und Wähler an ihre Partei gemeint. Sie wird erworben bei der politischen Sozialisation durch Elternhaus, Freundeskreis oder Mitgliedschaft in politischen Gruppen und beeinflusst – einmal ausgeprägt – die Wahrnehmung sowie die Bewertung politischer Ereignisse in hohem Maße. Neben dieser Langzeitvariable Parteiidentifikation existieren zwei weitere Einflussfaktoren: die Bewertung der Kandidatinnen und Kandidaten sowie die Einstellungen zu aktuellen politischen Streitfragen (die sogenannte Issue-Orientierung). Die individuelle Wahlentscheidung resultiert nun aus dem spezifischen Zusammenspiel dieser drei Faktoren (Parteiidentifikation, Kandidatenorientierung, politische Streitfragen) [...].

Karl-Rudolf Korte, Wahlen in Deutschland, bpb, Bonn 2013, S. 109 f.

Motive für Wahlverhalten

Christian: Die Wahl könnte für mich ein Weg sein für meine Ziele und Wünsche. Eine Partei zu wählen, die meine Vorstellungen in gewisser Weise bestmöglich vertreten kann.

Anne-Katrin: Auf lange Sicht macht es schon einen Unterschied, ob eine Partei an der Macht ist, die viel für Sozialpolitik macht, wenn ich irgendwann mal eine Familie gründen will. Im Vergleich zu einer Partei, die alles in die Wirtschaft buttert oder in die Rüstung.

Wolfram: Toll wäre es, wenn mir die Partei 500 Euro rübergeben würde, dafür, dass ich sie wähle. Das wäre für mich persönlich ein Anreiz.

Aus: Interview: Alexandra von Streit, Fluter Nr.3/Juni 2002

c) Das Modell des rationalen Wählers

Ein anderer Blick auf den Prozess der Wahlentscheidung kennzeichnet den dritten wichtigen Erklärungsansatz. In seiner in den fünfziger Jahren entwickelten ökonomischen Theorie der Demokratie konzentriert sich Anthony Downs ganz auf die Analyse von individuellen Entscheidungskalkülen: Die persönliche Wahlentscheidung wird bestimmt durch ihren maximal zu erzielenden politischen Nutzen. Ein „rationaler Wähler" entscheidet sich demnach für diejenige Partei, von deren Politik er sich den größten Vorteil verspricht. [...] In der wissenschaftlichen Wahlforschung wird rationales Wahlverhalten im Allgemeinen mit der Orientierung der Wählerinnen und Wähler an aktuellen politischen Streit- und Sachfragen (issue-voting) gleichgesetzt. [...] Soziale Loyalitäten oder längerfristige emotionale Parteineigungen spielen aus dieser Perspektive nur eine untergeordnete Rolle. [...]

Allerdings hat auch das rationale Erklärungsmodell seine Grenzen. Innerhalb seiner engen Modellannahmen lässt sich die Frage, warum jemand überhaupt an einer Wahl teilnimmt, nicht schlüssig beantworten. Die Wirkung der eigenen Stimme, also der Nutzen einer Beteiligung, ist verschwindend gering gegenüber den entstehenden Kosten, den Mühen einer Teilnahme. Ebenfalls unbefriedigend bleibt die Erklärung der Wahlentscheidung zugunsten kleiner Parteien, die keine Chance auf eine Regierungsbeteiligung haben.

Karl-Rudolf Korte, Wahlen in Deutschland, bpb, Bonn 2013, S. 110

d) Das Modell sozialer Milieus

Seit den achtziger Jahren ist ein neuer Zugang zur Erklärung von Wahlverhalten entwickelt worden: die Einteilung der Wählerinnen und Wähler in sozial-moralische Milieus. [...] Die Einteilung der Gesellschaft in soziale Milieus erfolgt [...] durch die Identifikation fundamentaler Wertorientierungen, die die jeweilig vorherrschenden Lebensstile und -strategien bestimmen. Und auch die Einstellungen zu Arbeit, Familie oder Konsumverhalten werden dabei genauso einbezogen wie Wunschvorstellungen, Ängste oder Zukunftserwartungen. [...]

Den Vorteil des Milieukonzepts sehen seine Entwickler darin, dass es damit den politischen Parteien möglich ist, zielgruppengerechter zu agieren und auf diese Weise neue Wählerpotenziale zu erschließen. [...]

Karl-Rudolf Korte, Wahlen in Deutschland, bpb, Bonn 2013, S. 111

H zu Aufgabe 3
Gliedern Sie die Darstellung anhand folgender Aspekte: Ebene der Erklärung (Individuum vs. soziale Gruppen), Menschenbild, wichtige Einflussfaktoren auf die Wahlentscheidung (ggf. gewichtet), Kritik am Modell

F Entwickeln Sie auf der Grundlage Ihrer Wahlanalyse sowie der Theorien des Wählerverhaltens Maßnahmen zur Steigerung der Wahlbeteiligung (insbesondere bei Jungwählern).

Aufgaben

1. a) Ordnen Sie hypothesenartig den genannten Bevölkerungsgruppen (Randspalte) die von diesen mehrheitlich bevorzugten Parteien zu.
   b) Analysieren Sie – vor dem Hintergrund Ihrer Hypothesen – das Wählerverhalten bei der Bundestagswahl 2013 (M 5–M 7).
2. a) Fassen Sie die gegenwärtigen Tendenzen des Wählerverhaltens nach Karl-Rudolf Korte (M 8) zusammen.
   b) Überprüfen Sie die Aussagen anhand Ihrer Wahlanalyse.
3. a) Stellen Sie die Erklärungsansätze des Wählerverhaltens (M 9) in einer (tabellarischen) Übersicht dar.
   b) Überprüfen Sie anhand des Wählerverhaltens bei der Bundestagswahl 2013 (M 5–M 7) die Aussagekraft dieser Erklärungsansätze.

2.2.3 Demokratische Wahlen – repräsentative Ergebnisse?

M 10 ● Die Sitzverteilung im Deutschen Bundestag – repräsentativ?

a) Gewonnene Direktmandate in Wahlkreisen

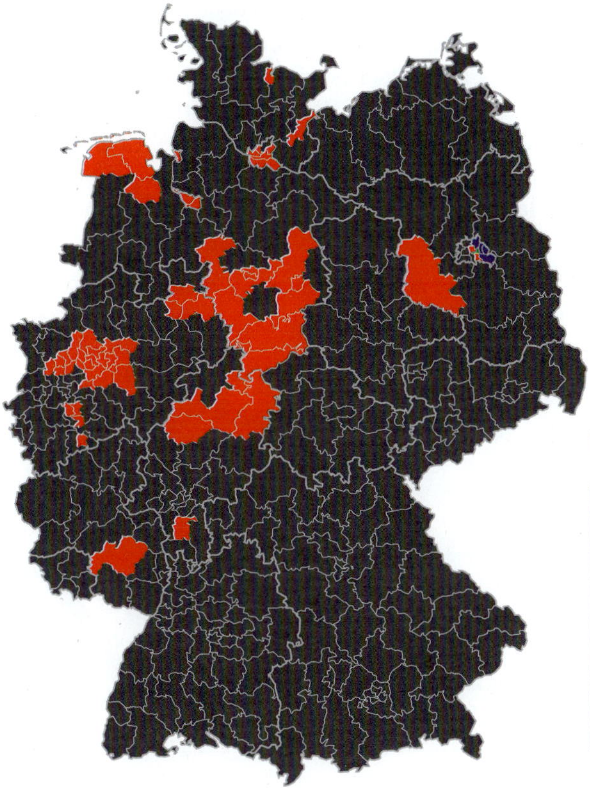

b) Sitzverteilung im Deutschen Bundestag

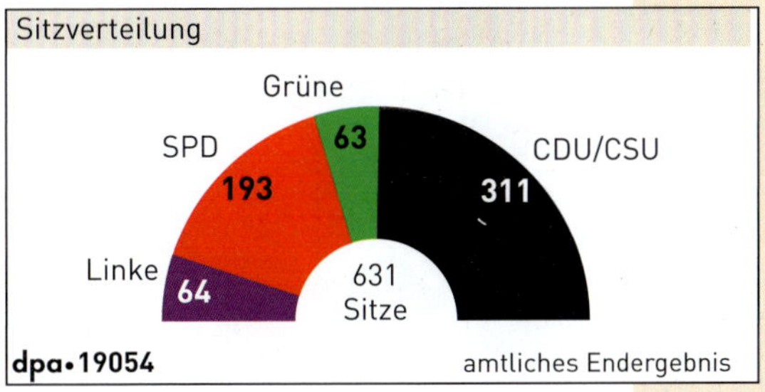

Zahlen: Bundeswahlleiter, Wiesbaden 2013

M 11 ● „Die Mehrheit gewinnt" vs. „die Verhältnisse abbilden" – Wahlsysteme im Vergleich

Das Ergebnis der Wahl kann je nach Wahlsystem – bei gleicher Stimmverteilung – ganz unterschiedlich aussehen.

Diese lassen sich auf zwei Grundtypen zurückführen: Mehrheitswahl und Verhältniswahl. Sie unterscheiden sich in der Art und Weise, wie die Stimmen der Wählerinnen und Wähler in Mandate verwandelt werden. Dabei handelt es sich um mehr als ein bloß formelles Problem. Die Zusammensetzung des Parlaments fällt je nach Wahlsystem unterschiedlich aus. In der parlamentarischen Demokratie bestimmt das Wahlsystem darüber, wer die Regierung stellen kann. [...]

Verhältniswahl

Die Grundvorstellung der Verhältniswahl ist, dass im Parlament alle gesellschaftlichen Gruppen gemäß ihrem Anteil an Wählerstimmen vertreten sind. Es soll die „Landkarte" der Gesellschaft sein. Deshalb ist die Anzahl der Sitze, die jede Partei erhält, proportional zu der Anzahl ihrer Stimmen. So gehen nicht wie bei der Mehrheitswahl Stimmen verloren. Sie zählen alle gleich und haben den gleichen Erfolgswert. [...]

Relative Mehrheitswahl

Bei der relativen Mehrheitswahl wird das

Zweitstimmenanteil „kleiner Parteien" bei der Bundestagswahl 2013

- FDP: 4,8 %
- AfD: 4,7 %
- Piraten: 2,2 %
- NPD: 1,3 %
- Freie Wähler: 1,0 %
- „Sonstige": 1,7 %

Bundeswahlleiter 2013

Wahlgebiet in so viele Wahlkreise unterteilt, wie Abgeordnete zu wählen sind. Jeder Wahlkreis wählt einen Abgeordneten. Man spricht daher von Einpersonenwahlkreisen. Der Wähler hat eine Stimme, die er einem der Kandidaten gibt. Der Kandidat, der mehr Stimmen als jeder andere seiner Mitbewerber (d.h. die relative Mehrheit) auf sich vereinigt, zieht ins Parlament ein. Die Stimmen für die unterlegenen Kandidaten gehen verloren („The winner takes it all"-Prinzip). Die Zusammensetzung des Parlaments ist leicht durchschaubar, da sich in der Regel klare Mehrheiten bilden. Die relative Mehrheitswahl hat einen „mehrheitsbildenden Effekt".

Absolute Mehrheitswahl

Eine Variante der Mehrheitswahl stellt das System der absoluten Mehrheitswahl dar. Auch hier werden Abgeordnete auf Wahlkreisebene gewählt. Diese benötigen jedoch im ersten Wahlgang die absolute Mehrheit (> 50 %) der abgegebenen Stimmen. Erreicht dies keiner der Kandidaten, so findet nach einer gewissen Frist (häufig 14 Tage) ein zweiter Wahlgang statt, bei dem – je nach Ausgestaltung – nur die beiden besten Kandidaten des ersten Wahlgangs zur Wahl stehen und/oder die relative Mehrheit der Stimmen ausschlaggebend ist.

Karl-Rudolf Korte, Wahlen in Deutschland, Bonn 2013, S. 25

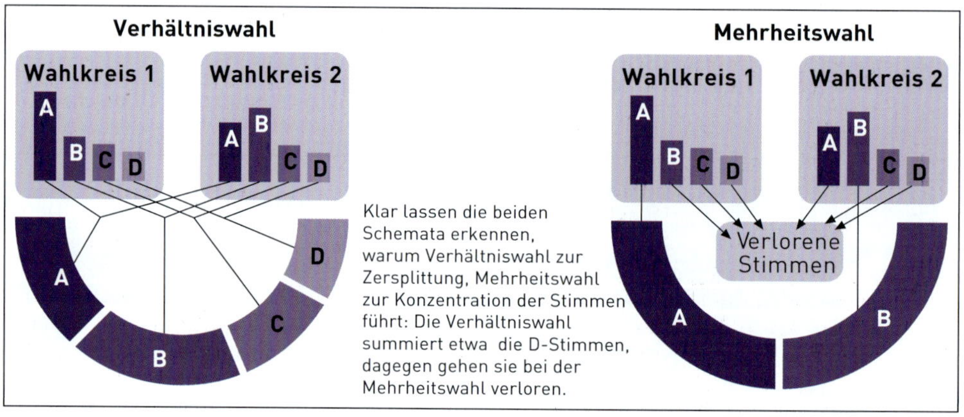

Klar lassen die beiden Schemata erkennen, warum Verhältniswahl zur Zersplittung, Mehrheitswahl zur Konzentration der Stimmen führt: Die Verhältniswahl summiert etwa die D-Stimmen, dagegen gehen sie bei der Mehrheitswahl verloren.

M 12 ● Alternativen zur personalisierten Verhältniswahl

Was wäre, wenn der Deutsche Bundestag nach anderem Wahlrecht gewählt würde?

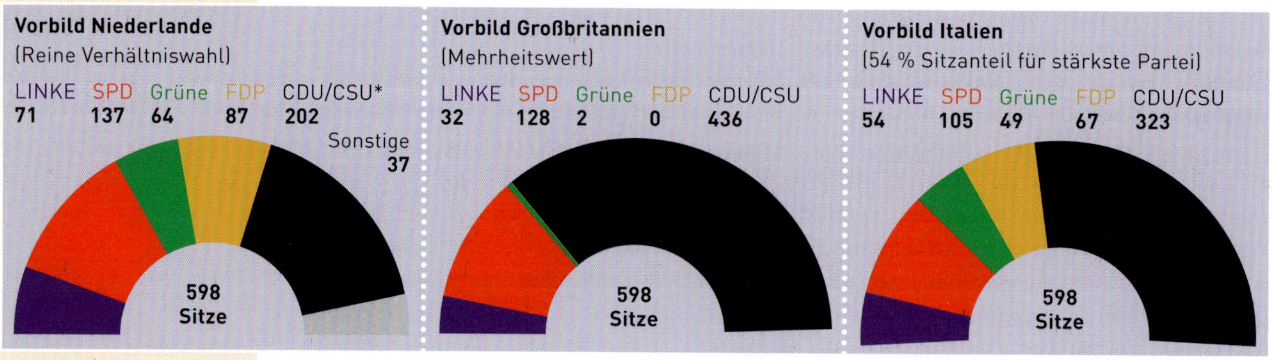

*CDU und CSU werden für diese Modellrechnung als eine Partei behandelt, weil einige Wahlverfahren sonst nicht sinnvoll darstellbar gewesen wären. Die Ergebnisse stehen auch unter dem Vorbehalt, dass ein anderes Wahlsystem vermutlich das Wahlverhalten der Menschen beinflussen würde.

Claudia Henzler, Süddeutsche Zeitung, 4.6.2012

M 13 Wie erfolgt die Wahl zum Deutschen Bundestag?

Die Erststimme und ihre Bedeutung
Das Gebiet der Bundesrepublik ist in 299 Wahlkreise eingeteilt. Jeder Wähler entscheidet sich für einen Kandidaten seines Wahlkreises. Gewählt ist, wer mindestens eine Stimme mehr hat als jeder andere Bewerber (relative Mehrheitswahl). Ein gewählter Direktkandidat kommt auf jeden Fall ins Parlament, auch wenn seine Partei die 5 %-Hürde nicht schafft.

Die Zweitstimme und ihre Bedeutung
Nach der Gesamtzahl der Zweitstimmen, die für eine Partei bei der Wahl abgegeben werden, richtet sich die Anzahl der Sitze, die diese Partei im Bundestag erhält (Verhältniswahl).
299 Abgeordnete ziehen bei der Sitzverteilung über diese Listen in den Bundestag ein.

Überhangmandate
Hat eine Partei in einem Bundesland mehr Direktmandate errungen als ihr – den Zweitstimmen nach – zustehen, erhält sie Überhangmandate.
Beispiel: Die Partei B hat im Bundesland Y 28 Direktmandate gewonnen. Nach Zweitstimmen stehen ihr nur 26 Mandate zu. Die zwei fehlenden Sitze erhält die Partei als Überhangmandate. Die Gesamtzahl der Sitze im Bundestag nimmt um die Anzahl der Überhangmandate sowie der Ausgleichsmandate für die anderen Parteien zu.

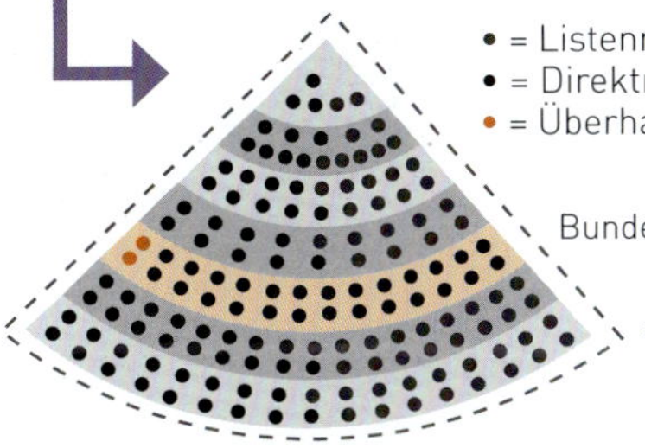

Verteilung der Sitze auf die Parteien
Bei der Vergabe der Sitze werden nur Parteien berücksichtigt, die bundesweit mindestens 5 % der Zweitstimmen oder drei Direktmandate errungen haben (Sperrklausel).
Wie viele Abgeordnetensitze den Parteien zustehen, wird mit Hilfe der Divisormethode mit Standardrundung (Sainte-Laguë/Schepers) berechnet. Die Stimmen der Parteien, die an der Stimmvergabe teilnehmen, werden dazu durch einen Divisor geteilt. Als Divisor eignet sich die Zahl der durchschnittlich auf einen Sitz entfallenen Stimmen. Beispielrechnung:

Partei	Zweitstimmen	Divisor	Ergebnis	Sitze
A	3.700.000	18.896	195,80	196
B	5.500.000	18.896	291,06	291
C	2.100.000	18.896	111,13	111
598 Sitze zu vergeben	gesamt: 11.300.000	Gesamtstimmenzahl/Gesamtzahl der Sitze	Stimmen für Partei X/ Divisor	nach Standardrundung

Die Sitzverteilung nach Zweitstimmen

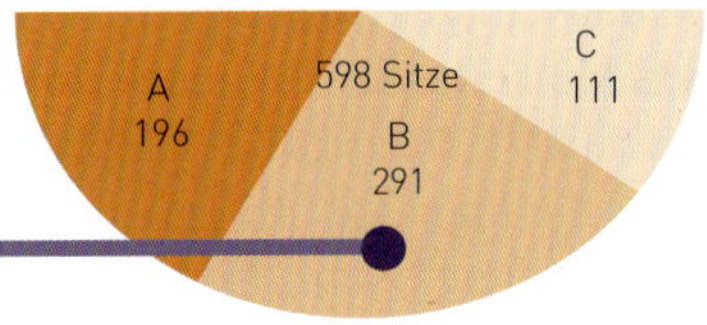

Verteilung der Sitze auf die Landeslisten der Parteien
Der Landesverband einer Partei erhält die Anzahl an Sitzen, die dem Anteil an Zweitstimmen entspricht, der auf seine Landesliste entfiel.

Partei	Sitze insgesamt	Zweitstimmen im Bundesland Y	Gesamtzahl der Zweitstimmen der Partei B		Sitze im Bundesland Y
B	291	x 500.000	: 5.500.000	= 26,45	26

Die Anzahl der errungenen Bundestagssitze wird dann zunächst mit den in dem Bundesland direkt gewählten Wahlkreiskandidaten dieser Partei besetzt (Direktmandate), die verbleibenden Sitze mit Kandidaten der Landesliste (Listenmandate).

Autorentext

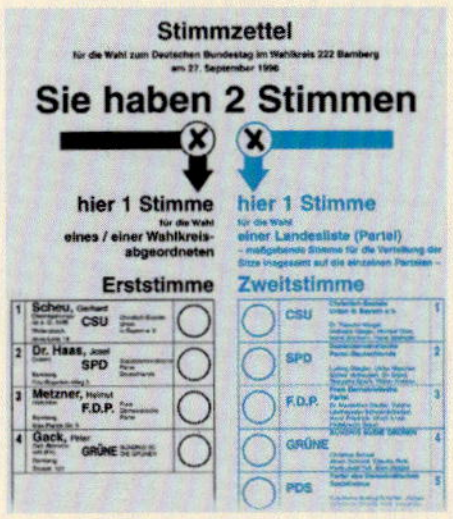

Ausschnitt aus einem Wahlzettel zur Bundestagswahl.

Wahlrechtsgrundsätze in Deutschland

Das Grundgesetz definiert in Art. 38 die Ansprüche an demokratische Wahlen in der Bundesrepublik Deutschland: „Die Abgeordneten des Deutschen Bundestages werden in allgemeiner, unmittelbarer, freier, gleicher und geheimer Wahl gewählt."

M 14 ● Was muss ein Wahlsystem leisten?

Geht man von [den wichtigsten gesellschaftlich-politischen Rahmenbedingungen eines Wahlsystems (z. B. Konfliktstruktur, Parteiensystem) aus], lassen sich [...] vier allgemeine Funktionserwartungen an ein Wahlsystem identifizieren:

Repräsentation
Ein Wahlsystem muss einerseits dafür Sorge tragen, dass die in der Gesellschaft vorhandenen Meinungen und Interessen im Parlament annähernd spiegelbildlich vertreten sind (Proportionalität). Zum anderen sollte es benachteiligten Gruppen wie den Frauen und strukturellen Minderheiten eine faire Repräsentation gewähren. Auch Fachleute sollten in ausreichender Zahl vertreten sein.

Konzentration / Regierungsfähigkeit
Ein Wahlsystem muss die Bildung einer regierungsfähigen Mehrheit ermöglichen (was Minderheitsregierungen durchaus mit einschließt). Dazu gilt es die Zahl der Parteien, die Mandate erhalten und im Parlament vertreten sind, im Vergleich zu den zur Wahl angetretenen Parteien zu reduzieren (Disproportionalität). Die Regierungsstabilität kann an der durchschnittlichen Lebensdauer der Kabinette sowie der Häufigkeit vorgezogener Neuwahlen gemessen werden.

Partizipation / Personalisierung
Ein Wahlsystem muss dem Wähler die Möglichkeit geben, einerseits auf die parteipolitische Zusammensetzung der Regierung und andererseits auf die personelle Zusammensetzung der Parlamente Einfluss zu nehmen. Letzteres führt zu einer Stärkung der „gelebten" Verbindung zwischen Wählern und Gewählten, die sich auch auf die Funktionsweise des Parlamentarismus auswirkt (indem es die Abgeordneten im Verhältnis zu ihrer Partei unabhängiger macht). Ein Wahlsystem sollte außerdem dazu beitragen, dass die Bürger zur Wahl ermuntert werden (Wahlbeteiligung).

Einfachheit / Transparenz
Ein Wahlsystem muss so konstruiert sein, dass es für alle verständlich ist. Die Wähler müssen nachvollziehen können, was mit ihren Stimmen geschieht. Diese dürfen sich also nicht zufallsbedingt anders auswirken als intendiert. Ein zu kompliziertes Wahlsystem kann auf die Wahlbeteiligung drücken und / oder zu einer unangemessen hohen Zahl ungültiger Stimmen führen.

Frank Decker, Regieren im „Parteienbundesstaat", Wiesbaden 2011, S. 144 f.

Aufgaben

1. Setzen Sie die Wahlentscheidungen bei der Bundestagswahl 2013 zu der daraus resultierenden Sitzverteilung in Beziehung (M 10).
2. Vergleichen Sie die Funktionsweise von Verhältnis- und Mehrheitswahlsystemen (M 11) und die daraus resultierenden „Stärken" und „Schwächen" beider Systeme (tabellarisch).
3. a) Erläutern Sie anhand des in M 10 dargestellten Wahlergebnisses das Wahlsystem der Bundesrepublik Deutschland (M 13).
   b) Erörtern Sie anhand der in M 14 dargestellten Kriterien das Wahlsystem der Bundestagswahlen (M 10–M 14).
4. Nach der Bundestagswahl 2013 (vgl. M 5, M 10, M 12) wurde die Forderung laut, die 5%-Sperrklausel bei Bundestagswahlen abzuschaffen oder zumindest auf 3% abzusenken. Nehmen Sie zu dieser Forderung begründet Stellung.

Ⓗ zu Aufgabe 2
Berücksichtigen Sie folgende Aspekte: Vertretung gesellschaftlich unterschiedlicher Gruppen, Verständlichkeit des Wahlrechts, Verbindung von Wählern und Abgeordneten, Regierungsbildung, Gewicht der Wählerstimme.

Grundfunktionen von demokratischen Wahlen
M 2, M 14

Durch das Grundgesetz wird die Bundesrepublik Deutschland als repräsentative Demokratie definiert, in der die Bürger nicht ständig selbst politische Entscheidungen treffen, sondern Abgeordnete wählen, die dies in ihrem Auftrag tun.
Nach der Definition des amerikanischen Politikwissenschaftlers Robert A. Dahl zufolge wird Demokratie durch politische Partizipation und politischen Wettbewerb bestimmt. Wahlen gelten deshalb als ein zentrales Merkmal der Staatsform Demokratie. Wahlen sind auf Parteien fokussiert, die in einem fundamentalen Spannungsverhältnis stehen – zwischen ihrem Einfluss auf Parlament und Regierung, dem Beteiligungswillen der Parteimitglieder, den Strategien der Parteielite und der Notwendigkeit, sich dem Wähler als attraktive Alternative präsentieren zu müssen. Folglich müssen demokratische Wahlen verschiedene Funktionen zugleich erfüllen:

- **Repräsentation** des Wählerwillens,
- **Legitimation** und **Kontrolle** der Regierenden,
- **Integration** der Wähler in das politische System,
- Konkurrenz personeller und **programmatischer Alternativen**.

Wählerstruktur
M 7

Die veränderten gesellschaftlichen Bedingungen lassen gegenwärtig einen Wandel im Wählerverhalten beobachten. Die Bindung an eine Partei ist immer noch wahlentscheidender als die Sympathie für einzelne Politiker oder aktuelle Themen. Zwar haben **langfristige Parteibindungen**, die durch soziostrukturelle Merkmale (Konfession, Beruf ...) beeinflusst sind, tendenziell abgenommen. Ob aber zukünftig mit größeren **Wählerwanderungen** aufgrund kurzfristiger und rationaler Überlegungen zu rechnen ist, bleibt abzuwarten.

Theoretische Ansätze zur Erklärung von Wählerverhalten
M 9

Mit Hilfe theoretischer Modelle wird versucht, Wählerverhalten zu erklären und zukünftige Wahlentscheidungen zu prognostizieren. Die Modelle sollen sowohl einen theoretisch plausiblen als auch einen empirisch überprüfbaren Bezug herstellen zwischen dem Wahlverhalten und entsprechenden **sozio-ökonomischen Einflussfaktoren** wie z. B. Alter, Beruf, Einkommen oder Geschlecht. Unterschieden werden der soziologische Erklärungsansatz, das Modell des rationalen Wählers, der individualpsychologische Erklärungsansatz sowie das Modell der sozialen Milieus. Grundsätzlich bleibt der Erklärungsgehalt dieser Modelle für Wahlkampfstrategen allerdings umstritten.

Wahlrecht und Wahlsysteme

Wahlrecht bezieht sich auf Normen, die die Wahlen von Parteien oder Personen durch das Volk regeln. In der Bundesrepublik Deutschland sind in Artikel 38 (1) GG die **Wahlrechtsgrundsätze** Allgemeinheit, Unmittelbarkeit, Freiheit, Gleichheit und Geheimheit der Wahl verankert, Weiteres regeln Wahlgesetze.
Der Begriff Wahlsystem beschreibt den Modus, nach dem die Wähler ihre Stimme abgeben und die Stimmen auf Mandate übertragen werden.

ORIENTIERUNGSWISSEN

Unterscheidung von Wahlsystemen
M 12

Unter demokratischen Gesichtspunkten bemisst sich die Qualität eines Wahlsystems danach, ob sich alle gesellschaftlich relevanten Gruppen im Ergebnis wiederfinden können, es stabile Mehrheiten gewährleistet, das Wahlsystem verständlich und transparent ist, es allgemein akzeptiert ist.
Beim **Mehrheitswahlrecht** ziehen die in den Wahlkreisen mit Mehrheit gewählten Kandidaten in das Parlament ein. Die so bestimmten Mandatsträger bilden je nach Parteizugehörigkeit und Anzahl die parlamentarische Mehrheit oder die Opposition. Die Stimmen der unterlegenen Kandidaten bleiben unberücksichtigt.
Beim **Verhältniswahlrecht** werden alle Stimmen berücksichtigt. Die von den Parteien erreichten Anteile an den abgegebenen Stimmen sind Grundlage für die Berechnung der politischen Zusammensetzung des Parlaments.

Wahlsystem zum Deutschen Bundestag
M 13

Zur Charakterisierung des Deutschen Bundestagswahlsystems wird häufig der Begriff **personalisierte Verhältniswahl** verwendet. Er verdeutlicht, dass das Wahlsystem im Kern auf dem Verhältniswahlrecht beruht. Diese Grundstruktur gewährleistet zunächst die Repräsentation jeder Stimme, die **5-Prozent Sperrklausel** sorgt für die notwendige Konzentrationswirkung und stellt Regierungsstabilität her.
Für die Wahl der 598 Abgeordneten des Deutschen Bundestages haben die Wähler zwei Stimmen: Die **Zweitstimme**, die nach den Prinzipien der Verhältniswahl abgegeben wird, ist die entscheidende Stimme: Durch sie wird die Zahl der Mandate bestimmt, die den gewählten Parteien im Bundestag zusteht. Mit der **Erststimme** entscheiden die Wähler – nach den Prinzipien der relativen Mehrheitswahl – über ihren Wahlkreisabgeordneten (= Direktmandat). Hat eine Partei die Sperrklausel überwunden (5 % der Zweitstimmen oder drei Direktmandate), wird die Gesamtzahl der für sie abgegebenen Zweitstimmen in Mandate umgerechnet.

Reformbedürftigkeit?

Das bundesdeutsche Wahlsystem korrespondiert in hohem Maße mit dem in Deutschland vorherrschenden Modell der Konsensdemokratie. Als Vorteile dieses Modells gelten: die Berücksichtigung politischer Minderheiten, gerechte Repräsentation des Wählerwillens, die Verhinderung einer zu starken Zersplitterung des Parteiensystems (Sperrklausel), die Möglichkeit, eine stabile Regierung bilden zu können (Koalitionsregierungen).
Als problematische Folgen des Verhältniswahlrechts gelten: überproportionaler Einfluss kleinerer Parteien, mangelnder Einfluss des Wählerwillens auf die Regierungsbildung, Koalitionsregierungen entscheiden auf dem kleinsten gemeinsamen Nenner, Schwerfälligkeit des Regierungshandelns.

Wahlrecht für Jugendliche

Im Grundgesetz steht: „Alle Staatsgewalt geht vom Volke aus." 14 Millionen Deutsche aber sind vom Wahlrecht ausgeschlossen, nur weil sie nicht volljährig sind. Dieser Zustand ist nicht haltbar. [...] Wir fordern ein Wahlrecht ohne Mindestalter.

[...] [Es soll] der Grundsatz gelten: Jeder Mensch sollte sein Wahlrecht ausüben dürfen, sobald er es kann und möchte – unabhängig vom Geburtstag. Es könnte also weiterhin eine reguläre Altersgrenze von 16 oder 14 Jahren gelten, von der an man offiziell zur Wahl geladen wird. Wer aber schon früher wählen möchte, sollte sich im Rathaus ins Wählerverzeichnis eintragen können. [...]

Wir glauben, dass verantwortungsvolles politisches Bewusstsein und Urteilsvermögen in diesem Alter durchaus entwickelt sein kann. An unserer Initiative „Plant for the Planet" haben über 3.000 Kinder teilgenommen, sie pflanzen seither Bäume und engagieren sich für ihre Zukunft. Sie wissen, wie viel Kohlendioxid wir ausstoßen und was das Kyoto-Protokoll ist. Sie sind im Durchschnitt zwölf Jahre alt, und einige von ihnen sind schon seit zwei oder drei Jahren aktiv. Trotzdem dürfen sie erst in sechs Jahren wählen. [...] Wenn ein junger Mensch in seinem Gemeinwesen mitentscheiden möchte, sollte ihn kein Gesetz der Welt davon abhalten. [...]

Übrigens: Es gibt auch keine Altersgrenze nach oben, obwohl man dafür auch Gründe finden könnte. [...]

Manche sagen: Ein Wahlmindestalter ist gerechtfertigt, weil die Folgen einer Wahl schließlich die Erwachsenen direkt treffen, etwa in Form von Steuererhöhungen. Doch die politischen Entscheidungen betreffen auch junge Menschen direkt – nehmen wir allein Entscheidungen in der Schul- oder Umweltschutzpolitik als Beispiel.

Nicht zuletzt geht es um einen Ausgleich der politischen Gewichte: 1960 machten die unter 20-Jährigen noch knapp ein Drittel der Bevölkerung aus und die über 60-Jährigen ein Sechstel. Schon im Jahr 2020 wird sich dieses Verhältnis umgekehrt haben: Die Jungen werden dann nur noch ein Sechstel der Bevölkerung stellen und die Alten ein Drittel. Mit dieser demografischen Verschiebung wächst die Gefahr, dass ältere Menschen durch ihr Wählergewicht die Themen der politischen Agenda bestimmen – und zwar auf eine Weise, die nicht unbedingt zukunftsorientiert wäre.

Wolfgang Gründinger, Felix Finkbeiner, Auch Jugendliche wollen wählen, in: Die Zeit, 19.9.2013 (Reihenfolge geändert)
Wolfgang Gründinger, Jahrgang 1986, ist Sprecher der Stiftung für die Rechte zukünftiger Generationen. Felix Finkbeiner, Jahrgang 1997, ist Gründer der Klimaschutzbewegung „Plant for the Planet".

Ergebnisse der Juniorwahl September 2013

Bei der in den Wochen vor der Bundestagswahl 2013 bundesweit an etwa 2.200 Schulen durchgeführten „Juniorwahl" stimmten 568.433 „Wahlberechtigte" wie folgt ab:

Partei	CDU/CSU	SPD	Linke	Grüne	FDP
Zweitstimmen	26,2 %	22,2 %	6,2 %	16,6 %	5,7 %

Partei	AfD	Piraten	NPD	Tierschutzpartei	Sonstige
Zweitstimmen	2,4 %	12,2 %	3,0 %	1,7 %	3,9 %

Zusammenstellung des Autors nach www.juniorwahl.de

Aufgaben

1. Arbeiten Sie heraus, welche Gründe nach Auffassung der Autoren für ein Wahlrecht für Jugendliche sprechen.
2. Erläutern Sie die Veränderungen im bestehenden Wahlrecht und -system, die sich bei Umsetzung des dargestellten Reformvorschlages ergäben.
3. Erörtern Sie die Forderung nach einem Wahlrecht für Jugendliche.

2.3 Mittler oder Macher? Die Rolle der Medien in der Demokratie

2.3.1 Pressefreiheit – notwendige Voraussetzung der Demokratie?

Artikel 5 GG

(1) Jeder hat das Recht, seine Meinung in Wort, Schrift und Bild frei zu äußern und zu verbreiten und sich aus allgemein zugänglichen Quellen ungehindert zu unterrichten. Die Pressefreiheit und die Freiheit der Berichterstattung durch Rundfunk und Film werden gewährleistet. Eine Zensur findet nicht statt.

(2) Diese Rechte finden ihre Schranken in den Vorschriften der allgemeinen Gesetze, den gesetzlichen Bestimmungen zum Schutze der Jugend und in dem Recht der persönlichen Ehre.

M 1 ● Das könnte unsere Zeitung sein

Titelblatt der Tageszeitung „Die Welt" am 3. Mai 2010, dem internationalen Tag der Pressefreiheit. Einziger Satz: „So sieht Ihre Zeitung ohne Pressefreiheit aus."

M 2 ● Pressefreiheit weltweit? Der Arbeitsalltag von Journalisten

Gewalt, Gefängnis und hohe Geldstrafen bedrohen die Arbeit vieler Journalisten. Zum Tag der Pressefreiheit (2013) hat die Deutsche Welle mit Reportern über ihren Arbeitsalltag gesprochen.

Gibt es in Burundi Gesetze, die die Recherche über bestimmte Themen oder deren Veröffentlichung verbieten?

Domitille Kiramvu aus Burundi

In Artikel 19 des neuen Pressegesetzes heißt es: 'Der Journalist ist dazu angehalten, von der Veröffentlichung von Informationen abzusehen, die folgende Themen betreffen: Die Einheit des Landes, öffentliche Ordnung und Sicherheit, die Sittlichkeit und Anstand und die menschliche Würde.' Und Artikel 20 nennt 14 Bereiche, über die nicht berichtet werden darf. Das reicht von Verteidigung und Währungsstabilität über die Beleidigung des Staatsoberhauptes bis hin zur Berichterstattung über die Tätigkeit staatlicher Ausschüsse. Betroffen sind außerdem laufende Ermittlungen der Justiz oder 'Propaganda für Feinde der burundischen Nation in Friedens- wie in Kriegszeiten'. Jedes Medium oder Presseorgan, das Berichte zu diesen Themen veröffentlicht, muss mindestens mit einer Geldstrafe rechnen. Der vorgesehene Strafrahmen reicht von 450 bis 900 Euro; bei Wiederholung von 2.000 bis 4.600 Euro.

Mustafa Nayyem aus der Ukraine

Wie beschreiben Sie die gegenwärtigen Arbeitsbedingungen für Journalisten in der Ukraine?

In der Ukraine gibt es zwei Realitäten: In der einen Realität nutzen die Journalisten ihr Recht, auch über kritische Themen zu schreiben und zu sprechen. Das ist die Realität des Internets. Dort kann man offen schreiben und sprechen. Aber leider schenken dem nur wenige Menschen Beachtung. Viele Menschen, darunter gerade ältere Leute, die bei Wahlen eine entscheidende Rolle spielen, nutzen das Internet nicht als Informationsquelle. Für sie gibt es eine andere Realität: das Fernsehen und die großen Medien. Dort haben die Journalisten nicht die Möglichkeit, alle Themen zu beleuchten. Dort haben sie nicht die Freiheit, die sie gerne hätten. Das nutzt die Staatsmacht aus. Die TV-Medien, die großen Einfluss auf die Menschen haben, werden von Personen gesteuert, die loyal zur Staatsmacht sind oder ihr angehören.

Alexander Drechsel, Die Medien – eine schwache vierte Gewalt?, www.dw.de, 3. 5. 2013

M 3 ● Eingeschränkte Pressefreiheit – auch in Deutschland

Die Organisation Reporter ohne Grenzen hat ihre jährliche Rangliste der Pressefreiheit veröffentlicht: Im aktuellen Ranking (2013) landet Deutschland auf Platz 17 und rangiert damit u. a. hinter Tschechien, Irland, der Schweiz, Jamaika und Österreich. „Problematisch ist hier vor allem die abnehmende Vielfalt der Presse", teilte die Organisation mit. Aus Geldmangel arbeiteten immer weniger Zeitungen mit eigener Vollredaktion, mehrere Redaktionen seien 2012 komplett geschlossen worden.

Die Organisation berichtet auch, dass Unternehmen und PR-Agenturen stärker versuchten, auf die Berichterstattung Einfluss zu nehmen. Sie würden steigende Summen dafür ausgeben, um ihre Inhalte in den Medien unterzubringen.

dpa, nf, www.zeit.de, 30. 1. 2013

Rangliste der Pressefreiheit (2013)

1	Finnland
2	Niederlande
3	Norwegen
4	Luxemburg
5	Andorra
…	…
11	Estland
12	Österreich
13	Jamaika
…	…
17	Deutschland
18	Costa Rica
19	Namibia
20	Kanada
…	…
29	Großbritannien
30	Ghana
31	Surinam
32	USA
…	…
126	Ukraine
…	…
132	Burundi

www.reporter-ohne-grenzen.de

Aufgaben

1. Beschreiben Sie ausgehend von M 1 Ihre (potentiellen) Informationsmöglichkeiten und die damit verbundene politische Kultur in einem Land mit drastisch eingeschränkter Pressefreiheit.
2. a) Arbeiten Sie die Einschränkungen der Pressefreiheit in Burundi, der Ukraine (M 2) sowie in Deutschland (M 3) heraus.
   b) Erläutern Sie anhand Ihrer bisherigen Ergebnisse sowie des Grundgesetzes, inwiefern die Pressefreiheit eine notwendige Voraussetzung der Demokratie darstellt.
3. Die Medien werden häufig als „vierte Gewalt" bezeichnet. Entwickeln Sie eine (vorläufige) Definition dieses Begriffs.

Ⓜ Inszenieren Sie ein Gespräch am Kiosk oder in einem Stehcafé, in dem sich die Anwesenden über die neuesten Nachrichten unterhalten.

2.3.2 Welche Aufgaben haben die Medien in der Demokratie?

M 4 ● Der „Fall Wulff" und die Medien

a) Der Fall

Nach einem Bericht der „Bild"-Zeitung im Dezember 2011 gerät der damalige Bundespräsident und ehemalige niedersächsische Ministerpräsident Christian Wulff (CDU) in den Verdacht, als Ministerpräsident bestechlich gewesen zu sein und die politische Öffentlichkeit belogen zu haben. In der Folgezeit kommen immer wieder Details seiner

b) Hintergründe, Ereignisse, Berichterstattung

2008 – 2010 – Mai 2011 – Dezember 2011

25.10.2008
Christian Wulff, damals Ministerpräsident von Niedersachsen, bekommt von der Unternehmergattin Edith Geerkens zu günstigen Bedingungen einen Privatkredit über 500.000 Euro zum Kauf eines Hauses.

18.02.2010
Wulff antwortet auf eine mündliche Anfrage im niedersächsischen Landtag, dass es zwischen ihm und dem Unternehmer Egon Geerkens in den vergangenen zehn Jahren keine geschäftlichen Beziehungen gegeben habe.

05.05.2011
Die „Bild"-Zeitung titelt anlässlich einer Auslandsreise des Präsidentenpaares:
Hier punktet unsere First Lady für Deutschland. Die Wulffs in Mexiko, Costa Rica und Brasilien

12.12.2011
Bundespräsident Christian Wulff ruft von einer Auslandsreise in Kuwait „Bild"-Chefredakteur Kai Diekmann an, um einen Bericht zur Finanzierung seines Privathauses zu verhindern oder zu verschieben. Auf Diekmanns Mailbox droht er Medienberichten zufolge den „endgültigen Bruch" und „Krieg" mit dem Springer-Verlag an, falls die Geschichte erscheint.

13.12.2011
Die „Bild"-Zeitung titelt:
Bundespräsident Wulff: Wirbel um Privatkredit

13.12.2011
Während Wulff noch in der Golfregion unterwegs ist, verbreitet das Bundespräsidialamt eine Stellungnahme. Wulff habe im Landtag keine falschen Angaben gemacht. Zugleich wird eingeräumt: „Es bestand eine Vereinbarung mit Frau Edith Geerkens zu einem Darlehen aus ihrem Privatvermögen." Wulff selbst äußert sich nicht.

14.12.2011
Die „Bild"-Zeitung titelt:
Der Druck auf Bundespräsident Christian Wulff wegen eines Privat-Kredits für sein Haus wächst massiv!

14.12.2011
Bundeskanzlerin Angela Merkel (CDU) spricht Wulff ihr „volles Vertrauen" aus. Sie sehe keinen Grund, seine Angaben zu bezweifeln.
Die niedersächsischen Grünen wollen prüfen lassen, ob Wulff gegen das Ministergesetz des Landes verstoßen hat, das die Annahme vergünstigter Kredite verbietet.

15.12.2011
Der Bundespräsident bricht sein Schweigen: „Ich erkenne an, dass hier ein falscher Eindruck entstehen konnte Ich bedauere das", heißt es in einer Mitteilung. „Es wäre besser gewesen, wenn ich auf die Anfrage der niedersächsischen Abgeordneten im Landtag über die konkreten Fragen hinaus auch diesen privaten Vertrag mit Frau Geerkens erwähnt hätte."

17.12.2011
Die Opposition verschärft ihre Kritik am Bundespräsidenten. SPD und Grüne verlangen, Wulff müsse alle Fakten auf den Tisch legen. Der FDP-Bundestagsabgeordnete Erwin Lotter fordert ihn sogar zum Rücktritt auf.

18.12.2011
Der Bundespräsident räum insgesamt sechs Urlaube ir Anwesen befreundeter Unternehmer ein.

20.12.2011
Die Bild-Zeitung gibt in Form einer Collage einen Überblick über die Berichterstattung anderer Zeitungen und fragt:
Wie lange hält das Amt diese Schlagzeilen aus?

privaten, möglicherweise aber auch politisch motivierten Geschäftsbeziehungen ans Tageslicht, die Wulff schrittweise eingestehen muss. Ihm wird auch vorgeworfen, die Würde des höchsten Staatsamtes der Bundesrepublik zu verletzen. Auf dem Höhepunkt der Affäre tritt Wulff vom Amt des Bundespräsidenten zurück.
Die Staatsanwaltschaft Hannover ermittelt wegen Bestechlichkeit. Das Landgericht Hannover, das seit dem über Wulff richtet, hat die Anklage jedoch auf den Vorwurf der Vorteilsnahme im Amt reduziert; dabei geht es um Zuwendungen durch den Filmunternehmer Groenewold in Höhe von 753,90 Euro. Im Februar spricht ihn das Landgericht Hannover vom Vorwurf der Vorteilsnahme frei.

Autorentext

Individuelles Handeln und Hintergründe

Politische und juristische „Ereignisse"

Berichterstattung der Bild-Zeitung und anderer Medien

22.12.2011
Der Bundespräsident entschuldigt sich öffentlich für die entstandenen Irritationen. Zugleich entlässt er seinen Sprecher Olaf Glaeseker ohne offizielle Angabe von Gründen.

23.12.2011
Die „Bild"-Zeitung reagiert auf die Wulff-Erklärung: **„Das war zu wenig". Das sagt die Presse zur Wulff-Erklärung**

Januar 2012

2.01.2012
Wulffs Anruf bei Diekmann und sein Versuch der Einflussnahme auf die Berichterstattung durch den Springer-Verlag werden bekannt und lösen ein gewaltiges Medienecho aus.

4.01.2012
Wulff gibt ARD und ZDF ein Interview, in dem er den Anruf bei Diekmann als „schweren Fehler" bezeichnet und volle Transparenz bei allen Fragen ankündigt.

5.01.2012
Die „Bild"-Zeitung gibt – scheinbar neutral – die medialen Reaktionen auf das Fernseh-Interview wieder: **Vernichtendes Presse-Echo auf Wulff-Auftritt**

Februar 2012

8.02.2012
Die „Bild"-Zeitung fragt auf ihrer Titelseite: **Wer zahlte Wulffs Sylt-Urlaub?**

16.02.2012
Die Staatsanwaltschaft Hannover beantragt die Aufhebung der Immunität Wulffs, um Ermittlungen führen zu können.

17.02.2012
Die „Bild"-Zeitung titelt: **Staatsanwalt greift nach Wulff. Antrag auf Aufhebung der Immunität. Jetzt Rücktritt?**

17.02.2012
Wulff erklärt seinen Rücktritt. In seiner Ansprache zeigt er sich aber überzeugt, dass die Ermittlungen zu seiner vollständigen Entlastung führen werden.

März 2012

5.03.2012
Die „Bild"-Zeitung titelt: **Ehrensold, Büro, Sekretärin, Fahrer ... Hat Ex-Präsident Wulff die Privilegien verdient?**

5.03.2012
Alle noch lebenden Ex-Bundespräsidenten entscheiden sich gegen eine Teilnahme an der geplanten Verabschiedung Wulffs mit einem Großen Zapfenstreich.

8.03.2012
Christian Wulff wird mit militärischen Ehren aus dem Amt des Bundespräsidenten verabschiedet.

Februar 2014

27.02.2014
Das Landgericht Hannover spricht Wulff in erster Instanz vom Vorwurf der Vorteilsnahme frei.

Zusammenstellung des Autors nach: www.stern.de, So brachte Wulff sich um sein Amt, 8.3.2012 und Hans-Jürgen Arlt, Wolfgang Storz, „Bild" und Wulff – Ziemlich beste Partner (OBS-Arbeitsheft 71), Frankfurt/Main 2012

M 5 Welche Funktionen haben die Medien in der Demokratie?

In der Demokratie werden den Massenmedien Presse, Hörfunk und Fernsehen drei sich einander zum Teil stark überschneidende Funktionen zugeordnet:

- Information,
- Mitwirkung an der Meinungsbildung,
- Kontrolle und Kritik.

Zu den weiteren Aufgaben zählen aber auch Unterhaltung und Bildung.

Informationsfunktion

Die Massenmedien sollen so vollständig, sachlich und verständlich wie möglich informieren, damit ihre Nutzerinnen und Nutzer in der Lage sind, das öffentliche Geschehen zu verfolgen. Mit ihren Informationen sollen sie dafür sorgen, dass die einzelnen Bürgerinnen und Bürger die wirtschaftlichen, sozialen und politischen Zusammenhänge begreifen, die demokratische Verfassungsordnung verstehen, ihre Interessenlage erkennen und über die Absichten und Handlungen aller am politischen Prozess Beteiligten so unterrichtet sind, dass sie selbst aktiv daran teilnehmen können – als Wählende, als Mitglieder einer Partei oder auch einer Bürgerinitiative. Da unsere Gesellschaft viel zu großräumig geworden ist, kommen wir mit dem direkten Gespräch, der unmittelbaren Kommunikation, nicht mehr aus. Wir als einzelne und die vielfältigen Gruppen, die in dieser Gesellschaft bestehen, sind darauf angewiesen, miteinander ins Gespräch gebracht zu werden – dafür sollen die Massenmedien sorgen. Dabei müssen wir uns der Tatsache bewusst sein, dass wir die Welt zum großen Teil nicht mehr unmittelbar erfahren; es handelt sich überwiegend um eine durch Medien vermittelte Welt.

Meinungsbildungsfunktion

Bei der Meinungsbildung fällt den Massenmedien ebenfalls eine bedeutsame Rolle zu. Dies ergibt sich aus der Überzeugung, in der Demokratie sei allen am meisten damit gedient, wenn Fragen von öffentlichem Interesse in freier und offener Diskussion erörtert werden. Es besteht dann die Hoffnung, dass im Kampf der Meinungen das Vernünftige die Chance hat, sich durchzusetzen. […]

Da in einer modernen, differenziert strukturierten Gesellschaft eine Vielzahl von mehr oder weniger großen, zum Teil in Konkurrenz zueinander stehenden Interessengruppen existiert, gehört es auch zu den Aufgaben der Massenmedien, diesen Meinungspluralismus in einem angemessenen Verhältnis widerzuspiegeln. […]

Politische Talkshow am Sonntagabend im Fernsehen (Günther Jauch)

Kritik- und Kontrollfunktion

Im parlamentarischen Regierungssystem obliegt in erster Linie der Opposition die Aufgabe der Kritik und Kontrolle. Diese wird unterstützt und ergänzt durch die Kritik- und Kontrollfunktion der Medien. Ohne Presse, Hörfunk und Fernsehen, die Missstände aufspüren und durch ihre Berichte unter anderem parlamentarische Anfragen und Untersuchungsausschüsse anregen, liefe die Demokratie Gefahr, der Korruption oder der bürokratischen Willkür zu erliegen. Gegen den Einwand, Kritik könne dem Ansehen des Gemeinwesens schaden, wird eingewandt: Nicht jene, die Mängel aufdecken, schaden dem Staat, sondern all diejenigen, die für solche Missstände verantwortlich sind. Andererseits wird argumentiert, die Kontrolle der Medien dürfe sich nicht auf den Staat beschränken, sondern müsse sich auf die gesamte Gesellschaft erstrecken. Den Medien als Teil dieser Gesellschaft könne dabei nicht zugestanden werden, eine Art eigenständige vierte Gewalt neben den Institutionen des demokratischen Staates zu sein.

Wie die Wirkungsforschung hervorhebt, haben viele Medien über die erwähnten Funktionen hinaus weitere übernommen, zum Beispiel die Thematisierungsfunktion. Diese „agenda setting function", wie sie in den USA heißt, bedeutet, dass diejenigen, die die unterschiedlichen Medien lesen, hören und sehen, genau die Themen für wichtig halten, die darin behandelt werden. Die Medien sind jedoch nicht nur entscheidend dafür verantwortlich, welche Themen auf der Tagesordnung stehen, sondern sie legen auch fest, in welcher Rangfolge der Dringlichkeit diese Themen behandelt werden.

Hermann Meyn, in: Informationen zur politischen Bildung Nr. 260, Massenmedien, Bonn 3/1998, S. 3 ff.

Link-Tipp

Das Portal http://pressekompass.net/ dokumentiert die Medienberichterstattung zu aktuellen Themen und stellt jeweils in übersichtlicher Form (Kompass) die Positionen der untersuchten Printmedien dar.

Info

„Agenda-Setting" und Leitmedien

Der Begriff Agenda-Setting verweist auf die Rolle der Medien bei der Festlegung der gesellschaftlichen Tagesordnung, d.h. der Themen, mit denen sich die Gesellschaft auseinandersetzt. Mit dieser auch als „Thematisierungsfunktion" bezeichneten Rolle ist eine der zentralen Leistungen der Medien für die öffentliche Kommunikation angesprochen.

Entwickelt wurde das Konzept Agenda-Setting seit Anfang der 1970er Jahre im Zusammenhang mit der Annahme, dass die Medien nicht so sehr beeinflussen, was die Menschen über bestimmte Themen denken, sondern vielmehr worüber die Menschen nachdenken. In diesem Sinne wurde das Agenda-Setting als Medienwirkung verstanden. [...]

Heute unterscheidet man drei verschiedene Tagesordnungen:

- Die **Medienagenda** entspricht der Rangordnung der Themen in der Berichterstattung, also die Häufigkeit und der Umfang, mit denen verschiedene Themen behandelt werden.
- Die **Politische Agenda** spiegelt wider, welche Themen in der politischen Diskussion zwischen Regierung und Opposition und zwischen den politischen Parteien im Vordergrund stehen.
- Die **Publikumsagenda** gibt an, welche Themen die Bevölkerung für mehr oder weniger wichtig hält.

Angenommen wird, dass diese drei Agenden sich gegenseitig beeinflussen: So orientiert sich die Agenda der Politik daran, was die Bevölkerung für wichtig hält und was in den Medien besonderes Gewicht bekommt. [...]

Viel Interesse hat in den letzten Jahren auch das sogenannte **Intermedia Agenda-Setting** gefunden. Damit sind Einflüsse gemeint, die die verschiedenen Medien untereinander ausüben. Bestimmte Medien dienen dabei als „Leitmedien", indem sie Themen setzen, die dann von anderen Medien aufgegriffen werden. Als ein solches Leitmedium wird etwa das Nachrichtenmagazin **Der Spiegel** angesehen, aber auch die Zeitung **Bild** zählt zu den Medien, die besonders oft von anderen Medien zitiert wird.

Uwe Hasebrink, Art. ‚Agenda-Setting', in: Hans-Bredow-Institut für Medienforschung (Hg.), Medien von A bis Z, Wiesbaden 2006, S. 19 f.

Aufgaben

1. Beschreiben Sie den Verlauf der „Wulff-Affäre" (M 4).
2. Analysieren Sie die Funktionswahrnehmung (M 5) der Medien (insbesondere der „Bild"-Zeitung) in diesem Fall. Gehen Sie dabei auf den Aspekt des „Agenda Setting" ein.
3. Diskutieren Sie die Rolle der Medien im „Fall Wulff".

H zu Aufgabe 3
Berücksichtigen Sie dabei auch die strafrechtliche Bewertung des Falles (vgl. M 4 a).

2.3.3 Wer beherrscht wen? Das Verhältnis von Politik und Medien

M 6 ● Wie die Politik versucht, auf die Medien Einfluss zu nehmen

CSU-Sprecher Hans Michael Strepp nimmt wegen der ZDF-Affäre seinen Hut. […]
Strepp soll bei einem Anruf in der ZDF-„heute"-Redaktion verlangt haben, diese solle nicht über den SPD-Landesparteitag in Bayern und die Kür des SPD-Spitzenkandidaten Christian Ude berichten. […]
Mit dem Rücktritt bemüht sich die CSU um Schadensbegrenzung. […] Am Donnerstag kam heraus, dass Strepp noch häufiger Redaktionen kontaktiert hatte. So hat er nach Angaben des ZDF auch über mehrere SMS versucht, dessen Berichterstattung zu beeinflussen. […]
Der Leiter des ARD-Hauptstadtstudios, Ulrich Deppendorf, bestätigte, dass einer der drei vom BR entsandten Hauptstadtkorrespondenten eine SMS von Strepp erhalten hatte.

fab/phw/hen/dpa/dapd, www.spiegel.de, 25. 10. 2012

M 7 ● Alles Theater? Politiker setzen sich in Szene

Herr Fischer, von dem französischen Soziologen Pierre Bourdieu stammt der Satz „Die Logik der Politik ist die der Magie". Wie viel von dem, was wir in den Medien als Politik verfolgen können, ist bloße Illusion?

Joschka Fischer: Politisches Handeln selbst hat ein magisches Element. Als hessischer Umweltminister pflegte ich zu sagen, ein großer Teil meiner Arbeit sei Regentanz. Den müssen Sie immer dann für die Öffentlichkeit aufführen, wenn Sie eigentlich nicht agieren können. Und wehe, Sie tun es nicht, dann gelten Sie als Versager. […]

Das heißt, die Politik unterwirft sich der Logik der Medien?

In gewisser Weise ist das unvermeidbar. Es gibt allerdings auch Fehlentwicklungen. Zum Beispiel sind weite Teile der Öffentlichkeit mittlerweile der Auffassung, die entscheidenden Debatten fänden [sonntagabends in der Talkshow der ARD] statt. […] Dabei sollte der Bundestag der kraft Verfassung wichtigste Ort für politische Debatten sein. […]

Ein guter Politiker ohne schauspielerisches Talent hat heute also schlechte Karten?

Das gilt nicht nur für Politiker, sondern auch für viele Berufe, zu denen die öffentliche Darstellung von Sachverhalten gehört. Und grundsätzlich ist gegen diese Kunst nichts einzuwenden. Ich weiß nicht, wie es Ihnen geht, aber ich höre einem Professor, der gekonnt vorträgt und sein Publikum fesselt, lieber zu als einem, der vor sich hinnuschelt. […] Einen guten Politiker zeichnet die richtige Mischung aus Sachkompetenz, Vortragsfähigkeit und Persönlichkeit aus. […]

Sie haben einmal geschrieben: „Der Politiker als solcher lebt auch und nicht zuletzt von, durch und mit den Medien." Wie sind Sie zu dieser Erkenntnis gekommen?

Bei allem Ärger, den ich mit den Medien hatte – und den hatte ich reichlich – bin ich noch immer der Ansicht, dass der permanente Druck, den sie ausüben, gerechtfertigt ist. Medien sind dazu da, Politiker zu testen, besonders die in Regierungsämtern. […] Problematisch wird es dann, wenn die Medien aus ihrer Rolle fallen und sich anmaßen, es besser zu können als die Politiker.

Interview mit dem ehemaligen Bundesaußenminister Joschka Fischer, in: Bergmann, J. / Pörsken, B. (Hg.), Medienmenschen, Münster 2007, S. 42/43

M 8 Theorien zum Verhältnis von Medien und Politik

Medien werden oft als „Vierte Gewalt“ in einem Staat bezeichnet. [...] Um die vielfältigen Beziehungen, die beide Systeme unterhalten, bewerten zu können, lohnt ein Blick auf die vier wirkungsmächtigsten Ansätze der Wissenschaft:

Das Gewaltenteilungsparadigma

Die Medien werden hier als „Vierte Gewalt“ neben Legislative, Judikative und Exekutive verstanden. Kraft ihrer Autonomie bilden sie eine Kontrollinstanz und sind dadurch aktiv an der Ausübung staatlicher Herrschaft beteiligt. Das Gewaltenteilungsparadigma geht davon aus, dass das politische System durch klare Grenzlinien vom Mediensystem getrennt ist. Genau dies bezweifeln aber Kritiker dieses Ansatzes, indem sie auf die mannigfaltigen politischen und ökonomischen Abhängigkeiten des Mediensystems hinweisen.

Der Instrumentalisierungsansatz

Dieser Ansatz rückt die These in den Fokus, dass die Medien im politischen Feld immer bedeutender werden, gleichzeitig jedoch kommt es zu einem Autonomieverlust. Deutlich wird dies an der wachsenden Bedeutung politischer Kommunikation: Medienreferenten, Wahlkampfstrategen, Redenschreiber und Spin-doctors betreiben PR im Sinne ihrer Auftraggeber und machen sich zu diesem Zweck die medialen Kanäle zunutze.

Der Dependenzansatz

Der Dependenzansatz geht zwar ebenso wie der Instrumentalisierungsansatz von einer „Mediatisierung der Politik“, also von einer gegenseitigen Durchdringung beider Systeme aus. Allerdings kommt er zu dem Ergebnis, dass die politische Kommunikation sich den Gesetzmäßigkeiten der Medien angepasst und sich damit in ein Abhängigkeitsverhältnis begeben hat. Das bedeutet: Medien „regieren mit“, indem sie bestimmen, welche Themen erhöhte Aufmerksamkeit verdienen. Damit setzen sie den Rahmen, in dem politische Arbeit öffentlichkeitswirksam kommuniziert werden kann.

Karl-Theodor zu Guttenberg, damaliger Bundeswirtschaftsminister, 2009 in New York

Der Interdependenzansatz

Von einer engen Verflechtung und einer gegenseitigen Abhängigkeit beider Systeme geht diese Position aus. Demzufolge benötigt die Politik die Medien zur Kommunikation ihrer Entscheidungen. Allerdings sind die Medien auf diese politischen Prozesse angewiesen, da sie einen wichtigen Inhalt für sie darstellen. Durch die Berichterstattung wird schließlich ein Feedback generiert, dass auf das politische Feld zurückwirkt, woraufhin dieses wiederum neue Inhalte hervorbringt. [...]

Michael Bornkessel, www.lehrer-online.de/dyn/18.htm (17.3.2009)

Aufgaben

1. Arbeiten Sie heraus, worin die Herausforderungen für politisches Handeln unter den Bedingungen der modernen Mediengesellschaft bestehen (M 6, M 7).
2. Überprüfen Sie die Theorien zum Verhältnis von Medien und Politik (M 8) am Beispiel der „Wulff-Affäre“.

H zu Aufgabe 1
Konkretisieren Sie die in den Materialien angesprochenen Problembereiche anhand der „Wulff-Affäre“.

METHODE

Politik im Bild – Bilder in der Politik

▪ „Wer die Bilder beherrscht, beherrscht auch die Köpfe“.

Bilder spielen bei der medialen Präsentation der politischen Wirklichkeit eine wichtige Rolle. Sie eröffnen große Chancen bei der Vermittlung von Sachverhalten, weil sie die Dinge in einer Weise präsentieren können, die weit über den „Blickwinkel“ des menschlichen Auges hinausgeht: So können Vergrößerungen und Verkleinerungen, Montagen oder Luftaufnahmen völlig neue Perspektiven eröffnen. Hierin liegt aber gleichzeitig auch eine Gefahr, denn die Wirklichkeit lässt sich in Bildern auch reduzieren oder entstellen.
Bilder besitzen eine suggestive Kraft, weil man als Betrachter das Gefühl hat, „dabei zu sein“. Oft verliert man dabei die Distanz zum dargestellten Motiv. Filme und Bilder bilden die Wirklichkeit nie authentisch ab, denn allein schon die Auswahl eines Motivs, der gewählte Ausschnitt, der Aufbau eines Bildes unterliegen den subjektiven Setzungen des Fotografen oder Kameramannes.
Politiker aller Zeiten bedienten und bedienen sich der Bilder, um Macht und Einfluss zu demonstrieren, um Untertanen und Bürger zu gewinnen und um Wählerstimmen zu werben. Aber auch diejenigen, die nicht im Besitz der politischen Macht sind, versuchen, mit Hilfe der Wirkung von Bildern auf ihr Anliegen aufmerksam zu machen, um z.B. auf Ungerechtigkeiten oder Missstände hinzuweisen.
Fotografien galten lange Zeit als dokumentarische Abbildungen der Wirklichkeit. Im Zeitalter der digitalen Bildverarbeitung lassen sich Bilder jedoch leicht manipulieren. Es wird deshalb immer wichtiger, Bilder auf ihre Authentizität hin zu überprüfen. In der politischen Sphäre gilt dies umso mehr, als dass zahlreiche authentisch wirkende Bilder mit Politikern bewusst inszeniert oder zumindest von ihnen nach Auswahl bestimmter Motive erst autorisiert werden.

▪ Bilder sehen lernen – Aspekte der Bildanalyse

Bilder lassen sich nach unterschiedlichen Aspekten untersuchen

▪ Ästhetik

Hier untersucht man die gestalterischen Mittel: Farbe, Lichteffekte, Kameraeinstellung, Bildschärfe, Perspektive, Motivwahl. Diese Mittel tragen entscheidend zur Wirkung eines Bildes bei. So kann es entscheidend sein, ob ein Motiv in Nahaufnahme oder als Totale aufgenommen wurde.

▪ Symbolik

Untersucht wird dabei der Inhalt eines Bildes, wobei Details, die eine Bedeutung transportieren, eine besondere Rolle spielen. Dabei kann es sich um Personen, ihre Beziehungen zueinander, Gegenstände oder auch Zeichen (Symbole) handeln.

▪ Intention

Hier wird nach der beabsichtigten Wirkung eines Bildes gefragt. Nicht immer lässt sich diese aber genau erschließen und man muss auf den Kontext und die Entstehungsbedingungen zurückgreifen. Manche Bilder lassen sich jedoch sehr leicht auf ihre Intention hin analysieren: Z.B: Darstellung einer Person in „Heldenpose“, besondere Ausleuchtung bestimmter Personen, Größenverhältnisse usw.

▪ Subjektivität

Betrachter können auf Bilder sehr unterschiedlich reagieren und erfassen andere Gegenstände. Dies hat mit den individuellen Erfahrungen des Einzelnen zu tun und gilt insbesondere für mögliche emotionale Botschaften der Bilder. Bei der Analyse sollte man sich dieser unterschiedlichen Wirkungen bewusst sein.

METHODE

■ **Ein Bild systematisch betrachten:**

1. Wirkung eines Bildes spontan erfassen und in Stichworten (z. B. in einer Mindmap) notieren.

2. Das Bild nach den vier zuvor genannten Aspekten analysieren:

a) Präzise Beschreibung

b) Welche Wirkung wird mit welchen Mitteln erreicht?

3. Bild in den politischen oder gesellschaftlichen Kontext einordnen und mögliche Aussageabsichten formulieren.

4. Bewertung

a) Gelingt es, die Aussageabsichten umzusetzen?

b) Das Bild in einen größeren Zusammenhang setzen.

Angela Merkel mit der deutschen Fußball-Nationalmannschaft bei der EM 2008.

Bundespräsident Gauck, zusammen mit dem französischen Präsidenten Hollande, umarmt einen Überlebenden an der Gedenkstätte eines im Zweiten Weltkrieg von Deutschen zerstörten Dorfes (September 2013).

Der russische Präsident Wladimir Putin legt einem betäubten Tiger ein Halsband mit Sender an (2008).

Kanzlerkandidat der SPD, Peer Steinbrück, beim Interview des SZ-Magazins, September 2013.

Aufgaben

Wählen Sie eines der Beispielbilder aus und führen Sie eine systematische Bildanalyse durch. Formulieren Sie die vermutete Wirkungsabsicht in einem Satz.

Alternativ können auch Bilder aus der Tageszeitung ausgewählt und analysiert werden.

Pressefreiheit
M 1

Art. 5 Abs. 1 Grundgesetz garantiert die **Meinungs-, Informations- und Pressefreiheit.** Während unter Meinungs- und Informationsfreiheit das Recht des Einzelnen zu verstehen ist, Meinungen „in Wort und Schrift oder Bild" frei zu äußern bzw. „sich aus allgemein zugänglichen Quellen ungehindert zu unterrichten", definierte das Bundesverfassungsgericht die Existenz einer freien, unzensierten Presse als konstitutives Merkmal einer freiheitlichen Grundordnung.

Medienlandschaft in Deutschland

Zurzeit beherrschen ca. 350 Zeitungen sowie ca. 20.000 Zeitschriften den Markt der Printmedien in Deutschland. Daneben hat sich eine **„duale Rundfunkordnung"** etabliert. Die ARD (= Arbeitsgemeinschaft der öffentlich-rechtlichen Rundfunkanstalten der Bundesrepublik Deutschland) und das ZDF (Zweites Deutsches Fernsehen) sind öffentlich-rechtliche Einrichtungen, bei denen gewählte Gremien alle wichtigen Personal- und Programmentscheidungen treffen. Seit den 1980er Jahren sind daneben Anbieter aus der privaten Wirtschaft getreten. Diese bieten zahlreiche zusätzliche Hör- und Fernsehprogramme an.
Das Bundesverfassungsgericht hat diese duale Hörfunk- und Fernsehordnung unter bestimmten Auflagen genehmigt: So überwachen 14 Landesmedienanstalten z. B. die Ausgewogenheit der Programme und entscheiden über die Zulassung von neuen Anbietern.

Aufgaben der Medien
M 5

In der Demokratie erfüllen die Medien vier zentrale politische **Aufgaben**, die sich zum Teil auch überschneiden:

- Sie **informieren** die Bürgerinnen und Bürger über das alltägliche Geschehen in Politik, Wirtschaft, Gesellschaft
- Sie stellen die **unterschiedlichen Meinungen** in der Bevölkerung dar und tragen durch meinungsorientierte Artikel und **Kommentare** zur politischen Meinungsbildung bei.
- Sie **kontrollieren** und **kritisieren** die gesellschaftlichen Institutionen und deren Repräsentanten.
- Sie setzen Themen auf die „politische Agenda".

Mediendemokratie
M 8

Aufgrund dieser vielfältigen Aufgaben, die die Medien im politischen System einnehmen, werden sie neben Legislative, Exekutive und Judikative auch als **„vierte Gewalt"** bezeichnet. Dies gilt für die öffentlich-rechtlichen wie auch die privat organisierten Medien in gleichem Maße.
Über den Stellenwert und die Bedeutung der Medien im politischen System gibt es unterschiedliche Theorien. Doch hat die zunehmende Ausrichtung der Politik auf die Medien und die Abhängigkeit der Bürgerinnen und Bürger von der Politikvermittlung durch die Medien dazu geführt, dass einige Politikwissenschaftler bereits von der **„Mediendemokratie"** sprechen. Damit soll zum Ausdruck gebracht werden, dass die Medien selbst politische Entscheidungen und Einstellungen beeinflussen.

Produktionsbedingungen und Wirkungen von Medien

Jule Lutteroth arbeitet bei Spiegel Online. [...] Immer online sein, immer auf der Jagd nach News, nach Klicks, das ist zu ihrer Routine geworden. Die Zeitung der Moderne erscheint morgens, mittags, abends. 24 Stunden am Tag. Aktualisiert wird im Minutentakt. Es gibt eine Klickquote. Sie misst, wie häufig Nutzer einzelne Artikel aufrufen. [...] In Echtzeit. Die Quote treibt die Online-Medien an [...]. Von [Hamburg] aus jagt die Redaktion täglich bis zu 140 Artikel in die Welt. Eine Kommandozentrale. Wenn die Redakteure hier entscheiden, in eine Skandalgeschichte groß einzusteigen, verschärft sich das Problem für den Betreffenden – egal, ob er Brüderle [FDP-Politiker], Steinbrück [SPD-Politiker] oder Tebartz-van Elst [umstrittener Bischof] heißt. [...]
Lutteroth [...] hat sich Lesezeichen gesetzt, für Seiten wie Süddeutsche.de, Welt.de und FAZ.net. „Wir haben die Konkurrenz immer im Blick“, sagt sie. Alle machen das so. Deshalb ähneln sich die Themen, die Meinungen, die Gewichtungen. Der Stoffhunger ist riesig. Die Klickfabriken liefern. Spiegel Online bringt alle drei Stunden einen neuen Aufmacher. Ist die Nachrichtenlage langweilig, werden Themen zugespitzt. Oder alten Geschichten wird ein neuer Dreh verpasst. Hat ein Medium etwas Spannendes, setzen sich alle drauf, schaukeln sich gegenseitig hoch. Onliner, Agenturen, Radios, Zeitungen, Talkshows.
In vielen Redaktionen des Landes sind die Ressourcen knapp. Die reichweitenstärksten Nachrichtenseiten sind Bild.de, Spiegel Online, Focus Online, Welt.de und Süddeutsche.de. Sich an eine ihrer Geschichten dranzuhängen, ist günstiger, als selbst welche zu recherchieren. Der Journalismus wird dadurch stromlinienförmiger, schneller, härter. [...]
[Thorsten] Denkler [Autor von Süddeutsche.de] kennt die Gesetze seiner Branche. „Personalisieren und Emotionalisieren, das ist die beste Art, Geschichten zu erzählen, seit es Sprache gibt. Es wäre ziemlich dumm, darauf zu verzichten, wenn wir versuchen, den Menschen politische Prozesse näherzubringen“. Politikerskandale passen perfekt in dieses Schema. Die Rollen sind klar verteilt, die Situation ist existentiell. [...]
[Rüdiger] Ditz [Chef von Spiegel Online] hat über die Skandale der letzten Jahre nachgedacht, über Guttenberg, Wulff, die FDP. [...] „Tebartz und Guttenberg [ehemaliger Bundesminister, der aufgrund einer plagiierten Doktorarbeit zurücktrat] waren bei uns in den Hochphasen ihrer Affäre in den Top 10“, sagt er. Trotzdem: Die Quote, das betont er, habe keinen Einfluss auf das Politikressort. Tatsächlich sitzen die wahren Quotenrenner woanders. Promimeldungen und Bilderstrecken treiben die Zahlen hoch. Manche sagen dazu Klickhuren. Fast alle Online-Medien greifen zu diesen Mitteln: Gute Werte bringen gute Werbeeinnahmen. Mit diesem Mechanismus kommt der politische Journalismus in Berührung.

Merle Schmalenbach, Die Klickfabrik, in: Cicero 12/2013, S. 28 ff.

Aufgaben

1. Beschreiben Sie die Strukturen und Produktionsbedingungen des heutigen Online-Journalismus'.
2. Erläutern Sie unter Berücksichtigung Ihnen bekannter theoretischer Modelle das Verhältnis von Politik und Medien im Zeitalter des Online-Journalismus.
3. Steffen Range, ehemaliger Online-Journalist, sieht in einem Gutachten von 2007 – gerade angesichts der temporeichen Entwicklung des Online-Journalismus' – den politischen Qualitätsjournalismus „in ernster Gefahr“. Erörtern Sie diese These.

2.4 Interessenverbände – „Fünfte Gewalt“ oder Gefahr für die Demokratie?

2.4.1 Pharma-Lobby gegen Positivliste?

M 1 Lobbyarbeit gegen eine Positivliste

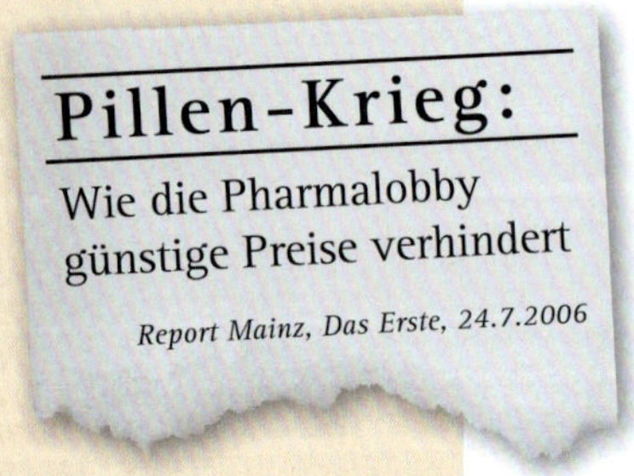
Pillen-Krieg:
Wie die Pharmalobby günstige Preise verhindert
Report Mainz, Das Erste, 24.7.2006

In einem Interview, das in der ZDF-Sendung „Frontal21“ am 6. Juni 2006 ausgestrahlt wurde, beschreibt der ehemalige Bundesgesundheitsminister Horst Seehofer (CSU) den Einfluss von Pharmaunternehmen bei den Verhandlungen zur Einführung einer Positivliste.

Frontal21: Heißt das denn, dass die Lobby wirklich so stark war [...], Sie quasi dann da zurückziehen mussten?

Horst Seehofer: Ja, das ist so. Seit 30 Jahren bis zur Stunde [...] [sind] sinnvolle strukturelle Veränderungen auch im Sinne von mehr sozialer Marktwirtschaft im deutschen Gesundheitswesen nicht möglich wegen des Widerstandes der Lobby-Verbände.

Frontal21: Seehofers Staatssekretär, Baldur Wagner, hat seinerzeit dem Chef des Bundesverbandes der pharmazeutischen Industrie, Hans-Rüdiger Vogel, sogar ein geschreddertes Exemplar der Positivliste überreicht. Die Pharma-Lobby setzte sich durch mit massivem Druck.

Horst Seehofer: Ich kann Ihnen nur beschreiben, dass es so ist und dass es so abläuft und zwar sehr wirksam.

Frontal21: Aber es kann ja nicht sein, dass die Industrie stärker ist als die Politik. Also letzten Endes muss es doch heißen, die Politik muss sagen: Nein, so geht es nicht.

Horst Seehofer: Ja, ich kann Ihnen nicht widersprechen.

Zitiert nach: Astrid Randerath, www.diagnose-funk.org (2.9.2013)

M 2 Positivliste für Arzneimittel

Eine Positivliste umfasst alle zulasten der gesetzlichen Krankenversicherung (GKV) verordnungsfähigen Arzneimittel.

In Deutschland hat es mehrere gesetzgeberische Versuche gegeben, eine solche Liste einzuführen, die letztlich durch nachfolgende Reformen jedoch wieder revidiert wurden. [...] Gegen den Widerstand der Krankenkassen und eines Teils der Bundesländer wurde die Positivliste [...] 1995 bereits vor ihrem Inkrafttreten zurückgenommen.

Mit der GKV-Gesundheitsreform 2000 wurde ein Verfahren zur Erstellung einer Positivliste gesetzlich festgeschrieben. Bevor eine Positivliste in Kraft treten konnte, wurde die entsprechende Regelung durch das GKV-Modernisierungsgesetz [2004] wieder ersatzlos gestrichen.

KomPart Verlagsgesellschaft mbH & Co. KG, www.aok-bv.de (2.9.2013)

Wenn eine Positivliste Wirkung (z. B. Kostendämpfung) entfalten soll, muss eine Auswahl der Medikamente auf dem Markt stattfinden. Kriterien für diese Auswahl sind therapeutische (Nutzen und Bewährungsgrad) sowie ökonomische (Kosten-Nutzen-Verhältnis).

In den meisten Ländern der Europäischen Union werden Positivlisten geführt (z. B. Frankreich, Dänemark, Niederlande, Österreich).

Autorentext

M 3 ● Deutschlands teure Medikamente

a) Ausgaben für Medikamente im europäischen Vergleich

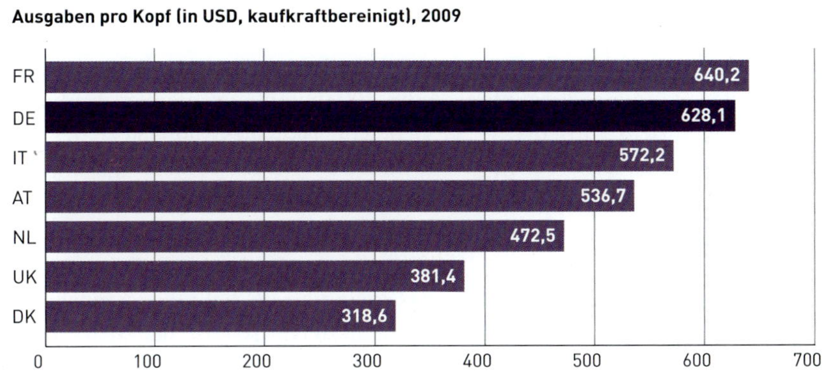

Aus: OECD, Health at a Glance 2011. OECD Indicators, o.O. 2011, S. 155

b) Ausgaben im Zeitverlauf

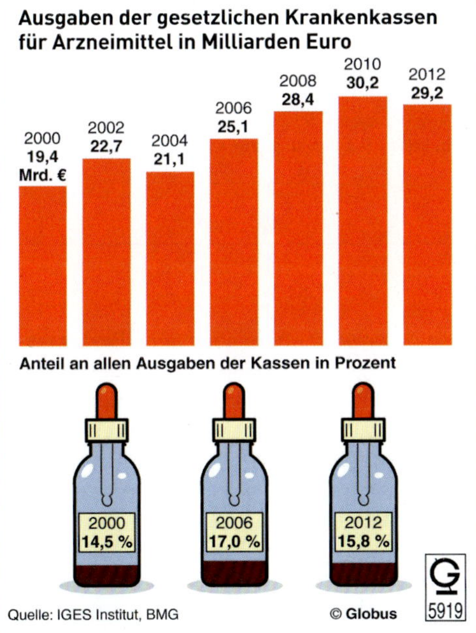

Info

Gesetzliche Krankenversicherung (GKV)

- Versicherte: abhängig Beschäftigte mit einem Bruttoeinkommen bis 4.350 Euro/Monat (Stand: 2013) sowie deren Kinder; Rentner; Arbeitslose; ca. 88,6% der Bevölkerung in GKV versichert (Stand: 2010)
- Beitragssatz: 15,5% des Bruttolohns – 7,3% Arbeitgeber-, 8,2% Arbeitnehmeranteil (Stand: 2013)
- Leistungen nach dem Solidarprinzip (Umverteilung der Mittel von Gesunden zu Kranken.

Private Krankenversicherung (PKV)

- Versicherte: abhängig Beschäftigte mit einem Bruttoeinkommen über 4.350 Euro/Monat (Stand: 2013), Beamte, Selbstständige sowie je nach Vertrag deren Kinder; ca. 11,4% der Bevölkerung (Stand: 2010)
- Leistungen: nach vertraglicher Vereinbarung
- Beitragssatz berechnet nach statistischem Krankheitsrisiko und Eintrittsalter (Äquivalenzprinzip)

Aufgaben

1. Analysieren Sie die Kosten(entwicklung) von Arzneimitteln in Deutschland und leiten Sie aus der Analyse ein politisches Problem ab (M 3).
2. Erklären Sie die erwünschten Wirkungen einer „Positivliste" vor dem Hintergrund des von Ihnen formulierten politischen Problems (M 1, M 2).
3. Arbeiten Sie Seehofers mögliche Interessen heraus, den Interventionen der Pharma-Lobby die Hauptverantwortung für das Scheitern der „Positivliste" zuzuweisen (M 1).

Ⓜ zu Aufgabe 1
„World Cafe"
Formulieren Sie zunächst in Gruppen von 4–5 Personen mögliche politische Probleme und halten Sie sie auf einem großen Papier fest. Schlendern sie dann durch das „World Cafe" und lassen sich die Formulierungen der anderen Gruppen erklären. Ein „Gastgeber" bleibt immer am Tisch.

2.4.2 Wie nehmen Lobbyisten Einfluss?

M 4 ● Wie arbeitet die Pharma-Lobby?

Für den Bundestag haben 4.500 Lobbyisten Ausweise. Sie sind sehr erfolgreich. Betrachten wir zum Beispiel die sogenannte Positivliste von Arzneimitteln. In Deutschland sind mehr als 40.000 Präparate zugelassen. Als Chirurg brauche ich davon regelmäßig kaum 20, ein Hausarzt wird wohl etwa 100 davon verschreiben, ein Internist vielleicht 150, die Apotheke eines Krankenhauses braucht rund 1.500 Präparate. So sähe auch eine Positivliste aus: Eine verbindliche Liste der wirksamen und preiswerten Medikamente. Das wäre dann das Ende von 25 Millionen Besuchen von Arzneimittelvertretern bei den 130.000 niedergelassenen Ärzten, das Ende von versteckter Werbung in medizinischen Fachzeitschriften, das Ende von gekauften Referenten auf medizinischen Kongressen, das Ende des Sponsorings von Selbsthilfegruppen und das Ende von pseudoobjektiven Internetportalen.

Bernd Hotschik, in: Frankfurter Rundschau, 17. 1. 2009

Bernd Hotschik ist praktizierender Chirurg und Autor mehrerer Bücher, u. a. zur Kritik an der Schulmedizin.

Jan Tomaschoff

Info

Lobby

Lobbyismus im engeren Sinn ist der Prozess, in dem Akteure die Interessen der eigenen Organisation oder gegen Geld die Interessen Dritter mit speziellen Mitteln vertreten. Lobbykontakte sind primär alle direkten Kontakte – persönlich, telefonisch, schriftlich per E-Mail, SMS, Fax oder postalisch – mit Mandatsträgern [...], Ministerialbeamten sowie Abgeordneten, Fraktionsmitarbeitern [...], die zum Ziel haben, Einfluss auf die Politik zu nehmen oder politische Informationen zu sammeln.

Andreas Kolbe u. a., Marktordnung für Lobbyisten, Frankfurt a.M. 2011 (OBS-Arbeitsheft 70), S. 10

Verbände werden heute – im Anschluss an Ulrich von Alemann – in der Regel nach Handlungsfeldern typisiert:
Zu den Interessengruppen im *Wirtschaftsbereich* zählen u. a. Arbeitgeberverbände und Gewerkschaften, aber auch Berufsverbände [...]. Die Verbände im *sozialen Handlungsfeld* bestehen aus Organisationen mit Hilfscharakter wie Freiwillige Feuerwehren oder Unterstützer für definierte Personenkreise (z. B. Arbeiterwohlfahrt). Hinzu kommen Interessenverbände in den Bereichen *„Freizeit und Erholung"* sowie *„Religion, Kultur und Wissenschaft"*. Zuletzt werden Interessen in *gesellschaftspolitischen Querschnittsbereichen* organisiert; dazu gehören auf der einen Seite gesellschaftspolitische Verbände i. e. S. aus der Umweltschutz- (z. B. Greenpeace), der Friedens- und der Emanzipationsbewegung sowie globalisierungskritische Gruppen (z. B. Attac) und auf der anderen Seite ideelle bzw. humanitäre Gruppen wie Amnesty International.

Nach: Peter Lösche, Verbände und Lobbyismus in Deutschland, Stuttgart 2007, S. 41 f.

Erklärfilm zum Begriff Lobbyismus (Mediencode 73004-02)

M 5 ● Mittel der Einflussnahme auf politische Entscheidungen

a) Strukturen und Mittel der Einflussnahme

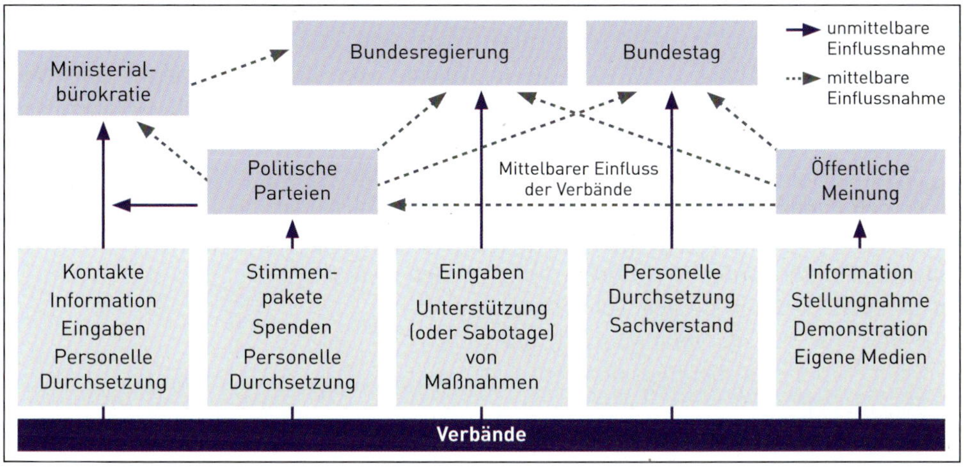

Wolfgang Rudzio, Das politische System der Bundesrepublik Deutschland, 8. Auflage, Wiesbaden 2011, S. 89

b) Adressaten des Lobby-Einflusses

Am wichtigsten für lobbyistische Kontakte und Einflussanstrengungen – wenigstens in parlamentarischen Regierungssystemen – ist die Ministerialbürokratie. In deren Referaten werden nämlich die Gesetzentwürfe und die Entwürfe für Verordnungen „gefertigt" [...].

Doch selbst wenn ein Lobbyist beste Verbindungen in „sein" Referat unterhält, mag dies unzureichend sein, um die spezifisch vertretenen Interessen durchzusetzen und frühzeitig auf den Gesetzgebungs- oder Verordnungsprozess Einfluss zu nehmen. Die Frage stellt sich nämlich, wer eigentlich den Anstoß für eine Gesetzesinitiative gibt, die dann in dem Referat eines Ministeriums ausgearbeitet wird. [...] Die Initiative kann natürlich von politischer Seite, von einem Minister oder einem Staatssekretär, von einem Parlamentarier kommen. Denkbar ist aber auch, dass andere Verbände und Lobbyisten einen politischen Akteur entsprechend beeinflusst haben. Nicht immer eindeutig und nach keinem klaren Muster wird also ein bestimmtes Problem auf die Tagesordnung gesetzt. Der gewiefte Lobbyist [...] muss aber in der Lage sein, sich bereits in den Prozess des „Agenda Setting" einzuschalten. Oder er wird schon eine Stufe früher tätig, indem er selbst oder jemand anderes, ein kollegial verbundener Lobbyist, das zu lösende Problem identifiziert, das dann in einen Gesetzgebungs- oder Verordnungsprozess mündet. Der Gang eines Gesetzes oder einer Verordnung durchläuft [...] mehrere Phasen, bevor das Parlament damit überhaupt befasst wird:

(1) Identifikation eines latent vorhandenen, aber noch nicht aktualisierten Problems.

(2) Das Problem wird auf die politische Tagesordnung gesetzt: Die Initialzündung geht in der Regel von einem Politiker, nicht von einem Lobbyisten aus.

(3) Ein Referent bzw. Hilfsreferent im Ministerium wird beauftragt, einen Gesetzentwurf zu „fertigen".

(4) Der Abteilungsleiter erhält den Gesetzentwurf zur Kontrolle und Überarbeitung.

(5) Vom Abteilungsleiter geht der Entwurf weiter an einen beamteten, u. U. auch an einen parlamentarischen Staatssekretär.

(6) Der Minister bringt den Entwurf als Vorlage in das Kabinett ein.

Agenda Setting
→ vgl. Kapitel 2.3.2

(7) Das Kabinett beschließt über die Gesetzesvorlage. Für einen Minister bedeutet es eine schwere politische Niederlage, wenn ein derartiger Gesetzesentwurf zur Überarbeitung an „sein“ Haus zurückverwiesen wird.

(8) Die Kabinettsvorlage wird im Parlament eingebracht und geht im bundesrepublikanischen Regierungssystem zunächst an den Bundesrat zur Stellungnahme.

Alle Stufen einer Gesetzesvorlage bzw. des Entwurfs einer Verordnung „begleiten“ die an der Materie interessierten Lobbyisten. Je weiter eine Vorlage voranschreitet, um so weniger ist an ihr allerdings noch etwas zu ändern. [...]

In parlamentarischen Regierungssystemen wird die eigentliche Gesetzgebungsarbeit in der Ministerialbürokratie „geleistet“. Aus dieser Tatsache kann leicht der Verdacht entstehen, dass die Legislative, das Parlament, von den Bürokraten entmachtet worden ist. Unumstößlich ist aber, dass nach Art. 77 GG der Bundestag die Bundesgesetze beschließt. Ob sie im Parlament beraten, diskutiert, im Plenum beraten und dann entschieden werden, ist in der Verfassung nicht geregelt.

Peter Lösche, Verbände und Lobbyismus in Deutschland, Stuttgart 2007, S. 66 ff.

✪ M 6 ● Welche Funktionen haben Interessenverbände?

Artikel 9 (1) GG Vereinigungsfreiheit

Alle Deutschen haben das Recht, Vereine und Gesellschaften zu bilden.

Die Mitwirkung des Bürgers muss die Möglichkeit einschließen, durch Mitgliedschaft und Mitarbeit in den Interessenorganisationen an der Regelung der Alltagsfragen teilzunehmen, die ihn unmittelbar berühren. [...]

Mitarbeit des Bürgers in der parlamentarischen Demokratie gewährt dem einzelnen das unmittelbare politische Wahlrecht; Mitarbeit des Bürgers in der pluralistischen Demokratie gewährt dem einzelnen ein mittelbares durch die Parteien und Verbände geltend zu machendes Mitgestaltungsrecht auf die öffentliche Meinung, die Fraktionen und damit auch auf Regierung und Parlament. [...]

Ein richtig verstandener Pluralismus ist sich der Tatsache bewusst, dass das Mit- und Nebeneinander der Gruppen nur dann zur Begründung eines [...] Gemeinwohls zu führen vermag, wenn die Spielregeln des politischen Wettbewerbs mit Fairness gehandhabt werden, wenn die Rechtsnormen, die den politischen Willensbildungsprozess regeln, unverbrüchlich eingehalten werden, und wenn die Grundprinzipien gesitteten menschlichen Zusammenlebens uneingeschränkt respektiert werden [...].

Ernst Fraenkel, in: Ders., Gesammelte Schriften, Bd. 5: Demokratie und Pluralismus, Baden-Baden 2007, S. 294 f. (Reihenfolge geändert)

M 7 ● Interessenverbände im Pluralismus

Wenn hier von „Funktionen“ gesprochen wird, sind damit die Leistungen gemeint, die für das politische System als solches erbracht werden. [...]

- Die *Artikulationsfunktion*
  Interessengruppen ermöglichen es gesellschaftlichen Interessen, Gehör zu finden. Umgekehrt heißt dies für das politische System, dass es diese Interessen besser wahrnehmen kann. [...] Kein demokratisches System kann auf Dauer gegen die Interessen der Bürger funktionieren.
- Die *Aggregationsfunktion*
  Interessengruppen bündeln die zahllosen Einzelinteressen und machen diese überschaubarer. Damit reduzieren sie ganz wesentlich die Komplexität der gesellschaftlichen Interessen. Dies ge-

schieht häufig in einem durchaus konflikthaften innerorganisatorischen Prozess. Da gibt es Machtkämpfe zwischen den Flügeln eines Verbandes, Intrigen werden gesponnen und schließlich müssen Kompromisse gesucht und gefunden werden. Schafft es die jeweilige Interessengruppe jedoch, eine halbwegs konsistente Position zu erarbeiten, erbringt sie nicht nur für das politische System eine zentrale Leistung, sondern erhöht auch substantiell die Chancen, die eigenen, nun einheitlichen Forderungen, wirkungsvoll in den politischen Prozess einzubinden.

- Die *Vermittlungsfunktion*
Werden Interessengruppen an wichtigen politischen Entscheidungen beteiligt, müssen sie das Ergebnis der Verhandlungen ihren Mitgliedern vermitteln. Wie weit die Interessengruppen hierbei gehen können, mit anderen Worten, wie weitgehend die Zugeständnisse in den Verhandlungen sein können, ist nicht immer leicht zu beurteilen. Weil die Verhandlungsergebnisse anschließend den Mitgliedern vermittelt werden müssen, ist hier sehr viel Fingerspitzengefühl gefragt. Eine gewisse Rolle spielt dabei auch, wie zuverlässig ein Verband zentralistisch und hierarchisch organisiert ist.
- Zuletzt erfüllen Verbände zeitweise auch eine *Informationsfunktion*:
Deren Mitarbeiter und Funktionäre verfügen sehr häufig über ein hohes Maß an Expertenwissen, das von politischen Entscheidungsträgern benötigt werden kann, um eventuelle Folgen ihrer Entscheidungen abzusehen.

Wilhelm Hofmann, Nicolai Dose, Dieter Wolf, Politikwissenschaft, Konstanz 2007, S. 123 f.

Info

Interessenverbände ≠ Parteien

	Interessenverbände	Parteien
Programmatik	eher auf wenige Themen bezogen (bis zu *single-issue*-Verbänden)	eher umfassend
Ziel	Durchsetzung von Partikularinteressen; keine Regierungsbeteiligung	Erhalt formal abgesicherter Macht (z. B. Regierungsbeteiligung)
Machtquelle/n	informelle Einflussnahme; offizielle Anhörung vor politischen Repräsentanten; Aufbau öffentlichen Drucks	Souverän → Wahlen → (Mit)Entscheidungsbefugnis Delegation auf Zeit
innere Organisation	unbestimmt; auch abhängig von der juristischen Verfasstheit (eingetragener Verein etc.)	verpflichtend demokratisch
Grundgesetz	Art. 9 GG (Vereinigungsfreiheit)	Art. 21 GG (Parteien)
Sonstiges	erbringen z. T. Serviceleistungen für Mitglieder (z. B. ADAC, Mieterschutzbund)	

Zusammenstellung des Autors

Aufgaben

1. Erläutern Sie die Mittel der Einflussnahme, mit denen die Interessenvertreter der pharmazeutischen Industrie die Einführung einer „Positivliste" bisher verhindert haben könnten (M 4, M 5, Info).
2. a) Stellen Sie die Funktionen von Interessenverbänden für ihre Mitglieder dar (M 6).
b) Arbeiten Sie mögliche Funktionen von Interessenverbänden für das demokratische System heraus.
3. Erörtern Sie die Frage „Interessenverbände – genauso legitim und notwendig wie politische Parteien?" (M 4–M 7)

F Vergleichen Sie Interessenverbände und Parteien miteinander. Berücksichtigen Sie dabei mindestens die Aspekte „Ziel", „Machtquelle/n", „Anforderungen an die innere Organisation" sowie „Grundgesetzverankerung".

2.4.3 Interessenkonflikte – notwendig oder schädlich? Identitäts- und Pluralismustheorie der Demokratie

M 8 ● Zwei Vorstellungen von Gemeinwohl

„[D]er Gesellschaftsvertrag [...] schließt [...] stillschweigend jene Übereinkunft ein, die allein die anderen ermächtigt, dass, wer immer sich weigert, dem Gemeinwillen zu folgen, von der gesamten Körperschaft dazu gezwungen wird, was nichts anderes heißt, als dass man ihn zwingt, frei zu sein [...].“

Jean-Jacques Rousseau, Vom Gesellschaftsvertrag, 1762

„Die pluralistische Theorie des Gemeinwohls [erachtet] den Umstand, dass es weite Gebiete des staatlichen und gesellschaftlichen Lebens gibt, über deren Regelungen Meinungsverschiedenheiten zwischen verschiedenen Gruppen existieren, [...] als unvermeidlich, ja geradezu als ein Indiz eines in Freiheit pulsierenden öffentlichen Lebens.“

Ernst Fraenkel, in: Demokratie und Pluralismus, Baden-Baden 2007, S. 259

M 9 ● Einzelinteressen schaden Gemeinwohl

Jean-Jacques Rousseau (1712–1778), aufklärerischer Philosoph, Schriftsteller und Pädagoge

a) Jean-Jaques Rousseau: Feststehender „Gemeinwille“

Vom Gesellschaftsvertrag

„Finde eine Form des Zusammenschlusses, die mit ihrer ganzen gemeinsamen Kraft die Person und das Vermögen jedes einzelnen Mitglieds verteidigt und schützt und durch die doch jeder, indem er sich mit allen vereinigt, nur sich selbst gehorcht und genauso frei bleibt wie zuvor.“ Das ist das grundlegende Problem, dessen Lösung der Gesellschaftsvertrag darstellt [...].

Wenn man also beim Gesellschaftsvertrag von allem absieht, was nicht zu seinem Wesen gehört, wird man finden, dass er sich auf Folgendes beschränkt: Gemeinsam stellen wir alle, jeder von uns seine Person und seine ganze Kraft unter die oberste Richtschnur des Gemeinwillens [volonté générale]; und wir nehmen, als Körper, jedes Glied als untrennbaren Teil des Ganzen auf.

Dieser Akt des Zusammenschlusses schafft augenblicklich anstelle der Einzelperson jedes Vertragspartners eine sittliche Gesamtkörperschaft, die aus ebenso vielen Gliedern besteht, wie die Versammlung Stimmen hat, und die durch eben diesen Akt ihre Einheit, ihr gemeinschaftliches Ich, ihr Leben und ihren Willen erhält. Diese öffentliche Person, die so aus dem Zusammenschluss aller zustande kommt, trug früher den Namen Polis, heute trägt sie den der Republik oder der staatlichen Körperschaft [...]. [I, 6]

Vom Souverän

Da nun der Souverän nur aus den Einzelnen besteht, aus denen er sich zusammensetzt, hat er kein und kann auch kein dem ihren widersprechendes Interesse haben [...].

Nicht so verhält es sich aber mit den Untertanen gegenüber dem Souverän [...]. In der Tat kann jedes Individuum als Mensch einen Sonderwillen [volonté particulière] haben, der dem Gemeinwillen, den er als Bürger hat, zuwiderläuft oder sich von diesem unterscheidet. Sein Sonderinteresse kann ihm ganz anderes sagen als das Gemeininteresse [...]. Damit nun aber der Gesellschaftsvertrag keine Leerformel sei, schließt er stillschweigend jene Übereinkunft ein, die allein die anderen ermächtigt, dass, wer immer sich weigert, dem Gemeinwillen zu folgen, von der gesamten Körperschaft dazu gezwungen wird, was nichts anderes heißt, als dass man ihn zwingt, frei zu sein [...]. [1, 7]

Dass die Souveränität unveräußerlich ist

Ich behaupte deshalb, dass die Souveränität, da sie nichts anderes ist als die Ausübung des Gemeinwillens, niemals veräußert werden kann und dass der Souverän, der nichts anderes ist als ein Gesamtwesen, nur durch sich selbst vertreten werden kann [...]. [II, 1]

Dass die Souveränität unteilbar ist

Aus dem gleichen Grund, aus dem die Souveränität unveräußerlich ist, ist sie auch unteilbar. Denn der Wille ist entweder allgemein oder er ist es nicht; er ist derjenige des Volkskörpers oder nur der eines Teils. Im ersten Fall ist dieser erklärte Wille ein Akt der Souveränität und hat Gesetzeskraft. Im zweiten Fall ist er nur ein Sonderwille oder ein Verwaltungsakt; es handelt sich bestenfalls um eine Verordnung. [...] [II, 2]

Ob der Gemeinwille irren kann

Aus dem Vorhergehenden folgt, dass der Gemeinwille immer auf dem rechten Weg ist und auf das öffentliche Wohl abzielt: Woraus allerdings nicht folgt, dass die Beschlüsse des Volkes immer gleiche Richtigkeit haben. Zwar will man immer sein Bestes, aber man sieht es nicht immer [...]. Wenn die Bürger keinerlei Verbindung untereinander hätten, würde, wenn das Volk wohlunterrichtet entscheidet, aus der großen Zahl der kleinen Unterschiede immer der Gemeinwille hervorgehen, und die Entscheidung wäre immer gut. Aber wenn Parteiungen entstehen, Teilvereinigungen auf Kosten der großen, wird der Wille jeder dieser Vereinigungen ein allgemeiner hinsichtlich seiner Glieder und ein besonderer hinsichtlich des Staates; man kann dann sagen, dass es nicht mehr so viele Stimmen gibt wie Menschen, sondern nur noch so viele wie Vereinigungen. Die Unterschiede werden weniger zahlreich und bringen ein weniger allgemeines Ergebnis. Wenn schließlich eine dieser Vereinigungen so groß ist, dass sie stärker ist als alle anderen, [...] gibt es keinen Gemeinwillen mehr, und die Ansicht, die siegt, ist nur eine Sonderanschauung. Um wirklich die Aussage des Gemeinwillens zu bekommen, ist es deshalb wichtig, dass es im Staat keine Teilgesellschaften gibt und dass jeder Bürger nur seine eigene Meinung vertritt [...]. [II, 3]

Von den Abgeordneten oder Volksvertretern

Die Souveränität kann aus dem gleichen Grund, aus dem sie nicht veräußert werden kann, auch nicht vertreten werden; sie besteht wesentlich im Gemeinwillen, und der Wille kann nicht vertreten werden: er ist derselbe oder ein anderer; ein Mittelding gibt es nicht. Die Abgeordneten des Volkes sind also nicht seine Vertreter, noch können sie es sein, sie sind nur seine Beauftragten; sie können nicht endgültig beschließen. Jedes Gesetz, das das Volk nicht selbst beschlossen hat, ist nichtig; es ist überhaupt kein Gesetz. [III, 15]

Jean-Jacques Rousseau, Vom Gesellschaftsvertrag oder Grundsätze des Staatsrechts (Hg. und übersetzt von Hans Brockhard), Stuttgart 1991, S. 17-21, 28-31, 103

b) Identitätstheorie der Demokratie nach Rousseau

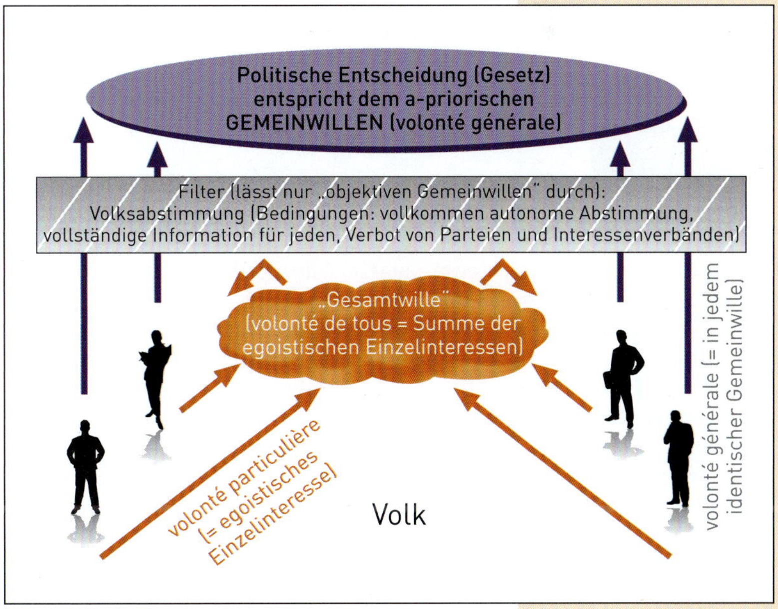

Autorengrafik

M 10 ● Ernst Frankel: Universelle Grundwerte – ausgehandeltes Gemeinwohl

Ernst Fraenkel (1898–1975), deutscher Politikwissenschaftler; hatte Kontakt zu Widerstandsgruppen gegen die Nationalsozialisten, emigrierte 1938 in die USA und kehrte 1951 nach Deutschland zurück.

Ob wir es wahrhaben wollen oder nicht: In unserem unreflektierten politischen Unterbewusstsein spukt nach wie vor die Vorstellung, dass das Gemeinwohl nur verwirklicht werden kann, wenn ein universaler Konsensus [allgemeingültige Übereinstimmung] über alle das Gemeinwesen berührenden Angelegenheiten begründet und aufrechterhalten werden kann. Jean Jacques Rousseau, auf den diese Vorstellung zurückgeht, ist vermutlich der einflussreichste politische Denker des Abendlandes. Ein derartiger Konsensus setzt aber [...] die Existenz einer homogenen Gesellschaft voraus, [in der] alle Bürger einander kennen, die gleichen Interessen verfolgen und soziale Spannungen [aufgrund ähnlicher sozioökonomischer Ausstattung der Menschen] nicht entstehen können [...].

Die moderne parlamentarische [Konkurrenz-]Demokratie gestattet ihren Bürgern [im Gegensatz dazu], auch in ihrer Eigenschaft als Bürger um die Förderung ihrer Interessen besorgt zu sein. Sie ermuntert sie geradezu, dies auf dem einzig wirksamen Wege – nämlich kollektiv – zu tun. [...]

Unter Gemeinwohl soll im Folgenden eine in ihrem Kern auf einem als allgemein gültig postulierten Wertkodex [consensus omnium] basierende, in ihren Einzelheiten den sich ständig wandelnden ökonomisch-sozialen Zweckmäßigkeitserwägungen Rechnung tragende regulative Idee verstanden werden, die berufen und geeignet ist, bei der Gestaltung politisch nicht kontroverser Angelegenheiten als Modell und bei der ausgleichenden Regelung politisch kontroverser Angelegenheiten als bindende Richtschnur zu dienen. [...] Ich wiederhole [aber], dass mit der für den demokratischen Staat kennzeichnenden Vorstellung der Autonomie politischer Willensbildung der Gedanke eines a-priori-Gemeinwohls [...] nicht in Einklang zu bringen ist. [...]

Pluralismus darf nicht mit einem laissez-faire [unregulierter Zustand] auf kollektiver Ebene gleichgesetzt werden. Ein richtig verstandener Pluralismus schließt die Erkenntnis ein, dass auch in der heterogensten Gesellschaft stets neben dem kontroversen auch ein nicht kontroverser Sektor des gesellschaftlichen Lebens besteht. Ein richtig verstandener Pluralismus ist sich der Tatsache bewusst, dass das Mit- und Nebeneinander der Gruppen nur dann zur Begründung eines a-posteriori-Gemeinwohls zu führen vermag, wenn die Spielregeln des politischen Wettbewerbs mit Fairness gehandhabt werden, wenn die Rechtsnormen, die den politischen Willensbildungsprozess regeln, unverbrüchlich eingehalten werden und wenn die Grundprinzipien gesitteten menschlichen Zusammenlebens uneingeschränkt respektiert werden, die als regulative Idee den Anspruch auf universale Geltung zu erheben vermögen. Sie tragen einen modifizierenden und korrigierenden Charakter und stellen kein unmittelbar realisierbares Aktionsprogramm dar. [...]

Ernst Fraenkel, in: Ders., Gesammelte Schriften, Bd. 5: Demokratie und Pluralismus, Baden-Baden 2007, S. 285 f., 292–294

Info

Gemeinwohl a-priori bzw. a-posteriori

Grundsätzlich lassen sich zwei unterschiedliche theoretische Konzepte des Zustandekommens von Gemeinwohl unterscheiden. Die heute gängige Auffassung eines **Gemeinwohls a-posteriori** besteht darin, dass jedes Ergebnis eines politischen Prozesses als Gemeinwohl zu bezeichnen ist, wenn das Entscheidungsverfahren demokratischen Grundsätzen genügt (und wenn durch das Ergebnis die Menschen- und Bürgerrechten gewahrt bleiben). Gemeinwohl wird in diesem Sinne hergestellt.
Anders bei der Vorstellung eines **Gemeinwohls a-priori**: Nach dieser steht das Gemeinwohl (der Inhalt/Gehalt der politischen Entscheidung) von vornherein fest, es ist gleichsam objektiv und (naturgegeben) in jedem verankert. Das demokratische Entscheidungsverfahren dient nur noch dazu, das Gemeinwohl herauszufinden.

Autorentext

M 11 Was unterscheidet Identitäts- von Konkurrenztheorie?

Eine von allen akzeptierte Definition, was denn eigentlich Demokratie (wörtlich: „Volksherrschaft“) bedeutet, wird kaum möglich sein.

[...] Eine gewichtige Bedeutung für westliche Demokratielehren kommt der Unterscheidung zwischen der Identitätstheorie und der Konkurrenztheorie der Demokratie zu. Sie hat die wissenschaftliche Diskussion lange Zeit befruchtet und ist heute noch wegweisend, wenngleich sich die Zahl der Kritiker vermehrt hat, weil die Gegenüberstellung ideologiebehaftet und simplifizierend sei.

Die von Rosseau geprägte Homogenitätstheorie orientiert sich an einem einheitlichen (homogen) Volkswillen und einem vorgegebenen Gemeinwohl („identitäre“ Demokratietheorie). Sie leugnet die Legitimität von Interessenkonflikten. In diesem Verständnis bedeutet Demokratie Identität von Regierenden und Regierten. Das Repräsentationsprinzip wird grundsätzlich missbilligt: Der „Volkswille“ könne nicht vertreten werden. Der demokratische Anspruch des Modells, das den politisch aktiven Bürger voraussetzt, sei nicht bestritten – die Gefahren, die ihm innewohnen, liegen jedoch offen zutage. Der Versuch nämlich, die Einheit des Staatsvolkes herzustellen, sie aufrechtzuerhalten und die unterschiedlichen Interessen zu unterdrücken, schlägt im Extremfall in totale Herrschaft um. Daher ist hierfür auch der Begriff „totalitäre Demokratie“ geprägt worden. Der „Führer“ oder „die Partei“ setzt den einmal als richtig erkannten Gemeinwillen in die Tat um. Abweichungen und oppositionelle Strömungen gelten als Ketzerei. Die Menschen sollen zu ihrem Glück gezwungen werden.

Die Konkurrenztheorie der Demokratie, die sich am angelsächsischen Modell ausrichtet, geht von der Existenz und Berechtigung unterschiedlicher Interessen aus. Die politische Willensbildung soll in der pluralistischen Gesellschaft durch einen offenen Prozess der Auseinandersetzung zwischen den heterogenen Gruppeninteressen vonstatten gehen, wobei ein Minimum gemeinsamer Überzeugung erforderlich ist. Aufgrund der Vielfalt der Meinungen und der sozialen Konflikte kann es eine absolut richtige Lösung nicht geben. Das Mehrheitsprinzip gilt daher als Grundlage für Entscheidungen. Freilich darf keine „Tyrannei der Mehrheit“, die demokratische Spielregeln antastet und unveräußerliche Menschenrechte verletzt, ausgeübt werden, weil auch die Mehrheit vor Unzulänglichkeiten nicht gefeit ist. Ein ausgeprägter Minderheitenschutz bildet für dieses Demokratieverständnis, zu dem sich auch das Grundgesetz bekennt, einen konstitutiven Bestandteil. Die gewählten Vertreter, während ihrer Amtszeit nicht an Aufträge gebunden, stellen sich nach Ablauf der Legislaturperiode dem Votum der Wählerschaft. Damit bedeutet Demokratie in diesem Verständnis nicht Herrschaft des Volkes, sondern Herrschaft mit Zustimmung des Volkes. Insofern ist die Konkurrenztheorie am Repräsentationsgedanken ausgerichtet.

Eckhard Jesse, Was ist Demokratie? in: Informationen zur politischen Bildung Nr. 227, Bonn 1993, S. 2

H zu Aufgabe 2
Berücksichtigen Sie die Aspekte Menschenbild, Gesellschaftsbild, Gemeinwohlvorstellung, Haltung zu Partikularinteressen, demokratische Entscheidungsverfahren, Minderheitenschutz, Haltung zu Gewaltenteilung (M 10, M 11, Info).

F zu Aufgabe 2
Bewerten Sie Rousseaus „Zwang zur Freiheit“ (vgl. M 9 Z. 47–54).

F Ordnen Sie das Demokratiemodell des Grundgesetzes demokratietheoretisch ein (Kap. 3).

Aufgaben

1. Geben Sie Rousseaus zentrale Aussagen zum Gemeinwohl („Gemeinwille“) und zu den daraus abgeleiteten politischen Entscheidungsverfahren wieder (M 7).
2. Vergleichen Sie Rousseaus und Fraenkels Konzeptionen von Demokratie (M 9, M 10).
3. Bewerten Sie die Arbeit der Verbände in Deutschland aus der Perspektive Rousseaus sowie aus der Fraenkels.

2.4.4 (Wie) Sollte Lobbyeinfluss reguliert werden?

LobbyControl

Der v. a. durch Spenden und Beiträge finanzierte Verein verfolgt die Ziele, Lobbyeinfluss (auf die Bundespolitik) transparent zu machen und stärker als bisher zu regulieren: *www.lobbycontrol.de*

Transparency International

Die Antikorruptionsvereinigung setzt sich ebenfalls für eine strengere Kontrolle und Regulierung des Einflusses privater Organisationen auf Politik und Verwaltung ein: *www.transparency.de/Politik.62.0.html*

M 12 ● Lobbyismus kenntlich machen!

LOBBYISMUS AUFDECKEN

Mehr Transparenz und Mitbestimmung für die Bürger!

Forderung des Bloggers Wasilios Katsioulis, www.noexclusion.com (2. 9. 2013)

M 13 ● Rechtslage in Deutschland zur Einflussnahme von Verbänden

Registrierung: Öffentliche Liste über die Registrierung von Verbänden und deren Vertretern („Lobbyliste"), vom Bundestagspräsidenten geführt; nur für überregionale Verbände; Eintrag freiwillig, aber ohne Registrierung i. d. R. keine Ladung zur Anhörung in Bundestagsausschüssen; festgelegt in der Geschäftsordnung des deutschen Bundestages

Parteispenden: Unverzügliche Anzeige von Parteispenden über 50.000 Euro beim Bundestagspräsidenten und anschließende Veröffentlichung; Veröffentlichung von Spenden über 10.000 Euro im jährlichen Rechenschaftsbericht einer Partei; Verbot von Spenden, die erkennbar auf eine erwartete Gegenleistung schließen lassen; Spenden von Berufsverbänden verboten; festgelegt im Parteispendengesetz

Bundestagsabgeordnete: Anzeigepflicht von Nebentätigkeiten als Mitglied eines Vorstandes, Aufsichtsrates, Verwaltungsrates, Beirates u. Ä.; Offenlegung der damit erzielten Nebeneinkünfte, die 1.000 Euro im Monat bzw. 10.000 Euro im Jahr übersteigen; festgelegt im Abgeordnetengesetz und in der Geschäftsordnung des deutschen Bundestages

Bundesregierung: Verbot des Ausübens eines Amtes oder eines Berufes neben der Ministertätigkeit; festgelegt im Gesetz über die Rechtsverhältnisse der Mitglieder der Bundesregierung („Bundesministergesetz")

„Leihbeamte": Personen aus Privatunternehmen oder Verbänden dürfen höchstens sechs Monate (im Einzelfall bis zu 2 Jahren) in der Bundesverwaltung und in Ministerien arbeiten, wenn deren Kenntnisse in einem Gebiet nicht ausreichen; in leitender Funktion dürfen die Leihbeamten nicht tätig und am Verfassen von Gesetzentwürfen nicht beteiligt sein; festgelegt in der Richtlinie der Bundesregierung zur Korruptionsprävention in der Bundesverwaltung.

Autorentext

M 14 ● Anforderungen an Lobby-Kontrolle

Definition	Beschränkungen	Aufsicht	Sanktionen	Sonderregeln
Was ist Lobbying? Wer ist Lobbyist und wer Amtsträger?	Was müssen Lobbyisten, was müssen Amtsträger tun?	Wer ist für den Vollzug der Regeln verantwortlich?	Wie werden Verstöße geahndet?	Welche anderen Regeln gibt es?

Maciej Drozd, Lobbying-Regulierung im europäischen Vergleich, in: Public Affairs Manager 2/2006, S. 82

M 15 ● Verbandseinfluss strenger regulieren und kontrollieren – Eine politische Forderung

Registrierung: Ein Transparenzregister, das die Lobbyisten gegenüber dem Parlament (und auch der Regierung) lizenziert, stellt es den Akteuren frei, sich selbst als Lobbyist zu definieren und einen Antrag auf Akkreditierung zu stellen [...]. Lobbyist ist, wer im Register eingetragen wird. Nur akkreditierten Lobbyisten stehen aber bestimmte Wege der Interessenvertretung gegenüber dem Parlament legitimerweise offen. [...]
Bundestagsabgeordnete: Die bisherige Bagatellgrenze von 1.000 Euro pro Einkommensquelle solle beibehalten werden. Nebentätigkeiten, die Lobbyarbeit enthalten oder Abgeordnete auf andere Weise in Interessenkonflikte bringen können, müssten verboten werden. Außerdem sei eine Deckelung der Nebeneinkünfte zu diskutieren. [...]
„Drehtüreffekt“: Der Seitenwechsel von Ex-Politikern und -Beamten ist nur eines der Instrumente in der Unternehmens- und Lobbykonkurrenz. Und er ist im persönlichen, materiellen wie emotional-psychischen Interesse einer kleinen Schicht von Spitzenpolitikern. Aber sie generieren nachhaltige Probleme auf der politisch-legitimatorischen Ebene. [...]
Regierung und Parlament behalten im Rahmen öffentlicher, transparenter Verfahren die Entscheidungskompetenz in jedem Einzelfall. [...]
Gesetzentwürfe: Externe Zuarbeit zur oder die teilweise oder komplette externe Formulierung von Gesetzen wird [...] zum Ausnahmefall erklärt, aber unter bestimmten Umständen nicht ausgeschlossen. Die erste Bedingung ist, dass für die Dringlichkeit der Mitwirkung Externer eine nachvollziehbare und glaubwürdige Begründung gegeben und der Nachweis erbracht wird, dass die jeweilige Gesetzesmaterie aufgrund qualifikatorischer Lücken hausintern nicht hinlänglich bearbeitet werden kann. Die zweite Bedingung ist die Transparenz der Auftragsvergabe.

Andreas Kolbe u.a., Marktordnung für Lobbyisten, Frankfurt a.M. 2011 (OBS-Arbeitsheft 70), S. 60 ff. Überschriften eingefügt

Aufgaben

1. a) Nehmen Sie – auch vor dem Hintergrund der Anforderungen an Lobby-Kontrolle und -Regulierung (M 14) – Stellung zur Rechtslage in Deutschland (M 13).
   b) Entwickeln Sie bei Bedarf weitergehende Vorschläge zur Lobby-Kontrolle in Deutschland.
2. Überprüfen Sie – auch im Vergleich mit Ihren Veränderungsideen –, ob bzw. inwieweit der politische Reformvorschlag geeignet ist, die Lobby-Kontrolle und -Regulierung in Deutschland zu verbessern (M 15).

Lobbyismus – Definition, Strategien, Rechtsstellung
M 5

Lobbyismus liegt vor, wenn Akteure (Lobbyisten) die Interessen der eigenen Organisation oder gegen Geld die Interessen Dritter gegenüber politischen Entscheidern vertreten. Dabei sollen politische Entscheidungen i. S. d. vertretenen Partikularinteressen beeinflusst werden.
Einfluss nehmen Lobbyisten vor allem bevor ein Gesetzentwurf in die parlamentarischen Gremien gelangt. Sie sind z. T. bereits im **Agenda Setting** bzw. der Problemformulierung aktiv, z. T. nehmen sie mehr oder weniger erfolgreich Einfluss auf die Formulierung von Gesetzentwürfen. Manchmal gelingt es, für sie unvorteilhafte Gesetzgebungsvorhaben von vornherein zu verhindern.
Das verbandsmäßige Organisieren ist durch die **Vereinigungsfreiheit** (Art. 9 (1) GG) geschützt. Politischer Einfluss darf ausgeübt werden, solange der Rechtsrahmen berücksichtigt wird. So müssen etwa Parteispender ab einer Spendenhöhe von 10.000 Euro genannt werden und „Leihbeamte" aus der Privatwirtschaft, die wegen ihrer Detailkenntnis maximal zwei Jahre lang für ein Ministerium arbeiten, dürfen nicht an der Ausarbeitung von Gesetzesvorlagen beteiligt sein.

Funktion organisierter Interessenvertretung
M 6, M 7

In einer pluralistischen Demokratie dürfen Partikularinteressen nicht unterdrückt werden (Ausnahme: Gefährdung dieser Staatsform). Organisierte Interessen werden sogar als Chance gesehen, (1) die **Problemlösefähigkeit** des politischen Systems zu erhöhen durch das Expertenwissen der Mitglieder; (2) erhalten ggf. auch Minderheiten Artikulationsmöglichkeiten bzw. Durchsetzungschancen (**Artikulationsfunktion**); (3) wird das politische System enger an die Bürger gebunden und von diesen (indirekt) kontrolliert (**Legitimations- oder Vermittlungsfunktion**); (4) werden Einzelkonflikte gebündelt und so das gesellschaftliche Konfliktpotenzial insgesamt verkleinert (**Aggregationsfunktion**).

Macht von Lobbygruppen

Da kein Lobbyist demokratisch legitimiert ist, ist auch keiner politisch formal entscheidungsbefugt. Dennoch üben organisierte Interessen faktische Macht aus. Dabei haben allerdings bestimmte Verbände eine höhere Durchsetzungschance ihrer Ziele als andere: konzentriertere Interessen (z. B. single-issue-Vereinigungen), egoistische Motive der Mitglieder, ein hoher Organisationsgrad, weitreichende Spezialkenntnisse im entsprechenden Politikfeld, gute finanzielle Ausstattung und Verfügbarkeit wirksamer Druckmittel (z. B. Androhung von Arbeitsplatzverlusten) sind förderlich für den Erfolg der Interessenvertretung.

Kritik am Lobbyismus
M 13

Kritik an den Einflussversuchen der Lobby entzündet sich vor allem an zwei Punkten: Zum einen hätten bestimmte Vereinigungen strukturelle Vorteile (z. B. solche aus dem Wirtschaftsbereich gegenüber jenen mit humanitären oder auch ökologischen Zielsetzungen). Zum anderen sei die Einflussnahme häufig (für die Öffentlichkeit) verschleiert und verstoße damit gegen das demokratische Transparenzgebot.

FDP-Bundesparteitag, 15. – 17. 6. 2009, Hannover

Ausstellerplan

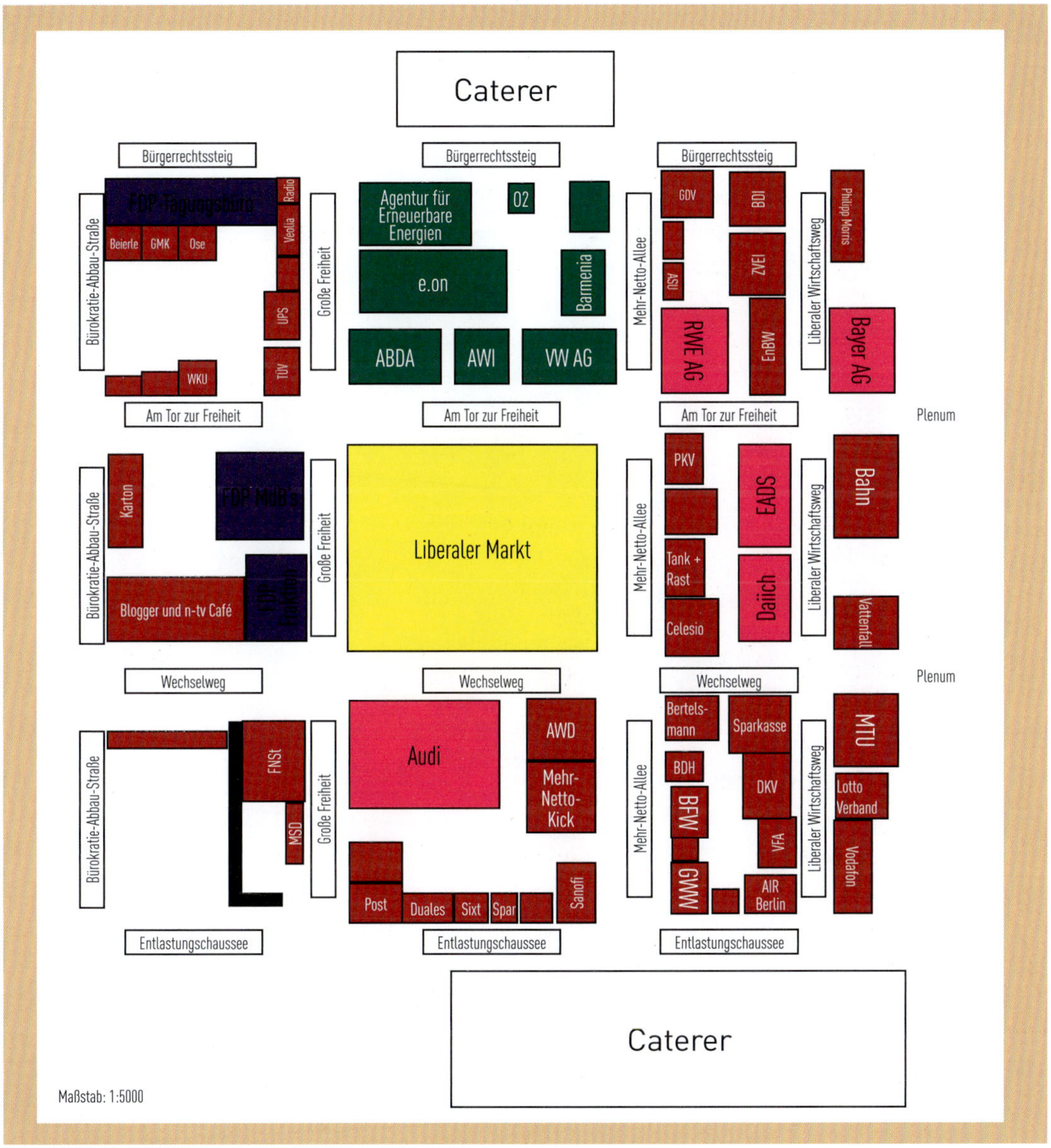

Nach: https://www.lobbycontrol.de/wp-content/uploads/ausstellerplan-300dpi.jpg (2. 9. 2013)

Aufgaben

1. Beschreiben Sie den Ausstellerplan des FDP-Bundesparteitags 2009 in wesentlichen Zügen.
2. Erläutern Sie, inwieweit die Vergabe von „Ausstellerplätzen" Lobbyismus nahelegt.
3. Sponsoring von Parteien durch die Privatwirtschaft sollte komplett verboten werden. Nehmen Sie Stellung zu dieser These.

(a) Unter Demokratie verstehe ich,
dass sie dem Schwächsten die gleichen Chancen einräumt
wie dem Stärksten.

Mahatma Gandhi (1869–1948), indischer Rechtsanwalt und Friedensaktivist

(b) [Democracy:] Government of the people,
by the people, for the people

Abraham Lincoln (1809–1865), 16. Präsident der Vereinigten Staaten von Amerika, erster aus der Republikanischen Partei

(c) Ob es Demokratie in einer Gesellschaft gibt oder nicht,
hängt [...] lediglich von zwei Voraussetzungen ab.
Davon nämlich, ob es ein festgelegtes [...] Verfahren dafür gibt,
die Regierung abzuwählen.
Und zweitens ist die Frage entscheidend,
ob es die garantierte Möglichkeit gibt –
auch für den einzelnen Bürger –,
Anordnungen und Maßnahmen staatlicher Organe durch unabhängige
Gerichte überprüfen und korrigieren zu lassen.

*Eberhard Le Coutre (*1928), deutscher Pastor und Journalist*

(d) Die Frage, wer herrschen soll, ist falsch gestellt.
Es genügt, wenn eine schlechte Regierung abgewählt werden kann.
Das ist Demokratie.

Karl Raimund Popper (1902–1994), britischer Philosoph österreichischer Herkunft

(e) Wahlen alleine machen
noch keine Demokratie.

*Barack Obama (*1961), seit 2009 44. Präsident der Vereinigten Staaten von Amerika*

(f) Demokratie ist die Notwendigkeit,
sich gelegentlich den Ansichten
anderer Leute zu beugen.

Winston Churchill (1874–1965), von 1940–1945 und 1951–1955 britischer Premierminister

(Zukunft der) Demokratie des Grundgesetzes

3

Der Staat besteht für seine Bürger! Dieser so selbstverständlich klingende Satz ist keineswegs eine Selbstverständlichkeit, sondern spiegelt eher eine historische Ausnahme. In Kapitel 3.1 können sie den umfassenden Begriff der Menschenwürde nach dem Grundgesetz erschließen. Doch Menschenwürde kann nur dann verteidigt werden, wenn auch die Mittel dazu zur Verfügung stehen. Über welche Instrumente die Bundesrepublik Deutschland verfügt (wehrhafte Demokratie) und warum Parteien unter besonderem Schutz stehen, erarbeiten Sie im Anschluss.
Die wesentlichen Staatsstrukturprinzipien Deutschlands hält Kapitel 3.2 bereit. Zu welchem Zweck und auf welche spezifische Art und Weise ist die Staatsgewalt in Deutschland verteilt? Welche Rechte stehen den deutschen Bürgern gegen staatliches Handeln zu? Und warum ist die Republik noch immer in Bundesländer unterteilt, wo doch seit Jahren massive Kritik z. B. am Bildungsföderalismus geübt wird?
Immer mehr Menschen wenden sich derzeit enttäuscht oder desinteressiert vom politischen Geschehen ab und bleiben Wahlen fern; gleichzeitig engagieren sich zahlreiche Menschen in unterschiedlichen Zusammenhängen und fordern vehement eine Ausweitung ihrer Beteiligungsmöglichkeiten abseits von Wahlen. In Kapitel 3.3 erarbeiten Sie zunächst dieses Krisenszenario und lernen im Anschluss unterschiedliche Ansätze zur Reform der Demokratie in Deutschland kennen. Sollen Bürgerinnen und Bürger unmittelbar über Gesetze entscheiden? Welche Chancen birgt das Internet bei der Neubelebung der Demokratie?

Aufgaben

1. Definieren Sie selbst Demokratie vorläufig.
2. Vergleichen Sie die Aussagen zu den grundlegenden Funktionsbedingungen von Demokratie.
3. Entwickeln Sie unter Berücksichtigung ausgewählter Aussagen Ihre vorläufige zu einer systematischen Definition weiter.

KOMPETENZEN

Am Ende dieses Kapitels sollten Sie Folgendes wissen und können:

... mit der Menschenwürde, der Wehrhaftigkeit, dem Demokratieprinzip, den Staatsstrukturprinzipien und der Ewigkeitsgarantie wesentliche Bestimmungen des Grundgesetzes für die Bundesrepublik Deutschland erklären.

... die genannten Grundgesetzbestimmungen (insbesondere an Fragen des Parteiverbots, der Umgestaltung von Gewaltenteilung und Föderalismus sowie an Sozialrechtsfällen) identifizieren.

... die Verletzung einer Fundamentalnorm des Grundgesetzes (nach Art und Schwere) bewerten.

... Ansätze zur Reform der Demokratie erläutern und vor dem Hintergrund gegenwärtiger Krisenbeschreibungen bewerten.

3.1 Muss Demokratie der Freiheit Grenzen setzen? Menschenwürde und wehrhafte Demokratie

3.1.1 Präventive Rasterfahndung – Schutz oder Verletzung der Menschenwürde?

M 1 Studenten werden „gerastert"

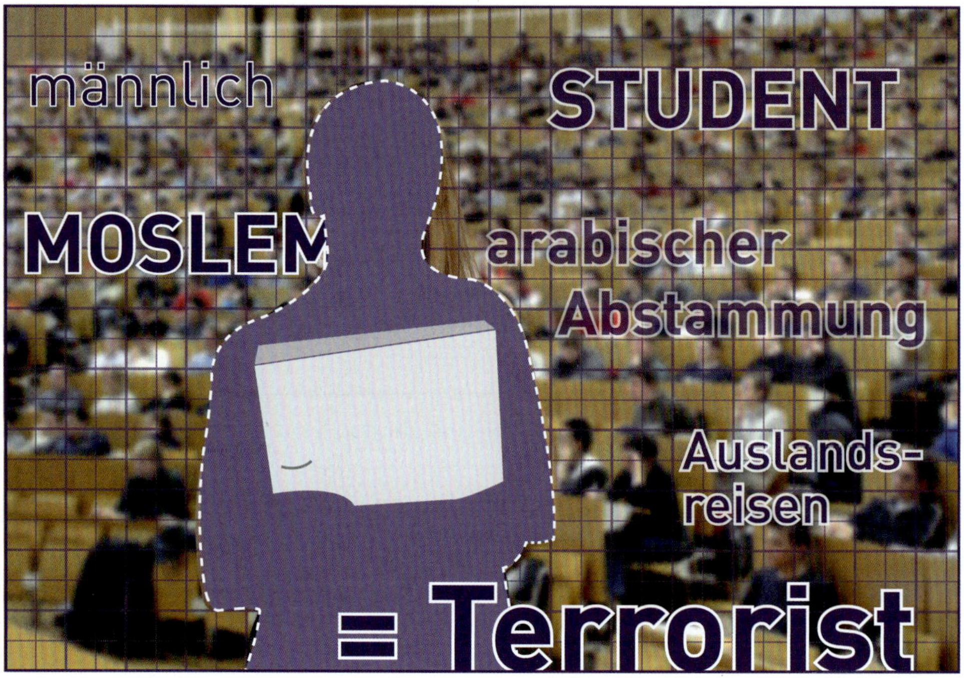

M 2 Vorbeugendes Datensammeln gegen Terrorismus

Bei der Suche nach islamistischen Terroristen in Deutschland kommt [seit 2001] eine Methode zum Einsatz, die bereits in den siebziger Jahren entwickelt wurde: die so genannte Rasterfahndung. [...] Mit der [...] bundesweit ausgedehnten Rasterfahndung zogen die Innenminister aus Bund und Ländern die Konsequenz aus den Anschlägen in den USA [am 11. September 2001]. Die Ermittlungsbehörden wollen damit in Deutschland lebende islamistische Terroristen aufspüren. Ziel sind vor allem so genannte Schläfer, die sich völlig unauffällig verhalten und auf ihren Terroreinsatz warten. Nach den bisherigen Erkenntnissen wird die Bundesrepublik von einigen Terroristen als

„Ruhe- und Rastraum" genutzt. In einzelnen Bundesländern begann die Rasterfahndung schon früher. So wurden etwa in Berlin die Namen von knapp 900 Studenten aus 15 islamischen Ländern an das Landeskriminalamt gegeben.* [...]
Bei den Ermittlungen werden unter anderem Hochschul-Datenbanken durchforstet. Die Länder-Innenminister hatten [hierzu] einheitliche Kriterien festgelegt [männlich, Alter 18 bis 40 Jahre, Student oder ehemaliger Student, islamische Religionszugehörigkeit, Geburtsland oder Nationalität bestimmter Länder mit überwiegend islamischer Bevölkerung].

N.N., www.spiegel.de, 1.10.2001

* *Insgesamt wurden bis 2006 8,3 Millionen Datensätze bei Universitäten, Einwohnermeldeämtern, dem Ausländerzentralregister und anderen Behörden herangezogen und 32.000 Datensätze an die Kriminalämter zur Überprüfung weitergeleitet.*

M 3 ● Die Entscheidung des Bundesverfassungsgerichts zur Rasterfahndung

Eine präventive polizeiliche Rasterfahndung ist mit dem Grundrecht auf informationelle Selbstbestimmung nur vereinbar, wenn zumindest eine *konkrete* Gefahr für hochrangige Rechtsgüter wie den Bestand oder die Sicherheit des Bundes oder eines Landes oder für Leib, Leben oder Freiheit einer Person gegeben ist. Als bloße Vorfeldmaßnahme entspricht eine solche Rasterfahndung verfassungsrechtlichen Anforderungen nicht. Daher reichen eine allgemeine Bedrohungslage, wie sie in Hinblick auf terroristische Anschläge seit dem 11. September 2001 durchgehend bestanden hat [...] für die Anordnung der Rasterfahndung nicht aus. [...]
Die von der Befugnis erfassten Daten sind nach Art und Inhalt nicht eingegrenzt. [...] Hinzu kommt, dass sich aus der Zusammenführung und Kombination der übermittelten und sonstigen Datenbestände und ihrem wechselseitigen Abgleich vielfältige neue Informationen gewinnen lassen. Sie können nach Art und Inhalt eine besonders starke Persönlichkeitsrelevanz besitzen und Persönlichkeitsbilder ermöglichen. [...]
Die Intensität des Eingriffs ergibt sich auch mit dem Blick auf etwaige aus der Rasterfahndung resultierende weitere Folgen für die Betroffenen. Die Rasterfahndung begründet für die betroffenen Personen ein erhöhtes Risiko, Ziel weiterer behördlicher Ermittlungsmaßnahmen zu werden. [...] Auch kann die Tatsache einer nach bestimmten Kriterien durchgeführten polizeilichen Rasterfahndung als solche [...] die betroffenen Bevölkerungsgruppen in der öffentlichen Wahrnehmung stigmatisieren. [...]
Angesichts des Gewichts der mit der Durchführung einer Rasterfahndung einhergehenden Grundrechtseingriffe ist diese nur dann angemessen, wenn der Gesetzgeber rechtsstaatliche Anforderungen dadurch wahrt, dass er den Eingriff erst von der Schwelle einer hinreichend konkreten Gefahr für die bedrohten Rechtsgüter an vorsieht. Im Vorfeld einer konkreten Gefahr scheidet eine Rasterfahndung aus.

Bundesverfassungsgericht, Pressemitteilung Nr. 40/2006 vom 23. Mai 2006. Zum Beschluss vom 4. April 2006 – 1 BvR 518/02.

Sondervotum

Am Bundesverfassungsgericht haben Richter das Recht, eine abweichende Meinung zum Urteil zu Protokoll zu geben. Entweder kann die Meinung das Ergebnis der Mehrheit nicht mittragen *(dissenting vote)* oder im Ergebnis übereinstimmen aber mit einer anderen Begründung *(consenting/concurring vote)*. Ein Sondervotum ist bedeutsam, da es einen späteren Wandel der Rechtsprechung andeuten bzw. diesen vorbereiten kann.

M 4 ● Sondervotum zum Rasterfahndungs-Urteil

Ungeachtet dessen, dass weder die einzelnen von der Senatsmehrheit herangezogenen Umstände des Eingriffs noch die Gesamtheit aller dieser einen Eingriff von hoher Intensität überzeugend zu begründen vermögen, gerät der Mehrheitsmeinung ein meines Erachtens ganz entscheidender Aspekt der [...] Rasterfahndung aus dem Blick. Indem nämlich der Staat einzelne bereits erhobene und damit ihm ohne weiteres zugängliche Daten lediglich nochmals erfasst und in der dargestellten Weise auswertet, sichert und fördert er die Freiheit gerade auch der von diesem Datenabgleich Betroffenen. Es geht damit primär um Freiheitserhalt oder -förderung.

Das Grundrecht auf Freiheit fordert die Gewährleistung der Sicherheit durch den Staat. Ohne Sicherheit kann die Freiheitsgewährleistung des Grundgesetzes nicht mit Leben erfüllt werden. Sicherheit ist die Grundlage, auf der Freiheit sich erst vollends entfalten kann. Zwischen Freiheit und Sicherheit besteht damit ein untrennbarer Sach- und Sinnzusammenhang. Deshalb sind alle die Sicherheit gewährleistenden Maßnahmen gleichzeitig auch als Maßnahmen zu begreifen, die Freiheitsentfaltung gewährleisten und fördern. Ein Gewinn an Sicherheit stärkt im demokratischen Rechtsstaat die Freiheit, ist demgemäß ein Freiheitszugewinn. Und zwar auch desjenigen Bürgers, der durch staatliche präventive Schutzmaßnahmen in seiner Freiheit, seinem Recht, über die Nutzung und die Verwendung der ihn betreffenden Daten entscheiden zu dürfen, tangiert wird, ohne selbst Veranlassung zu der Annahme gegeben zu haben, die Lebensgrundlagen seiner Mitbürger beeinträchtigen oder vernichten zu wollen. Auch er hat teil am Freiheitszugewinn wie alle anderen nicht von den Maßnahmen der Rasterfahndung betroffenen Mitbürger auch. Für die Stärkung seines Freiheitsrechts, seines Rechts sich ungehindert bewegen zu können, ohne zugleich Angst vor Angriffen anderer Personen auf sein Leben oder auf seine Gesundheit haben zu müssen, muss der Einzelne im Vergleich dazu geringfügige Beeinträchtigungen hinnehmen. [...]

Aus der Freiheit von Furcht erwächst dem Einzelnen die Freiheit zu selbstbestimmtem Tun, zur Entfaltung seiner Persönlichkeit und damit seiner Fähigkeiten. [...] Eingeschüchtert hingegen und in seinem Verhalten beeinflusst wird der Einzelne durch die Furcht, die durch die Bedrohung von weltweit agierenden Terroristen verursacht wird und die auch ernst zu nehmen ist. [...]

Aus: Abweichende Meinung der Richterin Haas zum Beschluss des Ersten Senats vom 4. April 2006; 1 BvR 518/02

M 5 ● Die Menschenwürde als oberster Verfassungswert

- Die Würde des Menschen ist in unserer Rechts- und Wertordnung oberster Verfassungsgrundsatz, an dem sich alles staatliche Handeln zu orientieren hat. Folglich hat der Mensch im Mittelpunkt staatlichen Geschehens zu stehen. Der Grundsatz lautet: Der Staat ist für den Menschen da, und nicht umgekehrt.
- Träger der Menschenwürde ist jeder Mensch von der Geburt bis zum Tode, wobei es unerheblich ist, ob sich der Einzelne seiner Würde bewusst ist oder dieses Bewusstsein nicht hat (etwa der Geisteskranke).
- Die Würde kommt dem Menschen deshalb zu, weil er als einziges Wesen die Fähigkeit besitzt, sich in Freiheit zu entscheiden und sich selbst zu bestimmen.
- Die Menschenwürde ist Ursprung und Quelle aller weiteren Freiheits-, Gleichheits- und Unverletzlichkeitsrechte. Demnach sind es Ansprüche und Be-

rechtigungen, die die Einmaligkeit des Mensch-Seins kennzeichnen und die Würde des Menschen verkörpern.

Aus der absoluten Verpflichtung der gesamten Staatsgewalt, die Würde des Menschen zu achten und zu schützen, folgt,

- dass jeder Träger staatlicher Gewalt bei der Begegnung mit dem Einzelnen dessen Würde nicht antasten oder gar verletzen darf (achten) und
- dass er (z. B. der Polizeibeamte) gleichermaßen abwehrend eingreifen muss, wenn die Würde des Menschen von dritter Seite verletzt zu werden droht bzw. verletzt wird (schützen). [...]

Wann ist die Menschenwürde verletzt?

Die Würde des Menschen ist allgemein immer dann verletzt, wenn

- er zum reinen Objekt staatlicher Maßnahmen gemacht,
- die innere Freiheit des Menschen angetastet oder
- seine Personenwertgleichheit geleugnet wird.

Die Rechtsprechung hat z. B. in folgenden Fällen auf eine Verletzung der Menschenwürde erkannt:

- Vorgänge, die den Menschen auf die Ebene des Tieres erniedrigen, wie Massenaustreibung, Ausrottung rassischer oder religiöser Gruppen durch Tötung, Geburtenverhinderung oder Kindesverschleppung (BVerfGE 1, 104).
- Beeinträchtigung der Willens- und Entschließungsfreiheit durch Misshandlung, um ein Zwangsgeständnis herbeizuführen.
- Verletzung der Privatsphäre (Geheimnisbruch) wie unberechtigte Ton- und Bildaufnahmen, widerrechtliches Abhören von Telefongesprächen oder das öffentliche Verlesen persönlicher Briefe.

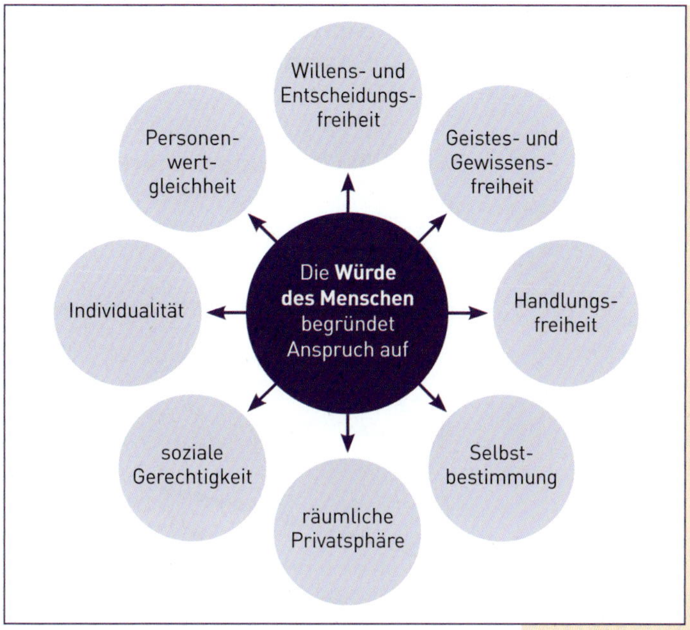

Hans-Joachim Hitschold, Staatskunde. Grundlagen für die politische Bildung, 13. Auflage, Stuttgart 2007, S. 139 ff.

Aufgaben

1. Stellen Sie die Vorgehensweise bei und die Begründung für den Einsatz der Rasterfahndung dar (M 2).
2. a) Stellen Sie sich vor, Personen mit Ihren Merkmalen würden per Rasterfahndung gesucht, Ihre Daten würden weitergeleitet und zentral ausgewertet. Nehmen Sie spontan Stellung zu dieser Fahndungsmaßnahme und begründen Sie Ihre Haltung (M 1).
   b) Überprüfen Sie die Verfassungsmäßigkeit der Rasterfahndung (M 2, Grundgesetz).
   c) Vergleichen Sie das Ergebnis Ihrer Überprüfung mit dem Urteil des Bundesverfassungsgerichts von 2006 sowie des Sondervotums der Richterin Haas (M 3, M 4).
3. Arbeiten Sie heraus, inwieweit sich die Urteilsbegründung des Bundesverfassungsgerichts auf den Erhalt der Menschenwürde bezieht (M 3, M 5).

F zu Aufgabe 2 b)
Beurteilen Sie die Rasterfahndung zusätzlich nach dem Rechtsgrundsatz der Verhältnismäßigkeit der Mittel.

3.1.2 Sicherheit und Freiheit – Spannungs- oder Bedingungsverhältnis?

M 6 ● Freiheit und Sicherheit – zwei Ansichten

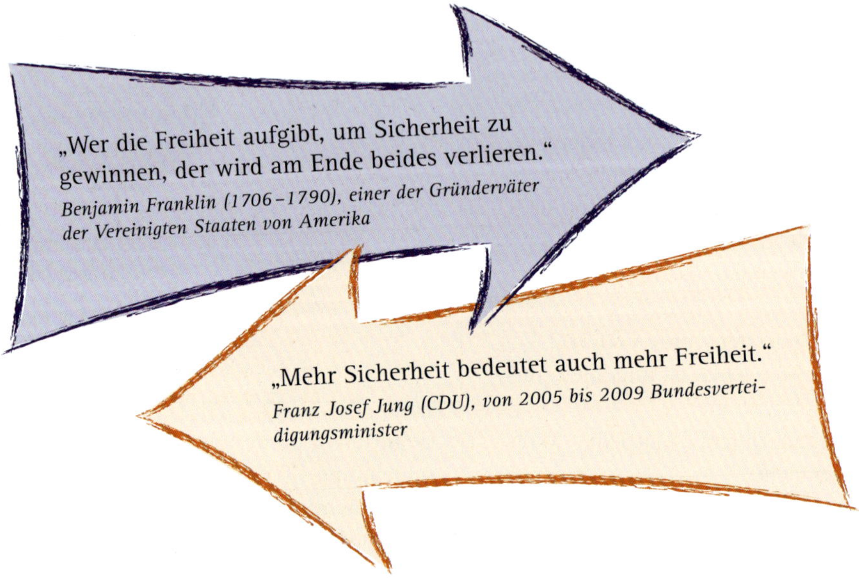

M 7 ● Wie weit darf der Staat gehen?

Der ehemalige Verfassungsrichter Dieter Grimm setzt sich kritisch mit den Forderungen des ehemaligen Bundesinnenministers Wolfgang Schäuble (CDU) nach einer Ausweitung staatlicher Befugnisse im Kampf gegen den Terrorismus auseinander.

Wer die Freiheit für den Preis der Sicherheit hält, hat schlecht gerechnet. Zwar stimmt es, dass die Freiheit wenig nutzt, wenn man unausgesetzt um Leib und Leben fürchten muss. Seinen Bürgern Sicherheit zu gewährleisten ist die erste Aufgabe des Staates. Wenn er sie nicht mehr erfüllt, verliert er seine Legitimation. Aber stimmt es auch, dass jemand, der seine grundrechtlich geschützte Freiheit gegenüber der Staatsgewalt aufgibt, sich sicher fühlen kann? Oder hat er nur eine Gefahrenquelle gegen die andere ausgewechselt? [...]

Freiheit und Sicherheit sind keine Gegensätze. Sie sind aber auch nicht notwendig in Harmonie. Freiheit produziert Sicherheitsrisiken, die sich nur durch Freiheitsbeschränkungen eindämmen lassen. Dabei darf aber das Ziel nicht aus den Augen verloren werden [...]

In Deutschland zieht sich dieser Streit mitten durch die Regierung. Dem Bundesinnenminister fallen ständig neue Sicherheitslücken auf, die er mit freiheitsbeschränkenden Gesetzen stopfen will. Die Bundesjustizministerin verweist darauf, dass sich nicht alle Vorschläge mit dem Grundgesetz vereinbaren lassen. In der Tat hat das Bundesverfassungsgericht zwei von drei nach den Anschlägen vom 11. September 2001 verabschiedeten Antiterrorgesetzen des Bundes und der Länder für verfassungswidrig erklärt und für das dritte eine einschränkende Interpretation vorgeschrieben. [...]

Gesetze zur inneren Sicherheit seit dem 11. 9. 2001

2001
- Telefonüberwachung bereits nach Anfangsverdacht
- Sky Marshalls (Bundespolizei) in Flugzeugen möglich
- Rasterfahndung (2006 vom BVerfG mit hohen Hürden versehen)

2002
- Einreiseverbote Verdächtiger möglich ohne konkrete Straftat

2004
- US-Behörden erhalten Zugang zu Fluggastdaten

2005
- Luftsicherheitsgesetz (Abschuss entführter Passagierflugzeuge) (vom BVerfG aufgehoben)

2006
- Einrichtung einer „Anti-Terror-Datei" zwischen 38 Behörden

2008
- biometrische Daten in Personalausweisen
- anlasslose Vorratsdatenspeicherung (2010 vom BVerfG aufgehoben)
- Online-Durchsuchungen („Bundestrojaner") (durch BVerfG mit hohen Hürden versehen, als neues „Grundrecht auf Gewährleistung der Vertraulichkeit und Integrität informationstechnischer Systeme")

Mit Ausnahme des Luftsicherheitsgesetzes, das den Einsatz der Luftwaffe im Innern vorsah, betrafen die Gesetze allesamt die heimliche Informationsgewinnung. Das ist charakteristisch für die Bekämpfung neuartiger Gefahren wie organisierte Kriminalität, Waffenschmuggel und eben Terrorismus. Der Staat setzt in diesem Kampf auf Prävention. Er sucht der Straftat zuvorzukommen und die Gefahr schon im Keim zu ersticken. [...]

Damit wächst der Informationshunger des Staates erheblich. Er lässt sich freilich nur heimlich stillen. Deswegen wachsen auch die Geheimdienste und ihre Befugnisse. Die Vorteile der vorverlagerten Prävention sind allerdings nicht kostenlos zu haben. Wo erst Verdachtsmomente gesammelt werden sollen, trifft sie potenziell jeden und alles, weil bei der Verdachtssuche nichts unverdächtig ist, nicht das Buch aus der Bibliothek, nicht der Wecker auf dem Nachttisch, nicht der Ort, an dem man seine Freunde trifft.

Deswegen darf man auch nicht der Beschwichtigung trauen, wer sich nichts vorzuwerfen habe, habe auch nichts zu befürchten. Jeder muss befürchten, dass seine Kommunikation überwacht wird. Niemand kann sicher sein, dass ihm daraus keine unangenehmen Folgen erwachsen. Ist man einmal im Verdachtsraster hängen geblieben, sind Beschattung und Ausforschung der Nachbarn, Beförderungsverweigerungen im Flugzeug, der Verlust des Arbeitsplatzes wegen Sicherheitsbedenken nicht mehr völlig fern.

Daher muss man dem staatlichen Informationshunger Grenzen ziehen. Je geringfügiger die Straftat, je kleiner der mögliche Schaden, je schwächer die Anhaltspunkte dafür, dass er eintreten könnte, je einschneidender die möglichen Folgen der Informationserlangung für den Einzelnen, desto höher müssen die Schwellen für Überwachungsmaßnahmen sein. Umgekehrt: Je schwerer die Straftat, je stärker die Anhaltspunkte, dass sie vorbereitet wird, je größer der mögliche Schaden, desto niedriger darf die Schwelle ausfallen. [...]

Indessen setzt das Grundgesetz auch der Verfassungsänderung Grenzen. Die Grundsätze der Demokratie, des Rechtsstaats und des Bundesstaats sind ebenso unabänderlich wie die Garantie der Menschenwürde, die Existenz unveräußerlicher Menschenrechte und die Grundrechtsbindung der gesamten Staatsgewalt. Die Rechtlosstellung feindlicher Kombattanten wie in den USA könnte in Deutschland auch mit einer Verfassungsänderung nicht erreicht werden.

Gerhard Mester, Baaske Cartoons

Erhöhte Terrorismusgefahren verlangen erhöhte Sicherheitsvorkehrungen. Darüber darf aber nicht vergessen werden, dass es die Sicherheit einer freiheitlichen Gesellschaft ist, die erhöht werden soll. Wenn man im Kampf gegen den Terrorismus zu denselben Mitteln greift, welche die Terroristen anwenden, gibt man den grundlegenden Unterschied zu ihnen auf. Es ist dieser Widerspruch zu den eigenen obersten Prinzipien, der es verbietet, sie gegenüber ihren Verächtern zu missachten.

Dieter Grimm, Die Zeit Nr. 49, 29.11.2007, S. 14

2011
- Verlängerung der Anti-Terror-Gesetze von 2001 um weitere vier Jahre

2013
- CDU/CSU und SPD sehen in ihrem Koalitionsvertrag eine anlasslose Vorratsdatenspeicherung von Telekommunikationsdaten (vgl. 2008) von sechs Monaten vor.

Ansehen
Projekt WissensWerte „Menschenrechte im Fokus“: Erklärfilm zur Geschichte der Menschenrechte

Info

Bürgerliche Freiheitsrechte

Bürgerliche Freiheitsrechte, wie sie auch in den ersten 20 Artikeln des Grundgesetzes für die Bundesrepublik Deutschland verbrieft werden, sind vornehmlich als Abwehrrechte der Bürger gegen staatlichen Zugriff zu verstehen. Zum Kernbestand dieser Rechte gehören u.a. sie allgemeine Handlungs- (Art. 2 GG), die Versammlungs- (Art. 8 GG), die Vereinigungs- und Koalitionsfreiheit (Art. 9 GG) sowie die Freiheit des Eigentums (Art. 14 GG), der Meinung (Art. 5 GG) und die Glaubens-, Gewissens- und Bekenntnisfreiheit (Art. 4 GG). Freiheitsrechte sind nicht statisch, sondern müssen den kulturellen und technischen Entwicklungen angepasst werden. So formulierte das Bundesverfassungsgericht angesichts der Bedeutung der elektronischen Datenverarbeitung die Grundrechte auf informationelle Selbstbestimmung (personenbezogener Daten) sowie auf „digitale Intimsphäre“ (also der Schutz der auf Computern u.Ä. gespeicherten, persönlichen Daten). In Bürgerrechte darf nach dem Grundsatz der Verhältnismäßigkeit nur durch ein Gesetz eingegriffen werden.

Autorentext

M 8 ● Rasterfahndung war einfacher

Bernd Zeller

Ⓜ zu Aufgabe 2
Geben Sie nach der Lektüre Ihrem Sitznachbarn den Text bewusst lückenhaft wieder. Dieser hat die Aufgabe, die Auslassungen zu entdecken und zu füllen.

Aufgaben

1. Ordnen Sie die Zitate in die Diskussion um die Rasterfahndung ein (M 6, Kap. 3.1.1).
2. Arbeiten Sie die zentralen Aussagen Dieter Grimms zum Verhältnis von Staat und Bürgern heraus (M 7).
3. a) Analysiern Sie die Karikatur (M 8).
   b) Erörtern Sie die Aussagen Benjamin Franklins und Franz Josef Jungs (M 6) vor dem Hintergrund Ihrer Ergebnisse der Karikaturanalyse.

3.1.3 Was verteidigt „die Demokratie" gegen wen? Zweck und Instrumente der Wehrhaftigkeit

M 9 ● Der Staat verbietet Vereinigungen

a) Bundesinnenminister verbietet radikal-islamische Vereinigung

Im nordrhein-westfälischen Solingen ist die Vereinigung Millatu Ibrahim ansässig. Erst im vergangenen Herbst [...] gegründet, wurde die Gruppe nun mit Wirkung vom 29. Mai 2012 verboten. In der 31-seitigen Verbotsverfügung heißt es, Millatu Ibrahim (MI) wende sich gegen die verfassungsmäßige Ordnung, verstoße gegen den Gedanken der Völkerverständigung und zeige eine aggressiv-kämpferische Grundhaltung. Als Beleg führt das Innenministerium eine Reihe von Videobotschaften und Reden auf, die MI im Internet publiziert hat. Der Verfassungsschutz hatte bereits seit einigen Wochen vor der Gruppe gewarnt, weil sie besonders radikal agitiere und zum bewaffneten Kampf gegen Demokratie und Grundgesetz aufrufe. Mit dem Verbot wird Millatu Ibrahim aufgelöst und das Vereinsvermögen beschlagnahmt. Der Besitz geht in Staatseigentum über. [...]

Die Gefährdung, die von den [...] Gruppen ausgeht, besteht nach Ansicht der Sicherheitsbehörden gerade in solchen Botschaften, die Anhänger radikalisieren sollen. Über Videobotschaften, Predigten im Internet und Auftritten in Moscheen würden die Salafisten ihr Gedankengut verbreiten und damit den geistigen Nährboden für Übergriffe in Deutschland schaffen. Konkrete Anschlagspläne unterstellt man [...] hingegen nicht.

Stefan Hebestreit, Großrazzia gegen Salafisten, in: Frankfurter Rundschau, 15.6.2012

b) Niedersächsischer Innenminister verbietet rechtsextreme Gruppierung

Niedersachsens [damaliger] Innenminister Uwe Schünemann (CDU) hat mit sofortiger Wirkung die rechtsextreme Gruppierung „Besseres Hannover" verboten. [...] [Bei einer Razzia beschlagnahmten Polizeibeamte] zahlreiche Computer und Handys, Stichwaffen, Schreckschusspistolen, NPD-Propagandamaterial und eine Hakenkreuzfahne.

Den rund 40 Mitgliedern von „Besseres Hannover" ist es ab sofort untersagt, ihre Internetseite weiter zu betreiben. Auch dürfen sie den sogenannten „Abschiebär", eine von den Neonazis geschaffene Figur zur Verunglimpfung von Migranten, nicht mehr in der Öffentlichkeit verwenden. Zudem ist es ihnen verboten, die von den Rechtsextremen herausgegebenen Zeitschriften „Bock" und „Anschlag" zu verteilen. Ein Verstoß gegen das Verbot stellt eine Straftat dar. Das Verbot gilt auch für eventuelle Nachfolgeorganisationen. [...]

Schünemann führte drei Gründe an, die letztlich zu dem Verbot der Vereinigung geführt hätten. Die Aktivitäten von „Besseres Hannover" hätten sich gegen die verfassungsmäßige Ordnung gerichtet. Die Gruppierung habe außerdem gegen den Gedanken der Völkerverständigung verstoßen. „Zudem läuft gegen 22 Mitglieder der Vereinigung ein Ermittlungsverfahren wegen des Verdachts der Bildung einer kriminellen Vereinigung." [...] „Besseres Hannover" hatte Niedersachsens [damaliger türkischstämmiger] Sozialministerin [Aygül Özkan] im Dezember 2011 ein Video zugeschickt, in dem der „Abschiebär" vor einem türkischen Imbiss den Arm zum sogenannten „Hitlergruß" reckte.

Tobias Morchner, Schünemann verbietet „Besseres Hannover", in: Hannoversche Allgemeine Zeitung, 25.9.2012

Islamismus, Salafismus

Islamistische Ideologien haben gemeinsam, dass sie ihre (oft rigide) Auslegung des islamischen Glaubens sowohl als Lebens- als auch als Staatsordnung absolut setzen. Einzige Legitimationsbasis für menschliches und staatliches Handeln sei die Religion. Islamisten sind nicht zwingend gewaltbereit. Salafisten stellen eine ultrakonservative, radikale Strömung innerhalb der sunnitisch-islamistischen Ideologien dar. (Politische) Vision ist die Errichtung eines Kalifats, also eines alle arabischen Staaten umfassenden islamistischen Gottesstaates. In Deutschland leben nach Schätzungen ca. 3.000–5.000 Salafisten.
Autorentext

Carlo Schmid (1896-1979), prominenter SPD-Politiker und Staatsrechtler, 1966-1969 Bundesminister für Angelegenheiten des Bundesrates und der Länder

„Demokratie ist nur dort mehr als ein Produkt einer bloßen Zweckmäßigkeitsentscheidung, wo man den Mut hat, an sie als etwas für die Würde des Menschen Notwendiges zu glauben. Wenn man aber diesen Mut hat, muss man auch den Mut zur Intoleranz denen gegenüber aufbringen, die die Demokratie gebrauchen wollen, um sie umzubringen."

Carlo Schmid (SPD), 2. Sitzung des Parlamentarischen Rates vom 8.9.1948, in: Studien von Zeitfragen 1988, H. 1, S. 31

Info

Freiheitliche demokratische Grundordnung

Im Jahr 1952 verbot das Bundesverfassungsgericht die NSDAP-Nachfolgepartei SRP. In der Urteilsbegründung prägten die Richter den Begriff der „freiheitlichen demokratischen Grundordnung".

Freiheitliche demokratische Grundordnung im Sinne des Art. 21 II GG ist eine Ordnung, die unter Ausschluss jeglicher Gewalt und Willkürherrschaft eine rechtsstaatliche Herrschaftsordnung auf der Grundlage der Selbstbestimmung des Volkes nach dem Willen der jeweiligen Mehrheit und der Freiheit und Gleichheit darstellt. Zu den grundlegenden Prinzipien dieser Ordnung sind mindestens zu rechnen: die Achtung vor den im Grundgesetz konkretisierten Menschenrechten, vor allem vor dem Recht der Persönlichkeit auf Leben und freie Entfaltung, die Volkssouveränität, die Gewaltenteilung, die Verantwortlichkeit der Regierung, die Gesetzmäßigkeit der Verwaltung, die Unabhängigkeit der Gerichte, das Mehrparteienprinzip und die Chancengleichheit für alle politischen Parteien mit dem Recht auf verfassungsmäßige Bildung und Ausübung einer Opposition.

BVerfGE 2,1 – SRP-Verbot; zitiert nach: www.servat.unibe.ch/dfr/bv002001.html (30. 9. 2013)

M 10 ● Instrumente der wehrhaften Demokratie

Instrument	Gesetzliche Verankerung	Zuständigkeit
Verbot von Vereinigungen	Art. 9 Abs. 2 GG	Innenminister des Bundes oder der Länder
Parteiverbot (Feststellung der Verfassungswidrigkeit)	Art. 21 Abs. 2 GG	Bundesverfassungsgericht
Verwirkung von Grundrechten	Art. 18 GG	Bundesverfassungsgericht
Verfolgung von politisch motivierten Straftaten („Staatsschutzdelikte")	Bundesverfassungsschutzgesetz, Gesetz zur Bekämpfung des internationalen Terrorismus u. a.	Innenminister der Länder (Landespolizei) oder des Bundes (Bundespolizei)
Verfassungstreue der Angehörigen des öffentlichen Dienstes	Art. 33 Abs. 4, 5 GG, Beamtengesetzgebung	Innenminister des Bundes oder der Länder
Pflicht zur Verfassungstreue der (Hochschul-)Lehrer	Art. 5 Abs. 3 GG	Innen-, Kultus- und Wissenschaftsminister der Länder
Widerstandsrecht gegen aggressive Verfassungsfeinde	Art. 20 Abs. 4 GG	jeder deutsche Bürger (als letztes Mittel)

Zusammenstellung des Autors

Aufgaben

1. a) Fassen Sie die Begründung der Innenbehörden zum Verbot der salafistischen und rechtsextremen Gruppierungen zusammen (M 9).
   b) Erläutern Sie, inwieweit sich die Verbotsbegründungen auf die „freiheitliche demokratische Grundordnung" beziehen (M 9, Info).
2. Erklären Sie, warum für Parteiverbote und für das Aussprechen der Grundrechtsverwirkung von Einzelpersonen das Bundesverfassungsgericht zuständig ist (M 10).
3. Entwickeln Sie Kriterien, die Ihrer Meinung nach erfüllt sein müssen, damit (a) eine Vereinigung und (b) eine Partei verboten werden kann.

H zu Aufgabe 2
Nehmen Sie Bezug auf den Umgang mit Parteien in Deutschland im Jahr 1933.

M zu Aufgabe 3
Entwickeln Sie mit Hilfe eines „Placemat" in einer 4er-Gruppe zunächst eigene Ideen und daraus dann einen gemeinsamen Vorschlag.

3.1.4 Undemokratische Parteien verbieten? Das Parteienprivileg des Grundgesetzes

M 11 ● Grundgesetz gegen NPD?

Eine Frau setzt sich auf einer Demonstration mit einem Plakat für ein Verbot der NPD ein.

M 12 ● Die Ideologie der NPD

Die NPD propagiert einen homogenen, völkischen, autoritären Staat, in dem Parteien und Organisationen nur dem Wohl des deutschen Volkes verpflichtet sind. Die Würde des Menschen ist in der Welt der NPD an Bedingungen und Voraussetzungen geknüpft; in ihrer Volksgemeinschaft wollen die Rechtsextremisten nur die Eliten fördern [...]. Die NPD will Frauen zu Gebärmaschinen für die „Volkssubstanz" machen, Millionen von Menschen durch ihre „Rückführung" vertreiben oder deportieren [...].

Trotz aller offensichtlichen Bezüge zum Nationalsozialismus, die NPD hat sich tatsächlich modernisiert. [...] Die Ideologie der Neuen Rechten ist gekennzeichnet durch ein ausgeprägtes Freund-Feind-Denken, die Homogenität des Kollektivs, einen starken Staat statt Demokratie und Pluralismus, [...] „Volksdemokratie" statt Interessenpluralismus, Ethnopluralismus statt universaler Menschenrechte [...]. Die meisten dieser Punkte sind bei der NPD nachzuweisen, einige stärker ausgeprägt – andere weniger. [...]

[Dem] „Ethnopluralismus" [...] zufolge haben alle Völker ihren angestammten, natürlichen Lebensraum. Der Ethnopluralismus propagiert die strikte Trennung der Völker, da jeder Austausch negativ sei und daher als Angriff von außen gewertet wird. [...] [Er] will homogene Nationalstaaten erreichen – und die Ausweisung aller Menschen rechtfertigen, die ihrer Definition nach fremd sind.

Patrick Gensing, NPD-Ideologie, www.publikative.org, 21.5.2010

Patrick Gensing ist Redakteur bei der Tagesschau und anderen ARD-Nachrichten- und Politiksendungen. Sein NPD-Beobachtungsblog war – wie andere seiner Projekte – für den Grimme Online Award nominiert.

Parteien-finanzierung

Im Jahre 1959 wurde in der Bundesrepublik Deutschland erstmals eine staatliche Parteienfinanzierung eingeführt, die seit 1994 eine allgemeine staatliche Teilfinanzierung der Parteien darstellt. [...] Anspruch auf staatliche Mittel haben danach alle Parteien ab einer bestimmten Größe, ausgedrückt in Stimmenprozenten bei den jeweils letzten Bundestags-, Europa- und Landtagswahlen.

Oskar Niedermayer, www.bpb.de, 2012

→ vgl. auch Kapitel 2.1.3

M 13 ● Wahlergebnisse und Einnahmen der NPD

Mitglieder (2012)	5.900
Landtagsmandate	Sachsen (2009): 8 Sitze Mecklenburg-Vorpommern (2011): 5 Sitze
Ergebnisse bei Bundestagswahlen	2002: 0,4 % | 2005: 1,6 % | 2009: 1,5 % | 2013: 1,3 %
Einnahmen 2010	3.014.347,89 Euro
... davon Mitgliedsbeiträge	531.954,14 Euro
... davon Spenden	990.327,34 Euro
... davon staatliche Zuwendungen	1.176.745,25 Euro

Mitgliederzahl aus: Jürgen Dahlkamp et al., Eine unerträgliche Partei, in: Der Spiegel, 13.2.2012; Einnahmen aus: Deutscher Bundestag, Drucksache 17/8551, 14.2.2012, S.33

M 14 ● Sonderrolle von Parteien im deutschen Pluralismus

a) Das Parteienprivileg im Grundgesetz

Das Grundgesetz sieht einerseits vor, dass die Gründung von Parteien frei ist. Auf der anderen Seite bietet es die Möglichkeit, Parteien zu verbieten, die Demokratie und Rechtsstaatlichkeit abschaffen wollen. Darüber, ob eine Partei verfassungswidrige Ziele verfolgt, darf ausschließlich das Bundesverfassungsgericht – auf Antrag von Bundestag, Bundesrat oder Bundesregierung – entscheiden. Dieses sog. „Parteienprivileg" soll verhindern, dass eine Regierung oder Parlamentsmehrheit eine ihr unbequeme Partei aus dem Wettbewerb um Stimmen ausschließen kann.

Bislang waren nur zwei Anträge auf Parteienverbot erfolgreich. 1952 wurde die rechtsextremistische Sozialistische Reichspartei (SRP) verboten, 1956 die Kommunistische Partei Deutschlands (KPD).

Helmut Becker, in: Buchners Kompendium Politik – Neue Ausgabe, Bamberg 2013, S. 310

b) Voraussetzungen für ein Parteiverbot

Das Bundesverfassungsgericht formulierte in der Begründung zum Verbot der Kommunistischen Partei Deutschlands 1954 Kriterien, die gegeben sein müssen, um eine Partei für verfassungswidrig zu erklären und damit zu verbieten:

Eine Partei ist nicht schon dann verfassungswidrig, wenn sie die obersten Prinzipien einer freiheitlichen demokratischen Grundordnung [...] nicht anerkennt; es muss vielmehr eine aktiv kämpferische, aggressive Haltung gegenüber der bestehenden Ordnung hinzukommen.

BVerfGE 5, 85

F zu Aufgabe 2
Begründen Sie die staatliche Mitfinanzierung von Parteien. Beziehen Sie sich dazu auch auf das sogenannte „Parteienprivileg" (M 14, Info).

F zu Aufgabe 3
Nehmen Sie Stellung zu der Frage, ob die NPD verboten werden sollte. (Argumentationshilfe: www.bpb.de -> Aus Politik und Zeitgeschichte 2012 -> Rechtsextremismus -> NPD-Verbot)

Aufgaben

1. Beschreiben Sie wesentliche Elemente der Ideologie der NPD (M 12).
2. Arbeiten Sie die Problemstellung für das demokratische System heraus, die sich aus der Ideologie verfassungsfeindlicher Parteien im Zusammenhang mit der staatlichen Parteienfinanzierung ergibt (M 11 – M 14).
3. Das Parteienprivileg sollte abgeschafft und damit das Parteiverbots- dem Vereinigungsverbotsverfahren angeglichen werden! Nehmen Sie Stellung zu dieser Forderung.

Menschenwürde nach dem Grundgesetz
M 4

Im Begriff der unantastbaren Menschenwürde (Art. 1 Abs. 1 GG) kulminieren alle Bestimmungen der Grundrechte und auch das Verhältnis von Staat und Bürger: Die **Lebens-, Freiheits- und Gleichheitsrechte** der Menschen bzw. Bürger werden als absolute und überzeitliche Werte verstanden. Darüber hinaus ist der Erhalt der Würde jedes einzelnen **primärer Staatszweck** (nicht etwa der Erhalt des Staates).
Durch die Ewigkeitsgarantie im Grundgesetz (Art. 79 Abs 3 GG) werden sowohl Art. 1 GG (Menschenwürde) als auch Art. 20 GG (Volkssouveränität und Gewaltenteilung) zu überzeitlichen, unaufhebbaren Grundlagen des deutschen Staates.

Verhältnis von Freiheit und Sicherheit
M 7

Die Grundwerte Freiheit und Sicherheit stehen sowohl in einem Spannungs- als auch in einem Bedingungsverhältnis zueinander. So ist ein Mindestmaß an Sicherheit (z. B durch innenpolitische Maßnahmen) notwendig, um Bedrohungen an Leib und Leben abzuwenden und so bürgerliche Freiheiten (Handlungs-, Versammlungs-, Meinungs-, Glaubensfreiheit) überhaupt erst realisieren zu können (Bedingungsverhältnis). Allerdings dürfen die staatlichen Eingriffe in die Freiheitsrechte nur so minimal wie möglich sein, um einer Verselbstständigungstendenz staatlicher Zugriffe vorzubeugen (Spannungsverhältnis).
Seit den Terroranschlägen vom 11. September 2001 in den USA wurde die Sicherheitsgesetzgebung auch in Deutschland stark ausgeweitet (u. a. Zugriffe auf elektronisch gespeicherte, persönliche Daten). Dies veranlasste das Bundesverfassungsgericht in mehreren Grundsatzentscheidungen, Regierung und Verwaltung enge Grenzen zu setzen und neue Grundrechte zu schaffen (z. B. Informationelle Selbstbestimmung).

wehrhafte/ streitbare Demokratie
M 10, M 14

Aufgrund der historischen Erfahrung wurden Instrumente geschaffen, die es dem demokratischen System ermöglichen sollen, seine Abschaffung zu verhindern. Erstens können den Staatsbestand gefährdende **Vereinigungen verboten** werden (Art. 9 Abs 2 GG). Auch sind Beamte zu besonderer Staatstreue verpflichtet. Darüber wachen die Innenminister von Bund und Ländern.
Ebenfalls vor dem Hintergrund der Einparteiendikatatur der Nationalsozialisten werden den bundesdeutschen Parteien (im Vergleich zu anderen Vereinigungen) besondere Rechte zugestanden (**Parteienprivileg**, Art. 21 GG). Sie erhalten nach Stimmenanteil bei Wahlen staatliche Finanzunterstützung und ihre Verfassungswidrigkeit (und damit ihre Auflösung) kann ausschließlich vom Bundesverfassungsgericht beschlossen werden. Allerdings müssen die Parteien auch bestimmte Anforderungen erfüllen (z. B. demokratischer Parteiaufbau). Für ein **Parteiverbot** ist nicht nur eine verfassungsfeindliche Programmatik, sondern auch eine aggressiv-kämpferische Haltung der Mitglieder bzw. der Funktionäre notwendig.

3.2 Staatsstrukturprinzipien der Bundesrepublik Deutschland

3.2.1 Sollte die Regierung Gesetze erlassen können? Demokratieprinzip und Gewaltenteilung

delegieren
eine Aufgabe auf einen anderen übertragen

Legitimität
- Anerkennungswürdigkeit für ein politisches System, Konzept, eine Position o. Ä.
- Input-Legitimität: Partizipation und Interessenausgleich in Entscheidungs*verfahren*
- Output-Legitimität: Politik*ergebnisse* fördern allgemeines Wohl statt Partikularinteressen

M 1 ● Fiktives Gesetz zur Beschleunigung von Politik

§ 1 Gesetze können außer nach dem in der Verfassung vorgesehenen Verfahren auch durch die Regierung beschlossen werden. Dies gilt auch für das Beschließen des Staatshaushalts.

§ 2 Die von der Regierung beschlossenen Gesetze können von der Verfassung abweichen, soweit sie nicht die Einrichtung des Bundestags und des Bundesrats als solche zum Gegenstand haben.

§ 3 Die von der Regierung beschlossenen Gesetze werden vom Kanzler ausgefertigt und im Gesetzblatt verkündet. Sie treten, soweit sie nichts anderes bestimmen, mit dem auf die Verkündung folgenden Tage in Kraft.

M 2 ● Welche Bedeutung hat das Parlament in der deutschen Demokratie?

Im Mittelpunkt der Demokratie in Deutschland (und in vielen anderen Ländern) steht das Parlament, das von den Bürgern gewählt wird. Dieser Wahlvorgang ist der Ausgangspunkt aller nachfolgenden Delegationsvorgänge und somit – direkt oder indirekt – aller demokratischen, politischen und staatlichen Entscheidungen. Die Wahl des Parlaments durch die Bürger erzeugt für dieses eine demokratische Legitimation. Da keine andere staatliche Institution auf Bundesebene durch die Bürger gewählt wird, hat das Parlament (Bundestag) ein „Monopol für demokratische Legitimation". […] Die Parlamentsabgeordneten […] unterliegen potentiell einer Sanktion durch die nächsten demokratischen Wahlen. Sie sind damit grundsätzlich mehr als alle anderen Institutionen (bzw. als einzige unmittelbar) prädestiniert für die normativen Richtungsentscheidungen der Gesellschaft […].

Jörn Kruse, Das Monopol für demokratische Legitimation und seine Überwindung, in: Stefan Bayer, Klaus W. Zimmermann (Hg.), Die Ordnung von Reformen und die Reform von Ordnungen, Marburg 2008, S. 219, 223; Reihenfolge geändert.

Jörn Kruse ist Professor für Volkswirtschaftslehre an der Helmut-Schmidt-Universität der Bundeswehr in Hamburg.

M 3 ● Wozu und woraus besteht Gewaltenteilung?

a) Funktion der Gewaltenteilung

Art. 20 Abs. 2 Satz 2 fordert die Ausübung der Staatsgewalt durch „besondere Organe der Gesetzgebung, der vollziehenden Gewalt und der Rechtsprechung" und verankert damit den Grundsatz der Gewaltenteilung im GG. […]
[Der Gewaltenteilung] eigentlicher Sinn liegt in der Verhinderung oder doch der Er-

schwerung einer **Willkürherrschaft.** Übt nicht nur ein einzelner oder ein einzelnes Staatsorgan die Staatsgewalt aus, sondern sind die staatlichen Aufgaben zwischen mehreren Staatsorganen so verteilt, dass keines legal über die gesamte Staatsgewalt verfügen kann, so verringert sich die Gefahr einer widerrechtlichen Okkupation oder Ausübung der Staatsgewalt entscheidend. Die Gewaltenteilung bezweckt, die Ausübung staatlicher Gewalt in ihren Grundfunktionen organisatorisch und personell zu trennen, auf verschiedene Mächte zu verteilen und in ein System gegenseitiger Hemmung zu bringen. [...]

Der Ausdruck „Gewaltenteilung" ist nicht ganz unmissverständlich. Die staatliche Gewalt wird nicht geteilt, sondern nur verteilt, sie ist an sich unteilbar und bildet stets eine Einheit. Der Ausdruck „Gewaltenteilung" ist aber im heutigen Sprachgebrauch fest verwurzelt.

Die Gewaltenteilung wird dadurch erreicht, dass die drei staatlichen Grundfunktionen verschiedenen Organen zugewiesen werden, so dass keines dieser Organe legal über die gesamte Staatsgewalt verfügen kann (**organisatorische Gewaltenteilung**) und die Amtsträger der einen Gewalt nicht zugleich Amtsträger der anderen Gewalt sein dürfen (personelle Gewaltenteilung; sog. **Inkompatibilität**). So darf beispielsweise ein amtierender Richter nicht zugleich Abgeordneter oder Minister sein, ebensowenig kann ein amtierender Beamter gleichzeitig als Richter oder Abgeordneter fungieren.

Dieter Hesselberger, Das Grundgesetz. Kommentar für die politische Bildung, 13. Auflage, Bonn 2003, S. 186 (Hervorhebungen im Original)

Charles de Montesquieu (1689–1755), französischer Philosoph, „De l'esprit des loix" (Vom Geist der Gesetze), 1748: „Politische Freiheit findet sich nur dann, wenn man die Macht nicht missbraucht; aber es ist eine ewige Erfahrung, dass jeder der Macht hat, zu ihrem Missbrauch neigt. Er geht so weit, bis er auf Schranken stößt (...). Um den Missbrauch der Macht zu verhindern, muss die Macht der Macht Schranken setzen."

b) Horizontale und vertikale Gewaltenteilung in Deutschland

horizontale Ebene der Gewaltenteilung

Grundgesetz
Art. 20 Abs. 2 GG: "Alle Staatsgewalt geht vom Volke aus. Sie wird vom Volke in Wahlen und Abstimmungen und durch besondere Organe der Gesetzgebung, der vollziehenden Gewalt und der Rechtsprechung ausgeübt."

Gesetzgebende Gewalt (Legislative)			Vollziehende Gewalt (Exekutive)		Rechtsprechende Gewalt (Judikative)
Art. 38–48 Bundestag	Art. 50–53 Bundesrat	Bundesebene	Bundesregierung Bundeskanzler, Bundesminister	Bundesebene	Art. 92–104 Bundesverfassungsgericht
Volksvertretung	Ländervertretung	Bundesebene	Art. 80, 87 Bundeseigene Verwaltung	Bundesebene	Oberste Gerichtshöfe
Art. 71, 73 Ausschließliche Gesetzgebung		Bundesebene		Bundesebene	
Parlamente der Länder = Landtag		Länderebene	Landesregierung Ministerpräsident, Landesminister	Länderebene	Gerichte der Länder
Art. 72, 74 Konkurrierende Gesetzgebung Gesetzgebung der Länder		Länderebene	Art. 85 Auftragsverwaltung, Landtagsverwaltung, Kreisverwaltungen, Gemeindeverwaltungen	Länderebene	Landesverfassungsgericht Obergerichte

vertikale Ebene der Gewaltenteilung

Nach: Landtag Brandenburg (Hg.), So arbeitet das Landesparlament, Potsdam 2005, S. 7

Die Europäische Union und der Deutsche Bundestag
Online Kapitel
(Mediencode 73004-20)

M 4 ● Gewaltenverschränkung in der Bundesrepublik

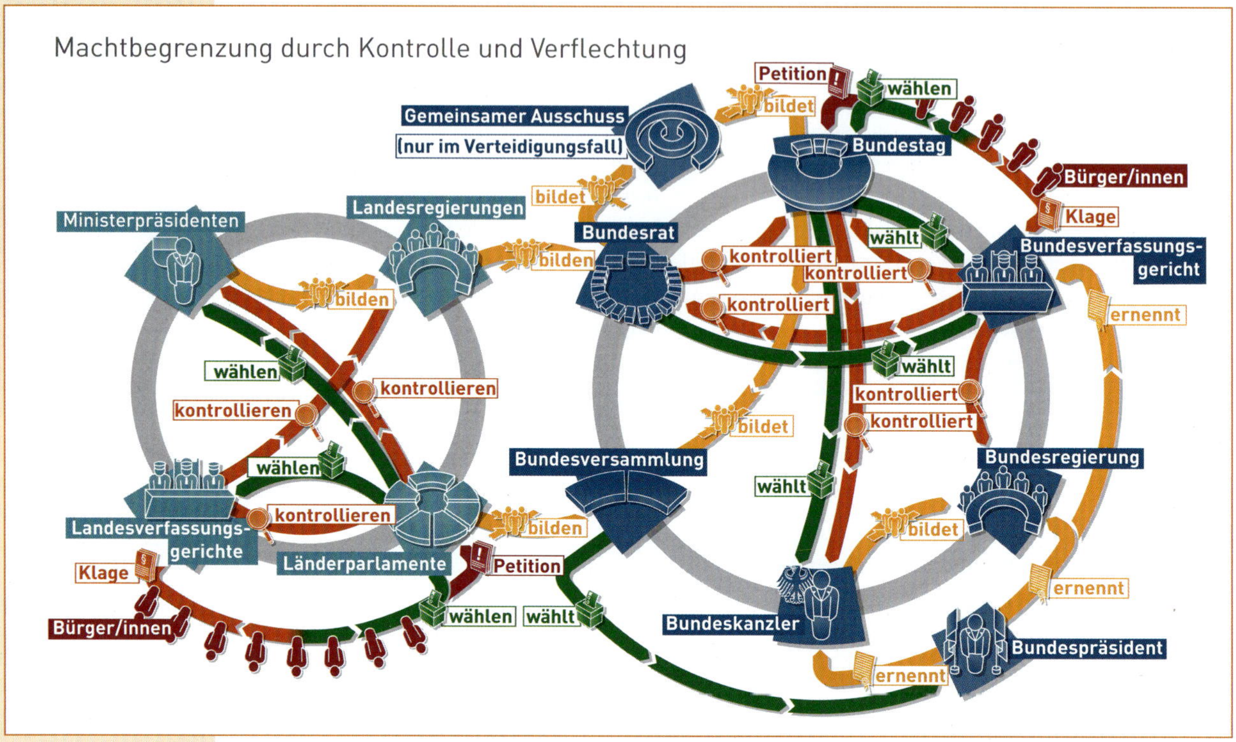

Bundeszentrale für politische Bildung, www.bpb.de (2.11.2009)

M 5 ● Reicht Gewalten(ver)teilung zur Machtkontrolle? Das Prinzip von checks and balances

Das Prinzip der Gewaltenteilung ist [...] nicht rigoros durchgeführt, sondern erlaubt gewisse Durchbrechungen. So verstößt es herkömmlicherweise nicht gegen den Grundsatz der Inkompatibilität, wenn ein Abgeordneter gleichzeitig ein Ministeramt innehat. Auch kann die Exekutive Rechtssätze, nämlich Rechtsverordnungen, erlassen, wenn sie durch ein formelles Gesetz dazu ermächtigt wird, obwohl der Erlass von Rechtsverordnungen materiell eine Gesetzgebungstätigkeit darstellt.

Die Gewaltenteilung will gleichzeitig die getrennten Gewalten in ein System gegenseitiger Abhängigkeit und Hemmung *(checks and balances)* bringen.

a) Vielfach sind Mitwirkungs- und Kontrollrechte einer organisierten Gewalt bei Handlungen einer anderen Gewalt vorgesehen. So kontrolliert das Parlament die Regierung, überprüfen die Gerichte die Akte der Exekutive auf ihre Rechtmäßigkeit und die Akte der Gesetzgebung auf ihre Verfassungsmäßigkeit, muss der Bundespräsident ein Gesetz ausfertigen und verkünden.

b) Überwiegend erfolgt die Bestellung der Amtsträger der einen Gewalt durch Amtsträger einer anderen Gewalt. So werden der Bundeskanzler vom Parlament, die Richter der Bundesgerichte von Richterwahlausschüssen gewählt; so werden die übrigen Richter durch die Exekutive ernannt.

c) Manchmal werden die Aufgaben einer Gewalt nicht einem, sondern mehreren Organen als gemeinsame Aufgabe übertragen. Diese Organe müssen dann zusammenwirken, um eine rechtswirksame Handlung vornehmen zu können. So können zustimmungsbedürftige Gesetze nicht vom Bundestag allein, sondern nur mit Zustimmung des Bundesrates erlassen werden.

d) Endlich können spezielle Aufgaben einer Gewalt einem rechtlich selbständigen und unabhängigen Organ zur alleinigen Erledigung übertragen werden (z. B. Bundesbank, Bundesrechnungshof).

Die Gewaltenteilung gilt in den westlichen Demokratien als Verfassungsgrundsatz. In neuerer Zeit wird aber in Zweifel gestellt, ob unter den gewandelten politischen Verhältnissen das [...] Modell der Gewaltenteilung im Ganzen noch zureicht. Dabei wird darauf hingewiesen, dass in einer modernen parlamentarischen Demokratie die stärkste Partei oder Parteikoalition Regierung und Parlament gleichermaßen beherrscht, so dass der Gewaltenteilungseffekt durch diese Verklammerung zunichte gemacht wird.

Dieter Hesselberger, Das Grundgesetz. Kommentar für die politische Bildung, 13. Auflage, Bonn 2003, S. 186 ff.

Checks and balances im neuen Bundestag

Klaus Stuttmann

Oppsition in Zeiten der Großen Koalition
→ vgl. auch Kapitel 1.2.4

Aufgaben

1. Stellen Sie sich vor, das „Gesetz zur Beschleunigung der Politik" würde von der Bundesregierung in den Bundestag eingebracht werden. Bewerten Sie den Entwurf aus der Sicht (a) eines Abgeordneten der Regierungs-, (b) eines Abgeordneten einer Oppositionsfraktion und (c) aus Sicht von Bürgern (M 1).
2. Stellen Sie dar, warum der Bundestag über das höchste Maß an (Input-)Legitimität aller Verfassungsorgane verfügt (M 2, Info).
3. Erklären Sie Begriff und Funktion von Gewalten(ver)teilung und Gewaltenverschränkung (M 1, M 3, M 4, M 5).
4. In der Bundesrepublik wählt der Bundestag den Kanzler mit absoluter Mehrheit und dieser bestimmt die Minister; dadurch ist ein wesentlicher Teil der Gewaltenteilung faktisch eingeschränkt. Überprüfen Sie diese Aussage.

Ⓜ zu Aufgabe 3
Nutzen Sie zur gegenseitigen Erklärung und Ergänzung ein „Kugellager".

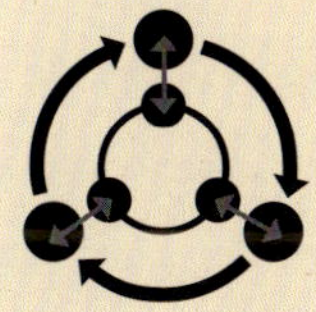

Ⓕ zu Aufgabe 3
Zeigen Sie Elemente der Gewaltenverschränkung im politischen System der Bundesrepublik Deutschland.

3.2.2 Für die Bürger oder vor den Bürgern? Deutschland als sozialer Rechtsstaat

M 6 ● Rechte und Ansprüche der Bürger gegen den Staat

Hartz IV – Klagen im Zwölf-Minuten-Takt
Noch in diesem Monat wird im Berliner Sozialgericht die 150.000. Hartz-IV-Klage eingehen, in mehr als jedem zweiten Fall bekommen die Kläger recht.
Thomas Öchsner, Süddeutsche Zeitung, 12.1.2012

Gäfgen bekommt Schmerzensgeld
3.000 Euro bekommt der verurteilte Kindsmörder Magnus Gäfgen vom Land Hessen. Nach dem Mord an dem 11-jährigen Jakob von Metzler hatten ihm [Polizei-]Beamte mit Folter gedroht. [...] Das Vorgehen der Ermittler sei eine „schwerwiegende Rechtsverletzung" und könne nicht auf andere Weise befriedigend ausgeglichen werden als durch die Zahlung einer Entschädigung, sagte der Vorsitzende Richter [...].
dpa/afp/dapd, die tageszeitung, 4.8.2011

Karlsruhe kippt Vorratsdatenspeicherung
Das [...] Bundesverfassungsgericht [...] erklärte die seit 2008 geltende gesetzliche Regelung zur massenhaften Speicherung von Telefon- und Internetverbindungsdaten für verfassungswidrig und nichtig – sie verletze das Telekommunikationsgeheimnis [...].
www.tagesschau.de/inland/bundesverfassungsgericht144.html, 2.3.2010

M 7 ● Staat für den Menschen – Rechtsstaatlichkeit nach dem Grundgesetz

Der Parlamentarische Rat war sich einig, dass die Beschränkung rechtsstaatlicher Grundsätze auf die formelle „Herrschaft des Gesetzes" – unabhängig von ihrem Inhalt – keineswegs ausreicht, um eine erneute Ablösung des Rechtsstaates zu verhindern. Als Voraussetzung für den demokratischen und sozialen Rechtsstaat wurden im Grundgesetz zwei neue rechtsstaatliche Grundsätze niedergelegt, die nach Art. 79 jeder Verfassungsänderung entzogen sind: Die Grundrechte sind unmittelbar geltendes Recht; Gesetzgebung, vollziehende Gewalt und Rechtsprechung sind an die Grundrechte gebunden (Art. 1). Darüber hinaus sind nicht nur [...] die vollziehende Gewalt und die Rechtsprechung an Gesetz und Recht, sondern auch die Gesetzgebung ist an die verfassungsmäßige Ordnung gebunden (Art. 20). Zu diesen neuen Elementen der Rechtsstaatlichkeit gehört auch nicht mehr nur die bisherige Garantie der Gleichheit aller vor dem Gesetz, sondern der Gleichheitssatz im sozialen Rechtsstaat des Grundgesetzes ist selbst inhaltlich „zum rechtlichen Grundprinzip des leistenden und verteilenden staatlichen Handelns geworden" (K. Hesse).

Ebenso wie schon der liberale Rechtsstaat kennt auch das Grundgesetz den „Vorbehalt des Gesetzes", d.h. staatliche Eingriffe in die individuellen Freiheitsrechte sind nur aufgrund eines Gesetzes möglich, das mit der verfassungsmäßigen Ordnung nicht in Widerspruch stehen darf. Durch ein Normenkontrollverfahren vor dem Bundesverfassungsgericht kann geprüft werden, ob ein Gesetz mit der Verfassung übereinstimmt. Um den Rechtsschutz gegenüber allen Maßnahmen der öffentlichen Gewalt zu sichern, gewährleistet das Grundgesetz als „Krönung des Rechtsstaates" jedem Bürger das Recht, falls er sich in seinen Rechten verletzt sieht, den Rechtsweg zu beschreiten (Gerichte) und Verfassungsbeschwerde beim Bundesverfassungsgericht einzulegen [Rechtswegegarantie]. [...]

Hanno Drechsler u.a. (Hg.), Gesellschaft und Staat. Lexikon der Politik, 10. Auflage, München 2003, S. 818 f.

Info

Entwicklung des Staatsbegriffs in der Moderne

Juristisch betrachtet besteht ein **Staat** dann, wenn ein klar definiertes Staatsvolk und bestimmbare Staatsgrenzen sowie eine Staatsgewalt vorliegen (3-Elemente-Lehre nach Georg Jellinek). Die *politisch-philosophische* Tradition der Staatstheorie der Neuzeit begann mit Thomas Hobbes' (1588-1679) Staatsbegründung im „Leviathan". Er beantwortete die Kernfrage, warum Menschen natürliche Freiheiten aufgeben sollen (z.B. Freiheit, jemanden zu töten oder zu verletzen), mit dem Erhalt von Schutz durch die neue Instanz „Staat" mit Gewaltmonopol (Ausnahme: Selbstverteidigung). Demgemäß hat Hobbes' Staat nur eine einzige Aufgabe: den Menschen Sicherheit zur Verfügung zu stellen (**Sicherheitsfunktion**). Damit ließe sich auch ein absolutistischer Staat rechtfertigen, der seine Bürger u.a. uneingeschränkt bespitzeln darf, um jede Gefährdung auszuschließen.

Im Laufe der Zeit ist diese Sicherheitsfunktion ergänzt worden, zunächst um die **Rechtsstaatsfunktion**. Im liberalen Rechtsstaat erhalten die Bürger Rechtsgleichheit. Prinzipiell soll aber ein möglichst hohes Maß an Freiheitlichkeit gewährleistet werden. Allerdings herrschte lange noch ein **formales Rechtsstaatsverständnis** vor, wonach alle Gesetze als rechtens galten, die durch die entsprechenden Verfahren zustande kamen. Allerdings lassen sich auch inhumane Gesetze formal (legalistisch) begründen, wie zu Zeiten des Nationalsozialismus geschehen. Das **materiale Rechtsstaatsverständnis** der Bundesrepublik kommt dadurch zum Ausdruck, dass Recht und staatliche Gewalt den Grundrechten (Art. 1-19 GG) genügen müssen.

Am jüngsten ist die im 19. Jahrhundert begründete **Wohlfahrtsfunktion** des (modernen Verfassungs-)Staates, wonach das Gemeinwesen seinen Bürgern ein – immer wieder neu festzulegendes und kulturell determiniertes – Maß an sozialer Sicherung und Chancengleichheit ermöglicht (z.B. durch öffentliches Bildungswesen, Vorsorge gegen Krankheit, Arbeitslosigkeit u.a., Arbeitsplatzsicherung durch Wirtschaftspolitik). Dadurch kommt den Bürgern materiale Freiheit zu, nämlich die Möglichkeit, die formalen Freiheitsrechte auch unter ungünstigen sozialen Voraussetzungen nutzen zu können.

Autorentext

M 8 ● Worin zeigt sich der deutsche Sozialstaat?

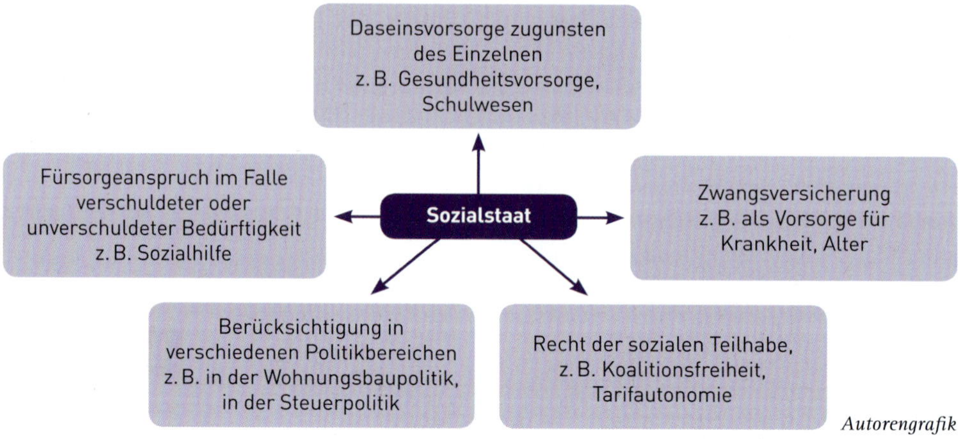

Autorengrafik

M 9 ● Wie muss der Staat für die Existenzsicherung sorgen?

Nach Auffassung der 55. Kammer des Sozialgerichts Berlin verstoßen die Leistungen des SGB II [Arbeitslosengeld II, „Hartz IV"] gegen das Grundrecht auf Gewährleistung eines menschenwürdigen Existenzminimums. [...] Insbesondere habe der Gesetzgeber dabei den Aspekt der Teilhabe am gesellschaftlichen Leben unzureichend gewürdigt. Im Ergebnis seien die Leistungen für einen Alleinstehenden um monatlich rund 36 Euro und für eine dreiköpfige Familie (Eltern und 16-jähriger Sohn) um monatlich rund 100 Euro zu niedrig bemessen.

Die Kläger, eine [...] dreiköpfige Familie aus Neukölln, erhoben am 13.7.2011 Klage gegen das Jobcenter Berlin Neukölln wegen der Höhe der ab Januar 2011 bewilligten Leistungen. Für den letzten umstrittenen Zeitraum Januar bis Juli 2012 waren ihnen nach Anrechnung von Einkünften aus Erwerbsminderungsrente, Kindergeld und Erwerbseinkommen Leistungen von insgesamt 439,10 Euro bewilligt worden. Das Jobcenter hatte der Leistungsberechnung den gesetzlichen Regelbedarf von 2 x 337 Euro für die Eltern und 287 Euro für den 16-jährigen Sohn zuzüglich Kosten für Unterkunft und Heizung zugrunde gelegt. Die Kläger trugen vor, dass sie mit dem bewilligten ALG II ihre Ausgaben nicht decken könnten. Trotz größter Sparsamkeit müssten sie regelmäßig ihren Dispokredit und Privatdarlehen in Anspruch nehmen.

Senatsverwaltung für Justiz und Verbraucherschutz Berlin, Pressemitteilung, 25.4.2012

Aufgaben

1. Arbeiten Sie heraus, welche Rechte des Bürgers gegenüber staatlichen Entscheidungen bzw. Stellen (Verwaltung, Polizei...) in den Zeitungsmeldungen zum Ausdruck kommen und auf welche Weise sie durchgesetzt werden (M 6).
2. Erklären Sie, wie sich in den Zeitungsnachrichten sowie im juristischen Streit um die Höhe der Arbeitslosengeld II-Sätze Rechts- bzw. Sozialstaatlichkeit zeigt (M 6 – M 9, Info).
3. Erläutern Sie den Begriff „soziale Rechtsstaatlichkeit" (M 8, Info).
4. Wer anderen in verbrecherischer Absicht schweres Leid zufügt, sollte damit seine rechts- und sozialstaatlichen Ansprüche verwirken. Problematisieren Sie diese Forderung.

H zu Aufgabe 3
Grenzen Sie dabei ein formales von einem materialen Rechtsstaatsverständnis ab.

H zu Aufgabe 4
Beziehen Sie sich u. a. auf Artikel 1 GG.

Arbeit mit Strukturmodellen

Soziale Gefüge, institutionelle Verflechtungen und ähnliche Zusammenhänge sind häufig sehr komplex. Um Abhängigkeiten, Wechselwirkungen und Verflechtungen zu veranschaulichen, dienen häufig Strukturmodelle. Sie vereinfachen die Wirklichkeit zwar in realtypischer Weise, ermöglichen somit aber ein Grundverständnis der Kontexte. Gleichzeitig liegen aber darin auch zwei Gefahren bzw. Grenzen begründet: Erstens darf man ein Strukturmodell keinesfalls für ein Abbild der Realität halten oder es auf die Wirklichkeit rückübertragen. Zweitens können Stukturmodelle so unterkomplex oder ungenau konzipiert sein, dass fehlerhafte Vorstellungen des eigentlich Abzubildenden entstehen.

Mit folgenden Leitfragen lassen sich Strukturmodelle erfassen:

1 Beschreibung

- *Wofür soll das Strukturmodell Erklärungen liefern?*
  Überschriften, Einbettungen in den Kontext, Quellen der grafisch umgesetzten Informationen
- *Welche Elemente sind abgebildet?*
  Werden Elemente (farblich, größenmäßig, grafisch...) hervorgehoben?
  Existieren Ausgangs- und Endpunkte?
  Sind Verbindungselemente beschriftet?
- *Wie sind die Elemente angeordnet?*
  Existiert eine Oben-Unten-Anordnung, eine Hierarchie?
  Findet sich eine Links-Rechts-Anordnung?

2 Deutung

- *Welche Bedeutung hat die Anordnung der Elemente?*
  Zeigen Hervorhebungen eine Hierarchie?
  Wird durch eine Anordnung eine Hierarchie oder ein Verlauf/eine Entwicklung verdeutlicht?
- *Welche Aussagekraft haben Zusatzinformationen?*
  Welche Schlüsse lassen sich aus der Quellenangabe ziehen (politische oder wissenschaftliche Position des Autors/Zeichners, Jahr der Erstellung)?
  Haben Randbemerkungen, Erklärungen... weiteren Informationswert?

3 Beurteilung

- *Ist das Modell vollständig?*
  Gibt es gravierende Auslassungen? Sind Zusammenhänge hinreichend differenziert oder zu pauschal dargestellt?
  Ist das Modell verständlich?
  Ist die Darstellung übersichtlich genug, um sie angemessen schnell erfassen und wiedergeben zu können?
  Sind die Begriffe hinreichend erklärt bzw. besitzen Erklärungswert?
- *Ist die Realität mit dem Modell hinreichend genau erfasst?*
  Ist es gelungen, einen Mittelweg zwischen Konkretion und Abstraktion zu finden?
  Ist die Darstellung zu allgemein oder zu kleinschrittig? Wird die Fachsprache richtig verwendet?
  Haben grafische Elemente echten Erklärungswert oder eher nur illustrierenden Charakter?
- *Welche Verbesserungen können am Strukturmodell vorgenommen werden?*

Autorentext

METHODE

a) Sozialer Rechtsstaat nach dem Grundgesetz

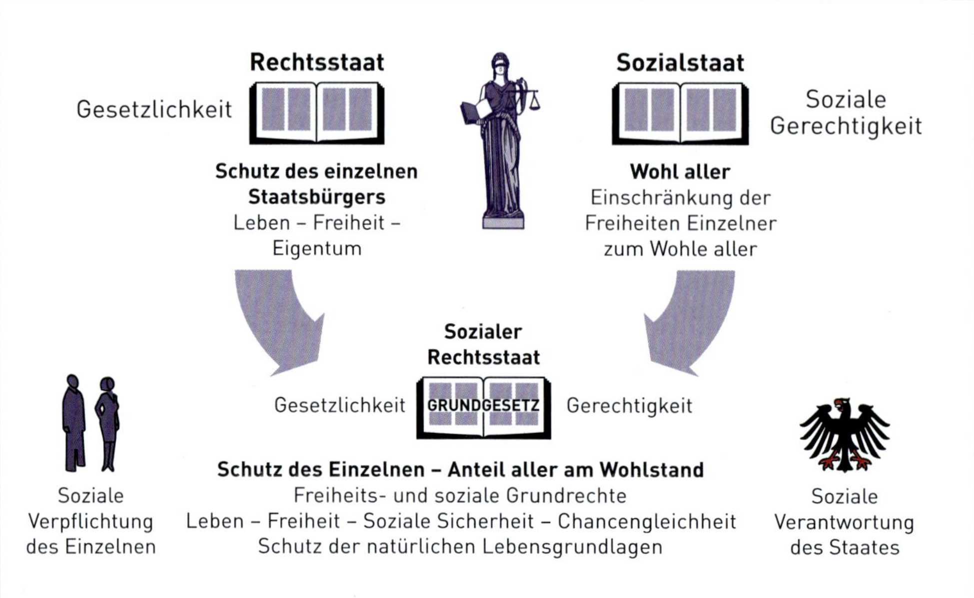

Bergmoser + Höller Verlag AG, Zahlenbilder 60050

b) Staatsorgane und deren Funktionen in der Bundesrepublik Deutschland

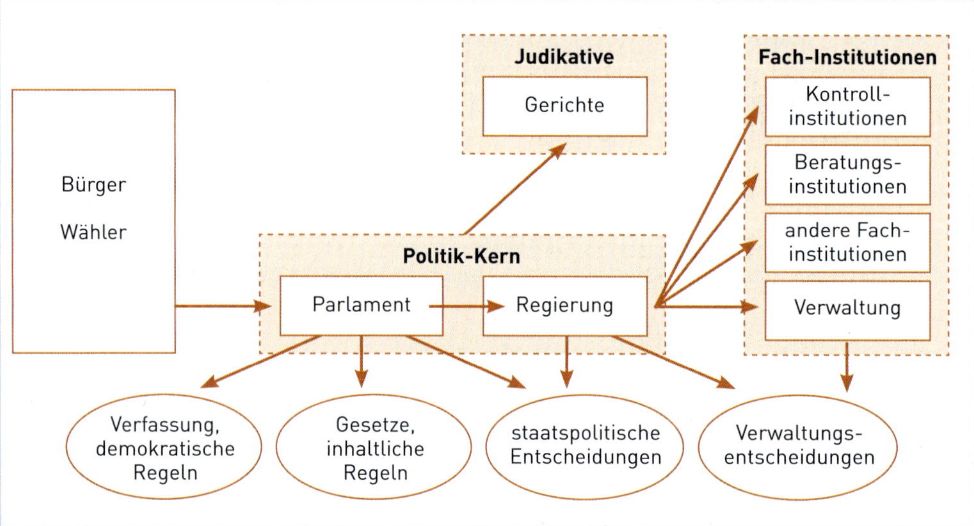

Jörn Kruse, Das Monopol für demokratische Legitimation und seine Überwindung, in: Stefan Bayer, Klaus W. Zimmermann (Hg.), Die Ordnung von Reformen und die Reform von Ordnungen, Marburg 2008, S. 221

Aufgaben

1. Beschreiben und analysieren Sie die beiden Strukturmodelle.
2. Überprüfen Sie die Eignung eines der beiden Strukturmodelle.
3. Gestalten Sie bei Bedarf das von Ihnen überprüfte Strukturmodell so um, dass dessen Aussagekraft erhöht/präzisiert wird.

3.2.3 Wer soll wo mitentscheiden? Chancen und Probleme des Föderalismus

M 10 ● Deutscher Bildungsföderalismus in der Karikatur

Thomas Plaßmann, Baaske Cartoons

M 11 ● Aufgabenverteilung zwischen Bund und Ländern – eine Auswahl

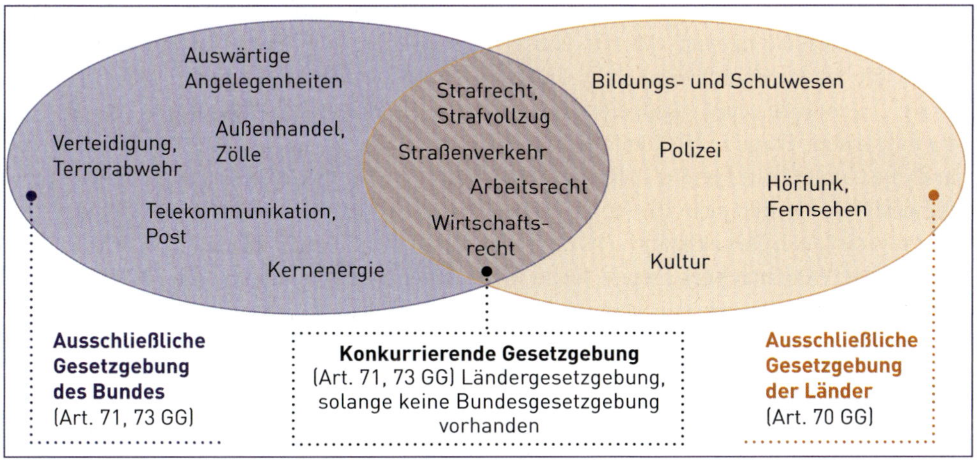

Autorengrafik

Info

Bundesstaatlichkeit (in Deutschland)

Ein **Bundesstaat** (oder auch föderaler Staat) setzt sich aus mehreren Teilstaaten zusammen. Anders als beim sog. **Einheitsstaat** hat die Bundesebene hier die ausschließliche Gesetzgebungskompetenz lediglich bei Aufgaben, die eine gesamtstaatliche Regelung zwingend erfordern. Alle anderen Gesetze werden auf der Ebene der Gliedstaaten beschlossen **(Subsidiarität)**. Dennoch ist der Bundesstaat ein viel engerer Zusammenhang als ein **Staatenbund**, bei dem sich die Mitglieder nur für einen oder wenige politische Regelungsbereich(e) zusammenschließen.

Referieren

Stellen Sie den Konflikt um den sogenannten „Länderfinanzausgleich" dar und nehmen Sie abschließend zu diesem Stellung.

Erklärfilm zum Länderfinanzausgleich (Mediencode 73004-08)

Info

Staatenbund	Bundesstaat		Einheitsstaat	
(zwischenstaatliche Förderation)	Wettbewerbs-föderalismus	kooperativer Föderalismus	dezentraler	zentralistischer
Ziel: Eigenständigkeit und Vielfalt	z. B. Schweiz, USA	z. B. Deutschland	z. B. Frankreich, Niederlande, Dänemark	Ziel: Integration und Einheitlichkeit der Lebensverhältnisse

Nach: Roland Sturm, Petra Zimmermann-Steinhart, Föderalismus. Eine Einführung, Baden-Baden 2005, S. 15

Um die politischen und Verwaltungsaufgaben erledigen zu können, benötigen die Gliedstaaten eines Bundesstaates ausreichende Finanzmittel. In Deutschland erhalten Länder und Kommunen die Einnahmen aus bestimmten Steuern in Gänze und bekommen überdies Bundesmittel nach einem festgelegten Schlüssel. Zudem werden über den sogenannten **Länderfinanzausgleich** Gelder von einnahmestärkeren zu -schwächeren Bundesländern transferiert, um die im Grundgesetz geforderte **„Gleichwertigkeit der Lebensverhältnisse"** (Art. 72, 106 GG) zu ermöglichen. Wegen dieser vergleichsweise engen Verzahnung der Bundesländer lässt sich die Bundesrepublik insgesamt dem kooperativen Föderalismus-Typ zuordnen.

Autorentext

M 12 ● Kontrovers diskutiert

Heribert Prantl (*1953) ist ein deutscher Jurist, Journalist und Autor. Er leitet seit 1995 das Ressort für Innenpolitik bei der Süddeutschen Zeitung.

a) Heribert Prantl: Bildungsföderalismus macht keinen Sinn

Der deutsche Föderalismus ist so, dass er sogar die alten Spruchweisheiten Lügen straft: „Variatio delectat" sagen die Lateiner. Vielfalt macht Freude. Die Vielfalt gibt es in Deutschland, die Freude nicht: Die 16 Bundesländer leisten sich 16 verschiedene Bildungssysteme. Das ist keine schöne Abwechslung. Wem macht es Freude, wenn in Deutschland einige tausend verschiedene Lehrpläne gelten? Wem macht es Freude, wenn jedes Bundesland seine eigenen Hochschulen betreibt? Wenn hier Studiengebühren erhoben werden und dort nicht? [...] Die Anforderungen im Gymnasium weichen so stark voneinander ab, dass Jugendliche besser in Köln bleiben, wenn Väter oder Mütter eine neue Arbeitsstelle in München antreten. Ist das die Bürgernähe, von der Landespolitiker reden, wenn sie den Föderalismus verteidigen? Dieser Bildungsföderalismus ist praktizierte Bürgerferne [...].

Die Föderalismusreform der Jahre 2005/06 hat nichts besser gemacht, im Gegenteil. Die „Bildung" war der größte Zankapfel zwischen Bund und Ländern. Man hat so lange gestritten, dass man auf ein großes neues Konzept hätte hoffen können, das Antwort gibt auf Fundamentalfragen: Wie stellt man gleiche Bildungschancen her? Wie kann man ein Ganztagsschulsystem auf die Beine stellen, das Schüler aus ärmeren Familien individuell fördert und zugleich den Bedürfnissen von berufstätigen Müttern und Vätern entgegenkommt? Und wie erreicht man eine bessere Ausstattung der Schulen und Hochschulen? Keine dieser Fragen ist beantwortet worden. [...]

Was spricht für einen Bildungsföderalismus? Der Gedanke, ein Wettstreit der Länder um die besten Schulformen könnte das System voranbringen, ist nur abstrakt sehr verlockend. Die Wirklichkeit sieht anders aus. Die Koordination der Abschlüsse klappt in [...] der Kultusministerkonferenz nur auf dem kleinsten gemeinsamen Nenner. [...]

Heribert Prantl, Ein deutscher Sadismus, in: Süddeutsche Zeitung, 22. 10. 2008

b) Roman Herzog: Für einen Wettbewerbsföderalismus

Die Frage, warum denn die Bayern (o.a. Bundesländer) nicht können sollen, was der Bund und/oder andere Länder nicht tun, wird zu selten gestellt. Natürlich kommt es entscheidend auf die Materie an, für die eine zentrale oder dezentrale Entscheidung zur Debatte steht, und natürlich kommt in sehr vielen Fällen nur die zentrale, bundeseinheitliche Regelung in Frage [...]. Was mich [aber] stört, ist [...] entweder die unbefragte Annahme, Einheitlichkeit sei ein Wert an sich, oder die ebenso unkritische Unterstellung, der höheren Entscheidungsebene stehe automatisch auch die höhere Weisheit bei ihren Entscheidungen zu Gebote. [...]

Einheitlichkeit ist manchmal nötig, um uns das Leben durch Verlässlichkeiten zu erleichtern (auf welcher Straßenseite rollt der Verkehr?). Aber produktiv ist sie nicht. Das produktive Prinzip heißt Vielfalt. Das Prinzip Vielfalt ist das Leitprinzip eines jeden recht verstandenen Föderalismus. Es geht darum, vorgefundener Vielfalt gerecht zu werden: Die Verhältnisse im Saarland sind anders als in Mecklenburg-Vorpommern. Darum werden ihnen Entscheidungen, die in Saarbrücken bzw. in Schwerin getroffen werden, eher gerecht als Entscheidungen, die in Berlin für die ganze Bundesrepublik getroffen werden. Es geht um das vielbeschworene (aber wenig praktizierte) Prinzip der Subsidiarität. [...]

Ist Vielfalt damit zum einen Ausdruck und Bedingung von Freiheit, so beruht zum anderen ihre produktive Kraft auf dem Wettbewerb, den sie ja erzeugt, sobald man sie als „Vielfalt der Lösungsansätze" versteht. Geht man davon aus, dass es dem Erkenntnisvermögen nur ausnahmsweise gelingt, auf Anhieb die richtige Lösung eines Problems zu finden, so wird klar: Dass sich unter 16 Lösungsansätzen der richtige findet, ist 16-mal wahrscheinlicher, als dass ein einziger flächendeckender Ansatz die Lösung bringt. Und umgekehrt: Bei einer Vielfalt von Lösungsansätzen ist der Schaden, der durch falsche Antworten in einigen Bundesländern angerichtet wird, wesentlich geringer als bei einer flächendeckend falschen Einheitslösung für die ganze Republik.

Freilich: All das gilt nur, wenn Wettbewerb unter den Bundesländern tatsächlich zugelassen ist. Und das ist leider keineswegs selbstverständlich. Schon der Ausdruck „Wettbewerbsföderalismus" erzeugt reflexartige Abwehrreaktionen.

Roman Herzog, Kooperation und Wettbewerb – Essay, in: Aus Politik und Zeitgeschichte 50/2006, S. 5-7

Roman Herzog (CDU) war Präsident des Bundesverfassungsgerichts und von 1994-1999 Deutscher Bundespräsident.

Animierte Grafik zum Föderalismus (Mediencode 73004-09)

Aufgaben

1. Analysieren Sie die Karikatur (M 10). Welches Bild des deutschen Föderalismus wird gezeichnet?
2. Erklären Sie, warum der Bund für die Landesverteidigung und die Terrorabwehr zuständig ist und die Länder für die Polizei verantwortlich sind (M 11).
3. Stellen Sie Heribert Prantls Kritik an der Länderzuständigkeit für das Bildungs- und Schulwesen dar und beziehen Sie sie auf die Karikatur (M 10, M 12).
4. Stellen Sie Roman Herzogs Forderung nach einem „kooperativen Wettbewerbsföderalismus" Heribert Prantls Föderalismuskritik gegenüber (M 12, Info).
5. Beurteilen Sie die derzeitige Verteilung der Zuständigkeiten zwischen Bund und Ländern.

Ⓜ zu Aufgabe 1
Führen Sie mit Ihrer/m Schulleiter/in ein Interview über Schwierigkeiten eines Bundesland-Wechsels von Schülern und Lehrern.

Ⓕ Charakterisieren Sie die föderale Struktur der Bundesrepublik Deutschland unter dem Aspekt der Gewaltenteilung.

Demokratieprinzip, Gewaltenteilung
M 2, M 3

Als Republik herrscht in Deutschland das Prinzip der **Volkssouveränität** (Art. 20 Abs. 2 GG). Denkbar ist die Ausübung der Souveränität direkt (durch Abstimmungen) und indirekt (durch Repräsentanten). Die Repräsentation stellt die dominante Umsetzung der Volkssouveränität dar. Um Machtkonzentration auf einem Staatsorgan zu verhindern, werden die Prinzipien der (funktionalen) Gewalten(ver)teilung und -verschränkung angewendet. Institutionell wird die **legislative Gewalt** vornehmlich von Bundestag und -rat (bzw. den Länderparlamenten) ausgeübt; Regierung und Verwaltung bilden gemeinsam die ausführende Gewalt (**Exekutive**); die Rechtsprechung (**Judikative**) liegt davon getrennt in den Händen der Gerichte der Länder und des Bundes (insb. Bundesverfassungsgericht). Vor allem zwischen Organen der Exekutive und Legislative kommt es aber zu Gewaltverschränkungen, um die gegenseitige Machtkontrolle *(checks and balances)* auszubauen (z. B. Legislativrecht der Bundesregierung → Gesetzesinitiative; Wahl von Verfassungsrichtern durch Ausschuss von Bundestags- und -ratsmitgliedern).

Rechtsstaatlichkeit
M 7

Im Gegensatz zu Willkürregimen herrscht in der Bundesrepublik die **Rechtsbindung staatlicher Gewalt** (Art. 20 Abs. 3 GG); die Bürger haben also gleiche Abwehrrechte gegen staatliche Zugriffe (**Rechtsgleichheit**). Ganz wesentlich ist dabei die **Rechtswegegarantie**: Jedem Bürger muss gewährleistet sein, bei seiner Meinung nach illegalen oder sogar verfassungswidrigen Zugriffen staatlicher Stellen die zuständigen **unabhängigen Gerichte** anzurufen.

Sozialstaatlichkeit
M 8

Während durch rechtsstaatliche Garantien vor allem die Eigentums- und formalen Freiheitsrechte der Bürger/innen gesichert werden, wird durch sozialstaatliche Rechte ein Mindestmaß **materialer Freiheit** angestrebt (z. B. Geldtransfers zur Existenzsicherung, Bildungssystem). Staatliche Achtung und staatlicher Schutz der unantastbaren Menschenwürde (Art. 1 Abs. 1 GG) wird also in einer umfassenden Weise verstanden (Art. 20 Abs. 1 und Art. 28 Abs. 1 GG).

Bundesstaatlichkeit/ Föderalismus
M 12

Die Bundesrepublik ist als föderalistischer Bundesstaat konzipiert. Im Sinne der **Gewaltenteilung** wurden auch wesentliche Exekutiveinrichtungen zwischen Bund und Ländern aufgeteilt (z. B. die waffentragenden Organisationen Bundeswehr und Länderpolizei). Auch können die Länder bei zustimmungspflichtigen Gesetzen über den Bundesrat Einfluss auf die Bundesgesetzgebung ausüben.
Eine Begründung für einen föderalen Staatsaufbau in mehreren Ebenen liegt im Gedanken des **Wettbewerbs**: Die 16 Bundesländer würden nicht nur ihre politischen und Verwaltungsentscheidungen an die lokalen Gegebenheiten anpassen, sondern auch unterschiedliche Gestaltungskonzepte entwickeln, von denen dann die erfolgreichsten anderswo übernommen werden könnten. In letzter Zeit wird die Effektivität des Föderalismus – insbesondere im Bildungsbereich – allerdings stark angezweifelt.

Soziale Rechtsstaatlichkeit in der Praxis – ein Urteil des Bundesverfassungsgerichts

Was ist das Existenzminimum eines Kindes? Junge auf dem Spielplatz einer Wohnanlage

[In Deutschland] erhalten erwerbsfähige Hilfebedürftige Arbeitslosengeld II und die mit ihnen in einer Bedarfsgemeinschaft lebenden, nicht erwerbsfähigen Angehörigen, insbesondere Kinder vor Vollendung des 15. Lebensjahres, Sozialgeld. [...]
Der Erste Senat des Bundesverfassungsgerichts hat entschieden, dass die Vorschriften [...], die die Regelleistung für [...] Kinder betreffen, nicht den verfassungsrechtlichen Anspruch auf Gewährleistung eines menschenwürdigen Existenzminimums aus Art. 1 Abs. 1 GG in Verbindung mit Art. 20 Abs. 1 GG erfüllen. [...]
Das Grundrecht auf Gewährleistung eines menschenwürdigen Existenzminimums aus Art. 1 Abs. 1 GG in Verbindung mit dem Sozialstaatsprinzip des Art. 20 Abs. 1 GG sichert jedem Hilfebedürftigen diejenigen materiellen Voraussetzungen zu, die für seine physische Existenz und für ein Mindestmaß an Teilhabe am gesellschaftlichen, kulturellen und politischen Leben unerlässlich sind. [...]
Das Sozialgeld für Kinder bis zur Vollendung des 14. Lebensjahres von 207 Euro genügt nicht den verfassungsrechtlichen Vorgaben, weil [...] die Festlegung auf keiner vertretbaren Methode zur Bestimmung des Existenzminimums eines Kindes im Alter bis zur Vollendung des 14. Lebensjahres [beruht]. Der Gesetzgeber hat jegliche Ermittlungen zum spezifischen Bedarf eines Kindes, der sich im Unterschied zum Bedarf eines Erwachsenen an kindlichen Entwicklungsphasen und einer kindgerechten Persönlichkeitsentfaltung auszurichten hat, unterlassen. Sein vorgenommener Abschlag von 40 % gegenüber der Regelleistung für einen Alleinstehenden [von damals 345 Euro] beruht auf einer freihändigen Setzung ohne empirische und methodische Fundierung. Insbesondere blieben die notwendigen Aufwendungen für Schulbücher, Schulhefte, Taschenrechner etc. unberücksichtigt, die zum existentiellen Bedarf eines Kindes gehören. Denn ohne Deckung dieser Kosten droht hilfebedürftigen Kindern der Ausschluss von Lebenschancen. Auch fehlt eine differenzierte Untersuchung des Bedarfs von kleineren und größeren Kindern.

Bundesverfassungsgericht – Pressestelle, Pressemitteilung Nr. 5/2010, 9.2.2010

Aufgaben

1. Fassen Sie das Urteil und dessen Begründungen des Bundesverfassungsgerichts zum Sozialgeld für Kinder und Jugendliche zusammen.
2. Erklären Sie an diesem Beispiel Funktionsprinzipien der Bundesrepublik Deutschland als sozialem Rechtsstaat.
3. Entwickeln Sie Grundlagen der Sozialgeldbemessung für Kinder und Jugendliche, die dem Verfassungsgrundsatz sozialer Rechtsstaatlichkeit genügen.

3.3 „Mehr Demokratie wagen"!? Zukunft und Reform der Demokratie in Deutschland

3.3.1 Repräsentation in der Krise? Herausforderungen der Demokratie in Deutschland

M 1 Alle Staatsgewalt geht vom Volke aus

Klaus Stuttmann

Die Karikatur zeigt links den damaligen baden-württembergischen Ministerpräsidenten Stefan Mappus (CDU).

M 2 Krise I: Politik „in verschlossenen Räumen"

In den 1970er Jahren [...] war das Gros der Wahlbürger mit der Demokratie und den staatlichen Einrichtungen der Bonner Republik recht zufrieden. [...] In jüngerer Zeit haben sich die Einstellungen der Deutschen fundamental gewandelt. Die Akzeptanz vieler demokratischer Institutionen, besonders aber der Parteien und Regenten, ist stark beschädigt. [...]

Dabei ist das Problem derzeit wirklich brisant. Denn: Moderne Demokratien haben sich, gleichsam in paradoxer Reaktion auf gesellschaftliche Modernisierung und partizipatorische Ausfächerung, mehr und mehr zu Verhandlungsdemokratien in verschlossenen Räumen mit den informellen Strukturen einer Oligarchie [Herrschaft der Wenigen] entwickelt. Die Vereinbarungen der politischen Klassen mit anderen potenten Akteuren in Ökonomie und Gesellschaft ereignen sich zunehmend jenseits des parlamentarischen Ortes und seiner Kontrollmöglichkeiten.

Im politischen Establishment der modernen Demokratie setzt niemand ernsthaft auf „mehr Demokratie wagen". Die aktive Teilhabe des Souveräns diesseits der Wahlsonntage gilt vielmehr als Störfaktor für die Effizienz der Regierungsadministration. Die Politik offeriert vollendete Tatsachen, kleidet sie sodann in das Autoritätsgewand unzweifelhafter Sachrationalität und versucht sich so der öffentlichen Debatte zu entziehen. Und angesichts der gesellschaftlichen Komplexitäten gilt es bei den Professionellen der Politik als rundum naiv, im Kontrast hierzu mit [...] Jean Jacques Rousseau [...] den offenen Marktplatz der Entscheidungsfindung im Geiste eines allgemeinen Willens auszurufen.

Doch selbst die Voraussetzungen und Ergebnisse der verhandlungsdemokratischen Aushandlungen werden seit einiger Zeit nicht mehr in einer agonalen [kämpferischen] Debatte der parlamentarischen Arena ausgetragen und dem Säurebad kontroverser Diskussionen ausgesetzt. Überdies haben die zentralen Orte der repräsentativen Demokratie, die nationalen Parlamente [...], an Durchschlagskraft verloren. Die demokratische Souveränität ist teilsuspendiert. [...] Sie haben zu exekutieren, was transnationale [hier: europäische] Eliten präjudizieren [vorherbestimmen], die mit immer größerer Raffinesse und rhetorischen Nebelkerzen an institutionellen Strukturen und finanzpolitischen Mechanismen modellieren, welche sich der Prüf-

„Stuttgart 21"

bezeichnet sowohl das Projekt der Verlegung des Stuttgarter Hauptbahnhofes unter die Erde als auch die massiven Bürgerproteste, die sich am Abriss des denkmalgeschützten Bahnhofs und der immensen Baukosten entzündeten und 2010 ihren Höhepunkt erreichten barkeit durch die Wählerschaft entziehen. Eben das aber trocknet die Legitimationswurzeln der Demokratie aus, deren innerer Ethos sich mehr und mehr mindert. [...]

Franz Walter, Die Akzeptanz des Staates schwindet, in: Frankfurter Rundschau, 22.6.2012
Franz Walter ist Parteienforscher und seit 2010 Leiter des Instituts für Demokratieforschung an der Georg-August-Universität Göttingen.

M 3 ● Krise II: Schwindende Repräsentativität und Responsivität des Parteiensystems

Während viele Institutionen der repräsentativen Systeme an Bedeutung und Legitimationskraft verlieren, findet die Forderung nach „plebiszitären" Elementen eine wachsende Anhängerschaft. Anlassbezogene Bürger- und Protestbewegungen vor allem gegen Großprojekte (wie „Stuttgart21" oder den Ausbau von Flughäfen) sind zum selbstverständlichen Teil einer politischen Kultur des Protests geworden, in der inzwischen auch die bürgerliche Mitte der Gesellschaft stark vertreten ist. Anzeichen von politischer Abstinenz und Apathie stehen neben einer wachen Bereitschaft zum Protest. [...]
Besondere Aufmerksamkeit findet [in diesem Zusammenhang] die Analyse von Transformationsprozessen der Parteiendemokratie. Im Mittelpunkt steht dabei die Beobachtung, dass die für die Ausübung der Volkssouveränität in Form von Willensbildungs- und Entscheidungsprozessen zentralen politischen Parteien einen Funktionswandel und einen Einflussverlust durchmachen. Der erosionsartige Mitgliederverlust namentlich der Großparteien, verbunden mit einer starken Überalterung der verbliebenen Mitglieder, schmälere folgenreich die Rekrutierungsbasis für geeignetes politisches Personal. Gleichzeitig sinke die Fähigkeit der Parteien zur Interessenaggregation und politischen Orientierung sowie, damit verbunden, auch ihre Fähigkeit zur politischen Integration. Die modernen professionalisierten Parteien agierten stärker selbstreferenziell [auf sich bezogen] denn als Artikulationsinstanz von gesellschaftlichen Interessen oder sozialen Milieus. Ihre innerparteiliche Demokratie schwinde. Ehrenamtliche Aktivisten seien zunehmend funktionslos und ihre Programmatik habe ihre Orientierung und sinnstiftende Wirkung in die Gesellschaft hinein verloren. [...]
Während die politische Integrationsleistung von Großorganisationen [z.B. Parteien, Gewerkschaften, Kirche] zurückging, veränderte sich das Politikbild der Gesellschaft und verschoben sich Engagementmotive von der Fixierung auf Gesellschaftsbilder und weltanschauliche Fundamente auf anlassbezogene Projektorientierung einer kritischer und selbstbewusster gewordenen Bürgerschaft.

Hubert Kleinert, Krise der repräsentativen Demokratie?, in: APuZ 38-39 / 2012, S. 18 ff.
Hubert Kleinert ist Professor im Fachgebiet Sozialwissenschaften und Kommunikation an der Hessischen Hochschule für Polizei und Verwaltung in Gießen.

Responsivität
bezeichnet den Willen und die Fähigkeit politischer Akteure und/oder des politischen Systems insgesamt, Wünsche und Bedürfnisse der Bevölkerung aufzunehmen und in den politischen Entscheidungsprozess einzubringen

Aufgaben

1. a) Analysieren Sie die Karikatur (M 1).
   b) Erläutern Sie darauf aufbauend und unter Bezugnahme auf das Demokratiemodell des Grundgesetzes (hypothesenartig) gegenwärtige Herausforderungen der Demokratie in Deutschland.
2. a) Arbeiten Sie arbeitsteilig die Diagnosen zum (krisenhaften) Zustand der Demokratie heraus (M 2, M 3) und
   ✪ b) Skizzieren Sie darauf aufbauend den erforderlich erscheinenden Reformbedarf.

H zu Aufgabe 1
Berücksichtigen Sie dabei (mit Schwerpunktsetzungen) Ihre bisherigen Kenntnisse über den politischen Willensbildungs- und Entscheidungsprozess in Deutschland (einschließlich der daran beteiligten staatlichen und nicht-staatlichen Akteure), die Funktionen und Funktionswahrnehmung politischer Parteien und von Wahlen.

3.3.2 „Wutbürger" und Basisdemokratie oder: Was leisten Bürgerinitiativen und Bürgerbeteiligung?

M 4 ● „Mehr Demokratie wagen": Die Idee der Bürgerbeteiligung

Der Politikwissenschaftler Roland Roth skizziert ein fiktives Regierungsziel zur Ausweitung von „Bürgermacht":

„Wir setzen uns für die umfassende Stärkung der Bürgerrechte und der Bürgerbeteiligung ein. Diese Rechte müssen im Bewusstsein aller, vor allem auch der politischen Repräsentanten, stärker verankert werden. (...) Wir werden die Partizipation aller Bürgerinnen und Bürger von Anbeginn fördern und uns dafür einsetzen, dass sie ihre Lebenswelten und die Gesellschaft insgesamt mitgestalten können."

Roland Roth, Bürgermacht. Eine Streitschrift für mehr Partizipation, Bonn 2011, S. 13

M 5 ● Die Bürgergesellschaft – Plädoyer für eine Erneuerung der Demokratie

Hildegard Hamm-Brücher war Bundestagsabgeordnete für die FDP (bis zum Bruch der sozial-liberalen Koalition 1982) und kandidierte 1994 für das Amt des Bundespräsidenten. Für ihr überparteiliches Engagement für Demokratie und Menschenrechte wurde sie mehrfach ausgezeichnet.

Wenn man bedenkt, dass weniger als vier Prozent unserer Wahlbevölkerung Mitglieder von politischen Parteien und von diesen bestenfalls ein Viertel innerparteilich aktiv sind, dann sind das schon beunruhigend wenig Bürger. Und was ist das für eine repräsentative Demokratie, die nur von einer hauchdünnen Parteienoligarchie bestimmt wird? Etwa sechsmal so viele Bürger engagieren sich außerhalb der Parteien. Das wären dann immerhin über zwanzig Prozent aller Bürger. Dennoch, die Diskrepanz zwischen aktiven und – aus welchen Gründen auch immer – passiven Bürgern ist eklatant und für die Legitimation eines von Bürgern getragenen demokratischen Gemeinwesens keinesfalls befriedigend. Wie aber ließe sich das politische Fundament des Gemeinwesens festigen?

Es gibt vielfältige Ansätze, der Verdrossenheits- und Zuschauerdemokratie, der oligarchischen Nur-Parteien-Demokratie entgegenzuwirken. [Die erfolgversprechendste sei hier genannt:] Die Bürgergesellschaft. Obzwar ihr Wirken im etablierten Staats- und Parteiengefüge nicht immer geliebt, gelegentlich gefürchtet, nur selten dankbar anerkannt wird, ist sie sichtlich im Kommen und trägt in vielen Bereichen bereits zur Vitalisierung unserer Demokratie bei. Bürger gründen Initiativen mit sozialen, ökologischen, kommunalen, kulturellen Zielen, ohne darum gebeten zu werden – „Nichtregierungsorganisationen" im eigenen Land, jenseits von Parteien, Verbänden und Gewerkschaften. [...]

Diese demokratische Bürgergesellschaft birgt ein enormes Reformpotenzial. Ehrenamtliches Bürgerengagement ist nämlich durch und durch konstruktiv. Es verharrt, auf welchem Felde, in welcher Lücke oder Nische auch immer es stattfindet, nicht im Protest, es ist eine Quelle sachkundiger Innovationen, das Talente für Organisation, Konzeption und Aktion weckt. Es vermag an sozialen Brennpunkten erste und neuartige Hilfe zu leisten, lässt Solidarität in neuen Formen für alle Beteiligten erfahrbar werden. Die wichtigste Wirkung ist aber diese: gemeinsames Engagement schafft Zusammenhalt, und Zusammenhalt begründet demokratische Identität. [...]

Sicher ist jedenfalls, dass die meisten Gruppen ihre sozialen oder politischen Projekte heute keinesfalls mehr nur als Reparaturwerkstätten für staatliche Versäum-

nisse verstehen, sondern als Antriebskräfte für und Teilhaber von demokratischer Erneuerung. [...]
Gemeinsam ist allen die Überzeugung, dass die Überwindung des Formtiefs nicht nur unserer, sondern fast aller westlichen Demokratien, keineswegs von politischen Parteien, Parlamenten, Regierungen und Verwaltungen allein geleistet werden kann. Nein, nicht nur die Institutionen sind gefordert, sondern vor allem Bürgerinnen und Bürger, die mit Rat und Tat für unsere demokratische Ordnung – nun eben: bürgen wollen.

Hildegard Hamm-Brücher, in: Die Zeit, 24.9.1998

M 6 ● „Pro Erdkabel": Bürgerinitiativen vor Ort

[Peter] Gosslar, 63, groß, schwer, Gemütsmensch, ist Pressebeauftragter der Bürgerinitiative gegen die neue 380.000-Volt-Stromtrasse, die zwischen dem niedersächsischen Wahle und dem 190 km entfernten Mecklar in Nordhessen gebaut werden soll. „Pro Erdkabel" nennt sich dieses Bündnis der Besorgten, weil man sich nicht als Verhinderer versteht, sondern als Vordenker neuer Technologien. Ginge es nach Gosslars Truppe, müsste die Leitung auf der gesamten Strecke unterhalb der Grasnarbe verlegt werden. [...]
Nicht nur in Bad Gandersheim, überall in Deutschland tobt ein heftiger Streit über Stromleitungen. Zwei Gruppen prallen aufeinander, die im Prinzip dasselbe Ziel haben: den Umweltschutz. Auf der einen Seite stehen Politik und Industrie, auf der anderen Rentner, Lehrer, Einzelhändler, Menschen aus der Mitte der Gesellschaft, die verhindern wollen, dass in ihrer Heimat bis zu 80 Meter hohe Masten aufgestellt werden.
Dabei braucht das Land neue Leitungen, nach dem Atomausstieg dringender denn je. Soll der Anteil der erneuerbaren Energien an der Stromversorgung bis zum Jahr 2025 auf rund 40 Prozent verdoppelt werden, müssten in Deutschland nach einer Berechnung der Deutschen Energie-Agentur weitere 3.600 Kilometer Trassen gebaut werden. [...]
Die Bürgerinitiativen in Süd-Niedersachsen und anderswo wollen deshalb auch keine Totalblockade nach dem Motto „Alles Neue verhindern". [...] Die Fragen, über die sich streiten lässt und an deren Antworten sie mitwirken wollen, lauten: Wo werden die neuen Leitungen gebaut – und wie? [...]
„Wir reißen uns den Arsch auf", sagt Sprecher Gosslar, der einmal Unternehmer war und noch immer nichts von seiner Schaffenskraft verloren hat. Seine Devise: „Nicht reden, machen!" Und so gibt es im äußersten Südosten Niedersachsens seit Monaten Kundgebungen, Infotische, Anstecknadeln und Flugblätter. [...]
Fragt man Protestführer Gosslar, warum er denn so vehement gegen die Stromtrasse kämpfe, zögert er einen Augenblick. Es scheint, als habe er über diese Frage, die doch der Anfang war, schon lange nicht mehr nachgedacht. Die Antwort hat sich zwischenzeitlich verselbständigt. Doch dann beginnt Gosslar zu erzählen – vom Wirtschaftsfaktor Tourismus, der Abwanderung vieler junger Leute, der Angst einer ganzen Region, noch mehr zu verlieren, und sei es nur ihre landschaftliche Idylle. Fürchtet er selbst auch Nachteile? Er schüttelt den Kopf. Dafür wohne er zu weit weg von der Trasse.
Am Ende sagt Peter Gosslar dann den Satz, der so etwas wie das Geleitwort der neuen Bürgerwut sein könnte, in Stuttgart, in Athen oder eben in Bad Gandersheim: „Wir wollen mit unserem Engagement zeigen, dass wir nicht alles hinnehmen, sondern mitreden wollen und auch mitgestalten."

Jörg Diehl, Bürgerprotest gegen Stromleitungen, in: Der Spiegel, 18.7.2011

Demonstranten stehen mit großen Pfeilen in Bad Gandersheim. Städte und Gemeinden im südlichen Niedersachsen wehren sich gegen eine geplante oberirdische Stark-strom-Trasse. Die Bürgerinitiativen fordern eine unterirdische Lösung – sie wollen ein Erdkabel.

Info

Bürgerinitiativen

Ende der 1960er Jahre entwickelte sich eine neue Form „basisdemokratischer" politischer Beteiligung. Als „Bürgerinitiativen" treten spontane Zusammenschlüsse von Personen auf, die zumeist auf lokaler Ebene tätig werden, um Missstände zu beseitigen [...]. Die Bürgerinitiativen mobilisieren die Öffentlichkeit und üben Druck auf die Behörden aus, manchmal beschreiten sie den Weg der Selbsthilfe [...]. Charakteristisch für Bürgerinitiativen ist

- die Konzentration auf ein begrenztes Ziel (one-purpose organizations),
- die Fähigkeit, kurzfristig Anhänger in hohem Maße zu mobilisieren. [...]

Die Arbeit von Bürgerinitiativen lässt sich in einem typischen Phasenmodell charakterisieren:

- Phase 1: Bürger empfinden bestehende Verhältnisse als misslich oder wollen die Verwirklichung öffentlicher Planungen verhindern.
- Phase 2: Bürger betreiben Öffentlichkeitsarbeit: Flugblätter, Zeitungsanzeigen, Artikel in der Lokalzeitung
- Phase 3: Briefe der Bürger an die Verwaltung, Gemeinderat, Fraktionen und Parteien bleiben ohne Erfolg
- Phase 4: Gründung einer Bürgerinitiative: Schaffung eines organisatorischen Rahmens, Öffentlichkeitsarbeit, Gewinnung von Mitstreitern, Einschaltung von Experten
- Phase 5: Parteien schalten sich ein. Es folgen Presseerklärungen und Anfragen an die Verwaltung
- Phase 6: Verwaltung und Mehrheitsfraktion(en) suchen nach Kompromissmöglichkeiten
- Phase 7: Kompromissmöglichkeiten werden geprüft. Die Bürgerinitiative entscheidet, ob sie sich mit einer angebotenen Lösung zufrieden geben und auflösen oder eine neue Aktion einleiten will. [...]

Kritik

Bürgerinitiativen kommt das Verdienst zu, politische und soziale Probleme in das öffentliche Bewusstsein gerückt zu haben, die von den Parteien und Interessenverbänden vernachlässigt wurden. [...] Problematisch sind die Aktionen von Bürgerinitiativen [jedoch], wenn sie

- Minderheitsinteressen gegen Mehrheitsinteressen durchsetzen wollen (Beispiel: Anwohner verhindern Behindertenheim oder Spielplatz),
- Entscheidungskompetenz beanspruchen, die demokratisch gewählten Organen zukommen,
- dabei Gewalt anwenden.

Horst Pötzsch, Die deutsche Demokratie, Bonn 2009, S. 54 f.

M 7 ● Wer sind die „bewegten Bürger"?

Die Hochphase zivilgesellschaftlicher Protestbewegung, deren Sinnbild ab 2010 der Protest gegen „Stuttgart 21" wurde, veranlasste das Göttinger Institut für Demokratieforschung dazu, die Motive, Ziele und das Protestverhalten dieser Gruppierungen genauer zu untersuchen.

Die Voraussetzung schlechthin für Aktivität und Protest ist Zeit. Wer sich engagieren will, braucht Zeit. Wer das Engagement zu öffentlichen Protestaktivitäten wendet und steigert, benötigt noch mehr Zeit. [...] Nicht jeder Mensch ist dazu zu jeder Zeit seiner Biographie in der Lage. Insofern findet man in der Trägergruppe des Protests auffällig viele Hausmänner, Teilzeitangestellte, Freiberufler, Schüler, Pastoren, Lehrer – und besonders Vorruheständler, Rentner und Pensionäre. Sie alle haben entweder reichlich freie Zeit oder doch das Privileg, über ihren Zeithaushalt vergleichsweise individuell und autonom disponieren zu können. [...]
Wenn eine Konstellation die Bereitschaft und Fähigkeit für zielstrebige, kontinuierli-

che Proteste ausschließt, dann ist das diese: Kinder im Vorschulalter, die Eltern unmittelbar nach der Ausbildung ohne bereits fest kalkulierbare Berufsperspektiven. Die Kohorte der Fünfundzwanzig- bis Fünfunddreißigjährigen ist in unseren Protestgruppen bezeichnenderweise auch am geringsten vertreten. Zugespitzt formuliert: Der Protest in Deutschland findet im Milieu der Kinderlosen statt, genauer: bei denen, in deren Haushalt ein unter achtzehn Jahre alter Nachwuchs nicht (mehr) lebt. [...]

Der Bürgerprotest ist ganz buchstäblich ein Protest von Bürgern [...]. Zu Kundgebungen und Straßendemonstrationen haben sich in den letzten Jahren nicht die Deklassierten oder Marginalisierten aufgemacht, nicht diejenigen, die am stärksten Opfer der ökonomischen Umstrukturierungen [...] geworden sind. Auf die Barrikaden gingen vornehmlich Bürger mit hoher Bildung, ordentlichem Einkommen, vielseitigen sozialen Kontakten, anspruchsvollen Berufstätigkeiten. [...]

Selbst da, wo sich Protestgruppen konfrontativ gegenüberstanden – wie insbesondere in der Bildungsfrage –, rekrutierten sich die Beteiligten hier wie dort aus bildungsbürgerlichen Lebenswelten. Während früher die Auseinandersetzung zwischen Kapital und Arbeit die Konfliktstruktur der kapitalistischen Gesellschaft beherrschte, sind es heute vielfach innerbürgerliche Kontroversen. Die Opposition gegen Windräder ist ähnlich bürgerlich gestrickt [...] wie die Protagonisten *für* die Windkraft. [...]

Je anspruchsvoller das Partizipationsbegehren ist, desto stärker schlägt die Bildungsbürgerlichkeit durch und verfestigt sich spiralförmig weiter. Bildungsbürgerliche Aktivisten ziehen zusätzliche bildungsbürgerliche Neugierige und Interessenten an, die durch die Affinität in Sprache, Habitus und Argumentationsweise sich rasch zurechtfinden und wohl fühlen. Hingegen erweitert sich die Kluft zu den Zugehörigen nichtakademischer Schichten, die sich schon atmosphärisch am falschen Platz fühlen [...]. Die neue Partizipationsdemokratie fördert keineswegs die zivilgesellschaftliche Integration, sie öffnet vielmehr die Schere zwischen „unten" und „oben" noch mehr, vertieft also die soziale Ungleichheit, statt sie einzudämmen. Im Akt der Partizipation und des aktiven Protests steckt gar ein Katalysator der Ungleichheitsverschärfung.

Franz Walter, Bürgerlichkeit und Protest in der Misstrauensgesellschaft. Konklusion und Ausblick, in: Stine Marg u. a., Die neue Macht der Bürger, Reinbek 2013, S. 302 ff.

Struktur von Protestgruppen

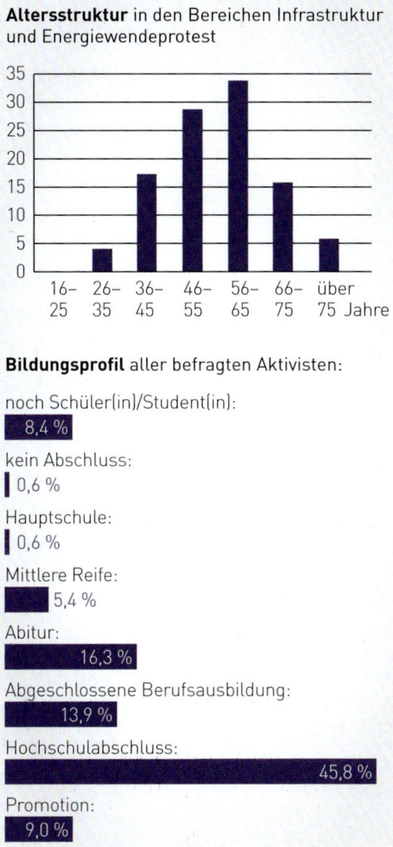

Franz Walter, a.a.O. S. 304 ff

Aufgaben

1. Arbeiten Sie die Ziele einer zukünftigen „Bürgergesellschaft" (M 4, M 5) und konkrete Formen ihrer Ausgestaltung heraus.
2. Analysieren Sie die Bürgerinitiativen im Kontext der Energiewende („Pro Erdkabel", M 6, M 7) hinsichtlich ihrer politischen Ziele, ihrer sozialstrukturellen Zusammensetzung, ihrer politischen Handlungsweise und ihrer damit verbundenen Durchsetzungschancen.
3. Erörtern Sie, inwieweit die Forderung nach verstärkter Bürgerbeteiligung im politischen Prozess (M 4-M 7) geeignet ist, die gegenwärtigen Krisenphänomene der (repräsentativen) Demokratie (vgl. Kap. 3.3.1) zu überwinden.

H zu Aufgabe 2
Nutzen Sie zur Charakterisierung der politischen Handlungsweise die Typologie politischer Beteiligung (vgl. Seite 9).

F Überprüfen Sie die (positiven) Grundannahmen, die dem Ideal einer „Bürgergesellschaft" etwa bei Hildegard Hamm-Brücher (M 5) zugrunde liegen.

3.3.3 Direkte Demokratie – sinnvolle Ergänzung oder Alternative der Repräsentation?

M 8 ● Direkte Demokratie im Koalitionsvertrag?

Es klang nach einer Revolution: Die Große Koalition wolle [nach einem Bericht der Süddeutschen Zeitung] mehr direkte Demokratie auf Bundesebene erlauben [...]. Das Volk solle künftig über einzelne Gesetze abstimmen können, bei besonders wichtigen europapolitischen Entscheidungen sogar stets mitreden können.

Konnte das sein? Sollte Angela Merkel tatsächlich ihre tiefe Skepsis aufgegeben haben und den Weg für mehr Bürgerbeteiligung ebnen wollen? Die Aufregung um die vermeintliche Sensation legte sich schnell. Denn es gibt keine Sensation. Die CDU machte umgehend klar: nicht mit uns. „Wir sind gegen solche bundesweiten Volksabstimmungen“, sagte Unionsfraktionsvize Günter Krings (CDU). „Demzufolge wird die nächste Koalition dies auch nicht einführen.“ [...]

Warum also die Unruhe? Auslöser war ein gemeinsames Dokument vom [damaligen] Innenminister Hans-Peter Friedrich (CSU) und SPD-Innenexperte Thomas Oppermann. [...] Die Unterhändler [der Arbeitsgruppe Inneres und Justiz in den Koalitionsverhandlungen brachten] auch ihre Vorstellungen zu plebiszitären Elementen [...] zu Papier. „Ein behutsamer Einstieg in direktdemokratische Teilhabe soll ein Referendum über beschlossene Gesetze sein“, heißt es da. Demnach könnte der Bundestag mit Zweidrittelmehrheit bestimmen, ein Gesetz den Bürgern zur Abstimmung vorzulegen. Oder die Bürger sammeln eine Million Unterschriften und erzwingen eine solche Abstimmung. [...]

Philipp Wittrock, CDU beerdigt Pläne für Volksabstimmungen, www.spiegel.de (12.11.2013)

M 9 ● Direkte Demokratie in Niedersachsen

Artikel 47. Volksinitiative

70.000 Wahlberechtigte können schriftlich verlangen, dass sich der Landtag im Rahmen seiner verfassungsmäßigen Zuständigkeit mit bestimmten Gegenständen der politischen Willensbildung befasst. Ihre Vertreterinnen oder Vertreter haben das Recht, angehört zu werden.

Erklärfilm zum Volksentscheid (Mediencode 73004-10)

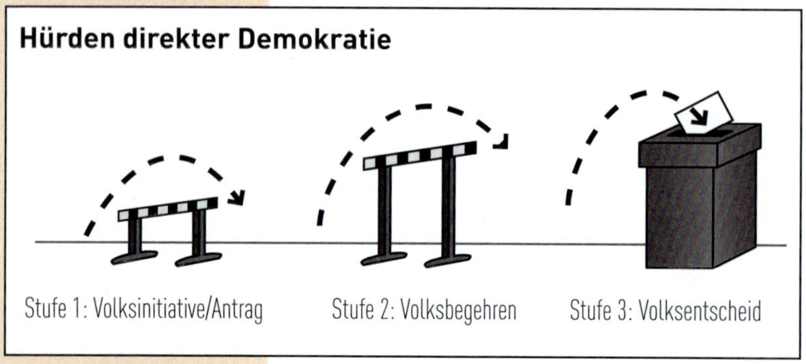

Artikel 48. Volksbegehren

(1) Ein Volksbegehren kann darauf gerichtet werden, ein Gesetz im Rahmen der Gesetzgebungsbefugnis des Landes zu erlassen, zu ändern oder aufzuheben. Dem Volksbegehren muss ein ausgearbeiteter, mit Gründen versehener Gesetzentwurf zugrunde liegen. Gesetze über den Landeshaushalt, über öffentliche Abgaben sowie über Dienst- und Versorgungsbezüge können nicht Gegenstand eines Volksbegehrens sein. (2) Die Landesregierung entscheidet, ob das Volksbegehren zulässig ist; gegen ihre Entscheidung kann der Staatsgerichtshof angerufen werden. (3) Das Volksbegehren kommt zustande, wenn es von zehn vom Hundert der Wahlberechtigten unterstützt wird. Die Landesregierung leitet dann den Gesetzentwurf mit

ihrer Stellungnahme unverzüglich an den Landtag weiter.

Artikel 49. Volksentscheid

(1) Nimmt der Landtag einen Gesetzentwurf, der ihm auf Grund eines Volksbegehrens zugeleitet wird, nicht innerhalb von sechs Monaten im wesentlichen unverändert an, so findet spätestens sechs Monate nach Ablauf der Frist oder nach dem Beschluss des Landtages, den Entwurf nicht als Gesetz anzunehmen, ein Volksentscheid über den Gesetzentwurf statt. Der Landtag kann dem Volk einen eigenen Gesetzentwurf zum Gegenstand des Volksbegehrens zur Entscheidung mit vorlegen. (2) Ein Gesetz ist durch Volksentscheid beschlossen, wenn die Mehrheit derjenigen, die ihre Stimme abgegeben haben, jedoch mindestens ein Viertel der Wahlberechtigten, dem Entwurf zugestimmt hat. Die Verfassung kann durch Volksentscheid nur geändert werden, wenn mindestens die Hälfte der Wahlberechtigten zustimmt.

Verfassung des Landes Niedersachsen vom 19. Mai 1993

M 10 ● Kontrovers diskutiert: Direkte Demokratie – ein Modell für eine Demokratiereform in Deutschland?

a) Pro: Direkte Demokratie – ein Vorbild für Deutschland

Verdienen die Bürgerinnen und Bürger der Schweiz das Vertrauen, dass sie zu allem das letzte Wort haben beziehungsweise sich das letzte Wort vorbehalten? [...]

In einer Konkordanzdemokratie wie der Schweiz, in der alle wesentlichen Entscheidungen durch den Konsens nahezu aller relevanter politischer Gruppen getroffen werden, stellen die direktdemokratischen Verfahren ein sinnvolles Korrektiv dar. Die direkte Demokratie zwingt zur öffentlichen Auseinandersetzung mit Argumenten, die sonst eher überhört werden. Minderheiten, die im Parlament wenig oder gar nicht vertreten sind, haben durch die direktdemokratischen Einrichtungen größere Chancen, sich öffentlich und auf legitime Art und Weise Gehör zu verschaffen.

Die Beteiligungschancen der Bürgerinnen und Bürger werden durch direktdemokratische Verfahren erweitert. Das erhöht die Integrationsfähigkeit und befördert die Legitimität des demokratischen Systems. [...] Zudem sind politisches Wissen und Problembewusstsein relativ stark in der Bevölkerung verankert. Direkte Beteiligung an politischen Entscheidungen schärft also den Sinn für die Verantwortung und die Einsicht in das, was zur Erhaltung des Gemeinwohls notwendig ist. Dies führt auch dazu, dass Macht zwischen Bürgern und Politikern feiner verteilt wird und die Kluft zwischen diesen geringer wird. Das „Entrückt-Sein" der Politiker von denen, die sie vertreten sollen, von den Wählern, wird deutlich gedämpft, wenn die Politiker registrieren, dass die Bürger „auch anders können". Nachweislich steigen die Verbindung zur Basis [...] und die Responsivität des repräsentativen Systems [Fähigkeit, auf die Wünsche der Bürger zu reagieren]. Direkte Demokratie macht Politik kommunikativer: Legitimität muss kommunikativ beschafft, bestätigt oder in Frage gestellt werden. Sie führt außerdem zu einer erstaunlich sachlichen Gesprächskultur mit vergleichsweise gut informierten Stimmbürgern. [...]

In einer Studie [konnten] die positiven Auswirkungen der direkten Demokratie vor allem auf die Staatsfinanzen [aufgezeigt werden]. [Die Autoren] weisen nach, dass Gemeinden und Kantone mit Finanzreferendum geringere Staatsausgaben, niedrigere Schuldenquoten, effizientere öffentliche Betriebe und ein höheres Bruttoinlandsprodukt (BIP) aufweisen. Zudem sei die Steuermoral [Motivation, Steuern nicht zu hinterziehen] besser und würde die Staatsverschuldung weiterhin mindern. Sie

Direkte Demokratie in der Schweiz

Die Schweiz ist der europäische Staat mit den stärksten plebiszitären Elementen in der gesamtstaatlichen Gesetzgebung: In der Regel wird viermal jährlich über Sachfragen abgestimmt. Dann bekommt jeder Bürger ein Heftchen mit Argumenten, Gegenargumenten und einer Empfehlung des Bundesrats, der schweizerischen Bundesregierung, zugeschickt [...]. Weitere Urnengänge auf Kantons- und Gemeindeebene kommen hinzu – und alle vier Jahre werden die Nationalräte, also die Mitglieder der großen Kammer des Schweizer Parlaments, gewählt. [...]
In den meisten Kantonen wird brieflich oder per Urnengang abgestimmt und gewählt. Nur in Appenzell Innerrhoden und in Glarus wird die Demokratie in ihrer wohl ursprünglichsten Form gelebt: auf dem Dorfplatz während der sogenannten Landsgemeinde. Die Abstimmungen erfolgen dort per Handheben.

Alice Kohli, Hände hoch, in: Fluter Nr. 48/Herbst 2013, S. 25

Deliberation

Die Idee der deliberativen Demokratie (Deliberation = Beratschlagung) zielt auf einen herrschaftsfreien Diskurs unter breiter Beteiligung der Bürgerinnen und Bürger als Instrument politischer Entscheidungsfindung.

sehen den rundum positiven Einfluss der direkten Demokratie auf die Haushaltsdisziplin und das wirtschaftliche Wachstum aber nicht nur auf die Gemeinde- und die Kantonsebene beschränkt, sondern halten auch die Übertragung auf Bundesebene für möglich [...].

Markus Gloe, Direkte Demokratie – das Beispiel Schweiz, in: Peter Massing (Hg.), Direkte Demokratie, Schwalbach 2005, S. 114 ff.

b) Kontra: Grenzen und Paradoxien direkter Demokratie

Der Politikwissenschaftler Wolfgang Merkel überprüft anhand von zehn für die vielfach beschriebene „Krise der Demokratie" zentralen Aspekten die Leistungsfähigkeit und das Reformpotenzial der direkten Demokratie, von denen hier drei exemplarisch dargestellt werden:

Soziale Selektivität

Die Wahlbeteiligung geht in vielen etablierten Demokratien zurück. [...] Zum demokratietheoretischen wie praktischen Problem wird die zurückgehende Wahlbeteiligung aber vor allem aufgrund der mit ihr einhergehenden sozialen Selektivität: Je geringer die Wahlbeteiligung, umso höher ist die soziale Selektion. Die soziale Schieflage geht dabei stets zu Lasten der unteren Schichten. [...]

Können Referenden das Problem zurückgehender Partizipation und ansteigender sozialer Selektion lindern oder gar beheben? Geht „das" Volk tatsächlich zu Volksabstimmungen? Aus der empirischen Forschung wissen wir, dass die Teilnahme an Volksabstimmungen auf lokaler, regionaler oder nationaler Ebene hinter der Beteiligung an allgemeinen Wahlen zurückbleibt. Dies gilt insbesondere im Vergleich zu den nationalen Parlamentswahlen. [...] Die durchschnittliche Partizipationsrate lag in der Schweiz bei Volksabstimmungen auf Bundesebene in den vergangenen 40 Jahren (1971–2010) bei 42,5 %. Im selben Zeitraum lag die durchschnittliche Wahlbeteiligung auf Bundesebene bei 47,8 %. Berücksichtigt man nur die Volksabstimmungen zu konkreten policies, liegen die Beteiligungsraten noch deutlich niedriger. Je komplexer die Materie und je häufiger die Abstimmungen, umso geringer ist die Beteiligung. [...] Nicht das Volk in seiner Gesamtheit, sondern die höheren und mittleren Schichten, die Gebildeten und überproportional die Männer stimmen typischerweise bei Referenden ab. Der politisch aktive Demos ist dabei mehr als halbiert und hat bei Volksabstimmungen damit eine noch größere soziale Schieflage als bei den nationalen Parlamentswahlen. [...]

Diskurs und Deliberation

Die Medien beeinflussen die politische Agenda auf ungesicherter legitimatorischer Grundlage. Zudem verhindert ihre Kommerzialisierung häufig anspruchsvolle und problemangemessene politische Diskurse. Ändert sich das in den Debatten, die Volksabstimmungen vorausgehen? [...] Bei hochpolitischen Fragen [...] tragen Volksabstimmungen tatsächlich zu intensivierten Diskursen bei. Auch Positionen außerhalb des etablierten Politik- und Medienbetriebs haben Chancen, Gehör zu finden. Die Diskurse befreien sich dabei häufig von den üblichen Personaldebatten und verlagern sich auf Sachfragen. Im optimalen Fall entsteht das, was Jürgen Habermas emphatisch als „Öffentlichkeit" bezeichnet [...]. Das sind jedoch Sternstunden von Referendumskampagnen, die sich im Alltag der zahlreichen Policy-Referenden in der Schweiz oder etwa Kalifornien nicht zeigen oder wiederholen lassen. [Der Politikwissenschaftler] Claus Offe sieht im Abstimmungsakt nicht das demokratische, sondern das „schlechtere Ich" der Bürger begünstigt, weil die Bürger bei der Abstimmung „von diskursiven Anforderungen und dem Zwang zur argumentativen Rechtfertigung völlig entlastet sind". Referenden sind viel seltener die Stunde des Diskurses oder gar der Deliberation, als ihre Befürworter glauben (machen).

Interessengruppen

Die Verfügbarkeit von Macht und Geld entscheidet über den Einfluss auf politische Entscheidungen. Sie gewährt mächtigen Interessenverbänden und multinationalen Unternehmen einen asymmetrisch privilegierten Einfluss. Das politische Gleichheitsprinzip wird verletzt. Ändert sich das in Volksinitiativen oder Volksentscheidungen? Übertrumpft der Demos die Mächtigen in Wirtschaft, Staat und Gesellschaft? Fast alle empirischen Untersuchungen geben zu erheblicher Skepsis Anlass. Volksabstimmungen werden nicht vom „Volk" initiiert. Es bedarf der Initiatoren – und die kommen aus den meinungsstarken politisierten Mittelschichten, Interessengruppen, NGOs, nicht selten auch aus Regierung und Parteien. Der Erfolg ist keineswegs nur, aber stets auch von der Kampagnenfähigkeit der Initiatoren abhängig. Dafür bedarf es der Ressourcen: politisch, organisatorisch und finanziell. Über solche verfügen vor allem politische Organisatoren oder wirtschaftliche Interessengruppen. [...] Das Volk ist in Volksabstimmungen wesentlich abhängiger von den etablierten politischen und wirtschaftlichen Gruppen, als dies deren Befürworter wahrhaben wollen. [...]

So paradox es auch klingen mag: [Die] Interessen [des unteren Drittels der Gesellschaft sind] in repräsentativen Institutionen besser aufgehoben als in Entscheidungen, die „das Volk" trifft. Wer in Volksentscheiden vor allem initiiert und dekretiert, ist nämlich nicht ein repräsentativer Querschnitt, oder gar das Volk selbst. [...] Die Idee, „ein Votum für direkte Demokratie würde auch ein Stück Selbstentmachtung der Parlamentarier bedeuten" [Dieter Rucht] erscheint damit in einem trüben Legitimationslicht. Die Selbstentmachtung eines mit zwei Dritteln der Bevölkerung gewählten Parlaments zugunsten eines häufigen Ein-Drittel-Referendums-Demos wie etwa bei der Hamburger Schulreform dünnt fundamentale legitimationstheoretische Grundlagen unserer Demokratie aus. Die große Malaise [Misere] der gegenwärtigen Demokratien, nämlich der schleichende Ausschluss der unteren Schichten, würde noch erheblich beschleunigt. [...] Nicht „mehr", sondern „weniger" Demokratie würde gewagt werden. Das kann keine Perspektive für das 21. Jahrhundert sein.

Wolfgang Merkel, Volksabstimmungen: Illusion und Realität, in: APuZ 44–45/2011, S. 50 ff.

Wolfgang Merkel ist Professor für Vergleichende Politikwissenschaft und Demokratieforschung an der Humboldt-Universität Berlin und Direktor der Abteilung „Demokratie" am Wissenschaftszentrum Berlin (WZB).

Aufgaben

1. Positionieren Sie sich – vorläufig – zu der in M 8 dargestellten Forderung, direktdemokratische Entscheidungsverfahren auch auf Bundesebene einzuführen.
2. a) Beschreiben Sie anhand von M 9 die Stufen direktdemokratischer Verfahren und konkretisieren Sie diese für das Land Niedersachsen.
   b) Erläutern Sie mögliche Gründe für die Ausgestaltung der Hürden für die Durchführung direktdemokratischer Verfahren.
3. a) Arbeiten Sie aus M 10 die Argumente für bzw. gegen eine Ausweitung direktdemokratischer Verfahren in Deutschland heraus.
   b) Erörtern Sie ausgehend von M 10, ob Volksentscheide auch auf Bundesebene eingeführt werden sollten.

H zu Aufgabe 3 a)
Unterscheiden Sie dabei zwischen den Kategorien Effizienz und Legitimität und stellen Sie die Argumente tabellarisch gegenüber.

3.3.4 Demokratie 2.0!? Chancen und Risiken einer E-Democracy

M 11 ● Politische Partizipation im Internet

a) Abgeordnetenwatch

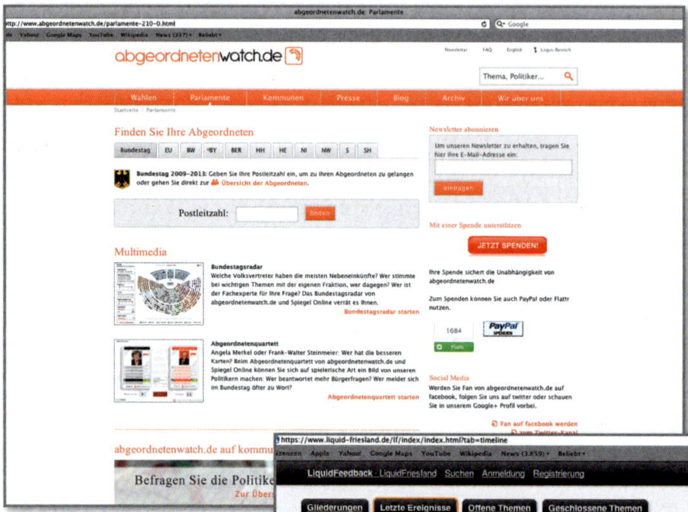

www.abgeordnetenwatch.de

b) Die Beteiligungsplattform Liquid Friesland

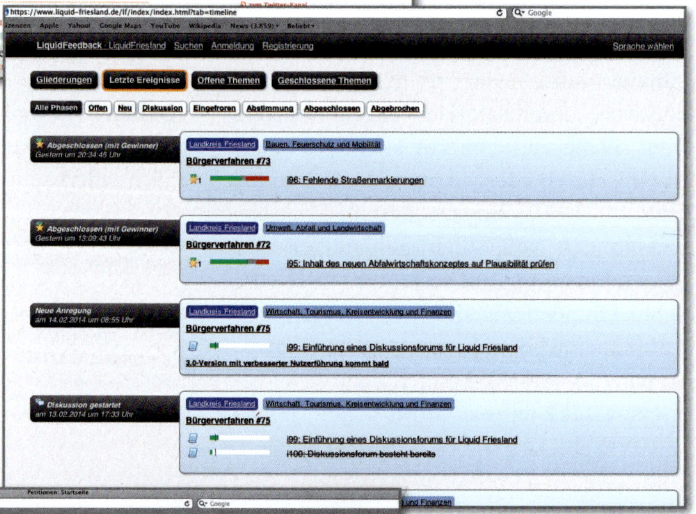

https://www.liquid-friesland.de/

c) E-Petitionen an den Bundestag

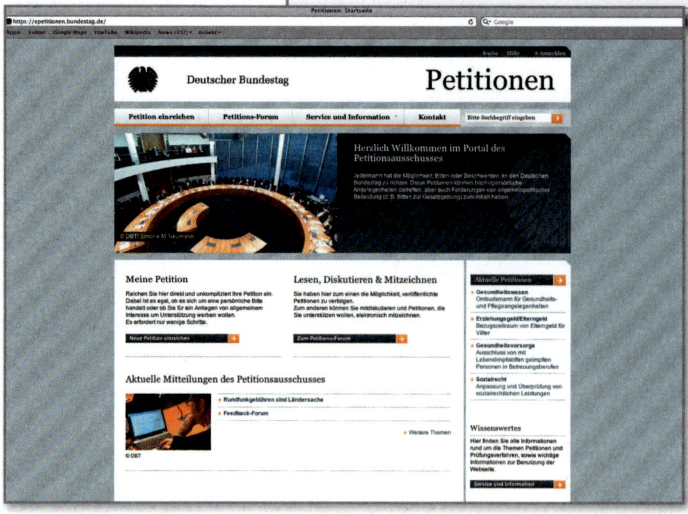

https://epetitionen.bundestag.de

Petition

Eingabe, Beschwerde oder Bittschrift an eine zuständige Stelle, eine Behörde oder ein Parlament.
Artikel 17 GG legt das Petitionsrecht als ein Grundrecht fest: „Jedermann hat das Recht, sich einzeln oder in Gemeinschaft mit anderen schriftlich mit Bitten oder Beschwerden an die zuständigen Stellen und an die Volksvertretung zu wenden."

M 12 ● Demokratie, Regierung und Bürgerbeteiligung digital

E-Demokratie spiegelt einen Ausschnitt von demokratischen Prozessen und Strukturen zwischen Bürger und Staat im Internet wider. *E-Government* dagegen bildet eine Unterkategorie der elektronischen Demokratie, nämlich die elektronische Abwicklung der Geschäftsprozesse von Verwaltung und Regierung, was auch die sogenannte E-Administration (elektronische Verwaltung) einschließt. *E-Partizipation* schließlich bildet die zweite Unterkategorie der E-Demokratie, allerdings ist diese weniger in Gesetzesbüchern als im wissenschaftlichen Diskurs konstituiert. [...] Die E-Demokratie bildet eine Ergänzung und Erweiterung der Bürger-Staat-Beziehungen auf digitaler Ebene. [...]

Partizipation von unten

Die überwiegende Mehrheit der bottom-up-Bewegungen im Internet lassen sich entweder als Partizipationsplattformen oder Transparenzinitiativen einordnen. Partizipationsformate reichen von Kampagnenplattformen über Online-Petitionen bis hin zum Internet-Ratgeber. Die Initiatoren sind dabei sowohl einzelne Bürgerinnen und Bürger als auch Nichtregierungsorganisationen.

Transparenzinitiativen untersuchen häufig Abstimmungsverhalten, Spendenpraktiken oder Anwesenheitszeiten der Abgeordneten im Parlament. Mehr Transparenz fördert mehr Demokratie - so zumindest die Annahme der Initiatoren. Sie durchleuchten oder hinterfragen die parlamentarische Arbeit von Politikern, etwa auf dem Portal „abgeordnetenwatch.de". Die Quellen, aus denen sich viele Transparenzportale speisen, sind öffentlich zugängliche Daten, ihre Werkzeuge sind oft visuelle Applikationen, welche die Fülle von Informationen verdichten und über eine grafische Ausgabe einen niedrigschwelligen Zugang zu komplexen Prozessstrukturen bieten.

Regieren von oben

Das E-Government teilt sich hauptsächlich in zwei große Bereiche: die elektronische Verwaltung und die digitale Konsultation. Die Digitalisierung von Geschäftsprozessen in der Verwaltung soll administrative Prozesse vereinfachen und den Bürgern mehr Service bieten. Ferner soll die Verbesserung der Zusammenarbeit verschiedener Verwaltungsstellen untereinander mit Hilfe der elektronischen Medien Kosten einsparen.

Daniel Roleff, Digitale Politik und Partizipation, in: APuZ 7/2012, S. 16 f.

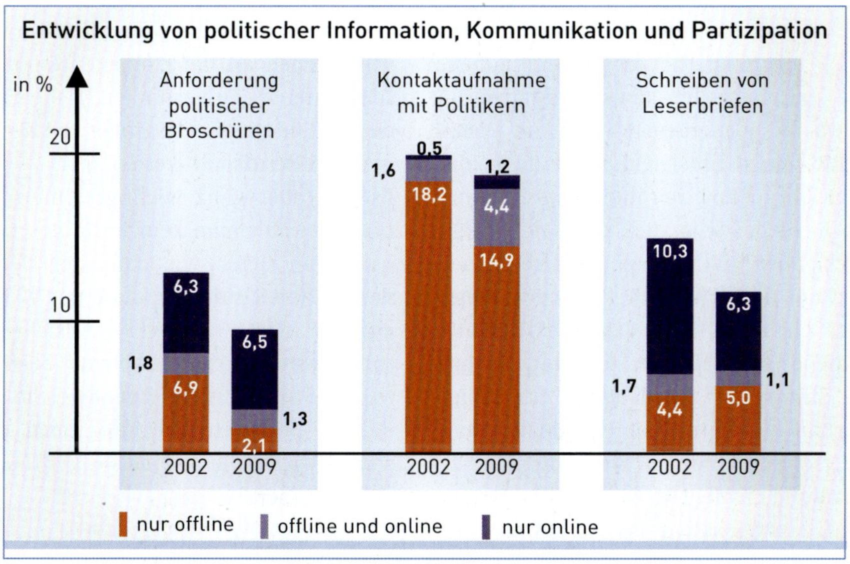

M. Emmers, G. Vewe, J. Wolling, Bürger online. Die Entwicklung der politischen Online-Kommunikation in Deutschland, Bonn 2011, S. 131, 158, 178

Liquid Democracy
→ vgl. Kapitel 2.1

M 13 ● Liquid Democracy – die digitale Neuerfindung der repräsentativen Demokratie!?

Die ehemalige politische Geschäftsführerin der Piratenpartei Marina Weisband erläutert, wie das in der Piratenpartei entwickelte Prinzip der Liquid Democracy die Demokratie insgesamt erneuern könnte:

Fangen wir mit einem fiktiven Beispiel an: Heute entscheidet der Landesverband der NRW-Piraten über die Förderung einer Kooperation mit osteuropäischen Schulen. [...] Ich finde den Antrag großartig und ich habe mich in unser LiquidFeedback eingeloggt, um meine Stimme abzugeben. Beim Rumklicken sehe ich, dass bald noch eine andere Entscheidung ansteht. Es geht um irgendeine abstrakte Bauentwicklungsfrage. In dem Bereich kenne ich mich gar nicht aus. Leider. Sebastian hat letztes Jahr ganz viel zu einem ähnlichen Thema gearbeitet. Ich weiß, dass er sich auskennt, und außerdem hat er ziemlich ähnliche politische Ansichten wie ich. [...] Ich übertrage ihm mit einem Klick meine Stimme. Ich könnte ihm meine Stimme einfach für diese Abstimmung geben. Aber nein, da ich in dem Bereich wahrscheinlich ohnehin nicht selber abstimmen werde, delegiere ich ihm meine Stimme für den gesamten Bereich „Bauen, Wohnen, Stadtentwicklung und Verkehr". Immer, wenn er jetzt in diesem Bereich abstimmt, hat er zwei Stimmen. Seine und meine. Ich kann alles nachprüfen, was er in meinem Namen tut. Wenn ich mit seinen Entscheidungen nicht zufrieden bin, nehme ich ihm meine Stimme einfach wieder weg. Ich kann mich also zurücklehnen und habe einen Bereich weniger, um den ich mich kümmern muss. Später sehe ich zufällig, dass Sebastian anscheinend Herrn Gabler vertraut. Er hat seine Stimme auf ihn delegiert. [...] Wenn Sebastian auf Herrn Gabler delegiert hat, hat dieser drei Stimmen. Seine, die von Sebastian und meine. Das ist gut. Ich vertraue darauf, dass Sebastian meine Stimme sinnvoll einsetzt. Entweder indem er selbst abstimmt oder indem er die Stimme an jemanden weitergibt, den er für kompetent und vertrauenswürdig hält. [...]

Liquide Demokratie ist eine Mischform aus repräsentativer und direkter Demokratie. Sie wird „flüssig" genannt, weil der Übergang zwischen beiden Formen völlig fließend ist. [...] Das Prinzip der freien Stimmdelegation ist der Dreh- und Angelpunkt der Liquid Democracy. Die Übertragung der eigenen Stimme auf eine Person des Vertrauens ist das, was wir im Prinzip schon die ganze Zeit machen. Aber nur alle vier Jahre, wenn Wahlen angesetzt sind. [...] Im Gegensatz zur Liquid Democracy können wir unsere Stimme aber nur an einen eingeschränkten Personenkreis delegieren und bekommen sie vier Jahre lang nicht zurück. Außerdem müssen wir sie unbedingt delegieren, wir können sie nicht behalten. [...]

Aber wie werden sich Menschen verhalten? Es ist zu erwarten, dass ein Großteil der Stimmen delegiert wird. Meistens an Personen aus der eigenen Umgebung [...]. Diese Menschen kennen sich oft besser mit dem Thema aus als man selbst. Damit sammeln sich mehr Stimmen dort, wo die Kompetenz größer ist. Diese Personen [...] können ihre gesammelten Stimmen wieder weitergeben an die kompetentesten Menschen, denen sie vertrauen. Vielleicht landet am Ende sogar ein großer Teil der Stimmen bei Berufspolitikern. [...]

Es gibt aber ganz wichtige Unterschiede. Erstens wählt man kein fertig geschnürtes Paket von Zielen, wie man es bei der Wahl von Parteien tut. Ich kann mir [...] mein eigenes Menü politischer Ansichten zusammenstellen. [...] Zweitens bekommen meine Stimme nicht irgendwelche Leute, die auf der Parteiliste ganz oben stehen, sondern jene, die das meiste Vertrauen auf sich vereinen.

Marina Weisband, Wir nennen es Politik: Ideen für eine zeitgemäße Demokratie, Stuttgart 2013, S. 77 ff.

M 14 „Neuland“: „Liquide“ Bürgerbeteiligung in Friesland

Der Landkreis Friesland betritt [...] tatsächlich Neuland. Er lässt als erster und einziger Kreis in Deutschland seine Bürger per Software Liquid Feedback mitreden. Jeder kann Initiativen einbringen, umschreiben, abstimmen. [...] Landrat Sven Ambrosy sagt mit Stolz: „Ich denke, wir haben hier eine digitale Demokratie eingeführt.“

Doch zur Demokratie gehört die Beteiligung, und damit sieht es schlecht aus. Die Zahlen sind ernüchternd: Von den 70.000 wahlberechtigten Friesländern forderten 706 einen Zugangscode an, 473 registrierten sich, im Durchschnitt nehmen 22 Bürger an einer Abstimmung Teil. [...]

[Peter] Lamprecht ist [...] das wohl beste lebende Argument für das Demokratie-Experiment. [...] Lamprecht ist kein Nerd, der seinen Tag vor dem Bildschirm verbringt. Er arbeitet im Hafenmanagement beim nahen Jade-Weser-Port, er hat Frau und Kinder und nebenbei noch eine kleine Tourismusberatungsfirma. Politisch engagiert hat er sich nie – bis er in der Zeitung von LiquidFriesland las.

Der frühere Berufssoldat holte sich den Zugang, wählte als Profilfoto einen Tornado-Jet und startete eine Initiative, die bis heute am meisten Wirbel hervorrief. Er schlug vor, dass man die Möglichkeit nutzen soll, neben dem Kennzeichen FRI auch das alte JEV für die Kreisstadt Jever wieder zuzulassen. Der Kreistag hatte sich dagegen entschieden. Lamprecht fand: „Vielleicht kann man dat noch mal anstoßen.“ Er trat eine lebhafte Diskussion los, auch eine Gegeninitiative wurde gegründet, am Ende stimmen 50 Friesländer ab: 20 dafür, 20 dagegen, 10 enthielten sich. Die Initiative scheiterte, ein Kreisausschuss bekräftigte nach fünf Minuten Diskussion noch mal die Ablehnung. Doch wenn Lamprecht davon berichtet, lehnt er sich sichtlich zufrieden zurück und freut sich. Ohne das Liquid hätte er sich nie engagiert, sagt er, „jetzt bin ich minipolitisch aktiv“. [...] Eine Partei sei nichts für ihn [...].

Die mickrige Beteiligung sei kein Problem, betont Landrat Ambrosy immer wieder. Man habe eine zusätzliche Möglichkeit zur Beteiligung geschaffen. Die Leute machen genauso viel oder eben wenig mit wie offline. „Jeder Bürger mehr ist gut.“ Außerdem komme es auf die Qualität, nicht Quantität an. Immerhin: Die Diskussionen laufen konstruktiv. Weil mit vollen Namen debattiert wird, gibt es kaum Beschimpfungen. Inhaltlich geht es um die Öffnungszeiten der Kfz-Zulassungsstelle, den Bau von Fahrradwegen, 49 Initiativen gab es bislang. [...]

Fabien Reinbold, Mitmach-Demokratie im Netz, www.spiegel.de 28.6.2013

Oligarchisierung politischer Diskurse!?

Martin Haase [...] ist so etwas wie der geheime Star der Piratenpartei. In deren Software Liquid-Feedback bestimmt er oft die Diskurse und hat viele Anhänger, die ihm ihre Stimme delegiert haben. Damit kann er in Liquid Feedback auch für andere wählen – manchmal mit über 160 Stimmen.

Thomas Schmelzer: Wirkungslose Wunderwaffe, www.Süddeutsche.de, 20.5.2012

Aufgaben

1. a) Beschreiben Sie (arbeitsteilig) die Funktionsweise der in M 11 vorgestellten politischen Internet-Angebote.
   b) Ordnen Sie diese Angebote den „Transferrichtungen“ (M 12) „top down“ und „bottom up“ zu.
2. Analysieren Sie das Potential des Internet für eine Intensivierung politischer Kommunikation und Beteiligung (M 12, Statistik).
3. „Liquide Demokratie ist eine Mischform aus repräsentativer und direkter Demokratie“ (Marina Weisband, M 13). Analysieren Sie ausgehend von dieser Aussage das Prinzip der „dynamischen Repräsentation“.
4. Erörtern Sie Chancen und Grenzen einer internetbasierten Demokratie nach der Vorstellung der „Liquid Democracy“ (M 11–M 14).

H zu Aufgabe 4
Gehen Sie bei der Klärung von „Liquid Democracy“ vor allem vom Prinzip der „dynamischen Repräsentation“ aus und ziehen Sie als Beurteilungskategorie die Legitimität politischer Entscheidungen (Partizipation, Transparenz/Kontrolle) heran.

M Simulieren Sie eine Bürgerversammlung, in der über die Einführung des Liquid-Democracy-Verfahrens in Ihrer Gemeinde diskutiert wird.

Krise der Demokratie
M 3

Die sichtbarsten Zeichen einer möglichen Krise der repräsentativen Demokratie sind populäre **Protestbewegungen** (z. B. „Stuttgart 21") sowie die seit den 1970er Jahren kontinuierlich rückläufige **Wahlbeteiligung**. Während die Ursachen für beide Tendenzen u. a. in einer (zunehmenden) Distanz zwischen politischem System und Bürgern zu suchen sind, ist die Deutung der Krisenphänomene umstritten: Die rückläufige Wahlbeteiligung scheint recht eindeutig die Krise der Demokratie zu belegen, gleichzeitig fordern engagierte „Wutbürger" gerade ihre Neubelebung ein. So zielen alle relevanten Reformdiskussionen auf Strategien verstärkter und den Wahlakt ergänzender Beteiligungsformen.

Bürgerinitiativen und Bürgergesellschaft
M 5

Bürgerinitiativen prägen die politische Kultur der Bundesrepublik seit den 1970er Jahren. Auf konkrete politische Themen und Entscheidungen bezogen mobilisieren sie Widerstand und Protest gegen mögliche parlamentarische Entscheidungen und erarbeiten sich dabei oft einen beeindruckenden **Sachverstand**, weshalb sie auch von Legislative und Exekutive zunehmend als wichtige **Kooperationspartner** akzeptiert werden.
Das Modell der Bürgergesellschaft will dieses „naturwüchsige" Bürgerengagement aufgreifen und fördern und zivilgesellschaftliche Organisationen nicht nur bei Entscheidungen, sondern auch bei ihrer Umsetzung beteiligen. Kritisch wird in diesem Zusammenhang vielfach gesehen, dass lokale Vereine als „Lückenfüller" für finanziell eingeschränkte staatliche Institutionen einspringen sollen.

Direkte Demokratie
M 9, M 10

Das Modell der direkten Demokratie stützt sich auf die Forderung einer Identität zwischen Herrschenden und Beherrschten, die Bürgerinnen und Bürger werden selbst zum „Gesetzgeber".
Plebiszitäre Elemente sind in Deutschland auf kommunaler Ebene (Bürgerbegehren, Bürgerentscheid) sowie zunehmend auch in den Bundesländern (Volksinitiative, Volksbegehren, Volksentscheid) zu finden, allerdings ist bereits ihre Durchführung an hohe Hürden gebunden. Die Forderung nach einer Ausweitung direktdemokratischer Instrumente auf der Bundesebene orientiert sich u. a. am Vorbild der Schweiz. Befürworter erwarten eine stärkere Partizipation der Bürger sowie insgesamt gemeinwohlorientierte(re) Entscheidungen, während Kritiker mittelfristig Abstimmungsmüdigkeit, die Tendenz zu populistischen Entscheidungen sowie eine geringe(re) Gemeinwohlorientierung aufgrund der Dominanz der Mittelschicht in den entsprechenden Verfahren befürchten.

Internet und „Liquid Democracy"

Auch das Internet kann politische Beteiligung in unterschiedlichen Formen organisieren. Nach dem Vorbild der Piratenpartei wird derzeit das Konzept der „Liquid Democracy" am stärksten diskutiert. Dieses vereint Elemente der direkten und der repräsentativen Demokratie.
Umstritten ist die empirisch begründete Vermutung, dass sich auch in den entsprechenden Foren mit der Zeit ein engerer Zirkel Engagierter herausbildet. Die Diskrepanz zwischen wenigen aktiven und vielen passiven Bürgern wäre kaum überwunden.

Benjamin Barber: „Starke Demokratie" durch Institutionalisierung zivilgesellschaftlichen Engagements

Starke Demokratie [...] ist buchstäblich die Selbstregierung der Bürger, keine stellvertretende Regierung, die im Namen der Bürger handelt. Tätige Bürger regieren sich unmittelbar selbst, nicht notwendigerweise auf jeder Ebene und jederzeit, aber ausreichend häufig und insbesondere dann, wenn über grundlegende Maßnahmen entschieden und bedeutende Macht entfaltet wird. Selbstregierung wird durch Institutionen betrieben, die eine dauerhafte Beteiligung der Bürger an der Festlegung der Tagesordnung, der Beratung, Gesetzgebung und Durchführung von Maßnahmen (in der Form „gemeinsamer Arbeit") erleichtern. Die starke Demokratie setzt kein grenzenloses Vertrauen in die Fähigkeit der Individuen, sich selbst zu regieren [...]. Sie pflichtet [aber] Theodore Roosevelts Ansicht bei, dass „die Mehrheit des einfachen Volkes tagein tagaus weniger Fehler machen wird, wenn sie sich selbst regiert, als jede kleinere Gruppe von Männern, die versucht das Volk zu regieren." [...] Eine Politik der Bürgerbeteiligung handhabt öffentliche Streitfragen und Interessenkonflikte so, dass sie einem endlosen Prozess der Beratung, Entscheidung und des Handelns unterworfen werden. [...]
Gemeinschaft erwächst aus Bürgerbeteiligung und ermöglicht zugleich Partizipation. Nehmen Individuen ihre Aufgaben als Bürger wahr, dann werden sie zugleich dazu erzogen, öffentlich als Bürger zu denken, so wie die Bürgerschaft die staatsbürgerliche Tätigkeit mit dem erforderlichen Sinn für Öffentlichkeit und Gerechtigkeit erfüllt. [...]

Ein stark demokratisches Programm zur Wiederbelebung der Bürgergesellschaft

1. Ein landesweites System von Nachbarschaftsversammlungen, die aus jeweils eintausend bis fünftausend Bürgern bestehen; sie hätten anfangs nur Beratungsfunktion, später dann auch legislative Kompetenzen im kommunalen Bereich.
2. Eine nationale Kommunikationsgenossenschaft der Bürger, die die staatsbürgerlich förderliche Nutzung neuer Kommunikationstechnologien regelt und überwacht, und gleichzeitig Debatte und Diskussion von Fragen beaufsichtigt, die zur Volksabstimmung vorliegen. [...]
5. Ein nationales Volksbegehren- und Volksabstimmungsverfahren, das Volksbegehren und Volksabstimmungen über die Gesetzgebung des [nationalen Parlaments] möglich macht. [Die Stimme soll nicht nur für oder gegen einen Vorschlag abgegeben werden, sondern in einem Multiple-Choice-Verfahren auch Alternativen aufzeigen und Gründe der Entscheidung mitteilbar machen.] [...]
6. Versuche mit elektronischer Abstimmung [...].
7. Besetzung kommunaler Ämter in ausgewählten Bereichen durch Losentscheid, mit finanziellen Anreizen.

Benjamin Barber, Starke Demokratie, Hamburg 1994

Aufgaben

1. Fassen Sie Benjamin Barbers Konzept der „Starken Demokratie" hinsichtlich der anvisierten Ziele und vorgeschlagenen Maßnahmen zusammen.
2. Ordnen Sie Barbers Konzept – auch unter Berücksichtigung von Krisenbeschreibungen der Demokratie – demokratietheoretisch ein.
3. Nehmen Sie zu Barbers demokratiepolitischem Reformkonzept Stellung.

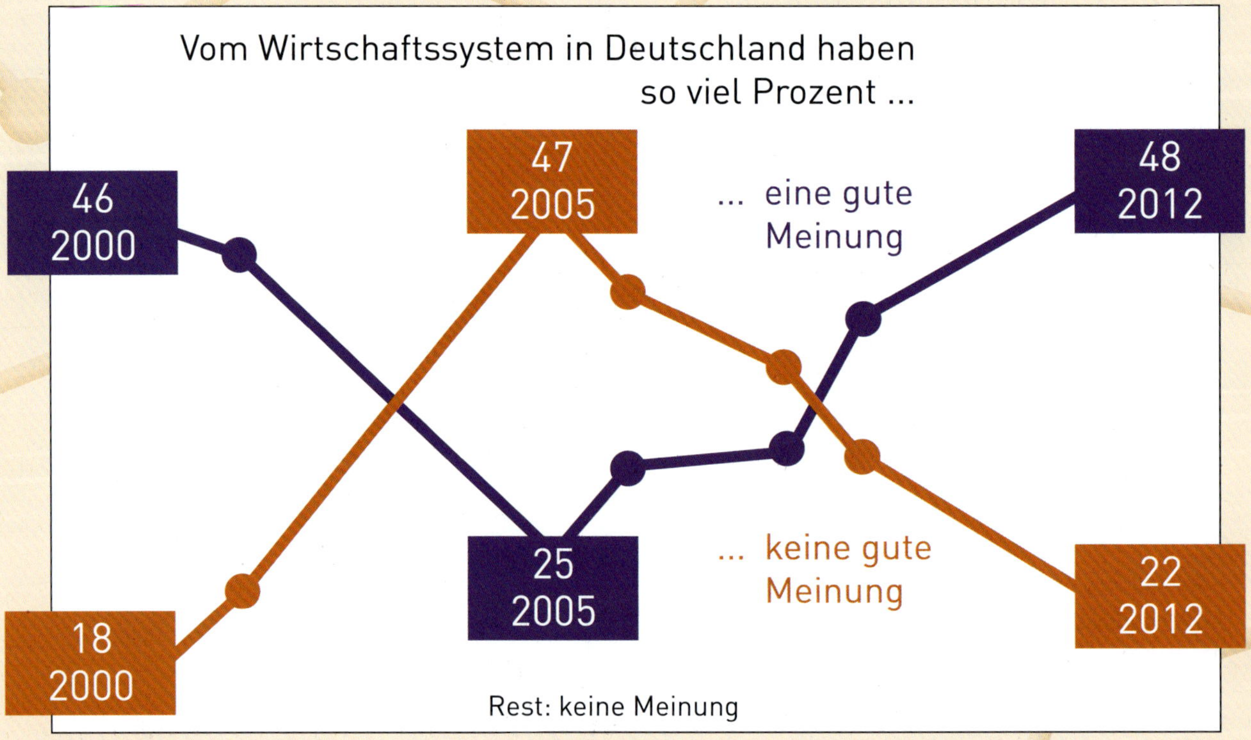

Zahlen: Allensbach, auf: www.aktiv-online.de

Die Wirtschaftsordnung Soziale Marktwirtschaft – Konzeption, Ziele, Herausforderungen

4

Die Entscheidung für eine Wirtschaftsordnung ist zentral für einen Staat. Dabei stehen Systeme zur Verfügung, die sich zwischen freier Marktwirtschaft und Zentralverwaltungswirtschaft („Planwirtschaft") verorten lassen. Die denkbaren Wirtschaftsordnungen unterscheiden sich in ihrem Verständnis bzw. ihrer Gewichtung der gesellschaftlichen Grundwerte Freiheit, Gerechtigkeit und Sicherheit. Wie Markt- und wie Planwirtschaft diese Werte verstehen und gewichten, können Sie in Kapitel 4.1 erarbeiten.
Die Soziale Marktwirtschaft als Wirtschaftsordnung der Bundesrepublik Deutschland seit 1949 wird häufig als „dritter Weg" zwischen freier Markt- und Zentralverwaltungswirtschaft bezeichnet. Inwieweit diese Bezeichnung zutrifft, beantwortet Ihnen Kapitel 4.2. Auch können Sie analysieren, ob all diese Ziele sinnvoll umgesetzt werden bzw. gleichzeitig umgesetzt werden können.
Aufgrund der Finanz- und Wirtschaftskrise 2008/09 und der Staatsfinanzierungskrise in der Euro-Zone seit 2010, aber auch wegen der drohenden Klimakatastrophe, der Endlichkeit der natürlichen Ressourcen sowie der (gefühlt) zunehmenden Ungleichverteilung von Einkommen wird unser auf materielles Wachstum ausgerichtetes Wirtschaftssystem in den vergangenen Jahren wieder massiv kritisiert. In Kapitel 4.3 erhalten Sie die Angebote, mögliche Grenzen unserer Wirtschaftsordnung auszuloten und Reformvorschläge zu beurteilen.

KOMPETENZEN

Am Ende dieses Kapitels sollten Sie Folgendes wissen und können:

... Idealtypen von Wirtschaftsordnungen sowie die Grundkonzeption und Ziele des Wirtschaftssystems der Bundesrepublik Deutschland („Soziale Marktwirtschaft") darstellen.

... reale Wirtschaftssysteme mit Hilfe gesellschaftlicher Grundwerte zwischen den idealtypischen Wirtschaftsordnungen einordnen und Beziehungen zwischen wirtschaftspolitischen Zielen analysieren (insb. Zielkonflikte und -kongruenzen).

... Vorschläge zu einer Reform des deutschen Wirtschaftssystems beurteilen.

... eigene Wirtschaftsentscheidungen unter dem Aspekt ökologischer Nachhaltigkeit und ökonomischer Rationalität treffen.

Aufgaben

1. Führen Sie in Ihrem Kurs/Ihrem Jahrgang eine Umfrage wie die angeführte durch. Halten Sie dabei die Begründungen für die jeweilige Einschätzung der/des Befragten fest.
2. Systematisieren Sie die Begründungen für bzw. gegen das deutsche Wirtschaftssystem unter Oberbegriffen.

4.1 Grundfragen der Wirtschaftspolitik

4.1.1 Welche Ziele soll staatliche Wirtschaftspolitik verfolgen?

M 1 ● Stromversorgung in Ionien

Die Stromversorgung in der kleinen Republik Ionien wird durch vier Energieunternehmen sichergestellt, von denen je eines in voneinander abgegrenzten regionalen Märkten als Anbieter auftritt. Der eher dünn besiedelte Norden des Landes wird durch das transnational agierende Unternehmen *Weltstrom* versorgt, das Strom aus unternehmenseigenen Atomkraftwerken im benachbarten Uranistan importiert. Die reichere Küstenregion des Westens wird durch das Unternehmen *Windkraft* versorgt, das in den vergangenen Jahren seine Stromproduktion zu 100 % auf Windenergie umgestellt hat. Der im Vergleich zum Landesdurchschnitt ärmere Osten wird durch das Unternehmen *Waterfall* versorgt, das den Strom für den regionalen Markt in Wasserkraftwerken produziert. Im dicht besiedelten, industriell geprägten Süden des Landes agiert das Unternehmen *Kraftwerk*, welches die Stromproduktion, die für diese Region ein deutlich höheres Volumen umfasst als für die übrigen Landesteile, mithilfe von Kohlekraftwerken (Steinkohle) sicherstellt. Die Stromnetze in den einzelnen Regionen befinden sich im Besitz des jeweiligen Unternehmens.

Die Preisstruktur ist aus Sicht der Kunden relativ ähnlich; etwas günstigere Preise haben Privatverbraucher im Osten und im Norden, wohingegen im Süden die Unternehmen deutliche Rabatte eingeräumt bekommen.

Diese Ausgangslage erfährt durch folgende Entwicklungen wichtige Veränderungen. In Folge der starken Stromnachfrage im Süden verändern sich die Produktionsbedingungen in den Steinkohlekraftwerken. In den Bergwerken muss zu immer entlegeneren Kohlevorkommen vorgedrungen werden, was die Rohstoffgewinnung aufwändiger und damit teurer werden lässt. Inzwischen ist es trotz der Transportkosten billiger, Steinkohle aus Australien zu importieren, sodass einige Tausend Arbeitsplätze im Bergbau in Gefahr sind. Die ionische Regierung entschließt sich, den inländischen Steinkohlepreis durch Ausgleichszahlungen an die Bergbauunternehmen dem internationalen Niveau anzugleichen.

Gleichzeitig gelingt südionischen Forschungsinstituten der Durchbruch in der Photovoltaik- Forschung; einige Start-up-Unternehmen wie beispielsweise *Solarstrom* entstehen, die den klimaneutralen Strom interessierten ionischen Haushalten anbieten wollen. Die regionalen Stromnetze der Energiekonzerne können nur gegen die Entrichtung hoher Durchleitungsgebühren genutzt werden. Würde die Firma *Solarstrom* diese Kosten auf die Kunden umwälzen, wäre der Strom für den Endverbraucher teurer als der herkömmliche Strom. Ähnlich wäre die Situation beim Aufbau eines eigenen Netzes.

Das im Osten agierende Unternehmen *Waterfall* gerät unter Druck, weil in Folge von Stauprojekten im benachbarten Aquarien sowie insgesamt rückläufiger Wassermengen im Hochland die Wasserkraftwerke kaum mehr gleichmäßig Strom produzieren können. *Waterfall* hat neue Tarife festgesetzt und bietet nun einen „Sicherheitstarif" (garantierter Strom, 100 % Preisaufschlag im Vergleich zum Landesdurchschnitt) und einen „Basistarif" (Strom außerhalb der Hauptlastzeiten zum bisherigen Preis der Vollversorgung) an.

Autorentext

Info

Typen ökonomischer Güter

Die Wirtschaftswissenschaft unterscheidet verschiedene Güterarten voneinander, die sich z. B. nach den Kriterien „Grad der Rivalität im Konsum" und „Ausschließbarkeit vom Konsum" voneinander unterscheiden:

(1) Vom Gebrauch **privater Güter** (z. B. Speiseeis, Autos) kann der Besitzer alle anderen ausschließen und es herrscht Konsumrivalität.

(2) „Geborene" **öffentliche Güter** können von jedem ohne Nachteil für alle anderen benutzt werden (keine Konsumrivalität) und man kann niemanden vom Gebrauch ausschließen (z. B. Deiche, Straßenbeleuchtung, Landesverteidigung). Allerdings stellt deswegen auch kein privater Anbieter diese Güter zur Verfügung, sondern sie müssen vom Staat bereitgehalten werden.

(3) **Meritorische Güter** (auch: „erkorene" öffentliche Güter) könnten eigentlich auf Märkten gehandelt werden, aber sie werden politisch bzw. sozial für so bedeutsam gehalten, dass sie staatlich für alle Bürger verfügbar gemacht werden (z.B. Kranken-, Arbeitslosenversicherung, Schulbildung).

(4) Bei **Allmendegütern** handelt es sich um Güter, von deren Konsum ebenfalls niemand ausgeschlossen werden kann, bei denen wegen begrenzter Ressourcen aber Rivalität im Konsum besteht (z. B. gemeinsam genutztes Weideland, Fischgründe, saubere Luft, (nicht verstopfte) Innenstädte).

Die Wirtschaftsnobelpreisträgerin Elinor Ostrom (1933 – 2012) kam auf der Grundlage zahlreicher Untersuchungen (in Kleinräumen) zu einem erweiterten Bild von Allmendegütern. Dadurch, dass Menschen diese Güter gemeinsam produzieren (und konsumieren), entstehen soziale Praktiken und Regelsysteme, die eine schädliche Übernutzung von Gemeingütern verhindern. Rivalität des Konsums wird dadurch aufgehoben, Ressourcen werden geschont. Ostrom prägte dafür den seither weit verbreiteten Begriff **Commons**. In jüngerer Zeit versuchen Gesellschaftswissenschaftler die Commons-Idee auf großräumige Güter zu übertragen (Luft, Klima, Meere...).

Autorentext

M 2 ● Auf welche Grundwerte stützen sich Gesellschaften?

Jede Gesellschaft braucht eine [...] Übereinstimmung über Grundwerte, sonst verliert sie ihre Stabilität, und ohne einen solchen „Konsens" kann Politik das gesellschaftliche Zusammenleben nicht gestalten. Für die Wirtschaftspolitik spielen folgende gesellschaftliche Grundwerte eine besondere Rolle: Freiheit, Gerechtigkeit, Sicherheit [...]

Die gesellschaftlichen Grundwerte können als Oberziele jeder Politik angesehen werden. Wirtschaftspolitik und wirtschaftspolitische Ziele im engeren Sinne – wie zum Beispiel Vollbeschäftigung und Preisstabilität – dienen letztlich dazu, diese gesellschaftlichen Grundwerte zu verwirklichen.

Freiheit bedeutet, dass der Einzelne sein Leben selbst gestalten, nach seinem Willen und in frei verantworteter, eigener Entscheidung nach Glück und Erfolg streben kann. Zur Freiheit gehören allerdings auch die Möglichkeit zu scheitern und die Pflicht, die Folgen des Scheiterns selbst zu tragen und zu verantworten, soweit der Einzelne dazu in der Lage ist. Da individuelles Handeln Konsequenzen für andere haben kann, beschränkt die Ausübung der Freiheit des einen möglicherweise die Freiheit von anderen. [...] Häufig wird Freiheit auch negativ definiert, als Abwesenheit von unangemessenen Zwängen. Wir sprechen dann von „formaler" Freiheit. [...] Die Freiheit, [einen] Entschluss auch umsetzen zu können, nennt sich im Gegenzug „materiale" Freiheit. In freiheitlichen Gesellschaften ist unbestritten, dass der Staat

Freiheit

formale Freiheit garantieren muss. Aber ist er auch verpflichtet, die materiale Freiheit zu gewährleisten? Oder anders gesagt: Ist Freiheit nur dann etwas wert, wenn man sie auch nutzen kann? [...]

Sicherheit

Sicherheit ist ein gesellschaftlicher Grundwert, denn ohne Sicherheit wäre die Gesellschaft ein „Kampf aller gegen alle". Die Gewährleistung von Sicherheit und Frieden ist daher eine vordringliche staatliche Aufgabe. Eine Bedrohung der Sicherheit geht von Konflikten aus. Extreme Beispiele sind Kriege zwischen Staaten, Bürgerkriege und Terrorismus.

In der Wirtschaftspolitik geht es indessen nicht um diese dramatischen Bedrohungen der Sicherheit, sondern um die Konflikte des wirtschaftlichen Lebens. [...] Wirtschaftliche Sicherheit bedeutet, dass der Einzelne nicht mit der Zerstörung seiner wirtschaftlichen Grundlagen rechnen muss und sicher in die Zukunft blicken kann, um sein Leben zu planen und zu gestalten.

In der Wirtschaftspolitik unterscheiden wir [folgende] Formen von Risiken:

- Erwerbsunfähigkeitsrisiken entstehen zum Beispiel durch Krankheiten, Unfälle oder durch das Älterwerden.
- Beschäftigungsrisiken entwickeln sich aus kurzfristigen Konjunkturkrisen, wenn nicht genügend Güter gekauft werden, um alle Betriebe beschäftigt zu halten, oder aber aus langwierigen Strukturkrisen, wenn Branchen oder Regionen einen wirtschaftlichen Niedergang erleiden und nicht genügend neues Wirtschaftswachstum entsteht, um dies auszugleichen. In der Folge verlieren Arbeitskräfte ihre Beschäftigung und Unternehmen gehen Bankrott.
- Einkommens- und Vermögensrisiken haben ihre Ursachen zum Beispiel in einer Inflation (Geldentwertung), die das Sparvermögen vernichtet [...].
- [Als wirtschaftspolitische Risiken im weiteren Sinne können Versorgungs- und Umweltrisiken angesehen werden.]

Zusammen führen solche Risiken [...] zu einem Bedarf an staatlicher Risikovorsorge. Unterschiedliche Auffassungen bestehen dabei darüber, welchen Umfang die Risikovorsorge durch den Staat haben sollte und inwieweit der Einzelne für seine wirtschaftliche Sicherheit selbst verantwortlich ist. [...] Zwar kann Sicherheit erhöht werden, indem die Verhaltensspielräume für Einzelne und Gruppen eingeschränkt werden, aber dann gerät Sicherheit in Konflikt mit Freiheit. [...]

Gerechtigkeit

Gerechtigkeit hängt zugleich eng mit Gleichheit zusammen, Ungerechtigkeit beinhaltet immer Ungleichheit; Ungleichheit muss aber umgekehrt nicht immer Ungerechtigkeit bedeuten. Wie beim Grundwert Freiheit zwischen materialer und formaler Freiheit unterschieden wird, so lässt sich auch beim Grundwert Gerechtigkeit eine Unterscheidung treffen.

Bei der Verfahrensgerechtigkeit geht es darum, dass gleiches Verhalten gleich behandelt werden muss. Die wichtigste Ausprägung der Verfahrensgerechtigkeit ist die Gleichheit vor dem Gesetz, das für ausnahmslos alle gilt. Das versteht man unter Rechtsstaatlichkeit. [...] Bei der Verteilungsgerechtigkeit geht es indessen um eine Norm zur Beurteilung von gesellschaftlichen Stellungen, zum Beispiel eine gerechte Verteilung von Einkommen und Besitz zwischen Personen und Gruppen. Dahinter steht die Erkenntnis, dass die Wahrnehmung von Rechten, die für alle gleich sind, nicht für alle zu gleichen wirtschaftlichen Ergebnissen führt. Folglich steht die Verteilungsgerechtigkeit in einem Zusammenhang mit der materialen Freiheit.

So hat auch die Gerechtigkeit zwei Dimensionen: eine Verfahrensdimension und eine Verteilungsdimension. Führt Gleichbehandlung zu ungleichen wirtschaftlichen Ergebnissen, dann erfordert die Angleichung der wirtschaftlichen Ergebnisse durch die Wirtschaftspolitik ein Abweichen von der Gleichbehandlung. [...]

Hans-Jürgen Schlösser, Wirtschaftspolitik und gesellschaftliche Grundwerte, in: Informationen zur politischen Bildung (Heft 294), Bonn 2007, S. 4 ff. (Reihenfolge geändert)

M 3 Eine gerechte Verteilung?

Ist das gerecht? Unterschiedlich große Stücke vom Kuchen.

Info

Dimensionen sozialer Gerechtigkeit

Unter dem Grundwert sozialer bzw. Verteilungsgerechtigkeit kann höchst Unterschiedliches verstanden werden. Bei jeder sozial- oder wirtschaftspolitischen Maßnahme bzw. bei politischen Vorschlägen aus diesen Bereichen kann geprüft werden, welches der unten genannten Prinzipien in welcher Ausprägung existiert bzw. dominiert.

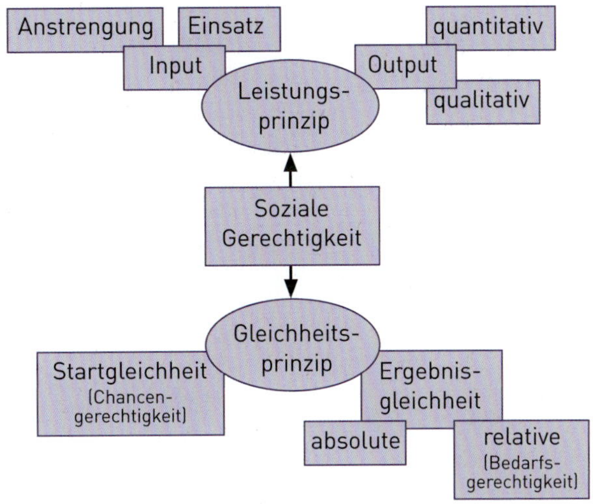

Autorentext und -grafik

Aufgaben

1. Analysieren Sie die Versorgungssituation mit Strom in Ionien und ihre Auswirkungen auf Anbieter und Verbraucher auf dem Strommarkt sowie das Gemeinwohl. Berücksichtigen Sie dabei auch die Typen ökonomischer Güter (M 1, Info).
2. Entwickeln Sie zunächst auf die Stromversorgung bezogene, konkrete Ziele, an denen sich der ionische Staat in seinem (wirtschaftspolitischen) Handeln orientieren sollte. Verallgemeinern Sie im Anschluss die konkreten zu umfassenden wirtschafts- und gesellschaftspolitischen Zielen, die Ihrer Meinung nach jeder Staat verfolgen sollte.
3. a) Wählen Sie die drei für Sie zentralen Ziele aus und ordnen sie nach Wichtigkeit.
   b) Ordnen Sie die von Ihnen formulierten wirtschafts- bzw. gesellschaftspolitischen Ziele den von Schlösser genannten gesellschaftlichen Grundwerten zu (M 2).
4. Bewerten Sie, inwiefern von einer gerechten Versorgung und Bepreisung des Stroms der ionischen Bevölkerung gesprochen werden kann. Beziehen Sie sich dabei auf die Dimensionen sozialer Gerechtigkeit (M 1, M 3, Info).

H zu Aufgabe 1
Halten Sie Ihre Ergebnisse tabellarisch fest.

M zu Aufgabe 4
Bearbeiten Sie die Aufgaben 1 bis 3 im Dreischritt des kooperativen Lernens: Einzelarbeit – Partnerarbeit – Gruppenarbeit.

F Arbeiten Sie aus den wirtschaftspolitischen Teilen der Parteiprogramme von FDP und Linke heraus, wie die gesellschaftlichen Grundwerte dort gewichtet werden.

4.1.2 Optimale Versorgung durch freie Marktwirtschaft?

M 4 ● Motive des Wirtschaftens

Dirk Meissner

M 5 ● Adam Smith: Warum freie Marktwirtschaft?

Fast jedes Tier ist völlig unabhängig und selbstständig, sobald es ausgewachsen ist, und braucht in seiner natürlichen Umgebung nicht mehr die Unterstützung anderer. Dagegen ist der Mensch fast immer auf Hilfe angewiesen, wobei er jedoch kaum erwarten kann, dass er sie allein durch das Wohlwollen der Mitmenschen erhalten wird. Er wird sein Ziel wahrscheinlich viel eher erreichen, wenn er deren Eigenliebe zu seinen Gunsten zu nutzen versteht, indem er ihnen zeigt, dass es in ihrem eigenen Interesse liegt, das für ihn zu tun, was er von ihnen wünscht. Jeder, der einem anderen irgendeinen Tausch anbietet, schlägt vor: Gib mir, was ich wünsche, und du bekommst, was du benötigst. Das ist stets der Sinn eines solchen Angebotes, und auf diese Weise erhalten wir nahezu alle guten Dienste, auf die wir angewiesen sind. Nicht vom Wohlwollen des Metzgers, Brauers und Bäckers erwarten wir das, was wir zum Essen brauchen, sondern davon, dass sie ihre eigenen Interessen wahrnehmen. Wir wenden uns nicht an ihre Menschen-, sondern an ihre Eigenliebe, und wir erwähnen nicht die eigenen Bedürfnisse, sondern sprechen von ihrem Vorteil.

Niemand möchte weitgehend vom Wohlwollen seiner Mitmenschen abhängen. [...]

> Da aber jeder Mensch Kapital zur Unterstützung seines Erwerbsstrebens nur mit Aussicht auf Gewinn einsetzt, wird er stets bestrebt sein, es zur Hilfe für solche Erwerbe anzulegen, deren Ertrag voraussichtlich den höchsten Wert haben wird, oder für den er das meiste Geld oder die meisten anderen Waren bekommen kann. Nun ist aber das Volkseinkommen eines Landes immer genau so groß wie der Tauschwert des gesamten Jahresertrags oder, besser, es ist genau dasselbe, nur anders ausgedrückt.

[...] Wenn daher jeder Einzelne so viel wie nur möglich danach trachtet, sein Kapital zur Unterstützung der einheimischen Erwerbstätigkeit einzusetzen und dadurch diese so lenkt, dass ihr Ertrag den höchsten Wertzuwachs erwarten lässt, dann bemüht sich auch jeder Einzelne ganz zwangsläufig, dass das Volkseinkommen im Jahr so groß wie möglich werden wird. Tatsächlich fördert er in der Regel nicht bewusst das Allgemeinwohl, noch weiß er, wie hoch der eigene Beitrag ist. [...]

[Der Bürger] wird [...] von einer unsichtbaren Hand geleitet, um einen Zweck zu fördern, den zu erfüllen er in keiner Weise beabsichtigt hat. [...] Der Einzelne vermag ganz offensichtlich aus seiner Kenntnis der örtlichen Verhältnisse weit besser zu beurteilen, als es irgendein Staatsmann oder Gesetzgeber für ihn tun kann, welcher Erwerbszweig im Lande für den Einsatz seines Kapitals geeignet ist und welcher einen Ertrag abwirft, der den höchsten Wertzuwachs verspricht. [...]

So wird in jeder Wirtschaftsordnung, in der durch besondere Förderung mehr volkswirtschaftliches Kapital in einzelne Erwerbszweige gelenkt werden soll, als von selbst dorthin fließen würde oder durch außerordentliche Beschränkung Teile des Kapitals von Branchen ferngehalten werden, in denen sie sonst investiert worden wären, in Wirklichkeit das Hauptziel unterlaufen, das man zu fördern vermeint. Sie verzögert den Fortschritt des Landes zu Wohlstand und Größe, anstatt ihn zu beschleunigen, und sie verringert den wirklichen Wert des Jahresprodukts aus Boden und Arbeit, statt ihn zu vergrößern. Gibt man daher alle Systeme der Begünstigung und Beschränkung auf, so stellt sich ganz von selbst das einsichtige und einfache System der natürlichen Freiheit her. [...] Im System der natürlichen Freiheit hat der Souverän lediglich drei Aufgaben zu erfüllen, die sicherlich von höchster Wichtigkeit sind, aber einfach und dem normalen Verstand zugänglich: Erstens das Land gegen Gewalttätigkeit und Angriff anderer unabhängiger Staaten zu schützen, zweitens die Aufgabe, jedes Mitglied der Gesellschaft soweit wie möglich vor Ungerechtigkeit oder Unterdrückung durch einen Mitbürger in Schutz zu nehmen oder ein zuverlässiges Justizwesen einzurichten, und drittens die Pflicht, bestimmte öffentliche Anstalten und Einrichtungen zu gründen und zu unterhalten, die ein Einzelner oder eine kleine Gruppe aus eigenem Interesse nicht betreiben kann, weil der Gewinn ihre Kosten niemals decken könnte, obwohl er häufig höher sein mag als die Kosten für das ganze Gemeinwesen.

Adam Smith, Der Wohlstand der Nationen (aus dem Englischen übertragen und herausgegeben von Horst Claus Recktenwald), München 2003, S. 16 f., 370 f., 582 f.

Adam Smith (1723–1790) war Moralphilosoph und Wirtschaftstheoretiker. Er gilt als Begründer der modernen Nationalökonomie.

M 6 ● Lactanien – eine fiktive freie Marktwirtschaft

Nach der Unabhängigkeit hat Lactanien die freie Marktwirtschaft als Wirtschaftsordnung in der Verfassung verankert. Lactanien ist weltweit berühmt für seine Milchprodukte. Geprägt von vielen Wäldern, aber vor allem von leicht hügeligen Wiesengegenden finden Rinder, Schafe und Ziegenherden hier traditionell hervorragende Weiden vor. Viele Bewohner Lactaniens sind seit langem in kleinen und mittleren Betrieben in der Milchproduktion und -verarbeitung (Molkereien, Käsereien) beschäftigt.

Hügeliges Weideland – gute Voraussetzung für die Milchwirtschaft

a) Vor einiger Zeit schlossen sich im Süden Lactaniens ein Großteil der dort ansässigen Milchproduzenten und -verarbeiter zusammen, wodurch das erste Großunternehmen – „Südlac" – des Landes entstand, das nun 80% der Milchwirtschaft im Südteil kontrolliert. Als Unternehmensstrategie hat „Südlac" ausgegeben, seine Produkte nicht mehr nur schwerpunktmäßig regional zu vertreiben, sondern auch im großen Stil in die anderen Landesteile zu liefern.

b) Das Großunternehmen „Südlac" verfügt – auch das eine Neuerung in der lactanischen Volkswirtschaft – über eine Entwicklungsabteilung. Als erstes großes Projekt wurde ein völlig neues Düngemittel entwickelt, das zugleich schädlingsvertilgend wirkt. Das Gras auf den Weiden des südlactanischen Konzerns ist damit deutlich ergiebiger als zuvor, was zu einer erhöhten Milchproduktion bei den Kühen führt. Dadurch kann „Südlac" den Preis von einem Liter Frischmilch von 89 auf 82 Lactan-Cent senken und trotzdem profitabel arbeiten. Zwei eher unbeabsichtigte Folgen hat das Mittel darüber hinaus: Erstens leuchtet das Gras auf den südlactanischen Hügeln in einem noch intensiveren Grün als ohnehin schon (das satte Grün wurde früher bereits von den Dichtern besungen). Zweitens verändert der Stoff die Verdauung der Kühe, sodass der Kot der Tiere drei- bis viermal stärker riecht als gewöhnlich. Besonders im Sommer, wenn ganz Südlactanien von den Kuherden beweidet wird, zieht ein widerwärtiger, säuerlich-fauliger Geruch über das gesamte Gebiet, auch durch die wenigen Großstädte.

c) Immer wieder geschehen in den Betrieben der lactanischen Milchwirtschaft Unfälle. Im Umgang mit giftigen Reinigungschemikalien kommt es zu schweren Verätzungen der Augen und der Lungen, mehrfach sind schon Mitarbeiter von Rindern so schwer verletzt worden, dass sie nicht mehr arbeiten konnten. Die Invaliden reihen sich ein in die nicht allzu kleine Gruppe derjenigen, die die anstrengenden Arbeiten nach 20 bis 25 Jahren aufgeben mussten und nun körperlich nicht mehr in der Lage sind, andere Erwerbsarbeiten aufzunehmen.

d) Relativ neu ist in Lactanien das Phänomen, dass junge Menschen ungeeignet sind für eine Ausbildung in der Milchwirtschaft. Aufgrund eines rasanten Strukturwandels (v.a. technischer Fortschritt) werden heutzutage und in Zukunft viel weniger Tierpfleger, Melker o.Ä. eingestellt, sondern Logistiker und Informatiker, Marketingkräfte, Tierärzte und Betriebswirte. Aber dafür braucht man die entsprechenden intellektuellen Fähigkeiten und schulischen Qualifikationen, über die lange nicht alle Lactanier verfügen. Allerdings eröffnet der Strukturwandel gut Ausgebildeten deutlich verbesserte Verdienstmöglichkeiten.

Autorentext

M 7 ● Die unsichtbare Hand

Matt Bors

Daddy, why does Santa give **more** presents to rich kids than poor kids?

Son, Santa ist just a **story** we adults tell children to make things **exciting**.

The truth is, rich people have more because of the **invisible hand of the free market**. It brings wealth to the **good** adults who work hard and **deserve it**. The hand knows who's naughty and nice. And who should be **poor**.

He said a giant invisible hand with a gajillion dollars rules the universe.

Let's never grow up.

M 8 ● Welche Grenzen hat die freie Marktwirtschaft?

Erstens ist der Markt insofern sozial blind, als er nur marktgängige Leistungen belohnt. Wer nicht am Markt teilnehmen kann durch das Angebot nachgefragter Güter, kann kein Einkommen erzielen. Er muss von anderen, die ein solches erhalten, mitversorgt werden. Das betrifft immer die Kinder, die Alten, die Kranken und Invaliden, die Arbeitslosen. Deren Versorgung muss durch entsprechende Sozialpolitik gewährleistet werden. Zweitens gibt es Güter und Dienste, die über den Markt gar nicht angeboten werden können. Das sind die sogenannten öffentlichen Güter. Sie sind dadurch gekennzeichnet, dass von ihrem Konsum niemand ausgeschlossen werden kann. Deshalb können ihre „Produktion“ und ihr „Konsum“ nicht durch Markt und Wettbewerb geregelt werden.
Herkömmlicherweise sind dies vor allem die Güter der öffentlichen Ordnung, der inneren und äußeren Sicherheit, aber in moderner Gesellschaft zunehmend auch Güter der ökonomisch-sozialen Infrastruktur wie Verkehrs- und Kommunikationswege, Versorgungsnetze, saubere Luft [bzw. generell unzerstörte Umwelt] u.a. Über die Erstellung dieser Güter muss politisch verbindlich entschieden werden, weil hier der Markt versagt. In komplexen Gesellschaften hat die Zahl solcher Güter offensichtlich zugenommen, aber man kann in Grenzfällen auch darüber streiten, ob ein Gut als öffentliches oder über den Markt angeboten werden soll (z. B. im Bereich der kommunalen Versorgungs- und Entsorgungseinrichtungen).

Bernhard Sutor, Joachim Detjen, Politik. Ein Studienbuch zur politischen Bildung, Paderborn 2001, S. 270 f.

H zu Aufgabe 2
Gliedern Sie das Konzept nach den Kategorien Menschenbild, Art und Urheber der Wirtschaftslenkung, Preisbildung (für Güter und Arbeit), Eigentumsverfassung, Rolle wirtschaftlicher Freiheiten, Verteilungsprinzipien. Halten Sie Ihre Ergebnisse in einem möglichst systematischen Schaubild fest.

H zu Aufgabe 3
Berücksichtigen Sie folgende Perspektiven: Bürger (u. a. als Arbeitnehmer, Arbeitslose, Konsumenten), Unternehmen, Volkswirtschaft als Ganze.

Aufgaben

1. Analysieren Sie die Karikatur (M 4).
2. Stellen Sie Adam Smith' Vorstellung einer freien Marktwirtschaft dar (M 5).
3. Arbeiten Sie mögliche Nachteile einer freien Marktwirtschaft aus dem fiktiven Beispiel Lactaniens heraus (M 6).
4. Erörtern Sie das Konzept der freien Marktwirtschaft (M 4 – M 8).

4.1.3 Effizientes Wirtschaften durch Zentralverwaltungswirtschaft?

M 9 Warum Zentralverwaltungswirtschaft?

10-Pfennig-Briefmarke der DDR zum 5-Jahres-Plan

Wir werden der Einfachheit halber bloß zwei Typen der Gesellschaft ins Auge fassen [...]. Diese beiden Typen wollen wir die „kommerzielle" und die „sozialistische" Gesellschaft nennen. Die kommerzielle Gesellschaft ist zu definieren durch ein institutionelles System, aus dem wir nur zwei Elemente zu erwähnen brauchen: das Privateigentum an den Produktionsmitteln und die Regelung des Produktionsprozesses durch Privatvertrag. [...]

Mit sozialistischer Gesellschaft wollen wir ein institutionelles System bezeichnen, in dem die Kontrolle über die Produktionsmittel und über die Produktion selbst einer Zentralbehörde zusteht, – oder wie wir auch sagen können, in dem grundsätzlich die wirtschaftlichen Belange der Gesellschaft in die öffentliche und nicht in die private Sphäre gehören. [...] Die Verteilung [...] ist, wenigstens logisch, vollständig getrennt von der Produktion. [...] [Das Gemeinwesen] kann die Wünsche der einzelnen Genossen erforschen oder es kann beschließen, ihnen das zu geben, was die eine oder andere Behörde als das Beste für sie erachtet; das Schlagwort „jedem nach seinen Bedürfnissen" kann beide Bedeutungen haben. [...]

Nehmen wir an, dass die ethische Überzeugung unseres sozialistischen Gemeinwesens zutiefst egalitär ist, doch zu gleicher Zeit vorschreibt, es stehe den Genossen frei, unter allen Konsumgütern, die das Ministerium [Zentralbehörde] zu produzieren fähig und willens ist, nach Belieben zu wählen, so kann die Gemeinschaft selbstverständlich die Produktion gewisser Waren, zum Beispiel alkoholischer Getränke, verweigern. Wir wollen des Weiteren annehmen, dass dem in diesem Fall geltenden Gleichheitsideal dadurch Genüge geschieht, dass jeder Person [...] ein Gutschein ausgehändigt wird, der ihren Anspruch auf eine gewisse Menge von Konsumgütern darstellt, - diese Menge wäre gleich dem in der laufenden Rechnungsperiode zur Verfügung stehenden Sozialprodukt, geteilt durch die Zahl der Berechtigten -; und dass alle Gutscheine am Ende dieser Periode ihre Gültigkeit verlören. Man kann sich diese Gutscheine vorstellen als Ansprüche auf den x-ten Teil aller Nahrungsmittel, Kleider, Haushaltungsgegenstände, Häuser, Autos, Filmvorführungen usw., die während der in Betracht stehenden Periode für den Konsum [...] produziert wurden oder werden. [...]

Eine der wichtigsten Schwierigkeiten jeder Geschäftsführung [besteht in der freien Marktwirtschaft] in den Unsicherheiten, die jede Entscheidung umgeben. Eine ihrer wichtigsten Kategorien besteht wiederum in der Unsicherheit über die Reaktion der tatsächlichen und potentiellen Konkurrenten und darüber, wie sich die allgemeinen Wirtschaftsverhältnisse gestalten werden. [Es] ist mit guten Gründen zu erwarten, dass diese zwei beinahe vollständig verschwinden werden. Die Leitungen sozialisierter Industrien und Werke wären in der Lage, genau zu wissen, was die andern vorhaben, und nichts würde sie daran hindern, sich zu gemeinsamem Vorgehen zusammenzuschließen. Das Zentralamt könnte [...] die Entscheidungen aufeinander abstimmen [...].

Joseph A. Schumpeter, Kapitalismus, Sozialismus und Demokratie. 8. Auflage, Tübingen/Basel 2005, S. 268 f., 278 f., 297 f. (Rechtschreibung angepasst)

Joseph A. Schumpeter (1883–1950), Wirtschaftswissenschaftler, untersuchte als Vertreter der Marktwirtschaft die (zerstörerische) Dynamik kapitalistischer Systeme.

egalitär
gleichheitsorientiert

M 10 ● Wie soll Zentralverwaltungswirtschaft funktionieren?

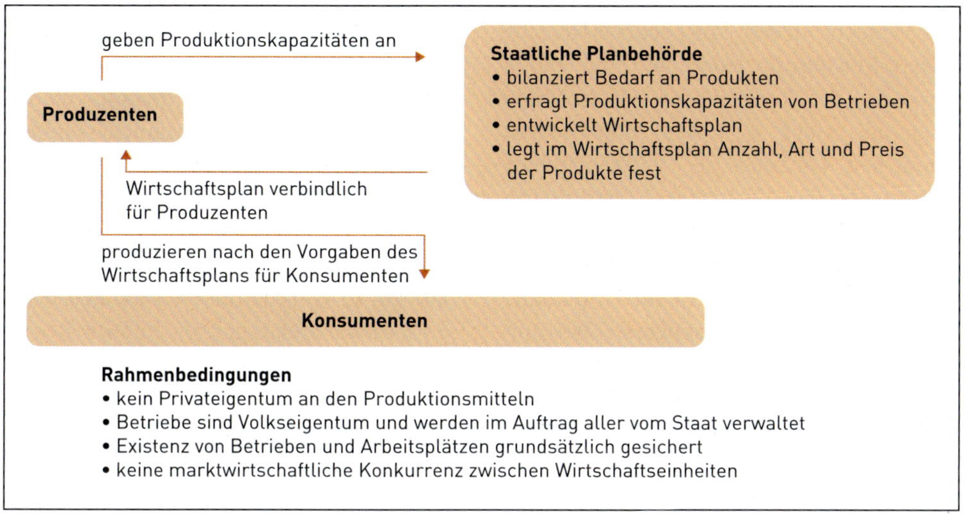

Christian Fischer, Planspiel Planwirtschaft, in: Gesellschaft – Wirtschaft – Politik 57 (Heft 1) 2008, S. 143

M 11 ● Ergebnis zentraler Wirtschaftssteuerung?!

„Wozu braucht man so´n Ding?"
„Keine Ahnung. Aber die Kunden sind listig; die kriegen es ´raus."

Heinz Behling (1975)
Heinz Behling (1920–2003) war in der DDR ein bekannter Karikaturist des Satiremagazins „Eulenspiegel".

M 12 ● Welche Grenzen hatte reale Zentralverwaltungswirtschaft?

Der Versuch, [in der DDR] soziale Gerechtigkeit, Konsum für jedermann und stabile Preise [...] per Planbeschluss zu erreichen, ging mit einer rigorosen [drastischen] staatlichen Lenkung der Volkswirtschaft einher, die die Verwaltung überforderte und die wirtschaftliche Produktivität hemmte. So führten die verordnet stabilen und niedrigen Preise etwa für Grundnahrungsmittel, Wohnungsmieten, Heizung oder im sozialen Bereich zu immer horrenderen [extrem übertriebenen] Subventionssummen, die nur durch Überteuerung anderer Produkte (etwa technischer Geräte und „Luxusartikel“) oder durch Kredite zu finanzieren waren. [...] Die DDR begann sich massiv zu verschulden, sie wurde zum „Sozialstaat auf Pump“. [...]

Die DDR lebte über ihre Verhältnisse und konnte die versprochenen Leistungen nur noch unter rücksichtsloser Verschwendung ihrer Ressourcen aufbringen. Wenn überhaupt. 1977 [kam es] zu einer beispielhaften Versorgungskrise, der sogenannten „Kaffeekrise“. Die stark gestiegenen Weltmarktpreise für Rohkaffee ließen die nötige Menge an Devisen, die zur Deckung des Inlandsbedarfs von ca. 50.000 Tonnen jährlich benötigt wurden, von ca. 150 Millionen Valutamark [in der DDR verwendete Bezeichnung für westdeutsche D-Mark] auf über 650 Millionen Valutamark steigen. Das war nicht mehr zu finanzieren. Die Experten schlugen vor: Einstellung der Kaffeeproduktion bis auf einen Mischkaffee aus 50 % Röstkaffee und 50 % Ersatzstoffen, Verdopplung des Kaffeepreises. [...] Die Bürger lehnten „Erichs Krönung“, wie das Gemisch bald darauf genannt wurde, entschieden ab. Nur der schnelle Einkauf von Rohkaffee in Staaten der Dritten Welt konnte die Lage wieder stabilisieren, aber auch hierfür mussten erhebliche Beträge in Devisen bezahlt werden. [...]

Dass zur Erwirtschaftung der nötigen Devisen darüber hinaus massiv in DDR-Betrieben produzierte Waren ins Ausland verkauft wurden und somit der eigenen Bevölkerung fehlten (das betraf unter anderem sowohl den begehrten Weihnachtsschmuck aus dem Erzgebirge als auch Möbel, die in bundesdeutschen Versandhauskatalogen wieder auftauchten) zeigt deutlich, dass sich die DDR-Wirtschaft in einem Teufelskreis bewegte [...].

Bis zum Ende der DDR blieben Versorgungsschwierigkeiten ständiger Begleiter im Alltag. Es war tatsächlich eine eigene sozialistische Konsumkultur entstanden, anders aber, als sich das die wirtschaftliche Führung ausgemalt hatte: Das Schlangestehen vor den Geschäften gehörte ebenso dazu wie der Tauschhandel, die Eigenversorgung mit allem, was der Garten hergab, und die Verschwendung hochsubventionierter Lebensmittel wie zum Beispiel von Brot, das als Tierfutter billiger war als die Erzeugnisse der volkseigenen Futtermittelproduktion.

Wirtschaft in der DDR, www.mdr.de/damals/lexikon/1601736

Versorgung in der DDR

Die Wartezeit für eine zentral vergebene Wohnung lag bei etwa 5 Jahren, die für einen Telefonanschluss bei 10, die für ein Auto der Marke „Wartburg“ sogar bei 15 Jahren.

Aufgaben

1. Stellen Sie wesentliche Grundannahmen und Funktionselemente der Zentralverwaltungswirtschaft dar (M 9, M 10).
2. Vergleichen Sie freie Marktwirtschaft mit Zentralverwaltungswirtschaft in ihren Grundkonzeptionen.
3. Analysieren Sie die Karikatur (M 11).
4. Erörtern Sie vergleichend die Konzeption von Zentralverwaltungswirtschaft und freier Marktwirtschaft (Kap. 4.1.2, M 11, M 12).

H zu Aufgabe 2: Gliedern Sie den Vergleich nach den Kategorien Menschenbild, Art und Urheber der Wirtschaftslenkung, Preisbildung (für Güter und Arbeit), Eigentumsverfassung, Rolle wirtschaftlicher Freiheiten, Verteilungsprinzipien.

F Führen Sie vor Ihrem Kurs ein fiktives Interview zwischen Adam Smith, Joseph A. Schumpeter und einem Moderator zur Frage der optimalen Wirtschaftsordnung.

METHODE

Wirtschaftsordnungen systematisch analysieren

In der Realität findet man die typischen Wirtschaftsordnungen, wie sie die ökonomische Theorie im Modell beschreibt, nicht vor. Dazu sind tatsächliche Volkswirtschaften viel zu komplex. Um aber die unterschiedlichen existierenden Wirtschaftsordnungen vergleichbar zu machen und einordnen zu können, sind in den Wirtschaftswissenschaften Elemente (auch „Bausteine" genannt) entwickelt worden. Man legt diese Elemente an existente Volkswirtschaften an und kann dadurch deren grundlegende Gemeinsamkeiten und Unterschiede bestimmen.

Elemente von Wirtschaftsordnungen

Zur vollständigen Beschreibung eines Wirtschaftssystems[1] müssten sämtliche Bausteine herangezogen werden. Zwei der Bausteine spielen indes in der Diskussion eine besondere Rolle:

- **der Koordinationsmechanismus und**
- **die Eigentumsordnung für Produktionsmittel.**

Es ist fraglich, ob diese beiden Elemente eines Wirtschaftssystems voneinander unabhängig sind. Wahrscheinlich funktioniert die Koordination über Preise bei Privateigentum anders als bei Gemeineigentum an Produktionsmitteln. Und möglicherweise setzt eine zentrale Planung die Aufhebung des Privateigentums voraus. [...]

Im Rahmen des bereits beschriebenen Koordinationsmechanismus unterscheidet man

- **die zentrale Planung, auch zentrale Verwaltungswirtschaft, Kommandowirtschaft, vertikale Koordination oder verkürzt nur Planwirtschaft genannt und**
- **die dezentrale Planung, auch Marktwirtschaft, horizontale Koordination oder freie Verkehrswirtschaft genannt.**

Die Eigentumsordnung gilt als zentrales Element, bisweilen sogar als entscheidendes Element eines Wirtschaftssystems, weil sie die Art des Sanktionssystems bestimmt. Dabei geht es nur um die Frage des Eigentums an Produktionsmitteln (Maschinen, Anlagen, Fabriken: kurz um das „Kapital"), weil die Handlungsmotive von Unternehmern von zentraler Bedeutung sind. Das Eigentum an Konsumgütern wird dagegen in allen Wirtschaftssystemen immer als Privateigentum vorgesehen. Eigentum an Produktionsmitteln kann grundsätzlich drei Formen annehmen:

- **Privateigentum,**
- **Gemeineigentum (Gesellschafts-, Volks- oder Staatseigentum) und**
- **genossenschaftliches Eigentum.**

Eine Gesellschaft, in der die Produktionsmittel Privaten gehören, bezeichnet man als kapitalistisches Wirtschaftssystem. Eine Gesellschaft, in der die Produktionsmittel Gemeineigentum sind, nennt man ein sozialistisches Wirtschaftssystem. Hervorzuheben ist, dass die Begriffe „kapitalistisch" und „sozialistisch" hier ohne jede Wertung als Fachbegriffe nur für die bestehende Eigentumsordnung verwendet werden.

Ulrich Baßeler, Jürgen Heinrich, Burkhard Utecht, Grundlagen und Probleme der Volkswirtschaft, 17. Auflage, Stuttgart 2002, S. 29 (Text ergänzt)

1) Die Begriffe Wirtschaftssystem und Wirtschaftsordnung werden hier synonym verwendet.

Wirtschaftspolitik und gesellschaftliche Grundwerte
M 2

Konkrete Wirtschaftspolitik – gleich, ob es die Entscheidung für eine Wirtschaftsordnung, die Gestaltung der Wirtschaftsstruktur oder die politische Beeinflussung konjunktureller Schwankungen betrifft – lässt sich immer nach der Gewichtung von drei zentralen gesellschaftlichen Grundwerten mit folgenden Leitfragen analysieren:

1. Inwieweit wird die (formale) wirtschaftliche **Freiheit** des Einzelnen gewährleistet (z. B. Produktion, Berufswahl...)? Inwieweit vermag es das Wirtschaftssystem, die Bürger mit Mitteln auszustatten, um ihre formalen Freiheiten auch tatsächlich realisieren zu können (materiale Freiheit)?
2. Welches Verständnis von **Gerechtigkeit** in Bezug auf die Güter und Einkünfte liegt vor? Ist das Leistungsprinzip vorherrschend? Finden sich Elemente des Gleichheitsprinzips oder ist es sogar dominant?
3. Wie wird ökonomische **Sicherheit** im weiteren Sinne für die Bürger gewährleistet (z. B. Zugang zu natürlichen Ressourcen, Rechtssicherheit)?

Grundformen von Wirtschaftsordnungen
M 5, M 8, M 9, M 12

Idealtypisch lassen sich die beiden Wirtschaftsordnungen „freie Marktwirtschaft" und „Zentralverwaltungswirtschaft" (auch: Planwirtschaft) voneinander abgrenzen:

	Marktwirtschaft	Zentralverwaltungswirtschaft
Menschenbild	Menschen sind (als ökonomische Akteure) Nutzenmaximierer mit prinzipiell unbegrenzten Bedürfnissen; brauchen Leistungsanreize für maximalen Einsatz	Mensch ist ein kooperierendes Wesen mit einem begrenzten Set von Bedürfnissen
Wirtschaftslenkung	dezentral → „unsichtbare Hand" führt zu effizientesten Marktergebnissen; Steuerung über den sich ergebenden Preis	zentral → Staat/ Verwaltungsorgane ermitteln gesamtgesellschaftlichen Bedarf und lassen „passgenau" produzieren
Preisbildung	aus dem Verhältnis von Angebot und Nachfrage entstehend	staatlich festgesetzt (primär nach sozialen Kriterien, sekundär nach Produktionskosten)
Eigentumsverfassung	Produktionsmittel sind Privateigentum	Produktionsmittel sind Staats-/Gemeinschaftseigentum
Wirtschaftliche Freiheiten	werden gewährleistet	werden eingeschränkt bzw. Bedarf an wirtschaftlichen Freiheiten besteht nicht
Verteilung	nicht reguliert (Leistungsprinzip)	reguliert (Gleichheitsprinzip)
Rolle des Staates	sorgt für (Rechts-)Sicherheit	bestimmt umfänglich Daseinsfürsorge der Menschen; zentraler Wirtschaftsakteur

Das Konzept der freien Marktwirtschaft wird dahingehend problematisiert, dass es zu einer äußerst ungleichen Verteilung führe und die Versorgung leistungsschwächerer Bürger nicht gewährleiste. Diese seien rein auf private Hilfe angewiesen.
Das Modell der Zentralverwaltungswirtschaft wird kritisiert hinsichtlich mangelnder Effizienz. Komplexe Wirtschaftsräume seien nicht zentral steuerbar, die Bedürfnisse der Bevölkerung nicht komplett antizipierbar, sodass es letztlich zu Versorgungsengpässen kommen müsse. Außerdem würden materielle Leistungsanreize für die Arbeitenden fehlen und dadurch deren Engagement absinken.

Die chinesische Wirtschaftsordnung

Das BIP der Volksrepublik China hat sich in den letzten 3 Jahrzehnten – vor allem durch den Außenhandel – mehr als verzwanzigfacht, die Wirtschaft wächst in den letzten Jahren mit hoher Geschwindigkeit, jährlich um etwa 10%.

Seit ihrer Gründung 1949 ist die Volksrepublik China eine Einparteiendiktatur der Kommunistischen Partei Chinas (KPCh). „Gewählt" wird das aus 1.500 Abgeordneten bestehende Parlament, das aber faktisch über nur sehr wenig Macht verfügt. Tatsächlich gelenkt wird der Staat durch den 150 Mitglieder starken „Ständigen Ausschuss" des Nationalen Volkskongresses, sowie die Regierung („Staatsrat" bestehend aus Ministerpräsidenten und den Ministern) und dem Staatspräsidenten als Staatsoberhaupt.

Artikel 12 der chinesischen Verfassung beschreibt die Grundlage der Eigentumsordnung: „Das sozialistische öffentliche Eigentum ist heilig." Daneben wurde im Jahr 2007 ein Gesetz zur Reform des Eigentumsrechts verabschiedet: „Das rechtmäßige Eigentum individueller Personen soll gesetzlich geschützt sein. [...] Illegale Besitznahme, Plünderung und Zerstörung von solchem Eigentum durch irgendeine Körperschaft oder eine Einzelperson ist verboten." Explizit ausgenommen von diesem neuen Gesetz ist allein der Landbesitz, der nach wie vor ausschließlich staatlich kontrolliert wird. Schätzungen zufolge befanden sich im Jahr 2007 Werte in Höhe von ca. 2 Billionen Euro im Privat-, in der Größenordnung von etwa 1 Billion Euro im Staatsbesitz. In Zukunft sollen Anteile an staatlichen Betrieben in Höhe von 600 Milliarden Euro privatisiert werden. Die KPCh kontrolliert alle relevanten Wirtschaftsbereiche, darunter sieben Schlüsselindustrien von Telekom über Luftfahrt bis Petrochemie. Bei allen Unternehmen hat der Staat dort komplett oder mehrheitlich die Kontrolle. Die Kommission schützt aber auch Grundlagenindustrien wie Autobau, Informationstechnologie und Stahl vor dem Verkauf. 51 Prozent müssen in der Hand des chinesischen Staates bleiben.

Staatliche Lenkung findet in der chinesischen Wirtschaft traditionell durch sogenannte „Fünfjahrespläne" statt. Während es sich früher dabei um die Vorgabe starrer Produktionszahlen handelte, die Staatsbetriebe innerhalb von 5 Jahren zu erfüllen oder besser noch zu übertreffen hatten, heißen die ehemaligen Pläne seit 2006 „Richtlinienzielsetzungen" und sind offener formuliert. Es existieren sowohl „Richtlinien" für die gesamte Volkswirtschaft als auch für einzelne Wirtschaftsbereiche oder Branchen. Bis 2015 gilt der 12. Fünfjahresplan, der unter anderem ein jährliches Wirtschaftswachstum von 7%, einen Zuwachs von 45 Millionen Arbeitsplätzen in den Städten sowie eine Senkung des Energieverbrauchs um 16% pro erwirtschaftetem Yuan und eine Drosselung der CO_2-Emissionen von 17% gemessen an der Wirtschaftsleistung vorsieht.

Autorentext

Aufgaben

1. Geben Sie die Hauptaspekte der chinesischen Wirtschaftsordnung wieder.
2. Ordnen Sie wesentliche Elemente des chinesischen Wirtschaftssystems den Idealtypen „freie Marktwirtschaft" bzw. „Zentralverwaltungswirtschaft" zu.
3. Die Wirtschaftsordnung Chinas wird häufig als „sozialistische Marktwirtschaft" bezeichnet. Überprüfen Sie diese Bezeichnung mit Hilfe Ihrer Kenntnisse zu den Idealtypen der freien Markt- und der Zentralverwaltungswirtschaft.

4.2 Soziale Marktwirtschaft in Theorie und Praxis

4.2.1 Soziale Marktwirtschaft als „dritter Weg"?

Der Wirtschaftswissenschaftler und Soziologe Alfred Müller-Armack (1901-1978) gilt als einer der Begründer der Sozialen Marktwirtschaft und schöpfte den Begriff bereits 1946. Ab 1952 war er enger Mitarbeiter von Wirtschaftsminister Ludwig Erhard.

M 1 ● Welchen Grundideen folgt Soziale Marktwirtschaft?

1. Die Soziale Marktwirtschaft basiert auf den Funktionen eines beweglichen und sich dynamisch entwickelnden Marktes.
2. **Die Soziale Marktwirtschaft ist angetreten mit dem Anspruch, durch den marktwirtschaftlichen Prozess nicht nur die Gütererzeugung anzuheben, den Bereich persönlicher freier Gestaltungsmöglichkeiten für die Einzelnen zu erweitern, sondern auch soziale Fortschritte zu bringen.**
3. Die Soziale Marktwirtschaft fordert keinen schwachen Staat, sondern sieht in einem starken demokratischen Staat die Voraussetzungen für das Funktionieren dieser Ordnung. Der Staat hat nicht nur der Sicherung der Privatrechtsordnung zu dienen, er [hat] [...] sich für die Erhaltung eines echten Wettbewerbs [...] einzusetzen. Die vom Staat zu sichernde Wettbewerbsordnung wehrt zugleich Machteinflüsse auf dem Markt ab.
4. Garant des sozialen Anspruchs der Marktwirtschaft ist nicht nur der Markt, dessen wirtschaftliche Leistungen sehr oft schon sozialen Fortschritt bedeuten. Der Staat hat vielmehr die unbestrittene Aufgabe, über den Staatshaushalt und die öffentlichen Versicherungen die aus dem Markt resultierenden Einkommensströme umzuleiten und soziale Leistungen, wie Kindergeld, Mietbeihilfen, Renten, Pensionen, Sozialsubventionen und so weiter, zu ermöglichen. [...] Das bedeutet keineswegs ein Hinüberwechseln aus dem Markt in den staatlichen Bereich, sofern man sich dabei bewusst ist, dass die Mittel, die der Staat transformiert [hier: umleitet], von der wirtschaftlichen Leistung des Marktes abhängig bleiben und marktkonform sein müssen. Es muss die Grenze eingehalten werden, deren Überschreitung eine Störung der Marktvorgänge bewirkt.
5. Neben den engeren Aufgaben der Wettbewerbssicherung und den weiteren Aufgaben des sozialen Schutzes steht der Staat seit je und heute bewusster als früher vor Aufgaben der Gesellschaftspolitik, um die [...] Lebensumstände für alle zu verbessern. [...] Ich nenne Erweiterung der Vermögensbildung, Verbesserungen der Investitionen im Bereich des Verkehrs, des Gesundheitswesens, Aufwendungen für Bildung und Forschung, Schutz gegen die wachsende Verschlechterung vieler Umweltbedingungen, Städtebauförderung.
6. Die Ordnung der Sozialen Marktwirtschaft schließt also alle Ziele, die wir auch für eine weitere Zukunft ins Auge zu fassen haben, ein. Sie bleibt insofern Marktwirtschaft, als sie darauf besteht, dass das durch freie Betätigung aller Gruppen gesicherte Privateigentum, eine gesicherte Rechtsordnung und stetes Wirtschaftswachstum auch [...] in der Zukunft die besten Grundlagen bieten, um die Fülle der vor uns stehenden Aufgaben im staatlichen und privaten Bereich zu fördern. [...] Die Soziale Marktwirtschaft ist ein Stil, der ein festes Formprinzip mit der Fülle der Gestaltungsmöglichkeiten im Einzelnen verbindet. [...]

Alfred Müller-Armack, Unser Jahrhundert der Ordnungsexperimente, in: Genealogie der sozialen Marktwirtschaft, 2. Auflage, Bern/Stuttgart 1981, S. 150

M 2 ● Prinzipien Sozialer Marktwirtschaft

Die Konzeption Sozialer Marktwirtschaft basiert auf drei zentralen Prinzipien: (1) Nach dem **Wettbewerbsprinzip** muss der Staat dafür Sorge tragen, dass in allen Branchen und Sektoren möglichst (große) Konkurrenz herrscht. Monopole und Oligopole sind zu verhindern. In Deutschland übernehmen das Bundeskartellamt und der Bundeswirtschaftsminister diese Aufgabe. (2) **Das Prinzip der Marktkonformität** besagt, dass kein (wirtschafts)politischer Eingriff des Staates die Preisbildung aus Angebot und Nachfrage stören darf (z.B. dürften Vermietern keine festen Quadratmeterpreise vorgeschrieben werden). (3) Allerdings bleibt es nach dem Sozialprinzip möglich, aus sozialen Gründen Mitglieder der Gesellschaft zu unterstützen, damit sie (durch Konsum) am Markt teilnehmen können (z.B. Finanzierung der Wohnungsmiete).

Insbesondere das Sozial- und das Marktkonformitätsprinzip stehen also in einem Spannungsverhältnis zueinander. Wie stark das **Sozialprinzip** gewichtet wird, ist von der jeweiligen Konstellation in den politischen Entscheidungsgremien und der gesellschaftlichen Situation abhängig.

Um die Gewichtung der Prinzipien bei konkreten politischen Vorschlägen oder Entscheidungen zu veranschaulichen, kann man sich ein gleichschenkliges Dreieck vorstellen, dessen Ecken jeweils die vollständige Erfüllung eines der drei Prinzipien symbolisieren. Je weniger ein Prinzip berücksichtigt wurde, desto weiter zur Mitte des Dreiecks würde der Bezugspunkt rücken. Beispiel: Eine staatlich vorgeschriebene maximale Mietpreishöhe bei 7,- Euro pro Quadratmeter würde eine starke Umsetzung des Sozialprinzips bedeuten, da sich auch Mitglieder unterer Einkommensgruppen größere Wohnungen in begehrterer Lage leisten könnten (4). Allerdings wäre das Marktkonformitätsprinzip nur in Teilen berücksichtigt (2), da eine freie Preisbildung aus der Relation von Angebot und Nachfrage stark eingeschränkt würde. Das Wettbewerbsprinzip wäre nicht berührt (4).

Autorentext und -grafik

Prinzipien Sozialer Marktwirtschaft am Bsp. Mietpreisdeckelung bei 7€/m²

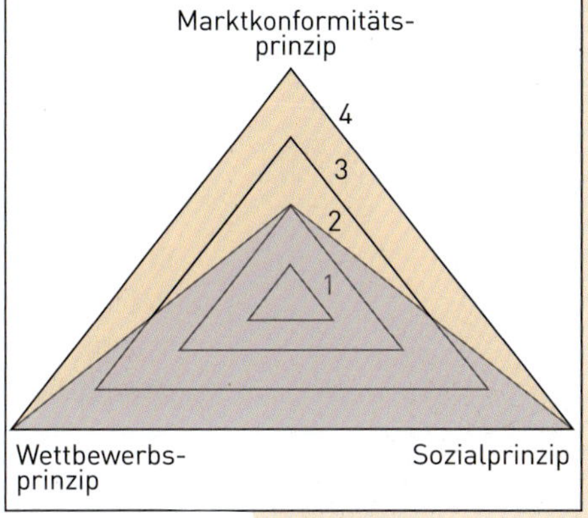

Prinzip...
4 = voll erfüllt
3 = überwiegend erfüllt
2 = in Teilen erfüllt
1 = nicht erfüllt

Zu den wirtschaftspolitischen Handlungsfeldern (Ordnungs-, Struktur, Konjunkturpolitik) in der Bundesrepublik Deutschland

→ vgl. Kapitel 6.1.5

M 3 ● Wettbewerbsordnung in der Sozialen Martwirtschaft

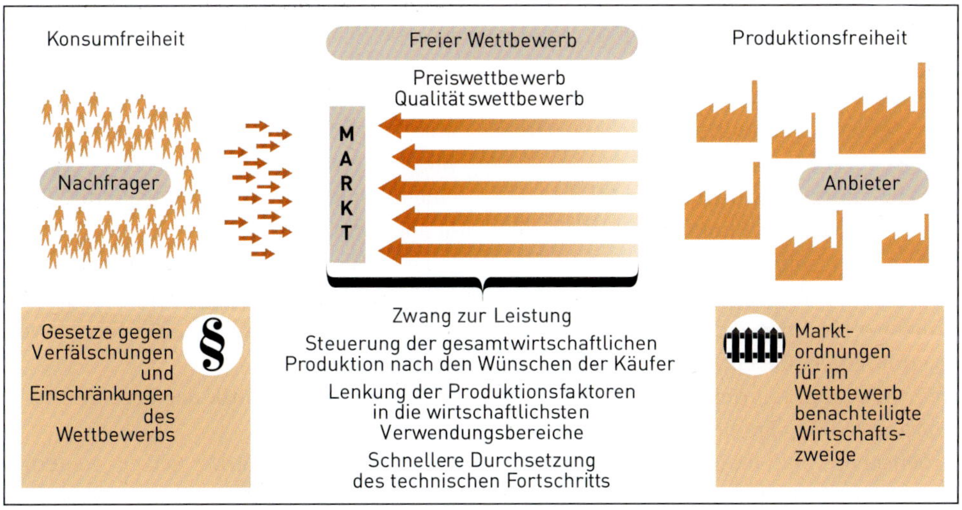

Bergmoser + Höller Verlag AG, Zahlenbilder 200290

M 4 ● Wie ist Soziale Marktwirtschaft entstanden?

Dem allgemeinen Willen zum Wiederaufbau stehen im Nachkriegsdeutschland [nach 1945] vielfältige Hindernisse entgegen: Zu den Kriegsschäden [...] kommen die alliierten Demontagen. Rohstoffknappheit und Transportprobleme erweisen sich bald als ebenso hemmend wie die schlechte Ernährungslage. Nicht zuletzt ist der Wirtschaftskreislauf durch die Zerrüttung der Reichsmark-Währung und den Mangel an Waren jeder Art nachhaltig gestört; Zwangsbewirtschaftung und Schwarzer Markt bestimmen das Bild. [...] Nicht nur Kommunisten und Sozialdemokraten können sich 1945 [in Westdeutschland] einen Wiederaufbau allein unter sozialistischem Vorzeichen vorstellen. [In der Sowjetischen Besatzungszone (später DDR) wird sehr schnell eine Zentralverwaltungswirtschaft installiert.] Bis weit in die Reihen der CDU reichen die Befürworter einer Sozialisierung des Bergbaus und der Schlüsselindustrien, einer Umverteilung des landwirtschaftlichen Besitzes, eines umfassenden Ausbaus der Mitbestimmungsrechte [für Arbeitnehmer in Privatbetrieben] und lenkender Eingriffe des Staates in die Wirtschaft (Ahlener Programm vom Februar 1947). [...] Erst im Zeichen von Marshall-Plan[1] und Währungsreform[2] vollzieht sich ein Umschwung. Eine Koalition aus CDU/CSU, FDP und Deutscher Partei unterstützt im Frankfurter Wirtschaftsrat die von Ludwig Erhard initiierte Politik der Sozialen Marktwirtschaft.

Deutscher Bundestag (Hg.), Fragen an die deutsche Geschichte, Historische Ausstellung im Reichstagsgebäude Berlin, Bonn 1984, S. 357 f.

1) Marshall-Plan: Wiederaufbauprogramm (1948–1952) der USA für Westeuropa nach dem Zweiten Weltkrieg in Höhe von insg. 13,1 Milliarden US-Dollar (entspricht 2010 ca. 80,3 Milliarden US-Dollar)

2) Währungsreform: hier der Wechsel der Währung von der faktisch wertlosen Reichsmark in die D-Mark 1948

✪ M 5 ● Ordoliberalismus – theoretische Grundlage Sozialer Marktwirtschaft

Der Begründer der sog. Freiburger Schule war der Wirtschaftswissenschaftler Walter Eucken (1893–1950). Die Freiburger Schule bezeichnete sich selbst auch als „ordoliberal".

Im deutschsprachigen Raum wurden bereits in den dreißiger Jahren, quasi im Untergrund, die Grundgedanken für eine marktwirtschaftliche Neukonzipierung der Wirtschaftspolitik nach dem Kriege entwickelt. [Walter] Eucken formulierte sieben konstituierende Ordnungsprinzipien. Sie lassen sich zu folgenden vier Grundpfeilern einer marktwirtschaftlichen Ordnungspolitik zusammenfassen:

a) Schaffung funktionsfähiger Märkte

Die Sicherung der Funktionsfähigkeit des Preismechanismus wird von Eucken als das wirtschaftsverfassungsrechtliche Grundprinzip schlechthin bezeichnet. Hierzu ist es erforderlich, die entsprechenden Grundfreiheiten zu gewährleisten: Gewerbe- und Konsumfreiheit, Freiheit der Berufs- und Arbeitsplatzwahl, Freizügigkeit, Vertragsfreiheit und Koalitionsfreiheit.

Weiterhin soll eine Wettbewerbspolitik betrieben werden, die in erster Linie darauf ausgerichtet ist, die Offenheit der Märkte für Newcomer zu gewährleisten (Prinzip der offenen Märkte). Denn nur bei möglichst freiem Marktzutritt können sich keine dauerhaften Monopole bilden. [...] Unvermeidbare Monopole [z. B. Strom- oder Schienennetze] sind einer staatlichen Missbrauchsaufsicht zu unterwerfen. [...] Die beste Marktöffnungspolitik ist zudem eine liberale Außenwirtschaftspolitik (Freihandelsprinzip).

[...] Von der Vertragsfreiheit auszunehmen sind jedoch Verträge, die dem Ziel dienen, den Wettbewerb auszuschalten (Verbot von Kartellverträgen).

b) Konsequente Politik der Preisniveaustabilität

Funktionierende Märkte setzen weiterhin eine strikt am Ziel der Preisniveaustabilität ausgerichtete Geldpolitik voraus. Denn nur in einer inflationsfreien Wirtschaft vermag der Preismechanismus seine Signal- und Lenkungsfunktion voll zu entfalten. [...] Die Vorstellung läuft letztlich darauf hinaus, dass eine (unabhängige) Zentralbank die Geldmenge in dem Maße ausweitet, wie die gesamtwirtschaftliche Produktion wächst. [...]

c) Privateigentum und volle Haftung

Das Recht auf Privateigentum an Produktionsmitteln ist verfassungsrechtlich zu verankern. Hierdurch soll gewährleistet werden, dass die Produzenten in bedarfsgerechter Weise auf die Preissignale reagieren und das Produktivkapital effizient eingesetzt wird. Es muss insbesondere gewährleistet sein, dass die Eigentümer von Produktivkapital sich nicht nur die Gewinne aneignen, sondern auch die volle Haftung für getroffene Fehlentscheidungen tragen (Prinzip der vollen Haftung). [...]

d) Stetige und berechenbare Wirtschaftspolitik

Im Übrigen soll eine stetige und berechenbare Wirtschaftspolitik gewährleisten, dass ohnehin existierende [wirtschaftliche] Unsicherheiten nicht noch durch wirtschaftspolitisch verursachte Unsicherheiten verstärkt werden. [...] Plädiert wird dagegen für den Vorrang der Ordnungspolitik (Gestaltung der Rahmenbedingungen) und den Verzicht auf [...] prozesspolitische Interventionen in das Marktsystem. [...]

Nach [ordo]liberalem Verständnis ist eine marktwirtschaftliche Ordnung per se „sozial". Sie sichert die individuelle Freiheit der Individuen und führt [...] zu einer bestmöglichen Güterversorgung. [...] Korrekturen der herrschenden Verteilung von Einkommen und Vermögen, z.B. durch eine progressive [mit zunehmendem Einkommen prozentual steigende] Einkommensteuer, werden zwar nicht schlechthin abgelehnt, durch derartige Verteilungskorrekturen dürfe jedoch weder die Investitionsneigung zu stark belastet, noch die Leistungsbereitschaft der Individuen über Gebühr untergraben werden. [...]

Eine begrenzte betriebliche Mitwirkung der Arbeitnehmer bei der Gestaltung der Arbeitsbedingungen [wird] nicht ausgeschlossen [...]. Eine überbetriebliche paritätische Mitbestimmung [z. B. durch Gewerkschaften], die Kompetenzen aus den Betrieben hinaus verlagert, wird strikt abgelehnt. [...]

Insgesamt hat die Sozialpolitik nur den Restbestand an Versorgungs- und Fürsorgeaufgaben zu übernehmen, der auch in einer funktionierenden Wettbewerbswirtschaft noch verbleibt. [...] Ein umfassender öffentlicher Sicherungs- und Versorgungsapparat [sei] nicht nur unnötig, sondern wegen der damit verbundenen Einschränkung des Leistungswillens der Individuen und dem bürokratischen Aufwand auch gefährlich. [...]

Jürgen Pätzold, Soziale Marktwirtschaft, www.juergen-paetzold.de (Stand: 29.12.2009) (Rechtschreibung angepasst)
Jürgen Pätzold ist Honorarprofessor für Wirtschaftswissenschaften an der Universität Hohenheim.

Aufgaben

1. Geben Sie die wesentlichen Ziele und Prinzipien des Konzepts der Sozialen Marktwirtschaft nach Müller-Armack wieder (M 1-M 3).
2. Analysieren Sie, welche Prinzipien Sozialer Marktwirtschaft in welchem Maß bei der ionischen Stromversorgung vorzufinden sind (M 2, Kap. 4.1.1).
3. Ordnen Sie die Grundüberlegungen der Sozialen Marktwirtschaft in den „Ordoliberalismus" ein. Zeigen Sie dabei aber auch Unterschiede zwischen Müller-Armacks und Euckens Überlegungen auf (M 4).
4. Vielfach wird die Soziale Marktwirtschaft als „dritter Weg" zwischen freier Marktwirtschaft und Zentralverwaltungswirtschaft bezeichnet. Nehmen Sie Stellung zu dieser Benennung.

F zu Aufgabe 1
Die verfassungsrechtliche Wirtschaftsordnung der Bundesrepublik ist die Soziale Marktwirtschaft! Überprüfen Sie diese Aussage am Grundgesetz für die Bundesrepublik Deutschland (GG Art. 1-28).

F zu Aufgabe 4
Arbeiten Sie heraus, welche Prinzipien von Verteilungsgerechtigkeit (Kap. 4.1.1) den genannten Wirtschaftsordnungen zu Grunde liegen.

4.2.2 Welche Ziele soll deutsche Wirtschaftspolitik verfolgen?

M 6 ● Welche wirtschaftspolitischen Ziele sind festgelegt?

Nicht erst seit der drastischen Zunahme der Arbeitslosigkeit in den 1970er Jahren in nahezu allen westlichen Industrienationen bildet das Problem der wirtschaftlichen Stabilität einen Schwerpunkt der wissenschaftlichen wie auch der öffentlichen Diskussion. Denn die Erfahrung zeigt, dass die Intensität wirtschaftlicher Tätigkeiten in kapitalistischen Systemen Schwankungen unterworfen ist. War die erste Phase der Entwicklung der Sozialen Marktwirtschaft von einer weitgehenden Passivität des Staates gegenüber Konjunkturschwankungen gekennzeichnet – begünstigt durch keine nennenswerten Konjunktureinbrüche im Zuge des stürmischen Wiederaufbaus der Bundesrepublik –, setzte sich mit dem Rückgang von Produktion und Beschäftigung Mitte der 1960er Jahre der Gedanke durch, mit wirtschaftspolitischen Steuerungsmaßnahmen stabilisierend in den Wirtschaftsprozess einzugreifen.

Gerade die Marktwirtschaft jedoch lebt von der Dynamik ständiger Veränderungen. Nicht umsonst charakterisierte der österreichische Nationalökonom Joseph A. Schumpeter die marktwirtschaftliche Ordnung als Prozess der schöpferischen Zerstörung, die mit wechselhaften Wirtschaftsverläufen einhergehe. Dass einer stabilen, berechenbaren wirtschaftlichen Entwicklung dennoch ein so hoher Stellenwert beigemessen wird, liegt vor allem daran, dass instabile Entwicklungen meist mit Planungsschwierigkeiten, Arbeitslosigkeit, Einkommensverlusten und politischen Krisen verbunden sind, welche die Politik vor große Aufgaben stellen.

1967 wurden deshalb in dem „Gesetz zur Förderung der Stabilität und des Wachstums der Wirtschaft“ (Stabilitätsgesetz, StabG) Ziele staatlicher Wirtschaftspolitik formuliert.

Die Charakterisierung der stabilitätspolitischen Zielsetzung als „magisches Viereck“ bezieht sich darauf, dass zwischen den Zielen wechselseitige Beziehungen und Zielkonflikte bestehen, die es als unmöglich erscheinen lassen, alle Zielvorgaben gleichzeitig zu erfüllen.

Max Bauer, Grundlagen der Wirtschaftpolitik, in: Buchners Kompendium Politik, Bamberg 2009, S. 99

M 7 ● Vom Viereck zum magischen Sechseck

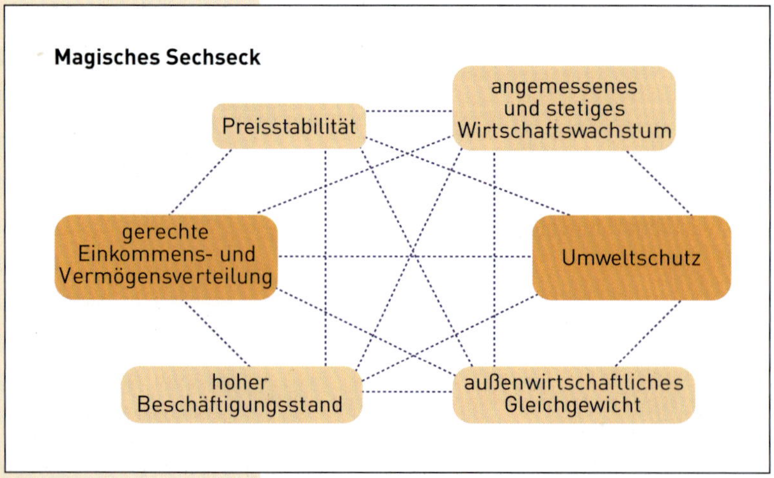

Im Stabilitätsgesetz von 1967 blieben Ziele unberücksichtigt, die heute in der wirtschaftspolitischen Diskussion thematisiert werden.

- 1994 wurde der Umweltschutz als allgemeines Staatsziel in das Grundgesetz aufgenommen (Art. 20 a), sodass eine umweltverträgliche Wirtschaftsentwicklung als weiteres Stabilitätsziel angesehen werden darf.
- Das Ziel einer gerechten Einkommens- und Vermögensverteilung zeigt, dass wirtschaftspolitische Ziele oft durch allgemeinere gesellschaftspolitische Werturteile bestimmt sind.

M 8 Ein neues magisches Viereck für das 21. Jahrhundert?

Den folgenden Vorschlag zur Reform der wirtschaftspolitischen Ziele haben SPD und Grüne in ihre Programme zur Bundestagswahl 2013 aufgenommen.

Für [...] die Definition wirtschaftspolitischer Oberziele schlagen wir [...] vor, das alte magische Viereck des StabG von 1967 durch ein neues magisches Viereck für das 21. Jahrhundert zu ersetzen. Dabei erscheinen uns folgende vier gleichberechtigte Oberziele für die Wirtschaftspolitik als sinnvoll:

- **Materieller Wohlstand:** Angestrebt wird ein angemessenes Wirtschaftswachstum ohne die Gefährdung der gesamtwirtschaftlichen Stabilität.
- **Ökologische Nachhaltigkeit:** Wirtschaftspolitik muss die Erfüllung der anderen Ziele in einer Art gewährleisten, die unsere natürlichen Lebensgrundlagen auch in der langen Frist nicht gefährdet.
- **Soziale Nachhaltigkeit:** Wirtschaftspolitik muss so gestaltet sein, dass soziale Spannungen, einschließlich inakzeptabler sozialer Ungleichheit vermieden werden.
- **Zukunftsfähigkeit der Staatstätigkeit und der Staatsfinanzen:** Der Staat darf zur Erreichung anderer Ziele weder seine langfristige Solvenz gefährden, noch den öffentlichen Kapitalstock auf Kosten künftiger Generationen verfallen lassen.

Um [...] Wohlstands- und Nachhaltigkeitsziele funktionsfähig zu machen, müssen vier Aspekte angegangen werden:

(1) Die wirtschaftspolitischen Oberziele müssen [wie oben geschehen] qualitativ definiert werden.

(2) Diese Oberziele müssen in quantitativ messbaren Indikatoren konkretisiert werden, um eine einfache Überprüfung der Zielerfüllung der Regierung zu ermöglichen.

(3) Es müssen Institutionen und Verfahren geschaffen werden, damit die Oberziele in die strategische Politikgestaltung der Bundesregierung einfließen.

(4) Sowohl die Konkretisierung der Oberziele in quantitativ messbare Indikatoren als auch die Zielerfüllung sollte einer regelmäßigen, unabhängigen Begutachtung unterliegen.

Sebastian Dullien, Till van Treeck, Ziele und Zielkonflikte der Wirtschaftspolitik und Ansätze für einen neuen sozial-ökologischen Regulierungsrahmen, Bonn 2012, S. 14; Reihenfolge geändert

Info

Beziehungen zwischen wirtschaftlichen Zielen

Die wirtschaftspolitischen Ziele der Bundesrepublik Deutschland werden als „magisches Sechseck" bezeichnet, weil ein gleichzeitiges Erreichen aller Ziele unmöglich ist. Zwischen den Zielen bestehen vielmehr drei mögliche Zielbeziehungen:

(1) Von **Zielkomplementarität** spricht man, wenn das Verfolgen eines Ziels das Erreichen eines weiteren ebenfalls fördert. Viele Ökonomen und Politiker gehen von einer Komplementarität zwischen „Wirtschaftswachstum" und „hohem Beschäftigungsstand" aus.

(2) **Zielneutralität** ist gegeben, wenn Maßnahmen zur Realisierung eines Ziels ein anderes weder positiv noch negativ beeinflussen.

(3) **Zielkonflikte** existieren dann, wenn die Verwirklichung eines Ziels die eines anderen behindert. Solche Gegensätze werden häufig für die Zielbeziehungen „Wirtschaftswachstum – Umweltschutz" und „hoher Beschäftigungsstand – Preisniveaustabilität" behauptet.

Autorentext

Aufgaben

1. Geben Sie die wirtschaftspolitischen Ziele der Bundesrepublik wieder (M 6, M 7).
2. Vergleichen Sie die bestehenden wirtschaftspolitischen Ziele (M 6) mit dem Reformvorschlag (M 8).
3. Arbeiten Sie Verbindungen der (bestehenden und der neu vorgeschlagenen) wirtschaftspolitischen Ziele zu gesellschaftlichen Grundwerten heraus (M 6-M 8, Kap. 4.1.1).
4. Charakterisieren Sie (mögliche) Beziehungen zwischen den wirtschaftspolitischen Zielen des Reformvorschlags (M 8, Info).

F zu Aufgabe 2
Erläutern Sie, auf welche wirtschaftlichen Entwicklungen (insb. im dritten Jahrtausend) die Autoren des „neuen magischen Vierecks" offenbar reagieren.

4.2.3 Herausforderung für deutsche Wirtschaftspolitik? Die Wirtschaftskrise 2008/09

✪ M 9 ● Ursachen und Verlauf der Finanz- und Wirtschaftskrise ab 2007

Krisenursachen

Boni:
An Umsatz gekoppelte Lohnkomponenten für Bankmanager und Kreditvermittler (ohne Beteiligung an finanziellen Risiken der Abschlüsse)

niedriger Leitzins:
Die US-amerikanische Notenbank Federal Reserve (FED) legt einen niedrigen Leitzinssatz fest. Ziel ist es, die Wirtschaft anzukurbeln.

staatliche Immobilienförderung:
Bau und Kauf von Eigenheimen werden z.B. durch Steuernachlässe in den USA staatlich gefördert.

Vergabe von Krediten an Schuldner mit schlechter Zahlungsfähigkeit:
Auch Arbeitslose und Geringverdiener erhalten Kredite für Immobilien (sogenannte Subprime-Kredite). Sie bürgen für die Kredite nicht mit existierenden Sicherheiten, sondern mit dem Wert der – kreditfinanzierten – Immobilien. Die Nachfrage nach Immobilien steigt kontinuierlich und damit deren Preis. Die Preise übersteigen den Wert der Immobilien deutlich (Immobilienblase).
Teilweise werden mit der „Sicherheit“ gestiegener Häuserpreise neue Kredite für Konsumausgaben (Autos, Reisen...) vergeben.

fehlende Regulierung der Finanzmärkte:
Kredite können in Wertpapiere umgewandelt und international gehandelt werden (Verbriefung). Verbriefungsrisiken erscheinen nicht unbedingt in der Bankbilanz. Ratingagenturen bewerten „verbriefte“ Kredite als extrem sicher.

Banken- bzw. Subprimekrise (USA)

Verfall der Immobilienpreise in den USA:
Mit dem Erkennen der deutlich überhöhten Häuserpreise sanken die Marktpreise schlagartig und der Immobilienmarkt brach zusammen.

Zahlungsunfähigkeit der Hausbesitzer:
Bei privater Insolvenz können die Hausbesitzer ihre Kredite nicht zurückzahlen.

Misstrauen im Bankensektor:
→ Die Banken geben einander keine Kredite mehr.
→ Bankkunden fürchten den Zusammenbruch der Banken und ziehen ihre Einlagen zurück (Gefahr des bank run).

weltweite Finanzkrise

Boni:
Auszahlung oft trotz angeschlagenen Bankensektors

Bankenpleiten:
Weltweit geraten Banken, die verbriefte Kredite gekauft haben, in Schwierigkeiten: z. B. Pleite der Investmentbank Lehman Brothers (USA, September 2008) und Verstaatlichung der Hypo Real Estate (Deutschland, Oktober 2009).

Folgen für Staaten:
Hohe Kosten für „Bankenrettung“
→ zusätzliche Belastung des Staatshaushalts

weltweite Wirtschaftskrise

Einschränkung der Kreditvergabe:
Banken weltweit vergeben deutlich weniger Kredite an Wirtschaftsunternehmen.

deutlicher Rückgang der Wirtschaftsleistung
Es entstehen besonders Absatzschwierigkeiten für stark exportorientierte Volkswirtschaften wie die Deutschlands (weltweite Ungleichgewichte der Leistungsbilanz) sowie BIP-Einbrüche für Staaten mit großem Finanz- (z.B. Großbritannien, Irland) oder Bausektor (z.B. Spanien)
→ Einnahmeverluste letztlich auch eine Ursache für die Staatsschuldenkrise in mehreren Euro-Staaten ab 2010.

Gefahr steigender Arbeitslosigkeit
→ staatliche Einnahmeverluste (Steuern) und Ausgabenerhöhungen (Sozialleistungen)

Grafik nach: Jana Bretschneider, in: Weltwirtschaftskrise, Bamberg 2011, S. 87

M 10 ● Markt- und Politikversagen

a) Marktversagen

Marktversagen liegt vor, wenn der Marktmechanismus aus Angebot und Nachfrage nicht zu den volkswirtschaftlich wünschenswerten Ergebnissen führt und die Produktionsfaktoren nicht so verwendet werden, dass sie den größtmöglichen Ertrag für die Gesamtwirtschaft bringen. In Fällen des Marktversagens, z. B. bei externen Effekten, öffentlichen Gütern oder Monopolen greift der Staat in das Marktgeschehen ein, um Nachteile von Verbrauchern oder anderen Anbietern zu verhindern oder volkswirtschaftlich sinnvollere Ergebnisse zu erreichen. So werden vom Staat z. B. Forschungs- und Entwicklungsarbeiten von Unternehmen finanziell unterstützt, um damit einen Anreiz zu schaffen, Grundlagenforschung zu betreiben, die für das einzelne Unternehmen hohe Kosten verursacht, gleichzeitig aber das Know-how in der gesamten Volkswirtschaft verbessert [...].

Duden Wirtschaft von A bis Z, Bonn 2004

b) Politikversagen

Zumeist werden die Begriffe Staats- und Politikversagen synonym verstanden. Wenn sie doch getrennt werden, wird „Politikversagen" auf die Interessenlage der politischen Entscheidungsträger zurückgeführt: Politiker sind an Machtgewinn und -erhalt interessiert. Daher wird ihnen (1) häufig unterstellt, sie hätten nur die kurzfristige Perspektive bis zur folgenden Wahl im Blick, weswegen sie unpopuläre Entscheidungen hinauszögern und langfristige Folgen nicht ausreichend berücksichtigen würden. (2) Politiker seien durch Interessengruppen wie Wirtschaftsverbände und Gewerkschaften mehr oder weniger leicht beeinflussbar, was die Wähler wiederum nur schwer kontrollieren könnten. (3) Märkte bzw. ökonomische Vorgänge sind komplex, was die wirtschaftspolitische Planung stets unsicher macht. Es ist z. B. nie vollständig vorhersagbar, wie Produzenten und Konsumenten auf Anreize reagieren. Daher können die Wirkungen wirtschaftspolitischer Maßnahmen im Vorhinein nie vollständig richtig abgeschätzt werden.

Autorentext

Info

Funktionen des Finanzsystems

Finanzsysteme stellen das Gehirn des ökonomischen Systems dar. [...] Tatsächlich übernimmt ein gut funktionierendes Finanzsystem in einer modernen Volkswirtschaft mindestens vier Aufgaben, die für einen nachhaltigen Wachstumsprozess unabdingbar sind: Erstens ermöglicht es durch [...] Kredite Unternehmen und insbesondere innovativen Unternehmern Investitionen sowie die Durchführung von Produktionsprozessen [denn in der Regel können Unternehmen erst im Nachhinein durch den Verkauf ihrer Produkte Absatz machen, die Produktionskosten fallen aber vorher an]. Zweitens hilft es durch die bessere Verteilung des Risikos insgesamt, dass mehr unternehmerische Risiken eingegangen werden können [...]. Drittens sollte ein ordentlich funktionierendes Finanzsystem Kredite an jene Sektoren und Unternehmen verteilen, die damit am ehesten nachhaltiges Wachstum erzeugen. Und viertens hilft es, von einer Vielzahl von Sparern kleinere Summen einzusammeln und diese für größere Investitionsprojekte zur Verfügung zu stellen.

Sebastian Dullien u.a., Der gute Kapitalismus... und was sich dafür nach der Krise ändern müsste, Bielefeld 2009, S. 130

Aufgaben

1. Beschreiben Sie das Zustandekommen der Wirtschaftskrise 2008/09 (M 9).
2. Arbeiten Sie heraus, welche seiner eigentlichen Funktionen das weltweite Finanzsystem vor und während der Krise nicht oder nur unzureichend erfüllt hat (M 9, Info).
3. Beim Zustandekommen der Wirtschaftskrise 2008/09 handelt es sich um einen eindeutigen Fall von Politikversagen! Überprüfen Sie diese Aussage (M 9, M 10).
4. Arbeiten Sie mögliche Probleme bei der Umsetzung der wirtschaftspolitischen Ziele Deutschlands im Kontext der Wirtschaftskrise heraus (M 6, M 7, M 9).

H zu Aufgabe 1
Differenzieren Sie dabei nach Ursachen und Folgen/Auswirkungen und nutzen Sie den Moral-Hazard-Begriff.

M zu Aufgabe 3
Gestalten Sie einen fiktiven Dialog zwischen dem Präsidenten einer Investmentbank und dem Bundesfinanzminister.

4.2.4 Risiko außenwirtschaftliches Ungleichgewicht? Die Wirtschaftskrise als Gefahr für den „Exportweltmeister" Deutschland

M 11 ● Exportweltmeister Deutschland?

a)

Wolfgang Horsch

b)

Klaus Stuttmann

M 12 ● Export – bedeutsam für den Arbeitsmarkt?

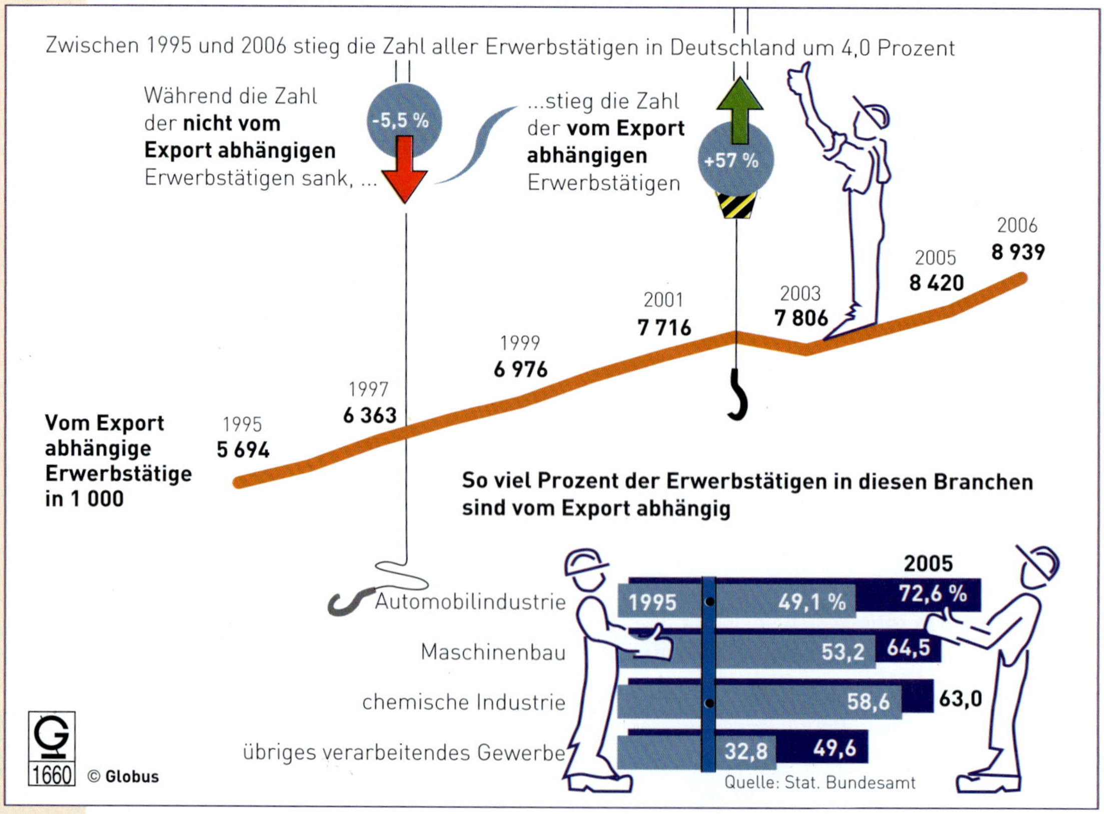

M 13 ● Deutschland – außenwirtschaftliches Gleichgewicht erreicht?

Leistungsbilanz: Summe der Außenhandelsbilanz (s.u.), der Dienstleistungsbilanz (Reiseverkehr und Austausch von Dienstleistungen mit dem Ausland) und der Übertragungsbilanz (nicht tauschförmige Leistungen ggü. dem Ausland wie z.B. Entwicklungshilfe)

Außenhandelsbilanz: Differenz (Saldo) des Werts der Ausfuhren (Exporte) und des Werts der Einfuhren (Importe) von Waren. Bei einem positiven Saldo spricht man von einem Außenhandelsüberschuss, bei einem negativen von einem Außenhandelsdefizit.

Autorentext

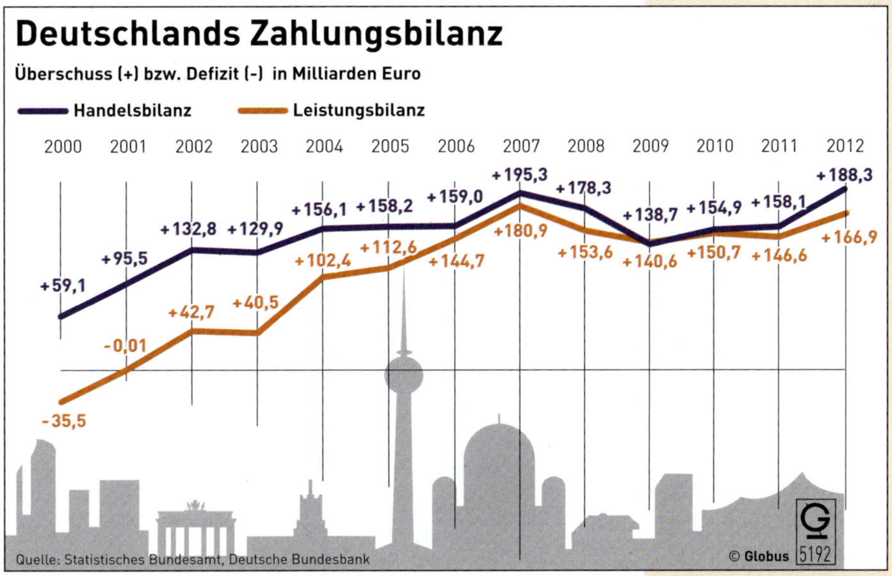

M 14 ● Verletzlich durch Exportabhängigkeit?

Der Grund für die Wucht der Krise [2009 in Deutschland] ist ausgerechnet der deutsche Erfolg in Sachen Exporte. Jedes Jahr gehen mehr und mehr Produkte aus dem Inland ins Ausland. [...] Zum Vergleich: [Der] Überschuss entspricht der kombinierten, jährlichen Wirtschaftsleistung Ungarns, Estlands, Lettlands und Bulgariens.

Als der Welthandel buchstäblich einbrach, wurde das Gewicht, das der Export für die deutsche Volkswirtschaft hat, zur Last, wenn nicht zur Bürde. Viele Experten fürchten nun, dass diese Auswirkungen auf die deutsche Wirtschaft nicht nur temporär sind. Für den deutschen Erfolg, erklärt Kai Carstensen, Konjunkturexperte beim ifo Institut in München, [...] war der enorme Konsum anderer Volkswirtschaften verantwortlich; nicht zuletzt der der USA. Die haben ihre Importe durch Schulden finanziert, was nicht nachhaltig sei. Das heißt: Sie müssen auf Jahre sparen. Mit dem unschönen Nebeneffekt, dass deren Sorgen jetzt zu deutschen Sorgen werden.

Andreas M. Bock, Deutschland: Musterschüler in der Krise?, Goethe-Institut e. V., Online-Redaktion, September 2009

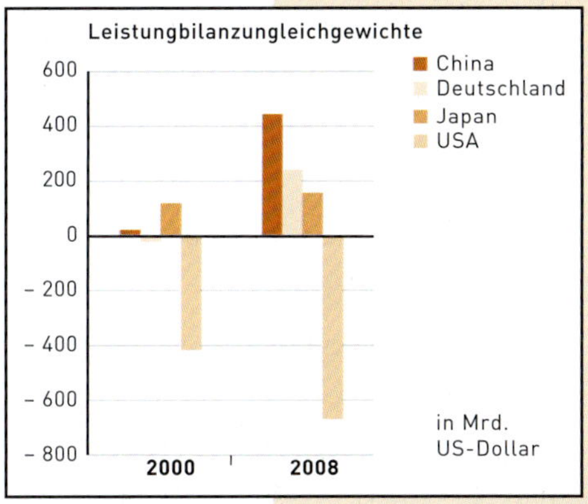

OECD, Economic Outlook, Nr. 85, 2009

Aufgaben

1. Analysieren Sie die Karikaturen und vergleichen Sie im Anschluss deren Aussagen (M 11).
2. Erklären Sie die Bedeutung des Exports für die Wirtschaft der Bundesrepublik, indem Sie die Diagramme analysieren (M 12, M 13).
3. Die Bundesrepublik Deutschland wurde in den Medien lange als „Exportweltmeister" gefeiert. Problematisieren Sie diese Bezeichnung. Beziehen Sie sich dabei auch auf die wirtschaftspolitischen Ziele der Bundesrepublik Deutschland von 1967.

H zu Aufgabe 1
Beachten Sie dabei die Entstehungsdaten (a) 10.2.2006; b) 8.1.2009).

H zu Aufgabe 3
Gehen Sie von den Aussagen Andreas Bocks aus (M 14).

F zu Aufgabe 3
Überprüfen Sie die Aktualität der Aussagen durch eine Recherche zur Situation des deutschen Exports (M 14).

4.2.5 Sind die Ziele Umweltschutz und Wirtschaftswachstum vereinbar? Die„Abwrackprämie"

M 15 ● Konjunktur gerettet, Klima...?

Die Person am Steuer soll Bundeskanzlerin Angela Merkel darstellen. *Klaus Stuttmann (leicht verändert)*

M 16 ● Wie funktioniert die „Abwrackprämie"?

Durch ein Konjunkturprogramm mit einem Volumen von 50 Mrd. Euro („Konjunkturpaket II") versuchte die Bundesregierung 2009, die Folgen der Wirtschaftskrise für die deutschen Unternehmer und Bürger abzumildern. Im Rahmen dieses Programms wurde auch die als solche bezeichnete „Umweltprämie" beschlossen und mit 5 Mrd. Euro ausgestattet. Sie sollte Anreize bieten, Neuwagen zu erwerben und damit die Automobilindustrie zu stützen.

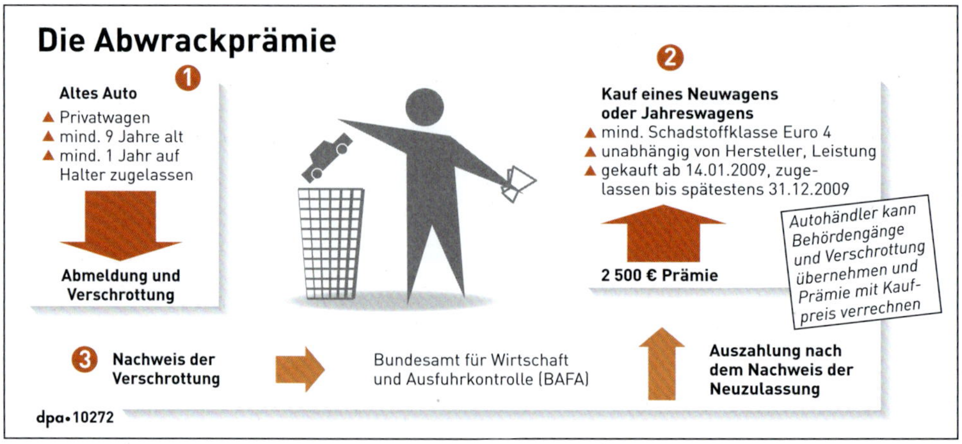

M 17 ● Was bedeutet die Automobilindustrie für Deutschland?

Die volkswirtschaftliche Bedeutung der Automobilproduktion in Deutschland lässt sich kurz anhand der Faktoren Innovationsfähigkeit, Außenhandel und Beschäftigung umreißen:

- Mehr als ein Drittel der industriellen Aufwendungen für FuE [= Forschung und Entwicklung] in Deutschland entfallen auf die Automobilindustrie; 30 Prozent der industriellen FuE-Beschäftigten entfallen auf diesen Wirtschaftszweig [...]. Die Automobilindustrie spielt damit im deutschen Innovationssystem eine herausragende Rolle und ist wichtiger Impulsgeber für andere Wirtschaftszweige.
- Die Automobilindustrie trägt etwa ein Drittel (2006 = 32,8 Prozent) zum Außenhandelsüberschuss Deutschlands bei [...].
- [Mit] 749.098 Beschäftigten [im Jahr 2008] erzielte der Wirtschaftszweig [...] einen Umsatz von [...] [331] Milliarden Euro [...]. Aufgrund von Zulieferung aus anderen Wirtschaftszweigen ist die tatsächliche beschäftigungspolitische Bedeutung der Automobilindustrie jedoch etwa um den Faktor 2,4 höher [...], d.h. dass etwa 1,7 bis 1,8 Millionen Arbeitsplätze von der deutschen Automobilproduktion abhängen.

Klaus Barthel et al., Zukunft der deutschen Automobilindustrie (WISO Diskurs), Bonn, S. 18 (Dezember 2010)

M 18 ● Abwrackprämie wirkungsvoll?

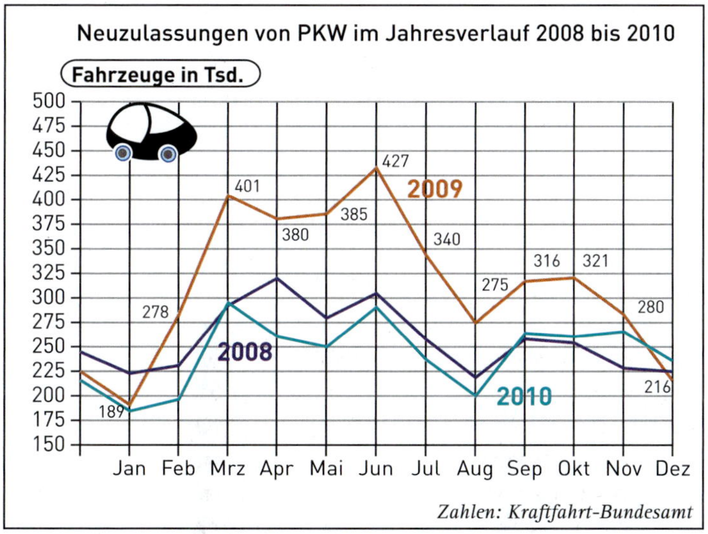

Zahlen: Kraftfahrt-Bundesamt

Veränderungsraten privaten Konsums zum Vorjahr (in Prozent)				
	2006	2007	2008	1. Halbjahr 2009
Privater Konsum	2,3	1,4	2,5	0,1
Kauf von Kraftfahrzeugen	7,8	- 8,8	- 3,9	23,0
Privater Konsum ohne Kraftfahrzeuge	2,0	2,0	2,8	- 1,0

Statistisches Bundesamt, PM Nr. 316, 27.8.2009

Euro-4-Abgasnorm

Alle durch die als solche bezeichnete „Umweltprämie" des Konjunkturpakets II geförderten Neu- oder Jahreswagen müssen die Euro-4-Abgasnorm einhalten, die seit dem 1.1.2005 für alle in der EU neu zugelassenen Wagen gilt. Sie reguliert den Ausstoß von Kohlenmonoxid (CO), Stickstoffoxiden (NO_x), Kohlenwasserstoffen (HC) und Partikeln (vor allem Ruß). Eine Begrenzung des CO_2-Ausstoßes wird durch diese Norm nicht vorgenommen.

M 19 ● Was „kostet" der Straßenverkehr?

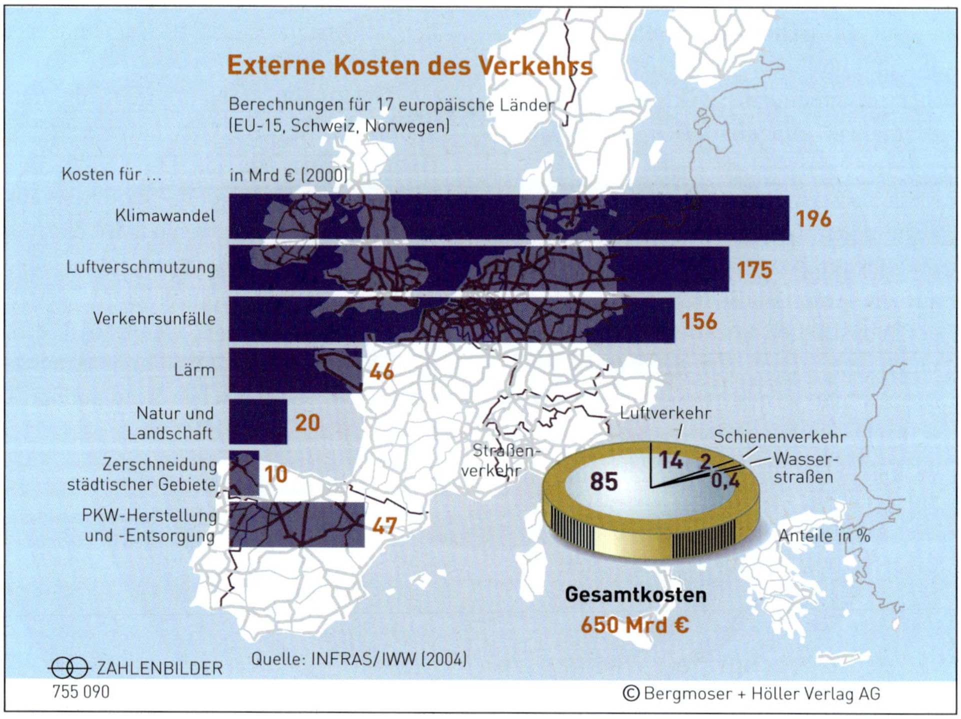

Info

Externe Effekte

Von externen Effekten spricht man in der Wirtschaftswissenschaft, wenn das wirtschaftliche Handeln eines Akteurs Auswirkungen hat, für die niemand bezahlt oder für die kein Ausgleich geleistet wird. (1) Positive externe Effekte bezeichnet man dabei als „externen Nutzen". Z. B. bestäuben die von einem Imker zum Zwecke der Honigproduktion gezüchteten Bienen gleichzeitig Pflanzen und dienen damit dem Naturerhalt. (2) Negative externe Effekte nennt man „externe Kosten". Das prominenteste Beispiel für externe Kosten ist die Klimaerwärmung durch von Menschen verursachte Treibhausgase, denn die meisten Verursacher dieser Gase müssen für die Umweltverschmutzung keinen (finanziellen) Ausgleich erbringen. Ein weiteres Beispiel für externe Effekte ist Straßenmusik (sofern man die Musikanten nicht selbst bezahlt).

Autorentext

Aufgaben

1. Beschreiben Sie die Karikatur und stellen Sie Deutungshypothesen auf (M 15).
2. Arbeiten Sie die Ziele und den Funktionsmechanismus der „Abwrackprämie" heraus (M 16, M 17).
3. Charakterisieren Sie am Beispiel der „Abwrackprämie" die Beziehung zwischen den wirtschaftspolitischen Zielen „Wirtschaftswachstum" und „Umweltschutz" (M 16 – M 19, Info).
4. Erörtern Sie die Frage: „Die ‚Abwrackprämie' – ein sinnvolles politisches Instrument?"

Ⓗ zu Aufgabe 1
Verwenden Sie dazu das Modell des erweiterten Wirtschaftskreislaufs (vgl. Kap. 6.3).

Ⓜ zu Aufgabe 4
Führen Sie zu dieser Frage eine Podiumsdiskussion durch.

4.2.6 Ist das Ziel einer gerechten Einkommensverteilung erreicht?

M 20 ● Die soziale Schere

Birgit Lang

M 21 ● Wie entwickeln sich Einkommen in Deutschland?

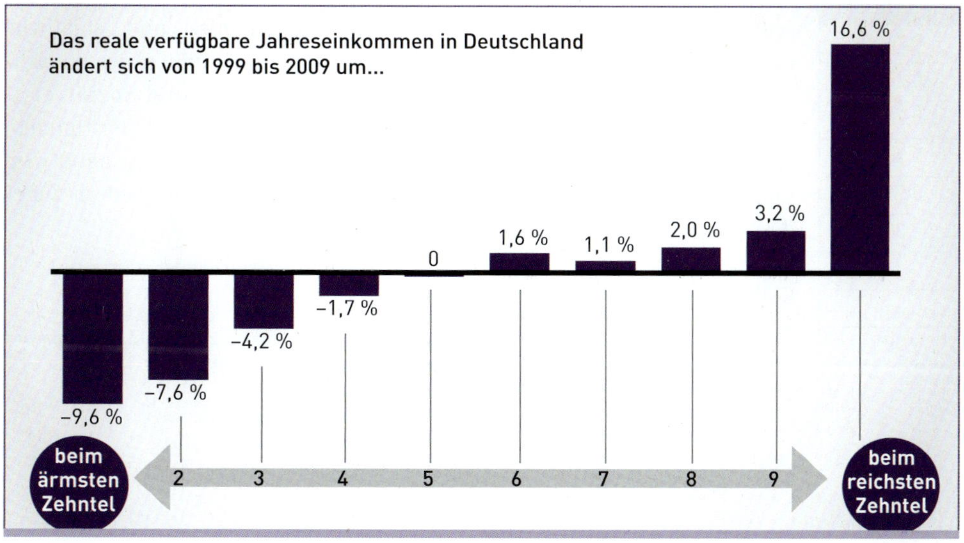

Deutsches Institut für Wirtschaftsforschung 2011, Hans-Böckler-Stiftung 2012

M 22 ● Entwicklung der Einkommensverteilung in Deutschland

Ungleichheit der Haushaltsnettoeinkomen[1] (Gini-Koeffizient) in Deutschland, 1991–2010

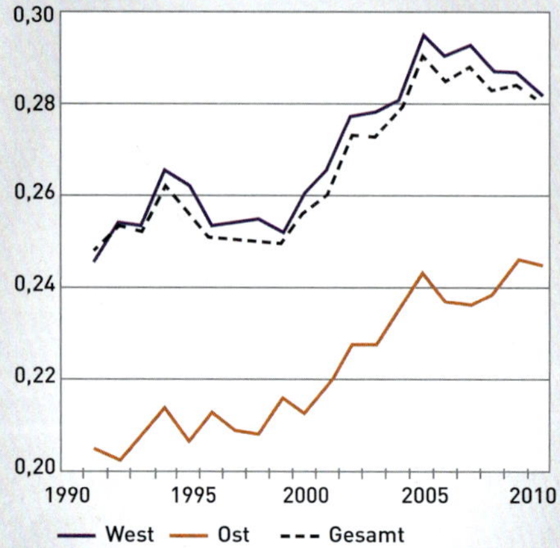

Jahreseinkommen in Preisen von 2010, bedarfsgewichtet mit der neuen OECD-Skala, erhoben im Folgejahr, inklusive des Einkommensvorteils selbstgenutzten Wohneigentums
Zahlen: SOEPmonitor, DIW.

1) Haushaltseinkommen = Summe der Nettoeinkommen aller in einem Haushalt lebenden Personen

Kai Schmid, Ulrike Stein, Rudolf Zwiener, IMK Verteilungsmonitor. Einkommensverteilung in Deutschland, 1991-2010, www.boeckler.de, 13.5.2013

Info

Gini-Koeffizient

Der Gini-Koeffizient ist ein statistisches Standardmaß zur Messung der Ungleichheit einer Verteilung. Am häufigsten eingesetzt wird der Koeffizient zur Bestimmung von Einkommensungleichheit. Er kann Werte zwischen 0 und 1 annehmen. Je höher der Wert, desto stärker ausgeprägt ist die gemessene Ungleichheit. Beispielsweise bedeutet ein Gini-Koeffizient von 0, dass alle verglichenen Personen genau das gleiche Einkommen haben. Ein Wert von 1 dagegen bedeutet, dass eine Person das gesamte Einkommen erhält und alle anderen nichts. [...] Benannt wurde der Koeffizient nach seinem Erfinder, dem italienischem Statistiker Corrado Gini.

Deutsches Institut für Wirtschaftsforschung e. V., Glossar (3.1.2014)

M 23 ● Einkommensverteilung im internationalen Vergleich

Rang	Land	Gini-Koeffizient
1	Slowenien	0,24
2	Dänemark	0,25
3	Norwegen	0,25
9	Österreich	0,26
12	Frankreich	0,29
15	Deutschland	0,30
	OECD-Durchschnitt	0,31
28	Großbritannien	0,34
31	USA	0,38

Die Organisation für wirtschaftliche Zusammenarbeit und Entwicklung (OECD) hat die Daten zur Einkommensverteilung ihrer Mitgliedsstaaten am Ende des ersten Jahrzehnts des dritten Jahrtausends zusammengetragen. Das Einkommen wird definiert als das verfügbare Einkommen der privaten Haushalte (unselbstständiger und selbstständiger Tätigkeit, Kapitaleinkünfte und staatliche Transferleistungen, abzüglich der entrichteten Einkommensteuern und Sozialversicherungsbeiträge) in einem bestimmten Jahr. Das Einkommen des Haushalts wird den einzelnen Haushaltsmitgliedern zugeordnet.

OECD in Zahlen und Fakten 2011-2012, Einkommensungleichheit, www.oecd-ilibrary.org (3.1.2014)

M 24 ● Wer trägt welches Armutsrisiko?

Interview mit dem Gesundheitswissenschaftler Markus Grabka, wissenschaftlicher Mitarbeiter am Deutschen Institut für Wirtschaftsforschung

Ist der Höhepunkt der Einkommensungleichheit in Deutschland überschritten?
Wir haben in der Tat Anzeichen dafür, dass zumindest seit 2005 der Höhepunkt der Einkommensungleichheit überschritten zu sein scheint, und wir bis 2010 einen leichten Rückgang der Einkommensungleichheit beobachten. [...]

Hat sich das Armutsrisiko in Deutschland damit verändert?
In den 90er Jahren war es so, dass die Quote derjenigen, die mit einem Einkommen unter der Armutsrisikoschwelle lebten, bei etwa elf Prozent lag. Zwischen 1999 und 2005 ist das Armutsrisiko in Deutschland insgesamt signifikant auf einen Wert zwischen 14 und 15 Prozent angestiegen. Seitdem verharrt die Armutsrisikoquote auf diesem Niveau. Für Ostdeutschland zeigt sich, dass das Armutsrisiko insgesamt in allen Beobachtungsjahren über dem Wert von Westdeutschland lag, und 2010 hat sogar das Armutsrisiko in Ostdeutschland einen Wert von knapp einem Fünftel der Bevölkerung erreicht.

Welche Altersgruppen tragen das höchste Armutsrisiko?
Bei den Altersgruppen ist zu beobachten, dass erwartungsgemäß Menschen im mittleren Lebensalter, also zwischen 35 und 55 Jahren ein unterdurchschnittliches Armutsrisiko haben, weil diese mitten im Erwerbsleben stehen. Nach dem Renteneintritt steigt das Armutsrisiko leicht an, und ab 75 Jahren kann man eher ein überdurchschnittliches Armutsrisiko beobachten. Das höchste Armutsrisiko zeigt sich allerdings in Deutschland derzeit bei jungen Erwachsenen und Jugendlichen. Dahinter verbirgt sich unter anderem die Problematik, dass junge Erwachsene länger im Bildungssystem verbleiben. Zudem muss man hier auch das Stichwort „Generation Praktikum" aufgreifen und feststellen, dass gerade junge Erwachsene oft in prekären Beschäftigungsverhältnissen arbeiten.

Interview: Erich Wittenberg, in: DIW-Wochenbericht 43, 2012, S. 16

Zwei Obdachlose übernachten im Eingangsbereich eines Geschäfts für Modeaccessoire in der Münchener Innenstadt. Sie tun dies mit Erlaubnis der Besitzer.

Aufgaben

1. Beschreiben und interpretieren Sie die Grafik (M 20).
2. Analysieren Sie die Statistiken zur Einkommensverteilung in der Bundesrepublik Deutschland (M 21-M 23).
3. Wird das wirtschaftspolitische Ziel einer gerechten Einkommensverteilung verfehlt? Bewerten Sie – ausgehend von Ihren Ergebnissen und den Aussagen Grabkas (M 24) – die Einkommensverteilung in Deutschland.

M zu Aufgabe 2
Nutzen Sie den Dreischritt des kooperativen Lernens:
1. Analysieren Sie M 21–M 23 arbeitsteilig in Einzelarbeit.
2. Vergleichen Sie Ihre Analyse mit einem Partner.
3. Führen Sie die drei Analyseergebnisse in einer 3er-Gruppe zu einer Gesamtaussage zusammen.

H zu Aufgabe 3
Verdeutlichen Sie dabei Ihr Verständnis sozialer Gerechtigkeit (vgl. Kap. 4.1.1).

F Erklären Sie das bis 2005 angestiegene Armutsrisiko mit Hilfe der Begriffe „Markt-" bzw. „Politikversagen" (Kap. 4.2.3).

ORIENTIERUNGSWISSEN

Soziale Marktwirtschaft in der Theorie
M 1, M 2

Die Soziale Marktwirtschaft ist ideengeschichtlich eine eindeutig liberale Wirtschaftsordnung. Staatliche Ordnungspolitik soll Wettbewerb sichern (**Wettbewerbsprinzip**) und sollte den Preisbildungsmechanismus aus Angebot und Nachfrage nicht stören (**Marktkonformitätsprinzip**). Hierin sind auch deutlich die Wurzeln der Sozialen Marktwirtschaft im Ordoliberalismus Walter Euckens zu erkennen. Allerdings fordert das Konzept die (marktkonforme) Unterstützung sozial schwächer gestellter Bevölkerungsgruppen (**Sozialprinzip**). Das Maß dieser Unterstützung ist abhängig von den jeweiligen gesellschaftlich herrschenden Gerechtigkeitsvorstellungen und der politischen Konstellation. Im Grundgesetz finden sich Anklänge der Sozialen Marktwirtschaft (Art. 2, 11, 12, 14, 20, 28); die Wirtschaftsordnung ist in der Verfassung aber nicht eindeutig festgeschrieben.

Wirtschaftspolitische Ziele der Bundesrepublik Deutschland
M 6, M 7

Im Stabilitäts- und Wachstumsgesetz von 1967 wurden vier wirtschaftspolitische Ziele für die Bundesrepublik festgelegt: **Preisniveaustabilität**, ein **hoher Beschäftigungsstand, angemessenes und stetiges Wirtschaftswachstum** sowie ein **außenwirtschaftliches Gleichgewicht**. Später kamen noch die Ziele „gerechte Einkommens- und Vermögensverteilung" und „Umweltschutz" hinzu.
In jüngerer Zeit gibt es Kritik am Kernbestand der wirtschaftspolitischen Ziele. Reformvorschläge machen den Gedanken der ökologischen Nachhaltigkeit und der sozial gerechten Vermögensverteilung prominenter.

Wirtschaftspolitische Zielbeziehungen

Da manche der **wirtschaftspolitischen Ziele** nicht (vollständig) gleichzeitig realisiert werden können, bezeichnet man sie auch als „Magisches Viereck" bzw. „Magisches Sechseck". Ein wirtschaftspolitischer Zielkonflikt spannt sich auf zwischen „Wirtschaftswachstum" und „Umweltschutz" – gerade industriepolitische Konjunkturmaßnahmen vernachlässigen oft ökologische Nachhaltigkeitsfragen.
Neben Zielkonflikten ist aber auch **Zielkongruenz** (gegenseitige positive Beeinflussung) und **Zielneutralität** (keine gegenseitige Beeinflussung) denkbar.

Wirtschaftliche und soziale Folgen der Nichteinhaltung wirtschaftspolitischer Ziele
M 13, M 14, M 21, M 23

Seit mehr als zehn Jahren weist die Bundesrepublik Deutschland eine **positive Außenhandelsbilanz** auf („Exportweltmeister"). Problematisch daran ist aber erstens die starke **Exportabhängigkeit**, durch die Absatzschwierigkeiten im Ausland (wie z. B. in der Wirtschaftskrise 2009) unmittelbar die deutsche Wirtschaft (massiv) schwächen. Zweitens verschulden sich (aus Deutschland importierende) Volkswirtschaften faktisch, wenn sie eine negative Außenhandelsbilanz aufweisen (also ökonomisch gesprochen mehr konsumieren als produzieren).
Ob die **Einkommensverteilung** in Deutschland als **(un)gerecht** empfunden wird, hängt stark von der eigenen Gerechtigkeitsvorstellung ab. Dennoch ist festzuhalten, dass die Einkommensungleichheit in Deutschland (parallel zum Armutsrisiko) zwischen 2000 und 2005 deutlich gestiegen ist und seitdem nahe dem Durchschnitt der OECD-Staaten stagniert. Kleinere Volkswirtschaften mit eher sozialdemokratischem Wohlfahrtsmodell (Dänemark, Norwegen) weisen höhere Einkommensgleichheit auf, wirtschaftsliberaler verfasste Systeme (z. B. das der USA) stärkere Ungleichheit.

Zielkonflikt: Inflation und Arbeitslosigkeit

„Lieber 5 % Inflation, als 5 % Arbeitslosigkeit.“

Angelehnt an: Helmut Schmidt, Bundeskanzler 1974–1982, in: Süddeutsche Zeitung, 28.7.1972

Arbeitslosenquote und Inflationsrate in Deutschland

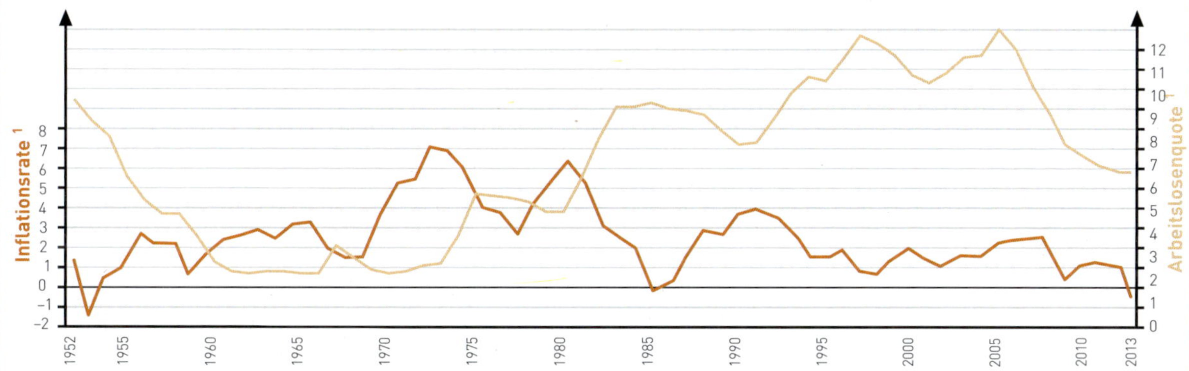

¹bis 1990 früheres Bundesgebiet

Wirtschaftliche Phase Stagflation

Kurzwort aus Stagnation und Inflation, eine konjunkturelle Situation, die dadurch gekennzeichnet ist, dass die Wirtschaft nicht wächst und gleichzeitig Inflation und Unterbeschäftigung herrschen. [...] Steigen z. B. die Rohölpreise auf dem Weltmarkt, schränkt dies die inländischen Verteilungsspielräume [z. B. für Lohnsteigerungen] ein. [Sind] die gesellschaftlichen Gruppen (Arbeitgeber, Gewerkschaften) trotzdem [...] in der Lage, entsprechende Lohn- bzw. Preisforderungen durchzusetzen, kann es zu einem Anstieg des inländischen Preisniveaus sowie zu einem Rückgang von Produktion und Beschäftigung kommen.

Duden Wirtschaft von A bis Z, www.bpb.de, 2013

Aufgaben

1. Arbeiten Sie aus der Aussage Helmut Schmidts die von ihm angenommene Beziehung der wirtschaftspolitischen Ziele „Preisniveaustabilität“ und „hoher Beschäftigungsstand“ heraus.
2. Überprüfen Sie, inwieweit Schmidts Aussage zum Zusammenhang von Preisniveaustabilität und Beschäftigungsstand zutrifft, indem Sie die Statistik analysieren und Ihre Ergebnisse in einer beurteilenden Aussage bündeln.
3. Analysieren Sie das Diagramm hinsichtlich der Frage, ob in der Wirtschaftsgeschichte der Bundesrepublik Stagflation angenommen werden kann.

4.3 Stößt unser Wirtschaftssystem an seine Grenzen?

4.3.1 BIP – ein sinnvoller Wohlstandsindikator?

Bruttoinlandsprodukt (BIP)
Gesamtwert aller in einem Jahr innerhalb der Landesgrenzen einer Volkswirtschaft von In- und Ausländern produzierten Güter (Waren und Dienstleistungen), die dem Endverbrauch dienen. Es wird als wichtigster Anzeiger der wirtschaftlichen Leistungsfähigkeit eines Landes betrachtet.

Erklärfilm zum BiP (Mediencode 73004-03)

M 1 ● Das BIP wächst durch …

Der Freitag, 9.12.2010

BIP-Änderung im Vergleich zum Vorjahr in Prozent

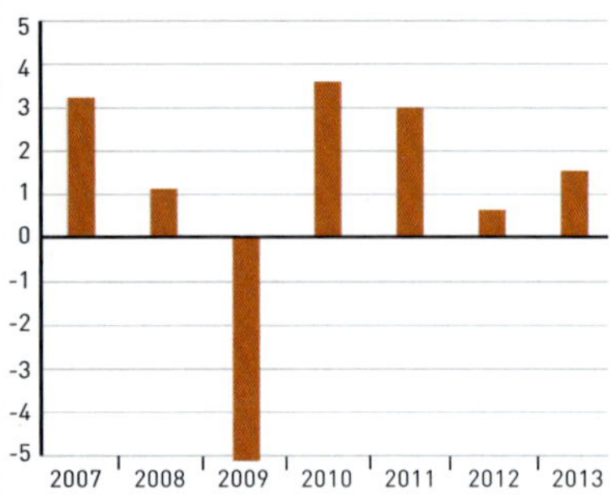

Statistisches Bundesamt, EU-Kommission

M 2 ● BIP – ein ambivalenter Indikator?

Die größte Schwäche des BIP ist zugleich seine größte Stärke: Wie ein gigantischer Filter fasst es Unmengen von Daten über den Wert von Waren und Dienstleistungen zu einer einzigen Zahl zusammen, welche die Wirtschaftskraft eines Landes misst. Das Verfahren zur Berechnung, die sogenannte Volkswirtschaftliche Gesamtrechnung, ist international standardisiert, so dass die Werte einzelner Länder gut miteinander verglichen werden können. Weil das BIP so stark vereinfacht, kann es aber viele Entwicklungen nicht abbilden. Negative Einflüsse wie Umweltverschmutzung werden ebenso wenig berücksichtigt wie unbezahlte Leistungen, etwa Hausarbeit.

David Böcking, Wirtschaftskraft und Wohlstand: Neue Zahlen braucht das Land, www.spiegel.de, 2.4.2012

M 3 ● Nationaler Wohlfahrtsindex – eine Alternative zum BIP?

Im Auftrag des Umweltbundesamtes und des Umweltministeriums entwickelten die Wirtschaftswissenschaftler Hans Diefenbacher und Roland Zieschank mit dem Nationalen Wohlfahrtsindex (NWI) eine alternative Kenngröße zum BIP.

a) BIP und NWI – Verläufe im Vergleich

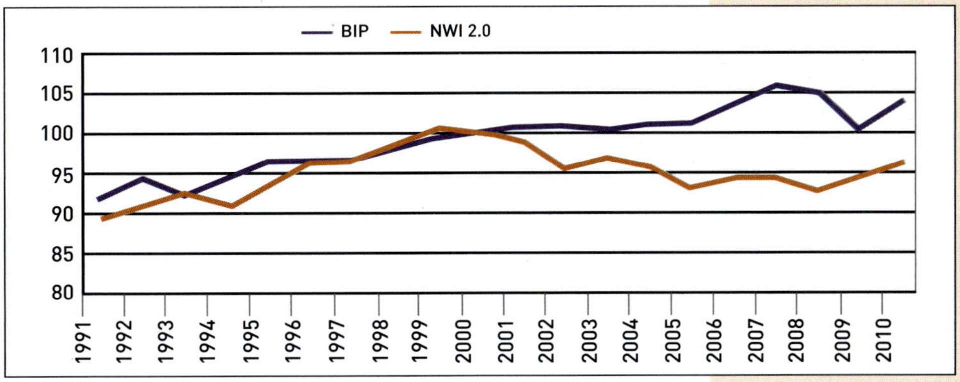

Indexzahlen (2000 = 100)

b) Was berücksichtigt der NWI?

	Variablen
1	Gesellschaftliche Einkommensverteilung (gemessen am Gini-Koeffizienten)
2	Gewichtete Konsumausgaben
3	Wert der Hausarbeit
4	Wert der ehrenamtlichen Arbeit
5	Öffentliche Ausgaben für Gesundheits- und Bildungswesen
6	Dauerhafte Konsumgüter Kosten/Nutzen (Differenz aus Kosten für Gebrauchsgüter und dem Nutzen, der pro Jahr aus ihrem Gebrauch realisiert wird)
7	Fahrten zwischen Wohnung und Arbeitsstätte
8	Kosten von Verkehrsunfällen
9	Kosten von Kriminalität
10	Kosten alkoholassoziierter Krankheiten
11	Gesellschaftliche Ausgaben zum Ausgleich von Umweltbelastungen
12	Schäden durch Wasserverschmutzung
13	Schäden im Zuge von Bodenbelastungen
14	Schäden durch Luftverschmutzung
15	Schäden durch Lärm
16	Verlust bzw. Gewinn durch die Veränderung der Fläche von Feuchtgebieten
17	Schäden durch Verlust von landwirtschaftlich nutzbarer Fläche
18	Ersatzkosten durch Ausbeutung nicht erneuerbarer Ressourcen
19	Schäden durch CO_2-Emissionen
20	Nettowertänderungen des Anlagevermögens (Veränderung der Ausstattung der Erwerbstätigen mit Produktionsmitteln (ohne Bauten) Investitionen)
21	Veränderungen der Kapitalbilanz (Außenhandelsbilanz)
22	Kosten anthropogen (mit)verursachter Naturkatastrophen [geplant]
23	Kosten des Artenschwundes [geplant]

Hans Diefenbacher u. a., NWI 2.0 – Weiterentwicklung und Aktualisierung des Nationalen Wohlfahrtsindex, Berlin/Heidelberg 2013, S. 44

Bruttonationalglück (BNG)

1979 vom damaligen König von Bhutan (südasiatischer Binnenstaat zwischen Indien und China) geprägter und seit 2008 in der Verfassung des Landes verankerter Wohlfahrtsindex. Es umfasst die Kategorien „Förderung einer sozial gerechten Gesellschafts- und Wirtschaftsentwicklung", „Bewahrung und Förderung kultureller Werte", „Schutz der Umwelt" und „gute Regierungs- und Verwaltungsstrukturen".

M 4 ● Alternative Indikatoren und deren Durchsetzungschancen

[W]as ist nun wichtiger: ein besonders langes Leben oder ein besonders glückliches? Ist Ressourcenverbrauch immer ein Minuspunkt oder kann er durch entsprechendes Wachstum aufgewogen werden? Und wie genau bemisst man den Wert von Hausarbeit, wenn es dafür nun mal kein Geld gibt? Für die Zusammensetzung und Gewichtung der neuen Indikatoren gibt es im Gegensatz zum BIP keine klaren Regeln - schon gar nicht solche, die weltweit anerkannt wären. Das macht die neuen Konzepte angreifbar. Den Entwicklern des NWI wurde von ihren Kollegen vorgeworfen, sie „diktierten Wertvorstellungen", weil ihr Index deutlich mehr negative Messgrößen für Umweltbelastungen berücksichtigt als positive wie Bildung oder Gesundheit.

Besonders schwierig wird es bei den viel beschworenen Glücksindikatoren - gerade im Fall der Deutschen. Die haben zwar im internationalen Vergleich einen hohen Lebensstandard, landen aber in Sachen Zufriedenheit regelmäßig nur im Mittelfeld. [...]

[I]n Deutschland existieren längst offizielle Alternativen zum BIP: So veröffentlicht das Statistische Bundesamt regelmäßig 38 Nachhaltigkeitsindikatoren. Ergebnis der letzten Auswertung: Die Hälfte der Zielwerte wurde erreicht oder ist auf gutem Weg, etwa jene zu Klimaschutz und Kriminalität. Acht Indikatoren entwickelten sich dagegen klar in die falsche Richtung – darunter die Artenvielfalt und der Anteil Fettleibiger.

Interessante Werte, doch das öffentliche Interesse daran hält sich bislang in Grenzen. Die Enquete-Kommission ließ deshalb Politiker und Journalisten danach befragen, unter welchen Umständen sie neue Indikatoren überhaupt aufgreifen würden. Den Ergebnissen zufolge sind beide Berufsgruppen nicht auf das BIP fixiert, Politiker etwa fanden die Arbeitslosenquote wichtiger. Doch ebenso wie Journalisten wünschen sie sich einen möglichst einfachen Indikator – keine Sammlung aus Dutzenden Einzelwerten.

Der Erfolg von BIP-Alternativen dürfte also auch davon abhängen, ob sich ihre Entwickler erfolgreich beschränken können. Ganz leicht scheint das nicht zu fallen. Der Enquete-Sachverständige Meinhard Miegel etwa warb zu Beginn der Kommissionssitzungen noch für ein „Wohlstandsquartett", das aus nur vier Werten bestand: Pro-Kopf-BIP, Einkommensverteilung, gesellschaftliche Ausgrenzungsquote und ökologischer Fußabdruck. Doch neuerdings wird Europas Wohlstand auch durch Staatspleiten bedroht, deshalb schienen Miegel seine vier Werte wohl doch zu mager. Mittlerweile wirbt er für ein Quintett – das auch die öffentliche Schuldenquote enthält.

David Böcking, Wirtschaftskraft und Wohlstand: Neue Zahlen braucht das Land, www.spiegel.de, 2.4.2012

Aufgaben

1. Analysieren Sie die Abbildung (M 1).
2. Arbeiten Sie heraus, inwieweit Diefenbacher/Zieschank mit ihrem Konzept des Nationalen Wohlfahrtsindex' auf die Kritik am Bruttoinlandsprodukt als Messgröße für Wohlstand reagieren (M 1 – M 3).
3. Beurteilen Sie den Nationalen Wohlfahrtsindex als Alternative zum BIP so wie dessen Durchsetzungschancen (M 1 – M 4).

4.3.2 Bremsen Schulden die Erfüllung von Staatsaufgaben?

M 5 ● Schuldenberge erben?

Michael Ramirez

debt (engl.): Schulden, Verbindlichkeiten

M 6 ● Wie entwickelt(e) sich der deutsche Schuldenstand?

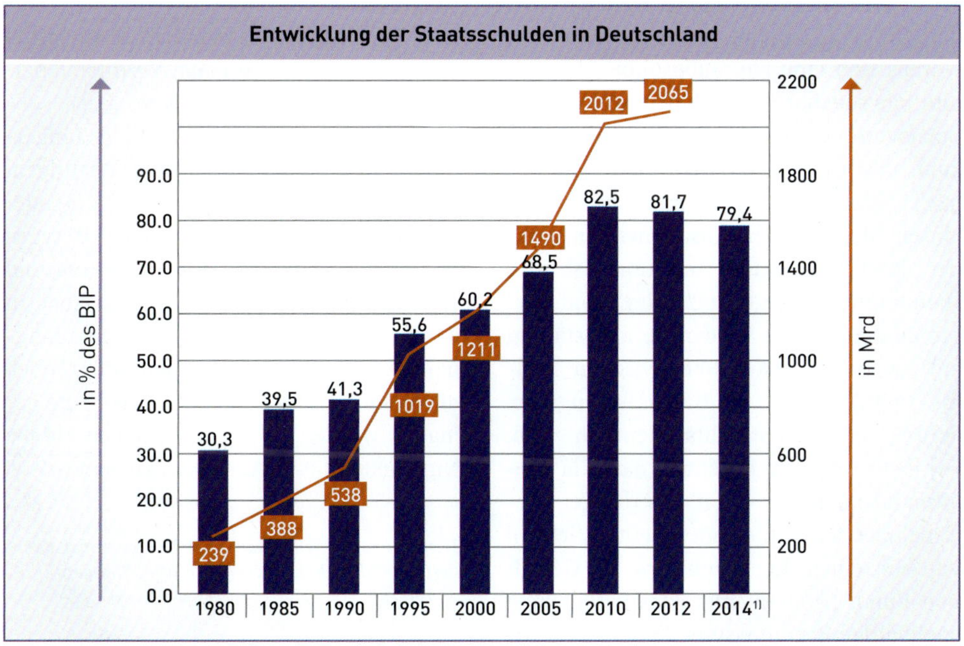

Zahlen: Bundesministerium für Finanzen, März 2013; Statistisches Bundesamt, Wiesbaden 2013, 1) Prognose

Erklärfilm zur Staatsverschuldung (Mediencode 73004-04)

Info

Schuldenbremse in der Bundesrepublik Deutschland

2009 in das Grundgesetz aufgenommene Bestimmungen, mit denen die Staatsverschuldung gebremst werden soll [Art. 109, 116, 143d GG]. Ab 2020 dürfen die Bundesländer keine neuen Schulden mehr machen, neue Schulden des Bundes dürfen ab 2016 höchstens 0,35% des Bruttoinlandsprodukts betragen. Ab 2011 soll mit dem Abbau der bestehenden Schulden begonnen werden, die 2009 für Bund, Bundesländer und Gemeinden insgesamt 1,6 Billionen Euro betrugen. [Im Falle von Naturkatastrophen oder anderen „außergewöhnlichen Notsituationen" darf der Bundestag die Neuverschuldungsobergrenze überschreiten. Kritiker bemängeln hierbei die ihrer Meinung nach nicht hinreichende Beschreibung solcher (wirtschaftlicher) Notlagen.]

Eckart Thurich, pocket politik. Demokratie in Deutschland, überarb. Neuauflage, Bonn 2011

M 7 ● Kontrovers diskutiert: Staatsschulden

a) Staatsschulden – Fesseln für staatliches Handeln

Zunächst einmal bedeutet eine zunehmende Verschuldung, dass ein ständig wachsender Teil der Staatseinnahmen bereits blockiert wird für den Schuldendienst (d. h. für Verzinsung und Tilgung); dies engt den finanzpolitischen Spielraum der öffentlichen Hand ein. [...] Wenn der Schuldendienst nicht aus den laufenden Einnahmen geleistet werden kann, sind neue Kredite allein zur Verzinsung alter Schulden erforderlich – von Tilgung ist nicht die Rede –, woraus sich eine Schraube ohne Ende ergibt: die sogenannte Schuldenfalle [...].

Staatsverschuldung in größerem Umfange kann den heimischen Geld- und Kapitalmarkt so beanspruchen, dass die Kreditzinsen steigen. Der Zusammenhang mit der kreditinduzierten Inflation ist das Hauptargument gegen exzessive Staatsverschuldung, wobei wiederum der ständig auftauchende Zielkonflikt zwischen Konjunkturanregung bzw. Beschäftigungsförderung und Preisstabilität deutlich wird. [...] [Es] ist aber zu beachten, dass am Kreditmarkt nicht „der Staat" als riesiger Kreditnehmer auftritt, sondern eine Vielzahl von einzelnen Kreditnehmern in Gestalt von Bund, Ländern und Gemeinden. Eine nachhaltige Beeinflussung des Zinsniveaus ist dann zu erwarten, wenn eine plötzliche und massive Erhöhung der staatlichen Kreditnachfrage insgesamt eintritt, welche die Ausdehnungsmöglichkeiten des Kreditangebots überfordert. [...]

Schließlich hat die öffentliche Kreditaufnahme auch Umverteilungseffekte, da die Teilmenge der (meist) besser verdienenden privaten Kreditgläubiger von der Gesamtmenge der Steuerzahler refinanziert werden. Dem ist entgegenzuhalten, dass dieser Effekt durch ein progressives Besteuerungssystem – zumindest tendenziell – abgemildert wird, d. h. wer dem Staat Mittel zu Verfügung stellen kann, wird tendenziell stärker besteuert als andere. [...]

Auch eine Verteilungswirkung im längerfristigen Zeitablauf ist zu berücksichtigen. Kreditfinanzierung heute zu tätigender Ausgaben kommt den heutigen Bürgern ohne Belastungen zugute. Verzinsung und Tilgung dieser Schulden müssen aber in der Zukunft geleistet werden, so dass möglicherweise die nächste Generation noch die Schulden abzutragen hat, die heute gemacht wurden, ohne in gleichem Maße Nutznießer dieser Ausgaben zu sein.

Jörn Altmann, Wirtschaftspolitik. Eine praxisorientierte Einführung, 8. überarb. Auflage, Stuttgart 2007, S. 350 ff.

Der Wirtschaftswissenschaftler Prof. Dr. Jörn Altmann ist Emeritus der Hochschule Reutlingen.

b) Staatsschulden – notwendig für Staat und Bürger

Fast alle Menschen und Politiker glauben [...], dass der Staat mit dem Aufnehmen neuer Schulden etwas grundsätzlich Unanständiges tut, weil er dadurch die zukünftigen Generationen belastet [...].

Bei der [...] Überzeugung handelt es sich schon deswegen um einen Mythos, weil Schulden ja auch im privaten Bereich die Vermögenssituation nicht belasten, wenn mit dem geliehenen Geld Vermögenstitel erworben werden. Wenn ich ein Haus auf Kredit kaufe oder der Staat auf Kredit eine Schule baut, werden die künftigen Generationen gerade nicht belastet, sondern man versucht, mithilfe der heute zur Verfügung stehenden Kaufkraft, also der Ersparnisse anderer Gruppen, [...] die Situation der Kinder oder zukünftiger Generationen generell zu verbessern, indem man ihnen eine Infrastruktur und andere reale Vermögensgegenstände (die Ökonomen sprechen hier von einem Kapitalstock) überlässt, aus dem man hohen Nutzen ziehen bzw. mit dessen Hilfe man ein hohes Einkommen erzielen kann.

Investitionen in Bildung gehen nicht auf Kosten der nächsten Generation – im Gegenteil.

Dieser Glaube ist aber selbst dann fundamental falsch, wenn der Staat das geliehene Geld nicht investiert, sondern für den Konsum verwendet. Hinter jedem geliehenen Euro steht nämlich eine Forderung gegen den Staat, die sich in den Händen eines privaten Haushalts oder eines Unternehmens befindet. Wann immer der Staat seine Verschuldung erhöht, muss er ja jemanden finden (einen privaten Haushalt in der Regel, in Krisenzeiten auch die Notenbank), der ihm einen Teil seiner Ersparnisse zur Verfügung stellt, der also nicht konsumiert in der Hoffnung, jemand werde sich das Ersparte leihen und ihm einen vernünftigen Zins bezahlen. Wenn aber die Forderungen an den Staat in gleichem Maße wachsen wie seine Schulden, ist es kompletter Unsinn zu behaupten, die Verschuldung des Staates belaste zukünftige Generationen, weil diese zwar zum einen immer die Schulden des Staates erben, von ihren Eltern zum anderen aber auch die Forderungen gegen den Staat. Folglich ändert sich durch staatliche Verschuldung die Vermögensposition zukünftiger Generationen niemals [...]. Ganz gleich, wer konkret das staatliche Schuldpapier hält, also etwa Banken oder private Haushalte: Die zugehörige Vermögensposition ist immer vorhanden, und sie ist, trotz mancher heutiger Zweifel, immer noch die sicherste Art von Vermögensposition, die es gibt.

Heiner Flassbeck, Zehn Mythen in der Krise, Frankfurt a. M. 2012, S. 34 f.

Der Wirtschaftswissenschaftler Heiner Flassbeck war 1998/99 Staatssekretär im Bundeswirtschaftsministerium und von 2003 bis zu seiner Pensionierung 2012 Chefvolkswirt der UNO-Organisation für Welthandel und Entwicklung (UNCTAD).

Mythos (griech.)
im ursprünglichen Sinne Erzählung, die Welterklärung enthält, hier: unwahre, aber dauerhaft geglaubte Behauptung

Aufgaben

1. Analysieren Sie die Karikatur (M 5).
2. Analysieren Sie die Diagramme (M 6) und formulieren Sie im Anschluss Hypothesen zu Chancen und Problemen von Staatsfinanzierung durch Kreditaufnahme.
3. Stellen Sie die Positionen für und gegen Staatsverschuldung einander gegenüber (M 7).
4. Nehmen Sie Stellung zur Schuldenbremse in der Bundesrepublik Deutschland.
5. Arbeiten Sie den Grad politischer Gestaltungsmacht der Bundesregierung am Beispiel der Schuldenbremsen-Einführung heraus (Info, Kap 1.2.1).

M zu Aufgabe 4
Simulieren Sie eine informelle Verhandlung im Rahmen einer Klausurtagung der Bundesregierung. Beteiligte: Bundeskanzler, Bundesminister für (1) Finanzen, (2) Arbeit, (3) Soziales, (4) Wirtschaft und (5) Umwelt.

New Deal

Großes wirtschafts- und sozialpolitisches Maßnahmenpaket zwischen 1933 und 1938 des US-amerikanischen Präsidenten Franklin D. Roosevelt zur Bekämpfung von Folgen und (strukturellen) Ursachen der Weltwirtschaftskrise in den USA. Obwohl die tatsächliche Wirkung der Maßnahmen bis heute wissenschaftlich umstritten ist, gilt der „New Deal" in der politischen Rhetorik als Inbegriff erfolgreichen wirtschaftspolitischen Handels eines Staates.
Autorentext

4.3.3 Hat das Wirtschaftswachstum grüne Grenzen?

M 8 ● Green New Deal

Werden die regenerativen Energien ausreichen, um den Energiebedarf des Wirtschaftswachstums zu decken?

M 9 ● Green New Deal = Wirtschaftswachstum + Umweltschutz

Die globale Wirtschaftsleistung wird sich in den kommenden 25 Jahren glatt verdoppeln. Das ist eine gute und eine alarmierende Nachricht zugleich. Gut, weil damit sinkende Kindersterblichkeit, längere Lebenserwartung, bessere Bildung und sozialer Aufstieg in großem Stil einhergehen. Alarmierend, weil eine Verdoppelung des Ressourcenverbrauchs und der Emissionen von heute auf einen ökologischen Super-Gau hinausliefe. Das alte, ressourcenfressende und energieintensive Wachstumsmodell ist nicht steigerbar. [...]

Die ökonomische Wertschöpfung muss vom Naturverbrauch entkoppelt werden. Dafür braucht es eine doppelte Kraftanstrengung: eine kontinuierliche Steigerung der Ressourceneffizienz sowie die weitgehende Dekarbonisierung [Abkoppelung von Öl, Gas und Kohle] der Ökonomie, also der Übergang zu erneuerbaren Energiequellen und Rohstoffen. [...]

Die ökologische Transformation des Kapitalismus ist ein gewaltiges Innovations- und Investitionsprogramm: es geht um ressourceneffiziente Technologien, regenerative Energien, intelligente Stromnetze, neue Werkstoffe, vernetzte Stoffkreisläufe, Elektromobilität, Modernisierung des öffentlichen Nah- und Fernverkehrs, Umbau der Städte, CO_2-Recycling, High-Tech-Biolandwirtschaft etc. Die grüne industrielle Revolution führt zu einer neuen langen Welle des Wachstums, vergleichbar der Elektrifizierung oder dem Siegeszug der digitalen Technologien. [...]

Unsere allerwichtigste Ressource heißt Kreativität. Dazu gehört auch die Fähigkeit, Knappheitskrisen durch Innovationen zu überwinden. Der „Faktor Energie" ist zum Beispiel gar nicht begrenzt: Die Sonne und die Geothermie bieten nahezu unerschöpfliche Energiequellen.

Ökologische Verantwortung fängt bei uns selbst an. [...] Aber der Appell zur Genügsamkeit allein reicht nicht: Um das Klima zu stabilisieren, müssen die globalen CO_2-Emissionen bis zur Mitte des Jahrhunderts halbiert werden. Angesichts der wachsenden Weltbevölkerung ist das nicht zu schaffen, indem wir uns zur Enthaltsamkeit verdonnern.

Wir müssen nicht unsere Freude an Mobilität, Mode, Technik und Kommunikation zügeln, sondern vielmehr unseren Naturverbrauch. Das sind irreversible Attribute der Moderne. Ziel ökologischer Politik ist eine neue Produktionsweise, nicht ein neuer Mensch.

Wer Produktion und Konsum drastisch reduzieren will, handelt früher oder später autoritär: Wenn die Menschheit nicht freiwillig auf materiellen Komfort verzichten will, muss sie zu ihrem Glück genötigt werden. Die Demokratie wird der Ökologie geopfert. [...] Dagegen gilt es die unverbrüchliche Allianz von Ökologie und Demokratie zu verteidigen: Erstens darf die Freiheit keinem anderen Zweck untergeordnet werden. Zweitens ist eine offene, demokratisch verfasste Gesellschaft auch überlegen, wenn es um Erfindungsreichtum, Selbstverantwortung und Unternehmergeist geht.

Ralf Fücks, Zwölf Thesen für eine grüne Revolution, in: Cicero, 28.2.2013

Ralf Fücks ist Vorstandsmitglied der Heinrich-Böll-Stiftung, der parteinahen Stiftung von Bündnis 90/Die Grünen.

M 10 ● Umweltschutz nur ohne Wirtschaftswachstum?

Meadows: [...] Wir hätten uns spätestens in den frühen 80er Jahren von dem Postulat [Forderung] des ständigen Wachstums verabschieden müssen, um den Kollaps zu verhindern. Damals verbrauchten die Menschen noch weniger Ressourcen, als die Erde nachliefern konnte. Seitdem ist unser Niveau auf 125 Prozent dessen gewachsen, was regenerierbar, also nachhaltig ist. [...] Es geht darum, den Leuten zu vermitteln, dass sie weniger konsumieren müssen. Dann benötigen wir weniger oder auch gar kein Wachstum und sparen Ressourcen und auch Geld. Diese Botschaft ist aber sehr unpopulär. [...]

SZ: Was ist die Alternative?

Meadows: [E]in Leben im Einklang mit der Natur. Das geht mittlerweile aber nurmehr über einen Schrumpfungsprozess, nicht mehr über vermindertes Wachstum, wie es noch in den 1970er Jahren möglich gewesen wäre. [...]

SZ: Was passiert, wenn die Welt so weitermacht wie bisher?

Meadows: Weil wir in einer globalisierten Welt leben, werden dann alle relevanten Systeme ihre Grenzen auf einmal erreichen. Wenn etwa Amerika nicht mehr Energie produzieren kann, wird es diese zu immer teureren Preisen importieren. In China, wo der Grundwasserspiegel vielerorts rapide sinkt, wird immer weniger Landwirtschaft betrieben werden können. Das Land wird also immer mehr Lebensmittel importieren. Als Konsequenz werden in ärmeren Regionen wie Afrika mehr Menschen sterben, weil sie sich das Nötigste zum Leben nicht mehr leisten können [...].

Interview: Simone Boehringer, in: Süddeutsche Zeitung, 21.10.2008

Der US-amerikanische Ökonom Dennis Meadows wurde 1972 mit der vom Club of Rome beauftragten Studie „Grenzen des Wachstums" weltbekannt, in der er – gemeinsam mit drei weiteren Wissenschaftlern – auf der Grundlage computergestützter Datenauswertung sehr negative Szenarien zur Entwicklung der Erde vorlegte.

Aufgaben

1. Hat das Wirtschaftswachstum grüne Grenzen?
   a) Analysieren Sie das Plakat (M 8).
   b) Entwickeln Sie auf der Grundlage Ihrer Ergebnisse konkrete (wirtschafts-)politische Umsetzungsvorschläge für „grünes Wirtschaftswachstum" (M 9).
2. Vergleichen Sie die Aussagen von Ralf Fücks mit denen von Dennis Meadows (M 9, M 10).
3. Beurteilen Sie die Durchsetzbarkeit (a) einer Politik des Green New Deal und (b) einer Politik der wirtschaftlichen Schrumpfung nach Meadows in Deutschland.

H zu Aufgabe 1 b)
Berücksichtigen Sie dabei beispielsweise folgende Bereiche: Energieerzeugung/-verbrauch, Nahrungsmittelerzeugung/Ernährung, Verkehr

ORIENTIERUNGSWISSEN

BIP als geeigneter Wohlstandsindikator?
M 2

Mit dem **Bruttoinlandsprodukt (BIP)** wird der Wert aller pro Jahr in einer Volkswirtschaft produzierten Güter (Waren und Dienstleistungen) abgebildet. Vom Verlauf dieses Indikators wird politisch oft der (Miss-)Erfolg der Wirtschaftspolitik abgeleitet. Allerdings wird das BIP auch positiv durch eigentlich als problematisch anzusehende Vorkommnisse beeinflusst: Beispielsweise wird das BIP durch Autounfälle erhöht (Gesundheitsdienstleistungen, Neuwagenkäufe, Reparaturen...) genauso wie durch Naturkatastrophen (zumindest wenn sich Produktionsausfälle in Grenzen halten). Außerdem werden unentgeltliche Arbeiten (z. B. Haus- und Erziehungsarbeit) nicht erfasst. **Reformvorschläge** fassen den Wohlstandsbegriff deutlich weiter und versuchen, u. a. die Einkommensverteilung, die Qualität des Gesundheits- und Bildungssystems und Schäden durch Umweltverschmutzung einzubeziehen. Politisch konnten sich diese in Deutschland, obwohl teilweise öffentlich in Auftrag gegeben, bisher nicht durchsetzen.

Staatsschulden – eine Gefahr für das Wirtschaftssystem?
M 7

Die Ansicht, dass **Staatsschulden** eines der Hauptprobleme für entwickelte Staaten darstellen, ist weit verbreitet: Die finanzielle Handlungsfähigkeit von Parlament und Regierung werde sehr stark eingeschränkt allein aufgrund der Zinslast, heutiger kreditfinanzierter Staatskonsum müsse von der nachfolgenden Generation (mit höheren Steuern) „abbezahlt" werden, Kredite für Privatleute und v. a. Unternehmen würden sich verteuern, da sie gleichsam in Kreditkonkurrenz zum Staat gerieten. Diese Mainstream-Position ist allerdings einzuschränken: Erstens kommt es auf die Gesamtrelation zwischen Schulden und BIP an, ob die Zinslast „erdrückend" wird. Allgemein gilt eine Gesamtverschuldung von 60 % des BIP als unkritisch, teilweise werden auch Schwellen von 80 % oder 100 % genannt. Zweitens kommt es auf die Verwendung der Kredite an. Sinnvolle **Investitionen** (z. B. in das Bildungssystem oder die Verkehrs- oder Telekommunikationsinfrastruktur) können langfristig zu höheren Einkünften führen als die zu entrichtende Zinslast.

Natürliche Grenzen für Wirtschaftswachstum?
M 9

Die bereits 1972 in „Grenzen des Wachstums" von Dennis Meadows beschriebenen Probleme des sich weltweit durchsetzenden ökonomischen Wachstumsmodells sind virulenter denn je: Durch industrielle Aufholprozesse großer Schwellenländer (u. a. China, Brasilien, Indien) und den letztlich noch nicht zum materiellen Wohlstandsverzicht bereiten westlichen Gesellschaften verschärft sich einerseits die Knappheit endlicher Ressourcen (z. B. fossile Brennstoffe) und wird anderseits die Umweltzerstörung vorangetrieben (v. a. Klimawandel). Die fortschrittsoptimistische Position eines Green New Deal, wonach umweltfreundliche Technologien die Ressourcen- und Umweltproblematik stoppen könnten, hat angesichts der Dimension der Probleme einen schweren Stand.

KOMPETENZEN ANWENDEN

Harald Welzer: Ohne jede Bodenhaftung

Unsere Wirtschaft kennt nur drei Ziele: Wachstum, Wachstum, Wachstum. Das wird uns eines Tages das Kreuz brechen. [...]

Wachstum als wirtschaftliche Leitvorstellung [...] ist nicht vom Himmel gefallen. [...] Zur ökonomischen Leitwährung wurde das Wachstumsdenken erst im Kalten Krieg [...]. In den westlichen Gesellschaften der Nachkriegszeit war Wachstum das Instrument des sozialen Ausgleichs: Wenn die Wirtschaft nur ordentlich wächst, gibt es für alle, auch für die Arbeiter, mehr zu verdienen und damit ein besseres Leben.

[...] Unter vormodernen Verhältnissen herrschten göttlicher Wille und fest gefügte Ordnung. Das Leben der meisten Menschen verlief in vorgezeichneten Bahnen: Man lebt, arbeitet, heiratet und stirbt so, wie es von Geburt festgelegt ist; erst mit dem massenhaften Arbeitskräftebedarf der neu entstehenden Industrien im 19. Jahrhundert wird die Loslösung aus der Vorbestimmung möglich [...].

Zu dieser Zeit entsteht auch erstmals eine Pädagogik, die von der Vorstellung getragen ist, dass die „Anlagen" der Kinder unter bestimmten Bedingungen besser oder schlechter „entwickelt" werden können. Der Mensch ist jetzt nicht mehr, wie er eben ist, sondern kann etwas aus sich machen. [...] Er kann sich bilden, sich entfalten, etwas erreichen. [...]

Die Nachhaltigkeitsindustrie produziert dazu unermüdlich Berechnungen und Labels von „carbon footprints", „ökologischen Rucksäcken", „virtuellem Wasser" und übersieht dabei völlig, dass all dieses längst in Produkte eingeht, die [...] nur noch gekauft werden, weil man denkt, dass man sie braucht. Oder schlimmer: weil man glaubt, damit die Welt zu retten. So funktionieren die Abfallerfindungsmaschinen vom Typ Nespresso. Erst setzt sich die absurde Strategie am Markt durch, pro Tasse Kaffee eine aufwendige Kunststoffkapsel mitzuverkaufen und das Produkt so mit einem exorbitanten Preis und einem noch grandioseren Müllfaktor zu versehen. Folgerichtig fällt dann irgendjemandem, zum Beispiel einem ehemaligen Nespresso-Chef, auf, dass hier eine veritable Ökoschweinerei vorliegt, und er beginnt, Ökokaffeekapseln für die Kapselkaffeemaschinen herzustellen. Schwups ist ein Produkt als umweltfreundlich geadelt, das es vor Kurzem noch gar nicht gab und das aufgrund seiner Inexistenz tatsächlich umweltfreundlich war.

Das ist Wachstum: etwas, was paradoxerweise desto wichtiger wird, je weiter die materielle Sättigung vorangeschritten ist und je besser die vitalen Bedürfnisse abgedeckt sind. Ohne Wachstum besteht keine Chance, die Staatsschulden jemals zurückzubezahlen. Darin liegt die innere Grenzenlosigkeit der Wachstumsgesellschaften und ihrer Bewohner: Sie können nur dann an ein Ende kommen, wenn es nichts mehr zu konsumieren gibt, weil alle Ressourcen verbraucht sind. [...]

Nicht dass wir die Hoffnung aufgeben würden: Schon fordern ein paar Aufgeweckte die Entkoppelung des Wirtschaftswachstums vom Ressourcenverbrauch.

Süddeutsche Zeitung Magazin, 16.12.2011, S. 22-25

Aufgaben

1. Fassen Sie Welzers Darstellung des Zustandekommens der Wachstumsorientierung von Wirtschaft (sowie von Individuum und Gesellschaft) sowie seine Kritik zusammen.
2. Arbeiten Sie heraus, welche Aspekte einen Pfadwechsel weg von der Wachstumsorientierung erschweren würden.
3. Erörtern Sie Welzers Wachstumskritik.

Aktuelle Preise, jederzeit!
Hier finden Sie die aktuellen Diesel-Preise der Markttransparenzstelle für Kraftstoffe.
SAMSUNG
clever-tanken.de
Diesel
22941
1,31⁹ HEM
Hamburger Str. 22
22941 Bargteheide
1,32⁹ star
Hamburger Strasse 1
22929 Delingsdorf
1,32⁹ Shell
Lübecker Str. 46
22941 Bargteheide
1,32⁹ famila
Kornkamp 50
22926 Ahrensburg

NEED TICKET

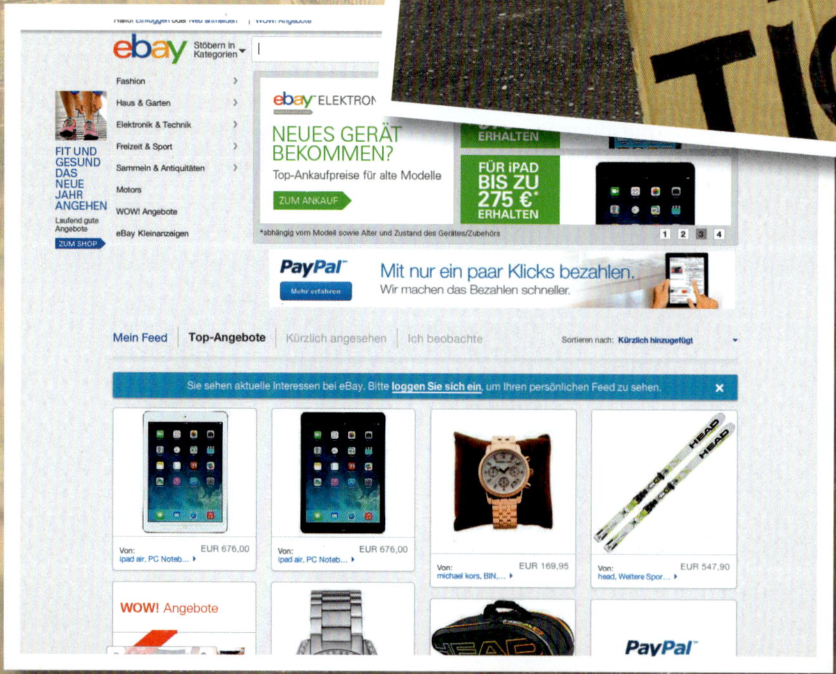
ebay
Fashion
Haus & Garten
Elektronik & Technik
Freizeit & Sport
Sammeln & Antiquitäten
Motors
WOW! Angebote
eBay Kleinanzeigen
FIT UND GESUND DAS NEUE JAHR ANGEHEN
NEUES GERÄT BEKOMMEN?
Top-Ankaufpreise für alte Modelle
ZUM ANKAUF
FÜR iPAD BIS ZU 275 €* ERHALTEN
PayPal
Mit nur ein paar Klicks bezahlen.
Wir machen das Bezahlen schneller.
Mein Feed
Top-Angebote
Kürzlich angesehen
Ich beobachte
Sie sehen aktuelle Interessen bei eBay. Bitte loggen Sie sich ein, um Ihren persönlichen Feed zu sehen.
EUR 676,00
EUR 676,00
EUR 169,95
EUR 547,90
WOW! Angebote
PayPal

Preisbildung und ökonomisches Handeln von Menschen – Grundlagen des Wirtschaftens

5

Die ökonomische Basis menschlichen Zusammenlebens wird durch das Wirtschaften gelegt. In marktwirtschaftlichen Systemen wie der Bundesrepublik Deutschland kommt dabei dem Preis, der sich auf Märkten bildet, eine ganz besondere Bedeutung zu. Welche Funktionen der Preis für ein Gut hat, welche Faktoren Einfluss auf den Preis haben und wie der Preis wiederum Angebot und Nachfrage auf Märkten beeinflusst, können Sie in Kapitel 5.1 erarbeiten. Auch erhalten Sie die Möglichkeit zu prüfen, wie sich reale Märkte vom idealisierten Marktmodell unterscheiden und welche Konsequenzen das für staatliche Regulierung der Wirtschaft haben sollte.
Jede Theorie des Wirtschaftens fußt – genauso wie jede wirtschaftspolitische Entscheidung – auf einem Bild vom Menschen bzw. vom menschlichen (Durchschnitts-)Verhalten in ökonomischen Entscheidungssituationen. Mit dem Material in Kapitel 5.2 können Sie sich zwei Vorstellungen erarbeiten (*Homo oeconomicus*-Modell der Standardökonomik, menschliche Entscheidungsmuster nach der Verhaltensökonomik) und deren Plausibilität und wirtschaftspolitische Anwendbarkeit beurteilen.

KOMPETENZEN

Am Ende dieses Kapitels sollten Sie Folgendes wissen und können:

... Bildung, Auswirkungen und Funktionen von Marktpreisen und unterschiedliche Erklärungsweisen (generalisierten) menschlichen Verhaltens in ökonomischen Entscheidungssituationen erläutern.

... wirtschaftspolitische Entscheidungen hinsichtlich der zu Grunde liegenden Vorstellung menschlichen Verhaltens sowie der (wahrscheinlichen) Auswirkungen auf die Preisbildung analysieren.

... Markt- und ökonomische Verhaltensmodelle hinsichtlich ihrer Eignung zur Erklärung wirtschaftlicher Zusammenhänge beurteilen.

... wirtschaftliche Alltagsentscheidungen vor dem Hintergrund verhaltensökonomischer Erkenntnisse rationaler treffen.

Aufgaben

1. Beschreiben Sie die Gemeinsamkeiten und Unterschiede der dargestellten Märkte.
2. Definieren Sie auf der Grundlage Ihrer Beschreibung den Begriff „Markt“.
3. Erläutern Sie, wovon der Preis des jeweils gehandelten Guts abhängen könnte.

5.1 Wie entstehen Preise – in der Theorie freier Märkte und in Wirklichkeit?

5.1.1 Wie hängen Preis und Nachfrage zusammen?

M 1 ● Kaufen, weil es billig ist?

Der Kunde sieht sich in den Geschäften heute einer immensen Produktvielfalt gegenüber und muss wählen. Auf den ersten Blick ein unmögliches Unterfangen. [...] [Im] Kopf [des Kunden] tobt ein Kampf zwischen zwei sehr verschiedenen aktiven Hirnregionen [...]. „Vor einigen Jahren hat Brian Knudson aus Stanford Probanden im Kernspintomographen Kaufentscheidungen treffen lassen. Dabei zeigte sich, dass je stärker der Nucleus accumbens aktiv war, desto mehr mochten die Probanden diese Produkte. Der Gegenspieler in dieser Studie war die Insel, der insuläre Kortex, eine Region von der man weiß, dass sie auch stark mit aversiven [unlustvollen] Emotionen zusammen hängt. Je höher der Preis war, desto stärker war diese Insel aktiviert und desto geringer war die Wahrscheinlichkeit, dass ein Produkt gekauft wurde", sagt der [Neurologe und Professor für Neuroökonomie Bernd] Weber.

K. Buchwald, Warum wir was kaufen, www.3sat.de, April 2013

Marktnachfrage

Summe der individuellen Nachfragen; die Marktnachfrage nach einem Produkt hängt demnach nicht nur von der Preisentwicklung, sondern auch vom Einkommen, den Vorlieben und Bedürfnissen (z. B. Trends) und der Zahl (z. B. Bevölkerungsentwicklung) der potenziellen Nachfrager ab.

M 2 ● Individuelle Nachfrage und Preis – eine Abhängigkeit?

Nachfrage eines Haushalts nach Spargel (Klasse 1) in Abhängigkeit vom Preis in tabellarischer Übersicht und in Preis-Konsum-Kurve:

Preis je kg (in €)	Nachgefragte Menge (in kg)
9,50	0
8,50	0,25
7,50	0,5
7,00	0,75
6,50	1
6,00	1,25
5,50	1,5
5,00	1,75
3,50	2,5
0	2,75

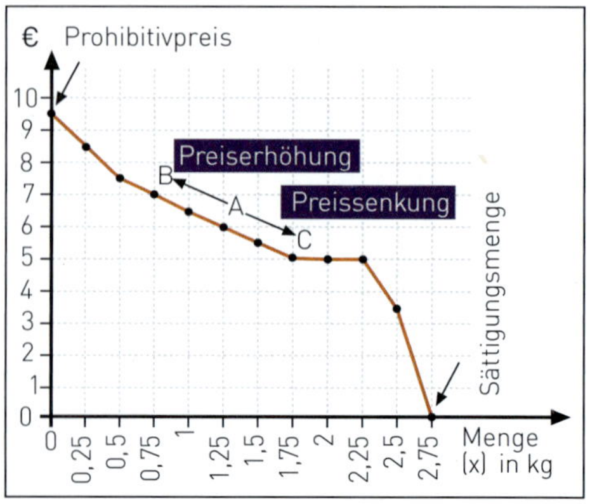

Info

Die Ceteris-paribus-Klausel

Sowohl das Angebot als auch die Nachfrage nach Gütern ist von einer Vielzahl von Faktoren abhängig. Angebotsfaktoren können je nach Gut z. B. die Produktionskapazitäten der Unternehmen, der Preis für das Gut und der für andere (alternativ herstellbare) Güter und die Zahl der Anbieter sein. Aufseiten der Nachfrage sind ebenfalls die Preise sehr bedeutsam; dazu kommen die Haushaltsvermögen und -einkommen und die Bedürfnisstrukturen bzw. Nutzeneinschätzungen der privaten Haushalte. Da niemals alle Faktoren im Modell abgebildet werden können, untersuchen Wirtschaftswissenschaftler nur die Zusammenhänge zwischen einzelnen Größen mit Hilfe der Ceteris-paribus-Klausel: Ceteris-paribus (lateinisch für „wobei die übrigen Dinge gleich sind") bedeutet, dass ein Ökonom eine hypothetische Situation konstruiert, in der alle Faktoren konstant bleiben mit Ausnahme des zu untersuchenden. So kann man in der Theorie den Preis aufgrund von Nachfrage- oder Angebotsänderungen genau bestimmen.

Autorentext

M 3 ● Preisänderung = Nachfrageänderung? Die Nachfrageelastizitäten

1. Der Begriff der **direkten Preiselastizität der Nachfrage** kennzeichnet das Ausmaß, in dem die Konsumenten ihr Nachfrageverhalten den Marktbedingungen und -geschehnissen anpassen. Die Nachfrage ist **elastisch**, wenn Preisveränderungen eine signifikante Nachfrageveränderung nach sich ziehen, also beispielsweise Konsumenten ihre Nachfrage nach einem Produkt nach einer deutlichen Preissteigerung erkennbar drosseln. Nur Güter, auf die man verzichten kann, (Luxusgüter) oder die man ersetzen kann weisen eine hohe Elastizität auf. Die Nachfrage ist **unelastisch**, wenn Preisveränderungen keine oder nur minimale Nachfrageveränderungen nach sich ziehen. Dies gilt insbesondere für lebensnotwendige Güter.

2. Als **Einkommenselastizität der Nachfrage** wird die Stärke der Nachfrageveränderung bei einem Gut aufgrund von Einkommensänderungen bezeichnet. Bestimmte substituierbare Nichtluxusgüter würden bei steigendem Einkommen gegeneinander ersetzt. Das ausgetauschte nennt man auch **inferiores Gut** (untergeordnetes; z.B. Supermarktkaffee), das neu nachgefragte auch **superiores Gut** (übergeordnetes; z.B. frisch gemahlener, fair gehandelter Biokaffee). Bei Lohnzuwächsen kann es überdies z. B. zu einer erhöhten Luxusgutnachfrage kommen.

Autorentext

M 4 ● Kaufen, weil es teuer ist?

a) Nach einer Einführungsvorlesung zu den Funktionen des Preises trifft sich der Ökonomieprofessor Michael Meyer mit seinem Bruder Markus, einem wohlhabenden Firmenbesitzer im teuersten Restaurant der Stadt. Der Raum ist voll bis auf den letzten Platz. Markus führt aus, dass er nur noch in Lokalen der Spitzenklasse esse. Zwar spreche die örtliche Boulevardpresse von den „Bissen für Bonzen“, die man hier zu sich nehme, aber gerade deshalb gehe er so gerne in ausgesucht edle Lokale. Auf dem Weg nach Hause denkt Michael Meyer darüber nach, wie er morgen bei den Kollegen nebenbei fallen lassen wird, in welchen Restaurants er ein- und ausgehe. Vor allem seine Assistenten werden ihn bewundern und vielleicht auch die Betriebswirtschaftsprofessorin Schulz.

Autorentext

b) Beim Snobeffekt orientiert sich der Haushalt am Gegenteil von dem, was die „Masse“ tut, um sich von ihr zu unterscheiden, sodass er auf steigende Preise mit einer höheren Nachfrage reagiert. Identifiziert ein Haushalt einen hohen Preis eines Gutes mit einem hohen Nutzen, weil es ihm soziales Ansehen verleiht, bewirkt auch dies „anormale“ Reaktionen auf Preisänderungen (Veblen-Effekt [Geltungskonsum]).

Reinhold Hedtke, Ökonomische Denkweisen. Eine Einführung. Multiperspektivität – Alternativen – Grundlagen, Schwalbach 2008, S. 130

i) In neuen, breit veröffentlichten Studien wird gezeigt, dass Apfelsaft gesundheitlich wertvoller ist, als bisher angenommen wurde.

ii) Die Apfelernte ist viel schlechter als in den vergangenen Jahren.

iii) Apfelsaft wird zum Trendgetränk.

Aufgaben

1. Beschreiben Sie, wie sich die dargestellten Ereignisse (Randspalte) auf die Preisbildung bei Apfelsaft in Deutschland auswirken (M 1 – M 2).
2. a) Die Gewerkschaften handeln in Tarifrunden durchschnittliche Lohn- und Gehaltssteigerungen von 5 % aus. Beschreiben Sie mögliche Folgen für die Tourismusbranche.
   ✪ b) Erklären Sie Ihre Ergebnisse aus Aufgabenteil (a) mittels der „Nachfrageelastizitäten“ (M 3) sowie dem Snob- und dem Veblen-Effekt (M 4).

H zu Aufgabe 2b
Differenzieren Sie dabei auch nach Teilbranchen: Hoteliers in Deutschland, Anbieter von Pauschalreisen ins Ausland, Anbieter von Individualreisen...

5.1.2 Wie hängen Preis und Angebot zusammen?

M 5 ● Anbieten, was teurer wird?

Wann lohnt sich das Angebot von Speiseeis?

Stellen Sie sich vor, Sie wären der Inhaber von „Studenten-Eis", einer kleinen Unternehmung zur Herstellung und zum Verkauf von Speiseeis. Wovon wird die Menge an Speiseeis abhängen, die Sie herstellen und verkaufen möchten? Hier sind einige mögliche Antworten:

Preis

Der Preis ist gewiss eine der Bestimmungsgrößen des Angebots. Wenn der Preis von Speiseeis hoch ist, lohnt sich der Verkauf noch mehr als bei dem zuvor gegebenen niedrigen Preis. Ohne dass man Näheres über die Produktions- und Kostenfunktion weiß, wird man denken, dass bei höherem Preis eine größere Menge angeboten wird. Als Eishersteller mit der Studenten-Firma würden Sie wohl Ihre tägliche Arbeitszeit ausdehnen, einige zusätzliche Eismaschinen kaufen und Arbeitskräfte einstellen. Im Gegensatz dazu würden Sie wohl bei einem niedrigeren Preis und einer insgesamt weniger profitablen Speiseeisherstellung eher kleinere Mengen anbieten. Fiele der Marktpreis unter Ihre Stück- oder Durchschnittskosten, so wären Verluste vorprogrammiert. Unterschreitet der vom Markt gegebene Verkaufspreis Ihre Gewinnschwelle, so bieten Sie die Menge null an; vielleicht ziehen Sie sich sogar aus dem Markt zurück. Da die angebotene Menge bei steigendem Marktpreis ansteigt und bei fallendem Marktpreis zurückgeht, sagt man, die Angebotsmenge ist positiv vom Preis abhängig. Diese funktionale Verknüpfung zwischen Preis und angebotener Menge nennt man das Gesetz des Angebots: Bei sonst unveränderten Randbedingungen (ceteris paribus) steigt die angebotene Menge eines Gutes bei steigendem Preis des Gutes.

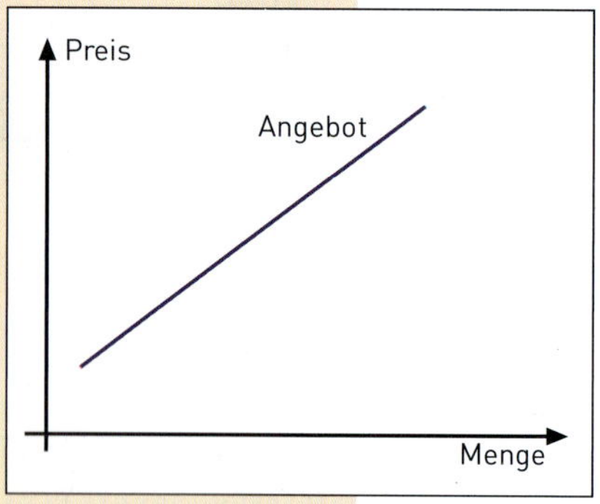

Die Angebotskurve

Kosten

Die Firma „Studenten-Eis" benötigt verschiedene Inputs oder Faktoreinsätze, die von Beschaffungsmärkten stammen und die Kosten der Produktion ausmachen. Manches wird fortlaufend zur jeweiligen Produktion passend eingekauft: Sahne, Zucker, Aromastoffe, Arbeitseinsatz von Aushilfskräften. Anderes wird per Investition für mehrere Perioden beschafft: Eismaschinen, Fabrikgebäude und Arbeitseinsätze des Stammpersonals. Wenn die Einkaufspreise steigen, drückt dies ebenso auf den Gewinn wie ein Rückgang der Verkaufspreise. Sehr große und dauerhafte Erhöhungen der Einkaufspreise können die Existenz der Unternehmung auf ähnliche Weise gefährden wie die oben erörterten Einbrüche beim Verkaufspreis. Halten wir fest: Die produzierte und angebotene Menge eines Gutes ist negativ mit den Einkaufs- oder Input-Preisen verknüpft.

Technologie

Eine weitere Einflussgröße der Angebotsmenge ist die Technologie für die Umwandlung der Inputs in Speiseeis. So hat z.B. die Erfindung einer mechanisierten Eismaschine den bei der Eisherstellung notwendigen Arbeitseinsatz stark reduziert. Technologischer Fortschritt senkt die Produktionskosten und erhöht – ceteris paribus – die angebotene Gütermenge.

Erwartungen

Die von Ihnen heute produzierte und angebotene Menge an Speiseeis mag von Ihren Zukunftserwartungen abhängen. Wenn Sie z. B. einen kräftigen Anstieg des Marktpreises in der nahen Zukunft erwarten, werden Sie von der gegenwärtigen Produktion einiges einlagern und nicht sofort anbieten.

Nach: N. Gregory Mankiw, Mark P. Taylor, Grundzüge der Volkswirtschaftslehre, übersetzt von Marco Herrmann, Adolf Wagner, 5. Auflage, Stuttgart 2012, S. 88 ff.

M 6 ● Wie hängen Preis und Marktangebot zusammen?

Entsprechend der Marktnachfrage versteht man unter dem Marktangebot die Summe der individuellen Angebote für ein Gut. Mit steigendem Preis eines Gutes wächst die Angebotsmenge dieses Gutes. Da sich die Gewinnchancen verbessern, lasten die Anbieter ihre Kapazitäten weiter aus oder vergrößern sie sogar. Weitere Anbieter treten in den Markt ein. Bei sinkendem Preis eines Gutes wird auch die angebotene Menge sinken, da sich zunehmend mehr Anbieter aus dem Markt zurückziehen oder zumindest ihre Angebotsmenge verringern, da es sich aus Kostengründen nicht mehr lohnt, weiter die gleiche Menge zu produzieren.

Entsprechend zur Preiselastizität der Nachfrage (M 3) bezeichnet man das Angebot als elastisch, wenn es stark auf eine Preisänderung reagiert. Reagiert die Angebotsmenge kaum merklich auf Preisänderungen, so gilt das Angebot als unelastisch.

Beispiel Nachhilfe

Ein Schüler bietet Mathematiknachhilfe für Mittelstufenschüler an. Er hat zur Zeit fünf Nachhilfeschüler und verlangt 10 Euro pro Stunde. Da er dadurch zeitlich stark belastet ist, bleibt ihm kaum noch Freizeit. Er wird deshalb einen weiteren Nachhilfeschüler nur annehmen, wenn er von diesem einen höheren Preis erhält (die Opportunitätskosten für die letzte angebotene Nachhilfestunde sind höher als die der vorhergehenden). Das Angebot steigt also bei steigendem Preis.

Autorentext und -grafik

Opportunitätskosten
→ vgl. Kapitel 5.2.1

Info

Grenzkosten und Grenzerlös

Grenzkosten: der Kostenzuwachs der Gesamtkosten (fixe und variable Kosten), der entsteht, wenn bei einer bestimmten Produktionsmenge eine weitere Gütereinheit hergestellt wird.

Grenzerlös: der zusätzliche Erlös, den ein Unternehmen durch die Produktion bzw. den Absatz einer zusätzlichen Gütereinheit erzielt.

Solange die Grenzkosten für die Herstellung einer jeweils weiteren Gütereinheit geringer sind als die Grenzerlöse, bringt die Produktionserhöhung für das Unternehmen einen Gewinn.

Achim Pollert u. a., Das Lexikon der Wirtschaft, Grundlegendes Wissen von A–Z, Mannheim 2013, S. 67 f.

Aufgaben

1. Fassen Sie die Faktoren zusammen, die das individuelle Angebot von Unternehmen wie die Firma „Studenten-Eis“ bestimmen (M 5).
2. Erläutern Sie das Angebot der Firma „Studenten-Eis“ mittels der Begriffe Grenzkosten und Grenzerlös (M 5, Info).
3. ✪ Arbeiten Sie Beispiele für Güter mit preis-elastischem und mit preis-unelastischem Angebot heraus (M 6).

5.1.3 Wie ergibt sich und welche Funktionen hat ein Preis?

M 7 ● Saisonaler Schlussverkauf

Sale: Vieles wird zum reduzierten Preisen verkauft.

M 8 ● Wie Angebot und Nachfrage den Preis bestimmen

Das **Gleichgewicht** findet man da, wo sich Angebots- und Nachfragekurve schneiden (a). Beim Gleichgewichtspreis entspricht die angebotene Menge der nachgefragten Menge. Hier beträgt der Gleichgewichtspreis € 2,– (je Kugel Eiscreme): Zu diesem Preis werden 7 Kugeln Eiscreme angeboten und 7 Kugeln Speiseeis nachgefragt.

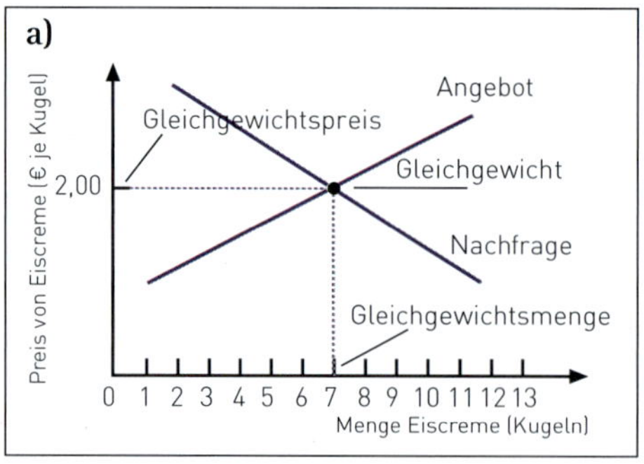

Märkte abseits des Gleichgewichts

Im Diagramm (b) herrscht ein Angebotsüberschuss. Da der Marktpreis von € 2,50 über dem Gleichgewichtspreis liegt, übersteigt die angebotene Menge (10 Kugeln) die nachgefragte Menge (4 Kugeln). Die Anbieter versuchen, den Absatz durch Preissenkungen zu steigern; und dies verändert den Preis in Richtung auf den Gleichgewichtspreis.

Wenn der Marktpreis von € 1,50 unter dem Gleichgewichtspreis liegt, übersteigt die nachgefragte Menge (10 Kugeln) die angebotene Menge (4) (Nachfrageüberschuss). Da zu viele Käufer Jagd auf die zu geringe Gütermenge machen, können die Anbieter den Preis erhöhen, so führen Anpassungsbewegungen auch hier zum Marktgleichgewicht.

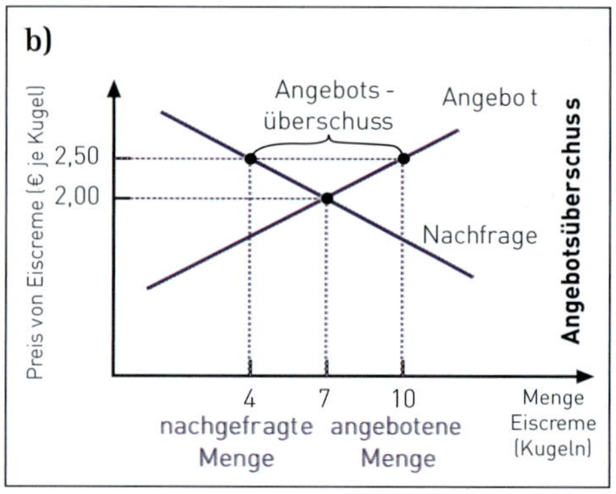

Wie ein Angebotsrückgang das Gleichgewicht verändert

Ein Ereignis, das die Angebotsmenge zu jedem beliebigen denkbaren Preis vermindert, bewirkt eine Linksverschiebung der Angebotskurve (c). Der Gleichgewichtspreis steigt und die Gleichgewichtsmenge sinkt. Annahmegemäß habe ein Erdbeben die Angebotskurve von A1 nach A2 verschoben und dadurch den Gleichgewichtspreis von € 2,– auf € 2,50 ansteigen sowie die Gleichgewichtsmenge von 7 auf 4 Stück absinken lassen. Ein Ereignis, das die Nachfragemenge zu beliebigen denkbaren Preisen erhöht (z. B. ein ungewöhnlich heißer Sommer), bewirkt eine Rechtsverschiebung der Nachfragekurve. Sowohl der Gleichgewichtspreis als auch die Gleichgewichtsmenge steigen.

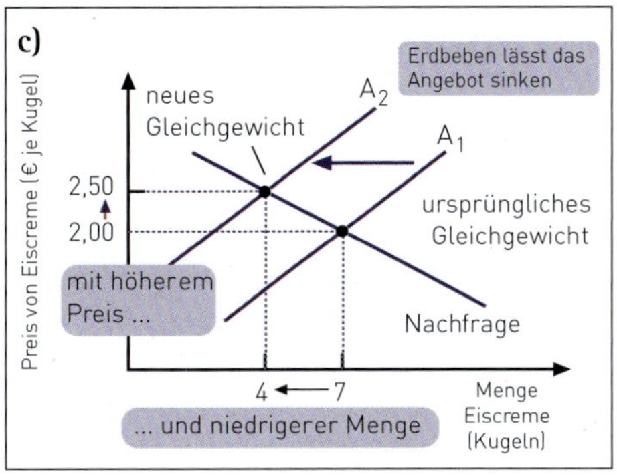

Nach: N. Gregory Mankiw, Mark P. Taylor, Grundzüge der Volkswirtschaftslehre, übersetzt von: Marco Herrmann, Adolf Wagner, 5. Auflage, Stuttgart 2012, S. 93 ff.

M 9 ● Der Preis – ein soziales Konstrukt?!

Die einfachen, zweidimensionalen grafischen Marktmodelle, die [...] verwendet werden, weil sie den Kern des Marktmechanismus verständlich darstellen, entsprechen dem Stand der ökonomischen Modelltechnik der 1950er Jahre. Heute dagegen stellt die Ökonomik Marktsysteme in hochkomplexen und dynamischen Computersimulationen dar. Diese sind rechentechnisch so weit entwickelt, dass sie z. B. auch nur beschränkt rationales Handeln, recht unvollständige Informationen und die Einflüsse vergangenen Handelns auf gegenwärtige Entscheidungen (Pfadabhängigkeit) sowie die Folgen, die unterschiedliche Institutionen verursachen, modellieren können. Damit nähern sich diese komplexen Modelle sehr viel stärker der ökonomischen Realität als die einfachen Angebots-Nachfrage-Grafiken. Dafür opfern sie allerdings deren Konzentration auf das, was man als den elementaren Kern des idealtypischen Marktmodells sehen kann.
Ebenso wie der Gewinn eines Unternehmens ist auch der Marktpreis eines Gutes in der wirtschaftlichen Wirklichkeit selten eine Größe, die man einfach beobachten und aufschreiben kann. [...] [A]uch der Preis [ist] ein soziales Konstrukt. [...] Marktpreise kann man nirgends ablesen, sondern man muss sich einigen, nach welchen Regeln man sie feststellen will. So gesehen ergeben sich Marktpreise nicht einfach automatisch, sondern sie resultieren aus Verhandlungen und Entscheidungen darüber, was eine Gruppe von Akteuren als Marktpreis betrachten will.
Das zeigt das Beispiel des Preises für die Aktie eines bestimmten Unternehmens (Aktienkurs) an der Börse. Soll man den Aktienkurs (Preis) für einen Tag als den Preis für die Aktie definieren, der beim letzten Geschäft vor Börsenschluss erzielt wurde, auch dann, wenn dabei nur eine einzige Aktie verkauft wurde? Oder nimmt man den Preis, der zur Mitte des Börsentages notiert wurde? [...] Errechnet man besser einen Durchschnittspreis aus allen einzelnen Geschäften mit dieser Aktie über den ganzen Tag? Soll man diese Einzelpreise mit der Zahl der Aktien gewichten, die jeweils verkauft wurden (gewichteter Durchschnitt)?

Reinhold Hedtke, Ökonomische Denkweisen, Schwalbach 2008, S. 198 f.

M 10 ● Welche Funktionen haben Preise auf Märkten?

In einer Marktwirtschaft erfüllen die Preise wichtige Funktionen bei der Steuerung und Koordinierung des Marktgeschehens:

Funktionen

Information
Die Preise informieren über den relativen Knappheitsgrad der einzelnen Güter und Dienstleistungen. Die Preise werden deshalb auch als Knappheitsindikatoren bezeichnet. Sie spiegeln die Wertschätzung für einzelne Güter und Dienstleistungen wider. Der Preismechanismus bewertet so die wirtschaftlichen Leistungen für eine Gesellschaft. Unternehmen, die Gewinne erwirtschaften, verbessern die Knappheitssituation. Unternehmen, die Verluste verzeichnen, verzehren mehr Werte, als sie herstellen.

Koordination und Ausgleich
Preisveränderungen sorgen tendenziell dafür, dass sich Angebot und Nachfrage ausgleichen. Die Preisbildung ist ein fortlaufender Prozess, da sich die Bedürfnisse und Knappheitsverhältnisse ständig verändern.

Anreiz und Lenkung
Die Preise lenken die Produktionsfaktoren Arbeit und Kapital (in Form von Rohstoffen und Maschinen) an den Ort, wo die Nachfrage und damit die erzielbaren Einkommen am höchsten sind. Somit ist ein ständiger Anreiz gegeben, sich in der Produktion knapper Güter besonders zu engagieren und knappe Produktionsfaktoren (z. B. Energie) besonders sparsam einzusetzen. Gleichzeitig stellen hohe Preise einen Anreiz dar, das Angebot ständig zu optimieren und neue Waren herzustellen.

Zuteilung und Auslese
Auf der Nachfrageseite teilen die Preise das Angebot den Nachfragern zu, die bereit sind, den jeweiligen Angebotspreis zu akzeptieren. Auf der Angebotsseite können nur diejenigen bestehen, die zumindest kostendeckend anbieten. Somit hat der Preis sowohl auf der Nachfrage- als auch auf der Angebotsseite eine Auslesefunktion.

Nach: Werner Heiring, Walter Lippens, Im Kreislauf der Wirtschaft, Einführung in die Volkswirtschaftslehre, Köln 2002, S. 91 f.

Aufgaben

1. Erläutern Sie die ökonomischen Ursachen für die dargestellte Rabattaktion (M 7).
2. „Der Preis verändert sich, wenn sich Angebot und Nachfrage ändern." Beurteilen Sie die Genauigkeit dieser Aussage aus Sicht der Wirtschaftswissenschaft (M 8, M 9). Berücksichtigen Sie dazu auch die Ceteris-paribus-Klausel.
3. Erklären Sie die Wirkung eines Nachfrageüberschusses bzw. einer Nachfragesteigerung für die Anbieter und die Nachfrager (M 8).
4. ✪ Es gibt Märkte, auf denen der Preis seine Funktionen ganz oder teilweise eingebüßt hat. Charakterisieren Sie, welche Bedingungen auf der Anbieterseite zur Einschränkung der Preisfunktionen führen (können) und welche Auswirkungen diese Einschränkungen für die Nachfrager haben (M 9).

H zu Aufgabe 1
Nutzen Sie die Begriffe Angebot und Nachfrage.

F zu Aufgabe 2
Vergleichen Sie die Preise vergleichbarer Güter bei verschiedenen Anbietern. Erklären Sie Ihre Ergebnisse mit Hilfe Ihrer Kenntnisse zur Preisbildung.

H zu Aufgabe 3
Zeichnen Sie dazu zuvor Graphen analog zu den Abbildungen M 8b und M 8c.

5.1.4 Reale Märkte – frei oder eingeschränkt?

M 11 ● Der Markt für Staubsauger

Staubsauger im Verkauf – eine unübersichtliche Auswahl?

Jährlich werden in Deutschland rund fünf Millionen Staubsauger gekauft. Im Jahr 2002 mit einem Gesamtwert von 700 Mio. Euro. 97 % aller Haushalte haben einen Staubsauger (Marktsättigung). Die Nachfrage speist sich zum einen aus der empfundenen oder technischen Lebensdauer (durchschnittlich 6-8 Jahre), zum anderen aus der traditionellen Konsum-Eigentums-Kultur, nach der man es vorzieht, ein eigenes Gerät zu besitzen. Die gesamte Nutzungszeit eines Staubsaugers während seiner Lebensdauer beträgt nur zwei Wochen; Staubsauger könnten also geleast oder in Gemeinschaftseigentum geführt werden. Technische Innovationen spielen kaum eine Rolle.

Sieht man von speziellen Techniken (zentrale Staubsauganlagen, Nass- und Trockensauger, Roboter) ab, arbeiten Staubsauger für den normalen Hausgebrauch seit vielen Jahrzehnten mit derselben Grundtechnik und inzwischen drei unterschiedlichen Filtersystemen (Papier, Behälter, Wasser). Auf dem Markt gibt es eine Vielzahl von Staubsaugermodellen (Produktdifferenzierung), die von wenigen Herstellern wie AEG, Bosch, Miele oder Siemens produziert werden (Angebotsoligopol). Darunter finden sich auch baugleiche, die unter verschiedenen Marken vertrieben werden (Anbieterkooperation). Ohne Unterstützung durch vergleichende Warentests erscheint es unmöglich, das optimale Modell zu finden (Marktintransparenz).

Deutsche (DIN) und Europäische (EN) Normen legen Rahmenvorgaben für die technische Gestaltung von Staubsaugern und für ihr Recycling fest, z. B. zur elektrischen Sicherheit, Luftschallemission, Prüfung ihrer Gebrauchseigenschaften oder ihrer Eignung für Stauballergiker (technische Marktregulierung). Die EU-Kommission hat Richtlinien erlassen, wann ein Staubsauger das EG-Umweltzeichen bekommt (umweltpolitische Marktregulierung). Dagegen gibt es für Staubsauger keine Vorschrift, etwa wie bei Waschmaschinen, die Energieverbrauchsklasse anzugeben, obwohl der Energieverbrauch den größten Teil der Umweltbelastung ausmacht.

All diese Normen stammen aus politischen Verhandlungsprozessen zwischen Großunternehmen, Interessenverbänden beider Marktseiten. Prüforganisationen wie TÜV einerseits (organisierte Interessen) und staatlichen Stellen andererseits. Verbände wie der Zentralverband Elektrotechnik und Elektronikindustrie führen Büros in Berlin und Brüssel, um im direkten Kontakt mit politischen Entscheidungsträgern die Rahmenbedingungen für ihre Märkte zu beeinflussen; auch Verbraucherverbände sind dort repräsentiert. Der technische Rahmen für die Gestaltung des Produkts Staubsauger ist also ein Produkt der engen Verflechtungen sowie der organisierten politischen und fachlichen Zusammenarbeit zwischen Interessenverbänden und Staat (Korporatismus). Das gilt für die allermeisten Märkte, auch für ihre rechtlichen Rahmenbedingungen.

Wie bei anderen Geräten auch, z. B. bei Kopierern oder Druckern, entstehen den Konsumenten bei Staubsaugern hohe, beim Kauf kaum abschätzbare Kosten für Verbrauchsmaterialien (Kostenintransparenz). Originalfilter kosten zwischen 1,30 und 2,30 Euro pro Stück, was sich während der Nutzungsdauer bis zu 300 Euro aufsummieren kann; zusammen mit den Stromkosten kann das weit mehr als das Doppelte des Kaufpreises ausmachen (versteckte Folgekosten). Ob Verbraucher dies berücksichtigen und wie sie sich darüber informieren, bleibt ihnen überlassen; Informationspflichten der Anbieter gibt es nicht (Regulierungsverzicht). Staubsaugerpapierfilter erzielen in Deutschland einen Umsatz von mehr als 100 Mio. Euro jährlich, fast 60 % davon entfällt auf den Marktführer Melitta (marktbeherrschende Stellung). Er produziert Staubsaugerbeutel in drei Tochterfirmen und bringt sie unter der eigenen Marke Swirl, als Herstellermarke vieler Staubsaugerproduzenten und als Handelsmarke für Einzelhandelsketten auf den Markt (Anbieterkooperation). Die Typenvielfalt bleibt ebenso unüberschaubar wie bei den Geräten selbst, selbst identische Papierbeutel haben je nach Anbieter unterschiedliche Bezeichnungen (abgestimmtes Verhalten der Anbieter).

Für mögliche neue Anbieter bildet dieses sehr differenzierte Sortiment eine hohe Marktzutrittsbarriere (Wettbewerbsdämpfung). Die Produktdifferenzierung im Staubsaugermarkt erschwert eine rationale Kaufentscheidung der Konsumenten, ein Produktvergleich wäre sehr aufwändig (Informationskosten[1]). Die Verbraucherverbände haben eine Normung wie bei Batterien oder Glühlampen gefordert, die Industrie sträubt sich dagegen (Interessenkonflikte zwischen organisierten Marktparteien). Da mögliche Rationalisierungseffekte ungenutzt bleiben, müssen die Konsumenten höhere Kosten tragen, was sich gesamtwirtschaftlich negativ auswirkt (Zwangskonsum, Transaktionskosten).

Reinhold Hedtke, Ökonomische Denkweisen. Eine Einführung. Multiperspektivität – Alternativen – Grundlagen, Schwalbach 2008, S. 261 ff.

1) Der in Geldwert umgerechnete Zeitaufwand eines Marktteilnehmers, um alle auf einem Markt befindlichen Angebote für ein Gut miteinander zu vergleichen.

M 12 ● Der vollkommene Markt – ein Idealbild?

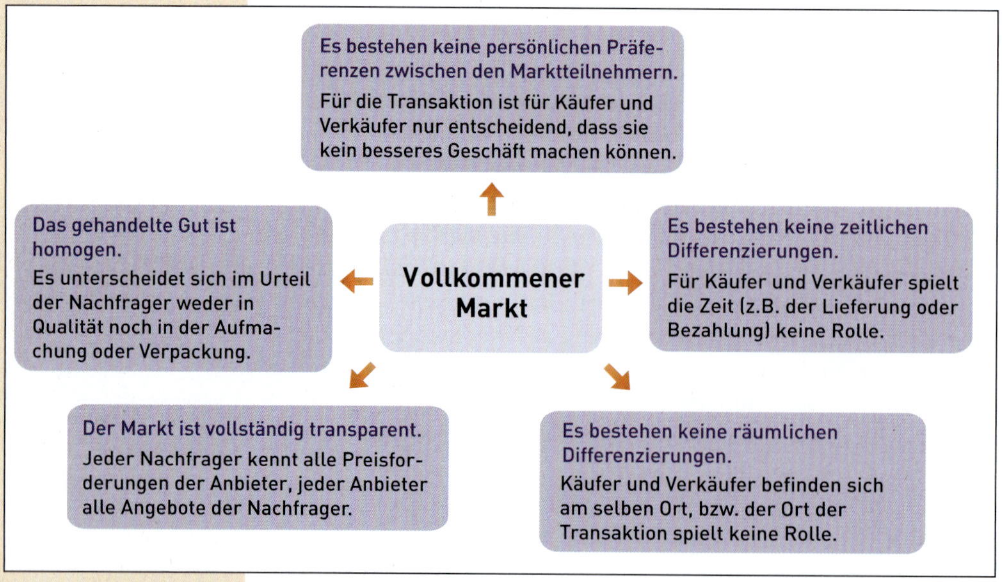

Der vollkommene Markt dient in der ökonomischen Theorie der Preisbildung als Bezugspunkt für die in der Wirklichkeit vorherrschenden unvollkommenen Märkte (heterogene Märkte). Für die Existenz eines vollkommenen Marktes müssen verschiedene Voraussetzungen erfüllt sein.

Autorentext und -grafik

M 13 ● Marktformen

In der Theorie [behauptet die Volkswirtschaftslehre oft] den vollkommenen [...] Markt [...], in dem das Zusammenspiel von Angebot und Nachfrage den Preis bestimmt. Märkte nehmen [...] in der Realität unterschiedliche Formen an, die vom idealtypischen Modell abweichen. [...]

So lassen sich Märkte nach quantitativen Gesichtspunkten klassifizieren. Je nach Anzahl der Marktteilnehmer erhält der Markt insbesondere im Hinblick auf die Preisbildung eine ganz spezifische Ausprägung. Die [...] atomistische Marktform wird Polypol genannt. Sind auf einer Seite nur wenige Marktpartner vorhanden, spricht man von einem Oligopol, und wenn es lediglich einen einzigen Anbieter oder Nachfrager gibt, handelt es sich um ein Monopol. [...] Abhängig von der Marktform finden wir ganz unterschiedliche Ausgestaltungen des Wettbewerbs. [...] Wäre auf allen Märkten die Bedingung der vollständigen Konkurrenz gegeben, so würde also automatisch die effiziente Allokation erreicht.

Den Gegenpart zur vollständigen Konkurrenz bildet das Angebotsmonopol, also die Marktform, in der die Nachfrager nur auf einen einzigen Anbieter treffen. Aus ökonomischer Sicht lässt sich feststellen, dass – auch wenn ein Monopolist keine unendlichen Möglichkeiten der Preisgestaltung hat – die Preise hier im Vergleich wesentlich höher liegen. Gleichzeitig sind Monopolmärkte durch geringere Angebotsmengen und damit durch eine schlechtere Marktversorgung gekennzeichnet. Gesamtwirtschaftlich ist ein Wohlfahrtsverlust zu verzeichnen, wodurch eine effiziente Allokation verfehlt wird.

In der Realität findet man vollständige Konkurrenz und Monopol nur äußerst selten in ihrer Reinform. In der Regel stellen sich Märkte als komplexe Gebilde dar. Häufig treten jedoch oligopolistische Strukturen mit einer geringen Zahl von Anbietern in Erscheinung. Diese Strukturen werden mit dem Instrument der Unternehmenskonzentration näher beschrieben. Abhängig vom Grad der Unternehmenskonzentrationen drohen auch auf oligopolistischen Märkten ähnliche Auswirkungen wie beim Monopol: zu hohe Preise, geringe Mengen, nichtleistungsbedingte Gewinne, allokative Ineffizienzen und die Verringerung der volkswirtschaftlichen Wohlfahrt. Der Begriff der Marktmacht spielt in diesem Zusammenhang eine wesentliche Rolle.

Mit der Marktmacht gehen oft Möglichkeiten einher, potenziellen Wettbewerbern den Zugang zum Wettbewerb über Markteintrittsbarrieren zu verwehren. Darunter werden alle spezifischen Kostennachteile für neu eintretende Unternehmen verstanden. So müssen diese in den entsprechenden Märkten hohe Kosten aufwenden, um z. B. gegen fest etablierte Marken und bestehende Größenvorteile der bereits am Markt agierenden Unternehmen konkurrieren zu können. Darüber hinaus droht, dass etablierte Anbieter ihre Marktposition mit Hilfe eines aggressiven Wettbewerbs (z. B. über Kampfpreise) verteidigen könnten. [...]

Hans Kaminski, oec. Ökonomie. Grundfragen wirtschaftlichen Handelns, Braunschweig 2005, S. 390 ff.

Polypol

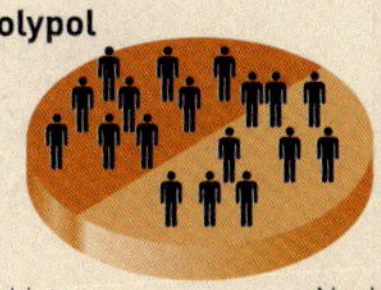

Oligopol

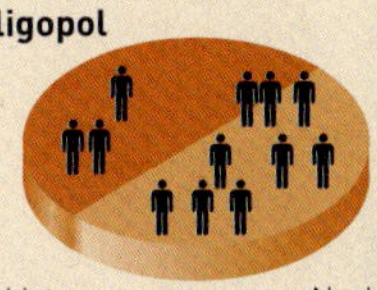

Monopol

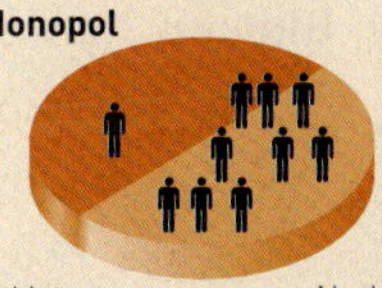

Allokation
optimale Verwendung / Verteilung aller Mittel

Aufgaben

1. Beschreiben Sie den Staubsauger-Markt in seinen wesentlichen Zügen (M 11).
2. Vergleichen Sie den Staubsauger-Markt mit dem Bild eines vollkommenen Marktes (M 11, M 12).
3. Ordnen Sie den Staubsauger-Markt in die Marktformen ein (M 11, M 13).
4. Nehmen Sie Stellung zu der Frage, ob der Staubsauger-Markt politisch stärker reguliert werden sollte.

F Beschreiben und charakterisieren Sie Märkte für Produkte Ihres täglichen Bedarfs (z. B. Elektroartikel, Mode, Schreibwaren, Lebensmittel, Pflegeprodukte).

ORIENTIERUNGSWISSEN

Einflüsse des Preises auf Nachfrage und Angebot
M 3

Es existieren mehrere Relationen zwischen dem Preis und der Gesamtnachfrage eines Guts: Erstens sinkt die Nachfrage bei steigendem Preis (die Nachfragekurve fällt). Zweitens hängt die Nachfrage von der Ersetzbarkeit des verteuerten Gutes durch ein sog. Substitutionsgut ab. Drittens könnte die Nachfrage bei Einkommenserhöhungen der Konsumenten steigen (**Nachfrageelastizität**). Viertens kommt es teilweise zu „anormalen" Nachfrageeffekten. So kann gerade ein hoher Preis Menschen dazu veranlassen, dieses Gut zwecks sozialer Abgrenzung (Snob-Effekt) bzw. Anerkennung (Veblen-Effekt) nachzufragen.
Das Angebot wird im Falle der Preissteigerung nur so lange erhöht, bis die **Grenzkosten** des Angebots (= Kosten der letzten produzierten Einheit) nicht über dem **Grenzerlös** liegen (= Erlös der letzten produzierten Einheit). Der Grenzerlös entspricht dabei dem Marktpreis.

Bildung, Konvention und Funktion von Preisen
M 6, M 8, M 10

Unter den (theoretischen) Bedingungen vollständiger Konkurrenz und Information kann man die Preisentwicklung mittels Angebots- bzw. Nachfrageverschiebungen erklären. Dabei nimmt man im Modell alle anderen Einflussfaktoren als konstant an (Ceteris-paribus): Auf einem idealen Markt pendelt sich der Preis für ein Gut beim sogenannten **Gleichgewichtspreis** (Schnittpunkt aus Angebots- und Nachfragekurve) ein. Die angebotene Menge wird zu diesem Preis exakt nachgefragt (**Markträumung**). Dieses standardökonomische Modell des Preismechanismus hat den Vorteil der Komplexitätsreduktion, bildet aber tatsächlich Entstehungsprozesse von Preisen nur unzureichend ab. Soziale Übereinkünfte, wie Preise gebildet werden, bleiben unberücksichtigt.
Der Preis informiert Anbieter und Nachfrager über die Knappheit eines Gutes (**Informationsfunktion**). Dadurch entstehen Anreize, die Produktion zu erhöhen oder zu drosseln (**Lenkungsfunktion**). Auch „entscheidet" der Preis, welche Nachfrager ein Gut erhalten können (**Zuteilungs- und Auslesefunktion**).

Märkte in der Realität
M 12, M 13

In der Realität existieren keine idealen Märkte. Weder herrscht auf allen Märkten vollständige Konkurrenz noch sind die Marktteilnehmer immer vollständig über Preise und Güterqualität bzw. Funktionsunterschiede vermeintlicher Substitutionsgüter informiert. Dazu kommt, dass staatliche Stellen (z. B. zum Verbraucherschutz) Märkte gesetzlich regulieren müssen, wodurch die Angebotsseite eingeschränkt wird.
Marktformen sind jeweils gekennzeichnet durch das zahlenmäßige Verhältnis von Anbietern und Nachfragern. Unterstellt man viele Nachfrager (Nachfragerpolypol), ergeben sich drei grundsätzliche Marktformen: Bei vollkommener Konkurrenz (viele Anbieter) spricht man von einem **Anbieterpolypol**. Stehen den Nachfragern nur wenige Anbieter gegenüber, handelt es sich um ein **Anbieteroligopol**. Findet sich ein einziger Anbieter, spricht man von einem **Anbietermonopol**. Marktwirtschaften weisen eine Oligopolisierungstendenz auf. Dies macht staatliche Regulierung unerlässlich, denn Anbieteroligopole wie -monopole können hohe Preise, ein verringertes Angebot und eine geringere Innovationskraft der Wirtschaft zur Folge haben.

Der Markt für Uhrwerke

Auslage eines Uhrenanbieters.

Fast in jeder teuren Uhr steckt etwas von Swatch, denn der Konzern beherrscht den Weltmarkt für mechanische Uhrwerke. Die Kunden bekommen seine Macht zu spüren. [...] Denn die Swatch Group stellt nicht nur Uhren her, sondern auch mechanische Werke und Einzelteile für die teuren Zeitmesser der Welt. Praktisch jeder bessere Hersteller braucht Swatch als Lieferanten – und Swatch erhöht den Druck auf seine Kunden. [...]

Es ist die Konzerntochter Eta SA Fabriques d'Ebauches, die fast schon eine Monopolstellung besitzt. „An Eta kommt man nicht vorbei", sagt Gerd-Rüdiger Lang, Gründer der edlen Uhrenmarke Chronoswiss. Eta stellt nicht nur Einzelteile her, sondern mehr als 80 Prozent aller Schweizer Mechanik-Werke. Damit dominieren sie den Weltmarkt für die hochwertigen Produkte. [...]

Chopard etwa baut seit rund fünf Jahren eigene Werke, kann nach Schätzungen aus der Branche aber erst ein Zehntel seines Bedarfs damit decken. Den Rest muss Chopard zukaufen – vor allem bei der Swatch-Tochter. [...] So haben viele Hersteller das Rohmaterial von Swatch durch eigene Teile ergänzt, ohne gleich selbst ganze Werke konstruieren zu müssen.

Doch der Konzern versucht, seine Margen mit Preiserhöhungen zu verbessern; berichtet wird von Aufschlägen bis zu 50 Prozent pro Uhrwerk. Die Frankfurter Spezialuhrenfirma Sinn etwa werde „die nächste Preissteigerung" beim weltweit wichtigsten Stoppuhrwerk Eta/Valjoux 7750 „an die Kunden teilweise weitergeben müssen", sagt Geschäftsführer Lothar Schmidt. [...]

Inzwischen hat Swatch den Druck verstärkt und angekündigt, von 2006 an nur noch komplette Fertigwerke zu liefern und das Geschäft mit den Einzelteilen zu beenden. „Du bekommst keine Zündkerze mehr, sondern einen ganzen Motor", übersetzt Lang die Strategie. Davor zittert die halbe Branche. „Das wäre das Ende für unsere Firma mitsamt den 170 Beschäftigten", sagt Miguel Garcia, Geschäftsführer der Schweizer Sellita SA, die bislang aus Eta-Teilen Werke zusammenbaut. [...] Auch Uhrmacher sind besorgt, weil Swatch „nur noch an Konzessionäre Ersatzteile liefern will", wie ein Betroffener sagt. Reparaturen könnten also lediglich autorisierte Markenhändler anbieten. Für die etwa 4.000 deutschen Meisterbetriebe wäre das ein Schlag. Im schlimmsten Fall, klagt er, „sind nicht nur Jobs, sondern ist auch die Vielfalt der Uhrenbranche in Gefahr." [...]

Dirk Ruschmann, Herr der Sekunden, in: Die Zeit, 14.8.2003

Aufgaben

1. Geben Sie die Besonderheiten der Preisbildung und deren Ursachen auf dem Markt für Uhrwerke wieder.
2. Arbeiten Sie Störungen des Marktmechanismus auf dem Markt für Uhrwerke und deren Folgen für Nachfrager (Uhrmacher, Uhrenkäufer) heraus. Beziehen Sie sich dazu unter anderem auf Ihre Kenntnisse zu Marktformen.
3. Entwickeln Sie Möglichkeiten, die Störungen des Marktmechanismus' auf dem Uhrwerke-Markt aufzuheben.

5.2 Wie verhalten sich wirtschaftlich handelnde Menschen?

5.2.1 Sind Menschen rationale Nutzenmaximierer?

M 1 ● Wie bringt man Menschen zum Kühlschranktausch?

Neue Haushaltsgeräte machen wirtschaftlich Sinn.

Die durchschnittliche Nutzungsdauer von Kühlschränken in deutschen und österreichischen Haushalten liegt bei 14 Jahren, für Kühltruhen sogar bei 17 Jahren. Man ist beinahe mit seinem Kühlschrank verheiratet! In einem solchen Zeitraum werden allerdings deutlich energieeffizientere Geräte entwickelt, deren Kauf sich nach 6 bis 10 Jahren allein durch eingesparte Stromkosten amortisieren würde. Dazu hätten die Strom-Einsparungen einen Umweltschutz-Effekt, da weniger Strom aus Kern- oder Verbrennungskraftwerken benötigt würde. Dennoch hat sich die Nutzungsdauer in den letzten Jahren nicht verringert.

Das österreichische Umweltministerium hat 2009 gemeinsam mit dem Umweltforum Haushalt mit der sogenannten „Trennungsprämie“ ein – auch mit Fernsehspots beworbenes – Programm zum energetischen Kühlschranktausch ins Leben gerufen: Der Kauf von stromsparenden Kühlschrankmodellen (Energieeffizienzklasse A++) wurde – je nach Größe des neuen Modells – bei Entsorgung des Altgeräts mit 50 bzw. 100 € bezuschusst. Die Entsorgung des alten Kühlschranks musste von den Händlern und kommunalen Sammelstellen kostenlos angeboten werden, die Prämie konnte direkt beim Verkäufer oder über ein Online-Portal beantragt werden. Die Frist für den Erhalt des Zuschusses lief vom 1. September bis zum 31. Dezember 2009. Allerdings endet sie schon früher, wenn die maximal zur Verfügung stehenden 2,5 Millionen Euro zuvor ausgeschöpft wären. Zum Ende der Laufzeit war die Prämie aufgebraucht.

Autorentext

M 2 ● Welche Bedeutung sollen Anreize haben?

Weil die Menschen bei Entscheidungen Kosten und Nutzen vergleichen, wird sich ihr Verhalten oft dadurch verändern, dass sich die Kosten oder die Nutzen verändern. Das bedeutet, dass Menschen auf Anreize regieren. Wenn z. B. der Preis eines Apfels steigt, werden sich die Leute dafür entscheiden, mehr Birnen und weniger Äpfel zu essen, weil die Kosten eines Apfels höher sind. Gleichzeitig werden die Apfelplantagen mehr Arbeitskräfte einstellen und mehr Äpfel ernten wollen, weil der Stückgewinn aus dem Verkauf eines Apfels höher ist. Die zentrale Bedeutung der Anreize auf die Festlegung wirtschaftlichen Verhaltens ist für jene wichtig, die unsere Wirtschaftspolitik konzipieren. Politische Maßnahmen verändern oft die Kosten und die Nutzen privater Handlungen. Wenn die Politiker nicht in der Lage sind, die von staatlichen Maßnahmen ausgelösten Verhaltensänderungen richtig abzuschätzen, können sich die Maßnahmen in nicht beabsichtigter Art und Weise auswirken.

Nach: N. Gregory Mankiw, Mark P. Taylor, Grundzüge der Volkswirtschaftslehre, übersetzt von: Marco Herrmann, Adolf Wagner, 5. Auflage, Stuttgart 2012, S. 8

M 3 ● Typen wirtschafts- und umweltpolitischer Anreize

Bezeichnung	Informations- und Überzeugungsarbeit (moral suasion)	Ordnungsrechtliche Auflagen	Marktwirtschaftliche Instrumente
erwünschte Wirkungsweise	alle Maßnahmen, über die man eine freiwillige Verhaltensänderung herbeizuführen versucht	Staat „zwingt" die Verursacher quasi zu einem wirtschafts- bzw. umweltpolitisch erwünschten Verhalten. Ge- und Verbote werden gesetzlich verankert.	Unerwünschtes Verhalten (z. B. Umweltverschmutzung) mit einem Preis belegen bzw. verteuern, erwünschtes Verhalten bezuschussen. Politisch erwünschtes Verhalten lohnt sich für Unternehmen und private Haushalte, wenn dadurch Kosten gesenkt (und Gewinne erhöht werden) können.
Beispiele	Plakatkampagnen, anstatt des Autos den öffentlichen Nahverkehr zu nutzen	maximale Rußausstoß-Menge bei PKW	Ökosteuern Emissionszertifikate-Handel der Europäischen Union

Autorentext

M 4 ● Homo oeconomicus – die ökonomische Verhaltenstheorie

Was genau ist unter der „ökonomischen Verhaltenstheorie" zu verstehen? Hier sind sechs wesentliche Elemente zu nennen:

1. Die ökonomische Verhaltenstheorie trifft Aussagen über Entscheidungen und Handlungen von Individuen. Dabei bildet sie nicht „jedes beobachtbare Verhalten von Individuen und nicht [das] beobachtete Verhalten jedes einzelnen Individuums" ab. Vielmehr bietet sie Mustererklärungen an, die für sich in Anspruch nehmen, für große Gesamtheiten das übliche Verhalten vieler Menschen (nicht eines Durchschnitts!) zu erklären. So mag es immer auch beobachtbare Fälle/Situationen geben, in denen einzelne Menschen sich anders entscheiden bzw. anders handeln als von der Theorie für die Mehrheit prognostiziert.

2. Die ökonomische Verhaltenstheorie erklärt Entscheidungen und Handlungen von Menschen aus einem Zusammenspiel von (individuellen) Präferenzen – das sind Wünsche, Ziele, Werte usw. – und überindividuellen Rahmenbedingungen [...]. Nicht jedes Ziel kann (sofort) erreicht werden. Restriktionen begrenzen den Handlungsraum von Individuen. Nicht immer reicht das Einkommen, um der Tochter den Wunsch nach einem Pferd zu erfüllen; und isst jemand gerne Fisch, auf dem Büfett findet sich jedoch nur Fleisch, Wurst und Salat, dann kann er – auch wenn er es möchte – keinen Fisch essen. Individuelle Ziele werden – nach einer Formulierung von Homann und Suchanek – „unter Nebenbedingungen" verfolgt.

3. Wie wählen Menschen nun aus vielen möglichen Optionen ihre Handlungen aus? Die ökonomische Verhaltenstheorie unterstellt, dass Menschen dies nicht immer wieder willkürlich, sondern nach einem bestimmten Muster tun: Sie entscheiden sich rational unter den Möglichkeiten, die ihnen ins Blickfeld geraten, i. d. R. systematisch für die für sie vorteilhafteste Alternative. Aber Achtung: Dies bedeutet nicht, dass die gewählte Handlungsoption

Info

Opportunitäts-/Alternativkosten

Bei Opportunitätskosten handelt es sich um die Kosten (bzw. besser den entgangenen Nutzen), die jeder (ökonomische) Akteur in Kauf nimmt, wenn er eine (wirtschaftliche) Entscheidung für etwas und damit gegen die denkbaren Alternativen trifft (daher: Alternativkosten). Wenn also das Taschengeld für neue Kleidung, die Aufrüstung des PCs oder Konzertkarten eingesetzt und nicht auf einem Bankkonto gespart wird, sind die Opportunitätskosten einerseits die entgangenen Zinsgewinne (möglicher Opportunitätserlös) und andererseits die Möglichkeit, das gesparte Geld später für etwas anderes ausgeben zu können.

Autorentext

objektiv die beste ist: Schon die Lebensweisheit „Hinterher ist man immer schlauer!" zeigt, dass man sich auch trotz (vermeintlich) guter Argumente falsch entscheiden kann. Es kommt also auf die wahrgenommenen (entdeckten) Möglichkeiten und deren Bewertungen durch die Individuen an. Unter diesen wird dann diejenige verfolgt, die die kostengünstigste Erreichung des Ziels verspricht. Dabei bezieht sich „Kosten" nicht nur auf monetär messbare Größen wie Ausgaben, Verlust usw. [...], vielmehr unterstellt die ökonomische Verhaltenstheorie auch die Einbeziehung immaterieller Größen wie Prestige, Zeit, Macht, Status usw. in die individuelle Nutzenabwägung.

4. Nun haben in der ökonomischen Verhaltenstheorie die beiden Erklärungsvariablen – Präferenzen und Restriktionen – einen unterschiedlichen Rang: Wenn auch beide Faktoren das Handeln beeinflussen, so erklärt die ökonomische Verhaltenstheorie das Verhalten der Menschen mit den Anreizen, denen diese ausgesetzt sind, und somit auch Verhaltensveränderungen zunächst nicht mit einer Veränderung der Präferenzen, sondern mit Veränderungen der Restriktionen bzw. der (äußeren) Handlungsanreize. [...] Rahmenbedingungen (und vor allem deren Veränderungen) lassen sich viel leichter ermitteln und beobachten als individuelle Präferenzen. Werden Ökonomen um Empfehlungen gebeten, wie bestimmte Missstände zu entschärfen sind, so raten sie ebenfalls zu Veränderungen der Handlungsbedingungen, da diese i. d. R. leichter und sicherer zu bewerkstelligen sind als die Beeinflussung unzähliger individueller Einstellungen.

5. Daher untersucht die ökonomische Verhaltenstheorie eher Situationen als Personen: Deren Ziele werden als mittelfristig konstant angesehen. Was dann das Handeln beeinflusst und Handlungsveränderungen hervorruft, sind die (Veränderungen der) Rahmenbedingungen bzw. Anreize in der jeweiligen Handlungssituation.

6. Wenn sich die ökonomische Verhaltenstheorie auf individuelle Entscheidungen und Handlungen bezieht [sog. methodologischer Individualismus], welchen Beitrag kann sie dann zur Erklärung gesellschaftlicher Phänomene, zum Verhalten von Gruppen, von Kollektiven leisten? Der Ansatz der ökonomischen Verhaltenstheorie führt kollektives Verhalten bzw. dessen Auswirkungen (bspw. Umweltbelastungen) stets auf das Verhalten/die Handlungen von Individuen zurück. Parteien, Gewerkschaften, Verbände usw. entscheiden und handeln nicht wie eine Person, sondern Stellungnahmen und das Verhalten dieser Gruppen ergeben sich aus dem Zusammenspiel des Verhaltens ihrer einzelnen Mitglieder. Diese wiederum, so unterstellt die ökonomische Verhaltenstheorie, folgen auch innerhalb ihrer Verbände rational ihren jeweils eigenen Interessen.

Andreas Zoerner, Unterricht Wirtschaft, Heft 22, 2/2005, S. 27

Ⓜ zu Aufgabe 2
Geben Sie nach der Lektüre Ihrem Sitznachbarn den Text bewusst leicht fehlerhaft wieder. Dieser hat die Aufgabe, die Fehler zu entdecken und zu korrigieren.

Ⓗ zu Aufgabe 4
Berücksichtigen Sie das Verhalten vor und nach Einführung der „Trennungsprämie".

Aufgaben

1. Beschreiben Sie Umsetzung und Erfolg der „Trennungsprämie" als umweltpolitisches Instrument (M 1).
2. Fassen Sie die Grundannahmen der ökonomischen Verhaltenstheorie (*homo oeconomicus*-Modell) zusammen (M 2 – M 4).
3. Erläutern Sie, inwieweit das Konzept der „Trennungsprämie" auf dem *homo oeconomicus*-Modell fußt.
4. Überprüfen Sie das ökonomische Verhaltensmodell anhand des Verhaltens der österreichischen Kühlschrankbesitzer.

5.2.2 Welche Grenzen hat das homo oeconomicus-Modell?

M 5 ● Das Ultimatumspiel

Spielanleitung

Jeder Schüler nimmt zuerst die Rolle von Spieler A ein und entscheidet sich laut Aufgabenblatt für eine von elf festgelegten Verteilungen von 1.000 (fiktiven) Euro. In der zweiten Runde übernimmt er die Rolle von B und entscheidet, welchen der elf Verteilungen er zustimmen würde beziehungsweise welche er ablehnen würde. Das Ergebnis lässt sich nach dem Muster der Abbildung darstellen und analysieren.

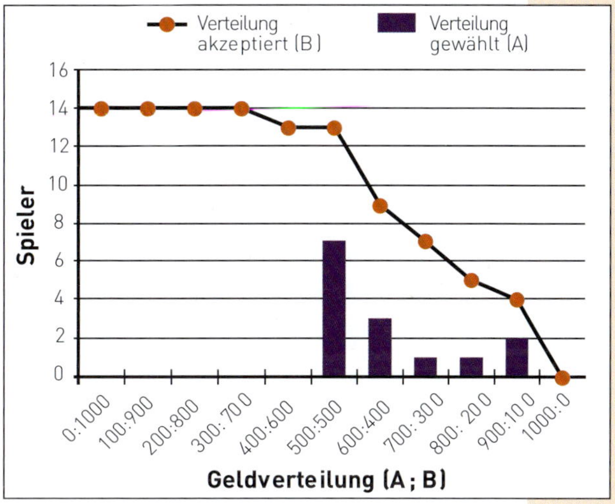

Muster für eine Auswertung
(bei einer Gruppe von 14 Spielern)

Spielbeschreibung:
Ein Betrag von 1000 (fiktiven) Euro soll unter zwei Personen aufgeteilt werden. Spieler A muss Spieler B ein Angebot machen, wie viel letzterer erhalten soll. Spieler B kann dem Angebot zustimmen oder es ablehnen.
Wenn Spieler B zustimmt, wird das Geld dem Vorschlag gemäß aufgeteilt. Lehnt er jedoch ab, so gehen beide leer aus.
Die Regeln sind sehr streng: Beide Personen dürfen nicht miteinander kommunizieren, sodass Feilschen unmöglich ist. Spieler A stellt B ein Ultimatum. Die Summe verschwindet, wenn sie nicht beim ersten Versuch aufgeteilt wird, und das Spiel ist nicht wiederholbar.

Rollenkarte Spieler A

Aufgabe:
Sie sind in der Rolle von Spieler A: Entscheiden Sie sich für eine der folgenden elf Verteilungen (die Auszahlung an Spieler A ist zuerst genannt):
1000:0 / 900:100 / 800:200/ 700:300/ 600:400 / 500:500 / 400:600 / 300:700 / 200:800 / 100:900 / 0:1000

Spielbeschreibung:
Ein Betrag von 1000 (fiktiven) Euro soll unter zwei Personen aufgeteilt werden. Spieler A muss Spieler B ein Angebot machen, wie viel letzterer erhalten soll. Spieler B kann dem Angebot zustimmen oder es ablehnen.
Wenn Spieler B zustimmt, wird das Geld dem Vorschlag gemäß aufgeteilt. Lehnt er jedoch ab, so gehen beide leer aus.
Die Regeln sind sehr streng: Beide Personen dürfen nicht miteinander kommunizieren, sodass Feilschen unmöglich ist. Spieler A stellt B ein Ultimatum. Die Summe verschwindet, wenn sie nicht beim ersten Versuch aufgeteilt wird, und das Spiel ist nicht wiederholbar.

Rollenkarte Spieler B

Aufgabe:
Sie sind in der Rolle von Spieler B: Entscheiden Sie, welchen der von Spieler A vorgeschlagenen Verteilungen Sie zustimmen würden (die Auszahlung an Spieler A ist zuerst genannt):
1000:0 / 900:100 / 800:200/ 700:300/ 600:400 / 500:500 / 400:600 / 300:700 / 200:800 / 100:900 / 0:1000

M 6 ● Ökonomisches Verhalten im Experiment

a) In den USA gibt es ein [...] vom Staat gefördertes Sparprogramm, die sogenannten „401(k) plans". Es gibt Firmen, bei denen die Arbeitnehmer einen einfachen Antrag ausfüllen müssen, wenn sie an diesem Programm teilnehmen möchten. In anderen Firmen zahlen die Arbeitnehmer automatisch in dieses Sparprogramm ein, wenn sie nicht widersprechen. Das Ergebnis ist, dass im zweiten Fall viel mehr Arbeitnehmer an diesem Plan teilnehmen als im ersten Fall.

Karlheinz Ruckriegel, Quo vadis, Homo oeconomicus? In: Das Wirtschaftsstudium 36 (2007) H. 2, S. S. 200

b) Wir [Forscher des Massachusetts Institut of Technology] stellten vor einem großen öffentlichen Gebäude einen Tisch auf und boten zwei Sorten Schokolade an – Lindt-Trüffel und Hershey's Kisses. Über dem Tisch stand auf einem großen Plakat:

„Eine Praline pro Kunde." Wenn die potenziellen Kunden näher traten, konnten sie die beiden Sorten und ihren Preis sehen. [...] Die Schokotrüffel von Lindt gelten als besonders hervorragend [...]. Sie kosten in den USA pro Stück etwa 50 (Dollar-)Cent, wenn man sie lose kauft. Die Hershey's Kisses hingegen [...] sind [...] ziemlich gewöhnlich: Hershey produziert davon täglich 80 Millionen Stück. [...]
Als wir den Preis für eine Lindt-Trüffel auf 15 ct festsetzten und den für einen Hershey's Kiss auf 1 ct [...], verglichen unsere Kunden den Preis und die Qualität der Hershey-Praline mit dem Preis und der Qualität der Lindt-Trüffel und trafen dann ihre Wahl: Etwa 73 Prozent wählten eine Trüffel und 27 Prozent einen Kiss.

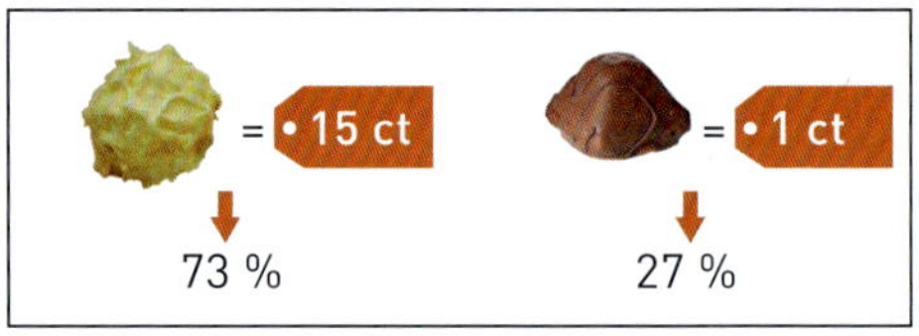

Anschließend [...] boten wir die Lindt-Trüffel für 14 ct und den Kiss gratis an. Würde nun ein anderes Ergebnis herauskommen? [...] An die 69 Prozent unserer Kunden entschieden sich für den Gratis-Kiss, während die Lindt-Trüffel regelrecht abstürzte: Der Anteil der Kunden, die sich für sie entschieden, sank von 73 auf 31 Prozent.

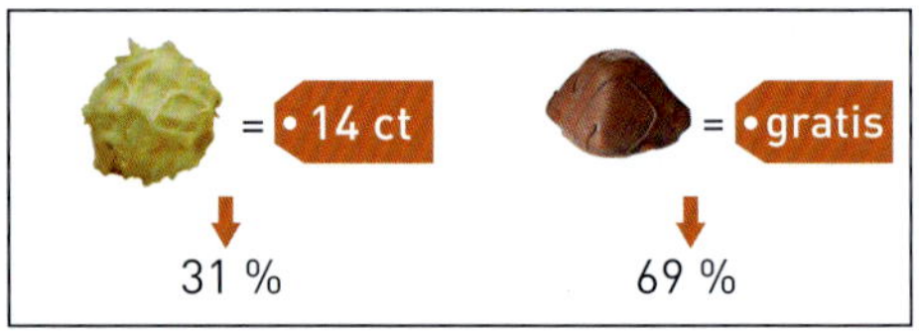

Dan Ariely, Denken hilft zwar, nützt aber nichts, übersetzt von: Gabriele Gockel, Maria Zyback, München 2008, S. 77 f.

M 7 ● Abschied vom Homo oeconomicus? Die Verhaltensökonomik

Die vielfältigen Forschungsergebnisse der Verhaltensökonomik zeigen immer wieder systematische Abweichungen von dem, was man auf Grund rationaler Entscheidungsfindung erwarten würde.
Diese Ergebnisse lassen sich in fünf Punkten zusammenfassen. Erstens können Menschen gar nicht perfekt rational entscheiden, weil ihnen in der Praxis die Voraussetzungen dafür fehlen. Sie verfügen weder über alle notwendigen Informationen noch sind ihre Zielsetzungen (Präferenzen) stabil. Bei ihren Entscheidungen orientieren sie sich vielmehr an erprobten und bewährten Heuristiken [vereinfachende Erklärungstechniken], nach denen Ver-

haltensweisen zustande kommen, die vom Rationalverhalten deutlich abweichen können. Derartige Alltagsheuristiken bestehen darin, dass man sich erstens mit befriedigenden Alternativen anstelle einer optimalen zufrieden gibt (satisficing), man sich an hervorstechenden Merkmalen orientiert (Repräsentativität) oder auch verschiedenen Schemata folgt, Ankersituationen bevorzugt, bei Gewinnchancen Verzerrungen in Kauf nimmt oder einfach Verluste vermeidet. Menschen streben zweitens nicht immer nur nach Vorteilen, sie zeigen häufig auch ein beachtlich starkes Gefühl der Fairness/Gerechtigkeit. Daraus lassen sich ethisch begründete Abweichungen vom logisch rationalen Handeln ableiten [...], so die Neigung der Menschen, anderen möglichst wenig schaden zu wollen (no harm). Auch zeigt es sich häufig, dass Menschen einen kurzfristigen, schnell zu erzielenden Nutzen einem langfristigen späteren vorziehen (fixed pie), dass sie sich gerne am Herkömmlichen, am Gewohnten orientieren (status quo), dass sie Fremden gegenüber Vorbehalte zeigen und dass sie ihre subjektiven Ansprüche legitimer einschätzen als die anderer Leute [...]. Darüber hinaus verfügen Menschen drittens nur über ein begrenztes Maß an Selbstkontrolle, so dass sie [...] nur begrenzt längerfristig planen und daher rational entscheiden können, Außerdem unterliegen sie viertens einem hohen Konformitätsdruck, weil sie ihr Verhalten am Verhalten anderer Leute

Menschen entscheiden sich eher für den kurzfristigen, schnell zu erzielenden Nutzen, als für den langfristigen, späteren („fixed pie").

messen und mit diesen „mithalten" wollen. Darin zeigt sich u.a., dass sie fünftens auch andere als rationale Ziele verfolgen und gelegentlich intrinsischen Motivationen, z.B. der sozialen Wertschätzung, den Vorzug vor rationalen geben.

Diese Beobachtungen und Einwendungen gegen das neoklassische Modell des *homo oeconomicus* dürfen allerdings nicht in dem Sinne missverstanden werden, als ob die Verhaltensökonomik daraus schlussfolgern würde, die Menschen verhielten sich bei ihren ökonomischen Entscheidungen schlichtweg irrational. [...] Menschen handeln in konkreten ökonomischen Situationen nicht irrational, sondern eben beschränkt rational.

Toni Pierenkemper, Geschichte des modernen ökonomischen Denkens, Göttingen 2012, S. 214-216

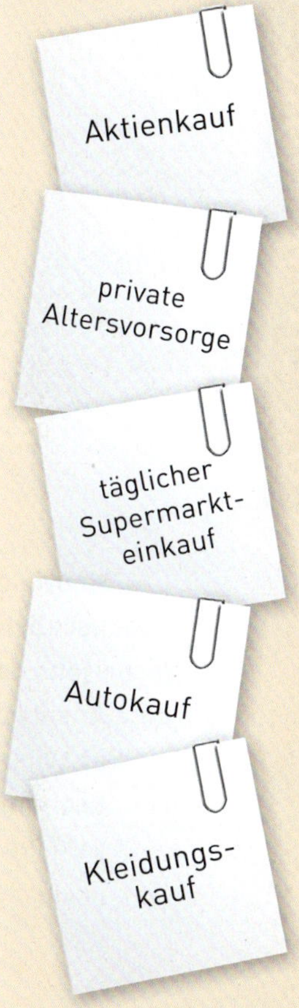

Aufgaben

1. Fassen Sie die Ergebnisse des Ultimatumspiels sowie der beschriebenen ökonomischen Experimente zusammen (M 5, M 6).
2. Überprüfen Sie, ob bzw. inwieweit die Ergebnisse mit dem *Homo oeconomicus*-Modell erklärt werden können (M 5, M 6, Kap. 5.2.1 M 4).
3. a) Entwickeln Sie verallgemeinerte, möglichst realitätsnahe Annahmen über das ökonomische Verhalten von Menschen in den in der Randspalte angegebenen Situationen.
   b) Vergleichen Sie Ihre Annahmen über das menschliche Verhalten mit den Erkenntnissen der Verhaltensökonomik (M 7).
4. Beurteilen Sie vergleichend den Erklärungswert des *Homo oeconomicus*-Modells und den der Verhaltensökonomie für menschliches Agieren in wirtschaftlichen Entscheidungssituationen (M 2–M 7).

H zu Aufgabe 4
Berücksichtigen Sie folgende Aussage: Die „Vertreter [der Verhaltensökonomik] können lediglich auf Unzulänglichkeiten des Standardmodells [homo oeconomicus] [...] verweisen und Vorschläge zu einer systematischen Erweiterung des Modells unterbreiten." (Pierenkemper, a.a.O., S. 216)

ORIENTIERUNGSWISSEN

Das neoklassische ökonomische Verhaltensmodell *(Homo oeconomicus)* M 4

Das Verhaltensmodell des *Homo oeconomicus* ist eine rein theoretische Annahme, die als Ausgangspunkt für die Berechnung bzw. Abschätzung des Verhaltens von Gruppen in ökonomischen Entscheidungssituationen dient. Es wird festgestellt, dass sich der ökonomisch handelnde Mensch auf der Basis umfassender Informationen und **feststehender Präferenzen** rational und egoistisch bzw. seinen **eigenen Nutzen maximierend** verhält (wobei Nutzen nicht nur materiell oder gar finanziell verstanden wird). Ökonomische Akteure würden also auf äußere **Restriktionen** bzw. **Anreize** berechenbar reagieren. Diese Grundannahme macht die neoklassische Verhaltenstheorie vor allem für die Wirtschafts- und Umweltpolitik besonders interessant. Da mit dem Modell Schlüsse über das Kollektiv- auf der Basis von Annahmen über das Individualverhalten gezogen werden sollen, spricht man auch von **„methodologischem Individualismus"**.

Nicht erst seit dem irrationalen Verhalten vieler Finanzmarktakteure im Entstehen und im Zuge der Finanz- und Wirtschaftskrisen der vergangenen Jahre wird das lange Zeit wissenschaftlich vorherrschende Modell als deutlich zu realitätsfern und teilweise als ideologisch kritisiert. Wirtschaftspolitische Entscheidungen fänden hier eine nur unzureichende Basis.

Theorie des menschlichen Verhaltens nach dem Ansatz der Behavioural Economics *(„Verhaltensökonomik")* M 7

Im Gegensatz zur neoklassischen Wirtschaftswissenschaft geht die Schule der Verhaltensökonomik empirisch vor. Annahmen und (Alltags-)Beobachtungen sollen mittels geeigneter Experimente überprüft werden.

Dabei haben die *„Behavioural Economics"* eine Reihe von (kulturell teilweise abweichenden) Verhaltensweisen identifiziert, die sich in drei Kategorien unterteilen und die den Menschen keineswegs als rationalen, egoistischen Nutzenmaximierer erscheinen lassen: Erstens arbeiten Menschen in (ökonomischen) Entscheidungssituationen mit **Heuristiken**. Z. B. orientieren sie sich beim Abschätzen von Mengen an ihrem ersten Richtwert, obwohl das Schätzergebnis objektiv unwahrscheinlich ist („Verankerungsheuristik"). Zweitens kommt es zu **kognitiven Verzerrungen**. Z. B. neigen Menschen dazu, das Gleiche immer wieder zu tun (etwa beim Kauf eines Produkts), auch wenn dadurch höhere ökonomische Kosten entstehen als bei einer Alternative („Status Quo Bias"); oder an etwas (z. B. einer Aktie) wird trotz absehbar steigender ökonomischer Verluste festgehalten („Sunk-Cost-Fallacy"). Auch der sogenannte Herdentrieb (sich irrationalen Gruppenentscheidungen anschließen) und der „Confirmation Bias" (Bestätigungstendenz der einmal gefassten Meinung) gehören in diese Kategorie. Drittens sind **Fairness und Gerechtigkeitsempfinden** kulturell tief verwurzelt, weswegen in ökonomischen Experimenten (z. B. Ultimatumspiel) eigene wirtschaftliche Nachteile in Kauf genommen werden, um Spieler zu „bestrafen", die sich zuvor unkooperativ zeigten.

Alle diese Verhaltensweisen dienen entweder der kognitiven Komplexitätsreduktion oder der Konsolidierung des sozialen Zusammenhalts, haben also wichtige Funktionen. Nicht alle angenommenen ökonomischen Verhaltensweisen lassen sich allerdings experimentell nachweisen (z. B. Herdenverhalten).

Entscheidungssituation Hut-Kauf

Aufgaben

1. Beschreiben Sie die Bilderfolge.
2. Ordnen Sie die Abbildung in Ihnen bekannte ökonomische Ansätze zur Erklärung menschlichen Verhaltens in wirtschaftlichen Entscheidungssituationen ein.
3. Beurteilen Sie den Nutzen des *Homo oeconomicus*-Modells auf der einen und der Annahmen der Verhaltensökonomik auf der anderen Seite für politische Entscheidungen. Konkretisieren Sie Ihre Aussagen an Beispielen aus der Wirtschafts-, Umwelt- oder Sozialpolitik.

Heiko Sakurai

Klaus Stuttmann

Klaus Stuttmann

Thomas Plaßmann, Baaske Cartoons

6 Wirtschaftspolitik am Beispiel des Beschäftigungsproblems

Arbeit ist zentral für die menschliche Existenz, umso mehr ist Arbeitslosigkeit eines der großen Lebensrisiken, dessen Bekämpfung eine zentrale (wirtschafts)politische Gestaltungsaufgabe ist.
In diesem Zusammenhang werden Sie zunächst das Phänomen als gesellschaftliches Problem genauer untersuchen (Kapitel 6.1) und die sozialen Sicherungssysteme kennen lernen und beurteilen, welche in Deutschland im Falle von Arbeitslosigkeit greifen (Kapitel 6.2). Sie werden unterschiedliche Problemdiagnosen und darauf bezogene Lösungsvorschläge kennenlernen und bewerten. Im Einzelnen untersuchen Sie den Zusammenhang von Wirtschaftswachstum und Beschäftigungsstand (Kapitel 6.3) und vergleichen die grundlegenden wirtschaftspolitischen „Schulen" der Nachfrage- bzw. Angebotsorientierung, die die *konjunkturellen* Herausforderungen des Beschäftigungsproblems zu beeinflussen versuchen.
Arbeit sollte darüber hinaus zu einem auskömmlichen Einkommen führen. In Deutschland ist die Forderung nach einem gesetzlichen, branchenübergreifenden Mindestlohn laut geworden, dessen *ordnungspolitischen* Implikationen Sie in Kapitel 6.4 nachgehen. Zudem analysieren Sie am Beispiel der Stadt Wolfsburg sowie der Jugendarbeitslosigkeit in Europa Strategien, *strukturelle* Ursachen von Arbeitslosigkeit durch regionale und sektorale Strukturpolitik zu überwinden (Kapitel 6.5). Abschließend (Kapitel 6.6) sollte diskutiert werden, ob nicht Arbeitslosigkeit zu den Grundtatsachen moderner kapitalistischer Ökonomien zählt, deren Überwindung nur mit systemverändernden Maßnahmen erfolgreich begegnet werden kann.

Aufgaben

1. Analysieren Sie (arbeitsteilig, z. B. in der Placematmethode) die Karikaturen. Wenden Sie die fachspezifische Methode „Karikaturanalyse" an.
2. Erläutern Sie die sozial- und arbeitsmarktpolitischen Herausforderungen und Konflikte, die thematisiert werden.

KOMPETENZEN

Am Ende dieses Kapitels sollten Sie Folgendes wissen und können:

... Messung von und Ausmaß der individuellen und gesamtgesellschaftlichen Folgen von Arbeitslosigkeit beschreiben.

... Leistungen sozialer Sicherung bei Arbeitslosigkeit und ihre grundlegenden Prinzipien erläutern und beurteilen.

... die konjunkturelle Dimension des Beschäftigungsproblems analysieren sowie konjunkturpolitische Maßnahmen staatlicher Wirtschaftspolitik wirtschaftstheoretisch einordnen.

... ordnungspolitische Eingriffe am Arbeitsmarkt analysieren und beurteilen.

... die strukturpolitische Dimension des Beschäftigungsproblems analysieren sowie Maßnahmen regionaler bzw. staatlicher Strukturpolitik beurteilen.

... konkrete Utopien zur Bewältigung des Beschäftigungsproblems analysieren und beurteilen.

6.1 Arbeitslosigkeit – ein gesellschaftliches Problem

6.1.1 Individuelle und gesamtgesellschaftliche Folgen von Arbeitslosigkeit

M 1 ● Zwei von drei Millionen – Arbeitslosigkeit aus individueller Perspektive

Claudia Pflug, 27, arbeitet als Projektleiterin in einem Nürnberger Ingenieurbüro, als sie arbeitslos wird. Sie verdient dort mit 3.000 Euro im Monat mehr als ihre Eltern in Zittau zusammen. Sie fühlt sich wohl im Unternehmen, weil ihr – in der „Männerwelt“ des Baus – viel zugetraut wird.

Ihre Eltern ruft Claudia Pflug zunächst nicht an, auch ihren Freund Thomas nicht, mit dem sie in einem Reihenhaus am Rande Nürnbergs wohnt, 140 Quadratmeter, mit einem kleinen Garten. Claudia Pflug will innerlich vorbereitet sein, wenn sie mit anderen über die Kündigung spricht, sie will sich schon einer Lösung nähern. [...]

Erst am Abend erzählt sie Thomas von ihrem Rausschmiss. Er weiß, was eine Kündigung anrichten kann. Thomas ist fast zwanzig Jahre älter als seine Freundin, Vertriebsleiter in einer Nürnberger Firma, zuständig für Personal. Dem Unternehmen geht es nicht gut, und Thomas muss vielen Leuten kündigen. Bis zum Jahresende wird er acht Niederlassungen seiner Firma „auflösen“ müssen. Manchmal weinen Menschen, wenn sie sein Büro verlassen, manchmal beschimpfen sie ihn. [...]

Claudia Pflug beginnt Bewerbungen zu schreiben, bis tief in die Nacht. „Ich suche ein neues berufliches Wirkungsfeld“, beginnen ihre Briefe, und sie enden mit dem Satz: „...und freue mich über eine Einladung.“ Hervorragende Arbeitszeugnisse fügt sie hinzu [...]. Später wird sie eine Eintragung hinzufügen müssen, die jeder Personalchef gleich versteht: „Neuorientierung“. Arbeitslos. [...]

Es geht ihr nicht schlecht, zumindest klagt sie nicht. Rund 1.100 Euro Arbeitslosengeld, ein finanzieller Ruin sähe anders aus. Um halb acht steht sie morgens auf, weil sie den Rhythmus nicht verlieren will, den sie hatte, als sie noch arbeitete. Sie bewirbt sich bei der Fachhochschule Nürnberg, einer TÜV-Akademie, bei Audi, Strabag, Hochtief, Bilfinger & Berger, Ruhrgas, Ikea. Sie schreibt und schreibt. Vergeblich. „Wir hoffen, dass Sie unsere Entscheidung bei Ihrer Suche nach einem Arbeitsplatz nicht entmutigt“, antwortet Audi. [...]

In der Industrie- und Handelskammer erfährt Claudia Pflug von einem Weiterbildungskurs zur Pharmareferentin, aber das Arbeitsamt, das früher massenhaft Umschulungen zahlte, will für die Fortbildung nicht aufkommen. Nur noch selten finanziert die Behörde heute solche Maßnahmen. [...]

An einem Nachmittag im Dezember ruft Thomas an und macht nicht viele Worte. [...] Es liegt in der Logik der vergangenen Monate, dass am Ende auch Thomas entlassen wird, nachdem er all seine Leute entlassen hat. Es gibt nichts mehr für ihn zu tun. [...]

Manager, einfache Angestellte, Arbeiter – jeden kann es treffen, jederzeit. Kaum jemand kann sich sicher fühlen, egal, wie gut er ist, egal, wie viel er leistet. Das ist das neue Merkmal des bekannten Unglücks Arbeitslosigkeit. Unternehmerisches Denken lernen viele Mitarbeiter in Firmen inzwischen, und deswegen macht ihnen eine Kündigung besonders zu schaffen. „Sie denken in den Bahnen eines Arbeitgebers und schreiben sich selbst eine Mitschuld an ihrem Schicksal zu", sagt der Berliner Soziologe Martin Kronauer [...]. Und je länger die Phase ohne Job dauert, desto mehr erhärtet sich in den Köpfen der Personalchefs die Unterstellung, dass ein Bewerber nichts tauge, und nur, weil ihn noch niemand eingestellt hat. Der Soziologe Kronauer sagt: „Arbeitslosigkeit wird zu einem persönlichen Makel, für den man persönlich gar nichts kann." [...]

Claudia Pflugs Freund Thomas ist 46 Jahre alt, als er seinen Job verliert. [...] „Wer weiß, ob ich wieder was finde", sagt er, „Claudia, wir müssen handeln. Die Kosten müssen runter." Die beiden verabschieden sich von ihren Nachbarn in der Nürnberger Reihenhaussiedlung und ziehen nach Wassermungenau, in ein abgeschiedenes fränkisches Dorf, wo die neue Wohnung im Dachgeschoss nur 500 Euro Miete kostet, halb so viel wie im Reihenhaus. [...] Die beiden geben kein Geld mehr für Bücher oder Wein aus, Lebensmittel kaufen sie nur noch in Discountmärkten, und sie kündigen Versicherungen. Gemeinsam schreiben sie Bewerbungen. Gemeinsam schauen sie sich die Absagen an. Zehn, zwanzig, fünfzig Absagen. Sie hören auf zu zählen. [...]

Zu Hause zieht Thomas sich immer öfter zurück und starrt schweigend an die Decke. Manchmal weint er, selten. [...] Abends reden die beiden, kochen, essen, trinken, lesen, schreiben, bis um zwei in der Nacht. Der Abend ist eine Entschädigung für den Tag, und deswegen dehnen sie diese wertvollen Stunden. Der Abend darf kein Ende nehmen, denn am nächsten Morgen schiebt der Postbote wieder Absagen in den Briefschlitz. Claudia und Thomas gelingt es nicht mehr, früh aufzustehen. Sie beginnen zu begreifen, dass der Lebensrhythmus eines Arbeitslosen nicht aus Verwahrlosung entsteht, sondern aus Angst vor der Zukunft. [...]

Mit Freunden und Verwandten treffen sich die beiden nur noch selten. „Gibt's was Neues?", wollen die Eltern wissen, und plötzlich ist diese Frage sehr speziell gemeint. „Bewerbt ihr euch denn auch regelmäßig?", erkundigen sich Freunde. Claudia und Thomas können diese Fragen nicht mehr hören. [...] „Exklusion" nennen Forscher diese Erfahrungen. Ausschluss aus der sozialen Gemeinschaft. [...] Nichtarbeit heißt Statusverlust und Vereinzelung, weil man in Deutschland nur „drin" ist, wenn man Arbeit hat, und ohne die ist man „draußen". [...]

Wartebereich einer Arbeitsagentur

Nur noch selten wird Claudia Pflug zu einem Vorstellungsgespräch eingeladen. Das Theaterspielen hängt ihr ohnehin zum Hals raus. „Warum bewerben Sie sich bei uns?", fragen die Personalchefs. „Weil ich ein modernes Unternehmen suche", antwortet Claudia Pflug pflichtschuldig und sagt still zu sich selbst: „Weil ich arbeitslos bin, verdammt." Seit sechs Monaten ist [Thomas] ohne Job, Claudia seit acht Monaten. Werden daraus zwölf Monate, gelten sie als langzeitarbeitslos, ihre Chancen sinken dann dramatisch, und sie würden [...] das sogenannte Arbeitslosengeld II erhalten, das deutlich niedriger ausfällt als ihr gegenwärtiges Arbeitslosengeld, das sich als Versicherungsleistung am bisherigen Verdienst orientiert. [...] Wochen später bekommt Thomas einen Job als Vertriebsleiter im Rheinland. [...]

Zehn Monate ist [Claudia] bald arbeitslos. Zwei Monate mehr, und sie würde, im Alter von 28 Jahren, zu einem ernsthaften „Vermittlungsproblem". Aber dazu kommt es nicht, weil das Arbeitsamt im fränkischen Weißenburg ihr Ende Juli schreibt: „Ich freue mich, Ihnen folgende Arbeitsstelle vorschlagen zu können: Tätigkeit Arbeitsvermittler/in, Betriebsart Arbeitsamt." Langzeitarbeitslosen soll Claudia Pflug künftig Jobs vermitteln, den schwierigsten „Kunden", die [...] seit 2005 mit deutlich weniger Geld auskommen und jede Stelle annehmen müssen. Claudia Pflug freut sich riesig über das Angebot und greift sofort zu, öffnet bei ihrer Vermittlerin im Arbeitsamt ausgelassen eine Flasche Sekt und sagt: „Jetzt bin ich bei Ihnen." Zwar verdient die neue Kollegin Pflug im Amt netto etwa so viel Geld, wie dieses Amt vorher der Arbeitslosen Pflug zahlte, gut 1.100 Euro. Aber sie kann etwas bewirken, für sich und für die „Kunden". [...]

Sie hat es von nun an mit Menschen zu tun, die längst sind, was sie selbst zu werden drohte. Es ist, als könne sie in einer Glaskugel Bilder einer Zukunft sehen, der sie nur knapp entkommen ist. Claudia Pflug zieht in ein graues Büro am Ende eines hellen Korridors, bekommt nach und nach 60 Aktenmappen hereingereicht, 60 Fälle, 21 Erwachsene, 39 Jugendliche, schlecht ausgebildet, reich an persönlichen Problemen. Für den richtigen Arbeitsmarkt eignen sich die wenigsten, die meisten sollen notgedrungen „gemeinnützig arbeiten", als Gärtner oder Hilfsarbeiter. [...] Zu unmotivierten „Kunden" sagt sie: „Viele Menschen müssen unter ihrem Niveau arbeiten." Die Arbeitslosen ahnen nicht, dass die Vermittlerin mit diesem Satz auch sich selbst beschreibt. „Überleg doch mal", sagt sie den Jungen, „wenn du diesen Job nicht machst, hast du bald gar nichts mehr." [...] Auch um sich selbst muss sich Claudia Pflug kümmern. Ihr Arbeitsvertrag ist befristet und endet im November, und sie schaut sich wieder nach neuen Stellen um. Vorsorglich hat ihr das Amt schon jetzt einen Brief geschickt. „Damit Ihnen Ihr Arbeitslosengeld nicht gekürzt wird, müssen Sie sich 3 Monate vor Ablauf des Arbeitsverhältnisses persönlich beim Arbeitsamt arbeitsuchend melden."

Stefan Willeke, Wie man in Deutschland arbeitslos ist, in: Die Zeit, 7/2004 (bearbeitet und aktualisiert)

M 2 ● Psycho-soziale Folgen von Arbeitslosigkeit

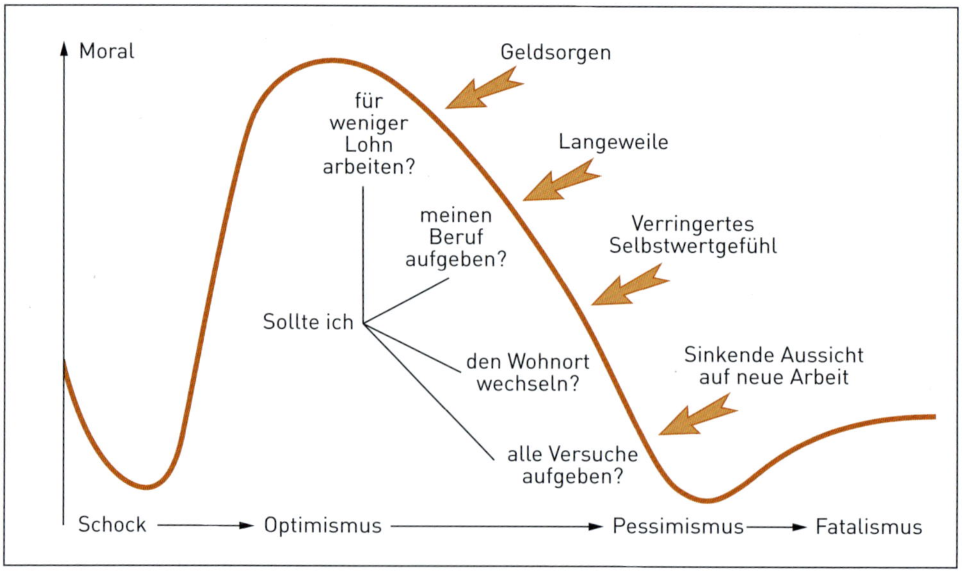

Bundesanstalt für Arbeit (Hg.), Überlegungen II zu einer vorausschauenden Arbeitsmarktpolitik, 1978, S. 209

M 3 ● Ausmaß von Arbeitslosigkeit in Deutschland

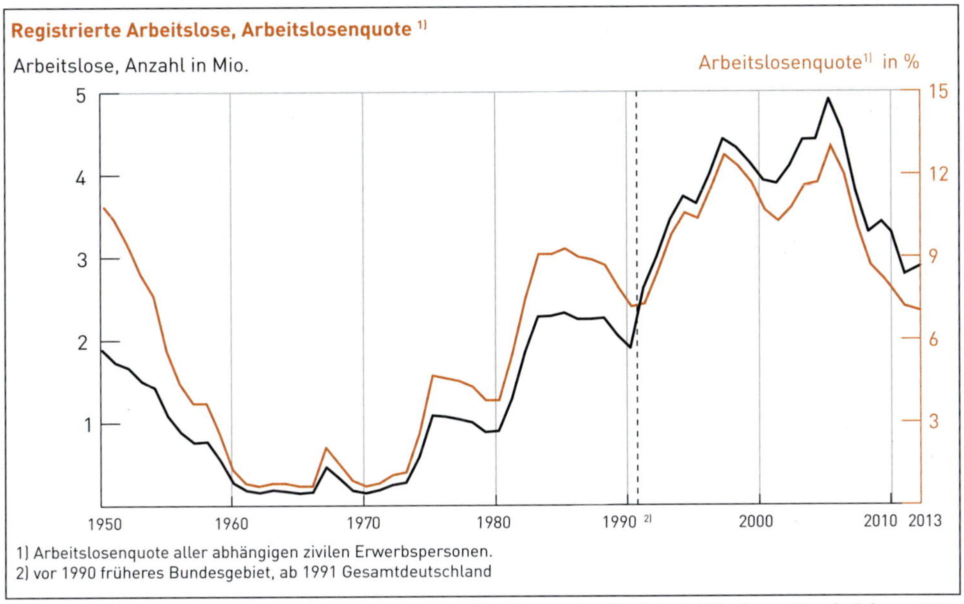

Bundesagentur für Arbeit, Nürnberg, Stand: Februar 2014

M 4 ● Die gesellschaftlichen Kosten von Arbeitslosigkeit

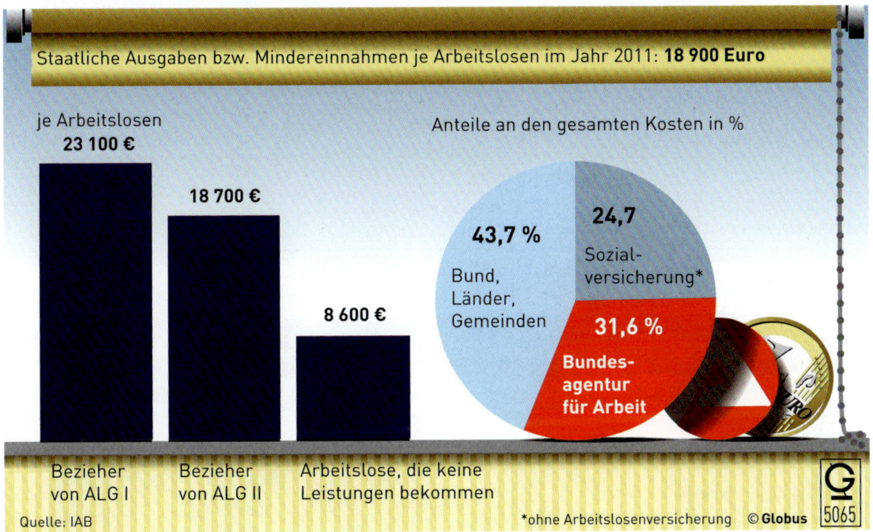

Aufgaben

1. Beschreiben Sie die Lebensumstände von Claudia Pflug und ihrem Freund in den unterschiedlichen Phasen ihres Erwerbs(losen)lebens (M 1).
2. Stellen Sie die Ursachen sowie die Folgen der Arbeitslosigkeit der Betroffenen dar (M 1, M 2).
3. Beschreiben Sie die Entwicklung der Arbeitslosigkeit in Deutschland (M 3).
4. Erläutern Sie, weshalb die Bekämpfung der Arbeitslosigkeit als eine der wichtigsten Zukunftsaufgaben von Politik und Gesellschaft bezeichnet wird (M 1-M 4).

H zu Aufgabe 2
Unterscheiden Sie zwischen individuellen und wirtschaftlichen/gesamtgesellschaftlichen Ursachen von Arbeitslosigkeit. Folgen von Arbeitslosigkeit können zwischen Auswirkungen auf das Individuum, seine sozialen Beziehungen sowie die Einbindung in die (Gesamt-)Gesellschaft unterschieden werden. Gestalten Sie Ihre Lösung als Mindmap.

6.1.2 Wie misst man Arbeitslosigkeit?

Arbeitslosigkeit
→ vgl. Kapitel 7.2.1

M 5 ● Wie wird Arbeitslosigkeit erfasst?

Definition in Deutschland nach § 16 und § 138 SGB III:
Arbeitslose sind Personen, die
- vorübergehend nicht in einem Beschäftigungsverhältnis stehen oder
- nur eine geringfügige (weniger als 15 Stunden wöchentlich) bzw. kurzzeitige Beschäftigung ausüben, eine versicherungspflichtige Beschäftigung suchen und dabei den Vermittlungsbemühungen der Agentur für Arbeit zur Verfügung stehen;
- sich bei der Agentur für Arbeit arbeitslos gemeldet haben;
- sich bemühen, ihre Beschäftigungslosigkeit zu beenden (Eigenbemühungen)

Die Arbeitslosenquote wird berechnet, indem die registrierten Arbeitslosen zu den (zivilen) Erwerbspersonen (= Erwerbstätige + Arbeitslose) in Beziehung gesetzt werden.

$$\text{Arbeitslosenquote} = \frac{\text{Registrierte Arbeitslose}}{\text{Erwerbsperson}} \times 100$$

<table>
<tr><th colspan="4">Wohnbevölkerung</th></tr>
<tr><td colspan="3">Personen im erwerbsfähigen Alter</td><td>Personen im nicht erwerbsfähigen Alter</td></tr>
<tr><td colspan="2">Erwerbspersonen
(Alle statistisch erfassten Personen, die eine Erwerbstätigkeit ausüben oder ausüben wollen)</td><td colspan="2">Nichterwerbspersonen
(Personen, die keinerlei auf Erwerb ausgerichtete Tätigkeit ausüben oder suchen)</td></tr>
<tr><td rowspan="2">Erwerbstätige
(Personen, die in einem Arbeitsverhältnis stehen, ein Gewerbe, eine Landwirtschaft betreiben oder einen freien Beruf ausüben)</td><td colspan="2">Arbeitslose
(erwerbsfähige und erwerbswillige Personen)</td><td rowspan="3"></td></tr>
<tr><td>Registrierte Arbeitslose</td><td>Stille Reserve</td></tr>
<tr><td colspan="3">Erwerbspersonenpotenzial</td></tr>
</table>

Jürgen Pätzold, Daniel Baade, Stabilisierungspolitik, 7. Auflage, München 2008, S. 17

M 6 ● Was die Statistik nicht erfasst – verdeckte Arbeitslosigkeit und „Stille Reserve“

Die üblichen Darstellungen von Arbeitslosenzahlen und -quoten basieren auf der registrierten Arbeitslosigkeit. Nach dem SGB III zählen jene Personen als arbeitslos, die sich bei einer Arbeitsagentur oder einem Grundsicherungsträger (Jobcenter oder Kommune) gemeldet haben, im erwerbsfähigen Alter zwischen 15 und 65 Jahren sind, nicht in einem Beschäftigungsverhältnis stehen, ein solches suchen und zur Vermittlung zur Verfügung stehen. Personen in der sogenannten „Stillen Reserve“, die auf der Suche nach einer Erwerbsarbeit sind, aber nicht arbeitslos gemeldet sind, oder die an zwischenzeitlichen Maßnahmen der Arbeitsmarktpolitik teilnehmen, bleiben deshalb bei den amtlich gemeldeten Arbeitslosenzahlen unberücksichtigt.

Die Größenordnung der Stillen Reserve

hängt zum einen von deren Definition, d.h. von der Festlegung des Personenkreises ab. Zum anderen ist zu beachten, dass die Zahlen z.T. auf Schätzungen beruhen. Nach dem Konzept des Instituts für Arbeitsmarkt- und Berufsforschung (IAB) der Bundesagentur für Arbeit gehören zur Stillen Reserve insbesondere:

(1) Personen, die beschäftigungslos sowie verfügbar sind und Arbeit suchen, ohne als Arbeitslose registriert zu sein,

(2) Personen, die die Arbeitsuche entmutigt aufgegeben haben, aber bei guter Arbeitsmarktlage Arbeitsplätze nachfragen würden,

(3) Personen in arbeitsmarktpolitischen Maßnahmen und in Warteschleifen des Bildungs- und Ausbildungssystems.

Die Personen (1) und (2) werden als Stille Reserve im engeren Sinne definiert. Es kann sich hierbei u.a. um Frauen handeln, die nach einer Erziehungsphase wieder ins Erwerbsleben einsteigen wollen, aber auch um Rentnerinnen und Rentner, die über Vorruhestandsmaßnahmen frühzeitig aus dem Erwerbsleben ausgeschieden sind, oder um Jugendliche, die ihren Berufseinstieg aufgrund der schlechten Beschäftigungschancen hinauszögern.

www.sozialpolitik-aktuell.de (2013)

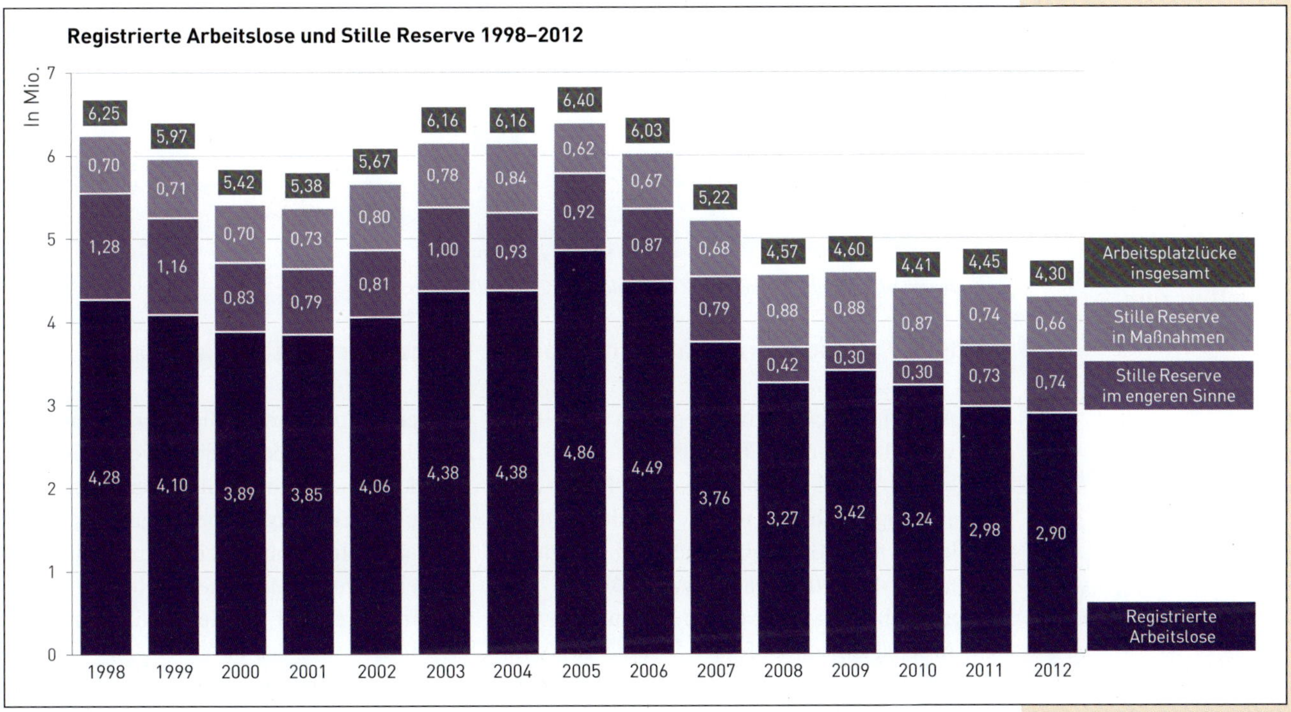

Institut für Arbeitsmarkt- und Berufsforschung (IAB): Kurzbericht 23/2005, 15/2007, 4/2009, 3/2012; 06/2013

Aufgaben

1. Beschreiben Sie das Instrumentarium zur statistischen Erfassung von Arbeitslosigkeit (M 5).
2. Erläutern Sie das mögliche Interesse der Regierung, durch bestimmte Messverfahren die Arbeitslosigkeit niedriger erscheinen zu lassen (M 6).
3. Beurteilen Sie die Entwicklungen am deutschen Arbeitsmarkt unter Berücksichtigung der „offiziellen" Arbeitslosenquote (M 2) sowie der nicht erfassten Erwerbslosen (M 6).

H zu Aufgabe 1
Berücksichtigen Sie dabei die individuellen und gesamtgesellschaftlichen Folgen von Arbeitslosigkeit als einen (möglichen) Bewertungsmaßstab.

6.1.3 Wer wird arbeitslos? Risikogruppen am Arbeitsmarkt

M 7 ● Wer wird arbeitslos?

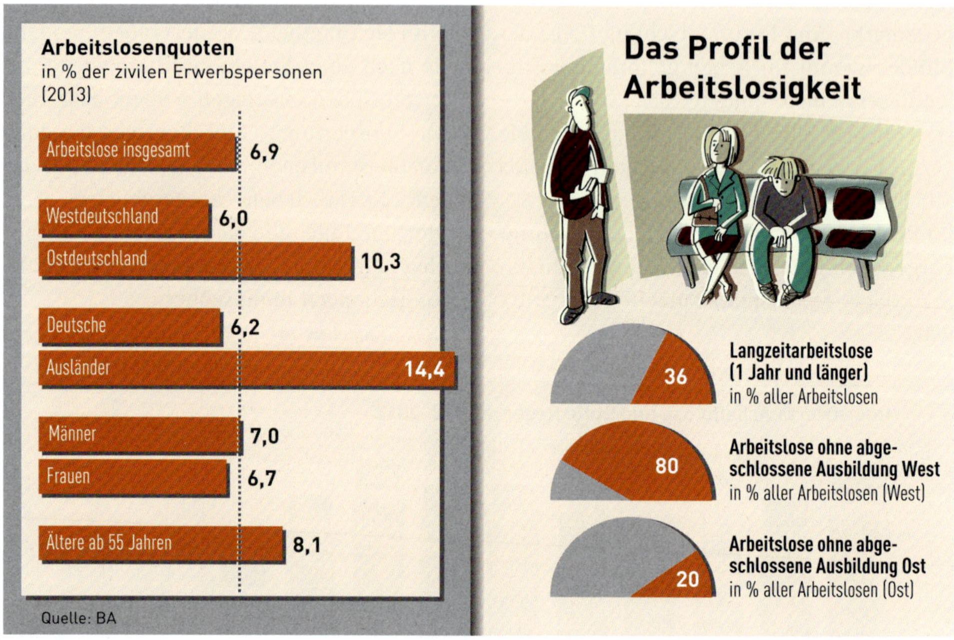

Bergmoser + Höller Verlag AG, Zahlenbilder, 258 330 (aktualisiert)

M 8 ● Besonderer Handlungsbedarf: Langzeitarbeitslosigkeit

Auch Langzeitarbeitslose sollen nach den Vorstellungen von Bundesagentur für Arbeit (BA) und Kommunen endlich vom Beschäftigungsboom profitieren: durch neue Ideen, mehr Geld, aber auch mehr Engagement der Wirtschaft. „Wir können uns nicht dauerhaft mit einem harten Kern von Arbeitslosigkeit abfinden", sagte BA-Vorstand Heinrich Alt. [...] Während die Zahl der Arbeitslosen insgesamt in den vergangenen Jahren unter die Marke von drei Millionen gesunken sei, erweise sich die Zahl der Menschen, die über lange Zeit Hartz-IV-Leistungen beziehen, als „sehr statisch". Insgesamt seien drei Millionen erwerbsfähige Menschen seit zwei oder mehr Jahren auf solche Leistungen angewiesen.

Zusammen mit Städten und Landkreisen kündigte die BA eine Offensive zum Abbau der Langzeitarbeitslosigkeit an [...]. Nötig seien passgenaue Instrumente vor Ort, um auf die unterschiedlichen Bedürfnisse von Alleinerziehenden, Jüngeren ohne jegliche Ausbildung und Menschen mit Migrationshintergrund eingehen zu können. [...] Die Forderung nach einem flächendeckend geförderten zweiten Arbeitsmarkt sieht er skeptisch [...].

dpa, Städte und Bund wollen mehr für Langzeitarbeitslose tun, in: Wirtschaftswoche, 4.2.2014

Informationsquellen zum Arbeitsmarkt

- Institut für Arbeitsmarkt- und Berufsforschung, das Forschungsinstitut der Bundesagentur für Arbeit: www.iab.de
- Informationsportal von Sozialwissenschaftlern der Universität Duisburg-Essen: www.sozialpolitik-aktuell.de

Info

Langzeitarbeitslosigkeit

Bezeichnung für Arbeitslosigkeit, bei der Personen ein Jahr und länger ohne Beschäftigung sind. Aus volkswirtschaftlicher Sicht gilt Langzeitarbeitslosigkeit als Indikator für eine ungünstige Arbeitsmarktverfassung; so wird der Anteil Langzeitarbeitsloser z. B. herangezogen, um im Ländervergleich flexible Arbeitsmärkte (USA) von verfestigten, überregulierten (z. B. Deutschland, Frankreich) zu unterscheiden.

Meyers Onlinewörterbuch

M 9 ● Risikofaktor Alter

Von je 100 Erwerbslosen in der entsprechenden Altersgruppe waren im Dezember 2013 so lange auf Arbeitssuche:

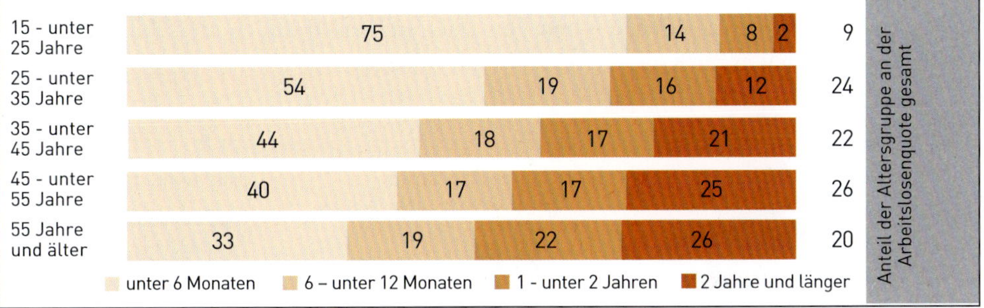

Bundesagentur für Arbeit, Nürnberg, Februar 2014, rundungsbedingte Differenzen

Erklärfilm zur Altersarmut (Mediencode: 73004-06)

M 10 ● Qualifikation und Arbeitslosigkeit

Qualifikationsspezifische Arbeitslosenquote in Deutschland 1975 bis 2011, in Prozent

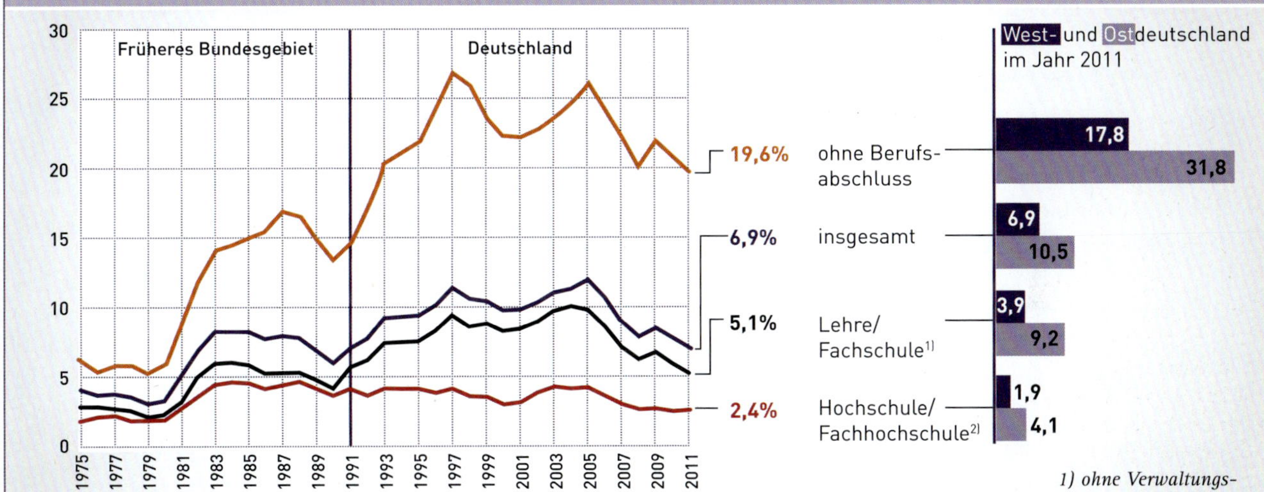

Anmerkung: Arbeitslose in Prozent aller zivilen Erwerbspersonen (ohne Auszubildende) gleicher Qualifikation; Erwerbstätige ohne Angabe zum Berufsabschluss nach Mikrozensus je Altersklasse proportional verteilt; bis 2004 Erwerbstätige im April; ab 2005 Erwerbstätige im Jahresdurchschnitt.

1) ohne Verwaltungsfachhochschulen
2) einschl. Verwaltungsfachhochschulen

IAB-Kurzbericht 4/2012

Aufgaben

1. Analysieren Sie die Statistiken (M 7, M 9, M 10) hinsichtlich des Arbeitsmarktrisikos unterschiedlicher Personengruppen.
2. Charakterisieren Sie Risikogruppen auf dem deutschen Arbeitsmarkt anhand der Indikatoren Alter, Qualifikation, bisheriger Erwerbsverlauf, und bestimmen Sie darauf aufbauend „Gewinner" und „Verlierer" (M 7-M 10).
3. Die Bekämpfung der Langzeitarbeitslosigkeit gilt als ein vorrangiges Ziel aller Bundesregierungen der vergangenen Jahre. Erklären Sie diese arbeitsmarktpolitische Prioritätensetzung.

H zu Aufgabe 1
Nutzen Sie hierfür die Hinweise zum methodischen Umgang mit Statistiken.

H zu Aufgabe 3
Konkretisieren Sie mögliche Zusammenhänge zwischen den Risikofaktoren Dauer der Arbeitslosigkeit und (niedrige) Qualifikation.

METHODE

Statistiken analysieren

Darstellungsformen

Eine Statistik ist die systematische Sammlung und Ordnung von Informationen in Form von Zahlen. Diese Zahlen werden entweder in Tabellen oder optisch aufbereitet als Diagramme und Schaubilder ausgewertet und dargestellt. Es gibt verschiedene Arten von Diagrammen, die für unterschiedliche Zwecke geeignet sind:

Kreisdiagramm

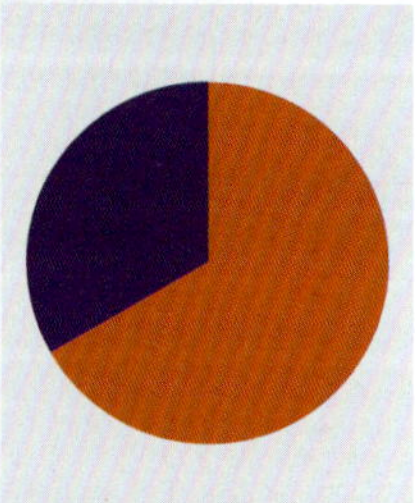

eignet sich besonders gut, um Anteile an Gesamtmengen darzustellen

Balkendiagramm

stellt Zahlenwerte in ihrer Reihenfolge dar

Säulendiagramm

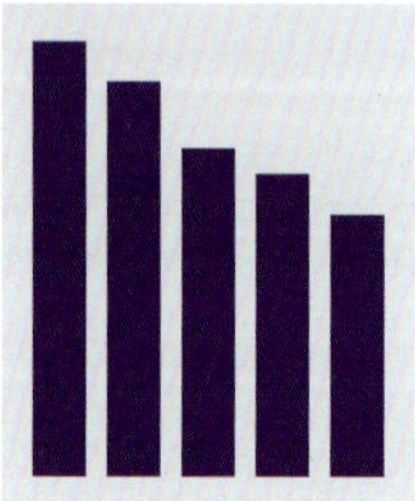

verdeutlicht besonders gut Zeitreihen-Vergleiche

Kurvendiagramm

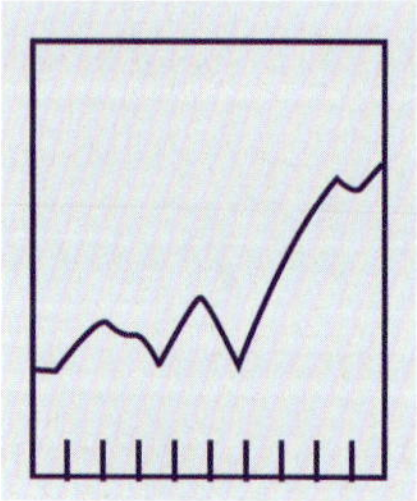

kann Entwicklungslinien bzw. Trendkurven im zeitlichen Verlauf verdeutlichen

Schema der vier gebräuchlichsten Diagrammformen

Schritte zur Analyse von Diagrammen:

1. Einordnen und Beschreiben
- Wer hat in wessen Auftrag die Statistik erstellt?
- Wie wurden die Werte ermittelt?
- Ist die Erhebung repräsentativ?
- Welches Thema wird behandelt (Diagrammüber- oder -unterschrift)?
- Was wird in Beziehung zueinander gesetzt?
- Müssen Begriffe geklärt werden?
- Welche Kriterien des Vergleichs werden verwendet?
- Welche Hinweise erhalten Sie aus der Form der Darstellung (Kreis-, Säulendiagramm etc.)?
- Welche Zahlenarten werden verwendet (absolut/relativ, Prozent- oder Indexzahlen)?
- Wie genau sind die Zahlenwerte (gerundet, geschätzt, vorläufig, „k.A." = „keine Angabe", d. h. Zahlen sind nicht verfügbar)?
- Auf welchen Zeitraum bezieht sich die Statistik? (Achten Sie hier nicht nur auf die dargestellten Zeiträume, sondern auch auf den Zeitpunkt der Diagrammerstellung!)
- Wie sind die Achsen eingeteilt (Zeitsprünge, Maßeinheiten, Verzerrungen durch ungeeignete Gruppenbildung u. a.)?

2. Deuten
- Benennen Sie Minimal- und Maximalwerte.
- Beschreiben Sie Häufigkeitsverteilungen und zeitliche Entwicklungen (gleichmäßig, sprunghaft).
- Werden Verlaufsphasen deutlich (Zu- und Abnahme, Stagnation)?
- Prüfen Sie, ob sich die dargestellten Zahlen vergleichen lassen.
- Zeigen Sie Zusammenhänge auf.
- Leiten Sie Entwicklungstendenzen und Arbeitshypothesen ab.

3. Bewerten
- Ist eine Vergleichbarkeit mit anderen Materialien möglich?
- Entspricht das statistische Material dem unterstellten Aussagewert?
- Ist die gewählte grafische Darstellung geeignet?
- Wurden bei relativen Zahlenangaben die Bezugswerte genannt?

Beispielhafte Analyse

② **Beschreibung:** Die angegebenen Prozentwerte zeigen den Anteil einzelner Gründe an, die in drei Hauptkategorien zusammengefasst sind.

① **Beschreibung:** Die Statistik untersucht die Gründe, die im Jahr 2011 bei den Betroffenen zu Arbeitslosigkeit (im Sinne der Arbeitsmarktstatistik) geführt haben. Diese werden anhand der „Herkunft" von Arbeitslosen aus unterschiedlichen Beschäftigungssituationen erfasst.

Zugang an Arbeitslosen nach Zugangsgründen in % (2011)

	Erwerbstätigkeit			Nichterwerbstätigkeit			Ausbildung und sonstige Maßnahmenteilnahme				Sonstige
	Beschäftigung am 1. Arbeitsmarkt	Beschäftigung am 2. Arbeitsmarkt[1]	Selbstständigkeit	Arbeitsunfähigkeit	fehlende Verfügbarkeit/ Mitwirkung	Sonstige	Fördermaßnahme, sonstige Ausbildung	Betriebliche und außerbetriebliche Ausbildung	Schule/ Studium, schulische Berufsausbildung	Wehr- und Zivildienst	Sonstige/ keine Angabe
	33,9	4,8	1,6	22,5	9,0	0,7	16,8	3,1	3,0	0,5	4,2
Gesamt		40,3			32,2			23,4			4,2
					8.218.118 Millionen						

Zahlen: Bundesagentur für Arbeit

③ **Beschreibung:** Die Daten stammen aus der offiziellen Arbeitsmarktstatistik der Bundesagentur für Arbeit, die als staatliche Institution als vertrauenswürdig angesehen werden kann.
Bewertung:
Einschränkung hinsichtlich der Grenzen des Messverfahrens

⑥ **Beschreibung:** Etwa ein Viertel aller Arbeitslosen hat zuvor an den unterschiedlichsten Bildungsangeboten teilgenommen, wobei der Anteil der Zugänge aus Fördermaßnahmen denjenigen aus Schule und Studium deutlich überwiegt.
Deutung: Der geringe Anteil an Zugängen aus dem „regulären" Bildungsbereich (Schule, schulische Berufsausbildung, Hochschulstudium) verweist auf das vergleichsweise niedrige Arbeitslosigkeitsrisiko gut ausgebildeter junger Menschen, wohingegen die Teilnehmer von Fördermaßnahmen in der Regel gering qualifiziert sind und auch trotz der Fördermaßnahme wieder arbeitslos werden statt einen Zugang zum Arbeitsmarkt zu finden.

⑤ **Beschreibung:** Der mit Abstand größte Anteil der Arbeitslosen (~40 %) ging vor Beginn der Erwerbslosigkeit einer Erwerbstätigkeit nach, wobei der Zugang aus dem „Ersten Arbeitsmarkt" – entsprechend der Relevanz für alle Erwerbspersonen – dominiert.

④ **Beschreibung:** Im Jahr 2011 waren – im gesamten Jahresverlauf – gut 8 Mio. Menschen (= 100 %) zumindest vorübergehend von Arbeitslosigkeit betroffen.
Deutung: Da die Zahl weitaus höher ausfällt als das Jahresmittel, wird einerseits deutlich, dass Arbeitslosigkeit ein weitaus größeres gesamtgesellschaftliches Problem ist, als dies die „übliche" Statistik suggeriert. Andererseits kann der deutsche Arbeitsmarkt als recht dynamisch bezeichnet werden, da zahlreiche vorübergehend Arbeitslose innerhalb der Jahresfrist eine neue Anstellung finden.

⑦ **Beschreibung:** Knapp ein Drittel der Arbeitslosen wird trotz vorheriger Nichterwerbstätigkeit neu in der Arbeitslosenstatistik aufgenommen, wobei zuvor Arbeitsunfähige mit 22,5 % den größten Anteil ausmachen.

Gesamtaussage: Die (unfreiwillige) Beendigung eines Arbeitsverhältnisses stellt die häufigste Ursache von Arbeitslosigkeit dar, was angesichts der zentralen Bedeutung dieses Sektors für das Erwerbspersonenpotenzial plausibel ist.

1) Beschäftigungsformen, die durch den Staat oder andere öffentliche Träger bezuschusst werden, um beispielsweise gering Qualifizierte an den „ersten", also regulären Arbeitsmarkt heranzuführen, werden unter dem Begriff des „zweiten" Arbeitsmarktes zusammengefasst.

Zusammenstellung des Autors nach: www.sozialpolitik-aktuell.de (Zugang von Arbeitslosen nach Herkunftsstruktur 2011)

6.1.4 Welche Ursachen hat Massenarbeitslosigkeit in Deutschland?

M 11 ● Typen von Arbeitslosigkeit

Arbeitslosigkeit kann unterschiedliche Ursachen haben. Arbeitslosigkeit wird einerseits hinsichtlich ihrer Zeitdauer (kurzfristig, vorübergehend, dauerhaft-verfestigt) und andererseits hinsichtlich ihres Ausmaßes als gesamtwirtschaftliches Phänomen oder als Problem einzelner Branchen oder Regionen (teilwirtschaftliches Phänomen) unterschieden. Die Unterscheidung von Typen der Arbeitslosigkeit hat praktische Relevanz, da für unterschiedliche Problembereiche je eigene wirtschafts- und sozialpolitische Lösungsstrategien gefunden werden müssen.

Kurzfristige Arbeitslosigkeit kann immer dann auftreten, wenn ein Arbeitnehmer einen Arbeitsplatzwechsel anstrebt. Ein solcher Wechsel fordert im Allgemeinen Zeit und Kosten für die Recherche, bei Umzügen mit größerer Distanz noch zusätzlichen Aufwand. Die hierdurch entstehende kurzfristige Arbeitslosigkeit wird **friktionelle Arbeitslosigkeit** (Sucharbeitslosigkeit) genannt.

Ebenfalls kurzfristig arbeitslos sind Personen, die durch saisonale Faktoren, wie sie etwa in der Landwirtschaft, dem Tourismus und im Baugewerbe – und damit in Teilbereichen der Wirtschaft – auftreten, für eine kurze Zeitspanne ihre Beschäftigung verlieren (**saisonale Arbeitslosigkeit**).

Als vorübergehende Arbeitslosigkeit im gesamtwirtschaftlichen Rahmen kann die **konjunkturelle Arbeitslosigkeit** gelten. In einer Rezession entlassen die Unternehmen infolge einer schlechten Ertrags- und Auftragslage Beschäftigte, die dann – nach dem Modell des Konjunkturzyklus' (vgl. Kap. 6.1.3) – in einer konjunkturellen Aufschwungphase wieder Arbeit finden.

Die hohe ‚Sockelarbeitslosigkeit' in der Bundesrepublik Deutschland, also die Arbeitslosigkeit, die auch im Falle eines wirtschaftlichen Aufschwungs nicht wieder abgebaut wird, verweist auf verfestigte Strukturen. Als Grund für diese verfestigte Arbeitslosigkeit werden fehlende Passungen zwischen unterschiedlichen Parametern der Volkswirtschaft (Wachstum, Produktivität, Qualifikation) oder einzelner Branchen – also den wirtschaftlichen Strukturen – angenommen, weshalb diese unter dem Begriff der **strukturellen Arbeitslosigkeit** zusammengefasst wird. Dabei sind folgende grundlegende Typen zu unterscheiden:

Einzelne Teilbereiche (Branchen, Regionen) der Volkswirtschaft sind von merkmalsstruktureller Arbeitslosigkeit gekennzeichnet (auch: strukturelle Arbeitslosigkeit im engeren Sinne), wenn die Arbeitskraftanbieter nicht über die geforderten Qualifikationen verfügen, da sie beispielsweise bei ihrer Wahl von Ausbildungsgängen nicht die nachgefragten Berufszweige berücksichtigt haben. Bei dieser „mismatch"-Arbeitslosigkeit gibt es also sowohl offene Stellen als auch Arbeitslose, aber beide passen nicht zusammen.

Strukturelle Arbeitslosigkeit (im weiteren Sinne) kann auftreten, wenn Strukturmerkmale einer gesamten Volkswirtschaft dazu führen, dass Menschen ihren eigenen Anstrengungen zum Trotz keine Arbeit finden. Zu diesen Strukturmerkmalen können volkswirtschaftliche Indikatoren wie Wachstum und Außenhandelsbilanz (mit ihren Auswirkungen für den Arbeitsmarkt), aber auch institutionelle Arrangements wie das Arbeitsrecht und das Ausbildungssystem gezählt werden.

Autorentext

M 12 ● Ursachen von Arbeitslosigkeit – Fallbeispiele

a) **Sandro Bertini** (30) ist Metallbauer und arbeitete bis vor kurzem in einem kleinen Betrieb in Ü. Der Betrieb produziert fast alles, was am Bau aus Metall ist: Zäune, Aufzüge, Konstruktionen, Industriehallen usw. Trotz der anhaltenden Flaute im Baugewerbe war der Betrieb ausgelastet. Dem Inhaber gelang es erstaunlich gut, immer wieder neue Aufträge an Land zu ziehen – bis zu diesem Frühjahr, als die Aufträge plötzlich ausblieben. Es wurden zwei Mitarbeiter entlassen, darunter Sandro Bertini. Herr Bertini hofft jedoch, in seiner ehemaligen Firma wieder eingestellt zu werden, wenn sich die Wirtschaftslage verbessert.

b) Sein Berufsleben lang schon arbeitet **Herr Gassmann** (55) als Bankkaufmann in einer Großbank, zuletzt im Zahlungsverkehr, der zentral für zwei Bundesländer in D. bearbeitet wird. Verbesserungen der Elektronik und der Telekommunikation machen es möglich, künftig den gesamten Zahlungsverkehr nur noch an zwei Standorten abzuwickeln. Die Bank will dadurch Kosten senken und hat beschlossen, die anderen Standorte in Deutschland aufzulösen. Herr Gassmann hat kein Angebot von seinem Arbeitgeber erhalten und wird deshalb am Ende des Jahres arbeitslos.

c) **Jenny Burkhardt** (17) aus N. ist auch arbeitslos, genauer gesagt: Sie hat keinen Ausbildungsplatz, obwohl sie bereits über 35 Bewerbungen geschrieben hat und auch bereit ist, eine Lehre für unterschiedliche Berufe zu machen.

Ein Grund für ihre Situation ist sicherlich der Umstand, dass sie in Mecklenburg-Vorpommern lebt. Ganz Ostdeutschland ist in besonderem Maße vom Lehrstellenmangel betroffen, da nach der deutschen Wiedervereinigung ganze Industriezweige zusammengebrochen sind, und diese Arbeitsplätze bis heute fehlen. Jenny überlegt ernsthaft wegzuziehen.

Lothar Schaechterle, Bundeszentrale für politische Bildung: Themenblätter im Unterricht, Nr. 30, Bonn 2003

M 13 ● Wirtschaftlicher Strukturwandel und Arbeitsmarkt

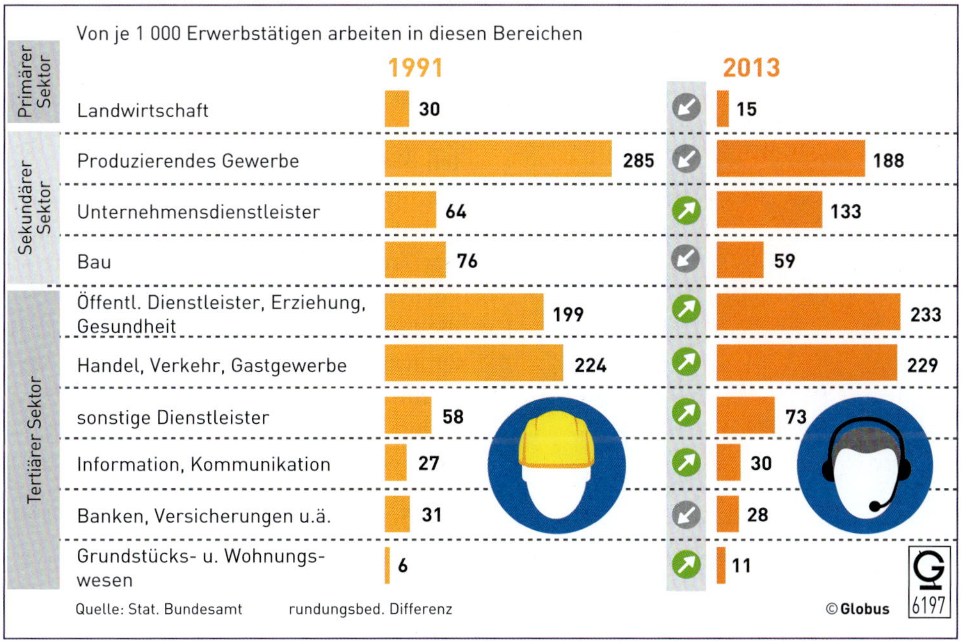

Drei-Sektoren-Hypothese

Im Rahmen des wirtschaftlichen Strukturwandels verschob sich das Gewicht von Wertschöpfung und Beschäftigungsquote zwischen den Sektoren zunehmend in Richtung des tertiären Sektors. Diese Beobachtung fasste der französische Soziologe Jean Fourastié erstmals in der „Drei-Sektoren-Hypothese“ zusammen.

Wirtschaftlicher Strukturwandel
→ vgl. Kapitel 6.5

M 14 ● Die „wahren" Wurzeln der Arbeitslosigkeit – eine wirtschaftshistorische Diagnose

Der Höhepunkt des Konjunkturbooms ist [im Jahr 2008] überschritten, und die Kommentatoren freuen sich darüber, dass erstmals der sogenannte Arbeitslosensockel leicht nachgegeben hat: die Zahl jener Menschen, die auch im Wirtschaftswachstum keine Arbeit finden. [...]

Es gibt trotzdem keinen Grund zum Jubeln. Der Sockel ist nach wie vor sehr hoch. In der alten Bundesrepublik hat er einmal bei 150.000 Personen gelegen. Heute und auf absehbare Zeit ist in ganz Deutschland mit hartnäckiger Arbeitslosigkeit für 3 Mio. Menschen zu rechnen, auch in der Hochkonjunktur. Im kommenden Abschwung wird sich auf diesem Sockel wieder neue, konjunkturelle Arbeitslosigkeit aufbauen. Dieser harte Kern entzieht sich allen konventionellen Arbeitsmarkttherapien.

Wir müssen [dabei] vorwiegend auf die [strukturellen Ursachen] schauen: [...] Die deutsche Volkswirtschaft leidet [...] an einem Mangel an qualifizierten Arbeitskräften, dem ein Überschuss an unqualifizierter Arbeitskraft gegenübersteht. Dieser entzieht sich jeder produktiven Verwendung. Er will so gar nicht in eine Wirtschaft passen, deren wichtigste Exportbranchen – Maschinenbau, Chemie, Fahrzeuge und Elektrotechnik – den Großteil ihrer Wertschöpfung aus verwissenschaftlichter Produktion gewinnen. Mehr als zwei Drittel der Erwerbstätigen üben heute qualifizierte bis hochqualifizierte Tätigkeiten aus, vom Facharbeiter bis zum Spitzenmanager. Sie sind unbestritten wettbewerbsfähig.

Die Arbeit der anderen gut 30 Prozent wird hingegen kaum noch nachgefragt. Ein Vergleich der qualifikationsspezifischen Arbeitslosenquoten macht dies deutlich. In den vergangenen drei Jahrzehnten lag die Arbeitslosenquote der Hoch- oder Fachschüler in den alten Ländern bei 3,3 Prozent, die der Kräfte ohne Berufsabschluss aber blieb bei 19,8 Prozent.

Dahinter verbirgt sich die zentrale Ursache der Massenarbeitslosigkeit. Die wirtschaftspolitische Fehlsteuerung, die für diese Misere verantwortlich ist, liegt lange zurück. Die besonderen Bedingungen [des Wiederaufbaus] förderten nach dem Zweiten Weltkrieg einen Anachronismus: Sie machten standardisierte Massenproduktion erstmals auch in Deutschland marktfähig. Der Triumph der Fließbandarbeit hatte jedoch arbeitsmarktpolitische Folgen. Weil die fordistische Fabrik [die auf Henry Ford zurückgehende Fließbandproduktion] unqualifizierte Arbeitskräfte brauchte und zudem relativ gut bezahlte, sank die Attraktivität beruflicher Bildung. [...]

Werner Abelshauser, Die wahren Wurzeln der Arbeitslosigkeit, in: Die ZEIT Nr. 35, 21.8.2008

Werner Abelshauser war Inhaber des Lehrstuhls für Wirtschafts- und Sozialgeschichte an der Universität Bielefeld.

Fordismus		Postfordismus
Es dominiert die standardisierte Fließbandmontage → monotone, manuelle Tätigkeiten	Produktionsbedingungen	Neben „Dienstleistungsproduktion" dominiert die kundenspezifische Herstellung komplexer Produkte → Forschung und Entwicklung → Beratung → komplexe, spezialisierte Produktionsprozesse in (teil-)autonomen Teams
• geringe bis mittlere Qualifikationen • Anlerntätigkeiten • „soft skills": Arbeitsdisziplin und Anpassung an gegebene Arbeitsstrukturen	Qualifikationsanforderungen	• hohe und spezialisierte Qualifikationen • „soft skills": Selbstständigkeit/Eigeninitiative, Teamfähigkeit, lebenslanges Lernen
• große Güternachfrage aufgrund steigender Massenkaufkraft • männliche Vollzeiterwerbstätigkeit, die – sozialstaatlich flankiert – als Familieneinkommen ausreicht	gesellschaftliche Einbettung	• Sättigung der Nachfrage nach Massen-/Konsumgütern • Rückbau sozialstaatlicher (Transfer-)Leistungen • Individualisierung der Lebensführung

Zusammenstellung des Autors nach: Uwe Schimank, Sozialer Wandel: Wohin geht die Entwicklung?, in: Stefan Hradil (Hg.), Deutsche Verhältnisse. Eine Sozialkunde, Bonn 2012, S. 22 ff.

M 15 ● So werden wir arbeiten – ein Szenario

Die Erwerbstätigkeit der Zukunft wird sich in drei Aspekten von der Gegenwart unterscheiden. Die Arbeitskräfte werden im Durchschnitt weiblicher, älter und höher qualifiziert sein.

Für die Arbeitgeber ergeben sich daraus mehrere Herausforderungen. Arbeitskräfte sind länger in der Erwerbstätigkeit zu halten. Das bedeutet, dass Arbeitsplätze stärker altersgerecht eingerichtet werden müssen. Ferner sind vermehrt Bewerberinnen einzustellen. Dazu müssen die Arbeitsbedingungen so gestaltet werden, dass die Anforderungen von Berufsleben und Privatleben sich möglichst wenig widersprechen. Möglicherweise wird noch ein vierter Aspekt in Zukunft an Bedeutung gewinnen, nämlich die Ausdifferenzierung in (relative) Gewinner und (relative) Verlierer des Strukturwandels.

Auf der einen Seite stehen die Gewinner von Strukturwandel und technologischer Entwicklung: Dazu zählen einerseits die Kernbelegschaften. Sie verfügen über Qualifikationen und spezifische Erfahrungen, die sie für Unternehmen unverzichtbar machen. Außerdem sind hier hoch qualifizierte Selbstständige zu finden, die flexibel in unterschiedlichen betrieblichen und personellen Zusammenhängen an entscheidenden Stellen in Unternehmensprojekte eingebunden sind. Darüber hinaus führen sie Auftragsprojekte eigenständig und hoch professionell in oft internationalen Netzwerken mit anderen Selbstständigen aus.

Auf der anderen Seite gibt es Gruppen von Erwerbstätigen, die deutlich hinter den Gewinnern zurückstehen. Das sind zum einen Randbelegschaften, die zur Ergänzung der Kernbelegschaften von den Unternehmen temporär eingestellt werden. Sie verfügen über solide, aber nicht über unverzichtbare Qualifikationen. Zum anderen zählen dazu sogenannte Selbstbeschäftigte. Sie betätigen sich insbesondere in wissensintensiven und wenig Betriebskapital erfordernden Dienstleistungsbereichen und unterstützen die Netzwerke der Hochqualifizierten mit einfachen Serviceleistungen oder arbeiten im Bereich der personenbezogenen Dienstleistungen.

Daniel Rettig, Wirtschaftswoche online, 28.8.2008

Bei schönem Wetter im Park arbeiten – ist das die Zukunft?

Aufgaben

1. a) Gliedern Sie die Typen von Arbeitslosigkeit (M 11) anhand der im Text vorgegebenen Kriterien in einer Tabelle.
   b) Ordnen Sie die Fallbeispiele aus M 12 in diese Systematik ein.
2. Erläutern Sie die Hintergründe der strukturellen Arbeitslosigkeit in Deutschland (M 13-M 15).
3. Analysieren Sie die Zusammenhänge zwischen dem Strukturwandel der Arbeitswelt (M 13-M 15) und den Risikogruppen am deutschen Arbeitsmarkt (M 7-M 10).
4. Charakterisieren Sie den Alltag am „Arbeitsplatz der Zukunft" und erläutern Sie die damit verbundenen Anforderungen an die Arbeitskräfte von morgen (M 15). Präsentieren Sie Ihre Ergebnisse als Expertise eines Arbeits(markt)soziologen auf einem Regierungsgipfel zum Thema „Zukunft der Arbeit".

H zu Aufgabe 4
Konkretisieren Sie das Szenario zur Zukunft der Arbeit für einen Berufszweig Ihrer Wahl (z.B. aus Ihren Praktikumserfahrungen in Jahrgang 10).

6.1.5 Was kann der Staat gegen Arbeitslosigkeit tun?

M 16 ● Forderungen zur Lösung des Beschäftigungsproblems

Autorengrafik

M 17 ● Wirtschaftspolitische Handlungsfelder

Ordnungspolitik...	Strukturpolitik...	Konjunkturpolitik...
legt die allgemeinen rechtlichen sozialen und wirtschaftlichen **Rahmenbedingungen** für wirtschaftliches Handeln fest	begleitet/gestaltet den **regionalen und sektoralen** (branchenspezifischen) **Strukturwandel**	zielt auf die **Stabilisierung der gesamtwirtschaftlichen Entwicklung** (Konjunktur) im Rahmen der bestehenden Wirtschaftsordnung
• Wettbewerbsordnung (z. B. Kartellrecht) • Verbraucherschutz • Sozialordnung (z. B. Sozialversicherung, Sozialhilfe) • Umweltschutz • Geldordnung (monetäre Ordnung) • Arbeitsrecht	• Regionalentwicklung • Infrastrukturentwicklung • Einkommens- und Vermögensverteilung zwischen Regionen • Forschungsentwicklung • Strukturanpassung • Ausbildung • Arbeitsmarktpolitik	• Geld- und Währungspolitik der autonomen Zentralbank [Europäische Zentralbank (EZB)] • Fiskalpolitik (Einnahmen- und Ausgabenpolitik) der Gebietskörperschaften (Bund, Länder, Gemeinden)
eher **langfristig** angelegt	eher **mittelfristig** angelegt	eher **kurzfristig** angelegt
beeinflusst **primär** das Handeln und Verhalten der **mikroökonomischen Einheiten** (Haushalte, Unternehmen)	beeinflusst **primär** Bedingungen und Entwicklung der **mesoökonomischen Einheiten** (Regionen, einzelne Branchen, Gruppen)	zielt **primär** auf die Stabilisierung von **makroökonomischen Größen** (BIP, privater Konsum, Investitionen)

Nach: Karl-Josef Burkard, Handlungsfelder der Wirtschaftspolitik, in: Unterricht Wirtschaft 9 (Heft 1, Beiheft), 2003, S. 9 (Angaben ergänzt)

Aufgaben

1. a) Ordnen Sie die Vorschläge (M 16) den wirtschaftspolitischen Handlungsfeldern (M 17) zu.
   b) Stellen Sie begründete Vermutungen hinsichtlich der „Urheber" dieser realen Forderungen auf.
2. Arbeiten Sie heraus, inwiefern die vorliegenden Vorschläge Reaktionen auf die Herausforderungen und Probleme des deutschen Arbeitsmarktes darstellen.

H zu Aufgabe 1b)
Mögliche Urheber könnten Gewerkschaften, Arbeitgeberverbände, Bürgerbewegungen sein.

F Entwickeln Sie eigene Vorschläge bzw. konkretisieren Sie die vorliegenden Vorschläge und diskutieren Sie diese im Kurs.

Individuelle und gesamtgesellschaftliche Folgen von Arbeitslosigkeit
M 1, M 4

Arbeitslosigkeit bedeutet für die betroffenen Individuen, in einer **psychosozialen Belastungssituation** leben zu müssen. Vor allem bei länger andauernder Arbeitslosigkeit stellen sich eine starke Verunsicherung, Versagens- und Existenzängste ein. Dabei geht es auch, aber nicht nur um die finanzielle Absicherung. Die Problemlage kann sich bis hin zum Ausschluss aus gesellschaftlichen Strukturen (Exklusion) ausweiten. Auch für die Gesamtgesellschaft ist die Erwerbslosigkeit vieler Mitglieder mit erheblichen Nachteilen verbunden. Erwerbslose „fehlen" als Beitragszahler in den Sozialversicherungen (vgl. auch Kap. 1) und „verursachen" als Leistungsempfänger zudem „Kosten" für die Gemeinschaft.

Die statistische Erfassung von Arbeitslosigkeit
M 5

Gängigster Indikator zur statistischen Erfassung von Arbeitslosigkeit ist die **Arbeitslosenquote**. Als Bezugsgröße definiert sind die Erwerbspersonen und nicht das Erwerbspersonenpotenzial, sodass es zu Verzerrungen in der Aussagekraft dieses Indikators für die tatsächliche Lage am Arbeitsmarkt kommen kann. Diese Verzerrungen können anhand des Indikators der „Stillen Reserve" aufgezeigt werden.

Risikogruppen, Typen und Ursachen von Arbeitslosigkeit
M 7, M 11

Menschen im erwerbsfähigen Alter sind dem Risiko, arbeitslos zu werden, unterschiedlich stark ausgesetzt. Für den bundesdeutschen Arbeitsmarkt lassen sich als Merkmalsbündel vor allem Risiken bei **älteren**, **gering qualifizierten** Menschen ausmachen, die bereits über einen **längeren Zeitraum** arbeitslos waren.
Hinsichtlich der Ursachen von Arbeitslosigkeit lassen sich die Typen der **friktionellen** (kurzfristige Sucharbeitslosigkeit), der **saisonalen** (kurzfristig und branchenspezifisch), der **konjunkturellen** (mittelfristig, in gesamtwirtschaftlichen Rezessionen) sowie der **strukturellen** (merkmalsstrukturelle sowie Strukturschwäche der Gesamtwirtschaft) Arbeitslosigkeit unterscheiden. Wie der im Zeitverlauf sukzessive Anstieg der „Sockelarbeitslosigkeit" in Deutschland zeigt, ist die strukturelle Arbeitslosigkeit besonders prägend. Auf dem Weg zur Wissensgesellschaft sind die Anforderungen an Arbeitskräfte massiv gestiegen, weshalb besonders gering Qualifizierte zur Risikogruppe werden.

6.2 „Fördern und Fordern“: Soziale Sicherung bei Arbeitslosigkeit

6.2.1 „Fördern und Fordern“ – Soziale Sicherung und Aktivierung im „System Hartz“

M 1 ● Leben mit Hartz IV

a) Herbst 2006. [...] Für Samir Amraoui ist es das erste Jahr als Ein-Euro-Jobber. Er ist Ende 20 und hat mit seiner Frau gerade eine kleine Tochter bekommen. Amraoui hat einen Hauptschulabschluss und keine Ausbildung, aber er will unbedingt arbeiten. Deshalb hat das Hagener Arbeitsamt ihn wie viele andere Langzeitarbeitslose auf den Friedhof der Stadt geschickt. Sie sollen kehren, sich um die Gräber kümmern. Samir Amraoui ist begeistert. Schließlich ist das hier eine echte Chance. Die Arbeitslosen sollen ein halbes Jahr lang gemeinnützige Arbeit erledigen, die ansonsten liegen bliebe. Dafür gibt es bis zu 1,50 Euro die Stunde zusätzlich zu den Hartz-IV-Leistungen und die Hoffnung, dass auf den Ein-Euro-Job eine echte Stelle folgt. Amraoui findet die Idee gut. „Ich will mich beweisen.“ Sein Traum ist es, als fester Mitarbeiter übernommen zu werden.

b) Drei Jahre später sind wir wieder auf dem Hagener Friedhof. Auch Samir Amraoui ist da. Er freut sich über seine neue Arbeitskleidung – grün, wie die der Festangestellten. „So erkennt niemand, dass wir Ein-Euro-Jobber sind“, sagt er [...]. Amraouis Traum hat sich nicht erfüllt. Er hat sich angestrengt. Aber der Friedhof hat ihn immer wieder nur als Ein-Euro-Jobber beschäftigt. Seit es Hartz IV gibt, lebt Amraoui im Sechs-Monats-Rhythmus: sechs Monate Ein-Euro-Job. Dann Pause. Dann der nächste Ein-Euro-Job. Amraoui will den Job auf dem Friedhof unbedingt. Aber langsam verliert er die Hoffnung: „Wenn der eine sein halbes Jahr Ein-Euro-Job voll hat, kommt halt der Nächste.“
[...] Die Idee hinter den Ein-Euro-Jobs klingt zunächst logisch: erst Qualifikation, dann Weitervermittlung in echte Arbeit. Dass das aber nicht klappt, hat die Bundesagentur für Arbeit in einer eigenen Studie herausgefunden. Die Chance, danach eine reguläre Arbeit zu finden, erhöht sich durch den Ein-Euro-Job nur um etwa ein Prozent. Warum sollte Samir Amraoui auf dem Friedhof auch eine feste Stelle bekommen? Es ist viel billiger, ihn als Ein-Euro-Jobber zu beschäftigen. [...]

Julia Friedrichs, Eva Müller, Boris Baumholt, Wir und Hartz IV, in: ZEITmagazin Nr. 40/2010 (30.9.2010)

M 2 ● Kontext und zentrale Maßnahmen der Hartz-Reformen

„Niemandem aber wird künftig gestattet sein, sich zulasten der Gemeinschaft zurückzulehnen. Wer zumutbare Arbeit ablehnt, der wird mit Sanktionen rechnen müssen“. So rechtfertigte SPD-Kanzler Gerhard Schröder vor zehn Jahren in seiner Agenda-Rede die Einschnitte für Arbeitslose. Die Hartz-Gesetze [...] gelten als das Herzstück des Reformprogramms der Agenda 2010. Sie sollten dem deutschen Sozialstaat eine neue Philosophie verordnen. Aktivierung geht vor Versorgung – so das Motto. [...] Seitdem gibt es Hartz IV, das gerade das Existenzminimum sichert. Diese Drohung sollte motivieren, alles dafür zu tun, etwa den Wohnort zu wechseln und eine niedrigere Bezahlung zu akzeptieren, um zurück in Beschäftigung zu finden.

Markus Sievers, Niemand darf sich zurücklehnen, in: Frankfurter Rundschau, 9.3.2013

Reformschritt	Fördern	Fordern	Uneindeutige Zuordnung
„Hartz I" (in Kraft zum 1.1.2013)	• Die Arbeitsämter richten Personal-Service-Agenturen (PSA) ein, die als Zeitarbeits-Vermittlung Arbeit Suchende vermittelt. • Die Vorschriften für Zeitarbeit werden gelockert, ein Tariflohn wird vereinbart.	• Arbeitnehmer müssen sich im Falle einer Kündigung frühzeitig beim Arbeitsamt melden.	
„Hartz II" (in Kraft zum 1.1.2003)	• Einrichtung von Job-Centern, in denen Arbeit Suchende Förderung und Vermittlung aus einer Hand erhalten. • Minijobs werden durch eine Anhebung der Geringfügigkeitsgrenze gefördert.		
„Hartz III" (in Kraft zum 1.1.2004)		• Die Bezugsdauer des Arbeitslosengeldes wird verkürzt und beträgt nun außer bei älteren Arbeitslosen maximal 12 Monate.	• Umbau der „Bundesanstalt" zur „Bundesagentur für Arbeit".
„Hartz IV" (in Kraft zum 1.1.2005)	• Arbeitsgelegenheiten im gemeinnützigen Bereich gegen Aufwandsentschädigung („Ein-Euro-Jobs").	• Einführung des ALG II als Mindestsicherung für Arbeit Suchende (siehe M 3). • Arbeit Suchende sind zur Aufnahme jeder angebotenen Arbeit qualifikationsunabhängig verpflichtet (Ausnahmen u. a.: Kindererziehung, körperliche Hinderungsgründe).	• Persönlicher Ansprechpartner im Job-Center, Ziel: schnelle Eingliederung in den regulären Arbeitsmarkt.

Zusammenstellung des Autors

Aufgaben

1. Beschreiben Sie Samir Amraouis Situation als Arbeitssuchender (M 1). Unterscheiden Sie dabei seine wirtschaftliche und seine psychologische Situation.
2. Erläutern Sie am Beispiel Samir Amraouis – sowie am Beispiel von Claudia Pflug und ihrem Freund (Kap. 6.1.1, M 1) – das Konzept des „Förderns und Forderns" (M 1-M 2).
3. Bewerten Sie – unter Berücksichtigung zentraler gesellschaftlicher Grundwerte – die Umsetzung dieses arbeitsmarktpolitischen Konzeptes.

Hartz-Reformen

Mit dem Begriff der Hartz-Reformen werden die zwischen 2003 und 2005 sukzessive von der damaligen rot-grünen Bundesregierung unter Bundeskanzler Gerhard Schröder (SPD) umgesetzten Arbeitsmarktreformen bezeichnet. Sie beruhten auf Konzepten der nach ihrem Vorsitzenden Peter Hartz benannten Kommission „Moderne Dienstleistungen am Arbeitsmarkt".

Sanktionierte Hartz-IV-Bezieher

2012: 1.024.600 Fälle

Sanktionsgründe 2012 in Prozent

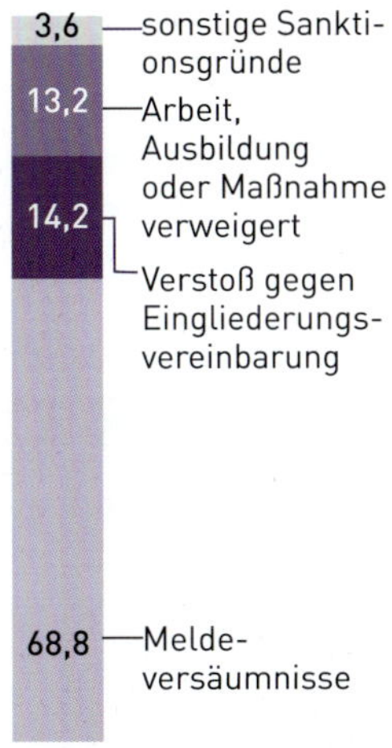

Bundesagentur für Arbeit

H zu Aufgabe 3
Gestalten Sie die Bewertung in Form eines Leserbriefes beispielsweise aus der Perspektive von betroffenen Arbeitssuchenden oder von steuerzahlenden Arbeitnehmern.

Karin ist 25 und verheiratet. Sie arbeitete gut zwei Jahre als Bankkauffrau, ehe sie vor drei Monaten arbeitslos wurde. In ihrem Job verdiente sie 1.107,70 € netto im Monat. Ihr Mann arbeitet als Verwaltungsbeamter in gehobener Position.

Sabine ist nun bereits seit sechszehn Monaten arbeitslos. Die 35-jährige allein erziehende Mutter verdiente mit ihrer Tätigkeit in der Kundenbetreuung 2.345,40 € im Monat (netto).

Christian (27) arbeitete bis vor zweieinhalb Jahren als Koch. In diesem Job erzielte der in fester Beziehung lebende Vater eines Kindes ein Einkommen von monatlich 1.486,49 € (netto).

6.2.2 Fürsorge, Versicherung & Co – Prinzipien der sozialen Sicherung

M 3 ● Soziale Sicherung bei Arbeitslosigkeit

Das Arbeitslosengeld

Angaben für Alleinstehende mit eigenem Haushalt pro Monat

Arbeitslosengeld I (Leistung aus der Arbeitslosenversicherung)

Leistung für Personen, die in den vergangenen 2 Jahren vor der Arbeitslosigkeit mindestens **12 Monate versicherungspflichtig beschäftigt waren** (Regelanwartschaftszeit) und sich arbeitslos gemeldet haben

Dauer des Bezugs*
- Für bis 49-Jährige: 6 bis 12 Monate
- Für 50- bis 54-Jährige: 6 bis 15 Monate
- Für 55- bis 57-Jährige: 6 bis 18 Monate
- Für ab 58-Jährige: 6 bis 24 Monate

Höhe des Arbeitslosengeldes
- 60 % des errechneten letzten Nettogehalts**
- Eigenes Nebeneinkommen wird mit berücksichtigt***, eigenes Vermögen nicht

Zusätzliche Leistungen
- Keine; bei Bedarf kann zusätzlich ein Antrag auf Arbeitslosengeld II gestellt werden

*je nach Dauer der Einzahlung in die Arbeitslosenversicherung in den vergangenen 5 Jahren
**berücksichtigt werden Gehälter der letzten 12 Monate
***jeweils abzgl. eines bzw. mehrerer Freibeträge; beim ALG I ist eine Tätigkeit unter 15 Stunden wöchentlich erlaubt

Arbeitslosengeld II („Hartz IV") (steuerfinanzierte Leistung)

Grundsicherung für erwerbsfähige Personen im Alter von mindestens 15 Jahren bis zur gesetzlich festgelegten Altersgrenze (zwischen 65 u. 67 Jahren), die ihren **Lebensunterhalt nicht aus eigener Kraft** und eigenen Mitteln decken können

Höhe des Regelsatzes
- 391 Euro
- Eigenes Einkommen und Vermögen werden bei der Höhe der Leistung mit berücksichtigt***

Zusätzliche Leistungen
- Übernahme der Kosten für Unterkunft und Heizung soweit angemessen
- Eventuell Einmalleistungen als Darlehen oder Geld-/Sachleistung für Wohnungs-, Bekleidungserstausstattung und/oder Kosten für medizinische/therapeutische Geräte

Quelle: BA Stand 2014 © Globus 6223

M 4 ● Versicherung, Versorgung und Fürsorge – Systeme sozialer Sicherung

	Versicherungsprinzip	Versorgungsprinzip	Fürsorgeprinzip
Kreis der abgesicherten Personen	Mitglieder der Sozialversicherung	bestimmte Personen mit Anspruch auf Versorgung	alle Personen, die sich in einer individuellen Notlage befinden
Leistungsanspruch	bei Eintritt des Versicherungsfalls	bei Vorliegen gesetzlich bestimmter Merkmale (Sonderleistungen für die Gemeinschaft)	bei Bedürftigkeit d.h., dass nur Leistungen gewährt werden, wenn der Bedürftige selbst (durch Arbeitsaufnahme und/oder Zugriff auf Ersparnisse) oder durch Unterstützung seines Lebenspartners die Notsituation nicht überwinden kann.
Finanzierung	Versicherungsbeiträge und Staatszuschüsse	Steuermittel	Steuermittel
Gegenleistung	Versicherungsbeiträge	Nichtmaterielle Leistungen für die Gesellschaft	Offenlegen der eigenen Lebensverhältnisse, regelmäßiges Vorsprechen bei zuständiger Behörde
Bereiche der sozialen Sicherung	Zweige der Sozialversicherung: Pflege-, Renten-, Unfall- und Arbeitslosenversicherung	z. B. Beamtenversorgung, Kriegsopferversorgung	z. B. Arbeitslosengeld II, Wohngeld, Sozialhilfe

Nach: Informationen zur politischen Bildung, Der Sozialstaat (Nr. 215), S. 27

M 5 Grundprinzipien des Sozialstaates

Das [aus der katholischen Soziallehre stammende] **Subsidiaritätsprinzip** bedeutet, dass der „Vorrangigkeit der kleineren Einheit" Rechnung zu tragen ist. [...] In der vorherrschenden Auslegung dieses Prinzips gilt für die Gewährung sozialer Leistungen die Rangfolge, dass der Staat als letzter „Ausfallbürge" erst dann eingreifen darf, wenn untergeordnete Instanzen wie Familie, Verwandte, Freunde usw. keine Hilfe mehr leisten können. [...]

Im Gegensatz zum **Äquivalenzprinzip**, das eine Entsprechung von Beitragszahlungen und empfangenen Leistungen verlangt, ist das **Solidaritätsprinzip** auf das Einstehen füreinander angelegt: Diese eingeforderte wechselseitige Hilfsbereitschaft bedeutet für die Solidargemeinschaften der Arbeitslosenversicherung, der gesetzlichen Kranken- und Pflegeversicherung und der Rentenversicherung grundsätzlich, dass Erwerbstätige für Arbeitslose, Gesunde für Kranke und jüngere für ältere Menschen einstehen sollen. Das Solidaritätsprinzip enthält also ein umverteilendes Element. Eine solidarisch ausgerichtete Politik hat das Äquivalenzprinzip im sozialen Sicherungssystem durch umverteilende Maßnahmen zugunsten einkommensschwacher und hilfsbedürftiger Menschen und Gruppen zu korrigieren.

Frank Pilz, Der Sozialstaat, Bonn 2009 (bpb), S. 101 ff

Sozialstaatsprinzip im Grundgesetz

Artikel 20 GG
(1) Die Bundesrepublik Deutschland ist ein demokratischer und sozialer Bundesstaat.

Artikel 29 GG
(1) Die verfassungsmäßige Ordnung in den Ländern muss den Grundsätzen des republikanischen, demokratischen und sozialen Rechtsstaates im Sinne dieses Grundgesetzes entsprechen.

M 6 Aktivierung statt Fürsorge – ein neues Leitbild der Sozialpolitik

Sozialpolitische Ziele und Leitbilder	Der fürsorgende Sozialstaat („Welfare State")	Der aktivierende Sozialstaat („Workfare State")
Sozialpolitik allgemein	Versorgung bzw. Fürsorge (reaktiv, kompensatorisch)	Aktivierung, Eigenverantwortung (präventiv, befähigend)
Freiheit	- von materieller Not - vom Erwerbszwang	- von Wohlfahrtsbürokratie - zu Selbstmanagement
Gleichheit	- der materiellen Lebensverhältnisse (→ Einkommensumverteilung)	- der sozialen Teilhabemöglichkeiten (→ Steuerung über Arbeitsmarkt und Bildung)
Soziale Rechte	universalisierte Rechtsansprüche auf standardisierte materielle Leistungen (mittels Status)	Teilhaberechte; individualisierte Leistungen (mittels Vertrag)
Staats- und Steuerungsverständnis	planender Staat (direktiv, hierarchisch)	kooperativer Staat, Vermittler und Initiator (diskursiv, kooperativ)

Nach: Irene Dingeldey, Politikfelderübergreifende Koordination als neue Steuerungsform im aktivierenden Staat, in: APuZ, 2006, Heft 8-9, S. 8

Aufgaben

1. Bestimmen Sie die aktuellen Sicherungsleistungen (Art und Höhe) (vgl. M 3) der Personen (Randspalte).
2. a) Ordnen Sie die sozialpolitischen Leistungen bei Arbeitslosigkeit (M 3) in die Systeme der sozialen Sicherung (M 4) ein.
   b) Erläutern Sie die spezifischen Ausprägungen der unterschiedlichen Prinzipien (M 4, M 5) und Gerechtigkeitsvorstellungen (Kap. 4.1), die sozialstaatlichen Ordnungen zugrunde liegen können.
3. Charakterisieren Sie die Hartz-Reformen als Ausdruck des „aktivierenden" Sozialstaates (M 6).

6.2.3 Effizient und gerecht? Die „Hartz"-Reformen in der Diskussion

M 7 ● Die „Hartz"-Reformen – besser als ihr Ruf

a) Positive arbeitsmarktpolitische Effekte

Peter Kurz, 47, SPD, ist seit [2007] Oberbürgermeister der Stadt Mannheim. [...] Der OB hat sich an diesem Morgen noch einmal die aktuellen Arbeitsmarktdaten für seine Stadt geben lassen. [...] „Wissen Sie, wie viele junge Arbeitslose wir in Mannheim heute haben? Früher waren es immer weit über 1.000, ich erinnere mich sogar an über 3.000. Heute sind es 75." Und von denen seien die wenigsten länger als ein Jahr arbeitslos. „Diese Fälle kennt der Amtsleiter persönlich – es sind fünf." Auch die weiteren Zahlen, die er nennt, sind beeindruckend: nur noch halb so viele Langzeitarbeitslose, 1.000 ältere Erwerbslose vermittelt, selbst in einem Problembezirk – Hochstätt, so etwas wie Neukölln in Berlin – die Arbeitslosenquote unter den städtischen Schnitt gesenkt. [...]

Bundesweit ist die Zahl der Arbeitslosen und insbesondere derjenigen, die schon länger als ein Jahr ohne Beschäftigung sind, seit dem Reformjahr 2005 drastisch gesunken. [...] Erstmals seit Jahrzehnten wurde der sogenannte Arbeitslosigkeitssockel kleiner. Das ist ein Block von Arbeitslosen, der früher selbst in einem Boom nicht verschwand [...]. Das vergangene Konjunkturhoch führte zu weit mehr Beschäftigung als das vorherige – obwohl die Wirtschaft gleich stark wuchs. [...] Das Verhältnis von offenen Stellen zu Arbeitslosen hat sich verändert. Gegenwärtig werden etwa so viele Jobs angeboten wie Anfang 2006 – aber es gibt 1,3 Millionen weniger Erwerbslose. Offenbar gelingt es heute besser, Stellen und zu ihnen passende Bewerber zusammenzubringen. [...]

Die Befürworter der Reform sagen auch: Die meisten Härten im Gesetz gab es auch schon vor Hartz IV. Beispiel Schonvermögen: Auch als noch das alte System aus Sozial- und Arbeitslosenhilfe galt, bekam nur Geld, wer nicht über große Ersparnisse verfügte. [...]

Beispiel Zumutbarkeit: Für Langzeiterwerbslose galten früher bereits Tätigkeiten als zumutbar, die nicht ihrer Qualifikation entsprachen [...].

Beispiel Regelsätze: Der Staat hielt Bedürftige schon vor 2005 extrem kurz. [...] Die [ehemalige] Arbeitslosenhilfe betrug im Mittel 550 Euro – aber dabei zahlte das Amt nicht automatisch noch die Miete und den Unterhalt für die Kinder. [...]

Für viele Arbeitslose macht es [zudem] finanziell keinen großen Unterschied, ob sie Arbeitslosengeld I oder das viel umstrittenere Arbeitslosengeld II, die Grundsicherung, beziehen. Denn das normale Arbeitslosengeld (60 Prozent des letzten Nettolohns) liegt im Mittel viel tiefer, als die meisten ahnen: bei 770 Euro. So viel

Langzeitarbeitslose[1] 2000 - 2012 absolut und in % aller Arbeitslosen

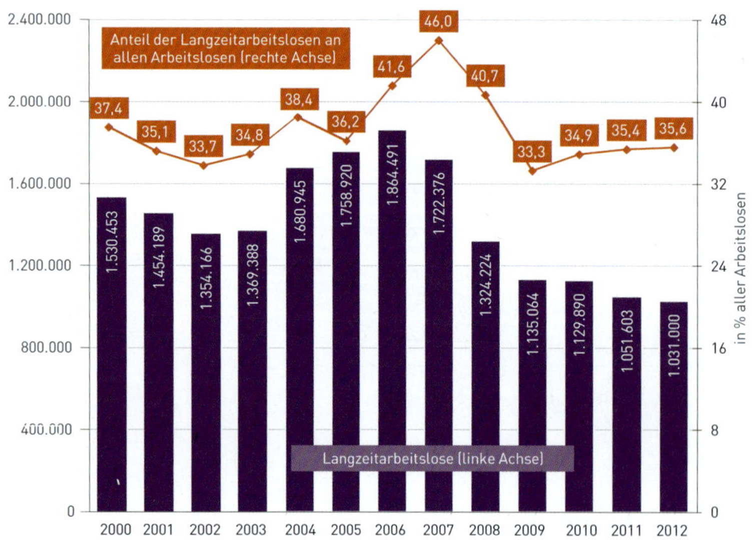

1) Langzeitarbeitslosigkeit: bisherige Dauer der Arbeitslosigkeit länger als 12 Monate

Quelle: Bundesagentur für Arbeit, Analytikreport: Arbeitsmarkt in Deutschland - Zeitreihen bis 2012

www.sozialpolitik-aktuell.de

erhält zum Beispiel auch ein alleinstehender Hartz-IV-Empfänger in Frankfurt am Main (Regelsatz plus Unterkunftskosten). [...] Arbeitslosigkeit trifft eben besonders häufig Geringverdiener, Saisonarbeiter, Teilzeitkräfte und viele andere, die sich mal mit diesem, mal mit jenem Job durchschlagen müssen.

Nach: Elisabeth Niejahr, Kolja Rudzio, Wolfgang Uchatius, Gesetz der Angst, in: Die ZEIT, 27.1.2010 (bearbeitet)

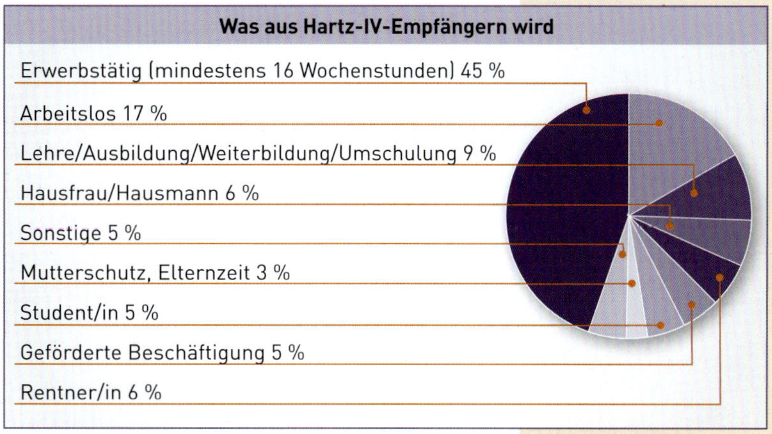

Frankfurter Rundschau, 19.7.2011

b) Erfolge im „Fallmanagement": Die individuelle Förderung greift

Neuerdings verlässt Jasmin Franke [Name durch die Redaktion geändert] ihre Wohnung schon in aller Frühe. Um acht Uhr bringt sie ihre dreijährige Tochter in den Kindergarten. Dann macht sie sich auf den Weg zur Arbeit oder zur Berufsschule. Montags und mittwochs ist die Schule dran, dienstags außerdem eine Art Nachhilfeunterricht beim Verein Förderband, donnerstags, freitags und samstags geht sie zur Arbeit. Genauer gesagt: zu ihrer Ausbildungsstelle in einem Mannheimer Supermarkt. Seit September absolviert die 22-Jährige eine Umschulung zur Einzelhandelsverkäuferin. Die eine Hälfte der Woche paukt Jasmin Franke jetzt Mathe und Englisch, in der anderen Hälfte lernt sie, Waren richtig zu sortieren, Kunden und Kassensystem zu bedienen. Nur am Sonntag hat sie frei. Anstrengend, das alles, doch für die junge Frau ist es eine Chance.

Bislang hatte Jasmin Franke kaum Berührung mit der Arbeitswelt. Sie wuchs mit acht Geschwistern bei ihrer allein erziehenden Mutter auf, die zeitweise Sozialhilfe bezog. Jasmin Franke selbst ließ sich nach ihrem Hauptschulabschluss vor sieben Jahren „erst mal treiben", wie sie einräumt. Inzwischen ist sie allein erziehend, was einen Berufseinstieg lange Zeit erschwerte. Das ist nun anders. [...]

In Mannheim hat die Hilfe für sie offenbar gut funktioniert: Das Jobcenter hat für sie eigens eine Umschulung in Teilzeit organisiert, über zwei Jahre vom Amt finanziert. Und ihre Betreuer im Umschulungsprogramm haben auch bei den ersten Startschwierigkeiten geholfen. [...]

Auch das ist ein Teil der Hartz-Wirklichkeit. Das viel beschworene Fördern der Betroffenen. Es wird tatsächlich gefördert [...]. Jemand, der die Vergangenheit mit der Gegenwart vergleichen kann, ist Hermann Genz. [...].

Wenn Genz über Hartz IV redet, spricht er nicht über die richtige Portion Druck auf Arbeitslose. Er erzählt, wie die Sachbearbeiter in den Sozialämtern früher damit beschäftigt waren, Bekleidungslisten zu führen, um zu entscheiden, wann jemandem wieder Geld zusteht. „Wir hatten sogar Vorschriften, wie lange Unterwäsche aufgetragen werden muss", sagt Genz, „mit unterschiedlich langen Fristen für Männer und Frauen." In diesem System bekamen die Menschen Geld und Laufzettel, die sie sich bei verschiedenen Behörden abstempeln lassen mussten. Auf Beratungstermine warteten sie aber oft monatelang.

Heute kommt, zumindest im Jobcenter Mannheim, schon zum ersten Gespräch gleich ein Arbeitsvermittler hinzu, ein Schuldenberater oder etwa ein Experte für Unterhaltsfragen. „Wir schicken die Menschen nicht irgendwohin", sagt Genz. „Wir versuchen, ihre Probleme so schnell wie möglich zu lösen." [...]

Nach: Elisabeth Niejahr, Kolja Rudzio, Wolfgang Uchatius, Gesetz der Angst, in: Die ZEIT, 27.1.2010 (bearbeitet)

M 8 ● Die „Hartz"-Reformen in der Kritik – Armut und soziale Ausgrenzung „per Gesetz"

a) Existenzängste und soziale Scham: „Hartz" im Alltag

Burkhard Bach [Name durch die Redaktion geändert] weiß, wie es sich anfühlt, 30 Jahre lang jeden Tag zu arbeiten und dann plötzlich aussortiert zu werden. Jedenfalls dachte er, er wisse das. Bis es ihn selbst erwischte.

Im vergangenen Sommer bekam er einen Brief von seinem letzten Arbeitgeber. Sein Vertrag werde nicht verlängert, stand darin. In der Weiterbildungsbranche ist das nichts Ungewöhnliches. Das Neue für Bach war, dass er auch anderswo keinen Vertrag mehr bekam. Und das, obwohl er doch ausgerechnet in der Branche tätig war, die den Menschen auf die Beine half, damit sie arbeiten können, damit sie sich nützlich machen!

Seitdem bleibt Bachs Opel am Morgen auf dem Hof stehen. Sechs Monate habe er noch, sagt der gelernte Bankkaufmann und studierte Sozialpädagoge Burkhard Bach. „Noch 180 Tage. Dann fall ich in Hartz IV." [...]

Es hat wieder geschneit letzte Nacht, und wieder sind die Leute früh aufgestanden und haben die Gehwege geräumt. So ist das üblich in dem Vorort jener Universitätsstadt, in der Burkhard Bach wohnt. Man tut seine Pflicht, man wahrt den Schein, man hat ein Reihenhaus. Oder zumindest eine ordentliche Wohnung. Viele Ingenieure leben hier, Professoren, höhere Beamte. Keine Arbeitslosen.

Burkhard Bach muss jetzt nicht mehr früh aufstehen. Aber wenn er erst um neun oder zehn Uhr morgens die Rollläden hochzieht, kann es passieren, dass die ältere Dame von gegenüber ihn fragt, ob er krank sei. Oder freihabe. Er murmelt dann etwas von neuen Arbeitszeiten.

Burkhard Bach war nie ein Großverdiener. 3.000 Euro brutto, mehr habe er nie verdient, sagt er. Aber er hat keine Familie, wohnt allein. Er hat sparsam gelebt, sich eine Wohnung gekauft und abbezahlt, er konnte mithalten. Im Stadtviertel, im Volleyballverein, beim Naturschutzbund. Er will, dass das so bleibt. Der Mann, der in seinem Leben mit vielen Hundert Entlassenen gesprochen hat, findet den Gedanken, man könnte ihn mit Hartz IV in Verbindung bringen, unerträglich.

Es liegt an Menschen wie Burkhard Bach, dass in Deutschland [...] wieder [...] über die Arbeitslosigkeit gestritten wird – und über den Sinn der Hartz-Gesetze. [...] Hartz IV ist Alltag für sechs Millionen Menschen, die aus dieser Kombination von Sozialgeld und Arbeitslosengeld II leben. Hartz IV ist auch ein Schreckensszenario für Millionen von Menschen, die morgen ohne Job dastehen könnten: für die Kurzarbeiter, die befristet Beschäftigten, die Angestellten in krisengeschüttelten Branchen bis weit hinauf in die Mittelschicht. [...] Hartz IV sei zur „Chiffre für die Abstiegsangst der Deutschen" geworden, sagt der Jenaer Soziologe Stephan Lessenich. [...]

Nach: Elisabeth Niejahr, Kolja Rudzio, Wolfgang Uchatius, Gesetz der Angst, in: Die ZEIT, 27.1.2010 (bearbeitet)

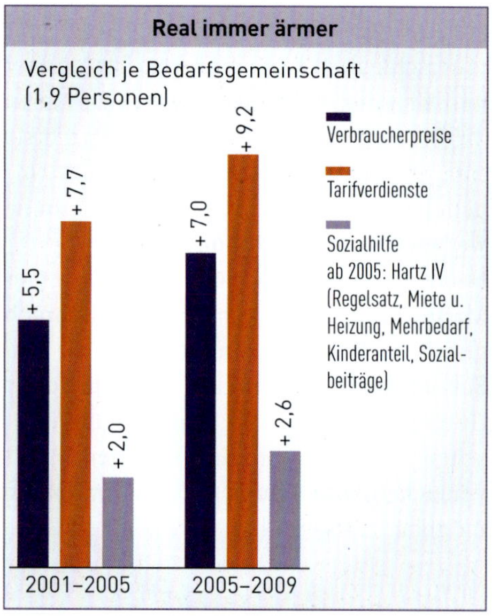

Zahlen: BA, Destatis, in: Frankfurter Rundschau, 19.7.2011

b) Abwärtsspirale in unsichere Beschäftigung – „Hartz“ in der Beschäftigungskrise

Was taugt das beste Sprungbrett, wenn das Becken darunter entweder kein Wasser führt oder restlos überfüllt ist? Als „Sprungbretter“ in den „ersten Arbeitsmarkt“ werden Minijobs und Leiharbeit bis heute gehandelt. [...] Spätestens seit den Hartz-Reformen war absehbar, dass sich diese Beschäftigungsformen zu eigenständigen Sektoren entwickeln würden, die eher den Statistiken als den Betroffenen zu Gute kommen. Relativ wenige schaffen von dort den Sprung in das Becken der regulären Beschäftigung. Dessen ungeachtet vermitteln Jobcenter seit Jahren bevorzugt in Leiharbeits-Verhältnisse. Dadurch haben sie nicht unwesentlich zur Förderung der Branche beigetragen. Hintergrund dieser Praxis sind [unter anderem] zu erfüllende Quotenvorgaben. [...] Eine Vertreterin der Bundesagentur verwies auf die „Dynamik“: Zeitarbeit habe viele Stellen zu besetzen. Aufgabe der Bundesagentur sei es, Stellen und Arbeitssuchende zusammen zu bringen. „Dynamik“ möchte hier wohl heißen: Auf dem Karussell sind immer Plätze frei. Die Verweildauer dort ist kurz. Ein ständiges, schwungvolles Raus und Rein. Zum Wohle guter Vermittlungsquoten. Laut Hauptpersonalrat der Bundesagentur gehen in einzelnen Agenturen inzwischen bis zu 70 % der erfolgreichen Vermittlungen auf das Konto von Leiharbeit. Dass die Stellen nur auf wenige Monate befristet sind und die Kandidaten wieder schnell im Jobcenter landen können, interessiert erst einmal nicht. Was interessiert ist die ‚Integrationsquote‘, welche die Arbeitsvermittler zu erfüllen haben. Es geht um Zahlen, feiner ausgedrückt: „Quantifizierbare Ziele.“ [...]

Für die Statistik zählen Leiharbeit und reguläre Beschäftigung gleich. Die Vermittler stehen unter dem Druck, die Quote erreichen zu müssen. Das schaffen sie leichter, wenn sie einen Arbeitslosen häufiger in mehrere Leiharbeitsstellen vermitteln als in eine einzige unbefristete Stelle. Arbeitsmarktexperten finden diese Praxis der Bundesagentur skandalös. So würden Betroffenen in eher schlechte Jobs vermittelt, um günstige Ziffern zu erhalten. [...]

Harald Schauff, in: Neue Rheinische Zeitung, 8.5.2013

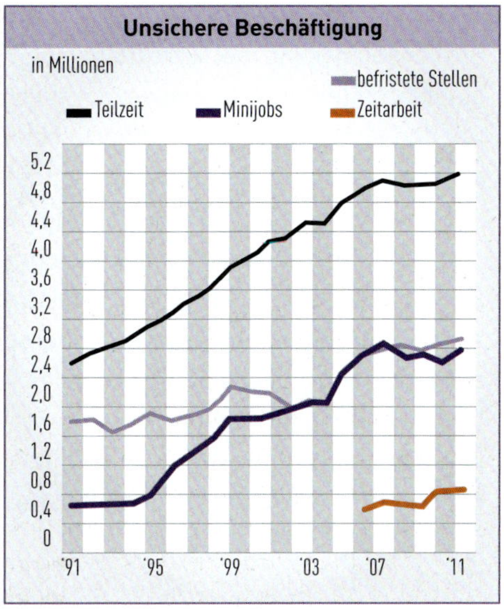

Zahlen: BAA, Destatis, in: Frankfurter Rundschau, 9.3.2013

Strukturierte Kontroverse

1. Teilen Sie die Materialien untereinander auf.
2. Arbeiten Sie in Einzelarbeit aus Ihrem Material die wesentlichen, auf die Streitfrage bezogenen Argumente heraus. Konkretisieren Sie diese ggf. mit Hilfe Ihres Vorwissens.
3. Entwickeln Sie gemeinsam mit Ihrem Partner eine Argumentationsstrategie, mit der Sie Ihre Position (Pro/ Kontra) überzeugend vertreten werden.
4. Führen Sie ein Streitgespräch durch. Die Pro- bzw. Kontra-Seite haben dabei wechselndes Rederecht.
→ Nehmen Sie jetzt die andere Position ein. ←
5. Entwickeln Sie – ohne erneute Materialauswertung! – eine Argumentationsstrategie, mit der Sie Ihre neu übernommene Position vertreten.
6. Führen Sie erneut ein Streitgespräch durch.
→ Verlassen Sie Ihre Rollen. ←
7. Diskutieren Sie unabhängig von Ihren zuvor eingenommen Rollen die Streitfrage und entwickeln Sie dabei ein – gemeinsames oder individuelles – politisches Urteil.

Aufgaben

1. Führen Sie in Gruppen zu viert eine „Strukturierte Kontroverse“ zur Streitfrage „Die ‚Hartz-Reformen‘ – erfolgreiche Arbeitsmarktpolitik oder ‚Armut per Gesetz‘?“ durch.
2. Nehmen Sie aus Anlass des 10-jährigen „Jubiläums“ zu den rot-grünen Arbeitsmarktreformen Stellung. Gestalten Sie Ihre Stellungsnahme in Form eines Zeitungskommentars.

Versicherung und Fürsorge: Logik des Sozialversicherungsstaates
M 3, M 4

Soziale Sicherung bei Arbeitslosigkeit folgt den Prinzipien der deutschen Sozialstaatsarchitektur. Arbeitslose, die zuvor sozialversicherungspflichtig beschäftigt waren und somit individuelle Ansprüche erworben haben, beziehen zunächst die **Versicherungsleistung** des Arbeitslosengeldes (**ALG I**). Seine Höhe orientiert sich am zuvor erzielten Arbeitslohn. Es folgt also dem Prinzip der Leistungsgerechtigkeit und kann als Status sichernd bezeichnet werden.
Erwerbslose, die bislang nicht sozialversicherungspflichtig beschäftigt waren oder aber die Bezugsdauer des ALG I überschritten haben, sind auf die nachrangige **Fürsorge**leistung des Arbeitslosengeldes II (**ALG II**, im Volksmund „Hartz IV") verwiesen. Diese Leistung aus Steuermitteln erhält nur, wer nicht durch den Einsatz der eigenen Arbeitskraft, die finanzielle Unterstützung durch Eheleute bzw. Lebenspartner oder andere, vorgelagerte Sozialleistungen seinen Lebensunterhalt bestreiten kann.

Fördern und Fordern im „System Hartz"
M 2

Darüber hinaus ist der Bezug des ALG II an das Wohlverhalten des Leistungsempfängers geknüpft. Hierzu zählt vor allem, ob er oder sie sich um eine neue Arbeitsstelle bemüht oder (vermittelte) Arbeitsgelegenheiten annimmt. Bei Zuwiderhandeln werden Sanktionen (z. B. Kürzung oder Streichung von Geldleistungen) angedroht und umgesetzt (**Fordern**).
Darüber hinaus bieten die Regeln der Hartz-Gesetzgebung ein breites Spektrum an **Förder**möglichkeiten. Diese reichen von der Teilnahme an Bewerbungstrainings und Qualifizierungskursen bis hin zum Coaching bei individuellen Problemen. In der Praxis scheinen diese Maßnahmen jedoch nur bei einer ausgewählten Klientel angewandt zu werden, z. B. bei Betroffenen, die realistische Arbeitsmarktchancen aufweisen.

„Hartz"-Gesetzgebung in der Diskussion

Bereits vor ihrer Verabschiedung war die „Hartz"-Gesetzgebung gesellschaftlich heftig umstritten. Auch ihre Bilanz fällt zehn Jahre nach der Implementierung sehr unterschiedlich aus. Angesichts einer bedeutsamen Reduzierung der Arbeitslosenzahl (sowohl in absoluten Zahlen als auch als Quote) sprechen zahlreiche Politiker und Arbeitsmarktforscher von einem arbeitsmarktpolitischen Erfolg. Vor allem die im Zusammenhang der Reformen vorgenommene Flexibilisierung des Arbeitsmarktes (Einführung bzw. Förderung von Leih- und Zeitarbeit, gelockerte Regeln für befristete Beschäftigung u.v.m.) habe zu einem Anstieg der Beschäftigung geführt. Dabei konnten auch und vor allem im Dienstleistungssektor Jobs geschaffen werden, die auch für die Risikogruppen am Arbeitsmarkt zugänglich seien.
Kritiker bemängeln dagegen, dass eine niedrige Grundsicherung des ALG II und die Angst vor Sanktionen dazu führe, dass Erwerbslose jede ihnen angebotene Arbeit annehmen müssten (auch unsichere Beschäftigung). In der Folge fänden sich viele in Beschäftigungsverhältnissen wieder, von denen sie kaum leben könnten, dafür aber nicht mehr in der Arbeitslosenstatistik geführt werden müssten. „Hartz IV" verlagere somit das Problem der Massenarbeitslosigkeit von einer gesamtstaatlichen Aufgabe auf das Individuum.

Auf dem Weg in eine neue Arbeitsmarktpolitik?

Die Arbeitswelt befindet sich im Umbruch. Als vor zehn Jahren die rot-grüne Bundesregierung die Strukturprobleme auf dem Arbeitsmarkt anpackte, gab es vier Millionen Arbeitslose und eine weitere Million Menschen, die in Beschäftigungsmaßnahmen „geparkt" waren. Heute hat sich die Zahl der Arbeitslosen fast halbiert. Die vermeintliche Schönwetterlage auf dem Arbeitsmarkt ist aber nur die Ruhe vor dem Sturm.

Im Zuge der demografischen Entwicklung und einer stärker auf Wissen basierenden Wirtschaft wird der Bedarf an qualifizierten Arbeitskräften steigen und das Arbeitskräfteangebot insgesamt zurückgehen. Während die Arbeitsmarktpolitik Jahrzehnte lang vom Kampf gegen Massenarbeitslosigkeit geprägt war, droht uns nun ein gespaltener Arbeitsmarkt – mit Fachkräftemangel auf der einen und Langzeitarbeitslosigkeit sowie prekärer Beschäftigung auf der anderen Seite.

Die Antwort auf diese Herausforderung muss eine investive Arbeitsmarktpolitik sein, mit einer neu zu schaffenden Arbeitsversicherung. Die Arbeitsversicherung soll – ergänzend zu den Leistungen der bisherigen Arbeitslosenversicherung – die Risiken von beruflichen Übergängen und Erwerbsunterbrechungen besser absichern und gleichzeitig Chancen für Neuanfänge und berufliches Fortkommen eröffnen. Denn immer seltener üben Menschen denselben Beruf ein Leben lang am selben Ort und für dasselbe Unternehmen aus. [...]

Kern einer solchen Arbeitsversicherung soll ein Recht auf Weiterbildung und damit verbunden das Recht auf Freistellung sowie Entgeltfortzahlung in der Qualifizierungsphase sein. Das ergibt nur Sinn, wenn die Finanzierung solide ist: Zunächst wird ein Teil des Beitrags der Arbeitslosenversicherung angespart. Hinzu kommen muss eine Ko-Finanzierung, die je nach Einzelfall von Arbeitgebern, durch tarifliche Fonds, die Beschäftigten selbst oder auch aus Steuermitteln erbracht wird. Mit einer so organisierten, neuen Arbeitsversicherung kann Arbeitslosigkeit entgegen gewirkt werden, bevor sie entsteht.

Keine Frage: diese Vorsorge wird Geld kosten, aber diese Investitionen wären eine gute Anlage. Denn sie werden helfen, Arbeitslosigkeit zu verhindern, vielen Menschen den sozialen Aufstieg zu ermöglichen und so den drohenden Fachkräftemangel im Keim zu ersticken. Vor allem wird sie helfen, dass Menschen stabile Erwerbsbiografien und gute Einkommen haben. Das ist der beste Schutz vor Altersarmut. [...]

Hubertus Heil, Eine neue Arbeitsmarktpolitik, in: Frankfurter Rundschau, 8.10.2012
Hubertus Heil ist stellvertretender Vorsitzender der SPD-Bundestagsfraktion.

Aufgaben

1 a) Beschreiben Sie die Funktionsweise des von Hubertus Heil skizzierten Konzeptes.

b) Erläutern Sie die damit verbundenen Veränderungen in der sozialen Sicherung.

2 Erläutern Sie die arbeitsmarktpolitischen Herausforderungen, auf die das Konzept eine Antwort darstellen soll.

3 „Die Arbeitsversicherung soll dazu dienen „Arbeitslosigkeit zu verhindern [und] vielen Menschen den sozialen Aufstieg [...] ermöglichen" (Z. 55 ff).

Erörtern Sie das Konzept vor dem Hintergrund der selbst gesteckten Ziele sowie des Status quo der deutschen Arbeitsmarkt- und Sozialpolitik.

6.3 Die konjunkturpolitische Dimension des Beschäftigungsproblems

6.3.1 Konjunktur und Beschäftigung

M 1 Wachstumserwartungen

Wahlplakat der CDU aus dem Bundestagswahlkampf 2005

M 2 Konjunktur und Beschäftigung in Deutschland

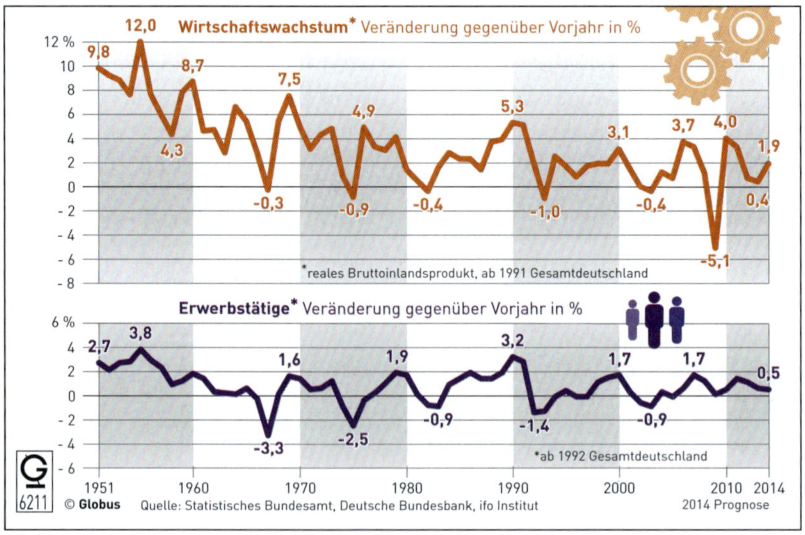

Bruttoinlandsprodukt (reale Veränderung):
Die jährliche Veränderung des Bruttoinlandsprodukts (BIP) wird als prozentuale Veränderung im Vergleich zum Vorjahr angegeben und basiert auf Werten in nationaler Währung zu konstanten Preisen.
Statistisches Bundesamt

→ vgl. Kapitel 4.3.1

Aufgaben

1. Analysieren Sie die Beziehungen zwischen den volkswirtschaftlichen Zielen Wirtschaftswachstum und hoher Beschäftigungsstand (M 2, vgl. auch Kap. 4.2.2).
2. Überprüfen Sie auf dieser Grundlage die Aussage des Wahlplakates (M 1).

6.3.2 Was ist und wie misst man Konjunktur?

M 3 Strukturelle, konjunkturelle und saisonale Schwankungen der Wirtschaft

Das Phänomen ist dem Menschen seit jeher bekannt: Die wirtschaftliche Entwicklung vollzieht sich nicht regelmäßig, sondern in „Schwankungen". Selbst die Bibel berichtet von den „sieben fetten und den sieben mageren Jahren". Je nach der Dauer der wirtschaftlichen Schwankungen, die in der Regel an der Entwicklung des Bruttoinlandsprodukts gemessen werden, unterscheidet man langfristige (strukturelle), mittelfristige (konjunkturelle) und kurzfristige (saisonale) Wirtschaftsschwankungen.

Strukturelle Schwankungen: Im Jahr 1926 stellte der Russe N.D. Kondratieff die Theorie auf, dass sich die kapitalistische (marktwirtschaftliche) Wirtschaft in Form „langer Wellen" fortentwickle, wobei die Dauer dieser Wellen rund 50 bis 60 Jahre beträgt. Die Ursachen dieser sogenannten „Kondratieff-Wellen" liegen in tiefgreifenden strukturellen Wandlungen der Wirtschaft, die durch technische Neuerungen hervorgerufen werden (Dampfmaschine, Eisenbahn, Flugzeuge, Raumfahrt, Computer).

Konjunkturelle Schwankungen: Mittelfristige Wirtschaftsschwankungen werden als Konjunkturschwankungen bezeichnet. Man rechnet heute mit einer Zyklendauer von rund 4 bis 8 Jahren.

Saisonschwankungen: Die jahreszeitlich wiederkehrenden saisonalen Schwankungen haben ihre Ursachen in erster Linie im Klimawechsel der Jahreszeiten. So ist beispielsweise die Bau-, Land-, Forst- und Transportwirtschaft im Winter mehr oder weniger stark betroffen. Die Jahreszeiten beeinflussen ferner die Bekleidungs- und Getränkeindustrie sowie den Brennstoffhandel. Auch die Lage besonderer Festtage (Ostern, Weihnachten) sowie die traditionellen Ferienzeiten beeinflussen den Umsatz (die Beschäftigung) vieler Wirtschaftsbereiche (z.B. Einzelhandel, Reiseveranstalter). Saisonschwankungen sind somit kurzfristige Wirtschaftsschwankungen ohne erheblichen Nachteil für die Gesamtwirtschaft. Sie sind voraussehbar und damit auch einplanbar.

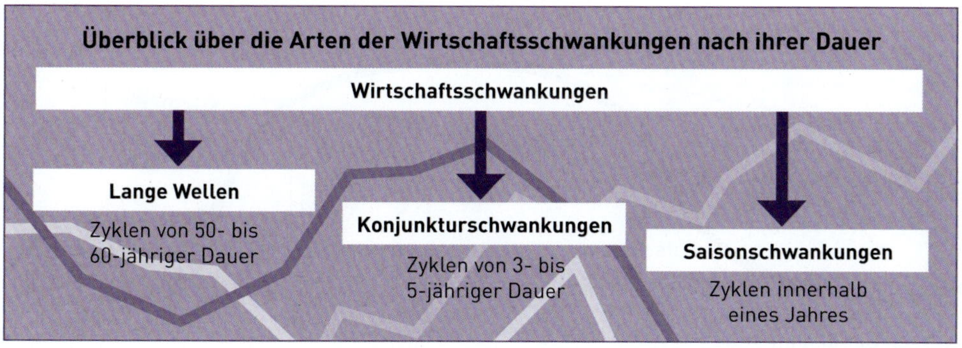

Gernot Hartmann, Volks- und Weltwirtschaft, 26. Auflage, Rinteln 2007, S. 420 f.

Nikolai Dimitrijewitsch Kondratieff

(1892–1938) gilt als Begründer der „Theorie der langen Wellen". Nach dem auf ihn zurückgehenden Modell kommt es alle 30 bis 50 Jahre zu Basisinnovationen, die die wirtschaftliche Dynamik langfristig prägen.

M 4 ● Die Phasen eines Konjunkturzyklus'

Das idealtypische Schema eines Konjunkturzyklus' wird durch den Ablauf von vier Phasen beschrieben:

- Die Phase eines **Konjunkturaufschwungs** folgt nach der Überwindung einer vorherigen Konjunkturkrise. Die Auslastungsquoten des Produktionspotenzials nehmen zu; das Wachstum des Sozialprodukts beschleunigt sich. Mit der beschleunigten Zunahme der Produktion nehmen in der Regel die Arbeitsproduktivität und die Gewinne der Unternehmen zu. Das Vertrauen in die wirtschaftliche Entwicklung eines Landes wendet sich in positiver Richtung.
- In der **Boomphase** wird die Normalauslastung überschritten. In verschiedenen Sektoren werden Produktionsengpässe erreicht; die Zuwachsraten der Produktion werden allgemein geringer. Die Gefahr von Kosten- und Preissteigerungen wird in dieser Konjunkturphase relativ größer als in der frühen Aufschwungphase.
- Nach einem oberen Wendepunkt folgt die Phase des **Konjunkturabschwungs** mit sinkender Kapazitätsauslastung.
- Die **Rezession** kennzeichnet dann die Phase der Unterauslastung der Kapazitäten. Die Nachfrage bleibt offenbar deutlich hinter den Produktionsmöglichkeiten zurück. Der geringen Auslastung folgt häufig eine negative Entwicklung der Beschäftigung und eine steigende Arbeitslosigkeit. Bei geringer Kapazitätsauslastung verstärkt sich regelmäßig der Kostendruck in der Wirtschaft.

Die Länge des Konjunkturzyklus' erfasst den Zeitraum zwischen zwei oberen (oder unteren) Wendepunkten der Konjunkturentwicklung. Die Amplitude der Konjunktur misst die prozentuale Abweichung der Produktion zwischen dem unteren und dem oberen Wendepunkt.

Heinz-Dieter Hardes, Jürgen Mertes, Grundzüge der Volkswirtschaftslehre, München 1994, S. 259

Erklärfilm zu Konjunkturzyklen (Mediencode 73004-05)

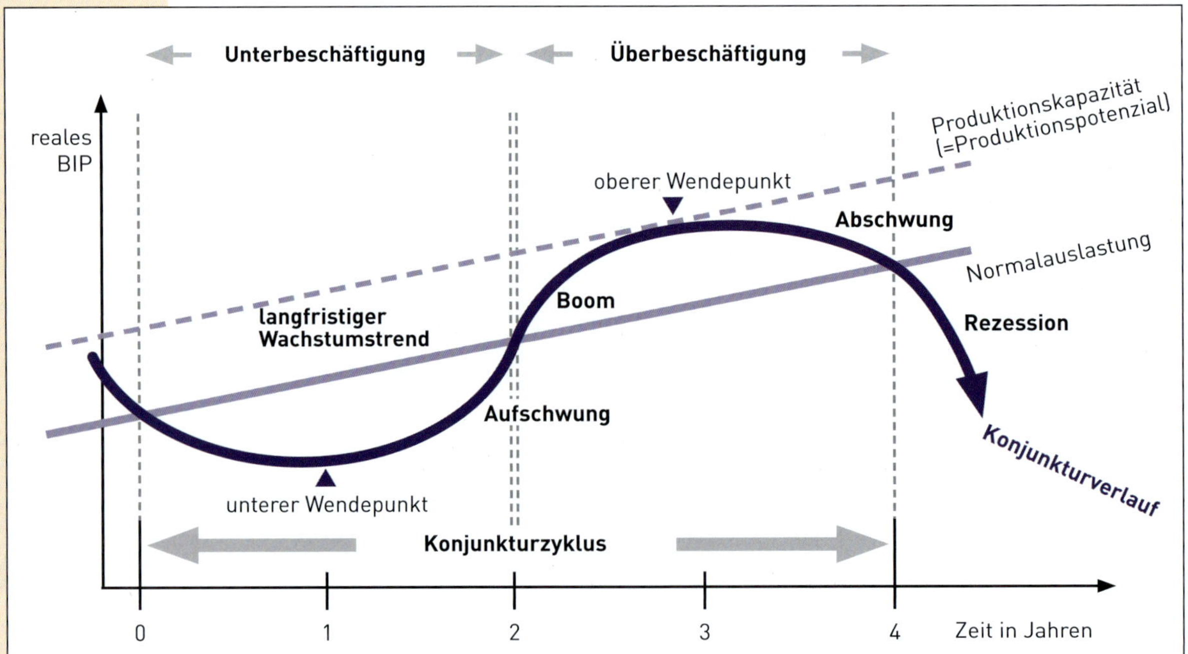

Darstellung eines Konjunkturzyklus von vierjähriger Dauer

Herbert Sperber, Wirtschaft verstehen, 4. Auflage, Stuttgart 2012, S. 113

M 5 ● Wie lässt sich die Konjunktur messen?

Die Prognose der Entwicklung der gesamtwirtschaftlichen Lage ist eine sehr komplexe Aufgabe und wird je nach Auswahl und Gewichtung einzelner herangezogener Faktoren unterschiedlich ausfallen. Verschiedene Wirtschaftsinstitute, die Bundesregierung und Verbände kommen so regelmäßig zu unterschiedlichen Einschätzungen der künftigen Wirtschaftsentwicklung. Für die Prognose der zukünftigen und die Beschreibung der aktuellen gesamtwirtschaftlichen Lage ist es notwendig, Indikatoren heranzuziehen: Messgrößen, die eine objektive Einschätzung der wirtschaftlichen Entwicklung eines Landes ermöglichen. Die Auswahl und Erhebung von geeigneten Indikatoren ist nicht unumstritten. Für Prognosen werden vielfach sogenannte Frühindikatoren herangezogen.

Zur Beschreibung der aktuellen wirtschaftlichen Lage und der jüngsten Vergangenheit eignen sich Präsens- und Spätindikatoren. Sie können auch Aufschluss darüber geben, inwieweit eine Politik mit dem Ziel des Ausgleichs von Konjunkturschwankungen erfolgreich ist.

Nicht nur die Auswahl, Erhebung und Gewichtung der Indikatoren ist umstritten, auch die Zuordnung der Indikatoren darf nicht als eindeutig betrachtet werden. So werden z.B. die Zahlen des Arbeitsmarktes manchmal zu den Präsensindikatoren gezählt, was in Zeiten hoher Arbeitslosigkeit, flexiblerer Beschäftigungsverhältnisse und einem zunehmenden Anteil an Leiharbeit auch plausibel erscheinen kann. Je nach Wahl der einzelnen Konjunkturindikatoren ergeben sich somit unterschiedliche Konjunkturwellen (s. Abbildung). Eine Einteilung der Indikatoren kann auch nach anderen Kriterien erfolgen. So werden Mengen- (Auftragseingang, Lagerhaltung ...) und Preisindikatoren (Löhne, Lebenshaltung ...), Angebots- und Nachfrageindikatoren oder quantitative und qualitative Indikatoren (nach Art der Erhebung) unterschieden.

Autorentext

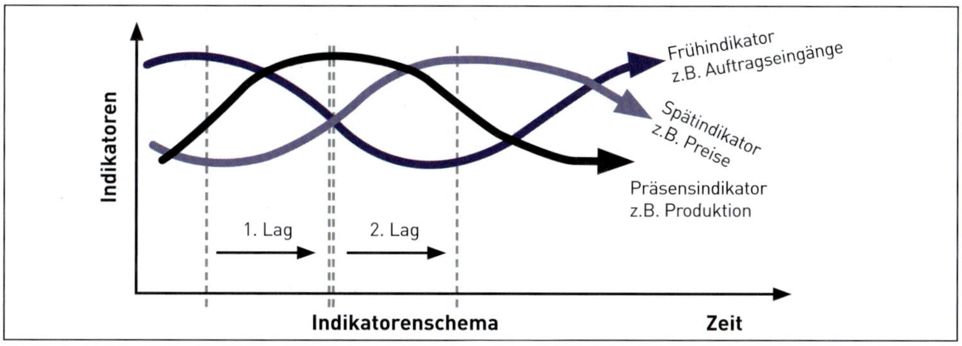

Artur Woll, Wirtschaftspolitik, 2. Auflage, München 1994, S. 152

Aufgaben

1. Fassen Sie in einer Tabelle die typischen Veränderungen folgender Indikatoren im Verlauf eines Konjunkturzyklus' zusammen (M 4): Produktion und Kapazitätsauslastung, Arbeitslosigkeit, Löhne, Zinsen, Preise.
2. Analysieren Sie die wirtschaftliche Entwicklung der Bundesrepublik Deutschland (M 2) mit Hilfe der Konjunkturtheorie (M 3-M 5).
3. Erläutern Sie mit Hilfe der Konjunkturtheorie die Auswirkungen der Weltwirtschaftskrise 2008/2009 für Arbeitnehmer, Wirtschaftsunternehmen sowie die Staatsfinanzen (M 1-M 5, sowie Kap. 4.2.3).

6.3.3 Wie reagiert die Wirtschaftspolitik? Nachfrage- und Angebotsorientierung im Vergleich

M 6 ● Neue Wirtschaftspolitik gesucht: Die Weltwirtschaftskrise 1929

a) „Der Schwarze Freitag"

Am 25. Oktober 1929, dem „Schwarzen Freitag", brachen in New York die Börsenkurse zusammen und rissen die Notierungen in allen westlichen Staaten mit nach unten. Über Nacht verloren Millionäre ihr Vermögen, Rentner ihre Ersparnisse. [...] In der Folge kam es zur großen Weltwirtschaftskrise, der tiefsten Depression seit Beginn des Industriezeitalters mit einer noch nie erlebten Massenarbeitslosigkeit.

Herbert Sperber, Wirtschaft verstehen, 4. Auflage, Stuttgart 2012, S. 151

b) Arbeitslosigkeit in Deutschland

Angaben in % der abhängigen Erwerbspersonen

Nach: Dietmar Petzina u. a., Sozialgeschichtliches Arbeitsbuch III, München 1978, S. 119

John Maynard Keynes

John Maynard Keynes (1883–1946), britischer Ökonom und Regierungsberater, gilt als Begründer der nachfrageorientierten Wirtschaftspolitik.

M 7 ● Keynes und der Glaube an die nachfrageorientierte Globalsteuerung

[Angesichts der Wirtschaftskrise rieten] die führenden Ökonomen [...] den Regierungen abzuwarten und bei den öffentlichen Ausgaben zu sparen. Der britische Nationalökonom John Maynard Keynes hingegen forderte genau das Gegenteil. Er empfahl der britischen Regierung, sich bei den Banken Geld zu leihen und damit Aufträge an die Industrie zu finanzieren. Die aufgenommenen Kredite könne man in der dann folgenden Boomphase, wenn bei hoher Beschäftigung die Steuern reichlicher fließen, wieder zurückzahlen.

Das Keynessche Rezept des so genannten Deficit-Spending bildet heute einen normalen Bestandteil der Fiskalpolitik. Damals jedoch war es ein Frontalangriff gegen die herrschende Lehre der Klassiker, die staatliche Interventionen in den Wirtschaftsablauf ablehnten und darauf vertrauten, dass

sich auf lange Sicht automatisch ein Gleichgewicht bei Vollbeschäftigung einstellen werde. Die von Keynes darauf gegebene Antwort ist Legende: „In the long run“, bemerkte er, „we are all dead.“
Keynes stellte die Grundpfeiler des klassischen Systems infrage: Das Saysche Theorem könne unter anderem deshalb nicht funktionieren, da die Leute Geld nicht nur halten, um damit Güter zu kaufen oder Wertpapiere zu erwerben (deren Gegenwert dann als Kredit den Investoren zufließt), sondern auch als Wertaufbewahrungsmittel in Form einer so genannten *Spekulationskasse*. Durch dieses Horten von Geld kommt es zu einem effektiven Nachfrageausfall. Erschwerend tritt hinzu, dass die Löhne nach unten nicht flexibel sind, sondern starr. Dadurch ist der zweite von den Klassikern behauptete Mechanismus der Anpassung in Richtung eines Gleichgewichts bei Vollbeschäftigung blockiert. Vielmehr besteht die Gefahr, dass es zu einem *Unterbeschäftigungsgleichgewicht* kommt, aus dem sich die privaten Wirtschaftssubjekte alleine nicht befreien können (siehe Schaubild).
Es kann deshalb nach Keynes nur der Staat sein, der durch eine expansive Politik die fehlende gesamtwirtschaftliche Nachfrage erzeugt und damit einen multiplikativen Aufschwung in Gang setzt. Im Schaubild würde sich die Nachfragekurve nach rechts verschieben. Bei steigendem Preisniveau (und – damit verbunden – sinkenden Reallöhnen) nehmen die Produktion und die Beschäftigung zu. Dabei unterstellt Keynes

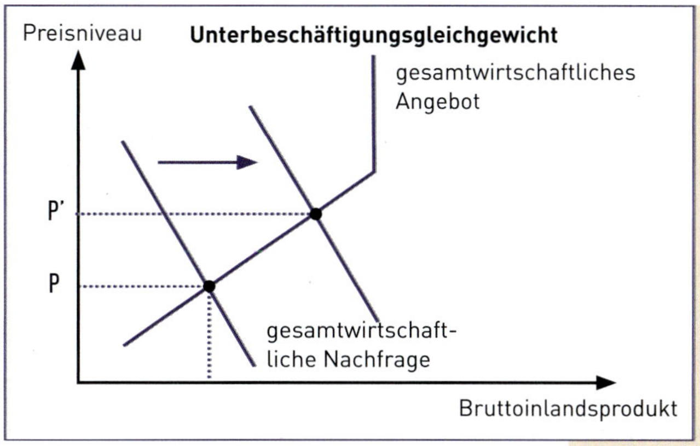

[...], dass die Arbeiter der Geldillusion unterliegen: Sie erkennen den vollen Umfang der Preisniveauerhöhung nicht und akzeptieren deshalb die entstehende Reallohnsenkung. [...]
Die Gedanken des von Keynes und seinen Anhängern entwickelten Keynesianismus haben die Theorie und die Wirtschaftspolitik nach dem Zweiten Weltkrieg so nachhaltig beeinflusst, dass man von der „keynesianischen Revolution“ sprach. Das Konzept der keynesianischen Globalsteuerung fand beispielsweise im deutschen Stabilitätsgesetz von 1967 seinen Niederschlag. Es bildet die Grundlage dafür, dass der Staat von Fall zu Fall (diskretionär) in den Wirtschaftsablauf eingreift. Als Mittel der Stabilisierungspolitik kommen insbesondere fiskalpolitische Maßnahmen – also die Variation von Steuern bzw. Staatseinnahmen und Staatsausgaben – infrage.

Herbert Sperber, Wirtschaft verstehen, 4. Auflage, Stuttgart 2012, S. 151 ff.

Fiskalpolitik

Einsatz der öffentlichen Finanzen im Dienste der Konjunktur- und Wachstumspolitik.
Expansive Fiskalpolitik: nachfrageerhöhend, z. B. durch Senkung der Steuern; kontraktive bzw. restriktive Fiskalpolitik: nachfragedämpfend, z. B. durch Steuererhöhung.

Info

Saysches Theorem

Nach dem französischen Nationalökonomen Jean Baptiste Say (* 1767, gestorben 1832) bezeichneter ökonomischer Lehrsatz, bei dem angenommen wird, dass sich jedes volkswirtschaftliche Angebot seine eigene Nachfrage selbst schafft, da mit der Herstellung von Gütern gleichzeitig das Geld verdient wird, um diese Güter zu kaufen. Gesamtwirtschaftliches Angebot und Nachfrage haben danach die Tendenz zu einem Gleichgewichtszustand, bei dem Vollbeschäftigung herrscht.

Achim Pollert u. a., Das Lexikon der Wirtschaft, 2. Auflage, Bonn 2004, S. 118

M 8 Die Geburt der Angebotstheorie

Es war Mitte der siebziger Jahre, als der Sachverständigenrat zur Begutachtung der gesamtwirtschaftlichen Entwicklung den Schwerpunkt seiner wirtschaftspolitischen Aussagen auf die Angebotsseite verlegte. Das war ein Paradigmenwechsel, manche sprachen von einer kopernikanischen Wende. Nicht mehr Geld- und Fiskalpolitik standen im Fokus der Wirtschaftspolitik. Ins Visier rückten vielmehr Kosten, Steuern, Sozialabgaben, Arbeitsbeziehungen und Investitionshemmnisse aller Art. Der Staat war nicht mehr die Lösung, sondern zum Problem geworden. Denn das Grundvertrauen in das Zusammenspiel von Staat und Markt war gestört.

Gerhard Fels, Die Geburt der Angebotspolitik, iwd Nr. 26, 24.6.2004, S. 4 f.

M 9 Gegenreaktionen – Friedman und die Angebotstheorie

Milton Friedman

Der US-amerikanische Wirtschaftsnobelpreisträger (1912–2006) gilt als einer der einflussreichsten Ökonomen des 20. Jahrhunderts.

In den 1960er Jahren feierte der Keynesianismus [vgl. M 7] glanzvolle Erfolge. Es war die Zeit, in der viele glaubten, man könne die Wirtschaft nach Belieben „ankurbeln" oder „bremsen". In den 1970er-Jahren verstärkten sich allerdings die Zweifel an einer derartigen Machbarkeit der Konjunktur. Ausschlaggebend waren die einsetzende wirtschaftliche Stagnation und hohe Arbeitslosigkeit bei gleichzeitiger Inflation. Das [damit geborene] Phänomen der Stagflation stand im krassen Widerspruch zur Keynesianischen Theorie [und war somit erklärungsbedürftig].
Der schärfste Kritiker des Keynesianismus war Milton Friedman (1912-2006). Die britische Zeitschrift „Economist" bezeichnete den 1,55 Meter großen Gelehrten, der 1976 den Nobelpreis für Ökonomie erhielt, als „verrückten Gnom". Wahrscheinlich rührt das daher, dass Friedman eine kompromisslos kapitalistische Linie vertrat. Seiner Meinung nach gehört beispielsweise der ganze „Sozialklimbim" wie Kinder- oder Wohngeld abgeschafft. Eine der Ersten, die Friedmans Ideen umzusetzen begannen, war 1979 die englische Premierministerin Margaret Thatcher.
Friedman gilt als Begründer des Monetarismus. Dessen Anhänger, die in der Tradition der Klassik stehenden Monetaristen, sind davon überzeugt, dass das marktwirtschaftliche System stabil ist, das heißt zur Vollbeschäftigung tendiert. [...]
Die Möglichkeit der Arbeitslosigkeit wird [...] zwar nicht geleugnet; eine Ankurbelung der Wirtschaft, etwa durch höhere Staatsausgaben, hat aber ihrer Meinung nach nur eine sehr begrenzte, wenn nicht sogar negative Wirkung auf die Beschäftigung. Denn der Staat muss sich das zur Ausgabenfinanzierung nötige Geld auf dem Kapitalmarkt leihen. Dadurch steigen die Zinsen, und kreditfinanzierte private Investitionen werden zurückgedrängt *(Crowding-out-Effekt)*. Im Falle von Crowding-out verschiebt eine Staatsausgabenerhöhung die Nachfragekurve nicht oder nur in geringerem Maße nach rechts. Ein ähnlicher Effekt stellt sich ein, wenn die erhöhten Staatsausgaben durch Steuern finanziert werden. Und wenn sich der Staat das Geld direkt bei der Zentralbank besorgt, so bewirkt die damit verbundene Geldschöpfung früher oder später Inflation.
Die Monetaristen vertreten außerdem die Ansicht, dass es in jeder Volkswirtschaft eine gewisse natürliche Arbeitslosigkeit

Info

Monetarismus

Der Begriff steht für eine Position in der Wirtschaftstheorie und Wirtschaftspolitik, nach der die Regulierung der Geldmenge die wichtigste Stellgröße zur Steuerung des Wirtschaftsablaufes darstellt. Eine zu starke Ausdehnung der Geldmenge führt demnach zu Inflation, eine zu starke Bremsung des Geldmengenwachstums zu Deflation. Kurzfristige Eingriffe des Staates zur punktuellen Steuerung der Wirtschaft werden abgelehnt.

gibt, weil sich nicht alle Arbeitnehmer an veränderte Strukturen anpassen können oder wollen bzw. bei den geforderten Reallöhnen die Arbeitsnachfrage der Unternehmen zu gering ist. Diese Art der Arbeitslosigkeit lasse sich mittels einer expansiven Wirtschaftspolitik, also einer staatlichen Ausgabenerhöhung oder Geldmengenausdehnung, grundsätzlich nicht überwinden (siehe Schaubild): Ausgehend von Situation 1 kommt es (wenn kein spürbarer Crowding-out-Effekt eintritt) durch die Verschiebung der Nachfragekurve nach rechts zwar kurzfristig zu einer Mehrproduktion und zu Neueinstellungen (Situation 2, „kurzfristig", sagte Friedman gerne, „sind wir alle Keynesianer").
Sobald die Gewerkschaften aber bemerken, dass auch die Preise gestiegen sind, werden sie als Ausgleich höhere Löhne fordern (Angebotskurve verschiebt sich nach oben). In der Folge sinken Produktion und Beschäftigung wieder auf ihr altes, „natürliches" Niveau zurück, während sich das Preisniveau insgesamt von P auf P' erhöht hat (Situation 3). [...]
Aufgrund umfangreicher empirischer Studien kam Friedman zu dem Schluss, dass die Geldmenge das nominale Volkseinkommen bzw. Inlandsprodukt beeinflusst. Und zwar wirkt sich eine Geldmengenerhöhung kurzfristig auf das reale Inlandsprodukt aus, langfristig schlägt sie aber praktisch immer auf das Preisniveau durch, wirkt also inflationstreibend.

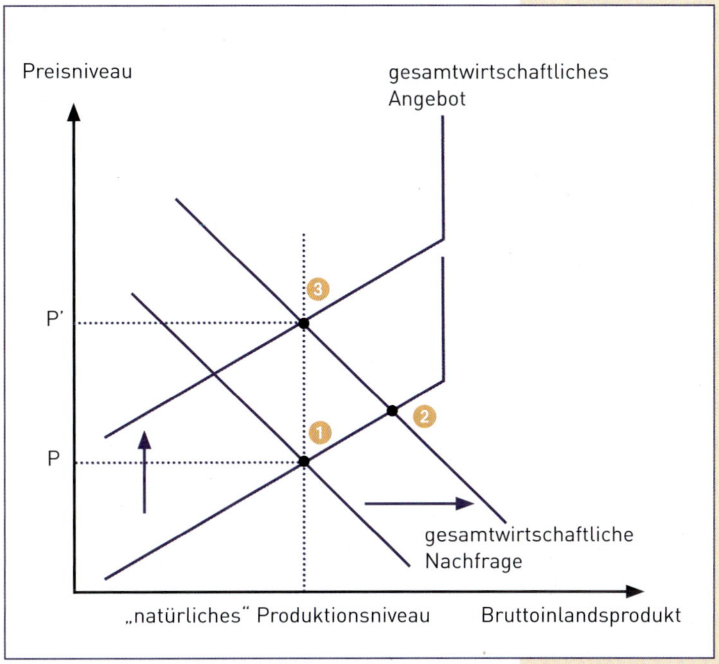

Herbert Sperber, Wirtschaft verstehen, 4. Auflage, Stuttgart 2012, S. 153 ff.

„Die Gewinne von heute sind die Investitionen von morgen und die Arbeitsplätze von übermorgen".
Alt-Bundeskanzler Helmut Schmidt 1974

Info

Streit wirtschaftspolitischer Schulen aktuell

Der wirtschaftspolitische Streit zwischen nachfrageorientierten Keynesianern und Angebotstheoretikern tritt tagesaktuell immer wieder hervor, wenn um angemessene Reaktionen auf aktuelle konjunkturelle „Dellen" gerungen wird. Damit suggeriert dieser Streit, dass beide wirtschaftspolitischen Schulen auf der gleichen Ebene argumentierten. Dies ist jedoch dahingehend zu relativieren, dass die Nachfragetheorie ihre Ursachenforschung und Therapie konjunkturell (also mittelfristig) verortet, während die Angebotstheorie eher strukturell bzw. langfristig und damit ordnungspolitisch argumentiert.
Autorentext

Aufgaben

1. Vergleichen Sie den Ansatz der nachfrage- mit dem der angebotsorientierten Wirtschaftspolitik (Keynesianismus vs. Monetarismus, M 6-M 9).
2. Analysieren Sie die intendierte Wirkungsweise beider Wirtschaftspolitiken mit Hilfe des (erweiterten) Wirtschaftskreislaufmodells.

H zu Aufgabe 1
Strukturieren Sie den Vergleich anhand folgender Aspekte:
- Ursachendiagnose (Warum kann es zu Wirtschaftskrisen und Arbeitslosigkeit kommen?)
- anvisierte wirtschaftspolitische Maßnahme(n)
- Grad staatlicher Eingriffe (Eingriffstiefe in Marktprozesse)

METHODE

Der Wirtschaftskreislauf – drei Modelle

Jede Person ist ständig in komplexe wirtschaftliche Austauschprozesse eingebunden. Durch den Kauf eines Smartphones z.B. erhält man gegen die Bezahlung des verlangten Preises von einem **Unternehmen** das Smartphone. Der Konsument – der **private Haushalt** – könnte dazu einen Kredit bei einer **Bank** aufgenommen haben. Der Verkaufspreis des Smartphones beinhaltet die Mehrwertsteuer, die an den **Staat** abgeführt wird, der damit z.B. Infrastrukturmaßnahmen und Schulen finanziert. Das Unternehmen hat das Smartphone höchstwahrscheinlich von einem Hersteller aus dem **Ausland** bezogen. Der Gewinn des Unternehmens wird durch den Staat besteuert. Die Investitionskosten des Unternehmens für Ladenräume etc. hat es sicher zum Teil über Kredite bei Banken finanziert. Banken können Kredite vergeben, da private Haushalte und Unternehmen, aber auch der Staat und das Ausland bei ihnen Geld anlegen (z.B. Sparanlagen).

In der Realität laufen solche Prozesse mit einer Vielzahl von Akteuren vielfach miteinander verwoben permanent ab. Will man z.B. vor einer politischen Entscheidung über die Veränderung der Mehrwertsteuer die Auswirkungen dieser Maßnahme ausloten, so muss man diese Prozesse in einem Modell beschreiben. Dabei müssen Prozesse qualitativ und quantitativ erfasst werden. Das Modell des Wirtschaftskreislaufs kann hier auf unterschiedlichen Komplexitätsstufen die gegenseitigen Abhängigkeiten der Wirtschaftssubjekte beschreiben. Dem geschlossenen Kreislaufmodell liegt die Annahme zugrunde, dass an jedem Akteur (Pol) die Summe der Zuströme gleich der Summe der Abströme ist (z.B. geben die privaten Haushalte ihr gesamtes Einkommen für Konsum oder Sparen aus). Das Statistische Bundesamt verwendet solche Kreislaufmodelle, um die (Geld-)Ströme zwischen den Wirtschaftssubjekten zu messen und so die Wirtschaftsleistung in der Bundesrepublik zu bestimmen.

Jedes der folgenden Kreislaufmodelle vereinfacht die Realität sehr stark, einige (Geld-)Ströme werden grafisch nicht dargestellt, um die Kreislaufmodelle übersichtlich zu halten.

Der einfache Wirtschaftskreislauf (ohne Ausland)

Unternehmen produzieren Konsumgüter und Dienstleistungen, die von den **privaten Haushalten** gekauft werden. Andererseits stellen die privaten Haushalte den Unternehmen Faktorleistungen (Boden, Kapital, Arbeit) zur Verfügung. Dadurch entstehen Güterströme, denen in gleicher Höhe entgegengesetzte Geldströme entsprechen, deshalb wird in der Regel darauf verzichtet, beide Stromarten darzustellen.

Der einfache Wirtschaftskreislauf

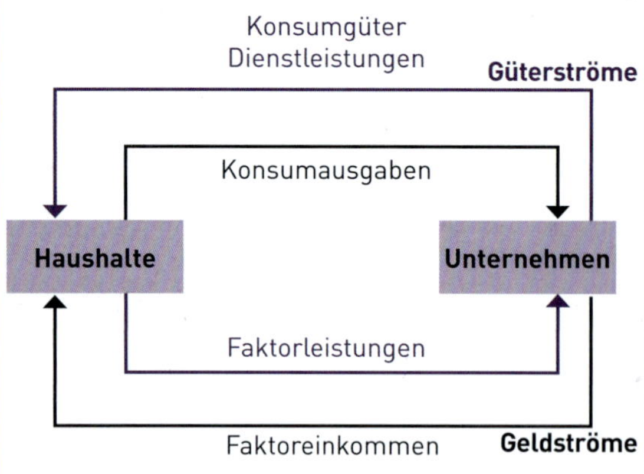

Faktorleistungen

Boden, Kapital, Arbeit

↓ ↓ ↓

Faktoreinkommen

Mieten, Zinsen, Löhne

Der erweiterte Wirtschaftskreislauf einer offenen Volkswirtschaft

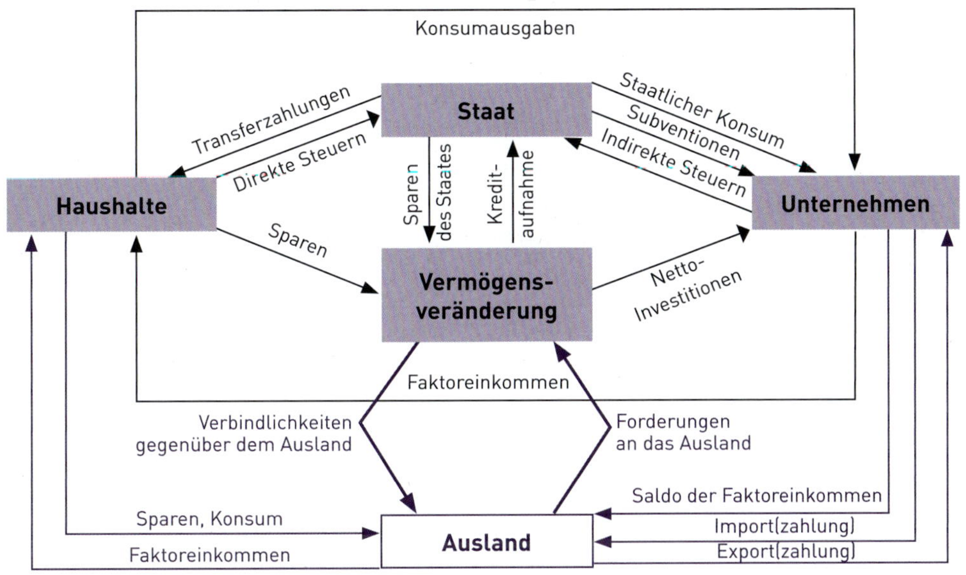

Der erweiterte Wirtschaftskreislauf

In der Realität geben die Haushalte nicht ihr ganzes Einkommen für Konsum aus, sondern sparen einen Teil. Es werden auch nicht alle Güter verbraucht, sondern zum Teil auch für Investitionszwecke genutzt. Dies wird im erweiterten Wirtschaftskreislauf ebenso berücksichtigt wie der **Staat** als Akteur.

Die Ersparnisse der Haushalte, des Staates und der Unternehmen (z.B. Rücklagen) fließen dem Sektor Vermögensveränderung (Bankensystem, Anleihe- und Aktienmarkt, Investmentgesellschaften...) zu, sie erhalten dafür Zinsen. Vom Sektor der **Vermögensveränderung** werden die Ersparnisse zur Finanzierung von Investitionen an Unternehmen und als Kredite an den Staat weitergegeben. Der staatliche Sektor konsumiert Güter der Unternehmen, stellt öffentliche Güter bereit und leistet Transferzahlungen an Unternehmen und Haushalte (z.B. Subventionen und Sozialleistungen). Dem Staat fließen andererseits Mittel von Unternehmen und Haushalten (z.B. in Form von indirekten und direkten Steuern, Gebühren und Sozialabgaben) zu.

Wirtschaftskreislauf einer offenen Volkswirtschaft

Nimmt man zum erweiterten Wirtschaftskreislauf noch die Transaktionen mit dem **Ausland** in das Kreislaufmodell mit auf, so spricht man vom Wirtschaftskreislauf einer offenen Volkswirtschaft. Haushalte und Unternehmen können z.B. Faktoreinkommen aus dem Ausland beziehen und umgekehrt. Es können Sparleistungen vom Ausland in den Sektor Vermögensveränderung fließen und umgekehrt. Waren und Dienstleistungen können exportiert und importiert werden. Der Kreislauf einer offenen Volkswirtschaft berücksichtigt also auch die Ein- und Ausfuhr von Kapital, Waren und Dienstleistungen.

Autorentext und -grafiken

Info

Gleichgewicht im geschlossenen Kreislauf

Betrachtet man den Sektor der Vermögensveränderung, so wird deutlich: **Die Summe der volkswirtschaftlichen Ersparnis ist gleich der Summe der Investitionen,** wenn der Kreislauf sich im Gleichgewicht befindet (Summe der Zuströme ist gleich der Summe der Abströme).

6.3.4 Nachfrage- und Angebotspolitik in der Praxis

M 10 ● Regierungserklärung zum Konjunkturpaket II

Vor uns liegt ein schwieriges Jahr. Gerade deswegen ist heute ein entscheidender Tag. Ich sage: Es ist ein guter Tag; denn mit dem Pakt für Beschäftigung und Stabilität in Deutschland [„Konjunkturpaket II"] gibt die Bundesregierung eine umfassende Antwort auf die weltweite Wirtschafts- und Finanzkrise, die uns alle Handlungsoptionen eröffnet.

[...] Bund, Länder und Kommunen werden ein Maßnahmenpaket auf den Weg bringen, das es in der Geschichte der Bundesrepublik Deutschland so noch nicht gegeben hat. Zusammen mit den schon im Herbst beschlossenen Maßnahmen werden wir über 80 Milliarden Euro einsetzen.

[...] In den Mittelpunkt unserer Maßnahmen stellen wir die Arbeitsplätze: die vorhandenen Arbeitsplätze, die wir sichern wollen, und die künftigen, für die wir trotz aller Sorgen des Tages jetzt die Grundlagen legen wollen. [...]

Die Selbstheilungskräfte des Marktes können erst wieder voll wirken, wenn die Marktkräfte auch wirklich funktionieren. Wenn zum Beispiel ein gesundes Unternehmen mit Weltmarktführung für seine Investitionen heute keine Kredite bekommt oder nur Kredite zu Konditionen, die ein rentables Wirtschaften nicht mehr möglich machen, weil die Banken sich untereinander noch nicht richtig vertrauen, dann muss der Markt – das ist unsere politische Aufgabe – wieder funktionstüchtig gemacht werden. Wir müssen den Kräften des Marktes Hilfestellung leisten, um sie gesunden zu lassen. [...]

Angela Merkel, in: Deutscher Bundestag, Stenografischer Bericht. 198. Sitzung. Berlin, Mittwoch, den 14. Januar 2009, S. 21425f.

rentabel
Gewinn bringend

M 11 ● Das Konjunkturpaket II im Überblick

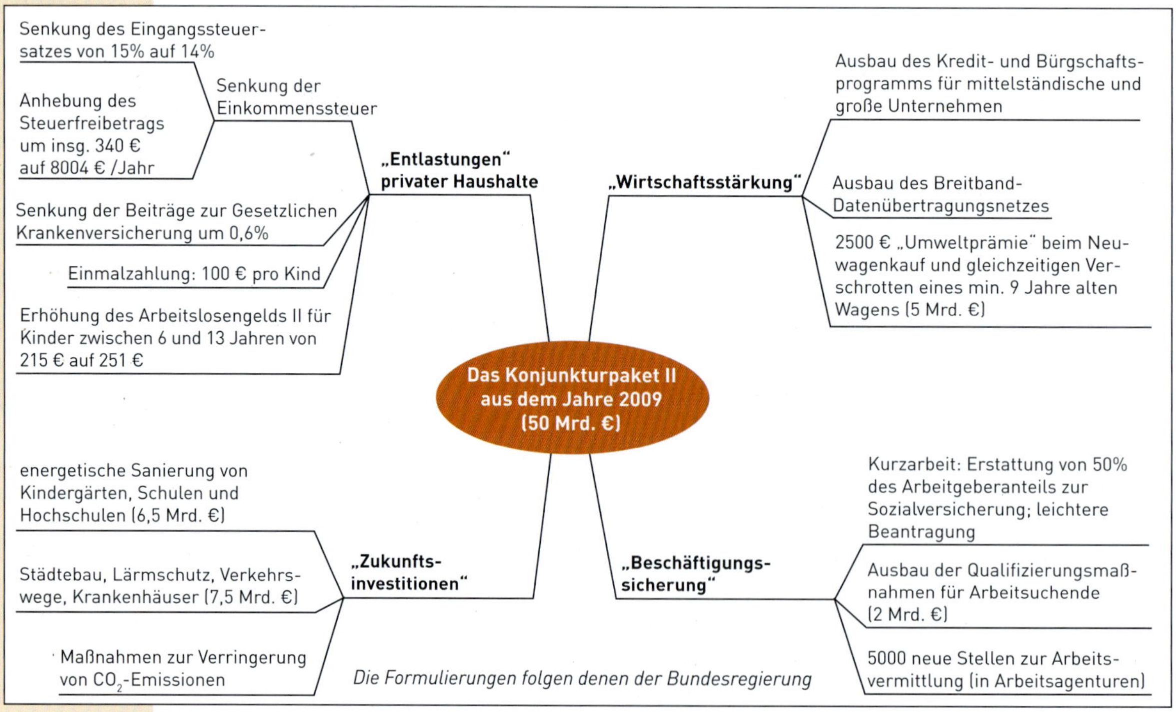

Die Formulierungen folgen denen der Bundesregierung

M 12 ● Möglichkeiten und Grenzen staatlicher Konjunkturpolitik

Zum Hauptproblem der [keynesianischen] Globalsteuerung [vgl. M 7] wurde in vielen Ländern [in den 1970er Jahren] die Lohnpolitik. Sorgt der Staat über Globalsteuerung für Vollbeschäftigung, sehen sich Arbeiter und Gewerkschaften in einer starken Verhandlungsposition. Ihre hohen Lohnforderungen stoßen bei den Unternehmen auf relativ wenig Gegenwehr, da sie gute Überwälzungsmöglichkeiten der Lohnkosten auf die [Verbraucher-]Preise haben. Dies wiederum führt zu Nachschlagsforderungen bei den Löhnen (sog. Zweitrunden-Effekte). In den USA und England kam es so zu zweistelligen Inflationsraten. Diese Lohn-Preis-Spirale führt schnell zu steigenden Inflationsraten und stellt die Globalsteuerung vor das Dilemma: Vollbeschäftigung sichern oder Inflation bekämpfen [...].

Die keynesianische Konzeption der Beschäftigungspolitik wurde im Gefolge der zweiten Ölkrise nach 1979/80 durch die erfolgreiche Konterrevolution der neoklassischen Angebotsökonomik [vgl. M 9] in der Wirtschaftspolitik vieler Länder förmlich abgefertigt [...]. Man spricht von der neoliberalen Wende in der Wirtschaftspolitik. Die 1980er Jahre sollten zum Testfall dieses Programms werden. [...]

In Großbritannien (unter Margret Thatcher) wurde dieses Programm weitgehend durchexerziert. Sehenswerten Erfolgen bei der Sanierung der Staatsfinanzen und der Senkung der Inflation standen zunächst bescheidene Fortschritte bei der Schaffung von Arbeitsplätzen gegenüber. Anfang der 1990er Jahre sank die trotz hoher Umverteilung zugunsten der Gewinnempfänger [Unternehmer, Aktionäre] niedrige Investitionsquote ab. Die Staatsfinanzen gerieten durch steigende Ausgaben für Sozialfürsorge für die wachsende Zahl der Armen wieder ins Defizit, obwohl die Unterstützungsleistungen auf ein [...] bescheidenes Niveau gekürzt wurden. In der zweiten Hälfte der 1990er Jahre entwickelte sich Großbritannien dann zum Vorzeigeland der Neoliberalen. Die Arbeitslosigkeit ging sehr deutlich herunter (von 8,5 Prozent (1995) auf 5,4 Prozent (2000)), das Wirtschaftswachstum stieg und die Masseneinkommen entwickelten sich trotz des großen Niedriglohnsektors positiv.

Dieses britische „Wirtschaftswunder" wird von Neoliberalen als eindeutiger Beweis für die Wirksamkeit ihrer Therapie gefeiert. Damit konfrontiert verweisen Keynesianer auf den erheblichen Beitrag der Makropolitik zum Wachstum der britischen Wirtschaft. Die Überwindung der Krise zu Beginn der 1990er Jahre war vor allem der massiven Abwertung des Pfundes und den daraus resultierenden Exporterfolgen zuzuschreiben. [...]

Lothar F. Neumann, Klaus Schaper, Die Sozialordnung der Bundesrepublik Deutschland, 5. Auflage, Bonn 2008, S. 130 ff.

Aufgaben

1. „In den Mittelpunkt unserer Maßnahmen stellen wir die Arbeitsplätze" (Z. 17 f.). Erklären Sie aus der Perspektive der Bundesregierung die Funktion dieser Aussage (M 10, M 1).
2. Arbeiten Sie heraus, inwieweit sich die Bundesregierung in ihrer Regierungserklärung auf das Ihnen bekannte Konzept der Sozialen Marktwirtschaft bezieht (vgl. Kap. 4.2).
3. a) Analysieren Sie die beabsichtigten ökonomischen Wirkungszusammenhänge des Konjunkturpakets II (M 11) mit Hilfe des Modells des (erweiterten) Wirtschaftskreislaufes (Methode).

   b) Ordnen Sie dieses Maßnahmenbündel wirtschaftspolitisch ein (M 11, M 6-M 9).
4. Erörtern Sie – unter Berücksichtigung von M 2 und M 12 – das Konjunkturpaket.

F Erläutern Sie (auf der Grundlage einer ergänzenden Internetrecherche) das ökonomische Spannungsverhältnis zwischen den Zielen der Beschäftigungssicherung und Inflationsbekämpfung (sog. Philippskurven-Dilemma).

6.3.5 Schafft Wachstum Arbeit? Das Problem des „jobless growth"

M 13 ● Wirtschaftswachstum und Beschäftigung

Beschäftigung hängt vom Wachstum einer Volkswirtschaft ab. [...] Der erste Schritt zu einem tieferen Verständnis berücksichtigt die Produktivität als die entscheidende Klammer zwischen Wachstum und Beschäftigung. Produktivität ist das Verhältnis von Wertschöpfung (Output) zu Arbeit (Input). [...] Wächst die Produktivität, so wächst bei gleichbleibendem Arbeitseinsatz auch der Output. Wächst umgekehrt der Output – etwa wegen steigender Nachfrage – so nimmt die Beschäftigung nur in dem Maße zu, wie das Outputwachstum das Produktivitätswachstum übersteigt.

Die Wachstumsrate, bei der somit die Beschäftigung zunimmt und die Arbeitslosigkeit zurückgeht, wird als „Beschäftigungsschwelle" bezeichnet. Sie hängt vor allem vom Produktivitätswachstum ab. Je höher dies ausfällt, desto später beginnt der Rückgang der Arbeitslosigkeit [Okun'sches Gesetz]. [...] In Deutschland lag die Beschäftigungsschwelle [...] lange bei über 2 %. Nur wenn das Wirtschaftswachstum darüber stieg, nahm auch die Beschäftigung zu. Ansonsten sprach man vom Wachstum ohne Beschäftigung („jobless growth").

Michael Dauderstädt, in Zukunft des Sozialstaats (WISO Diskurs), Friedrich-Ebert-Stiftung 2007, S. 54

✪ M 14 ● „Jobless growth" oder Jobs ohne Wachstum (I)?

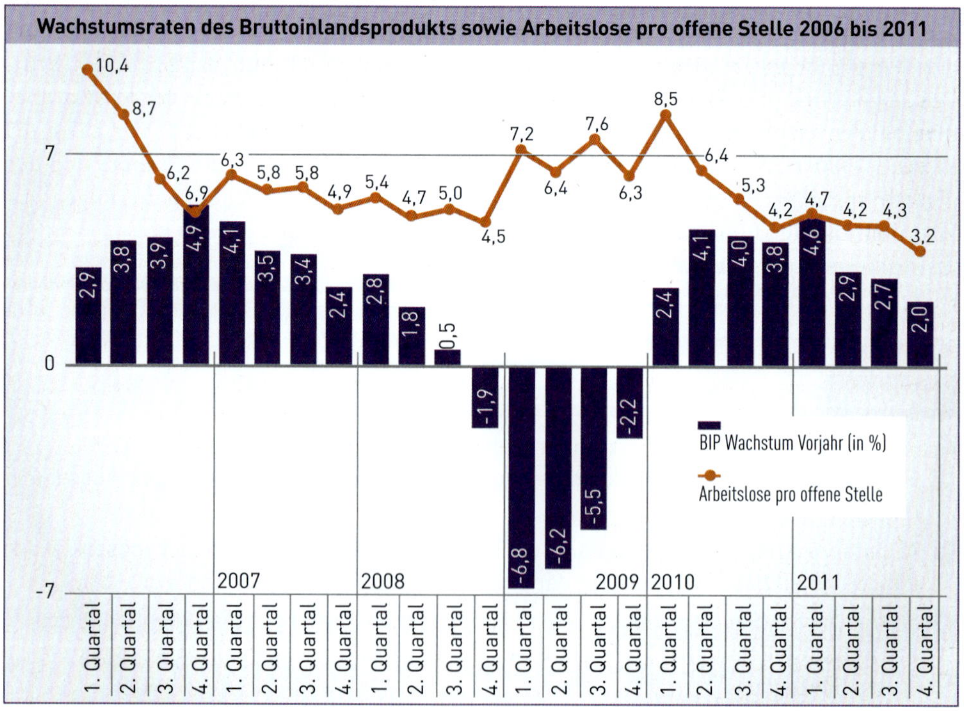

Zahlen: IAB, Statistisches Bundesamt

In: Martin Dietz u. a., Vollbeschäftigung in Sicht? Zur Lage auf dem Arbeitsmarkt, in: APuZ B. 14-15/2012, S. 24

M 15 „Jobless growth" oder Jobs ohne Wachstum (II)?

Seit Monaten sorgt der Arbeitsmarkt für positive Überraschungen – jetzt warnt die Industrieländer-Organisation OECD vor Euphorie: In Deutschland könnte die Wirtschaft um mehr als sieben Prozent wachsen, ohne dass es zu einem Beschäftigungszuwachs kommt [...].
Ein sogenanntes „jobless growth" sei möglich, wenn Produktivität und Arbeitszeit pro Kopf wieder das Vorkrisenniveau erreicht. Bis das Bruttoinlandsprodukt in diesem Ausmaß gestiegen ist, würden mehrere Jahre vergehen. Deshalb sei es unwahrscheinlich, dass die Arbeitslosenrate in den kommenden Monaten weiter sinke.
Der Volkswirt Alkis Otto findet diese Einschätzung plausibel. In der Krise hätten viele Unternehmen ihre Stammkräfte nicht entlassen, also würden sie im Aufschwung auch keine neuen Leute einstellen, meint der Wissenschaftler am Hamburgischen Welt-Wirtschaftsinstituts (HWWI). Die Entwicklung am Arbeitsmarkt sei nicht besonders dynamisch. [...]
Gerhard Bosch hält die OECD-Rechnung dagegen für nicht praxistauglich. [...] Der Direktor des Instituts Arbeit und Qualifikation an der Uni Duisburg-Essen [...] stellt die Annahmen in Frage: Die OECD unterstellt bei ihrer Warnung vor einem Wachstum ohne Jobaufbau, dass die Beschäftigten wieder so lange arbeiten wie vor der Krise. Damals erlebte Deutschland einen kräftigen Aufschwung. Die Beschäftigten machten sehr viele Überstunden, die Arbeitszeitkonten wurden immer voller. „Es gibt keinen Grund, dass wir zu diesen sehr langen Arbeitszeiten zurückkehren", sagt der Duisburger Professor. Konkret bedeutet dies: Wenn die Menschen im Schnitt kürzer im Betrieb sind, wird die Arbeit auf mehr Köpfe verteilt. Bei einem Wachstum entstehen mehr Jobs.
Die Forscherin Sabine Klinger erinnert zudem daran, dass die Zahl der Teilzeitjobs stetig wächst. Denn neue Stellen sind in jüngster Zeit vor allem im Dienstleistungssektor entstanden – und dort arbeiten viele Frauen in Teilzeit. Auch bei der Produktivität könne man nicht einfach annehmen, dass die alte Vorkrisen-Zeit zurückkehrt, betont die Leiterin des Forschungsbereichs Prognose am Institut für Arbeitsmarkt- und Berufsforschung (IAB). So kann im wachsenden Servicesektor nicht so leicht rationalisiert werden wie in der Industrie. Deswegen resümiert Klinger: [...] Der bisherige Beschäftigungsaufbau sei nicht groß, von einem „jobless growth" könne man aber nicht reden. [...]

Eva Roth, Wachstum ohne neue Jobs?, in: Frankfurter Rundschau, 7.7.2010

Aufgaben

1. „Beschäftigung hängt vom Wachstum einer Volkswirtschaft ab" (M 13, Zeile 1 f.). Erläutern Sie die – in dieser Aussage unterstellte – Zielkomplementarität (vgl. Kap. 4.2) zwischen Wirtschaftswachstum und Beschäftigungsstand.
2. ✪ Analysieren Sie die Statistik (M 14).
3. Arbeiten Sie aus M 15 Indizien heraus, die für bzw. gegen die These eines „jobless growth" sprechen.
4. ✪ a) Überprüfen Sie anhand der Statistik M 14 die in M 13 und M 15 dargestellten (Grund-)Annahmen zum Zusammenhang zwischen Wirtschaftswachstum und Beschäftigung.
   b) Problematisieren Sie die Maßnahmen des Konjunkturpaketes II vor dem Hintergrund Ihrer bisherigen Ergebnisse.

H zu Aufgabe 1
Wenden Sie das Modell des Wirtschaftskreislaufes an.

H zu Aufgabe 2
Vergleichen Sie die Daten auch mit der allgemeinen Arbeitsmarktlage (Arbeitslosenquote) in Deutschland (vgl. Kap. 6.1, M 3).

ORIENTIERUNGSWISSEN

Wirtschaftliche Schwankungen
M 3

Die schwankende Wirtschaftsentwicklung, die sich auch für Deutschland nachweisen lässt, ist als eine Grundtatsache von (marktwirtschaftlichen) Wirtschaftssystemen zu bezeichnen. Die Ursachen für den unstetigen Wirtschaftsverlauf können dabei struktureller (= langfristige), konjunktureller (= mittelfristiger) oder saisonaler (= kurzfristiger) Natur sein.

Konjunkturzyklen
M 4

Konjunkturelle Schwankungen sind Wachstumsschwankungen, die sich in einem Konjunkturzyklus mit vier Phasen darstellen lassen. Ein **Aufschwung** ist gekennzeichnet durch steigendes BIP-Wachstum, sinkende Arbeitslosigkeit und steigende Kaufkraft. Zunehmende Kapazitätsauslastung bewirkt eine steigende Investitionstätigkeit, insgesamt wächst das Vertrauen in die wirtschaftliche Entwicklung. Im **Abschwung** geht demgegenüber die Produktivität der Unternehmen zurück. Sie investieren aufgrund sinkender Gewinnerwartungen weniger. Um Überkapazitäten abzubauen und Kosten zu senken, werden Arbeitnehmer entlassen. Die Grundhaltung der Verbraucher und Unternehmer wird pessimistischer. Die nun einsetzende Konsumzurückhaltung verstärkt die negativen Effekte.
Die Bewältigung der daraus resultierenden **Rezessionen** ist eine der größten Herausforderungen staatlicher Wirtschaftspolitik, für die es unterschiedliche Denkschulen und Konzepte gibt.

Die Nachfragetheorie nach Keynes
M 7

Die Nachfragetheorie geht auf den englischen Nationalökonomen John Maynard Keynes zurück. Sie sieht Arbeitslosigkeit in einer unzureichenden gesamtwirtschaftlichen Nachfrage begründet. Da der Markt allein nicht in der Lage sei, aus sich heraus das Gleichgewicht zwischen Angebot und Nachfrage herzustellen, sollte der Staat eine aktive Konjunkturpolitik betreiben und dafür sorgen, dass zusätzliche Nachfrage entsteht. Im Mittelpunkt der Maßnahmen steht daher vor allem der unmittelbare Staatskonsum (etwa durch öffentliche Aufträge für Infrastrukturmaßnahmen). Die Maßnahmen seien demnach so zu treffen, dass sie in Zeiten der Hochkonjunktur die Nachfrage dämpfen und in Zeiten der Rezession die Nachfrage beleben (**antizyklische Wirtschaftspolitik**).

Die Angebotstheorie nach Friedman
M 9

In der Theorie des klassischen Liberalismus dagegen hat der Staat nur eine passive Rolle bei der Gestaltung des Wirtschaftsprozesses. Träger wirtschaftlichen Handelns ist das Individuum, zentrales Koordinationsinstrument der **freie Markt**. Die neoklassisch orientierte Politik sieht die Wachstums- und Beschäftigungskrise deshalb eher strukturell als konjunkturell bedingt. Wachstum und Beschäftigung würden durch strukturelle Restriktionen auf der Angebotsseite gebremst. Ordnungspolitische Entscheidungen sollten daher vor allem auf eine Entlastung von Unternehmen abzielen, um ihre Investitionsneigung zu erhöhen.

Wirtschaftspolitische Positionen zur Lösung der Krise

Die Blamage wird von Monat zu Monat größer. Die Blamage wird immer offensichtlicher. Die ganze Welt redet darüber, nur in Deutschland hört man es nicht. Die ganze Welt leidet darunter, vor allem Südeuropa, inzwischen selbst China, Brasilien und Russland. Nur in Deutschland gibt es keine Empathie.

Worum es geht? Um den Sparkurs in der Eurokrise. Um das Paradigma [vorherrschende Denkweise] der tonangebenden deutschen Ökonomen, dass nur Reformen und Haushaltskonsolidierung dafür sorgen würden, die Krise nachhaltig zu überstehen. Es geht um die große Frage, ob neoliberale Angebotspolitik oder keynesianische Nachfragepolitik die Krise [...] eleganter lösen. Deshalb war es von Anfang an ein großes Experiment. Verfolgten die beiden wichtigsten Volkswirtschaften der Welt, die USA und Euroland, unmittelbar nach der Pleite der US-Investmentbank Lehman Brothers ein Jahr lang Nachfragepolitik vom Feinsten, gingen sie ab 2010 getrennte Wege. Während die USA weiter auf mächtige Konjunkturprogramme setzten, also auf mehr Schulden, entschied sich Euroland auf Druck der Bundesregierung für Wirtschaftspolitik „made in Germany“. Nachfragepolitik jenseits des Atlantiks, Angebotspolitik diesseits.

Die Idee dahinter: Genau wie Deutschland bräuchten die anderen Euro-Mitgliedsländer eine Agenda 2010, die die Arbeit billiger und flexibler macht und gleichzeitig die Staatskassen entlastet. [...]

Gut drei Jahre später ist das Experiment entschieden: Während die Arbeitslosigkeit in Euroland und den USA Anfang 2010 bei je rund zehn Prozent lag, ist sie in der einen Wirtschaftszone auf zwölf Prozent gestiegen, in der anderen auf acht Prozent gesunken. In den USA gibt es wieder Hoffnung, in Euroland herrscht dagegen Frust, Depression und Wut. [...]

Das Problem: Es gibt kaum Anzeichen für Besserung in Euroland. Im Gegenteil. Wieder werden die Konjunkturprognosen nach unten angepasst. Jetzt greift die Rezession, die keine offizielle Stelle je vorhergesagt hatte, auf den Norden Europas über, auf Holland und vielleicht sogar Deutschland. Ein Kontinent steckt sich mit der Krankheit Rezession an, weil nirgendwo auch auf die Nachfrageseite geschaut wird. [...]

Wann erkennt die deutsche Politik, dass in der gegenwärtigen Lage nur eine Kombination aus Reformen und Nachfragepolitik helfen kann? Wann, dass die zweitgrößte Volkswirtschaft der Welt nicht alleine auf den Export hoffen kann, um die Rezession zu beenden? Hoffentlich nicht erst dann, wenn auch in Deutschland die Arbeitslosenzahlen in die Höhe schnellen. Es wird also höchste Zeit für eine Umkehr.

Robert von Heusinger, Höchste Zeit für den Schwenk, in: Frankfurter Rundschau, 20.4.2013

Robert von Heusinger leitet das Wirtschaftsressort der Frankfurter Rundschau und ist Stellvertretender Chefredakteur dieser Zeitung sowie der kooperierenden Berliner Zeitung.

Aufgaben

1. Stellen Sie die wirtschaftspolitischen Optionen zur Krisenbewältigung (Z. 15 f.) hinsichtlich ihrer Grundannahmen (insbes. Entstehung von Krisen) und Funktionsweise dar.
2. Ordnen Sie die Position des Autors wirtschaftspolitisch ein.
3. Erörtern Sie die Chancen und Risiken der von Heusinger formulierten Forderung. Berücksichtigen Sie dabei die Perspektive privater Haushalte, der Unternehmen, der gesamtwirtschaftlichen Entwicklung sowie unterschiedlicher Staaten.

6.4 Mit Mindestlöhnen zu fairen Arbeitsbedingungen? Die ordnungspolitische Dimension des Beschäftigungsproblems

6.4.1 „Arbeiten im Abseits" – atypische Beschäftigung in Deutschland

M 1 ● Wenn der Lohn zu niedrig ist

Ceylan ist 37 Jahre alt und seit 20 Jahren in Deutschland. Er lebt in Kalbach, wo ihn seine Wohnung 600 Euro im Monat kostet. Die Arbeit in der Fabrik bringt ihm monatlich 1.500 Euro brutto ein – etwas weniger als zehn Euro pro Stunde. „Das reicht nicht", sagt Ceylan. Darum hat er einen Zweitjob. Tageweise verkauft er Ballons auf der Zeil.

„Die Zahl der Zweitjobber ist von 2003 bis 2010 um 160 Prozent gestiegen", weiß Harald Fiedler, Regionsvorsitzender des Deutschen Gewerkschaftsbunds (DGB). Das ist nur einer der Gründe, warum der DGB schon lange einen Mindestlohn fordert. „Wir haben eine klare Beschlusslage: Flächendeckend sollen es in Deutschland 8,50 Euro pro Stunde sein", fordert Fiedler. Dass das Geld am Monatsende nicht reicht, Arbeitnehmer einen Zweitjob annehmen müssen oder gar aufstockende Sozialleistungen nach dem Sozialgesetzbuch II beantragen, ärgert nicht nur Gewerkschafter. In Frankfurt etwa gibt es 13.293 sogenannte Aufstocker. Laut Fiedler arbeiten davon rund 4.000 Vollzeit.

Frankfurter Neue Presse, Wenn der Lohn zu niedrig ist, www.fnp.de, 1.11.2011

„Lohnspreizung" in Deutschland

Wie lange Beschäftigte arbeiten müssen, um auf das durchschnittliche Jahresgehalt 2012 der Vorstandsvorsitzenden in Dax-Konzernen von **5,1 Millionen Euro** zu kommen

Angaben in Jahren	
Führungskraft im Baugewerbe	65
Betriebsmeister Chemische Industrie	68
Facharbeiter im Automobilbau	88
Pflegefachkräfte	138
Angelernte in Müllversorgung/Recycling	149
Schlachterei-Fachkräfte	183
Angelernte Callcenter-Mitarbeiter	240
Ungelernte im Lebensmitteleinzelhandel	273

Frankfurter Rundschau, 30.4.2013

M 2 ● Wo wenig verdient wird

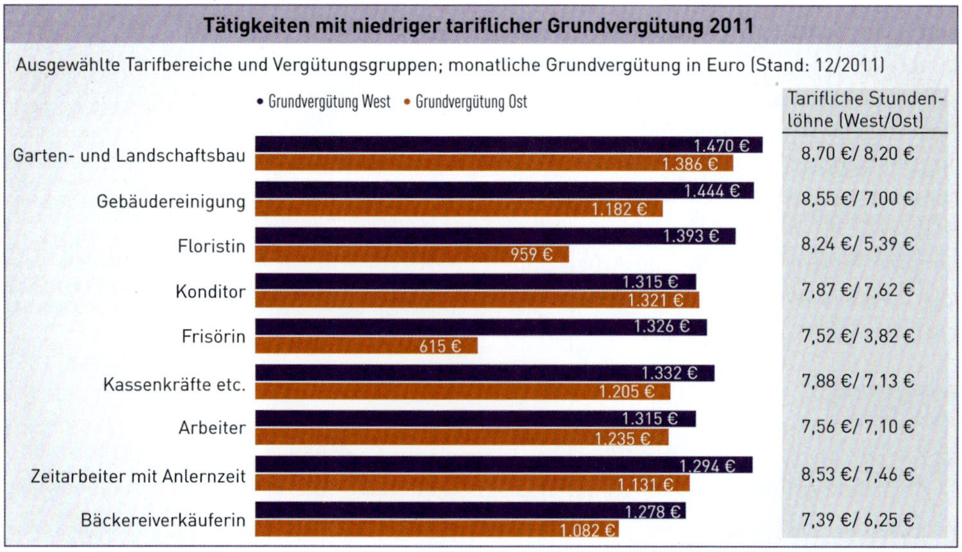

www.sozialpolitik-aktuell.de (20.1.2014)

Von den Bruttolöhnen sind Beiträge für die Zweige der Sozialversicherung abzuziehen. Diese belaufen sich im Jahr 2014 auf insgesamt etwa 20 %. Die (in der Regel geringe bzw. entfallende) Steuerpflicht ist auch von den weiteren Lebensverhältnissen des Arbeitnehmers abhängig.

M 3 ● Normalarbeit auf dem Rückzug

Normale Arbeitsverhältnisse werden in Deutschland immer stärker von Teilzeit- und Leiharbeit zurückgedrängt. Dies geht aus einer Untersuchung des Statistischen Bundesamts hervor. „Diese Erwerbsformen haben sich unabhängig von der konjunkturellen Entwicklung etabliert", sagte Peter Weigl, stellvertretender Leiter des Bundesamtes.

Der Anteil der Menschen, die in einer sozialversicherungspflichtigen Stelle mit unbefristetem Arbeitsvertrag arbeiten, sank zwischen 1998 und 2008 gemessen an allen Erwerbstätigen von 72,6 auf 66 Prozent. Im gleichen Zeitraum stieg der Anteil der so genannten „atypischen Beschäftigungsformen" von 16,2 auf 22,2 Prozent an.

Als „atypisch" werden alle Arbeitsverhältnisse bezeichnet, die nicht unbefristet sind und nicht mindestens eine halbe Stelle umfassen.

Besonderes Merkmal dieser Beschäftigten sind laut den Wiesbadener Statistikern ihre geringen Löhne: „Atypisch Beschäftigte verdienen durchschnittlich weniger pro Stunde als Normalbeschäftigte und bekommen deutlich häufiger einen Niedriglohn", sagt Weigl.

Martin Greive, Caroline Turzer, Die Welt, 19.8.2009

Unsichere Beschäftigung
→ vgl. Kapitel 6.2.3, M 8 b)

Prekäre Beschäftigung

In Anlehnung an den Thesaurus der International Labour Organisation (ILO) kann prekäre Beschäftigung als Erwerbsform gekennzeichnet werden, die den Beschäftigten nur geringe Arbeitsplatzsicherheit gewährt, ihnen wenig Einfluss auf die Ausgestaltung der Arbeitssituation ermöglicht, sie nur begrenzt arbeitsrechtlich absichert und die deren materielle Existenzsicherung durch Arbeit daraus folgend erschwert.
Der Begriff der prekären Beschäftigung dient in der sozialpolitischen Debatte als Gegenbegriff zum Normalarbeitsverhältnis. Dieses wird durch die Merkmale der auskömmlich entlohnten, unbefristeten und – durch gewerkschaftliche Interessenvertretung – sozialpolitisch abgesicherten Vollzeiterwerbstätigkeit charakterisiert.

M 4 ● Atypische Beschäftigung und soziale Unsicherheit

Beschäftigungsform	Teilzeit	Geringfügigkeit	Befristet	Leiharbeit
Einkommen	• formal anteilig, faktisch niedriger • Stundenvolumen • Stundenlöhne	• faktische Benachteiligung • Haupt- versus Nebentätigkeit	• abhängig von Anschluss • geringer als bei NAV	• geringer als bei NAV
Integration in die Rentenversicherung[1]	• anteilig	• minimal	• abhängig von Anschluss	✓
Beschäftigungsstabilität	✓	• gering	• ex definitione gering • Anschluss möglich	• niedriger als bei NAV
Beschäftigungsfähigkeit	• geringer als bei Normalarbeitsverhältnis (NAV)	• sehr gering	• geringer als bei NAV	• geringer als bei NAV

1) Die Rentenversicherung steht hier exemplarisch für Probleme der sozialen Sicherung.

Berndt Keller, Hartmut Seifert, Flexicurity (WISO-Diskurs), Bonn 2008

Aufgaben

1. Arbeiten die Sie die Auswirkungen heraus, die die Ausübung sogenannter „atypischer Beschäftigungsformen" für die Betroffenen hat (M 1-M 4).
2. Erläutern Sie die Entwicklung des Niedriglohnsektors in Deutschland als Folge des wirtschaftlichen Strukturwandels hin zu einer Dienstleistungsgesellschaft (vgl. Kap. 6.1.4 sowie 6.5).

H zu Aufgabe 1
Berücksichtigen Sie neben der aktuellen Einkommenssituation auch die Möglichkeiten gesellschaftlicher Teilhabe sowie die soziale Sicherung.

6.4.2 Mindestlöhne – gerechter Lohn, aber ineffizienter Arbeitsmarkt?

M 5 ● Forderung der Gewerkschaften

www.mindestlohn.de (27.1.2014)

M 6 ● Warum Mindestlöhne ökonomisch und sozialpolitisch geboten sind

Reden wir über alltägliche Situationen, über Menschen, denen wir begegnen. Zum Beispiel ein gelungener Abend im Lieblingsrestaurant, tolles Essen, guter Wein oder ein Glas Bier. Und andere sorgen dafür: in der Küche oder im Service. Zu einer Zeit, wenn die meisten von uns den Feierabend genießen. Harte Arbeit, voller Einsatz. So, wie etwa auch der Friseur, den der Gast am Nebentisch noch am Nachmittag besucht hat. Oder die Fachverkäuferin in der Bäckerei, bei der wir am nächsten Morgen die frischen Brötchen kaufen. Der eine muss den größten Teil seines Acht-Stunden-Tags stehen, für die andere ist 5 Uhr früh Schichtbeginn.

Die Kellnerin, der Koch, der Friseur, die Verkäuferin in der Bäckerei. Das sind im besten Sinne Leistungsträger. Nur einige Beispiele für viele, die sich jeden Tag krumm machen für andere – aber so wenig Lohn bekommen, dass sie davon nicht leben können. 6,8 Millionen Männer und Frauen in Deutschland verdienen zum Teil deutlich weniger als 8,50 Euro in der Stunde. Das reicht nicht für Miete, Essen, Kleidung, für den Sportverein ihrer Tochter oder ihres Sohnes und vieles andere. Das heißt: Sie müssen sich einen Zuschuss auf ihren Lohn abholen, damit sie überhaupt auf das Niveau der Grundsicherung kommen. Dafür werden die Steuerzahler zur Kasse gebeten. Ist das gerecht?

Und dann gibt es die Unternehmer, die ihre Leute anständig bezahlen – weil sie gute Arbeit leisten. Unternehmer, die aber in wirtschaftliche Schwierigkeiten geraten, weil sie Konkurrenz am Markt haben, die mit Niedrigstlöhnen den Wettbewerb verzerrt. Billig-Anbieter, die einen erheblichen Teil ihrer Personalkosten eben auf die Steuerzahler abwälzen.

Ist das Soziale Marktwirtschaft? Was haben Geschäftsmodelle mit Marktwirtschaft zu tun, die nur funktionieren, wenn die Allgemeinheit die Löhne der Beschäftigten mitfinanziert? Und: Ist das gerecht?

„Na klar", sagen Vertreterinnen und Vertreter der Dumping-Lohn-Idee. Schließlich sei schlecht bezahlte Arbeit besser als gar keine. Und ein Mindestlohn, so ihr Mantra, würde Tausende Jobs vernichten. Einen Beleg für ihre These haben sie bis heute nicht vorlegen können. Im Gegenteil zeigt uns die Erfahrung in 21 (!) EU-Ländern, dass es keinen Anstieg von Arbeitslosigkeit

„Lohndumping"
Zahlung von Niedriglöhnen (in Analogie zum Niedrigpreiswettbewerb z.B. von Discountern). Unternehmen können so ihre Gewinne maximieren. Diese Strategie ist solange möglich, wie ein Überangebot an Arbeitskräften besteht, die sich aus Mangel an geeigneten Job-Alternativen gegenseitig unterbieten.

gibt nach der Einführung eines Mindestlohns. Das entlarvt Marktradikale als das, was sie sind: die politische Interessenvertretung derjenigen, für die Billig-Löhne ein Bombengeschäft sind.

Alle anderen müssen ein Interesse am gesetzlichen Mindestlohn haben: die Steuerzahler [...], [d]ie Unternehmer, die [...] Binnenwirtschaft insgesamt[1] [...]. Und an erster Stelle natürlich die hart arbeitenden Frauen und Männer, denen bislang ein Teil ihres Lohns vorenthalten wird. [...]

Andreas Nahles, Schaffen Mindestlöhne mehr Gerechtigkeit? Pro, in: Frankfurter Rundschau, 2.9.2013

Andrea Nahles (SPD) war von 2009-2013 Generalsekretärin der SPD und ist seit 2013 Bundesarbeits- und Sozialministerin.

M 7 ● Die Ware „Arbeitskraft" und ihre Schutzbedürftigkeit

a) Die „doppelte Asymmetrie" von Angebot und Nachfrage auf Arbeitsmärkten

Im Kontext der individuellen Arbeitsverträge zwischen Arbeitnehmern und Arbeitgebern, wie sie für die Frühzeit der Industrialisierung prägend waren, ist im Anschluss an Marx die „doppelte Asymmetrie" zwischen Kapital und Arbeit zu beachten:

1. Der Arbeiter steht unter Angebotszwang. Da er weder über Produktions- noch sonstige Unterhaltsmittel verfügt, bleibt ihm keine andere Wahl, als seine Arbeitskraft anzubieten, und zwar vorbehaltlos, da er nicht warten kann. Somit fehlt ihm „die Voraussetzung, von der die Nationalökonomie [Wirtschaftswissenschaft] ausgeht, dass der Arbeiter gleich anderen Warenverkäufern im Stande sei, das Angebot seiner Ware der Nachfrage anzupassen" (Lujo Brentano 1890). Im Gegensatz dazu ist der Unternehmer in seiner Nachfrage elastisch; er kann Einstellungen hinauszögern, Arbeitskräfte durch Maschinen ersetzen oder auch an anderen Orten mit für ihn günstigeren Arbeitsmarktbedingungen Produktionsstätten eröffnen, ohne dass sein Lebensstandard beeinträchtigt würde.

2. Der Arbeitsvertrag begründet ein Herrschaftsverhältnis. Da Warenverkäufer und Verkauftes [Ware „Arbeitskraft"] nicht voneinander zu trennen sind, erwirbt der Unternehmer mit dem Kauf der Arbeitskraft zugleich die Mitverfügung über die Person des Arbeiters. Die Freiheit des Arbeiters, über seine Arbeitskraft verfügen zu können, erlischt, sobald er sie verkauft hat. Dies schlägt sich im Arbeitsvertrag dergestalt nieder, dass zwar die Leistungen des Unternehmers – in Form des Lohnsatzes – spezifiziert, die Leistungen des Arbeiters jedoch nur in groben Umrissen festgelegt werden. Die Nutzung der lebendigen Arbeit erfolgt unter dem Direktionsrecht des Unternehmers.

Walther Müller-Jentsch, Strukturwandel der industriellen Beziehungen, Wiesbaden 2007, S. 15ff.

b) Machtverhältnisse im Individualarbeitsrecht

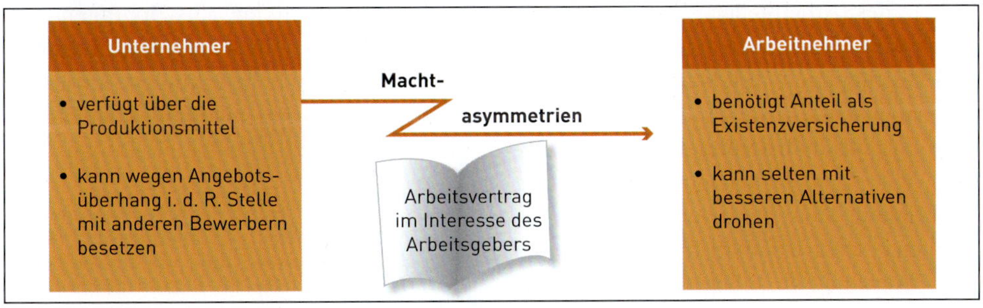

Autorengrafik

M 8 Bezahlung muss sich an Wertschöpfung orientieren! Die Position der Arbeitgeber

Deutschland braucht mehr Chancen für einen Einstieg in Arbeit statt gesetzlicher Mindestlöhne. Wer nämlich den Berufseinstieg sucht, seit Jahren arbeitslos ist oder gering qualifiziert, kann durch gesetzliche Mindestlöhne jegliche berufliche Perspektiven verlieren. Er wird seiner Chancen auf einen neuen Arbeitsplatz beraubt, wenn die Löhne höher sind als die eigentliche Produktivität seiner Arbeit. Die Bezahlung kann sich aber bei einfachen Tätigkeiten nur an der Wertschöpfung des jeweiligen Arbeitsplatzes orientieren. Ein realitätsfernes Mindestlohnniveau verhindert daher den Einstieg in Arbeit und ist daher das Gegenteil von sozialer Gerechtigkeit. Von einem Mindestlohn, der nicht verdient werden kann, da es keinen entsprechenden Arbeitsplatz gibt, kann niemand leben. Diejenigen, die arbeiten möchten und heute außen vor stehen, müssen neue und echte Einstiegschancen bekommen. Jeder berufliche Aufstieg setzt nämlich einen gelungenen Einstieg voraus. Wer gesetzliche Mindestlöhne verlangt, vertritt daher zumindest nicht die Interessen der Berufseinsteiger, Arbeitslosen und Geringqualifizierten in Deutschland. [...]

Gesetzliche Mindestlöhne erwecken den falschen Anschein, dass es allein am guten Willen des Arbeitgebers liegt, wie hoch Löhne sind. Sie ignorieren Gesetze, Preise und Bedingungen des Markts und lassen die Arbeitskosten steigen. Das wiederum erzwingt Rationalisierungen in den Betrieben. Vor allem Arbeitsplätze für gering qualifizierte Menschen werden durch Maschinen ersetzt, wandern ins kostengünstigere Ausland ab oder werden in die Schwarzarbeit verdrängt. Bei ortsgebundenen Dienstleistungen würde der zu erwartende Nachfragerückgang ebenfalls zum Abbau von Arbeitsplätzen führen. [...]

In Deutschland gibt es ein historisch gewachsenes und funktionierendes Tarifsystem, das eine Lohnfindung fern von staatlicher Bevormundung gewährleistet. Im Übrigen sind bereits heute nach der Rechtsprechung Löhne sittenwidrig und damit unzulässig, die ein Drittel unter den jeweils ortsüblichen Löhnen einer Branche liegen. Zudem garantiert das Arbeitslosengeld II ein Existenz sicherndes Mindesteinkommen. Wer nicht genug verdient, um seinen Lebensunterhalt und den seiner Familie zu finanzieren, erhält abhängig von seiner Lebenssituation ergänzende Fürsorgeleistungen vom Staat. Nur ein solches bedarfsgerechtes garantiertes Mindesteinkommen bietet eine Chance auf einen Einstieg in Arbeit, ohne Arbeitsplätze zu vernichten und in die Tarifautonomie einzugreifen. [...]

Die Mindestlohnbeispiele aus dem europäischen Ausland können wegen der unterschiedlichen gesamtwirtschaftlichen Rahmenbedingungen keine Handlungsempfehlung für Deutschland sein. Oftmals ist das Arbeitsrecht flexibler und die Arbeitskosten geringer. Ein Verweis auf diese Mindestlöhne übersieht, dass Deutschland über ein funktionierendes Tarifsystem verfügt und mit dem Arbeitslosengeld II ein Mindesteinkommen gewährleistet. Die Erfahrungen anderer Länder belegen vielmehr die negativen Auswirkungen von Mindestlöhnen: Alle Länder mit einem einheitlichen gesetzlichen Mindestlohn haben eine höhere Jugendarbeitslosigkeit als Deutschland. [...]

Bundesvereinigung der Deutschen Arbeitgeberverbände (BDA), Mindestlohn, www.arbeitgeber.de (Stand: September 2013, vor der Diskussion um den Gesetzentwurf zum Mindestlohn der Großen Koalition)

Mindestlöhne in Europa

Von den 27 EU-Mitgliedstaaten haben 21 einen Mindestlohn eingeführt. Dieser betrug im Jahr 2013

- in Luxemburg: 10,83 €
- in Frankreich: 9,43 €
- in den Niederlanden: 9,01 €
- in Großbritannien: 7,63 €
- in Spanien: 3,91 €
- in Polen: 2,21 €

Thorsten Schulten, WSI-Mindestlohnbericht 2013 in: WSI-Mitteilungen 2/2013, S. 127 f.

Branchenspezifische Mindestlöhne in Deutschland

In Deutschland gibt es in zwölf Wirtschaftszweigen tarifliche Mindestlöhne, die nach dem Arbeitnehmer-Entsendegesetz für allgemeinverbindlich erklärt wurden. Mit der Allgemeinverbindlichkeit haben sie quasi Gesetzescharakter und gelten in allen Betrieben der jeweiligen Branche.
Neues Deutschland, 28.2.2013

Abfallwirtschaft: 8,68 € (bis 30.6.2014)
Gebäudereiniger: 9,31 bis 12,33 € im Jahr 2014 (abhängig von der Reinigungstätigkeit),
Pflegebranche: West inkl. Berlin 9 €, Ost 8 €
Wach- und Sicherheitsgewerbe: je nach Bundesland von 7,50 bis 8,90 €
Statistisches Bundesamt Wiesbaden (November 2013)

M 9 Die Wirkung von Mindestlöhnen in der klassischen Wirtschaftstheorie

Die klassische Theorie geht bei einem staatlich festgelegten Mindestlohn davon aus, dass sich die Nachfrage der Arbeitgeber nach Arbeitskraft von m_0 auf m_1 verringert. Die Zahl der Personen, die ihre Arbeitskraft zum Mindestlohn anbieten, ist größer als beim Gleichgewichtslohn ohne staatlichen Eingriff (Angebotsüberhang). Dieser Argumentation zufolge führt der Preismechanismus nach Einführung des Mindestlohns nicht mehr zu einer optimalen Verteilung und es entsteht Arbeitslosigkeit.

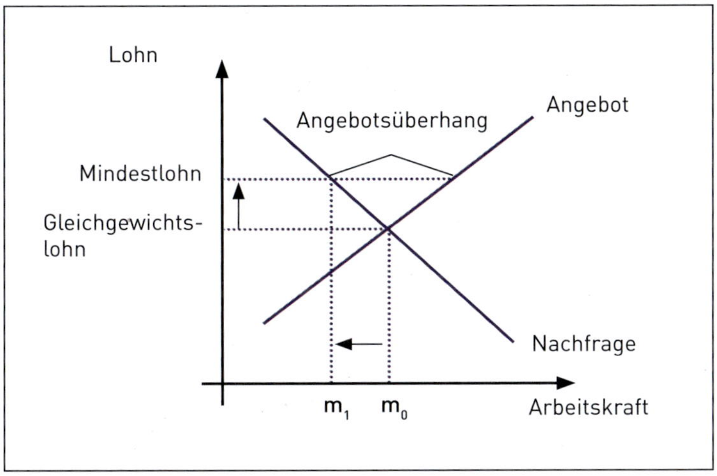

Autorentext und -grafik

Aufgaben

1. Erklären Sie die Forderung des DGB (M 5) vor dem Hintergrund der Ausweitung prekärer Beschäftigungsverhältnisse in Deutschland (M 1-M 4).
2. a) Geben Sie die in M 6 dargestellten Argumente für einen bundesweit einheitlichen Mindestlohn wieder.
   b) Andrea Nahles zählt zahlreiche „Nutznießer" eines gesetzlichen Mindestlohnes auf (vgl. M 6, Z. 63 ff.). Erklären Sie – etwa mit Hilfe des Wirtschaftskreislauf-Modells – die potentiellen Vorteile, die ein gesetzlicher Mindestlohn für diese Akteure nach sich zieht.
3. Erläutern Sie die Schutzfunktion, die Mindestlöhne auf dem (asymmetrischen) Arbeitsmarkt für die Arbeitsuchenden ausüben (M 6, M 7).
4. a) Arbeiten Sie die Position der Arbeitgeber zur Forderung nach einem bundesweit einheitlichen Mindestlohn (M 8) heraus.
   ✪ b) Erläutern Sie die behauptete Entstehung bzw. Verstärkung von Arbeitslosigkeit wirtschaftstheoretisch (M 9, Kap. 5).
5. a) Überprüfen Sie, ob der flächendeckende Mindestlohn gegen die Prinzipien (a) der Sozialen Marktwirtschaft (vgl. Kap. 4.2) sowie (b) das Grundgesetz (Art. 2, 9, 14, 20) verstößt.
   b) „Gerechter Lohn, aber ineffiziente Arbeitsmärkte?!" – Erörtern Sie die Forderung nach Einführung bundesweit einheitlicher Mindestlöhne (M 5-M 9).

F Überprüfen Sie, welche Mindestlohnhöhe (7,50 €, 8,50 €, 10,00 €) hinsichtlich des Problems des „Aufstockens" (vgl. Kap 6.4.1) sowie hinsichtlich drohender Altersarmut sozialpolitisch effizient wäre.

F zu Aufgabe 5 a)
Analysieren Sie die im Koalitionsvertrag (2013) festgeschriebenen Verabredungen der Großen Koalition zur Frage eines bundesweit einheitlichen Mindestlohnes. Gehen Sie dabei auch auf die (angenommene) Rolle der Tarifparteien im Rahmen der Tarifautonomie (Legitimität) ein.

ORIENTIERUNGSWISSEN

Atypische und Niedriglohnbeschäftigung als Herausforderung
M 3, M 4

Insbesondere seit den Arbeitsmarktreformen ab 2003 ist in Deutschland eine Ausweitung atypischer Beschäftigungsformen zu verzeichnen. Die Beschäftigten verdienen zum Teil nicht genug, um ihren Lebensunterhalt allein mit ihrem Arbeitseinkommen zu bestreiten. Sie sind vielmehr auf **staatliche Unterstützungsleistungen** angewiesen und werden zu „Aufstockern", die zusätzlich zu ihrem Arbeitslohn Leistungen gemäß ALG II erhalten. Das Versprechen, durch eigene Arbeit Freiheit von (sozial-)staatlicher Bevormundung zu erlangen, greift bei ihnen also nicht.

Mindestlohn als ordnungs- und sozialpolitisches Instrument

Die Niedriglöhne im Dienstleistungssektor können als Ergebnis des **Preismechanismus'** auf dem **Arbeitsmarkt** verstanden werden. Aus sozial- bzw. armutspolitischen Erwägungen werden diese Löhne vielfach als inakzeptabel angesehen, da sie Arbeitende kaum oder nicht besser stellen als arbeitslose Leistungsempfänger und aktuell sowie für den weiteren Lebensverlauf (z. B. Rentenhöhe) ein Armutsrisiko darstellen. Die staatliche Beeinflussung der Lohnhöhe ist insofern sozialpolitisch motiviert.

Als Lösung des Problems kommt die Einführung eines gesetzlichen flächendeckenden Mindestlohnes in Betracht, der alle Arbeitgeber verpflichtet, mindestens diesen (Stunden-)Lohn an seine Arbeitskräfte zu bezahlen. Ein solcher Mindestlohn greift in das Zusammenspiel von Angebot, Nachfrage und Preis auf dem – in der Preisgestaltung bis dahin – nicht regulierten Arbeitsmarkt ein. Insofern handelt es sich um ein ordnungspolitisches Instrument, das die Marktakteure gesetzlich auf ein bestimmtes Verhalten festlegt.

Der Mindestlohn in der Diskussion
M 6, M 8

Befürworter des Mindestlohnes sehen diesen zunächst aus gerechtigkeitstheoretischen Erwägungen als geboten an: Arbeitnehmer sollten, so die Grundannahme, durch ihren Arbeitslohn ein merklich höheres Einkommen als Erwerbslose erzielen (**Lohnabstandsgebot**). Zudem führe ein höheres Einkommen durch die **Kaufkraftsteigerung** zu einer erhöhten Binnennachfrage. In diesem Zusammenhang wird auch die Tatsache kritisiert, dass die Allgemeinheit mit ihren Steuerzahlungen die Gewinne der Unternehmen quasi mitfinanziere, da erst die Möglichkeit des Aufstockens Niedriglöhne gesellschaftlich akzeptabel mache. Neben diesen Argumenten wird von Unternehmerseite das Argument ergänzt, dass ein Mindestlohn einen Dumping-Wettbewerb zwischen unterschiedlichen Unternehmen verhindere und somit auch hier zu mehr **Gerechtigkeit** führe.

Gegner des Mindestlohnes sehen in ihm einen unangemessenen, nicht mit dem Grundgesetz zu vereinbarenden Eingriff in die wirtschaftliche **Handlungs-, Vertrags-** und **Marktfreiheit**. Seine Einführung sei darüber hinaus arbeitsmarktpolitisch gefährlich, da die geforderten Löhne nicht der **Produktivität** der betroffenen Tätigkeiten entsprächen. Die „Vernichtung" von Arbeitsplätzen z. B. durch Abwanderung an kostengünstigere Standorte sei die zu erwartende Folge. So halten auch einige Sozialpolitiker dem Mindestlohn entgegen, dass es besser sei, vorhandene Arbeit anzunehmen und ggf. mit staatlichen Leistungen aufzustocken als Arbeitsplätze zu gefährden.

Ordnungspolitische Maßnahme: Kündigungsschutz

a) Arbeitgeber fordern Lockerung des Kündigungsschutzes

Den Unternehmen brennt das Thema Kündigungsschutz auf den Nägeln. Einer aktuellen Umfrage des Deutschen Industrie- und Handelskammertags (DIHK) zufolge würden bei einer Lockerung 48 Prozent der Unternehmen mehr Mitarbeiter einstellen – vorausgesetzt, die Geschäftslage verbessert sich. Bereits in einer Umfrage des Instituts der deutschen Wirtschaft Köln (IW) vom Frühjahr 2008 unter mehr als 1.700 Firmen plädierten die meisten Betriebe dafür, Kündigungsfristen zu verkürzen und die Höhe der Abfindungen zu begrenzen. Die Unternehmen wünschen sich mehr Rechtssicherheit und ein weniger teures Prozedere.

Denn: Verwaltung, Rechtsberatung und betriebliche Mitbestimmungsrechte verursachen schon im Vorfeld einer Kündigung Kosten in Höhe von 1.400 Euro pro Fall. Klagt der Mitarbeiter, kommen durchschnittlich 3.250 Euro Prozesskosten hinzu. Einigen sich die Parteien auf eine Abfindung, schlägt diese im Schnitt mit weiteren 12.000 Euro zu Buche.

Die Hürde, eine Kündigung auszusprechen, ist für die Unternehmen entsprechend hoch – also umschiffen viele das Kostenproblem, indem sie sich schon bei den Einstellungen zurückhalten. [...] Zwar bestimmt eine ganze Reihe weiterer Faktoren die Dauer der Arbeitslosigkeit [...]. Betrachtet man aber den individuellen Kündigungsschutz, die Regulierung flexibler Erwerbsformen und den kollektiven Kündigungsschutz, ist die Bundesrepublik nach Berechnungen der Industrieländerorganisation OECD vor allem eines: zu reguliert. Nur in Belgien, Italien und der Schweiz gelten strengere Regeln für die kollektive Kündigung. In Ländern mit weniger rigidem Kündigungsschutz finden Arbeitslose schneller einen neuen Job.

Institut der deutschen Wirtschaft, Köln Medien GmbH (iwd), Kündigungsschutz – ein enges Korsett 43/2009 (20.10.2009), S. 8

b) Kündigungsschutz in Deutschland – die bestehenden Regelungen

Beim Kündigungsschutz sind grundsätzlich drei Arten zu unterscheiden:

- außerordentliche Kündigungen in Folge eines Vergehens von Arbeitnehmern,
- ordentliche Kündigungen (z. B. zur Veränderung der Personalstruktur eines Betriebs), bei denen die Kündigungsfristen mit der Dauer des bestehenden Arbeitsvertrages steigen, sowie
- betriebsbedingte Kündigungen (z. B. bei Absatzrückgang), wobei die Auswahl der zu entlassenden Mitarbeiter nach sozialen Kriterien zu erfolgen hat.

Die politische Kontroverse um den Kündigungsschutz bezieht sich vor allem auf die Betriebsgröße, für die die Regelungen für ordentliche und betriebsbedingte Kündigungen gelten sollen. Gegenwärtig [2014] gilt der Kündigungsschutz für Betriebe mit mindestens zehn Vollzeit-Beschäftigten.

Autorentext

Aufgaben

1. Fassen Sie die Position der Arbeitgeber zur Frage eines „angemessenen" Kündigungsschutzes zusammen.
2. Erläutern Sie, inwiefern Regelungen des Kündigungsschutzes als ordnungspolitische Maßnahmen das Zusammenspiel von Angebot und Nachfrage beeinflussen.
3. Erörtern Sie die Forderung nach einer Lockerung des Kündigungsschutzes.

6.5 Strukturpolitische Wege aus der Massenarbeitslosigkeit – Antworten auf den sektoralen und regionalen Strukturwandel

6.5.1 Wenn eine Branche kriselt – die strukturpolitische Dimension des Beschäftigungsproblems

M 1 ● Die VW-Krise 1993

Als [Peter] Hartz 1993 [als Arbeitsdirektor im Vorstand] zu VW kam, stellte er sich an die Fensterfront seines Büros, schaute hinunter auf das Imperium zu seinen Füßen, rechts die Werkhallen, links die Stadt, und überlegte: „Welches Viertel wollen wir entlassen? Das, wo der Betriebsratsvorsitzende wohnt, oder lieber das, wo der Vorstand wohnt? Oder einfach jede dritte Straße?" [...]
Damals, als die Kosten explodierten und gleichzeitig immer weniger Menschen einen neuen Volkswagen haben wollten, da waren plötzlich allein in Wolfsburg 15.000 Menschen zuviel im Werk. „Gesellschaftspolitisch", sagt Hartz, „konnte man das gar nicht zu Ende denken." Mindestens 30 Prozent Arbeitslose. Niemand in der Konzernspitze wollte das; niemand wollte mit einem Prinzip brechen, das seit Gründung von Werk und Stadt im Jahre 1938 gilt: VW entlässt nicht.

Stefan Willeke, in: Die Zeit, 19.11.1998

VW-Werksgelände in Wolfsburg im Jahr 1992.

M 2 ● Volkswagen – Arbeitgeber einer Stadt?

a) Beschäftigungsentwicklung bei Volkswagen Wolfsburg

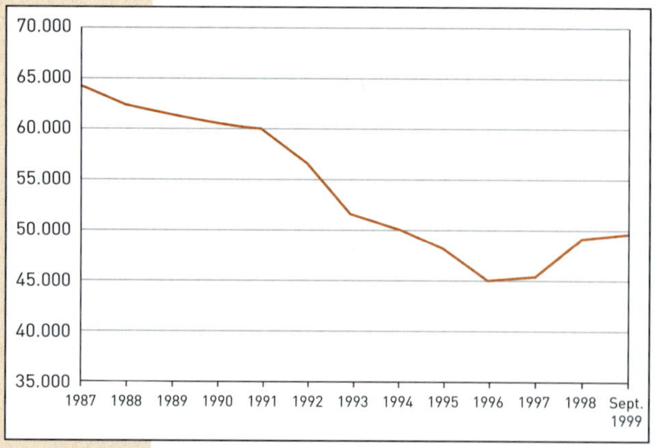

b) Arbeitslosenquote Wolfsburgs im Vergleich

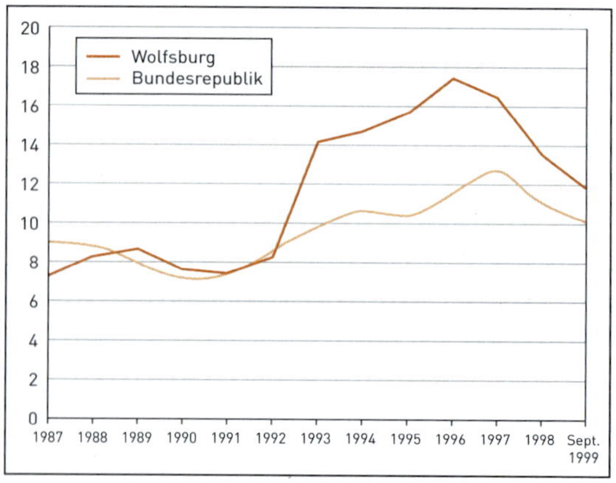

VW Zentrales Personal- und Tarifwesen (links), bzw. Arbeitsamt Helmstedt (rechts), in: Annette Harth u. a., Wolfsburg: Stadt am Wendepunkt, a. a. O., S. 59, S. 129

M 3 Die Automobilindustrie in der Krise – Herausforderung für eine Stadt

Aufgrund der weltweiten Krise der Automobilindustrie, der Globalisierung der Märkte und auch hausinterner Probleme (z. B. bei der Logistik und Produktivität) erlebte der Volkswagen Konzern 1993 einen erdrutschartigen Einbruch der Produktions- und Absatzzahlen um ca. ein Viertel und fuhr einen Rekordverlust von 2 Mrd. DM ein. In der Folge wurde zwischen 1990 und 1993 die Zahl der Beschäftigten im Wolfsburger Stammwerk um ca. 9.000 reduziert. Während des Höhepunkts der Krise 1993 wurde zudem ein weiterer Personalüberhang von 15.000 Arbeitsplätzen errechnet und auch eine Verlegung des Konzernsitzes offen diskutiert.

Für die Stadt Wolfsburg war diese Situation verheerend: Die Gemeindesteuern sanken zwischen 1991 und 1994 um fast zwei Drittel, und man war gezwungen, erhebliche Sparmaßnahmen zu ergreifen und Schulden zu machen. Man hatte auf Seiten der städtischen Vertreter das Gefühl, dass sich „die Stadt jetzt am Abgrund" befinde, auch weil die Krise eine völlig neue Qualität hatte. Die Stadtverantwortlichen mussten sich der Tatsache stellen, dass diese Krise nicht [...] einfach so vorübergehen würde, wenn die Automobilkonjunktur wieder anziehen würde. Es wurde vielmehr deutlich, dass Wolfsburg sich als Sitz des Volkswagen-Konzerns einem globalen Wettbewerb zu stellen hatte, dass steigenden Produktionszahlen nicht mehr zwangsläufig auch steigende Arbeitsplatzzahlen (in Wolfsburg) folgen würden [...].

Annette Harth u. a., Stadt als Erlebnis: Wolfsburg. Zur stadtkulturellen Bedeutung von Großprojekten, Wiesbaden 2010, S. 28 f.

M 4 Merkmale und Ursachen des wirtschaftlichen Strukturwandels

Eine Voraussetzung für anhaltendes Wirtschaftswachstum ist die Fähigkeit des Wirtschaftssystems, sich laufend zu verändern. In den letzten hundert oder auch nur fünf Jahren beobachten wir denn auch an beliebig vielen Orten einen unaufhaltsamen Wandel. Hier konzentrieren wir uns auf die Veränderungen in der Produktionsstruktur, den Anteil der verschiedenen Branchen oder Wirtschaftssektoren an der Produktion oder an der Beschäftigung.

[M 5] zeigt uns die ungefähre Entwicklung der Erwerbstätigkeit [...] nach Wirtschaftssektoren: Im [primären] Sektor (v. a. Landwirtschaft) arbeiten immer weniger Leute und im [tertiären] Sektor (Dienstleistungen wie Reinigung, Handel, Verwaltung, freie Berufe) immer mehr. Der [sekundäre] Sektor (Industrie und Gewerbe) nimmt bis 1960/70 zu, verliert aber seither schnell an Gewicht.

Das deutsche Bild entspricht damit der 1949 aufgestellten These [des französischen Ökonomen Jean Fourastié], wonach sich eine wachsende Wirtschaft vorerst von einer Agrar- zu einer Industriegesellschaft wandelt und dann in eine Dienstleistungsgesellschaft übergeht [Drei-Sektoren-Hypothese]. [...]

Die Struktur der Beschäftigung hat sich im Wesentlichen aus drei Gründen verändert:

1. Die Arbeitsproduktivität hat nicht in allen Branchen gleich stark zugenommen. Die Industrie zeigt z. T. spektakuläre Produktivitätszuwächse. Auch in der Landwirtschaft sind sie hoch. Viele Dienstleistungsbranchen können dagegen nur geringe Produktivitätsfortschritte ausweisen [...]. Allerdings eröffnen Computer bei den Dienstleistungen neue Rationalisierungsmöglichkeiten.

2. [...] Stärker als die Einnahmen [des primären und sekundären Sektors] steigen dafür die Ausgaben für Freizeit, Bildung, Gesundheit, Versicherungen und öffentli-

Produktivität

bezeichnet „das Verhältnis von Produktionsergebnis (Output) und Einsatz von Produktionsfaktoren (Input). [...] Die Produktivität ist gestiegen, wenn bei gleichem Einsatz an Produktionsfaktoren das Produktionsergebnis größer ist oder wenn bei gleichem Produktionsergebnis die Einsatzmenge der Produktionsfaktoren kleiner ist. Insofern kommt beim Ziel, die Produktivität zu erhöhen, das ökonomische Prinzip zum Ausdruck. Die Produktivität lässt sich für den Produktionsvorgang in einer Fabrik, für ein Unternehmen, einen Wirtschaftszweig oder auch eine Volkswirtschaft berechnen.

Duden, Wirtschaft von A bis Z, 5. Auflage, Mannheim 2013

Info

Dimensionen des Strukturwandels

1. Intersektoraler Wandel:
Damit ist der in allen entwickelten Volkswirtschaften seit dem 19. Jahrhundert zu beobachtende Übergang von einer Agrar- in eine Industriegesellschaft und seit Mitte dieses Jahrhunderts in eine Dienstleistungsgesellschaft gemeint. Mittlerweile beschäftigen die Dienstleistungsbranchen Deutschlands mehr als 60 Prozent aller Erwerbstätigen [...]. Besonders expansiv zeigen sich z. B. gesundheits- und unternehmensnahe Dienste wie Werbung, Finanzierung, Kundenservice. Letztere zeigen, dass Industrie und Dienstleistungen häufig eng miteinander verzahnt sind. Angesichts der wachsenden Bedeutung der Informations- und Kommunikationstechnologien wird in jüngster Zeit bereits von einem Übergang in die Informationsgesellschaft gesprochen.

2. Intrasektoraler Wandel:
Auch innerhalb der großen Wirtschaftssektoren finden strukturelle Veränderungen statt. Ein Beispiel: In der Industrieproduktion übernehmen Maschinen gefährliche, schwere oder belastende Arbeiten. Auch der Arbeitseinsatz verändert sich: Gerade in den Industrieländern gewinnen gut qualifizierte Arbeitskräfte immer mehr Beschäftigungsanteile hinzu.

3. Regionaler Wandel:
In einzelnen Regionen verändern sich die wirtschaftlichen Strukturen immer wieder, zum Teil mit einschneidenden Konsequenzen für den Arbeitsmarkt. Ein anschauliches Beispiel ist das Ruhrgebiet, das sich mit dem Niedergang des Bergbaus und der Montanindustrie von einer Schwerindustrieregion zunehmend in ein Zentrum für hochtechnologische Industrien und moderne Dienstleistungen gewandelt hat. Ein wesentlicher Trend im Strukturwandel heute ist die funktionale Konzentration. Damit ist die Ballung vor allem bestimmter Dienstleistungen auf einige Zentren gemeint: Banken in Frankfurt, Medien in Hamburg, Berlin und Köln.

Nach: www.insm.de (15.7.2007)

che Dienste. Zudem wird unsere Gesellschaft immer komplexer. Sie erfordert darum immer mehr Planung, Regelung, Steuerung, Kontrolle und Vermittlung – sowie Weiterbildung in diesen anforderungsreichen Dienstleistungen [Nachfrageverschiebung].

3. Schließlich führte auch der zunehmende internationale Handel dazu, dass in der deutschen Industrie Routinearbeiten mehr und mehr wegfallen. Standardisierte Produkte werden heute in Ländern mit niedrigeren Lohnkosten hergestellt. Im Gegenzug konzentriert sich in reichen Ländern die Produktion von hochwertigen Waren und Dienstleistungen.

Neben dem Strukturwandel zwischen den Branchen gibt es zusätzlich einen starken Wandel innerhalb der Branchen und der Betriebe [...]. Die in Deutschland hergestellten Produkte werden immer forschungsintensiver, und mit ihnen zusammen werden vermehrt auch spezielle Dienstleistungen verkauft. Innerhalb der einzelnen Branchen gibt es [daher] weniger Arbeitsplätze in der Fabrik und dafür mehr Aufgaben in Planung, Werbung, Kundenbetreuung und Forschung.

Bernhard Beck, Makroökonomie, Zürich 2011, S. 40ff.

M 5 ● Beschäftigungsentwicklung in Wirtschaftssektoren

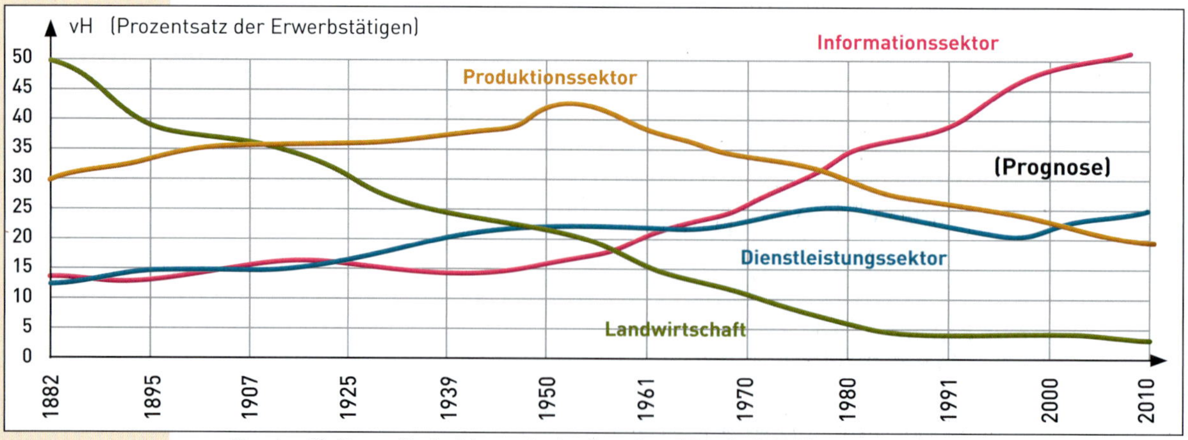

Henning Klodt u. a., Tertiarisierung in der deutschen Wirtschaft, Tübingen 1997, S. 68

M 6 Die regionale Wirtschaft Wolfsburgs – Schwächen einer Monostruktur

Nach einer ersten „Schockstarre“ nach Bekanntwerden des Umfangs der VW-Krise und der weiter negativen Entwicklungsprognosen erstellten die städtischen Akteure eine nüchterne Bilanz der Schwächen der Stadt:

- Der gesamte Dienstleistungsbereich als die Zukunftsbranche war erheblich unterentwickelt – und zwar nicht nur die allgemeinen autofernen Servicebereiche, sondern auch Dienstleistungen rund um die Automobilproduktion und -entwicklung. Die Zahl der Automobilzulieferer lag um ca. 75 % unter der vergleichbarer Automobilstandorte. Mit einem Beschäftigtenanteil im Dienstleistungsbereich von ca. einem Fünftel (gegenüber einem damaligen Bundesdurchschnitt von ca. 50 %), einem nur schwach entwickelten Mittelstand und weit hinter vergleichbaren Städten zurückliegenden Neugründungszahlen hatte Wolfsburg seine Monostruktur weiter gepflegt und neue Wirtschaftsfelder buchstäblich verschlafen.
- Entsprechend konnte der Stellenabbau beim Volkswagen-Konzern, der damals ca. 60 % aller Arbeitsplätze der Stadt stellte, auch nicht annähernd in anderen Branchen aufgefangen werden. In einer Stadt, die jahrzehntelang an annähernde Vollbeschäftigung gewöhnt war, erreichte die Arbeitslosigkeit nun historische Höchststände. [...]
- Man hatte sich mit dem strukturellen Problem der Innenstadt – kein urbanes Flair, unzureichendes Konsumangebot, geringe Aufenthaltsqualität [...] – und dem daraus folgenden enormen Kaufkraftabfluss von 100 - 200 Millionen [...] in benachbarte Städte eingerichtet anstatt dagegen anzugehen. Auch Einzelhandelsstandorte auf der „grünen Wiese“ wurden nicht entwickelt, sodass es bestimmte Sortimente (wie Bau- oder Elektronikmärkte) in Wolfsburg so gut wie nicht gab.
- Gleiches galt für den Freizeitbereich. Die hauptsächlich auf die Arbeiterschaft zugeschnittenen Gastronomie-, Erlebnis- und Kulturangebote entsprachen immer weniger den sich im Laufe der Jahre differenzierenden Ansprüchen der Bevölkerung. Und für den bundesweit immer wichtiger werdenden Städtetourismus hatte Wolfsburg fast nichts zu bieten und war auch aufgrund seines schlechten Images kein Ziel.

Annette Harth u.a., Stadt als Erlebnis, a.a.O., S. 30

Aufgaben

1. a) Beschreiben Sie die Auswirkungen der internationalen Automobilkrise der 1990er Jahre auf den VW-Konzern, seine Beschäftigten sowie die Stadt Wolfsburg (M 1-M 3).

   b) Entwickeln Sie auf der Grundlage Ihrer Ergebnisse ein Negativ-Szenario zur zukünftigen sozialen, ökonomischen und politischen Entwicklung in der Stadt Wolfsburg. Vorschlag: Gestalten Sie hierzu eine Radioreportage.
2. Ordnen Sie die VW-Krise der ersten Hälfte der 1990er Jahre in das Modell des wirtschaftlichen Strukturwandels ein (M 4-M 5).
3. Arbeiten Sie heraus, inwiefern die Krise auf einen „verschlafenen Strukturwandel“ in Wolfsburg zurückzuführen ist (M 4-M 6).
4. Erläutern Sie – aus der Perspektive eines Journalisten oder eines Vertreters der Bürgerinitiative „Ich lebe (weiter) in Wolfsburg“ – den regionalpolitischen Handlungsauftrag, der sich der Stadt Wolfsburg angesichts der Krise bei VW und der Analyse der regionalen Wirtschaftsstruktur stellt (Negativ-Szenario, M 4-M 6).

6.5.2 Strukturerhaltung oder -gestaltung? Strukturpolitische Antworten auf das Beschäftigungsproblem

M 7 ● Handlungsfelder der Strukturpolitik

Strukturpolitik umfasst wirtschaftspolitische Maßnahmen, die darauf gerichtet sind, die Veränderungen in der Wirtschaft, die durch neue Produkte und Erzeugnisse, durch den dauernden technischen Wandel und zunehmenden internationalen Wettbewerb hervorgerufen werden, abzuschwächen oder sozialverträglich zu gestalten. Weiterhin soll durch gezielte Maßnahmen die Wirtschaft in einer bestimmten Region oder Branche gestärkt werden, um den Strukturwandel besser zu verkraften. Maßnahmen der Strukturpolitik wie Subventionen sollen also negative Auswirkungen des Strukturwandels ausgleichen sowie Anpassungen erleichtern und werden deshalb befristet eingesetzt. Im Rahmen der Strukturpolitik lassen sich Regionalpolitik und sektorale Strukturpolitik unterscheiden.

Die **regionale Strukturpolitik** [...] umfasst alle Maßnahmen mit dem Ziel, wirtschaftliche Nachteile schwächer entwickelter Gegenden (z.B. die neuen Bundesländer oder die Küstengebiete von Nord- und Ostsee) zu fördern, um der Bevölkerung überall gleiche Lebensbedingungen zu schaffen. Dazu sollen z.B. regionale Entwicklungsunterschiede abgebaut, der Strukturwandel erleichtert und in Regionen mit geringem Arbeitsplatzangebot wettbewerbsfähige Arbeitsplätze geschaffen werden. Maßnahmen der Regionalpolitik sind vor allem darauf gerichtet, Investitionen in den Fördergebieten anzuregen. [...] In Deutschland ist die Regionalpolitik vor allem auf die neuen Bundesländer gerichtet, da dort eine flächendeckende Umstellung der Wirtschaft verkraftet werden muss. In Westdeutschland werden insbesondere ländliche, strukturschwache Gebiete gefördert, in denen ein Mangel an qualifizierten Arbeitsplätzen besteht, oder solche Gebiete, die einseitig auf spezielle Industriebereiche ausgerichtet sind und deshalb vom Strukturwandel besonders betroffen sind.

Die **sektorale Strukturpolitik** umfasst wirtschaftspolitische Maßnahmen, die auf bestimmte Wirtschaftszweige (Sektoren) ausgerichtet sind. [...] Die Erhaltung bestehender Strukturen (Strukturerhaltungspolitik) liegt vor allem im Interesse derer, die in tendenziell schrumpfenden Sektoren beschäftigt sind oder ihr Kapital investiert haben (z.B. Kohlebergbau, Landwirtschaft). Die Anpassung einzelner Sektoren an den gesamtwirtschaftlich erforderlichen Strukturwandel zu erleichtern und damit soziale Härten abzuschwächen, ist gerechtfertigt, weil vom Strukturwandel alle profitieren, aber nur ein Teil negativ betroffen wird: Wenn ein Sektor schrumpft oder stagniert (z. B. Textilindustrie, Schiffbau), dann verlieren Teile der dort Beschäftigten ihren Arbeitsplatz (strukturelle Arbeitslosigkeit). Diesen negativ Betroffenen kann durch Anpassungssubventionen geholfen werden (z. B. Umschulung oder Weiterbildung für Beschäftigte, Gründung von Beschäftigungsgesellschaften, Finanzhilfen zum Abbau von Überkapazitäten für Unterneh-

In der Lausitz wurde 150 Jahre Braunkohle abgebaut; im Rahmen einer Internationalen Bauausstellung werden nun Zukunftskonzepte erarbeitet, hier sind schwimmende Häuser zu sehen.

men). In den Bereich dieser Anpassungspolitik fallen aber auch Maßnahmen zur Wiederherstellung der Wettbewerbsfähigkeit gefährdeter Branchen (z. B. Investitionshilfen für Rationalisierungen). Die Gestaltung künftiger Strukturen wird auch als vorausschauende Strukturpolitik (Gestaltungspolitik) bezeichnet und kann z. B. in Form der Subventionierung als zukunftsträchtig geltender Branchen oder Aktivitäten (z. B. Luft- und Raumfahrt, Elektronik, Umwelt- und Energietechnik) umgesetzt werden.

Bundeszentrale für politische Bildung, Das Lexikon der Wirtschaft, Bonn 2004, S. 148 f.

M 8 ● Prinzipien und Instrumente von Strukturpolitik

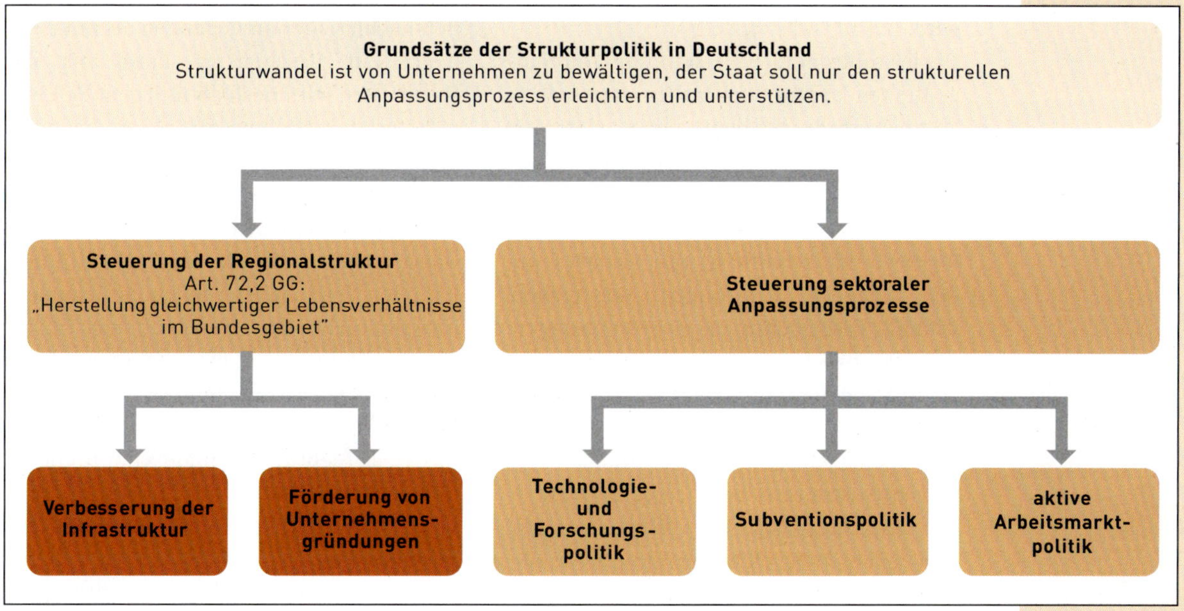

Autorengrafik

M 9 ● Subventionen: Ursache strukturpolitischer Fehlsteuerungen

Subventionen stellen als direkte Finanzzuweisungen sowie Steuererleichterungen eines der zentralen Elemente sektoraler und regionaler Strukturpolitik dar.

Von der Subventionsgewährung versprechen sich die politischen Entscheidungsträger positive Wirkungen auf die Wirtschaft. Häufig vorgetragene Ziele [...] sind die Förderung von Innovationen und Investitionen, die Ansiedelung oder Gründung von Unternehmen, die Absatzförderung (so genannte Marktentwicklung), die Verhinderung von Marktbereinigungen (Arbeitsplatzabbau und Konkurse) sowie die Lenkung des Strukturwandels. Allgemein können also Schutz- und Unterstützungsfunktion von Subventionen unterschieden werden.

Oberflächlich betrachtet bietet das wirtschaftspolitische Instrument der Subvention eine einfache und rasch wirkende Möglichkeit, wirtschaftlichen „Fehlentwicklungen" entgegenzuwirken. Es ist ein weitverbreiteter Irrglaube, durch den Einsatz von Subventionen ließe sich die Wettbewerbsfähigkeit von Wirtschaftseinheiten verbessern. [...]

Tatsächlich besteht eine der wesentlichen Wirkungen von Subventionen darin, die Leistungsbereitschaft der Begünstigten zu reduzieren. […] Wer auch ohne besondere Leistungen Mittel erhält, lehnt sich zurück und gewöhnt sich recht bald an das gesichert erscheinende Leben. […] Schließlich schrumpft die einzelwirtschaftliche Leistungsbereitschaft auf ein Minimum, während die Last für die Gemeinschaft ihr Maximum erreicht. […] Der Gewöhnungseffekt wird umso stärker ausgeprägt sein, je wichtiger die Subvention für die Wirtschaftseinheit ist und je länger sie gewährt wird. […]

Die leistungsmindernde Wirkung von Subventionen kommt auch daher, dass sie den Wettbewerbsdruck herabsetzen, dem ein Akteur auf den Märkten ausgesetzt ist. Unternehmen werden mehr oder weniger dem marktwirtschaftlichen Zwang enthoben, überlegt, wirtschaftlich und sparsam mit den knappen Ressourcen umzugehen, ständig Verbesserungen hervorzubringen, sich flexibel an veränderte Bedingungen anzupassen und Risiken vorsichtig abzuwägen. […] Unter Wettbewerbsbedingungen stellen Unternehmen ein nachfragegerechtes Angebot bereit, bei Subventionen ein politikgerechtes. Nicht was die Konsumenten durch ihre Zahlungen belohnen wird bereitgestellt, sondern was Politiker mit Zuschüssen goutieren. Wenn dieses „falsche“ Angebot dann später keinen hinreichenden Absatz findet, ist wieder ein Anlass für weitergehende staatliche Maßnahmen gegeben. Ein Unternehmen, das die Nachfragerwünsche trifft, ist von selbst erfolgreich und braucht keine Subventionen. Ein Unternehmen, das dies nicht schafft, muss den Markt verlassen […]. Nachlassende Wettbewerbsfähigkeit zeigt sich in überhöhten Kosten, in sinkender Angebotsattraktivität sowie in abnehmender Kunden- und Marktorientierung. […]

Man geht eher unkalkulierte Risiken ein, wenn davon ausgegangen werden kann, dass der Staat im Falle des Scheiterns einspringen wird. […] Auch die Verwendung gewährter Subventionsmittel ist problematisch: Mit fremdem Geld wird für gewöhnlich nachlässiger umgegangen als mit eigenem: Ein geschenkter Euro aus der Staatskasse wird deshalb in jedem Fall weniger produktiv eingesetzt als ein Eigenkapitaleuro. Riskantere und weniger produktive Investitionen schmälern jedoch die Wettbewerbsfähigkeit.

Das gilt nicht zuletzt im Hinblick auf Innovationen – einem sehr beliebten Argument für staatliche Fördermaßnahmen. Vieles spricht dafür, dass die Innovationskraft von Wirtschaftseinheiten durch Subventionen in der Summe eher ab- als zunimmt. Das Geld fließt unabhängig vom (ohnehin ungewissen) Ergebnis der Innovationsaktivität. Was im Bereich wissenschaftlicher Forschung richtig und geboten ist – breite, ausreichende und ergebnisunabhängige finanzielle Förderung der Wissenschaft –, erweist sich bei der (Mit-)Finanzierung privater Forschung und Entwicklung (FuE) häufig als fatal. […]

Walter Kortmann, Subventionen: Die verkannten Nebenwirkungen, in: Wirtschaftsdienst, Zeitschrift für Wirtschaftspolitik, Heft 7, 2004, S. 462 ff.

Aufgaben

1. Erläutern Sie am Beispiel der Automobilindustrie strukturpolitische Handlungsmöglichkeiten. Unterscheiden Sie dabei zwischen strukturerhaltenden, -anpassenden und -gestaltenden Strategien (M 7).
2. Entwickeln Sie strukturpolitische Konzepte, mit denen die wirtschaftspolitischen Akteure (Bund, Land Niedersachsen, Stadt Wolfsburg) auf die dargestellte Krise reagieren können (M 7, M 8). Präsentieren und diskutieren Sie Ihre Konzepte auf dem Symposium „Wolfsburg – eine Stadt mit Zukunft!?“.
3. Problematisieren Sie die Vereinbarkeit von Strukturpolitik mit den Prinzipien der Sozialen Marktwirtschaft (M 9, Kap. 4.2.1).

6.5.3 (Wie) Kann der wirtschaftliche Strukturwandel bewältigt werden?

M 10 ● Handlungsfelder und Geschäftsbereiche der Wolfsburg AG

Die Wolfsburg AG ist eine 1999 gegründete Public-Private-Partnership der Stadt Wolfsburg und der Volkswagen AG. Das Unternehmen begleitet aktiv den wirtschaftlichen Strukturwandel, fördert nachhaltig die Wirtschaft und schafft Beschäftigung in Wolfsburg.

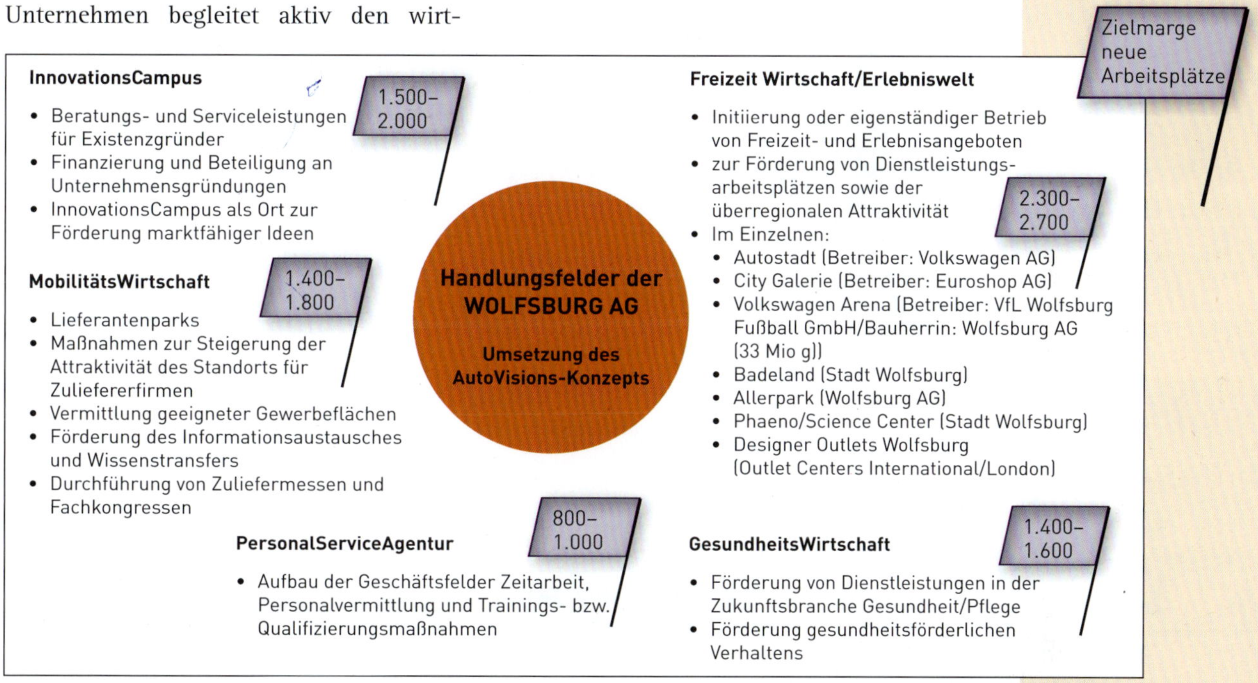

Zusammenstellung des Autors nach Wolfsburg AG, Hintergrundinformationen zur Wolfsburg AG, Ms 2009 und Dierkes 2002

Info

Der Multiplikatoreffekt

Der Multiplikatoreffekt bezeichnet in der Wirtschaftstheorie die Zuwächse des BIPs, die sich durch zusätzliche Ausgaben ergeben. Diese Vervielfältigungswirkungen können beispielsweise dadurch zustande kommen, dass infolge steigender Unternehmensinvestitionen neue Arbeitsplätze geschaffen werden und somit zusätzliches Einkommen auf Seiten der privaten Haushalte generiert wird. Führt dieses höhere Einkommen auch zu höheren Konsumausgaben, können durch eine steigende Nachfrage wiederum neue Arbeitsplätze entstehen. Dieselben Prozesse können u. a. auch von höheren Ausgaben des Staates (Staatsausgabenmultiplikator) ausgelöst werden.

Der Multiplikatoreffekt kann jedoch durch verschiedene Faktoren begrenzt werden. Hierzu sind insbesondere höhere Steuerbelastungen, eine hohe Sparneigung der privaten Haushalte oder eine stärkere Kapitalmarktorientierung der Unternehmen (z. B. Ausschüttung der höheren Unternehmensumsätze als Dividende statt Reinvestition) zu zählen.

Die Multiplikatoreffekt-Theorie hat in der ökonomischen Praxis Bedeutung für die Prognose konjunktureller Entwicklung sowie für wirtschaftspolitische Entscheidungen.

Autorentext

M 11 Beschäftigung und Arbeitslosigkeit in Wolfsburg

	Wolfsburg			Deutschland
Jahr	Beschäftigte	Arbeitslose (absolut)	Arbeitslosenquote	Arbeitslosenquote
1997	73.363	9.351	17,1	11,8
1998	76.790	7.621	14,2	10,9
1999	81.896	6.582	12,3	10,3
2000	87.127	5.542	10,2	9,3
2001	89.557	4.900	8,8	9,6
2002	88.954	5.121	9,1	10,1
2003	93.772	4.557	8,1	10,4
2004	95.630	5.690	10,0	10,8
2005	92.250	6.557	10,9	11,1
2006	91.714	5.865	10,4	9,6
2007	90.198	4.945	7,9	8,1
2008	99.600	3.654	6,0	7,4

Eigene Zusammenstellung nach: Annette Harth u. a., Stadt als Erlebnis, a. a. O., S. 65 f.

M 12 VW als Arbeitgeber in Wolfsburg

	1998	1999	2000	2001	2002	2003	2004	2005	2006	2007	2008
Belegschaft VW AG Wolfsburg (absolut)	49.135	50.061	50.415	50.864	50.566	50.239	49.817	49.205	49.950	43.621	44.193
Anteil der VW-Arbeitsplätze an allen Arbeitsplätzen in Wolfsburg (%)	64,0	65,2	57,9	56,8	56,8	53,6	52,1	53,3	50,1	48,4	44,4

Eigene Zusammenstellung nach: Annette Harth u.a., Stadt als Erlebnis, a.a.O., S. 69

M 13 Vom Produktionsstandort zur Erlebniswelt – Überwindung der Monostruktur?

Wolfsburg hat alles, wovon Provinzstädte dieser Größe nur träumen können: einen Bundesliga-Fußballclub, eine Sportarena und ein Kunstmuseum. Und eine Auto-Universität nebst Science Center aus der Hand der iranischen Star-Architektin Zaha Hadid. Doch was immer geschieht, der Apfel fällt nicht weit vom Stamm. Auf Schritt und Tritt begegnet die Stadt sich selbst. Wolfsburg hat seinen Schatten, und noch nie wurde es ihn los: den Schatten der Monokultur. Denn eigentlich ist die Stadt keine Stadt, sondern eine Firma. Wie in den italienischen Städten des Mittelalters scharen sich die Bewohner um den majestätischen Turm eines mächtigen Herrschergeschlechts. Der Herrscher heißt VW. [...] Er verleiht der Stadt das Selbstgefühl, und in

seinem Zeichen erstrahlt alles. Er regiert selbst dort, wo er unsichtbar bleibt. [...]
Die [...] Ära [des Wirtschaftswunders] ist vorbei, aber Wolfsburgs Abhängigkeit von Volkswagen im Kern geblieben. Die Einwandererstadt hat 123.000 Einwohner; von den knapp 100.000 sozialversicherungspflichtig Beschäftigten arbeiten fast 50.000 für VW, den größten Automobilhersteller in Europa und den viertgrößten der Welt [Stand: 2005]. Indirekt aber ist fast jeder Arbeitsplatz vom Konzern abhängig. Ein Sprichwort aus den sechziger Jahren gilt noch immer: „Wenn Volkswagen hustet, bekommt Wolfsburg eine Lungenentzündung."
Dennoch, die Fieberkurve sinkt, denn Wolfsburg versucht alles, um das Virus der Abhängigkeit loszuwerden. Die Stadt wandelt sich vom Ort der Produktion zu einem Ort, wo neben Gebrauchsgütern Embleme und Mythen fabriziert werden – die symbolische Währung der globalisierten „Wissensgesellschaft" mit ihrer brutalen Standortkonkurrenz. Hier, in der Corporate City, soll der Kunde ein Fahrzeug nicht nur deshalb kaufen, weil er eins braucht, sondern weil er damit ein Lebensgefühl, ein Lifestyle-Aroma erwirbt, das ihn von anderen Automobilisten unterscheidet. An keiner Stelle wird diese Marketingstrategie so handgreiflich wie in der „Erlebniswelt Autostadt", einem pompösen Imagepark, in dem das geschlossene Weltbild von VW in Stein gemeißelt und in Gips gegossen ist. Wo früher das Werk seinen Schrott ablud, erstreckt sich ein riesiges Teletubbie-Land mit sanften Hügeln und Lagunen, mit Kinos, acht Restaurants und dem Ritz-Carlton-Hotel vor Fabrikschornsteinen. [...]
Selbstverständlich wird die „Autostadt" vom niedersächsischen Kultusministerium als „außerschulischer Lernort" gefördert. Glaubt man den Selbstanpreisungen des Global Players, dann erzeugen die Glaskathedralen am Mittellandkanal „Emotionen", die verkaufsfördernd mit den Marken des Konzerns verlötet werden und segensreich auf Wolfsburg abstrahlen. [...] Doch die Wolfsburger Sinnstiftung ist für die Katz, wenn in der größten zusammenhängenden Fabrikanlage der Welt die Bänder stillstehen und dem 1,5 Kilometer langen Dinosaurier des Industriezeitalters die Luft ausgeht. [...]
70 Millionen Euro Gewerbesteuer hatte die Stadt Wolfsburg eingeplant, doch seit zwei Jahren gibt es von VW keinen Cent mehr. Bis 2006 will das Rathaus 2.200 Stellen in der Verwaltung abbauen.

Thomas Assheuer, Die Werk-Stadt, in: Die Zeit, 28.9.2005

Aufgaben

1. Analysieren Sie die Statistiken zur Arbeitsmarktentwicklung in der Region Wolfsburg (M 11, M 12).
2. Überprüfen Sie anhand der Statistiken den Erfolg der strukturpolitischen Maßnahmen der Wolfsburg AG vor dem Hintergrund der selbst gesteckten Ziele (M 10).
3. Erörtern Sie die regional- und strukturpolitische Strategie der Wolfsburg AG unter Berücksichtigung unterschiedlicher gesellschaftlicher Perspektiven (M 10 – M 13).

H zu Aufgabe 1
Erstellen Sie zunächst auf der Grundlage der Daten ein Kurvendiagramm.

6.5.4 Jugendarbeitslosigkeit in Europa – strukturpolitische Herausforderung und Antworten der EU

M 14 ● Die große Kluft in Europa

a) Jugendarbeitslosigkeit in Europa

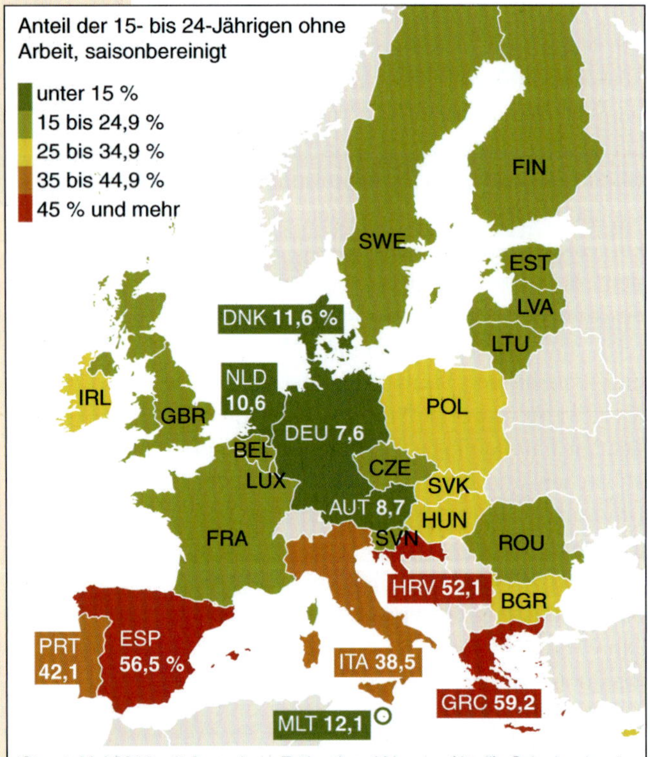

Stand: Mai 2013 mit Ausnahme Estland und Ungarn (April), Griechenland, Zypern, Lettland, Rumänien, Slowenien, Großbritannien u. Kroatien (März)

b) Spanische Ingenieure für Deutschland

Keine Wohnung, keine Arbeit, keine Rente: Spaniens Studenten leiden unter der Wirtschaftskrise.

Fast jeder zweite junge Spanier ist arbeitslos. In Deutschland dagegen beklagen sich die Unternehmen über Fachkräftemangel. Die Agentur für Arbeit wirbt deswegen nun gezielt in Spanien, vor allen Dingen im Auftrag von Mittelständlern.

„Es gibt ein großes Potenzial in Spanien", sagte Monika Varnhagen [...]. Sie leitet die Zentrale Auslands- und Fachvermittlung der Bundesagentur für Arbeit, die ausländische Fachkräfte anwirbt. Die Spanier wiederum hätten ebenso großes Interesse an deutschen Arbeitsplätzen, gerade Ingenieure und IT-Spezialisten. 17.000 Spanier sind laut Arbeitsagentur grundsätzlich daran interessiert, in Deutschland zu arbeiten. Erste Arbeitsverträge wurden laut Vernhagen bereits unterzeichnet.

www.sueddeutsche.de (28.3.2012)

M 15 ● Mit Jobgarantie gegen Jugendarbeitslosigkeit

Angesichts der hohen Jugendarbeitslosigkeit in Europa hat EU-Sozialkommissar Laszlo Andor [...] ein ehrgeiziges Programm vorgestellt. Jugendgarantie heißt es und sieht vor, dass Jugendliche unter 25, die vier Monate ohne Job sind, ein Angebot für eine Ausbildung oder mindestens einen Praktikumsplatz bekommen. Die EU-Kommission kann dies nicht gesetzlich festschreiben, sie will entsprechende Programme in den Mitgliedstaaten aber fördern.

Dass die Jugendgarantie wirkt, zeigt [...] Österreich. Dort liegt die Jugendarbeitslosigkeit EU-weit auf dem zweitniedrigsten Stand hinter Deutschland. „Wir haben damit vor zwanzig Jahren in Wien angefangen, seit drei Jahren gibt es das landesweit", erklärt Hannes Swoboda [österreichischer Europapolitiker]. Jugendliche ohne Job erhalten eine überbetriebliche Ausbildung, parallel besuchen sie eine Berufsschule. Rund 200 Millionen Euro lässt sich der österreichische Staat das ambitionierte Programm kosten.

Zu viel Geld? „Die Arbeitslosigkeit käme den Staat auf lange Sicht noch teurer",

EU-Arbeitsmarktpolitik

Die EU besitzt keine unmittelbare Regelungskompetenz im Bereich der Sozial- und Arbeitsmarktpolitik, versucht jedoch im Rahmen der „Offenen Methode der Koordinierung" gemeinsame Leitlinien zu entwickeln und Mitgliedstaaten zur Übernahme erfolgreicher Politikkonzepte anzuregen.

entgegnet Swoboda. Viele Jugendliche bräuchten einfach einen zweiten Anlauf. „Wir holen die Leute mit dem Programm von der Straße. Es ist jetzt wichtig, das Programm europaweit auszudehnen. Für entsprechende Mittel im EU-Sozialfonds werden wir bei den Budgetverhandlungen mit den EU-Staaten kämpfen", kündigt Swoboda an. Auch aus der FDP kommt Zustimmung. „Die Jugendgarantie kann eine verlorene Generation retten", sagt die FDP-Europaabgeordnete Nadja Hirsch. [...]
Swoboda hat sich am vergangenen Wochenende in Nottingham Programme angesehen, die aus dem EU-Sozialfonds finanziert werden. Europa müsse sich „da einfach beweisen", sagt er. Deshalb begrüßt er auch Andors zweiten Vorschlag, das duale Ausbildungssystem nach deutschem Vorbild in der EU zu fördern und die Mobilität junger Arbeitnehmer in Europa zu erhöhen. „Wir brauchen ein Handwerker-Erasmus", fordert der österreichische EU-Parlamentarier. Europa könne sich nicht nur bei der akademischen Jugend mit Austauschprogrammen beweisen. „Das Erasmus-Programm für Studierende hat sich bewährt. Nun sind die Auszubildenden dran. Davon würden alle profitieren, die Jugendlichen und Europa", sagte der CDU-Europaabgeordnete Andreas Schwab der Berliner Zeitung. [...]
Deutschen Wirtschaftsforschungsinstituten und Arbeitsmarktexperten stehen hingegen die Haare zu Berge. „Eine Arbeits- und Ausbildungsgarantie für Jugendliche ist angesichts der enormen Arbeitslosigkeit Quatsch", sagt Karl Brenke vom Deutschen Institut für Wirtschaftsforschung (DIW). Ein solches Versprechen sei unerfüllbar, weil Ländern wie Griechenland oder Spanien die wirtschaftlichen und infrastrukturellen Möglichkeiten fehlten, sie einzulösen. Es gebe dort weder betriebliche Lehrstellen noch überbetriebliche Ausbildungsplätze. Auf der anderen Seite zeitigten öffentliche Beschäftigungsprogramme erfahrungsgemäß keine nachhaltigen Effekte. [...]

Peter Riesebeck, Stefan Sauer, Rettung für Jugend ohne Arbeit, in: Frankfurter Rundschau, 5.12.2012

Jobgarantien für Jugendliche – die Maßnahmen der EU

Nach ersten Überlegungen im Juli 2013 haben die Staats- und Regierungschefs der EU-Mitgliedstaaten auf einem Sondergipfel im November 2013 einen Maßnahmen- und Zeitplan zur Umsetzung der „Jobgarantie" beschlossen. Danach soll ab 2015 jeder arbeitslose Jugendliche innerhalb von vier Monaten ein Jobangebot oder einen Ausbildungs- bzw. Praktikumsplatz angeboten bekommen. Die EU-Mitgliedstaaten sollen hierfür Sondermittel in Höhe von sechs Milliarden Euro bereitstellen, die um Mittel aus dem Europäischen Sozialfonds ergänzt werden.

Aufgaben

1. a) Erläutern Sie anhand von M 14, inwiefern Jugendarbeitslosigkeit ein politisches Problem für die Europäische Union darstellt.
   b) Erklären Sie (hypothesenartig) mögliche Ursachen der „großen Kluft" in Europa.
2. Charakterisieren Sie die in M 15 dargestellten Projekte gegen Jugendarbeitslosigkeit in Europa als strukturpolitische Maßnahmen.
3. a) Arbeiten Sie die Vor- und Nachteile heraus, die diese Maßnahmen mit sich bringen.
   b) „Mit der Jobgarantie gegen europäische Jugendarbeitslosigkeit"? Erörtern Sie anhand dieses Beispiels Möglichkeiten und Grenzen einer EU-weiten Arbeitsmarkt- und Beschäftigungspolitik.

H zu Aufgabe 1 a)
Berücksichtigen Sie dabei auch die Legitimität des politischen Systems der betroffenen Mitgliedstaaten sowie der EU insgesamt.

ORIENTIERUNGSWISSEN

Ursachen des Strukturwandels
M 4

Wirtschaftlicher Strukturwandel wird angebotsseitig vor allem durch **technischen Fortschritt** verstärkt. Auf der Nachfrageseite sind neben dem Nachfrageverhalten auch sekundäre Faktoren wie **demografische Veränderungen** relevant.

Regionaler Strukturwandel

Regionaler Strukturwandel ist demgegenüber eine lokale Folge der Veränderungen innerhalb der Wirtschaftssektoren. Er wird insbesondere dann wirksam, wenn – wie in Wolfsburg – eine Region vorrangig von einer Branche / einem Unternehmen wirtschaftlich profitiert; gerät diese Branche in eine Krise, kann der erforderliche Strukturwandel (Verlagerung von Arbeitsplätzen in andere Bereiche) aufgrund der wirtschaftlichen **Monostruktur** nicht hinreichend bewältigt werden. In der Folge können sich Arbeitslosigkeit und fehlende Arbeitsplätze, stagnierende Gemeindefinanzen sowie Abwanderung der Bevölkerung wechselseitig zu einer komplexen Problemlage verstärken.

Motive staatlicher Strukturpolitik
M 8

Nach den Prinzipien der Sozialen Marktwirtschaft (Wettbewerbsprinzip und Prinzip der Marktkonformität) ist der Strukturwandel grundsätzlich von den Wirtschaftsakteuren zu bewältigen. Wegen der mit dem Strukturwandel verbundenen Härten für Individuen, Unternehmen oder Regionen übernimmt in der Sozialen Marktwirtschaft entsprechend des Sozialprinzips (vgl. Kap. 4) der Staat jedoch die Aufgabe, strukturelle **Anpassungsprozesse** zu **erleichtern** und zu unterstützen. Grundlage dafür sind Art. 72 Abs. 2 und Art. 106 Abs. 3 Nr. 2 GG, welche die Gleichwertigkeit bzw. **Einheitlichkeit der Lebensverhältnisse** in Deutschland fordern.

Strukturpolitische Instrumente
M 7

Dem Staat stehen zahlreiche strukturpolitische Instrumente zur Verfügung: Zur Steuerung der Regionalstruktur dienen der Ausbau der Infrastruktur oder die Förderung von Unternehmensgründungen, zur Steuerung sektoraler Anpassungsprobleme betreibt der Staat aktive Arbeitsmarktpolitik, Subventions-, Technologie- und Forschungspolitik.

Grenzen staatlicher und supranationaler Strukturpolitik
M 9

Wie stark der Staat den Strukturwandel steuern oder gestalten soll, ist stark umstritten. Vor allem Erhaltungssubventionen werden als marktwirtschaftlich bedenklich angesehen, weil sie notwendige Strukturanpassungsprozesse verhindern können. Ebenso wird staatliche Industriepolitik unterschiedlich beurteilt, da sie das unternehmerische Risiko auf den Staat überträgt und damit den Markt als **Anreizstruktur ausschaltet**.
Für die EU stellt sich die besondere Herausforderung, die sozioökonomische Ungleichheiten bei sehr unterschiedlichen wirtschaftsstrukturellen Voraussetzungen und sozialpolitischen Traditionen der Mitgliedstaaten zu koordinieren, wie das aktuelle Beispiel der Jugendarbeitslosigkeit vor allem in Südeuropa verdeutlicht.

Startschwierigkeiten eines strukturpolitischen Großprojektes

Immer wieder sonntags geschieht es. Dann macht tatsächlich ein Schiff fest in Niedersachsens neuem Superhafen. Zwölf Stunden später fährt es mit ein paar zusätzlichen Containern Richtung Japan. Am Montag folgt das gleiche Schauspiel. Nur das Schiff ist kleiner, ein Zubringer, das Laden dauert nur acht Stunden, das Ziel ist St. Petersburg. Dann herrscht wieder Ruhe im Jade-Weser-Port. Fünf Tage lang. Von Dienstag bis Sonntag. Kein einziges Schiff. [...]

Noch bei der Eröffnung vor nicht mal einem halben Jahr beschworen die Ehrengäste den Beginn eines neuen Hafenzeitalters. [...] Der für eine Milliarde Euro gebaute einzige deutsche Tiefwasserhafen sollte fortan die größten der großen Containerschiffe anlocken und dem größten der europäischen Containerhäfen, dem übermächtigen Rotterdam, Marktanteile abjagen. Doch von der glorreichen Zukunft ist nicht viel zu sehen. [...]

Der schwierige Start führt nun zu ersten Konsequenzen. Für die rund 400 Mitarbeiter hat der Betreiber Eurogate in der vergangenen Woche Kurzarbeit beantragt. „Wir haben hier nicht so viele Kunden, wie wir erwartet haben", räumt [Geschäftsführer] Andersen ein [...]. Entlassungen plant Eurogate derzeit offenbar nicht. Dennoch sind die 400 Mitarbeiter die Leidtragenden der Flaute am Jadebusen. Viele von ihnen sind in der strukturschwachen Region bereits lange arbeitslos gewesen, wurden von der Arbeitsagentur in aufwendigen Kursen zu Hafenlogistikern umgeschult – und hatten gehofft, im Jade-Weser-Port eine sichere Zukunft gefunden zu haben. [...]

Gegen die Ursache der Krise sind die Arbeiter machtlos – und auch der Einfluss der Hafenmanager ist begrenzt. „Der Zeitpunkt ist für den Jade-Weser-Port einfach höchst ungünstig", erklärt Professor Burkhard Lemper vom Institut für Seeverkehrswirtschaft und Logistik in Bremen. Die Pläne für den Hafen sind mehr als zehn Jahre alt. Damals kannte die Schifffahrt nur eine Richtung: Die Frachtmengen stiegen um zehn Prozent und mehr pro Jahr, die Containerterminals in Bremerhaven und Hamburg gerieten an ihre Grenzen, Reeder mussten aufs Entladen warten. [...]

Inzwischen haben sich die Vorzeichen gedreht. Mit dem Beginn der Finanzkrise 2008 brachen auch die Frachtmengen ein. [...] Die Reeder wiederum scheuen in einer so schwierigen Phase jedes Risiko – und bleiben bei ihren bewährten Häfen. Wenn der Jade-Weser-Port dann doch Schiffe anlockt, geschieht genau das, was eigentlich nicht passieren sollte: Die norddeutschen Häfen machen sich gegenseitig Konkurrenz. [...]

In Wilhelmshaven mischt sich nun Ernüchterung in die Zuversicht. Der Port sollte Heilsbringer sein für eine Stadt, die sich von der Schließung der Olympia-Werke in den neunziger Jahren nie ganz erholt hat.

Thorsten Fuchs, Jade-Weser-Port erfüllt nicht die Erwartungen, in: Hannoversche Allgemeine Zeitung, 25.2.2013

Aufgaben

1. Arbeiten Sie die Voraussetzungen und Ziele des strukturpolitischen Projektes „Jade-Weser-Port Wilhelmshaven" heraus.
2. Erläutern Sie am Beispiel Möglichkeiten und Grenzen staatlicher Strukturpolitik.
3. Entwickeln, begründen und gewichten Sie politische und ökonomische Kriterien, nach denen für bzw. gegen große Infrastrukturprojekte wie den Jade-Weser-Port entschieden werden sollte.

6.6 Krise bewältigt oder nur vertagt? Bilanz und Perspektiven deutscher Arbeitsmarktpolitik

6.6.1 Erfolgreich durch die Krise!? Bilanz der deutschen Arbeitsmarktpolitik

Kurzarbeit

Die Kurzarbeit ist im Arbeitsverhältnis ein Ausnahmezustand, bei dem die regelmäßige betriebliche Arbeitszeit verkürzt ist. Die Arbeitnehmer arbeiten bei entsprechender Entgeltkürzung über einen bestimmten Zeitraum weniger oder gar nicht. Durch das Kurzarbeitergeld gleicht der Staat einen Teil des Verdienstausfalls aus. Die Leistung wird durch die Bundesagentur für Arbeit erbracht. Das Kurzarbeitergeld beträgt grundsätzlich 60 Prozent des ausgefallenen Nettoarbeitsentgelts. Es kann sechs Monate gewährt werden, wobei die Bezugsdauer bei außergewöhnlichen Verhältnissen auf dem Arbeitsmarkt auf 24 Monate verlängert werden kann.

www.bmas.de; www.arbeitsagentur.de, (30.01.2010), (bearbeitet)

M 1 ● Mit Kurzarbeit erfolgreich durch die Krise!?

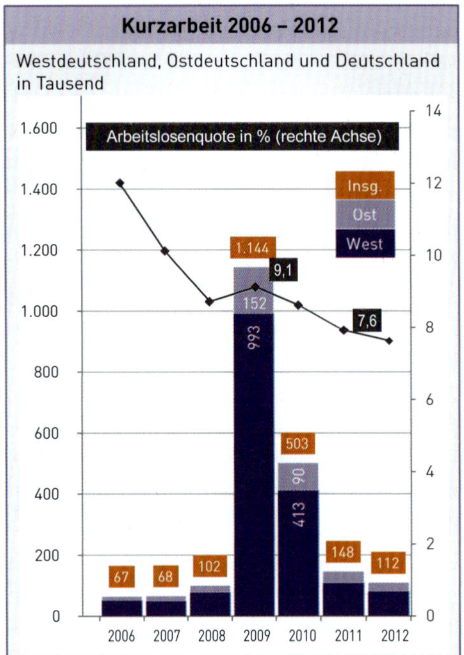

Quelle: Bundesagentur für Arbeit (2013), Arbeitsmarkt 2012

www.sozialpolitik-aktuell.de (28.1.2014)

M 2 ● Zwischenbilanz der Arbeitsmarktpolitik

a) *Der Journalist Marcus Gatzke charakterisiert die Lage am deutschen Markt während der Finanz- und Wirtschaftskrise 2008/2009.*

Deutschland war in der schwersten Wirtschaftskrise seit dem Zweiten Weltkrieg äußerst produktiv: Die erste Welle des weltweiten Finanz-Tsunamis wurde dank Abwrackprämie, verlängertem Kurzarbeitergeld und staatlichem Rettungsfonds verhältnismäßig gut überstanden. [...]

Nichts belegt diese positive Bilanz besser als die Entwicklung am Arbeitsmarkt. Im Dezember [2009] lag die Zahl der registrierten Arbeitslosen bei 3,27 Millionen. Das sind lediglich rund 170.000 mehr als ein Jahr zuvor. Und das, obwohl die Wirtschaftsleistung im vergangenen Jahr um fast fünf Prozent eingebrochen ist. [...]

Grund für den bislang nur leichten Anstieg der Arbeitslosigkeit ist neben dem staatlichen Kurzarbeitergeld auch die tief verwurzelte Sozialpartnerschaft in Deutschland. Nahezu geräuschlos haben Gewerkschaften und Arbeitgeber in vielen Unternehmen für Entlastung an der Kostenfront gesorgt. Bei Bosch etwa arbeiten einige Beschäftigte nur 30 Stunden die Woche [...].

Einen Lohnausgleich oder Kurzarbeitergeld bekommen sie dafür nicht. [...]
„Im internationalen Vergleich sind wir das Land, was es am besten geschafft hat, die Krise vom Arbeitsmarkt fernzuhalten", konstatiert Wirtschaftsexperte Horn. [...] All dies darf natürlich nicht darüber hinwegtäuschen, dass Deutschland vor weitreichenden Veränderungen steht. [...]

Marcus Gatzke, Deutschland, der Krisenweltmeister, www.stern.de, 5.1.2010

b) *Joachim Möller, Direktor des Instituts für Arbeitsmarkt- und Berufsforschung IAB erläutert in einem Interview die zentralen Herausforderungen der Arbeitsmarktpolitik der kommenden Jahre:*

FR: Herr Möller, was ist das zentrale Ziel von Arbeitsmarktpolitik? [...]

Joachim Möller: Vollbeschäftigung ist ein wichtiges Ziel. Es sollte aber nicht einfach nur um beliebige Arbeit gehen, wir sollten vielmehr [...] stabile und auskömmlich bezahlte Jobs [anstreben], die den Menschen Aufstiegs- und Qualifizierungsmöglichkeiten bieten. Das ist das Hauptziel aus Arbeitnehmer-Sicht. Wir müssen außerdem im Blick behalten, dass die erwerbsfähige Bevölkerung schrumpft und altert. Deswegen müssen wir darauf achten, dass gerade Kernbereiche der Wirtschaft [...] genügend Fachkräfte bekommen. Das ist aus Unternehmer-Sicht besonders wichtig, aber auch für die gesamte Gesellschaft. [...]

Wird die Arbeitslosigkeit denn weiter sinken?

In den vergangenen Jahren ist die Arbeitslosigkeit stark zurückgegangen, aber nun wird es immer schwieriger, die Erfolge fortzusetzen. [...]

Warum?

Seit einiger Zeit beobachten wir folgende Entwicklung: Viele Firmen stellen zwar neues Personal ein. Die Jobs bekommen aber nicht nur Arbeitslose, sondern verstärkt auch Zuwanderer oder Frauen, die zuvor nicht arbeitslos gemeldet waren. Zudem bleiben ältere Menschen länger berufstätig. Wenn wir in Richtung Vollbeschäftigung gehen wollen und den drohenden Fachkräftemangel im Hinterkopf behalten, dann müssen wir stärker den harten Kern der Arbeitslosigkeit angehen. [...]

Was schlagen Sie vor?

Nötig sind längerfristige Qualifizierungen. Wir wissen aus Befragungen von ungelernten Arbeitslosen, warum viele davor zurückschrecken, eine Ausbildung zu beginnen: Mehr als die Hälfte gibt an, dass ihnen die Mittel fehlen oder dass sie kaum Chancen sehen, danach in einem besser bezahlten Job zu landen.

Die Arbeitsagenturen sollten die Ausbildung der Leute daher nun großzügiger finanzieren?

Ja. Darum kommt man nicht herum, wenn man die Arbeitslosigkeit senken will. [...] Schon heute beträgt die Arbeitslosenquote unter Hochqualifizierten nur 2,5 Prozent, unter den gering Qualifizierten sind 20 Prozent arbeitslos. All das spricht eindeutig dafür, Arbeitslosen eine Ausbildung zu ermöglichen.

Interview: Eva Roth, Zu viele haben kurzfristige Jobs, in: Frankfurter Rundschau, 12.10.2013

Aufgaben

1. Analysieren Sie – unter Berücksichtigung der Kurzarbeiterregelung – die Entwicklung der Arbeitslosigkeit während der Finanz- und Wirtschaftskrise 2008/2009 (M 1).
2. Erläutern Sie mögliche Auswirkungen der Kurzarbeiterregelung auf Unternehmen, private Haushalte und den Staat.
3. a) Arbeiten Sie die Stärken und Schwächen des deutschen Arbeitsmarktes heraus (M 2).
   ✪ b) Begründen Sie – unter Einbeziehung Ihrer Kenntnisse über die Strukturen und Probleme der deutschen Arbeitsmarktpolitik – die Gestaltungsaufgabe(n) für die zukünftige Arbeitsmarktpolitik.

H zu Aufgabe 2
Nutzen Sie dafür das Analyseinstrument des Wirtschaftskreislaufes (vgl. Kap. 6.3).

F zu Aufgabe 2
Begründen Sie die arbeitsmarktpolitische Maßnahme des Kurzarbeitergeldes aus (a) nachfragetheoretischer (Keynes) und (b) aus angebotstheoretischer (Friedman) Perspektive (vgl. Kap. 6.3.3).

6.6.2 Das Beschäftigungsproblem überwinden – das Modell des Bedingungslosen Grundeinkommens

M 3 ● Grundeinkommen – eine konkrete Utopie für soziale Sicherheit

a) Claudia Müller studiert in Leipzig Amerikanistik. Sie lebt von 522 Euro Bafög und 184 Euro Kindergeld, das ihre Mutter an sie weiterreicht. Damit kommt sie gut zurecht. Sie hat aber auch schon ein Semester ohne Bafög leben müssen, weil sie eine Prüfung nicht rechtzeitig geschafft hatte. „Ich musste meine Ersparnisse aufbrauchen, mir bei Freunden Geld leihen und noch sparsamer leben", erinnert sich die 24-Jährige. Nach dieser Erfahrung hat sie auf ein Auslandssemester verzichtet. „Die Vorbereitung hätte zu viel Zeit gekostet, Bafög gibt es nur für die Regelstudienzeit." Immerhin wurden ihr wegen ihres Engagements in Uni-Gremien zwei zusätzliche Semester bewilligt. Da Bafög zur Hälfte als Kredit gewährt wird, hat sie jetzt schon 10.000 Euro Schulden. Die hätte sie nicht, gäbe es ein Grundeinkommen. „Und man könnte mehr ausprobieren", überlegt die Studentin, „etwa später noch mal ein Fach wechseln, wenn nicht ständig dieser Druck da wäre."

b) Matthias Derda ist verheiratet, hat drei Kinder und arbeitet als Vorschullehrer in einem Problembezirk in Hamburg Billstedt-Horn. Seine Frau lässt sich zur Waldorfpädagogin ausbilden und verdient mit einem Nebenjob 210 Euro im Monat. Mit dem Kindergeld haben sie zusammen 2.600 Euro netto. „Damit kommen wir zurecht", sagt Matthias Derda. Ein Auto oder teure Urlaubsreisen seien allerdings nicht drin. Gäbe es das [...] Grundeinkommen von 1.500 Euro, wie es [...] diskutiert wird, landete die Familie [...] bei 4.000 bis 6.000 Euro netto ohne Arbeit, je nachdem, wie viel sie für die Kinder bekäme. Schon mit [einem] niedrigeren [Grundeinkommen] würde der Diplom-Sozialpädagoge wohl sein Leben verändern: „Wenn ich so viel Geld sicher hätte, würde ich gerne eine weiterqualifizierende Zusatzausbildung machen, zum Beispiel im Bereich Psychodrama, Beratung oder Selbsterfahrung für Erwachsene."

Kolja Rudzio in: Die Zeit, 12.4.2007, finanzielle Daten aktualisiert

M 4 ● Wie funktioniert das Bedingungslose Grundeinkommen (BGE)?

Unter dem Begriff des Grundeinkommens werden unterschiedliche Modelle einer grundsätzlichen Neuorientierung der sozialen Sicherungssysteme zusammengefasst. Besonders prominent ist dabei das Modell des Bedingungslosen Grundeinkommens (BGE), das ein Einkommen bezeichnet, das von einem politischen Gemeinwesen an alle seine Mitglieder individuell, ohne Bedürftigkeitsprüfung sowie ohne Gegenleistung ausgezahlt wird. Durch Einführung eines solchen Grundeinkommens werden alle anderen auf Einkommenssicherung bezogenen Leistungen (Arbeitslosengeld, Rente und Pension, Kindergeld etc.) überflüssig. Unterschiede zwischen einzelnen Modellrechnungen beziehen sich dabei vor allem auf die Höhe der Regelleistungen (800 - 1.500 Euro) sowie die Höhe der Leistungen bei Haushaltsgemeinschaften (Faktor 0,8 - 1,0 bei Erwachsenen, Faktor 0,6 – 1,0 bei Kindern und Jugendlichen).

Autorentext

Erklärfilm zum Bedingungslosen Grundeinkommen (Mediencode 73004-07)

	Grundsicherungen der Fürsorge (Sozialhilfe usw.)	Steuerlicher Zuschuss bei Niedriglohneinkommen (z. B. Kombilohn)	Bedingungsloses Grundeinkommen (BGE)	Participation Income (Bürgergeld)
Vorangehende Beitragszahlung?	Nein	Nein	Nein	Nein
Bedürftigkeitsprüfung?	Ja	Ja	Nein	Nein
Individueller Anspruch? (Alternative: Subsidiarität)	Nein	Nein	Ja	Ja
Gegenleistung?	Ja, Arbeitsbereitschaft	Ja, Erwerbsarbeit	Nein	Ja, anerkannte gemeinnützige Tätigkeit

Zusammenstellung nach Yannick Vanderborght, Philippe Van Parijs, Ein Grundeinkommen für alle? Frankfurt/Main 2005, S. 62

M 5 ● Warum das Grundeinkommen konsequent ist

Der Sozialstaat beruht auf der fundamentalen Tatsache, die gleichzeitig gründlich vertuscht wird, dass die Arbeit nicht für alle langt, das durch sie erzeugte Geld aber schon. Die Produktivitätsrate der Arbeit, heißt es, steige hierzulande jährlich um 0,6 Prozent. Um denselben Wert zu erzeugen, braucht man also jedes Jahr 0,6 Prozent weniger Zeit und damit Arbeitskraft. Jede frühere Epoche hätte das als Erfolg verbucht. Doch wie auch sonst so oft, ist es der Menschheit auch hier geglückt, aus einer Lösung ein Problem zu machen. Eigentlich könnten alle 20 Wochenstunden arbeiten, ohne dass die Gesellschaft Einbußen erlitte. Tatsächlich arbeiten einige 60 Stunden und andere null.

Was tut man mit denen, die null Stunden arbeiten? Die Entscheidung ist von der Gesellschaft längst getroffen worden. Der Kapitalismus würde als solcher, als ganz und gar entfesselter, komplette Klassen zum Hungertod verdammen. Einen derart großen Anteil der Gesamtbevölkerung mit dieser Drohung zu konfrontieren, kann sich keine Gesellschaft leisten [...]. [Aus der daraus resultierenden Sozialpolitik] kommt eine Staatsquote aus Abgaben, direkten und indirekten Steuern von rund 50 Prozent zustande. Da wir von dieser Quote nicht herunterkommen werden, sollte man sich fragen, wie man die ohnehin fälligen erheblichen Summen zur Verteilung bringt, ohne Ausschluss, Demütigung und biografische Degradierung zu erzeugen. Im Grunde garantieren Staat und Gesellschaft längst jedermann ein Grundeinkommen, das er in jedem Fall bezieht, egal, was ihm widerfährt. Es hat sich bislang auf verschiedene Weise verkleidet, um seinen einheitlichen Charakter nicht preisgeben zu müssen: bei denen, die im Erwerbsleben stehen, als Sockelfreibeträge in der Besteuerung oder als Kindergeld, bei den anderen als [...] Hartz IV.

Wie wäre es, wenn man das Bürgergeld, das faktisch da ist, endlich auch bei seinem Namen nennen wollte, um es bedingungslos und lebenslagenunabhängig auszuzahlen? Wenn alljährlich zur schönen Maienzeit wieder der Spargel sprießt und mit ihm die Debatte, warum die freiwilligen osteuropäischen Hilfskräfte ihn so schön stechen und die zwangsverpflichteten deutschen Arbeitslosen so miserabel, dann sollte man sich überlegen: Scheinbar bekommen beide Gruppen dafür gleich viel Geld, sagen wir 1.200 Euro im Monat. Aber der deutsche Arbeitslose erhält auch ohne zu arbeiten schon, sagen wir, 1.000 Euro. Er hätte also seine Arbeitskraft für 200 Euro zur Verfügung zu stellen. Ein solches Angebot, das wird jeder zugeben, ist eine Frechheit. Heißt das, der Arbeitslose sollte 1.000 Euro auch dann kassieren, wenn er sich weigert, Spargel zu stechen? Ja. Dann aber hätte er doch keinen Anreiz mehr, überhaupt etwas zu arbeiten? Dieser Einwand zeugt von einer alten Angst, die unseres Produktivitätsgrads und des Reichtums der Gesellschaft insgesamt nicht mehr würdig ist. Der Lebensstandard eines Langzeit-Arbeitslosen von heute dürfte höher liegen als der eines Hochofen-Arbeiters von 1950. Dafür existiert dessen Arbeitsplatz vielleicht heute gar nicht mehr. Warum sollte man die Leute zwingen, nach einer Arbeit zu suchen, die es nicht mehr gibt? Das führt nur zu Frustration auf allen Seiten.

[...] Wer faul sein will, sei faul. Wer arbeiten will, tue das und kassiere eben entsprechend mehr dafür – und zwar richtig mehr, nicht bloß die kümmerliche Differenz zur Stütze: Das wird ein Stimulus von hinlänglicher Kraft sein.

Burkhard Müller, Das Geld reicht für alle, in: Süddeutsche Zeitung, 6.11.2009

M 6 ● Mit dem Grundeinkommen werden Arbeit und Gerechtigkeit neu definiert

BZ: Geld ohne Arbeit – das widerspricht dem Prinzip der Leistungsgerechtigkeit.

SL: Es wird häufig gesagt: Wer arbeitet, muss mehr haben als jemand, der nicht arbeitet. Das ist aber überhaupt kein naheliegendes Prinzip. Es wäre nur naheliegend, wenn einerseits auch bislang unbezahlte Arbeiten – zum Beispiel Haushalts-, Familien- oder Pflegearbeit – mit eingerechnet würden. Und wenn es zweitens überhaupt Arbeit für jeden geben würde. So lange das nicht so ist, soll mir keiner erzählen, Arbeit müsse sich mehr lohnen als Nicht-Arbeit.

BZ: Wenn man nicht mehr auf den Gelderwerb über Arbeit angewiesen ist, wer macht dann die Drecksarbeit?

SL: Erstens kann man darauf vertrauen, dass die allermeisten Erwerbslosen einer regelmäßigen bezahlten Tätigkeit nachgehen wollen. Das ist aus unterschiedlichen Gründen ein Grundbedürfnis. Zweitens müssen wir die „Drecksarbeit" dann eben weniger dreckig machen. Und sie muss wieder besser bezahlt werden [...]. Damit sich „Drecksarbeit" wieder lohnt.

Interview: Stephan Kaufmann, in: Berliner Zeitung, 27.2.2010

Stephan Lessenich ist Professor für Soziologie an der Friedrich-Schiller-Universität Jena und u.a. Mitglied der Wissenschaftlichen Beiräte von „ATTAC Deutschland" und dem „Netzwerk Grundeinkommen".

Gedankenanregungen aus dem Archiv Grundeinkommen.

M 7 Die Mechanismen des Wohlfahrtsstaates werden ausgehebelt

Da [...] die Finanzierung jeder Variante des Grundeinkommens letztlich auf dem beruht, was produziert wird, ist es reine Augenwischerei zu behaupten, es [ermögliche] eine[n] „dritten Weg", die Bedürfnisse der von den Märkten Benachteiligten in Einklang zu bringen mit den Ergebnissen eben dieser Märkte. [...]
Im Gegensatz zum Existenzminimum, das jedem Bürger grundgesetzlich garantiert wird, soll das Grundeinkommen unabhängig von der Bedürftigkeit des Empfängers und von dessen bisheriger, gegenwärtiger oder zukünftig zu erwartender Teilnahme am Produktionsprozess geleistet werden. Bislang ist der Leistungsbezug daran gebunden, dass dem Leistungsberechtigten eine Teilnahme an der Schaffung von Einkommen aktuell oder auf Dauer nicht im existenzsichernden Umfang möglich ist. [...]
Die[se] gewollte Entkoppelung des Anspruchs auf Grundeinkommen von jeglichen Bezugsbedingungen ist [unser] Hauptkritikpunkt an dieser Form der Einkommensumverteilung. Jedes Umverteilungssystem funktioniert nur, wenn stabile materielle Grundlagen vorhanden sind, aus denen die von ihm versprochenen Leistungsansprüche befriedigt werden sollen. Das bedingungslose Grundeinkommen krankt daran, dass es die von ihm vorausgesetzte ökonomische Basis systematisch zerstört. [...]
Wenn sich alle Bürger eines Landes auf den Anspruch des bedingungslosen Grundeinkommens berufen und nur das tun, was ihnen gerade Spaß macht, was aber nicht notwendigerweise am Markt von irgendjemand anderem nachgefragt wird, gibt es keine ausreichende materielle Grundlage, aus der heraus die gesetzlichen Ansprüche jedes Einzelnen gegen den Staat, gegen „die Allgemeinheit", bedient werden können.
Die Freiheit des einen, nicht am Erwerbsleben teilzunehmen, auch wenn er dazu in der Lage wäre, führt zum Zwang für andere, eben diese Freiheit des einen durch eigene Arbeit und die eigene Bereitschaft, deren Früchte zu teilen, zu ermöglichen. Anderenfalls könnte der Staat seine Versprechungen gegenüber dem „freiwillig" Nichtarbeitenden nicht erfüllen. [...] Wollen alle die gleiche Freiheit nutzen, bricht das System in sich zusammen.
Daran ändert sich auch nichts, wenn man es für unwahrscheinlich hält, dass sich alle gleich verhielten (etwa weil die Bessersituierten sich nicht auf ein Wohlstandsniveau in der Nähe des Existenzminimums herablassen werden). [...]

Heiner Flassbeck u.a., Die falsche Solidarität. Warum das Konzept des bedingungslosen Grundeinkommens nicht aufgeht, in: Le Monde diplomatique, 9.11.2012

Aufgaben

1. Beschreiben Sie, wie sich Alltagsleben und Lebensplanung von Claudia Müller und Matthias Derda (M 3) mit der Einführung eines Grundeinkommens verändern würden.
2. a) Analysieren Sie die (anvisierte) Funktionsweise und die damit verbundenen Bewertungen des (bedingungslosen) Grundeinkommens (M 3-M 6).
   b) Erläutern Sie auf der Grundlage Ihrer Ergebnisse, inwiefern es sich bei dem Konzept des (bedingungslosen) Grundeinkommens um einen Vorschlag für einen grundlegenden „Umbau" des deutschen Sozialstaates handelt.
3. Erörtern Sie das Modell des Bedingungslosen Grundeinkommens vor dem Hintergrund der beschäftigungspolitischen Herausforderungen in Deutschland (M 3-M 7).

H zu Aufgabe 1
Gestalten Sie hierzu (arbeitsteilig) „Ich-Texte" und/oder fiktive Interviews.

F zu Aufgabe 2 a)
Arbeiten Sie das jeweilige Menschenbild der Befürworter und Gegner eines BGE (bezogen auf die Bedeutung von Arbeit) heraus.

H zu Aufgabe 2 b)
Unterscheiden Sie dabei zwischen den gesellschaftlichen „Sphären" individuelle Lebensführung, Arbeitsmarkt/Arbeitswelt und soziale Sicherung/Sozialstaat.

ORIENTIERUNGSWISSEN

Herausforderungen der Beschäftigungspolitik

Die Problemlagen auf dem deutschen Arbeitsmarkt sind vielfältig und zwischen den Anhängern der wirtschaftspolitischen Schulen umstritten. Während aus Sicht der Angebotsorientierung die im internationalen Vergleich **hohen Lohnkosten** für die Massenarbeitslosigkeit verantwortlich sind, ist dies aus Sicht der Nachfrageorientierung vor allem die zu **geringe Binnennachfrage**. Zusätzliche Komplexität erhält die Debatte um die „richtige" Diagnose durch Probleme der Passung zwischen Arbeitsmarkt und den (erwerbszentrierten) sozialen Sicherungssystemen – also die Frage, inwiefern die Reformen („Fördern und Fordern") tatsächlich zu einem Abbau der Arbeitslosigkeit beitragen (konnten).

Beschäftigungspolitik in der Krise
M 2

Unstrittig ist demgegenüber, dass der deutsche Arbeitsmarkt die globale Finanz- und Wirtschaftskrise vergleichsweise erfolgreich überstanden hat. Im internationalen Vergleich war Deutschland trotz seiner ausgeprägten Exportorientierung in und nach der Krise weit weniger von Massenarbeitslosigkeit betroffen als andere große Volkswirtschaften; für die Jugendarbeitslosigkeit gilt dies in noch drastischerer Weise.
Neben den **Konjunkturmaßnahmen** der Bundesregierung werden für diesen relativen Erfolg arbeitsmarktpolitische Maßnahmen wie das Kurzarbeitergeld, aber auch die Strukturen des deutschen Arbeitsmarktes verantwortlich gemacht. So erlaube die **Sozialpartnerschaft** zwischen Arbeitgebern und Gewerkschaften flexible Regelungen, die den Erfordernissen der einzelnen Betriebe entsprächen. Darüber hinaus führe das **hohe Qualifikationsniveau** vieler Beschäftigter dazu, dass Betriebe diese möglichst lange hielten.

Das BGE – ein systemtranszendierender Umbau des Sozialstaates
M 4

An die Diagnose ansetzend, dass in der modernen Wissensgesellschaft Arbeit nicht mehr für alle Arbeitswilligen vorhanden sei, zielt das Modell des bedingungslosen Grundeinkommens auf eine vollständige **Entkopplung von Arbeit und Einkommen(ssicherung)**. Dieses Reformmodell stellt somit eine systemtranszendierende Antwort auf die Probleme der Arbeitsmarkt- und Sozialpolitik dar.
Modellberechnungen gehen davon aus, dass die Zusammenführung aller staatlichen Transferleistungen (einschließlich Sozialversicherungen) für ein monatliches Grundeinkommen in Höhe von 800 bis 1.500 Euro ausreichen könnte. Kritiker bezweifeln, dass bei einem solchen Grundeinkommen ein ausreichender Anreiz zur Ausführung auch einfacher Arbeiten bestehe. Zudem wird die Auszahlung der Leistung nach dem „Gießkannenprinzip" an alle Gesellschaftsmitglieder als ungerecht kritisiert.

Forderung nach einer allgemeinen 30-Stunden-Woche

In einem offenen Brief haben Anfang 2013 mehr als 60 wirtschafts- und sozialwissenschaftliche Professoren sowie Gewerkschafter, Publizisten und Politiker eine gesamtgesellschaftliche Arbeitszeitverkürzung auf 30 Wochenstunden gefordert.

Man stelle sich vor, ein Betrieb verzichtet freiwillig auf den Einsatz von einem Viertel aller verfügbaren Maschinen, lässt stattdessen die restlichen drei Viertel der Maschinen rund um die Uhr arbeiten und unterlässt dazu noch die erforderlichen Reparaturarbeiten. Gleichzeitig verrottet das nicht eingesetzte Viertel an Maschinen. [...] Der Betrieb wäre in kurzer Zeit pleite.

Ein solches Missmanagement leisten wir uns gesamtgesellschaftlich betrachtet in unseren angeblich modernen Gesellschaften. Millionen Menschen in Deutschland arbeiten bis an die Grenze ihrer Leistungsfähigkeit, oft bis zu 50 oder 60 Stunden in der Woche [...]. Gleichzeitig liegt das Arbeits- und Kreativitätspotenzial von Millionen Menschen brach [...], ihr Potenzial wird nicht genutzt und verrottet. [...]

Das Ergebnis dieses Missmanagements gesellschaftlicher Ressourcen liegt uns vor Augen: skandalös ungleiche Einkommensverteilung, eine schwache Binnennachfrage – und ein Kapitalismus, der krank macht. [...]

Wie würde ein ökonomisch rationales Ressourcenmanagement aussehen? Bei der Arbeitszeit sollte die 30-Stunden-Woche die zentrale Orientierungsmarke sein. Durch eine solche faire Aufteilung der Arbeit wäre eine Gesellschaft mit Vollbeschäftigung überhaupt erst wieder möglich. Dadurch beginnt die soziale Marktwirtschaft wieder zu funktionieren. Die Position der Arbeitnehmer würde gestärkt, die Gewerkschaften könnten höhere Löhne durchsetzen und wieder Reformen anstoßen.

Die 30-Stunden-Woche kann in der Realität ganz unterschiedlich aussehen, je nachdem, was in einem Betrieb machbar ist und was die einzelnen Menschen wollen. Möglich ist eine Vier-Tage-Woche [...]. Möglich sind Zeitkonten, auf denen Beschäftigte Arbeitszeit ansparen können, damit sie ein Sabbatical [Job-Auszeit] nehmen oder einmal die Woche kürzer arbeiten können [...]. Anders als Gegner behaupten, ist die 30-Stunden-Woche auch bei vollem Lohnausgleich möglich. Erstens kann der technisch bedingte Produktivitätszuwachs dafür verwendet werden. Zweitens soll die 30-Stunden-Woche nach unseren Überlegungen in einem Zeitraum von fünf Jahren erreicht werden. Drittens können die Kosten der Arbeitslosigkeit eingespart und beispielsweise in Form von Steuerentlastungen dem weniger gewinnträchtigen Mittelstand zugeführt werden, damit dieser den Lohnausgleich finanzieren kann. [...] Fünftens erzielt die Wirtschaft bei kürzeren Arbeitszeiten zusätzliche Produktivität, weil die Beschäftigten kreativer werden [und] die Fehlerhäufigkeit geringer [...].

Mohssen Massarrat, 30 Stunden pro Woche reichen!, in: Frankfurter Rundschau, 28.2.2013

Mohssen Massarrat, einer der Initiatoren des Aufrufs, war Professor für Wirtschaftswissenschaften an der Universität Osnabrück.

Aufgaben

1. Fassen Sie die Argumentation zur Forderung nach einer 30-Std.-Woche zusammen.
2. Erläutern Sie die Problembereiche auf dem deutschen Arbeitsmarkt, auf die das Reformkonzept Bezug nimmt.
3. Nehmen Sie zu der Forderung nach einer kollektiven Arbeitsreduzierung und -umverteilung begründet Stellung.

Operatoren im Zentralabitur

Die folgenden Operatoren finden im Fach Politik Verwendung in den Aufgabenvorschlägen im Zentralabitur.

Anforderungsbereich I	
beschreiben	strukturiert und fachsprachlich angemessen Materialien vorstellen und/oder Sachverhalte darlegen
gliedern	einen Raum, eine Zeit, oder einen Sachverhalt nach selbst gewählten oder vorgegebenen Kriterien systematisierend ordnen
wiedergeben	Kenntnisse (Sachverhalte, Fachbegriffe, Daten, Fakten, Modelle) und/oder (Teil-)Aussagen mit eigenen Worten sprachlich distanziert, strukturiert und damit unkommentiert darstellen
zusammenfassen	Sachverhalte auf wesentliche Aspekte reduzieren und sprachlich distanziert strukturiert und unkommentiert wiedergeben
Anforderungsbereich II	
analysieren	Materialien, Sachverhalte oder Räume kriterienorientiert oder aspektgeleitet erschließen und strukturiert darstellen
charakterisieren	Sachverhalte in ihren Eigenarten beschreiben, typische Merkmale kennzeichnen und diese dann *gegebenenfalls* unter einem oder mehreren bestimmten Gesichtspunkten zusammenführen
einordnen	begründet eine Position/Material zuordnen oder einen Sachverhalt begründet in einen Zusammenhang stellen
erklären	Sachverhalte so darstellen - gegebenenfalls mit Theorien und Modellen - , dass Bedingungen, Ursachen, Gesetzmäßigkeiten und/oder Funktionszusammenhänge verständlich werden
erläutern	Sachverhalte in ihren komplexen Beziehungen an Beispielen und/oder Theorien verdeutlichen (auf Grundlage von Kenntnissen bzw. Materialanalyse)
herausarbeiten	Materialien auf bestimmte, explizit nicht unbedingt genannte Sachverhalte hin untersuchen und Zusammenhänge zwischen den Sachverhalten herstellen
vergleichen	Gemeinsamkeiten, Ähnlichkeiten und Unterschiede von Sachverhalten kriterienorientiert darlegen
Anforderungsbereich III	
beurteilen	den Stellenwert von Sachverhalten oder Prozessen in einem Zusammenhang überprüfen, um kriterienorientiert zu einem begründeten *Sachurteil* zu gelangen
entwickeln	zu einem Sachverhalt oder zu einer Problemstellung eine Einschätzung, ein konkretes Lösungsmodell, eine Gegenposition oder ein Lösungskonzept inhaltlich weiterführend und/oder zukunftsorientiert darlegen
erörtern	zu einer vorgegebenen Problemstellung eine reflektierte, abwägende Auseinandersetzung führen und zu einem begründeten Sach- und/oder Werturteil kommen
Stellung nehmen	Beurteilung mit zusätzlicher Reflexion individueller, sachbezogener und/oder politischer Wertmaßstäbe, die Pluralität gewährleisten und zu einem begründeten eigenen *Werturteil* führen
überprüfen	Inhalte, Sachverhalte, Vermutungen oder Hypothesen auf der Grundlage eigener Kenntnisse oder mithilfe zusätzlicher Materialien auf ihre sachliche Richtigkeit bzw. auf ihre innere Logik hin untersuchen

Niedersächsisches Kultusministerium, November 2009

Hinweise zur Bearbeitung von Aufgabenstellungen

Bis zum Abitur wird von Ihnen gefordert, mit Operatoren formulierte Aufgaben zu bearbeiten. Im Folgenden werden fünf häufig verwendete Operatoren näher erklärt, um Ihnen die Bearbeitung der Aufgaben zu erleichtern.

zusammenfassen

Sie sollen unter Beweis stellen, dass Sie einen fachspezifischen Text hinsichtlich seiner zentralen Aussagen „verstehen", indem Sie diesen mit eigenen Worten zusammenfassen.

Drei Gesichtspunkte sind hier zentral:

- die **inhaltliche Reduktion**; dabei ist zu beachten, dass oft in den Aufgaben ein Aspekt genannt wird, zu dem die Ausführungen zusammengefasst werden sollen. Alles andere sollte weggelassen werden.
- die **Strukturiertheit**; häufig ist es sinnvoll, sich vom Aufbau des Ausgangstextes selbst zu lösen und eine eigene sinnvolle Struktur für die Zusammenfassung zu finden.
- die **sprachliche Distanzierung**: Verwenden Sie durchgängig eigene Formulierungen (Ausnahme: Fachbegriffe) und grammatische Distanzierungsmittel (insb. Konjunktiv der indirekten Rede)

einordnen

Sie sollen – wie bei allen Aufgaben des Anforderungsbereichs II – fundierte Fachkenntnisse nachweisen, hier indem Sie diese in einem neuen Zusammenhang anwenden. Sie wählen sie bewusst aus und stellen diese nachvollziehbar dar.

Bearbeitungstipp: Stellen Sie sich einen nur wenig vorgebildeten Leser vor! Nichts ist „selbstverständlich", sondern muss diesem Leser genau erklärt werden (Fachbegriffe definieren, Zusammenhänge genau darstellen etc.).

Hier sind zwei unterschiedliche Aufgabenformate vorstellbar: erstens Aufgaben, die genau angeben, in welchen Sachverhalt eine Position eingeordnet werden soll (*„Ordnen Sie Bofingers Position in die Theorie der nachfrageorientierten Wirtschaftspolitik ein."*); zweitens – und wahrscheinlicher – eine offenere Aufgabenstellung (*„Ordnen Sie Benjamin Barbers Konzept ‚Starke Demokratie' demokratietheoretisch ein."*). Beim zweiten Typus sollten Sie bei der schriftlichen Beantwortung der Aufgabe zunächst kurz darlegen, welche Demokratietheorien Sie zur Einordnung heranziehen. Dann können Sie ähnlich vorgehen wie bei der Aufgabenstellung → „vergleichen".

In beiden Varianten geht es oft darum, die im Material nicht unbedingt explizit geäußerten Grundannahmen etc. Fachkonzepten zuzuordnen und diese Zuordnung erklärend zu belegen.

erläutern

Hier sollten Sie unter Beweis stellen, dass Sie eine im vorliegenden Material nicht weiter begründete, aber allgemein als zutreffend angesehene Aussage („Sachverhalt") auf der Basis fundierten Fachwissens umfassend erklären können. Dadurch zeigen Sie, dass Sie gegebene Aussagen tief zu durchdringen verstehen.

Zwei Hauptschwierigkeiten beinhaltet der Operator „erläutern":

- Zum Ersten weist der Sachverhalt häufig mehrere zu erläuternde Dimensionen auf, die zunächst von Ihnen identifiziert und in der Einleitung zur Aufgabenbearbeitung dargestellt werden müssen. Materialbeispiel: *„Das Problem des anthropogenen Klimawandels stellt eine der Hauptbedrohungen für die Menschheit dar und konnte politisch bislang allerhöchstens in Ansätzen politisch gelöst werden."* Hier finden sich drei zu erläuternde Aspekte, nämlich erstens die Menschengemachtheit der globalen Erwärmung, zweitens die Behauptung, der Klimawandel sei eine globale Hauptbedrohung, und drittens die fehlende politische Lösung.
- Zum Zweiten müssen sinnvolle Beispiele und/oder Theorien zur Verdeutlichung der Aussage angeführt werden.

Materialbeispiel: Das Bedrohungspotential des Klimawandels könnte am Beispiel bereits einsetzender Versteppung und daraus resultierender Nahrungskonkurrenz inkl. Hungermigration verdeutlicht werden. Zusätzlich wäre es möglich, das Nichtzustandekommen umfassender politischer Lösungen (Scheitern von Klimagipfeln) mit der Rational-choice-Theorie systematisch zu analysieren.

vergleichen

Vergleiche sind kein Selbstzweck, sondern dienen in der Regel dazu, die Spezifika eines Sachverhaltes durch die Abgrenzung von einem „verwandten" Sachverhalts zu erhellen.

Bearbeitungstipps: Vergegenwärtigen Sie sich die mögliche Zielsetzung des Vergleichs (Darlegen der Spezifika eines Sachverhalts durch Analogie und Abgrenzung), um eine problemorientierte Einleitung formulieren und tragfähige Vergleichskriterien entwickeln zu können.

Erfahrungsgemäß bereitet die **Kriterienorientierung** des Vergleichs die meisten Schwierigkeiten. Empfehlenswert ist daher in einem ersten Schritt, zur Vorbereitung auf die schriftliche Beantwortung der Aufgabe eine Matrix mit (min.) drei Spalten anzulegen: In der linken Spalte werden Vergleichskriterien festgehalten (die Sie in der Regel selbst finden müssen), zu denen dann die Spalten gefüllt werden.

Beispiel	Politisches System der USA	Politisches System der BR Deutschland
Regierungstypus		
Wahlmodus des Parlaments		
Wahlmodi des/der Staats- und Regierungschefs		
Befugnisse des Staatschefs		
Realisierung der Gewaltenkontrolle		
Gewichtung gesellschaftlicher Werte (Freiheit, Gleichheit...)		
Bedeutung der Teilstaaten (Föderalismus)		
...		

Nicht immer müssen miteinander verglichene Gegenstände Gemeinsamkeiten und Ähnlichkeiten und Unterschiede aufweisen. Denkbar ist z. B. auch, dass sich nahezu ausschließlich Unterschiede finden.

Gemeinsamkeiten bzw. Ähnlichkeiten sowie Unterschiede könnten in einem zweiten Schritt farbig markiert werden. Im dritten Schritt kann der eigene Text anhand der Kriterien oder – meist empfehlenswerter – nach Gemeinsamkeiten und Unterschieden strukturiert werden, wobei die stärksten Übereinstimmungen/Unterschiede zuerst bzw. zuletzt genannt werden sollten.

erörtern

In Ihrer Erörterung (und das gilt genauso auch für die Operatoren **„beurteilen“** und **„Stellung nehmen“**) sollen Sie unter Beweis stellen, dass Sie ein gegebenes Problem unter Nutzung Ihres Fachwissens und der Übernahme unterschiedlicher Perspektiven vielschichtig abwägen können. Es wird eine rein sachorientierte Sprachwahl verlangt.
Der erwartete Text unterscheidet sich daher deutlich von sich einseitig und oft polemisch positionierenden (Zeitungs-)Texten, die immer wieder auch Gegenstand des PoWi-Unterrichts sind.

Fünf Punkte sind wesentlich zu beachten:
- Ein politisches Urteil sollte unbedingt kategorial (Legitimität, Effizienz, Grundwerte) erfolgen und diese **Urteilskategorien** sollten je nach Problemstellung in **Kriterien** (z. B. Durchsetzbarkeit, Kosten, Legalität, Repräsentativität, Gleichheit, Freiheit, Sicherheit...) aufgefächert sein. Bei der schriftlichen Entfaltung von Argumenten sollten diese jeweils explizit den Kriterien zugeordnet werden, um dem Leser eine Orientierung zu ermöglichen.
- Der Operator „erörtern“ fordert zwingend die Anführung von Pro- und Kontraargumenten.
- Jedes dieser Argumente muss durch einen (empirischen) **Beleg**, ein schlüssiges **Beispiel** oder eine **logische Herleitung** untermauert werden. Grenzen Sie diese umfassend und verständlich ausgearbeiteten Argumente stets durch Absätze ab.
- Die Argumente können auf zweierlei Weise angeordnet werden: Wenn Sie sich klar gewichten lassen, bietet sich das „**Sanduhrenmodell**“ an (zuerst die Pro-, dann die Kontragesichtspunkte oder umgekehrt, endend mit dem überzeugendsten Argument für die eigene Meinung). Entkräften sich jeweils einzelne Argumente inhaltlich sinnvoll, ist das Modell „**dialektische Erörterung**“ empfehlenswert (abwechselnd jeweils ein Pro- und ein Kontraargument auf der gleichen inhaltlichen Ebene, endend mit dem überzeugendsten Argument für die eigene Meinung).
- Im Schlussteil der Erörterung sollte die **eigene Position eindeutig geäußert** werden.

Bearbeitungstipp: Um Ihre Erörterung stimmig zu gliedern, muss Ihr Schreibziel, also die vertretene Position, im Voraus klar sein.
Hilfreich kann es hierfür sein, die Problemstellung in Form einer Meinungslinie zwischen den Enden „stimme vollauf zu“ und „stimme überhaupt nicht zu“ zu visualisieren und die eigene Position als Schreibziel darin zu markieren.

MUSTERKLAUSUR

Musterklausur

M1 ● Detlev Esslinger: Demokratie der Besserverdienenden

Nur 71,5 Prozent der Wahlberechtigten haben sich an der Bundestagswahl im September [2013] beteiligt [...]. In der Frage aber, wer die Wahlverweigerer eigentlich sind, stocherte die öffentliche Debatte bisher herum: Mittelstandsbürger mit einem Hang zum Nölen? Prominente Intellektuelle [wie der Soziologie Harald Welzer oder der Philosoph Richard David Precht], die sich aufplustern? Oder Menschen, die sich abgehängt fühlen?

Die Autoren der Studie [über soziale Faktoren der Wahlbeteiligung] – Jérémie Felix Gagné und Robert Vehrkamp von der Bertelsmann-Stiftung in Gütersloh sowie Armin Schäfer vom Max-Planck-Institut für Gesellschaftsforschung in Köln – sind nun zu dem Schluss gekommen, dass die beiden erstgenannten Gruppen bedeutungslos sind [vgl. M 2].

Sie haben das Wahlverhalten in 28 Großstädten (20 im Westen, acht im Osten) sowie in 640 Stimmbezirken untersucht, die repräsentativ für Deutschland sind und auch für die Prognosen am Wahltag genutzt wurden. Ihr Ergebnis: Je prekärer die Lebensverhältnisse, desto eher geht jemand nicht zur Wahl. [...]

Wahlbeteiligung von 71,5 Prozent – das ist ja nur ein Durchschnittswert, mit allen Mängeln, die Durchschnittswerte nun mal haben. Dahinter aber verbirgt sich, dass zum Beispiel im reichen Kölner Stadtteil Hahnwald die Beteiligung bei 89 Prozent, im armen Stadtteil Chorweiler jedoch bei nur 42 Prozent lag. In Chorweiler beträgt die Arbeitslosenquote 19 Prozent, in Hahnwald ein Prozent.

Dahinter verbirgt sich zudem, dass die Prozent-Abstände zwischen den Bezirken mit der niedrigsten und denen mit der höchsten Beteiligung über die Jahre immer größer werden. [...]

Die drei Forscher unterteilten die Gesellschaft in zehn Milieus; je nach Einkommen, Bildung, Beruf und Lebenseinstellungen. Bei der Wahl im September zeigte sich: In den Stadtteilen mit der niedrigsten Wahlbeteiligung gehören fast zehnmal so viele Menschen prekären Milieus an wie in den Stadtteilen mit der höchsten Beteiligung. Fünfmal so viele Menschen sind arbeitslos, mehr als doppelt so viele haben keinen Schulabschluss, und ihre Kaufkraft liegt um ein Drittel niedriger. „Deutschland ist längst zu einer sozial gespaltenen Demokratie der oberen zwei Drittel unserer Gesellschaft geworden", schreiben die Forscher. „Die Demokratie wird zu einer immer exklusiveren Veranstaltung für Menschen aus den mittleren und oberen Sozialmilieus der Gesellschaft."

Ist das ein Trend, der sich auch wieder umkehren kann? Oder wird er sich eher verfestigen? Gagné, Schäfer und Vehrkamp äußern sich eher pessimistisch. Sozialdaten bestätigen ja, was in jedem Stadtviertel jeweils schon der Augenschein vermuten lässt: In München-Schwabing und in Hamburg-Eppendorf wohnen eher die „Liberal-Intellektuellen" und die „Expeditiven", wie die Forscher zwei ihrer zehn Milieus nennen. Im Hasenbergl (München) und in Wilhelmsburg (Hamburg) hingegen sind eher das „traditionelle" und das „hedonistische Milieu" daheim; letzteres in der Studie definiert als die „spaß- und erlebnisorientierte Unterschicht". [...] Soziologisch formuliert: „Unterschiedliche Bildungsgruppen wohnen nicht in denselben Vierteln." [...]

Was nicht ohne Konsequenzen bleiben wird. Jeder Mensch orientiert sich an den Menschen in seinem Umfeld: Nachbarn, Freunden, Familien, Kollegen – sie alle bestimmen schon durch ihr Dasein, was jemandem wichtig ist, was man denkt, wie man sich verhält. Und so ist eine Erkenntnis der Politikwissenschaft, dass zwar der Kontakt mit anderen Wählern die eigene

Wahlbereitschaft erhöht – der Kontakt mit Nichtwählern jedoch das Gegenteil bewirkt, wie die Forscher schreiben.

„Getrennte Lebenswelten können dazu führen, dass bereits vorhandene Unterschiede in der Bereitschaft, sich politisch zu betätigen, weiter zunehmen.“ Selbst zwischen Stadtteilen mit hoher und sehr hoher Kaufkraft gibt es Unterschiede, was die Wahlbeteiligung betrifft. Die Demokratie der Besserverdienenden eben.

Detlev Esslinger, Süddeutsche Zeitung, 12.12.2013

M 2 ● Arbeitslosenquote und Wahlbeteiligung

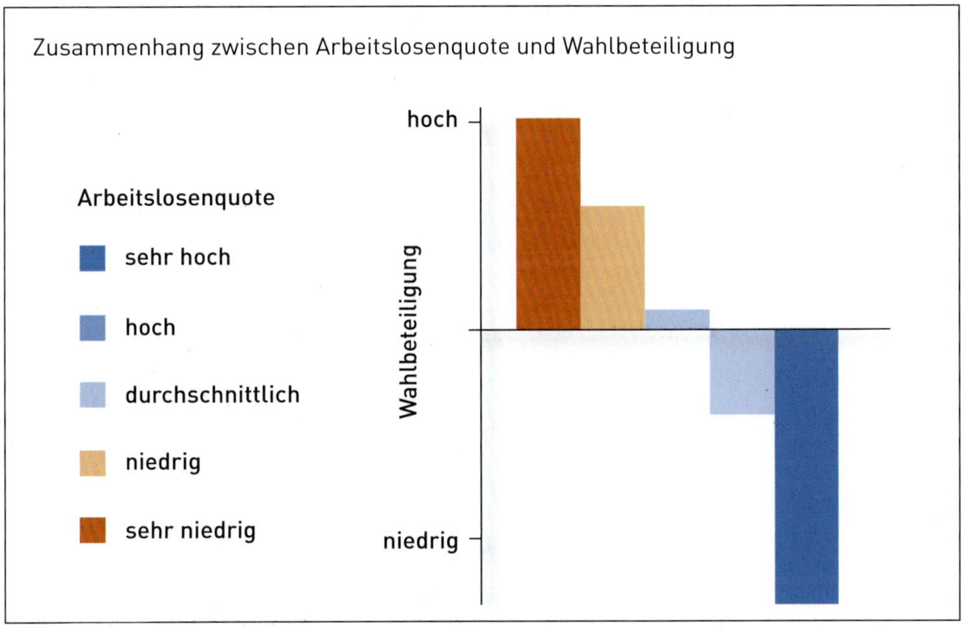

Aus: Armin Schäfer, Robert Vehrkamp, Jérémie Gagné, Prekäre Wahlen. Milieus und soziale Selektivität bei der Bundestagswahl 2013, Gütersloh 2013, S. 22

Aufgaben

1. a) Geben Sie die zentralen Erkenntnisse der Studie über den Zusammenhang von sozialer Lage bzw. Milieuzugehörigkeit und Wahlverhalten wieder (M 1).

   b) Analysieren Sie die Statistik (M 2).

2. Erklären Sie die Befunde zum Zusammenhang von Arbeitslosigkeit und Wahlverhalten auch mittels Ihrer Kenntnisse zu (Langzeit-)Arbeitslosigkeit (Psychologie von Betroffenen, Risikofaktoren).

3. In Deutschland sollte eine Wahlpflicht eingeführt werden, um alle Wählergruppen gleichermaßen zur Stimmabgabe zu bewegen. Wiederholte Nichtwahl sollte mit Geldbußen bzw. zeitweisen Kürzungen des Arbeitslosengeldes sanktioniert werden. Nehmen Sie Stellung zu diesem Vorschlag.

4. Entwickeln Sie Möglichkeiten, von staatlicher Seite die Wahlbeteiligung zu erhöhen und die Wählerschichten repräsentativer zu machen.

Erwartungshorizont für die Musterklausur

Lösungsskizze	Formulierungshilfen
Aufgabe 1a • Der **Einleitungssatz** sollte neben den Formalia (Autor, Erscheinungsmedium und -datum, Textsorte) die Kernaussage/n des Textes enthalten: die Wahrscheinlichkeit der Wahlenthaltung steigt mit der Zugehörigkeit zu sozioökonomisch unsicheren bzw. verunsicherten Schichten bzw. tendenziell hedonistischeren Sozialmilieus, die etwa ein Drittel der Gesellschaft ausmachen. Diese Tendenz verfestigt sich eher als dass sie sich abschwächt. • Zu referierende **Hauptaussagen** sind: statistisch signifikante (aber keine proportionale!) Abnahme der Wahlbeteiligung bei Zugehörigkeit zu sozial schwächeren Milieus (Indikatoren: Arbeitslosigkeit, Schulabschluss, Kaufkraft, Lebenseinstellung); Verfestigung der Tendenz dadurch, dass Menschen mit ähnlichen soziostrukturellen Merkmalen und aus ähnlichen Milieus eher räumlich beieinander leben, etwa in Stadtvierteln; die Orientierung am Lebensumfeld im eigenen Denken und Verhalten sei sozialpsychologisch nachgewiesen; Erhebung der Daten bei einer für Deutschland repräsentativen Gruppe von Wahlberechtigten	• Einleitung mit Nennung der Kernaussage: *In seinem Bericht referiert Detlev Esslinger in der Süddeutschen Zeitung vom 12.12.2013 eine Studie zum Wählerverhalten bei der Bundestagswahl 2013, in der behauptet/belegt wird, dass...* Mögliche Textsorten: meinungsbetonte (Kommentar, Leitartikel, Leserbrief...), nicht meinungsbetonte (Bericht, Reportage...) • Wiedergabe der Kernaussagen/-thesen/-argumente: *Der Verfasser legt dar/führt aus/begründet/erklärt dies mit/erläutert/betont/beweist/belegt/untermauert/stützt dies mit/zieht dazu heran/zeigt auf/führt zusammen...*
Aufgabe 1b • Die Statistikanalyse schließt die **Beschreibung des Diagramms** ein: Säulendiagramm der Bertelsmann Stiftung zum „Zusammenhang zwischen Arbeitslosenquote und Wahlbeteiligung" bestehend aus fünf Säulen, die – von einer nicht weiter bezeichneten x-Achse abgehend – an der mit „Wahlbeteiligung" y-Achse steigen bzw. fallen; Menschengruppen mit sehr hoher Arbeitslosenquote weisen eine sehr niedrige Wahlbeteiligung auf, Gruppen mit einer niedrigen Arbeitslosenquote eine hohe. Der Zusammenhang zwischen den beiden angegebenen Größen ist eindeutig, wenn auch mathematisch nicht klar zu bezeichnen, jedenfalls ist weder ein proportionaler noch ein eindeutig exponenzieller Zusammenhang zu erkennen. • **Deutung:** Stärker von Arbeitslosigkeit Betroffene könnten – gerade wenn dieser Zustand bereits lange andauert – das Vertrauen in das politische System verloren haben, etwas an ihrem Zustand ändern zu können oder zu wollen und daher der Wahl fernbleiben; möglich, aber weniger wahrscheinlich sind die beiden folgenden Annahmen: Unter den (Langzeit-)Arbeitslosen sind erstens Menschen mit niedrigem oder ohne Bildungsabschluss überrepräsentiert, die sich ohnehin (ob arbeitslos oder nicht) nicht für das politische Geschehen und damit auch Wahlen interessieren; zweitens gibt es keine politische Partei, die für die Belange von Arbeitslosen glaubwürdig eintritt; im Zusammenhang mit den vorher erarbeiteten Textinformationen sollte auf die Orientierung am eigen sozialen Milieu und sozioökonomischen Umfeld hingewiesen werden. • **Beurteilung des Aussagewerts** (nicht zwingend für die Analyse): Das Diagramm ist zwar schnell zu erfassen, aber plakativ; weder wird aufgezeigt, was unter einer hohen/mittleren/niedrigen Wahlbeteiligung zu verstehen ist, noch, wonach sich „Höhe von Arbeitslosigkeit bemisst". Daher ist ein gewisser Aussagewert gegeben, die Darstellung bleibt aber unpräzise.	• *In dem von der Bertelsmann Stiftung 2013 im Rahmen der Studie „Prekäre Wahlen" erstellten Säulendiagramm ist der offensichtlich signifikante „Zusammenhang zwischen Arbeitslosenquote und Wahlbeteiligung" abgebildet/dargestellt.* • *Die im Diagramm abgebildeten Sachverhalte können erklärt werden durch.../Es können mehrere plausible Deutungshypothesen aufgestellt werden: erstens..., zweitens.., drittens.../*

Lösungsskizze	Formulierungshilfen
Aufgabe 2 • **Einleitungssatz:** Hier sollten Sie die folgende Bearbeitung der Aufgabe für den Leser vorstrukturieren, z. B. indem Sie die Aspekte/Dimensionen/Kategorien nennen, an denen Ihre Erläuterung aufgebaut ist. Auch kann das zentrale Ergebnis bereits angedeutet werden. Insofern bietet es sich an, den Einleitungssatz nach der Anfertigung eines Schreibplans vorzuformulieren und nach Fertigstellung des Antworttextes noch einmal zu überarbeiten. • Der eigentliche **Hauptteil der Erläuterung** ist in Absätze gegliedert, von denen jeder einen Aspekt/eine Dimension/eine Kategorie aufweist, anhand dessen/deren erläutert wird. Bei sehr komplexen Zusammenhängen kann auch ein gedanklicher Abschnitt für den Leser durch Absätze binnenstrukturiert werden. • Beispiel für Aspekte einer Erläuterung: statistischer Zusammenhang zwischen hoher Arbeitslosigkeit und niedriger Wahlbeteiligung erstens bedingt durch hohes Arbeitslosigkeitsrisiko geringer gebildeter Sozialmilieus → ohnehin stärkere Politikferne und Wahlabstinenz; zweitens u. U. verstärkt durch psychologisch nachgewiesene Resignationstendenzen von Langzeitarbeitslosen.	• *Der statistisch signifikante Zusammenhang zwischen Arbeitslosenquote und Wahlbeteiligung kann einerseits durch die ohnehin größere Politikferne von Risikogruppen am Arbeitsmarkt, andererseits bzw. ergänzend durch sozialpsychologische Befunde zur Langzeitarbeitslosigkeit erklärt werden.* • *Zum einen... zum anderen/Erstens ist ... dadurch erklärbar, dass.../Zweitens ist... schlüssig nachzuvollziehen, da.../Der dritte Erklärungsansatz plausibilisiert/erhärtet/verdeutlicht den Zusammenhang noch weiter...*

Aufgabe 3
• Der **Einleitungssatz** sollte die zu diskutierende Frage/These/Forderung und deren Urheber (soweit bekannt) sowie optional einen ersten Hinweis auf die eigene Position aufweisen. Sinnvoll kann es auch sein, einen kurzen Überblick über den gewählten Aufbau der Argumente zu geben.
• Es wird eine eindeutige und wohlbegründete Positionierung (hier zu einer These) von Ihnen gefordert. Zudem sollte die Argumentation kategorien-/kriteriengeleitet erfolgen.
• Mögliches **Pro-Argument**: Gerade weniger wohlhabende oder sogar ökonomisch arme Wählerschichten werden zur Wahl bewegt, da bei ihnen die mögliche Geldbuße relativ gesehen stärker wirkt als bei Wohlhabenden. Damit zielt die Maßnahme auf die am meisten betroffenen Bürgergruppen.
• In diesem Fall liegt es allerdings nahe, aus folgenden Gründen sehr kritisch mit der Forderung umzugehen (**Kontra-Argumente**):
  • Die Ursachenanalyse der Wahlenthaltung wird vernachlässigt. Es fehlt den sozial unterprivilegierten Nichtwähler laut Studie weniger an Antrieb, sondern (a) an politischen Perspektiven, durch die Wahlteilnahme ihre ökonomische Situation zu verbessern. (b) Haben sich vergleichsweise homogene Milieus herausgebildet und räumlich voneinander getrennt, wodurch es zu einem (Nicht-)Wahl-Ansteckungseffekt kommt. Dies würde durch eine Wahlpflicht nicht aufgehoben. (Urteilskatergorie „Effizienz", Kriterien „Genauigkeit"/"Wirksamkeit")
  • Das Grundgesetz weist die allgemeine Handlungsfreiheit als eines der wichtigsten Grundrechte aus (Art. 2). Die Handlungsfreiheit gilt positiv („Etwas zu tun") wie negativ („Etwas zu unterlassen"). Wahlenthaltung ist also grundgesetzlich geschützt (negative Handlungsfreiheit). (Urteilskategorien „Grundwerte"/„Legitimität", Kriterien „Freiheit"/„Legalität")
	• *Im Folgenden setze ich mich mit der Forderung... auseinander und komme nach Entkräftung der wenigen Pro-Argumente zu einem eindeutig ablehnenden Urteil.*
	
	• *Befürworter/Gegner einer Wahlpflicht führen an/führen ins Feld/argumentieren/legen dar/begründen ihre Position mit/weisen nach/untermauern ihre Haltung mit...*
	
	• Zwischen Argumenten/Argumentblöcken für die eine bzw. die andere Seite bieten sich folgende sprachliche Überleitungen an:
	Die Kritiker/Befürworter hingegen argumentieren damit.../Auf der einen Seite... auf der anderen Seite.../Entkräftet wird diese Aussage schlüssig durch die Überlegung.../Dem setzt die andere Seite das sehr starke Argument entgegen, wonach...

Lösungsskizze	Formulierungshilfen
• Es dürfte eine fast unüberwindbare Herausforderung darstellen, für eine solch unpopuläre Maßnahme wie die Wahlpflicht eine für eine Grundgesetzänderung notwendige Zwei-Drittel-Mehrheit zu finden. (Urteilskategorie „Effizienz", Kriterium „Durchsetzbarkeit") • Eine Wahlpflicht könnte genau das Gegenteil des Beabsichtigten erreichen und das demokratische System destabilisieren, wenn aus Protest heraus entweder massenhaft Stimmzettel ungültig gemacht oder viele kleine, im schlechtesten Fall extreme, verfassungsfeindliche Parteien gewählt werden. (Urteilskategorie „Effizienz", Kriterium „Genauigkeit") • Der **Schlussteil** enthält noch einmal Ihr eindeutiges Urteil (Achtung: Widersprüche zur Einleitung und zum Hauptteil vermeiden!) und referiert Ihr zentrales Argument in knappen Worten.	• *Insbesondere wegen der Bedeutung der allgemeinen Handlungsfreiheit in der Verfassung der Bundesrepublik Deutschland lehne ich die Einführung einer Wahlpflicht, die überdies noch mit ökonomischen Sanktionen bewehrt ist, rundheraus ab.*
Aufgabe 4 In einem **ersten Schritt** sollten noch einmal die Problemdimensionen/-aspekte kurz aufgefächert werden, um Teillösungen für die einzelnen Dimensionen zu entfalten: • Wahlenthaltung weniger gebildeter Bevölkerungsgruppen • Wahlenthaltung materiell ärmerer Bevölkerungsgruppen • Räumliche Entmischung der Bevölkerungsgruppen (Stadtteile...) führt zu Verstärkung der Demokratieabstinenz/-affinität Im **zweiten Schritt** können für die einzelnen Problemdimensionen jeweils mehrere Lösungsansätze skizziert werden. Bsp. „Wahlenthaltung weniger gebildeter Bevölkerungsgruppen": • Ausbau des allgemeinbildenden Schulsystems • spezielle, auch frühkindliche Förderprogramme für Kinder aus sozial benachteiligten Milieus (Kinderkrippe/-gärten) • Verlagerung politischer Entscheidungen so weit irgendwie möglich auf Stadtteilversammlungen • Wahlanreize: finanzielle Belohnung für die Stimmabgabe, Aufforderung zur Wahlbeteiligung durch Vorbilder (Prominente) Im **dritten Schritt** sollten die Vorschläge (kurz) auf Legitimität und Effizienz (hier v. a. Wirksamkeit im Sinne der Absicht) geprüft werden. Im **vierten Schritt (Fazit)** werden die sinnvollen Handlungsmöglichkeiten noch einmal (z. B. gewichtend bzw. nach Dringlichkeit und Durch- bzw. Umsetzbarkeit geordnet) zusammengefasst.	Möglicher Einleitungssatz: *Um das Gesamtproblem deutlich und damit bearbeitbar zu machen, werde ich zunächst die einzelnen Problemdimensionen verdeutlichen/aufzeigen/voneinander trennen/auffächern.* Beispiel für die Prüfung eines Teilansatzes: *Die Legitimität der Maßnahme, die Wahlteilnahme finanziell zu belohnen (z. B. mit einem Beteiligungsbonus von 50,- Euro), ist zweifelhaft, da es sich hier um keine wirtschaftliche Transaktion, sondern um die Ausübung eines demokratischen Rechtes handelt. Auch die Wirksamkeit der Maßnahme ist unklar, da nicht kontrolliert werden kann, ob nicht ungültige Stimmen abgegeben werden.* Mögliches Fazit: *Ich spreche mich für eine Kombination der Teilmaßnahmen ..., ... und ... aus, da diese sowohl kurzfristig/obwohl diese nicht kurzfristig wirken, und/aber wegen ... einen sehr nachhaltigen Effekt versprechen.*

*Die zentrale Fundstelle eines Begriffes ist **fett** gedruckt.*

Baaske Cartoons / Gerhard Mester – S. 129; Baaske Cartoons / Thomas Plaßmann, Müllheim – S. 36, 145, 232; Baaske Cartoons / Jan Tomaschoff – S. 110; Basiswissen Schule. Politik, Mannheim 2004, S. 60 – S. 52, 53; Bergmoser + Höller Verlag, Aachen – S. 37, 54, 61, 144, 183, 194, 240; Bilderbox, Thening – S. 214; Marco Bülow, Dortmund – S. 46; Bündnis90/Die Grünen – Bundesgeschäftsstelle, Berlin – S. 21; Bundesagentur für Arbeit, Nürnberg – S. 236, 237, 241, 251, 254, 298; Bundesministerium für Finanzen, Berlin – S. 203; Bundeszentrale für politische Bildung, Bonn – S. 75, 138

Cartooncommerz NI&CO/ Heinz Behling, Königs Wusterhausen – S. 177; CDU Bundesgeschäftsstelle, Berlin – S. 260

ddp-images GmbH / dapd, Hamburg – S. 8; DER FREITAG Mediengesellschaft mbH & KG, Felix Verlasco für DER FREITAG, Berlin – S. 200; Deutscher Bundestag / Lichtblick, Achim Melde – S. 42; Deutscher Bundestag / Achim Melde – S. 63; Deutscher Bundestag / Werner Schüring, Berlin – S. 42, 50; Deutsches Institut für Wirtschaftsförderung, Hans-Böckler-Stiftung, Berlin – S. 195; Diakonisches Werk / Christopher Dehn, Berlin – S. 82; Diakonisches Werk / Mario Jakob, Berlin – S. 82; Diakonisches Werk / Doro Zinke, Berlin – S. 82; DIZ Süddeutscher Verlag, Bilderdienst, Photo, München – S. 132; DIZ / Süddeutscher Verlag, Bilderdienst / S.M. Süddeutsche Zeitung Photo – S. 184; dpa Infografik, Frankfurt – S. 16 (2), 27, 58, 73, 83, 85 (2), 86, 89, 109, 190, 191, 192, 237, 245, 252, 260; dpa Picture-Alliance / Gero Breloer, Frankfurt – S. 103; dpa Picture-Alliance / epa, Alexsey Druginin – S. 105; dpa Picture-Alliance / Maurizio Gambarini – Einband; dpa Picture-Alliance / Heirler – S. 116; dpa Picture-Alliance / Stephan Jansen – S. 210; dpa Picture-Alliance / Rainer Jensen – S. 100; dpa Picture-Alliance / Bodo Marks – S. 8; dpa Picture-Alliance / Boris Roessler – S. 14; dpa Picture-Alliance / Markus Scholz – S. 210; dpa Picture-Alliance / Caroline Seidel – S. 153; dpa Picture-Alliance / Sven Simon, Frank Herrmann – S. 105; dpa Picture-Alliance / Süddeutsche Zeitung, Alessandra Schellnegger – S. 8; dpa Picture-Alliance / SZ Magazin, Alfred Steffen – S. 105; dpa Picture-Alliance / Zentralbild, Patrick Pleul – S. 14, 149; dpa Picture-Alliance / Zentralbild, Robert Schlesinger – S. 96; dpa Picture-Alliance / Zentralbild, Martin Schutt – S. 133; dpa Picture-Alliance / Zentralbild, Jens Wolf –S. 8; dpa Picture-Alliance / Paul Zinken – S. 146

engagement-macht-stark.de / Plakat Melanie, Berlin – S. 8; ERL / toonpool.com, Berlin – S. 46

Fotolia / Ella Sarkisyan – S. 206; Frankfurter Rundschau – S. 255, 256, 257, 276; Anja Frers, München – S. 171

GettyImages / AFP, Thomas Kienzle, München – S. 8; GettyImages / AFP, Jean-Pierre Müller – S. 105; GettyImages / AFP Daniel Roland – S. 8; GettyImages / Adam Berry – S. 36; GettyImages / Photothek, Thomas Trutschel – S. 235; GettyImages / PYMCA Kontributor UIG – S. 8; GettyImages / Miguel Villagran – S. 197; Greenpeace e.V. / Frederic Krieger, Hamburg – S. 8

Wolfgang Horsch, Niedernhall – S. 190 (10.2.2006); http://campusprogress.org/comics/234/the-invisible-hand (28.12.2009) – S. 175; http://www.lobbycontrol.de – S. 121

Initiative Familienschutz, Berlin – S. 19; Institut für Arbeitsmarkt- und Berufsforschung der Bundesagentur für Arbeit, Nürnberg – S. 239, 241, 272; Institut für Demoskopie, Allensbach – S. 166; Internationale Bauausstellung (IBA), Fürst-Pückler-Land, Großräschen – S. 288; iStockphoto / DrRave – S. 247

Kostas Koufogiorgos, Stuttgart – S. 60 (28.9.2011)

Birgit Lang, Seevetal – S. 195

Dirk Meissner, Köln – S. 172

NEL / Ioan Cozacu, Erfurt – S. 83 (27.9.2013)

Photothek.net / Thomas Köhler, Radevormwald – S. 87; Piratenpartei Brandenburg, Potsdam – S. 76

Michael Ramirez, Hermosa Beach – S. 203

Heiko Sakurai, Köln – S. 35 (7.4.2012), 232 (16.11.2010); Statistisches Bundesamt, Wiesbaden – S. 193, 272; Hans-Christian Ströbele, Berlin – S. 48; Klaus Stuttmann, Berlin – S. 78, 139 (20.10.2013), 150 (3.10.2010), 190 (8.1.2009), 192, 232 (2) (b) 27.10.2010; c) 28.10..2013); Süddeutsche Zeitung vom 04. Juni 2012 – S. 90

Thinkstock / iStockphoto – S. 174, 219; Thinkstock / Yang Mingqi – S. 229; Thinkstock / Purestock – S. 205; Thinkstock / Kraig Scarbinsky – S. 14; Thinkstock / Wavebreak Media – S. 216; Thomson Reuters / Bundesregierung, Guido Bergmann, Berlin – S. 36; toonpool.com / Bernd Zeller, Berlin – S. 130 (10.12.2007)

Ullstein-Bild, Berlin – S. 264; Ullstein-Bild / Financial Times – S. 266

VW Konzernkommunikation, Historische Kommunikation Wolfsburg – S. 284

Götz Wiedenroth, Flensburg – S. 12; www.abgeordnetenwatch.de – S. 160; www.archiv-grundeinkommen.de – S. 302; www.epetitionen.bundestag.de – S. 160; www.liquid-friesland.de – S. 160; www.mindestlohn.de – S. 278; www.noexclusion.com – S. 118; www.sozialpolitik-aktuell.de – S. 17 (2), 254, 276; www.sueddeutsche.de – S. 294; www.wikimedia.org – S. 137, 173; www.wikimedia.org / Zeitblom – S. 147; www.wikipedia / ML Watts – S. 114